SOCIOLOGIA GERAL

VOL. 2: *HABITUS* E CAMPO

Dados Internacionais de Catalogação na Publicação (CIP)
(Câmara Brasileira do Livro, SP, Brasil)

Bourdieu, Pierre, 1930-2002.
  Sociologia geral, vol. 2 : *habitus* e campo : Curso no Collège de France (1982-1983) / Pierre Bourdieu ; tradução de Fábio Ribeiro. – Petrópolis, RJ : Vozes, 2021.

  "Edição estabelecida por Patrick Champagne, Julien Duval, Franck Poupeau e Marie-Christine Rivière"
  Título original: Sociologie générale – Vol. 1 – Cours au Collège de France (1981-1983)

  Bibliografia.

  2ª reimpressão, 2024.

  ISBN 978-65-5713-115-2

  1. Sociologia I. (1981-1983) I. Título.

21-65698   CDD-301

Índices para catálogo sistemático:
1. Sociologia 301

Cibele Maria Dias – Bibliotecária – CRB-8/9427

Pierre Bourdieu

SOCIOLOGIA GERAL

VOL. 2: *HABITUS* E CAMPO

Curso no Collège de France
(1982-1983)

Edição estabelecida por
Patrick Champagne, Julien Duval, Franck Poupeau e
Marie-Christine Rivière

Tradução de Fábio Ribeiro

EDITORA VOZES

Petrópolis

© Éditions Raison d'agir/Éditions du Seuil, Novembro 2015.

Tradução do original em francês intitulado
Sociologie générale – Vol. 1 – Cours au Collège de France (1981-1983)

Esta edição segue a divisão proposta pela edição em inglês publicada em cinco volumes pela Polity Press.

Direitos de publicação em língua portuguesa – Brasil:
2021, Editora Vozes Ltda.
Rua Frei Luís, 100
25689-900 Petrópolis, RJ
www.vozes.com.br
Brasil

Todos os direitos reservados. Nenhuma parte desta obra poderá ser reproduzida ou transmitida por qualquer forma e/ou quaisquer meios (eletrônico ou mecânico, incluindo fotocópia e gravação) ou arquivada em qualquer sistema ou banco de dados sem permissão escrita da editora.

CONSELHO EDITORIAL

Diretor
Volney J. Berkenbrock

Editores
Aline dos Santos Carneiro
Edrian Josué Pasini
Marilac Loraine Oleniki
Welder Lancieri Marchini

Conselheiros
Elói Dionísio Piva
Francisco Morás
Gilberto Gonçalves Garcia
Ludovico Garmus
Teobaldo Heidemann

Secretário executivo
Leonardo A.R.T. dos Santos

Diagramação: Raquel Nascimento
Revisão gráfica: Nilton Braz da Rocha / Fernando Sergio Olivetti da Rocha
Capa: Editora Vozes

ISBN 978-65-5713-115-2 (Brasil)
ISBN 978-2-02-127978-8 (França)

Este livro foi composto e impresso pela Editora Vozes Ltda.

Os editores agradecem a Bruno Auerbach, Donald Broady, Christophe Charle, Johan Heilbron, Thibaut Izard e Remi Lenoir por suas contribuições à edição desta obra[1].

---

[1]. O tradutor gostaria de agradecer a Michel Nicolau Netto, professor de sociologia da Unicamp, Juliana Miraldi, doutora em sociologia pela Unicamp, Maël Brustlein e Robert Ibelings o auxílio com questões que surgiram no decorrer desta tradução [N.T.].

Sumário

Nota dos editores, 11

Ano letivo 1982-1983, 15

Aula de 5 de outubro de 1982, 17

A ilusão retrospectiva na pesquisa e a irrealidade teórica. – Um trabalho de axiomatização. – Os conceitos científicos. – As questões fundamentais. – Definição realista e definição interacionista. – As exigências metafísicas da sociologia. – A limalha.

Aula de 12 de outubro de 1982, 45

A existência dupla do social. – O processo de objetivação e incorporação do social. – Ultrapassar a oposição subjetivismo/objetivismo. – Compreensão científica e compreensão prática. – O exemplo da leitura e da obra de arte. – Programa das próximas aulas e questões da plateia.

Aula de 19 de outubro de 1982, 75

Sentido sem consciência. – O erro mecanicista e o erro intelectualista. – A tentação do sociólogo-rei. – Obstáculos intelectuais ao conhecimento da *gnoseologia inferior*. – O *habitus* como *orthè doxa*.

Aula de 2 de novembro de 1982, 104

Posições e disposições. – Os dois estados da história. – O senso do jogo. – O conhecimento prático. – O investimento no jogo e a *illusio*. – As transferências afetivas da libido doméstica e o conformismo. – Crítica do discurso econômico. – As condições econômicas das práticas econômicas.

Aula de 9 de novembro de 1982, 139

A habitualidade em Husserl. – A teoria da decisão na economia. – Escapar do mecanicismo e do finalismo. – A teoria da máquina. – O poder ontológico da linguagem. – Cultura popular, linguagem popular. – A teleologia marxista. – A reificação e a personalização dos coletivos. – A solução do *habitus*.

Aula de 16 de novembro de 1982, 171

O ajuste das esperanças às chances. – Escapar do finalismo. – A interiorização do social. – A incorporação da necessidade. – Os ritos de instituição. – O chamado à ordem: o exemplo da relação da família com a escola. – A relação social na relação de pesquisa. – Persuasão clandestina, violência simbólica. – O paradoxo da continuidade. – Crítica da relação científica.

Aula de 23 de novembro de 1982, 200

Um discurso suspeito. – Fingir ser cientista. – De onde fala o sociólogo? – A sociologia no espaço das disciplinas. – As estruturas inconscientes da hierarquia das disciplinas. – Filosofia/sociologia/história. – Lutas epistemológicas, lutas sociais. – Saber o que a sociologia faz.

Aula de 30 de novembro de 1982, 229

A sociologia como tomar liberdade(s). – Posições, disposições e tomadas de posição. – O corpo dos sociólogos e estilos acadêmicos. – Posições feitas e posições a fazer. – Estruturas mentais e estruturas objetivas. – As transformações do campo: o caso do sistema universitário. – A refração das restrições externas. – Estratégias de luta. – As fronteiras do campo. – O campo intelectual.

Aula de 7 de dezembro de 1982, 260

O modo de pensamento estrutural. – Dos sistemas simbólicos às relações sociais. – Parêntese sobre a gênese dos saberes. – Campo de forças e campo de lutas. – Pensar uma posição social. – Como construir um espaço relacional? – A distribuição do capital e as diferentes estruturas. – Os intercampos. – Retorno à estrutura da distribuição do capital. – A interdependência entre o campo e o capital. – As grandes espécies de capital. – A conversão das espécies de capital.

Aula de 14 de dezembro de 1982, 296

Uma maneira de pensar. – Campo e agregado estatístico. – O conceito de campo (1): itinerário teórico. – O conceito de campo (2): itinerário prático. – Campo e meio. – Campo e interação. – Campo e rede. – Campo e posições. – Campo e representação da situação. – Espaço das relações objetivas e espaço das interações. – Campo, grupo, população, indivíduo. – Representações e senso prático. – As homologias entre campos.

Aula de 11 de janeiro de 1983, 328

Fisicalismo e semiologismo. – A estrutura como história cristalizada. – A roleta e o pôquer. – A alternativa entre a renda e a venda. – *Amor fati*. – O terreno produtivo do campo literário. – A arte contra o método: ideologia carismática e "sociologia da literatura". – O campo como mediação. – Campo literário e intertextualidade. – Uma estrutura em quiasma. – Autonomização, hierarquização, institucionalização. – Os intelectuais no campo de produção cultural.

Aula de 18 de janeiro de 1983, 361

Um mundo às avessas. – Campo do poder e campo de produção cultural. – Os intelectuais conservadores. – A lei da legitimação simbólica. – Retorno às lutas no interior do campo de produção cultural. – A gênese das invariáveis. – O ajuste da oferta à demanda através da homologia de estrutura. – A conquista da autonomia. – Hierarquia das produções e hierarquia dos públicos.

Aula de 25 de janeiro de 1983, 392

A lógica econômica dos empreendimentos culturais. – A verdade da prática. – Os lucros adiados do desinteresse. – Os lucros ambivalentes do mercado. – A subversão das regras do campo. – Temporalidades e "personalidades". – Clientes e concorrentes: a mediação do sistema escolar. – Gerações e revoluções. – Os modos de envelhecimento e de eternização. – Superar por superar. – Orientar-se no espaço dos possíveis. – A trajetória e o *habitus*. – O desmonte ímpio da ficção.

Situação do Curso de Sociologia Geral na obra de Pierre Bourdieu, 425

Anexos: Resumos dos cursos publicados no Anuário do Collège de France, 441

Índice de nomes, 447

Índice de conceitos, 453

Nota dos editores

Este livro prossegue a publicação dos ensinamentos de Pierre Bourdieu no Collège de France. Alguns meses depois de sua última aula nessa instituição em março de 2001, Bourdieu publicou, sob o título *Ciência da ciência e reflexividade*[2], uma versão condensada de seu último ano de ensino (2000-2001). Depois de seu falecimento, dois livros foram publicados: *Sobre o Estado* em 2012 e *Manet: uma revolução simbólica* em 2013, que correspondem aos cursos que ele proferiu, respectivamente, nos períodos 1989-1992 e 1998-2000[3]. Este volume continua a publicação do "Curso de Sociologia Geral", segundo o título que Bourdieu manteve para seus cinco primeiros anos letivos no Collège de France. Ele reúne as aulas do segundo ano, a saber, treze aulas de duração de cerca de duas horas apresentadas entre outubro de 1982 e janeiro de 1983. Os três anos seguintes serão publicados posteriormente em três outros volumes.

A edição deste "curso de sociologia geral" conforma-se às escolhas editoriais que foram definidas quando da publicação do curso sobre o Estado que visavam conciliar a fidelidade e a legibilidade[4]. O texto publicado corresponde à retranscrição das aulas como elas foram ministradas. Entretanto, a passagem do oral ao escrito foi acompanhada por uma leve reescrita que buscou respeitar as disposições que Bourdieu aplicava quando ele próprio revisava suas conferências e seminários: correções estilísticas, suavização dos resíduos do discurso oral (repetições, tiques de linguagem etc.). Em casos excepcionais, suprimimos certas digressões, às vezes porque eram improvisadas demais, mas com maior frequência porque o estado das gravações não permitia reconstruí-las de ma-

---

2. *Para uma sociologia da ciência*. Lisboa: Edições 70, 2004, tradução de Pedro Elói Duarte [*Science de la science et réflexivité*. Paris: Raisons d'Agir, 2001].
3. *Sobre o Estado*. São Paulo: Companhia das Letras, 2014, tradução de Rosa Freire d'Aguiar [*Sur L'État: cours au Collège de France 1989-1992*, Paris: Seuil, 2012]; *Manet: une révolution symbolique*. Paris: Seuil, 2013.
4. Ver a nota dos editores em *Sobre o Estado, op. cit.*, pp. 13-15 [7-9].

neira satisfatória. De modo geral, as palavras ou passagens que estavam inaudíveis ou que correspondiam a uma interrupção momentânea das gravações são assinaladas por [...] quando se mostraram impossíveis de restituir com segurança. A divisão em seções e parágrafos, os subtítulos e a pontuação são dos editores. Os "parênteses" nos quais Bourdieu se afasta de sua proposta principal são tratados de maneiras diferentes dependendo de sua extensão e da relação que têm com o contexto. Os mais curtos são colocados entre hífens. Quando esses desenvolvimentos adquirem uma certa autonomia e implicam uma ruptura no fio do raciocínio, eles são assinalados entre parênteses e, quando são muito longos, podem tornar-se o objeto de uma seção inteira. As notas de rodapé são, em sua maioria, de três tipos principais. O primeiro indica, quando foi possível identificá-los, os textos aos quais Bourdieu se referiu explicitamente (e às vezes implicitamente); quando pareceu útil, adicionamos curtas citações desses textos. O segundo visa a indicar aos leitores os textos de Bourdieu que, anteriores ou posteriores aos cursos, contêm aprofundamentos sobre os pontos abordados. O último tipo de notas fornece elementos de contextualização, por exemplo em relação a alusões que poderiam ser obscuras para leitores contemporâneos ou pouco a par do contexto francês.

Em anexo, foi reproduzido o resumo do curso como publicado em *L'Annuaire du Collège de France – cours et travaux* [*O anuário do Collège de France – cursos e trabalhos*].

***

Nota do tradutor

Reforçando o que foi dito pelos editores, gostaria de fazer uma observação sobre o caráter deste texto, que é razoavelmente diferente de um livro acadêmico tradicional. Pierre Bourdieu é conhecido por um estilo um tanto obscuro de redação, especialmente em suas primeiras obras, sobre as quais ele dizia que "o que é complexo só se deixa dizer de maneira complexa" (*Choses dites*, p. 66). Este curso de sociologia, por ser uma transcrição de suas aulas com uma intenção didática muito mais preponderante, é uma mudança radical para Bourdieu. Os editores franceses escolheram manter grande parte da oralidade dessas aulas, opção que segui na tradução e que considero ser a grande virtude deste texto para um público mais geral (e também especializado): um Bourdieu mais claro e até mais "humanizado". Por isso, peço que se tenha isso em mente durante a leitura: neste texto há gírias, construções verbais não eruditas, piadas, trocadilhos, jogos de palavras, próclises no lugar de ênclises e outros traços de oralidade. No que concerne à tradução, sempre que possível adicionei referências a edições em língua portuguesa nas notas de rodapé. Algumas dessas edições não foram encontradas devido à dificuldade de acesso a bibliotecas decorrente da pandemia de COVID-19 em 2020/2021 – nesses casos, indiquei a falta de localização e traduzi eu mesmo as citações. As referências aos originais estão sempre entre colchetes. Também acrescentei notas de esclarecimento de contexto para um público brasileiro quando julguei necessário.]

Ano letivo

1982-1983

Aula de 5 de outubro de 1982

> A ilusão retrospectiva na pesquisa e a irrealidade teórica. – Um trabalho de axiomatização. – Os conceitos científicos. – As questões fundamentais. – Definição realista e definição interacionista. – As exigências metafísicas da sociologia. – A limalha.

Eu peço a autorização de vocês para um breve preâmbulo sobre as intenções deste curso. Para justificar este prelúdio, invocarei antes de mais nada o fato de que uma das vantagens do discurso oral em relação ao escrito é permitir um metadiscurso sobre as intenções do discurso a fim de tentar corrigir os efeitos dos mal-entendidos ligados a qualquer comunicação. Aqui, o metadiscurso que realizarei não será aquele que muitas vezes acompanha os discursos chamados de "teóricos", quer dizer, aqueles que chamo de metadiscursos da importância destinados a contar a importância do discurso realizado e daquele que o realiza[1]. Em vez disso, este será uma espécie de metadiscurso científico. Com efeito, quando me encontro diante da tarefa de apresentar a sociologia a uma plateia muito diversa e informada de modo muito desigual sobre essa ciência, experimento uma sensação de responsabilidade um pouco esmagadora. Gostaria então de tentar dizer previamente aquilo que fará com que meu discurso seja insuficiente, que tem a ver com o fato de que o curso e o discurso não são feitos para transmitir algumas coisas, em particular as práticas de pesquisa, mas também tem a ver com insuficiências pessoais e com os limites de minhas próprias capacidades. Com efeito,

---

1. Ver Pierre Bourdieu, "La lecture de Marx ou quelques remarques critiques à propos de 'Quelques remarques critiques à propos de *Lire le Capital*'" ["A leitura de Marx ou algumas observações críticas a propósito de 'Algumas observações críticas a propósito de *Ler o Capital*'"], *Actes de la recherche en sciences sociales*, n. 5-6, 1975, pp. 65-79; reimpresso com o título "Le discours d'importance" ["O discurso de importância"] in *Langage et pouvoir symbolique*. Paris: Seuil, 2001, pp. 379-396.

17

minha função envolve restrições contraditórias que são causadas pela variedade e diversidade do público.

Antes de mais nada, gostaria [de expor] um conjunto de proposições ligadas logicamente e que se estenderão por um tempo muito longo porque pensei meu ensino como uma série de lições ligadas por uma lógica; a lógica dessas lições terá como quadro a extensão de um ano, e talvez de vários anos. Isso envolve dificuldades porque a divisão em aulas cria o risco de fazer a lógica do conjunto desaparecer. Ao mesmo tempo, ao me impor a tarefa de dar uma lógica de conjunto ao meu discurso, eu me privo da liberdade que teria se tomasse cada sessão como uma unidade e se aproveitasse a ocasião para intervir diretamente sobre este ou aquele problema imediato, como, por exemplo, tive vontade de fazer esta manhã: como sem dúvida a maioria de vocês também sabe, ouvi a apresentação dos resultados de uma pesquisa sobre os escritores franceses e pensei que eu poderia ser útil a muitos dos presentes se mostrasse a vocês os mecanismos lógicos ou a sofística que operam na produção dessas pesquisas e na utilização que os jornalistas fazem dela. Isto posto, acho que serei muitas vezes obrigado a me privar desse gênero de intervenções (que sem dúvida teriam utilidade e uma função) para manter a lógica de conjunto de meu discurso. Eu aparentemente me decidi por um compromisso entre um discurso regular, de certa forma uma lógica extra-temporal, e incursões ou excursões determinadas pelas reflexões do momento ou pelos eventos do tempo.

A segunda dificuldade, aos meus olhos mais decisiva, é que um ensino, de qualquer nível que seja – e este supostamente deve ser de todos os níveis, o que é uma missão impossível por definição –, deve satisfazer a dois tipos de exigências contraditórias. Por um lado, ele deve [...] deve poder satisfazer ao mesmo tempo as pessoas que querem as "clarezas de tudo", como se dizia no Grande Século[2] [por outro lado], ele deve também satisfazer aqueles que querem ter informações fundamentais sobre um certo assunto e adoram ir embora com um caderno de anotações bem cheio. Essas duas funções não são automaticamente compatíveis. Muitas vezes se diz que os cursos mais elementares só podem ser oferecidos pelos pesquisadores mais eminentes. Eu estou bem convencido disso, mas penso que os cursos mais elementares são com frequência os mais difíceis, em grande parte

---

2. O "grande século" refere-se ao período do auge do absolutismo na França, do reinado de Henrique IV até a morte de Luís XIV, ou seja, de 1589 a 1715 [N.T.].

exatamente por causa de sua facilidade aparente. Essa será outra de minhas dificuldades. Portanto, não farei nem um capítulo de enciclopédia sobre a sociologia nem de fato um ensino da pesquisa. Eu não conseguirei comunicar a experiência da prática da pesquisa em andamento naquilo que ela tem de mais avançada.

A ilusão retrospectiva na pesquisa e a irrealidade teórica

Eu acho que uma das dificuldades de um ensino que queira transmitir os resultados de uma pesquisa em andamento reside no fato de que é muito difícil reproduzir aquilo que constitui a própria experiência da pesquisa, a saber, o fato de que enquanto não descobrimos, não descobrimos. Inversamente, a partir do momento que descobrimos, é muito difícil esquecer que descobrimos – a ordem de exposição do estado de uma pesquisa é então modificada fundamentalmente pelo próprio fato de que chegamos ao resultado. Todos aqueles que escrevem trabalhos científicos se deparam com este problema e sabem muito bem que, dependendo dos momentos em que publicam, escrevem muito diferentemente coisas muito diferentes, mesmo que, do ponto de vista do conteúdo de verdade, as coisas não tenham mudado. É inútil se esforçar em tentar reconstituir, por exemplo, o estado do problema no momento em que começamos a trabalhar num assunto, ou tentar reproduzir as atividades da pesquisa para mostrar como procedemos – todos os trabalhos de epistemologia mostram que esses itinerários são marcados pelos efeitos da ilusão retrospectiva; eles são, em geral, artefatos produzidos pela reconstrução de alguém que, por saber o fim, no sentido duplo do termo, altera toda a narrativa de maneira a orquestrá-la em vista desse fim. Seja pesquisa conceitual ou empírica, um ensino de pesquisa é incapaz de comunicar as hesitações, as rupturas, as vacilações que definem o próprio progresso da pesquisa, e que desaparecem quase por definição dos relatos finais e escritos e também dos relatos orais a partir do momento em que eles são submetidos às restrições de solenidade, de rigor, ou apresentados numa situação de importância.

Portanto, e é isso que mais lamento, eu penso que devido ao fato da ilusão retrospectiva finalista, e a não ser que eu tentasse uma espécie de dramatização fútil da apresentação dos resultados de pesquisa, só conseguirei comunicar essa experiência de maneira muito imperfeita. Nesse sentido, meu ensino necessariamente fracassará na minha perspectiva. Eu insisto nisso porque um dos modos de desmentir esse prognóstico é enunciá-lo. (Na sociologia, o próprio fato de enunciar uma proposição que pode parecer pessimista contribui para tornar seu desmentido possível, o que faz com que ela seja otimista; portanto, é inútil perguntar se um sociólogo é otimista ou pessimista, ele é ambos ao mesmo tempo.) Meu ensino tem implicitamente uma função profilática. Espero que vocês sejam capazes de perceber no meu discurso, mesmo depois que terminar – e está quase acabando – aquilo que ele pode ter de indeterminado, de impreciso, de vago etc., o que muitas vezes é uma virtude do discurso científico.

Outra dificuldade, outra contradição: eu poderia oferecer, e mesmo viver, aquilo que apresentarei como um discurso muito geral e muito universal sobre a sociologia. Na verdade, é evidente que aquilo que vou propor é minha visão da sociologia, uma visão que enxergo como universal já que é científica e submetida à discussão. Ficarei ainda mais seguro de minha experiência de universalidade depois de dizer que é importante saber que essa universalidade não é reconhecida universalmente. Eu proporei uma teoria geral do mundo social, se entendermos a palavra "teoria" em seu sentido etimológico, como um modo de pensar, um sistema de esquemas de percepção do mundo social rigorosamente controlados. Eu apresentarei então um método de pensar que é claramente o produto de uma pesquisa, que está enraizado numa pesquisa, mas que, pelo fato de ser exposto fora da pesquisa e fora das situações de pesquisa, assumirá inevitavelmente uma aparência "teoricista". O fato de falar da sociologia em situações acadêmicas, ou seja, fora das condições da prática da pesquisa, dá ao próprio assunto uma aparência que, aos meus olhos, resulta numa deformação. Aquilo que chamamos tradicionalmente de teoricismo, ou seja, o fato de tratar os instrumentos teóricos em si mesmos e para si mesmos, independentemente de suas condições de produção e de utilização, está inscrito no fato de falar das teorias *in abstrato*, fora de seu funcionamento real.

É claro que tentarei, no decorrer deste curso, superar essas contradições e essas dificuldades que explicitei para mim e explicito agora para vocês. Por exemplo, procurarei um antídoto para o efeito de irrealidade teórica que acabo de formular na escolha de exemplos retirados de minhas próprias pesquisas ou de empréstimos de pesquisas de outros sociólogos; assim, os exemplos serão um meio de mostrar como as análises propostas funcionam na realidade. Apesar disso, em muitos casos eles só produzirão completamente esse efeito se aqueles entre vocês que queiram realmente saber tiverem a coragem de ir ver a pesquisa citada e eventualmente de reproduzi-la. Não será o bastante lê-la, como as pessoas fazem atualmente, pulando a parte empírica para ir diretamente às conclusões, o que faz com que os trabalhos dos pesquisadores sofram uma transformação absolutamente radical, com hipóteses validadas virando "teses" às quais basta opor outras "teses". Eu penso que se a sociologia é uma ciência, ou em todo caso ela se esforça em sê-lo, ela merece ser criticada por abordagens de validação ou de invalidação. Não se pode responder a um sociólogo como se responde a um ensaísta, apenas com uma tese oposta. O sociólogo que se priva dessas operações de validação abdica de certa maneira daquilo que constitui a especificidade de sua abordagem. Temos aqui então uma outra dificuldade e, com muita frequência, pelas razões que mencionei, serei levado em virtude da situação a abstrair os detalhes das abordagens, o que me faz sofrer bastante especialmente porque, como já disse muitas vezes, obtemos mais lucros teóricos e científicos fazendo os conceitos trabalhar do que trabalhando nos conceitos, sobretudo nos conceitos que não têm utilização numa pesquisa científica. Muitas vezes serei então levado a cair naquilo que denuncio e contra o qual me resguardo.

Eu não falei tudo isso para roubar dos outros a ocasião de dizerem isso para mim; pelo contrário, eu acho que isso será muito importante. Normalmente ouvimos esses preâmbulos dizendo para nós mesmos que é um momento chato pelo qual precisamos passar, que eles fazem parte de um ritual inaugural, mas isso que acabei de dizer não é um preâmbulo educado nem um ritual. Para mim, é realmente importante. Se me dou a permissão de estendê-lo, é porque ele fazia parte do que tenho a dizer. E, se pudesse, eu o repetiria a cada aula.

Um trabalho de axiomatização

Isto posto, apesar de tudo há virtudes em fazer aquilo que vou tentar, ou seja, uma espécie de trabalho de axiomatização, para empregar uma palavra elegante (mas vocês verão que as realidades são muito mais modestas). Partirei de pesquisas anteriores que produziram resultados e proposições científicas mais ou menos validadas, mas também de instrumentos de produção desses resultados, e trabalharei menos sobre os resultados do que sobre os instrumentos de produção desses resultados para controlá-los, testá-los etc. Um aparelho teórico ou um *corpus* teórico se constitui por depósitos sucessivos, retoques e adições sucessivas que transformam a totalidade do sistema. As coisas se constituem passo a passo como se constrói uma casa, por retoques. Nós não destruímos tudo dos pés à cabeça toda hora, exceto exatamente nas descrições retrospectivas onde se diz que fizemos "tábula rasa", que tudo foi questionado, que partimos do zero etc. Na prática, nenhum pesquisador age desse jeito, exceto talvez nos casos raros de revoluções científicas que talvez eu devesse abordar (os pesquisadores só realizaram esse tipo de questionamento radical talvez duas ou três vezes na história das ciências)[3]. Na prática ordinária, eles vivem de alguma forma com seu sistema conceitual e efetuam retoques incessantes que tratam ao mesmo tempo dos detalhes e do todo. Não se pode – isso é uma banalidade, mas é importante – trabalhar neste ou naquele conceito sem que o todo se mexa. Ao tomar como objeto essa reflexão sobre as relações entre o conjunto dos conceitos, tento produzir um efeito útil não apenas pedagogicamente (isso me entristeceria), mas também cientificamente. Por exemplo, eu acredito que sou levado a revelar relações ocultas. Assim (antecipo o que irei dizer), ao trabalhar na preparação desta aula, apareceu-me uma relação da qual eu havia desconfiado, no fundo dos meus pensamentos, entre as espécies de capital e a noção de autonomia relativa, e quando noções que podem funcionar separadamente começam a se comunicar entre si, ambas saem ganhando, por assim dizer.

Uma outra virtude da axiomatização reconhecida por todos os teóricos e historiadores das ciências: ao exibir as relações entre os conceitos, ela os expõe, no sentido duplo da palavra "expor". Ela os torna visíveis e, ao mesmo tempo, faz com que eles assumam o máximo de riscos, o que, do ponto de vista científico, é a virtude principal. Essa seria uma das diferenças entre a ciência e o ensaísmo: enquanto o ensaísmo se expõe, o cientista expõe seus conceitos, assume riscos, e quanto mais seus conceitos estiverem expostos, mais científico ele será, já que estarão expostos à crítica e passíveis de serem transformados ou modificados pela crítica coletiva.

Mas no que consiste esse trabalho de exposição de um método de pensamento? Serei levado a retomar um certo número de conceitos fundamentais que elaborei, como os conceitos de *habitus*, campo, capital etc., a fim de mostrar como eles funcionam para compreender e construir a realidade social. Para expor esses conceitos, pode-se assumir uma postura que eu chamaria de genealógica ou histórica. É uma técnica comum no ensino: quando queremos expor um

---

3. Bourdieu desenvolve essa questão em seu último curso no Collège de France, que foi publicado sob o título *Para uma sociologia da ciência*. Lisboa: Edições 70, 2004, tradução de Pedro Elói Duarte [*Science de la science et réflexivité*. Paris: Raisons d'Agir, 2001].

pensamento, procuramos seus ancestrais e mostramos como ele se constituiu. Eu poderia explicar isso melhor, mas aqui direi simplesmente que com muita frequência essas genealogias são fictícias; são reconstruções *ex post*, mesmo quando seu autor é o autor dos conceitos que são o objeto das genealogias. Enquanto sociólogo, adotarei uma posição de desafio sistemático diante de qualquer genealogia filosófica que um pensador pense propor de seu próprio pensamento à medida que, muitas vezes, como na vida social, a única função dessas genealogias é a constituição de capital simbólico: fabrica-se ancestrais. Não é por acaso que falamos de *founding fathers* ("pais fundadores") dos sociólogos. Escolher pais fundadores ou ancestrais, ou seja, ancestrais epônimos, nomes de tribos – marxista, durkheimiano, weberiano etc. –, é uma forma de afirmar seu capital simbólico, de garantir o capital de todos esses ancestrais prestigiosos, de se afirmar herdeiro e, ao mesmo tempo, se apropriar da herança. É claro que aquele que se diz herdeiro se expõe também aos ataques de todos aqueles que buscam a herança ou que buscam destruir a herança – em geral, essa relação com a herança se expressa em frases como, por exemplo: "Você não passa de um weberiano", ou também: "O durkheimiano sou eu".

Essas estratégias assombram quase todas as genealogias, seja quando estamos fazendo nossa própria genealogia ou a de outras pessoas. A genealogia do pensamento dos concorrentes pode ser feita com a intenção de fazer desaparecer sua originalidade – no sentido da teoria da informação[4]. Se você consegue mostrar que o conceito empregado por fulano já fora utilizado anteriormente por outra pessoa, você faz com que o capital de fulano desapareça. Todas essas coisas muitas vezes estão em jogo no estado inconsciente das práticas de exposição de um pensamento. Sabendo de tudo isso, vocês podem imaginar que não irei nessa direção e que não vou me divertir expondo as fontes. Certamente, quando se trata da noção de *habitus*, eu a empreguei porque precisava dela, evidentemente sem me referir, consciente ou inconscientemente, a toda a tradição das utilizações anteriores. Entretanto, talvez seja útil lembrar, em algumas palavras, algumas utilizações anteriores (por Aristóteles, Tomás de Aquino, Weber, Durkheim, Husserl etc.) para aqueles que queiram se referir a elas, nem que seja para não as confundir. No

---

4. Na teoria da informação, a "originalidade", em oposição à "redundância", é um dos parâmetros do valor de uma informação (ver Abraham Moles, *Teoria da informação e percepção estética*. Rio de Janeiro: Tempo Brasileiro, 1969, tradução de Helena Parente Cunha [*Théorie de l'information et perception esthétique*. Paris: Denoël, 1972 (1958)]).

entanto, eu acho que esse tipo de estabelecimento de relações genealógicas não esclarece quase nada e tem como virtude apenas a precaução na utilização. Quando se fala de "*habitus*", é útil saber que o conceito foi empregado por fulano ou sicrano para não cair nas utilizações imprudentes, mas é mais importante saber que um conceito ganha sentido dentro da coerência de um sistema.

Os conceitos científicos

Eu não quero tentar situar minhas utilizações dos conceitos de *habitus* e de campo – e talvez também do conceito de capital, ainda que isso seja infinitamente mais difícil – em relação a ancestrais mais ou menos míticos, e sim em relação a um espaço de posições intelectuais no qual o conceito está situado. Com efeito, a verdadeira função de um conceito científico (aqui falo coisas absolutamente comuns na tradição epistemológica anglo-saxã; na tradição epistemológica francesa, é uma outra história) não é de maneira alguma aquilo que se diz nos cursos de lógica à francesa, e muito mais uma espécie de materialização de uma "linha teórica" – digo "linha teórica" no sentido de que falamos de "linha política". No fundo, se eu quisesse dar uma definição cômoda que corresponda à minha experiência da utilização dos conceitos – o conceito de *habitus* ou o de campo –, um conceito é a objetivação ou a materialização, em uma palavra, de um *habitus* teórico ou, mais exatamente, de um senso teórico, de uma postura teórica. Ele materializa uma série de distinções em relação a um espaço de posições contemporâneas e concorrentes, e manifesta assim uma série de distinções ou uma série de recusas. Por exemplo, eu tentarei mostrar que o conceito de *habitus* se define contra uma filosofia da consciência, contra uma filosofia que poderíamos chamar de "individualismo liberal". Ela materializa uma série de oposições e se situa ao mesmo tempo em relação a um campo de posições manipuladas consciente ou inconscientemente pelo autor ou utilizador dessas noções e pelos receptores de seu discurso. Como a lacuna entre o campo de referências coexistente do emissor e o campo de referências coexistente do receptor é uma das causas de mal-entendidos importantes na comunicação de um discurso de pretensão científica, eu me esforçarei em explicitar o espaço de posições em relação ao qual pareceu-me importante dizer "*habitus*" em vez de "sujeito" ou "consciência".

Um conceito é, portanto, uma posição num espaço. Ele é também uma espécie de estenografia de uma série de operações práticas. Aqui posso resgatar mais uma vez a diferença entre um discurso científico e um discurso de ensaísta. O uso ensaísta dos conceitos – mesmo sem intenção – aproveita-se de sua polissemia. Ontem mesmo, por exemplo, perguntaram-me minha posição sobre o consumismo. Obviamente, eu me recusei a responder porque, num caso desses, tudo que um pesquisador pode fazer é destruir a pergunta. Ora, entre os conceitos produzidos pelas pessoas que estão autorizadas a falar sobre o mundo social e que chamamos de "sociólogos" – e precisamos sempre usar aspas –, aqueles que têm o maior sucesso social são exatamente os que, como o conceito de "consumismo", não resistiriam ao tipo de discurso que tentarei fazer sobre os conceitos que proponho. Esses conceitos são feitos para transcender em aparência todas as oposições pertinentes de um espaço teórico bem construído, para passar as fronteiras entre oposições que são oposições reais. Ao mesmo tempo, eles devem seu sucesso a essa espécie de atração multicolorida, como dizia Sócrates em relação aos conceitos dos sofistas[5] – e os maus sociólogos me lembram muito os sofistas. São conceitos que servem para qualquer coisa e que não são nem sequer falseáveis como dizia Popper[6], nem sequer falsos.

Já os conceitos com pretensão científica não são simplesmente esse tipo de materialização de uma intuição teórica, eles são também a expressão mnemotécnica de uma série de operações científicas. Utilizarei aqui um exemplo que me levará a antecipar aquilo que direi, mas isso é para que seja possível compreender o que quero contar: pode-se dizer que compreendemos o essencial da noção de campo (que precisarei explicar longamente – metade ou três quartos de meu curso deste ano serão dedicados a essa noção) quando compreendemos as operações que ela comanda, e não precisamos saber tudo que direi sobre o conceito de campo para agir conforme aquilo que ele exige numa situação científica específica. Assim, pensar em termos de campos quando estudamos, por exemplo, as *Grandes*

---

5. P. Bourdieu talvez tenha em mente uma citação particular, ou pense de modo geral na crítica aos sofistas que Sócrates apresenta em vários diálogos de Platão. No *Fedro*, por exemplo, ele ataca longamente um discurso do sofista Lísias, que "[joga] as outras partes do discurso numa grande emburilhada", enquanto para outros sofistas "a probabilidade deve ser tida em maior apreço do que a verdade, pois só com os recursos da palavra fazem o pequeno parecer grande, e o inverso: o grande parecer pequeno; falam das coisas novas em linguagem arcaica, e o contrário disso" (*Fedro*, 264b e 267b, in Platão, *Diálogos V*. Belém: Universidade Federal do Pará, tradução de Carlos Alberto Nunes, 1975).

6. Karl Popper, *A lógica da pesquisa científica*. São Paulo: Cultrix, 1975, tradução de Leonidas Hegenberg & Octanny Silveira da Mota [*The Logic of Scientific Discovery*. Londres: Hutchinson, 1959].

Écoles[7], quer dizer que, através de uma espécie de reflexo profissional, sabemos que a verdade de cada escola não está em cada escola em particular, mas em sua relação com todas as outras e que, consequentemente, é melhor estudar superficialmente o conjunto das *Grandes Écoles* do que estudar de maneira muito aprofundada uma única *grande école*[8]. É nesse sentido que disse agora há pouco que entendia a palavra "teoria" muito mais no sentido de método de pensamento ou até método de percepção do que no sentido que infelizmente se dá à palavra "teoria" no discurso francês, em que "teórico" se opõe a "empírico" e designa tudo que não é empírico, tudo aquilo que não tem nada a ver com nada. A palavra "teoria", se ela designa, como digo, um sistema de esquemas de construção da realidade (ou uma construção científica da realidade), é uma espécie de palavra de ordem científica. Penso então que é possível agir de acordo com a teoria do campo sem empregar a palavra "campo", e por isso mostrarei a vocês exemplos de trabalhos empíricos retirados da revista *Actes de la recherche en sciences sociales*[9] que funcionam conforme àquilo que está implicado nas palavras "*habitus*" ou "campo" sem que elas sejam pronunciadas.

Entretanto, é útil explicitar o que significa pensar em termos de campo ou pensar em termos de *habitus*, porque isso permite agir melhor do que tendo como única base uma espécie de instinto teórico. A explicitação tem virtudes científicas: se é verdade que um *habitus* científico pode permitir práticas científicas muito rigorosas, é melhor explicitar as práticas do *habitus* de maneira a transformar o *habitus* em método. Esse é o sentido do que eu queria dizer.

Por ora, o preâmbulo terminou, agora vou abordar o objeto, mas acho que já estou nele.

As questões fundamentais

O objeto de ensino que vou propor é absolutamente banal. É aquele de todo curso possível de sociologia geral que abrange a questão de saber se a sociologia tem um objeto próprio, e qual seria. Quando formulamos as coisas dessa maneira, vemos imediatamente um desfile de uma série de obras que têm como título

---

7. "Grandes Escolas", as principais instituições francesas de ensino superior [N.T.].

8. P. Bourdieu desenvolverá essa análise em *La Noblesse d'État* [*A nobreza do Estado*]. Paris: Les Éditions de Minuit, 1989, especialmente pp. 185-187.

9. Revista criada por P. Bourdieu em 1975 [N.T.].

A sociologia..., e isso é desencorajador. Entre esses livros, encontramos alguns excelentes, escritos pelos grandes mestres, os grandes fundadores da sociologia, e outros deploráveis, escritos por vulgarizadores. Se o curso permite pelo menos fazer esse trabalho de enunciação dos fundamentos, parece-me que isso ocorre não somente por razões de divulgação, mas também porque essas elaborações fundamentais obrigam a reformular perguntas que uma ciência semiavançada, como a sociologia, muitas vezes finge ter resolvido apesar de jamais tê-las formulado completamente. Na verdade, se sou capaz de dar estas aulas sem experimentar uma sensação de desgosto por causa da repetição, é porque tenho profundamente a convicção de que colocar a pergunta do objeto próprio da sociologia não é apenas uma maneira acadêmica e escolar de responder. Eu penso que a sociologia, como qualquer ciência, se define por leis de construção específica de seu objeto que a distinguem das outras ciências e que distinguem seu objeto daquele das ciências próximas, e que ela se caracteriza por uma certa maneira de construir seu objeto. Responder a pergunta "O que é a sociologia?", é, portanto, responder a pergunta "Qual é seu objeto?" e "O que ela faz com a realidade social para fazer dela um objeto científico?" A resposta comum à pergunta "O que é a sociologia?" consiste em dizer que "a sociologia é o estudo da sociedade". Se vocês consultarem as enciclopédias ou os livros para o grande público, encontrarão variantes dessa resposta. Se não nos contentamos com essa questão, perguntamos um pouco mais: de qual sociedade? Onde está essa sociedade? Como ela existe? Ela existe nas coisas? Nas pessoas? Nas coletividades? Ela é uma soma de indivíduos?

Nesse formato, essas perguntas podem parecer acadêmicas ou metafísicas, mas basta voltarmos aos fundamentos da linguística para ver que Saussure formulou nesses mesmos termos a questão da língua, fazendo surgir ao mesmo tempo todo um conjunto de perguntas: a língua [*langue*] (que ele constituiu através de um ato de construção contra a fala [*parole*], não repetirei a demonstração)[10] existe no cérebro dos locutores, no cérebro de cada locutor, no conjunto dos cérebros dos locutores? Ou ela existe na sociedade como um conjunto? Ela existe nos dicionários, nos *corpus*, e nesse caso seria ela transcendente aos cérebros individuais, e até à totalidade dos cérebros? Se vocês retomarem o *Curso de linguística*

---

10. Sobre este ponto, ver P. Bourdieu, "Esboço de uma teoria da prática", in *Pierre Bourdieu: Sociologia*, Renato Ortiz (org.). São Paulo: Ática, 1983, tradução de Paula Montero, especialmente pp. 50-53 [tradução parcial de *Esquisse d'une théorie de la pratique*. Paris: Seuil, 2000 (1972), pp. 242-246].

geral, e as notas para o curso que foram publicadas desde então[11], vocês verão que esses problemas, de aparência metafísica ou acadêmica, são retomados obsessivamente por Saussure – a língua como tesouro, tesouro coletivo, tesouro individual etc. Penso que se Saussure remoeu esse problema em todos os sentidos, é porque existe uma questão verdadeira. Estou procedendo de maneira atabalhoada, muito rápida, mas eu poderia multiplicar por horas essas citações do *Curso de linguística geral*. Se algum de vocês quiser, pode se referir a seus textos. Eu quero simplesmente que vocês enxerguem que essas questões foram colocadas de modo quase obsessivo pelos especialistas da linguística, assim como pelos especialistas da cultura e os fundadores da etnologia: onde existe a cultura, essa cultura que os etnólogos conceberam para dar conta da realidade social, essa cultura que é oposta ao comportamento como código que permite associar o mesmo sentido ao mesmo comportamento e o mesmo comportamento às mesmas intenções significadoras? Existe um *locus*, um lugar da cultura? Há um debate célebre, reproduzido através de uma espécie de diálogo platônico (imaginário) entre Kluckhohn e Sapir sobre o estatuto da cultura[12], em que reencontramos todas as posições tradicionais da filosofia a propósito do estatuto das ideias e dos conceitos: existe uma realidade do inteligível? A cultura existe além daquilo em que ela se encarna etc. Esses problemas têm sido colocados de maneira obsessiva tanto na linguística quanto no domínio da etnologia.

Na sociologia fingimos estar livres desses problemas, por exemplo, ao associar implicitamente o estatuto da sociologia ao estudo das coletividades. Se fizéssemos, como foi feito para a psicanálise, um estudo dos usos e das representações sociais da sociologia com um público culto e também para além dele, a definição

---

11. O *Curso de linguística geral* de Ferdinand de Saussure (1857-1913) foi publicado em 1916 por dois de seus alunos, Charles Bally e Albert Sechehaye, com base em notas. A edição do curso foi alterada posteriormente à medida que novas fontes foram mobilizadas, especialmente a partir das décadas de 1950 e de 1960 (em particular, Robert Godel publicou em 1957 *Les Sources manuscrites du cours de linguistique générale*. Genebra: Droz [*As fontes manuscritas do curso de linguística geral*]). Sobre a comparação Saussure/Durkheim, ver Witold Doroszewski, "Quelques remarques sur les rapports de la sociologie et de la linguistique: É. Durkheim et F. de Saussure" (1932) ["Algumas observações sobre as relações entre a sociologia e a linguística: É. Durkheim e F. de Saussure"], in Jean-Claude Pariente (org.), *Essais sur le langage*. Paris: Les Éditions de Minuit, 1969, pp. 97-109.

12. Clyde Kluckhohn & William H. Kelly, "The Concept of Culture" ["O conceito de cultura"], in Ralph Linton (org.), *The Science of Man in the World Crisis*. Nova York: Columbia University Press, 1945, pp. 78-105. (O artigo expõe diferentes posições sobre a cultura, incluindo a de Edward Sapir).

mais comum seria aquela que ouvimos constantemente: o sociólogo é aquele que trabalha com os grandes números, com as massas, com as coletividades. Daí, por exemplo, o assombro quando um sociólogo faz uma monografia, como o trabalho de Boltanski sobre o diário de Amiel[13] que, aos meus olhos, é tipicamente sociológico mas que não se encaixa na definição comum da sociologia. Essa definição espontânea que a maioria das pessoas tem em mente muitas vezes dificulta, por exemplo, o diálogo dos sociólogos com os historiadores, os historiadores da literatura, os historiadores da arte etc. Muitos sociólogos têm essa definição em mente e não sabem muito bem o que fazer quando têm, por um lado, materiais estatísticos sobre os grandes números e, pelo outro, dados associados aos indivíduos.

Essa definição se fundamenta numa representação absolutamente realista do objeto social e, para oferecer um exemplo, citarei uma definição célebre de Linton em *O homem* que me parece a expressão mais banal e trivial mas ao mesmo tempo a mais comum dessa representação comum da sociedade e da sociologia: "uma *sociedade* é qualquer grupo de pessoas que viveram e trabalharam juntas por tempo suficiente para organizarem-se e pensarem-se a si mesmas como uma unidade social com limites bem definidos"[14]. Em outras palavras, a sociedade existe dependendo de três ou quatro condições. Primeiro, é preciso haver uma pluralidade, agregado ou soma de indivíduos. Segundo, é preciso haver uma persistência no tempo, que é a condição do estabelecimento de forças de integração – que não sabemos muito bem como funcionam... – dos indivíduos "que viveram e trabalharam juntos por tempo suficiente para organizarem-se". Ao dizer "forças de integração", insinuo uma intenção. Ela seria a diferença que se estabelece atualmente entre um verdadeiro grupo e um público como justaposição temporária e sem futuro de indivíduos. Terceira propriedade (que decorre dessa proposição), é preciso a adaptação recíproca do comportamento dos indivíduos. Supõe-se que os indivíduos se modificam mútua e instantaneamente, como bolas de gude que se entrechocam e se modificam num instante, mas a questão das modificações duráveis não é nem sequer formulada.

---

13. Luc Boltanski, "Pouvoir et impuissance. Projet intellectuel et sexualité dans le *Journal* d'Amiel", *Actes de la recherche en sciences sociales*, n. 5-6, 1975, pp. 80-108 ["Poder e impotência: projeto intelectual e sexualidade no *Diário* de Amiel". Henri-Frédéric Amiel (1821-1881) foi um escritor suíço que ficou conhecido postumamente após a publicação de seu diário íntimo de quase 17 mil páginas – N.T.].
14. Ralph Linton, *The Study of Man* [*O estudo do homem*]. Nova York: Appleton-Century-Crofts, 1936, p. 91.

Em quarto lugar, eventualmente, postula-se a existência de uma consciência de grupo, de um sentimento de união, que muitas vezes é chamado de "espírito de corpo" ["*esprit de corps*"].

Não discutirei por muito tempo essa definição de uma sociedade como conjunto de indivíduos dotado dessas propriedades. Eu queria simplesmente, para não mergulhar imediatamente na minha representação do objeto próprio da sociologia, evocar a representação ordinária do objeto da sociologia com a ideia de que essa representação ordinária assombra, num estado inconsciente, a mente da maioria dos sociólogos que, considerando essa questão resolvida, em última instância se contentam com a representação do senso comum. Retomo um tema absolutamente banal de Bachelard: enquanto suas ideias fundamentais não são questionadas, uma ciência pode viver fundamentada em ideias do senso comum, e é preciso crises científicas graves para que esses pressupostos implícitos, através dos quais o cientista participa das representações comuns, sejam questionados[15].

Definição realista e definição interacionista

Em última instância, essa definição do senso comum que faz do sociólogo o especialista das coletividades, dos grupos, de suas relações, de suas interações etc., é completamente prisioneira de duas evidências. Há, por um lado, a evidência do indivíduo biológico: no fundo, o que vemos do social são os indivíduos, e o que vemos com facilidade ainda maior do social são as massas (no sentido que acabo de empregar, de grandes números – a palavra "massa" é extremamente perigosa[16]), os grandes números de indivíduos mais ou menos justapostos no espaço. Por outro lado, o que vemos da sociedade, e secundariamente do social, são as interações entre os indivíduos, os indivíduos reagindo uns sobre os outros. O que proponho está em ruptura com essas duas definições que têm seu estatuto na ciência social: uma consiste em tratar os grupos como agregados de indivíduos passíveis de uma análise estritamente estatística, e a outra, que tem um nome de escola na sociologia, o interacionismo, reduz os fenômenos sociológicos e as re-

---

15. Gaston Bachelard, *A formação do espírito científico*. Rio de Janeiro: Contraponto, 2002, capítulo 1. Tradução de Estela dos Santos Abreu [*La formation de l'esprit scientifique*. Paris: Vrin, 1938].

16. Para a crítica da noção de massa, ver Pierre Bourdieu & Jean-Claude Passeron, "Sociologues des mythologies et mythologies de sociologues", *Les Temps modernes*, n. 211, 1963, pp. 998-1021 ["Sociólogos das mitologias e mitologias de sociólogos"].

lações sociais à interação visível e imediatamente observável entre os indivíduos, entre os agentes sociais.

Estou me alongando um pouquinho porque talvez eu tenha falado muito pouco sobre esse último ponto, a interação. A escola que chamamos de interacionista tem uma virtude eminente e contribuiu para o progresso da ciência social nos últimos anos. Ela foi desenvolvida sobretudo nos Estados Unidos a partir de Chicago e se esforça em descrever os laços sociais como laços de interação. Por exemplo, [Erving] Goffman, o nome mais conhecido dessa escola, descreve os laços entre desconhecidos que se encontram na rua: eles não sabem nada uns sobre os outros, mas obedecerão a regras mais ou menos ritualizadas. Eles vão, por exemplo, evitar os assuntos quentes que podem causar divisões ou deflagrar conflitos, já que não sabem, por assim dizer, de que lado o outro está. Eles não falarão nem de religião nem de política, mas da chuva e do tempo bom, que é um assunto de conversa frequente porque é um dos únicos terrenos gerais sobre os quais todos os grupos sociais podem concordar – com exceção, e esse é um caso interessante, das conversas entre turistas e camponeses que podem ter interesses antagônicos quanto a essa questão [risos]. O trabalho de Goffman consiste em descrever dois indivíduos tomados no estado isolado em suas interações e analisar as estratégias pelas quais eles evitam o conflito e buscam o consenso. Ele analisa, por exemplo, o que chama de "trabalho de consenso", quer dizer, os esforços às vezes desesperados que as pessoas fazem para encontrar alguma coisa para dizer, para encontrar alguma coisa em comum[17]. Trata-se aqui de uma espécie de fenomenologia objetiva das interações entre agentes singulares. Essa análise parece muito próxima da definição que darei da sociologia já que toma por objeto não os indivíduos – isso é um progresso quanto à definição mais simples que estuda os indivíduos ou as massas de indivíduos agregados segundo as classes mais homogêneas possíveis – mas as relações. Isto posto, essas relações são interações, relações visíveis que todos enxergam, que podem ser filmadas. Vocês não teriam nenhuma dificuldade para ilustrar a noção de interação goffmaniana, nem para

---

17. O "consenso operacional" ["*working consensus*"] é, para Goffman, um acordo, um "*modus vivendi*" que os participantes numa interação se esforçam para realizar; ele "implica não tanto num acordo real sobre o que existe mas, antes, num acordo real quanto às reivindicações de qual pessoa, referentes a quais questões, serão temporariamente acatadas" (E. Goffman, *A representação do eu na vida cotidiana*. Petrópolis: Vozes, 1995, tradução de Maria Célia Santos Raposo, p. 18 [*The Presentation of Self in Everyday Life*. Nova York: Doubleday, 1959, pp. 9-10]).

colocar uma foto na capa de um livro de Goffman: vocês iriam para a rua fotografar duas donas de casa voltando do mercado, uma delas coloca sua sacola de compras no chão, vocês fotografariam a interação[18].

Minha posição é que aquilo que a sociologia tem como objeto de descrição são coisas absolutamente invisíveis, relações que não se deixam fotografar. Para utilizar uma analogia simples, a sociologia interacionista está numa lógica análoga à da física cartesiana que descreve contatos entre corpos na qual o único meio de um corpo agir sobre outro é o choque. O que proporei com a noção de campo é uma coisa que seria, por analogia, como uma física de tipo newtoniano ou einsteiniano que analisa espaços que não são visíveis, que precisam ser construídos para dar conta das práticas e em cujo interior se exercem forças que só captamos através das modificações que elas causam nos indivíduos, em sua conduta etc. Até hoje, em minha opinião, a sociologia ainda não realizou completamente uma ruptura essencial, mesmo que num certo sentido ela sempre tenha se esforçado para isso (Durkheim fez esforços nesse sentido, ainda que numa lógica diferente): para mim, ela só pode ter um objeto [verdadeiramente científico] se descartar esses objetos aparentes que são os indivíduos, os grupos de indivíduos, as relações visíveis entre os indivíduos. As relações de comunicação, as interações, as trocas, as cooperações etc. são também um objeto da sociologia, mas seu princípio não está naquilo que conseguimos enxergar delas. É preciso então ultrapassar esse aspecto visível do mundo social para ir na direção de um conjunto de coisas completamente despercebidas, relações que existem independentemente ou por fora de qualquer realização espacial. Para empregar uma imagem simples, os dois interlocutores que gesticulam e que posso filmar e analisar podem obedecer, em suas interações, a mecanismos absolutamente transcendentes ao que se passa na interação. Se forem, por exemplo, dois franceses, um de origem francesa e o outro de origem portuguesa, o princípio de interação poderá estar ligado a relações objetivas (de dominação, de colonização etc.) entre as duas línguas ou os dois países. E as interações que vejo, meço e observo podem não ser nada mais do que a manifestação de estruturas ocultas

---

18. Com efeito, fotos desse tipo aparecem nas capas dos livros de Erving Goffman publicados por P. Bourdieu na editora Éditions de Minuit na coleção "Le sens commun": *Les Relations en public*, 1973 [*As relações em público*]; *Façons de Parler*, 1981 [*Formas de falar*] e *Les Rites d'interaction* (1974) [*Ritual de interação*]: pessoas no terraço de um café, uma foto tirada de um filme onde um crupiê sinaliza a apostadores num cassino.

que não estão presentes no nível da interação, exceto em seus efeitos. Esse é um primeiro ponto puramente negativo.

Para sair dessa representação realista do objeto social na qual a ciência social não para de recair, o que é especialmente difícil, parece-me que é preciso importar para o terreno da ciência um modo de interrogação que é ordinário no terreno da filosofia. Eu me considero um defensor desse modo de pensar – e com muita frequência faço a objeção para mim mesmo que isso pode ser uma deformação ligada a uma formação – em nome da convicção de que ele produz efeitos científicos absolutamente reais. Uma das técnicas que um jovem sociólogo pode aprender para produzir efeitos científicos em seu trabalho pode ser aquela que consiste em conseguir se interrogar sobre as coisas que são autoevidentes. Como mostrarei na sequência de minhas análises, um dos efeitos da socialização, ou do acordo entre o que chamo de *habitus* – antecipo isso para aqueles que entendem esse termo que os outros entenderão mais tarde – e os campos é produzir uma espécie de orquestração entre o *habitus* e o campo: aquele que tem o *habitus* do campo é, nesse campo, como um peixe n'água ou como uma pessoa na atmosfera, o que faz com que ela não tenha nenhuma consciência do peso do ar, e se essas regularidades, essas regras, esses pesos, essas leis, essas relações objetivas são tão difíceis de analisar, é precisamente porque elas estão incorporadas, estão ao mesmo tempo na objetividade e na subjetividade, e portanto não são sentidas como tais. O trabalho de objetivação que consiste de alguma maneira em expulsá-las para enxergá-las, constituí-las, descrevê-las, analisá-las etc. é difícil porque elas são escondidas por sua própria eficácia. As estruturas mais fundamentais do mundo social estão ao mesmo tempo no meu cérebro e na realidade objetiva, o que causa efeitos em minha experiência do social: o mundo social é autoevidente, se oferece como autoevidente. Segue-se que a ciência social é especialmente difícil.

Durkheim, que invoco com muita frequência, dizia que *a* dificuldade especial da sociologia tinha a ver com o fato de que, exatamente, nós acreditamos conhecer o mundo social porque nele somos como peixes n'água, sabemos viver nele. Essa ilusão da transparência e do domínio imediato do mundo social é, segundo Durkheim, o obstáculo fundamental para o conhecimento científico do mundo social[19]. Isso que digo será estabelecido melhor quando eu puder analisar mais

---

19. Ver Émile Durkheim, *As regras do método sociológico*. São Paulo: Martins Fontes, 2007, tradução de Paulo Neves [*Les Règles de la méthode sociologique*. Paris: PUF, 1981 (1895)]; e Pierre

completamente o que é um *habitus*, o que é um campo, mas esse tipo de acordo, de orquestração objetiva sem regente de orquestra entre um *habitus* e um campo que faz com que certas pessoas sejam como um peixe n'água em seu universo é o principal obstáculo à objetivação dupla que a ciência deve fazer: a objetivação das estruturas objetivas – relações objetivas irredutíveis a suas manifestações, às interações – e a objetivação das estruturas incorporadas – estruturas mentais produzidas pelo social através das quais nós pensamos o social. Eu antecipo muito o que direi posteriormente. Nós pensamos o mundo social com esquemas de pensamento que são, em grande parte, o produto do mundo social. Assim, é o mundo social que nos impõe os óculos com os quais nós o enxergamos. E ao mesmo tempo nós não o enxergamos, nós enxergamos tudo, exceto os óculos que estão ao mesmo tempo em nosso cérebro e na realidade[20].

As exigências metafísicas da sociologia

Retorno agora a esse tipo de exortação a uma interrogação do ordinário reservada à metafísica. Como o mundo social é um objeto indigno do ponto de vista das hierarquias sociais dos objetos de pensamento (voltarei com frequência a esse tema importante, que é saber fazer uma socioanálise de seu próprio pensamento), é muito raro que as pessoas apliquem ao mundo social as técnicas de pensamento que aplicam a Deus ou ao Ser, ou à diferença entre o Ser e o Tempo. Ora, eu acredito que para pensar adequadamente o mundo social é preciso aplicar a ele esses modos de pensar que são reservados aos mais altos

---

Bourdieu, Jean-Claude Chamboredon e Jean-Claude Passeron, *O ofício de sociólogo*. Petrópolis: Vozes, 2004, tradução de Guilherme João de Freitas Teixeira [*Le Métier de sociologue*. Paris: Mouton-Bordas, 1968], pp. 25-29 [37-41], e o texto de ilustração de Émile Durkheim, extraído de *Educação e sociologia*, pp. 135-137 [159-160].

20. P. Bourdieu utiliza com frequência (especialmente em "Éléments d'une théorie sociologique de la perception artistique" ["Elementos de uma teoria sociológica da percepção artística"], *Revue internationale des sciences sociales*, v. XX, n. 4, 1968, p. 642 e *L'Amour de l'art*. Paris: Les Éditions de Minuit, 1969, p. 160 [Pierre Bourdieu & Alain Darbel, *O amor pela arte*. São Paulo: Edusp, 2003, tradução de Guilherme João de Freitas Teixeira, p. 162]) essa imagem dos óculos retirada parcialmente de uma citação de *Ser e Tempo*, de Martin Heidegger: "Para quem usa óculos, por exemplo, que, do ponto de vista do intervalo, estão tão próximos que os 'trazemos no nariz', esse instrumento de uso, do ponto de vista do mundo circundante, acha-se mais distante do que o quadro pendurado na parede em frente. Esse instrumento é tão pouco próximo que, muitas vezes, nem pode ser encontrado imediatamente" (Martin Heidegger, *Ser e tempo*. Petrópolis: Vozes, 2005, tradução de Marcia Schuback, § 23, p. 155 [*Sein und Zeit*. Tübingen: Max Niemeyer, 1927]].

objetos do pensamento, os da metafísica. Para conseguir pensar nessa coisa extremamente obscura, [faltam-nos] técnicas de pensamento. Em termos simples, seria preciso – mas, para aqueles que conhecem a sociologia do campo intelectual, é completamente impossível, é água e óleo... – pensar o mundo social com Heidegger, formular a propósito do mundo social perguntas do tipo: o que quer dizer pensar[21]? O que quer dizer existir para uma coisa social? O que quer dizer existir para uma instituição? O que quer dizer ser instituído, e quem institui o instituído? Como o instituído se institui nas coisas? Como o instituído se institui nos cérebros? O que quer dizer um ato de instituição? A palavra "instituição" é absolutamente fundamental, mas foi bloqueada de uma vez por todas pelos usos durkheimianos[22]. Ainda assim, a virtude dos durkheimianos é terem tocado nessa palavra absolutamente central – se eu precisasse designar o social com uma palavra, [eu escolheria] instituição – mas se fizéssemos uma pesquisa rápida entre nós na qual perguntássemos: "O que você quer dizer quando fala de instituição?", as respostas identificariam o termo com uma espécie de durkheimianismo antiquado, de filosofia acadêmica. Por exemplo, não se pensa de modo algum no ato de instituição, ou na frase: "Eu instituo meu filho como herdeiro", que se escreve nos contratos ou testamentos. Não se pensa de modo algum no sentido que Merleau-Ponty despertou num de seus cursos, quando ele dizia que as sociedades arcaicas instituem seus mortos, no sentido de: "Eles os fazem existir, apesar de tudo, através de um ato social e coletivo mais forte

---

21. Ver Martin Heidegger, "O que quer dizer pensar", in *Ensaios e conferências*. Petrópolis: Vozes, 2012, tradução de Gilvan Fogel, pp. 111-124 ["Was heißt Denken?", in *Vorträge und Aufsätze*. Tübingen: Mohr, 1960]. P. Bourdieu constantemente coloca em prática esse tipo de interrogação: por exemplo, "Qu'est-ce que faire parler un auteur? À propos de Michel Foucault" ["O que é fazer um autor falar? A propósito de Michel Foucault"], *Société et représentation*, n. 3, 1996, pp. 13-18; "O mistério do ministério: das vontades particulares à 'vontade geral'" (2001), in Loïc Wacquant (org.), *O mistério do ministério: Pierre Bourdieu e a política democrática*. Rio de Janeiro: Revan, 2005, tradução de Paulo Cezar Castanheira ["Le mystère du ministère. Des volontés particulières à la 'volonté générale'", *Actes de la recherche en sciences sociales*, n. 140, 2001, pp. 7-11] (onde ele propõe explicitamente transpor a pergunta de Heidegger, "o que quer dizer pensar?", ao voto, "o que significa votar?"); ou ainda "Algumas questões sobre o movimento gay e lésbico", in *A dominação masculina*. Rio de Janeiro: Bertrand Brasil, 2002, tradução de Maria Helena Kühner [*La Domination masculine*. Paris: Seuil, 2002, pp. 161-168] etc.

22. Durkheim chegou a definir a sociologia como a "ciência das instituições": "Com efeito, sem alterar o sentido dessa expressão, pode-se chamar *instituição* todas as crenças e todos os modos de conduta instituídos pela coletividade; a sociologia pode então ser definida como a ciência das instituições, de sua gênese e de seu funcionamento". (Émile Durkheim, *As regras do método sociológico, op. cit.*, prefácio da segunda edição (1901), p. xxx [xxi]).

que a morte, mais forte do que o verdadeiro, do que o falso, do que a realidade etc."[23]. Eis um outro ato de instituição formidável: "O rei está morto, viva o rei!", no livro de Kantorowicz, *Os dois corpos do rei*[24]. Se tomarmos a palavra "instituição" no sentido forte, percebemos que há algo de formidavelmente misterioso e complicado na questão do Ser. Mas temos o hábito de aplicar ao social o mesmo regime de pensamento (como quando falamos do regime de um motor) que aplicamos para a leitura do *Figaro*, do *Matin* ou do *Libération*[25].

Seria preciso formular perguntas úteis sobre o mundo social, especialmente para explodir um certo número de termos enganosos que tomam o lugar de fundamentações. Atualmente, na fundamentação daquilo que os sociólogos têm em mente quando produzem a sociologia, existe um certo número de palavras cristalizadas, um imenso impensado especialmente perigoso, e, como o impensado está contido nas palavras, elas parecem vir do pensado, e de um só golpe param o pensamento sem produzir nada. A investigação definitiva teria por objeto destruir essas palavras estranhas que impedem que enxerguemos o mundo social e, sobretudo, que formulemos sobre ele um certo número de perguntas.

Agora que terminei este preâmbulo abstrato, oferecerei um exemplo, conforme o preceito que anunciei agora há pouco. Se eu tivesse, mais uma vez, que perguntar a todos os presentes, a todos os sociólogos vivos, que me dissessem o que é a Igreja – eu poderia fazer a mesma coisa com o Estado –, creio que poderia verificar empiricamente que tudo isso que disse não era simples retórica. Nós acreditamos que sabemos o que é a Igreja, e todos os dias formulamos frases do tipo: "A Igreja disse…" Recentemente, quando houve uma declaração dos bispos sobre um problema social, vocês escutaram dez vezes num dia, sem se surpreender: "A Igreja ou o episcopado tomaram uma posição". Ora, é uma questão fundamental

---

23. Trata-se sem dúvida do curso principal que Maurice Merleau-Ponty deu em sua cátedra de ensino no Collège de France no ano 1954-1955 com o título de "A 'instituição' na história pessoal e pública" (transcrito em Maurice Merleau-Ponty, *L'Institution, la passivité. Notes de cours au Collège de France [1954-1955]*. Paris: Belin, 2003, pp. 31-154).

24. Ernst H. Kantorowicz, *Os dois corpos do rei: um estudo sobre teologia política medieval*. São Paulo: Companhia das Letras, 1998, tradução de Cid Knipel Moreira [*The King's Two Bodies: A Study in Mediaeval Political Theology*. Princeton: Princeton University Press, 1957]. Ver Pierre Bourdieu, *Sociologia geral vol. 1: lutas de classificação*. Petrópolis: Vozes, 2020, tradução de Fábio Ribeiro, aula de 9 de junho de 1982, p. 139 [*Sociologie générale volume 1*. Paris: Seuil, 2015, p. 163].

25. Referência a jornais franceses. *Le Matin de Paris* era um jornal diário ligado à revista *Nouvel Observateur* e ao Partido Socialista então no poder. Criado em 1977, ele parou de circular em 1988.

saber se a Igreja, essa realidade que ainda não sei o que é, pode ser identificada com o episcopado. O que quer dizer essa identificação? Será que ela é uma identificação no sentido de: "Os bororos são araras", segundo a frase célebre[26]? Será que a Igreja é os bispos como os bororos são araras? Podemos concluir que a Igreja é todas as coisas que podem ser designadas pela palavra "Igreja"? Ou que ela é todas as pessoas que podem falar com autoridade em nome da Igreja, o que é uma definição teológica? Encontramos textos [que afirmam que] "a Igreja é os bispos", ou [que] "a Igreja é o papa", o que colocaria o problema da infalibilidade pontifical. Se uma pessoa tem o mandado para falar em nome da Igreja, ela é então a Igreja. Mas então essa coisa em nome da qual o papa fala e que também existe não está na definição: para que o papa fale em nome de uma coisa é preciso que essa coisa exista. Existe simultaneamente uma definição para essa coisa em nome da qual o papa fala e para o próprio papa? Como uma coisa pode englobar ao mesmo tempo o significante e o significado?

Eu hesito em prosseguir porque não se espera isso de um curso de sociologia, e vocês podem ter a impressão de terem ido parar na sala ao lado [risos]! Entretanto, seria preciso continuar o exercício, e eu queria estar autorizado socialmente a continuá-lo por muito tempo. Continuarei um pouco. Entre os sociólogos há todo um debate para saber se a Igreja é o conjunto do clero e dos leigos (os durkheimianos costumam estar desse lado[27]) ou se é somente o clero (os weberianos

---

26. Essa formulação, que ocasionou vários debates entre os antropólogos, foi retirada da leitura do etnógrafo Karl von den Steinen (1855-1929), que, em *Unter den Naturvölkern Zentralbräsiliens* [*Entre os povos primitivos do Brasil central*] (Berlim: Reiner, 1894, pp. 305-306), reportou que a tribo dos Bororos, no atual Mato Grosso, identificavam-se com o seu totem, a arara. Lucien Lévy-Bruhl escreveu: "'Os bororos [...] se gabam de serem araras vermelhas'. Isso não significa apenas que depois da morte eles se tornam araras, nem que as araras sejam bororos metamorfoseados e que devam ser tratadas como tal. Trata-se de algo bem diferente. Diz o senhor von den Steinen, que não queria acreditar nisso mas precisou se render a suas afirmações formais: 'os bororos dão friamente a entender que eles *são realmente* araras, exatamente como se uma lagarta dissesse que é uma borboleta'. Não é um nome que eles se dão, não é um parentesco que eles proclamam. O que eles querem dizer é uma identidade essencial. O senhor von den Steinen julga inconcebível que eles sejam ao mesmo tempo os seres humanos que são e pássaros de plumagem vermelha. Mas, para uma mentalidade regida pela lei da participação, não há dificuldade alguma. Todas as sociedades de forma totêmica comportam representações coletivas do mesmo gênero, implicando uma identidade semelhante entre os indivíduos de um grupo totêmico e seu totem" (Lucien Lévy-Bruhl, *Les Fonctions mentales dans les sociétés inférieures* [*As funções mentais nas sociedades inferiores*]. Paris: Alcan, 1910, pp. 77-78).

27. François Simiand, por exemplo, escreveu: "O clero representa um órgão de um corpo que seria a Igreja, ele próprio sofre a ação desse corpo muito mais do que age sobre ele. Em última instância, um corpo da Igreja, uma religião, pode existir sem esse órgão, sem um clero. Seria então

costumam estar desse lado; quando Weber diz que a Igreja é o conjunto dos detentores do "monopólio de manipulação dos bens de salvação"[28], ele designa manifestamente o clero, e somente ele, ou seja, aqueles que são os detentores estatutários do direito de acesso aos bens sagrados). Podemos formular a pergunta: será que é um ou outro, será que é um e outro? Os textos do direito canônico mostram que há toda uma história do debate a propósito dessa definição.

Essa discussão pode parecer inútil ou teológica para vocês, mas no terreno da arte o problema é exatamente o mesmo: podemos perguntar o que é a arte, um artista, uma instituição artística, por que a arte existe etc. A questão é da mesma ordem: será que a arte é simplesmente o conjunto do clero, quer dizer, o conjunto dos produtores profissionais dos objetos chamados de artísticos? Assim, há um belíssimo artigo, um dos melhores artigos que conheço de sociologia da arte, de um sociólogo americano, Howard Becker. Para descrever a instituição artística, Becker diz que existem "*art worlds*" ["mundos da arte"] e que, nesses mundos artísticos, há cenáculos, artistas, salões, galerias, locais de exposição, museus, locais de consagração etc., mas nunca o público[29]. Daí uma pergunta absolutamente simples: poderia existir arte se não existisse o consumidor de arte? Em outras palavras, pode-se fazer uma sociologia das coisas que são a arte, ou a Igreja, sem fiéis, sem leigos? Pode-se imaginar uma Igreja sem fiéis, mas acho que só podemos imaginar isso porque existe uma Igreja com fiéis. Estamos indo na direção de uma Igreja sem fiéis [*risos*], mas, historicamente, é preciso que uma Igreja tenha

---

um fechamento da inteligência de toda uma parte, talvez da maior parte dos fenômenos sociais religiosos, reduzir *arbitrariamente* e *a priori* a Igreja ao clero" (François Simiand, *Método histórico e ciências sociais*. Bauru: Edusc, 2003, tradução de José Leonardo do Nascimento (não localizada) ["Méthode historique et sciences sociales", *Annales ESC*, v. 15, n. 1, 1960 (1903), p. 91]).

28. M. Weber, "Sociologia da religião (tipos de relações comunitárias religiosas)", in *Economia e sociedade*, v. 1. Brasília: UnB, 1991, tradução de Regis Barbosa & Karen Elsabe Barbosa, pp. 279-418 [*Wirtschaft und Gesellschaft*. Tübingen: Mohr, 1922]. Sobre este ponto e de modo mais geral sobre a leitura que P. Bourdieu faz da sociologia da religião de Max Weber), ver Pierre Bourdieu, "Gênese e estrutura do campo religioso" e "Uma interpretação da teoria da religião de Max Weber", in *A economia das trocas simbólicas*, Sergio Miceli (org.). São Paulo: Perspectiva, 1992, tradução de Sergio Miceli e Sílvia de Almeida Prado, pp. 27-98 ["Genèse et structure du champ religieux", *Revue française de sociologie*, v. 12, n. 13, 1971, pp. 295-334 ;"Une interprétation de la théorie de la religion selon Max Weber", *Archives européennes de sociologie*, v. 12, n. 1, 1971, pp. 3-21].

29. Ver Howard Becker, *Mundos da arte*. Lisboa: Horizonte, 2010, tradução de Luís San Payo [*Art Worlds*. Berkeley: University of California Press, 1984]. O livro ainda não havia sido publicado no momento do curso, e P. Bourdieu se refere a um dos artigos anteriores à sua publicação, provavelmente "Art Worlds and Social Types" ["Mundos da arte e tipos sociais"], *American Behavioral Scientist*, v. 19, n. 6, 1976, pp. 703-718.

tido fiéis. Essa seria uma discussão longa. É uma questão de importância real de um ponto de vista prático e ao mesmo tempo quase metafísico.

Será que a Igreja é o clero ou os leigos, ou será que ela é o clero e os leigos? Pode-se fazer uma concessão a uma definição sincrética, porque quando começamos a nos colocar essas perguntas a tentação é terminar com uma definição – assim, Gurvitch dava cursos extraordinários que terminavam com definições de duas páginas que englobavam tudo[30]. Obviamente, eu não acho que devamos ir nessa direção, fecho imediatamente uma saída possível para tornar as coisas mais difíceis. Existe o clero, existem leigos, mas também igrejas, no sentido material do termo: a Igreja é construções, locais de culto, construções consagradas que é preciso descrever. Para que essas construções sejam consagradas, é preciso pessoas para consagrá-las. A Igreja pode funcionar sem bispos para consagrá-las? Não poderiam existir leigos cristãos sem as pessoas para consagrá-los, para batizá-los. Ao colocar essas perguntas, já vemos relações sendo tecidas: talvez tudo isso só exista em relações. Se continuarmos, existe também – essa palavra não é muito boa – toda uma "tecnologia social". Diz-se de um jornal que ele é "cristão", ou de um intelectual que "ele tem um estilo tipicamente cristão": reconhece-se o que eu chamaria de "*habitus* cristãos", estilos cristãos, filósofos cristãos (há quem diga: "Saint-Exupéry poderia ter sido cristão", e aliás, muitos acreditam que era [*risos na sala*][31]). Tudo isso também faz parte da Igreja: sem Igreja, esses efeitos marcados em forma de frases, de maneiras de ser etc. não existiriam. A Igreja é obviamente instrumentos materiais (batinas, crucifixos etc.) mas também instrumentos intelectuais, modos de pensar: o direito canônico, um estilo (por exemplo, o estilo jesuíta em termos de arquitetura ou de retórica). Evidentemente, também existem (eu disse isso no começo quando falava sobre a ordem da descoberta, achei que isso não apareceria imediatamente – eis um exemplo do caso onde o fato de saber a história atrapalha a narrativa) porta-vozes legítimos que podem falar em nome da Igreja. Essas pessoas são mais a Igreja do que as outras já que, quando elas

---

30. Georges Gurvitch foi, junto com Raymond Aron, um dos dois professores de sociologia na Sorbonne no momento da criação da licença de sociologia em 1958. Suas aulas foram assistidas pela maioria dos sociólogos formados em Paris no final da década de 1950 e início da de 1960.

31. Antoine de Saint-Exupéry (1900-1944) é conhecido no Brasil principalmente como o autor de *O pequeno príncipe*, mas na França, devido à sua morte em ação na Segunda Guerra Mundial, seu estatuto foi elevado pelos partidários do gaullismo a um nível quase de culto, ao qual P. Bourdieu se refere com ironia. A discussão sobre as posições religiosas de Saint-Exupéry persiste até hoje na França [N.T.].

falam, é a Igreja que fala e elas podem até falar contra a opinião dos fiéis. Muitas vezes os leigos dizem: "Eu não me sinto representado pela Igreja, vou à missa da igreja de Saint-Nicolas-du-Chardonnet[32]". Pode haver leigos que, embora sejam da Igreja, não se sintam na Igreja. Se o sociólogo tiver uma definição realista da Igreja, ele dirá que "já que os leigos não estão na Igreja, eles não são da Igreja", mas se ele tiver uma definição relacional – antecipo novamente o que direi – o fato de eles se queixarem de não serem da Igreja o incitará a colocá-los na definição da Igreja. Eu poderia continuar. Os porta-vozes, os representantes oficiais que pretendem ser a Igreja com chances de sucesso, sem serem desmentidos – ninguém diria ao papa: "O senhor não tem o direito de falar em nome da Igreja", o que não seria verdade para o porta-voz de um grupo como o PSU[33] –, informam sobre o grupo e sobre a relação entre esses porta-vozes e a verdade do que é o mundo social que se encontra expresso por esses porta-vozes. Como encaixar tudo isso? Farei aqui uma espécie de antecipação. Eu tentei, com este exemplo, responder mais ou menos bem a todas as objeções que eu me fiz durante meu preâmbulo: eu tentei destacar um problema concreto, deixá-lo o mais real possível para vocês. É claro que é um problema com o qual convivi completamente durante dois ou três anos, trabalhando, lendo o direito canônico, criando estatísticas, observando bispos, enquanto para vocês é um problema que acabo de evocar em algumas frases, até tentando, através de brincadeiras, torná-lo real. Porque quando rimos, é aí que as coisas se mexem, que tocamos o sagrado.

A limalha

Eu gostaria agora de tentar contar muito rapidamente, por antecipação, todo o conteúdo do ano através – para empregar uma metáfora religiosa – de uma parábola. Em relação a este exemplo, eu oferecerei os esquemas que aplico ao mundo social, com todo o risco que isso acarreta. Evidentemente, não tentarei dar uma definição da Igreja, do Estado, nem da instituição artística. (De passagem, aproveito para dizer que é preciso sempre desconfiar das definições, porque

---

32. Essa igreja situada no 5º *arrondissement* [bairro] de Paris tornou-se bastante notória a partir de 1977 quando foi ocupada por católicos tradicionalistas próximos, para alguns, da extrema-direita.
33. Situado à esquerda do Partido Socialista e considerado próximo dos meios intelectuais, o PSU (Partido Socialista Unificado) se desfez em 1989.

elas nos fazem acreditar que o problema está resolvido.) Se tenho que responder à pergunta: "O que é a Igreja?", eu direi que antes de mais nada há um campo – uso uma palavra que não deveria empregar porque ainda preciso defini-la – ou, mais exatamente, um espaço social, um conjunto de relações objetivas entre as pessoas que… como dizer? [*silêncio*] Sinto-me muito desconfortável em falar sem as palavras que me permitem nomear exatamente a coisa que quero nomear, mas como essas palavras não foram definidas, não posso utilizá-las [*risos na sala*]… Digamos que, se eu tivesse que dizer o que é a Igreja da França de hoje, eu não diria que é os bispos, ou que é o conjunto do clero; nem que é o conjunto dos bispos, do clero e dos leigos, nem mesmo o conjunto de tudo isso mais os teólogos, os intelectuais católicos etc. Não. A Igreja é as relações objetivas entre todas essas pessoas – de modo geral, é o que chamo de um "campo". São relações tais que um espaço-Igreja se desenha e que a posição que um indivíduo ocupa nesse espaço abrange uma informação considerável sobre suas estratégias, suas posições, suas tomadas de posição etc. Em outras palavras, a Igreja seria uma espécie de diagrama no qual estariam situados não mais agentes individuais, mas posições definidas por propriedades objetivas (como o poder de excomungar, o poder de excluir ou, pelo contrário, o dever de frequentar a missa todos os domingos etc.), que são definidas pela relação com o conjunto do espaço, e o conjunto dessas posições é o que chamo de um campo, que defini de maneira objetivista como se se tratasse no fundo de um mundo físico.

Uma das propriedades desse espaço é que as condutas de qualquer um que entre nele – um padre operário, um jovem seminarista que se torna padre operário etc. – serão modificadas, antes mesmo que essa pessoa perceba, pelo conjunto dessas forças. Ela será, por exemplo, obrigada a se recusar a obedecer, a se revoltar: um dos efeitos mais dramáticos produzidos pela inserção num campo é que os próprios esforços para escapar das forças do campo contribuem para fazer o campo existir. Posso oferecer inúmeros testemunhos: por exemplo, certos cristãos de esquerda – essa é uma de suas contradições – sentem a força do campo, tal como ela se encarna em certos momentos nos bispos ou nos mandatários dessas forças, através exatamente de sua incapacidade de agir como se isso não existisse. Esse campo de forças é tal que se vocês jogassem nele um pequeno seminarista – como jogariam uma bola de gude –, sua conduta seria modificada por essas forças. Ele não vai passear num espaço puro, livre, onde pode fazer qualquer coisa. O mundo social é isso: um espaço onde não podemos fazer qualquer coisa. Descrevi o espaço grosseiramente e por enquanto não entro em detalhes porque isso já é bastante complicado, mas esses espaços não são nada lineares, eles se encaixam, se empilham etc. Quando lemos num jornal ou num livro que "A Igreja da França fez...", trata-se de uma estenografia para descrever a resultante dos efeitos do conjunto de todas essas ações. Na verdade é tudo que se passa nesse espaço de forças que resulta nas declarações dos bispos da França. Isso é importante em relação à filosofia espontânea da história que todos nós temos [em mente] para a qual existe um sujeito – o que não quer dizer que os sujeitos não fazem nada, mas eles não fazem de jeito nenhum aquilo que acreditamos que fazem.

Em segundo lugar – terminarei aqui –, essas limalhas (as pessoas que vão tentar entrar num campo) são de um tipo absolutamente particular: são sujeitos sociais que têm uma memória. Quero lembrar que estou na lógica da parábola, porque tenho muito medo, depois de dizer isso, de um dia ouvir: "Bourdieu disse que as pessoas são limalhas dotadas de memória" [*risos*]. Essas parábolas buscam ajudar a compreender; eu as destruirei depois, ainda que elas não sejam falsas – elas são verdadeiras como uma parábola é verdadeira. A limalha entra no campo, ela tem uma memória, ela será submetida a essas forças e vai, entre outras coisas, gravar o efeito das forças: a cada momento, ela será modificada pelas próprias forças que sofre, contra as quais ela se debate. Essa memória, eu chamarei de "*habitus*": é a inércia de todas as experiências passadas que existem no corpo biológico de cada um de nós. Mas para compreender o que essa pequena limalha fará, não basta conhecer as forças que se exercem sobre ela no instante *t* como se fosse uma questão de física. Será preciso conhecer toda sua trajetória: de onde ela vem, como ela chegou lá etc. E tudo isso que aconteceu com ela entrará, através da mediação do *habitus*, na resposta que ela dará ao estímulo no instante *t*: o estímulo no instante *t* é definitivamente importante, mas na medida em que ele reage sobre um indivíduo. Além disso, esse *habitus* tem a propriedade dupla de constituir um estímulo – o *habitus* constitui o estímulo no sentido em que ele o percebe, ou o define, ou o pensa – e, ao mesmo tempo, ele modifica a eficácia que se exercerá sobre ele. A Igreja será portanto esse espaço, o conjunto dessas pequenas limalhas que se movem. Isso não será apenas essas duas coisas existindo *partes extra partes* [partes exteriores umas às outras], mas também a relação entre esses dois espaços de relações; isso será a Igreja não como coisa morta, mas como realidade viva, como fulano que responde, que age, que transforma, que exige uma subvenção, que obtém uma subvenção, que funda igrejas etc. A Igreja como realidade viva será a dialética permanente entre esses campos que existem como espaços de restrições e esses *habitus* que encontram os campos já estabelecidos, como disse agora há pouco, mas que, ao mesmo tempo, esforçam-se para transformá-los mas transformam-se ao se esforçarem para transformá-los, e assim em diante.

Depois desta pequena parábola, eu poderia fazer uma homilia [*risos*], eu poderia dizer muitas coisas. Eu poderia, por exemplo, dizer até que ponto as filosofias da história em termos de "isso muda/isso não muda", "pela mudança/contra a mudança"[34] são simplistas: enxergamos imediatamente até que ponto essas alternativas com as quais vivemos no debate político cotidiano são um dos maiores obstáculos do pensamento social. Elas são completamente ultrapassadas. [Daí o interesse do conceito de] campo que é um espaço de restrições, à medida que a cada instante ele mesmo é objetivo de lutas, ele é transformado pela resultante das restrições que exerce sobre os agentes. Não insistirei nisso.

Se eu quisesse dar uma definição provisória que resumisse o que disse, eu diria portanto que no fundo a Igreja poderia ser "definida" – entre aspas – como campo de lutas entre agentes assim dispostos, quer dizer, habituados, que lutam entre si pela definição da Igreja e pelo monopólio da representação da Igreja. Se nuançássemos ou complicássemos um pouco essa definição, que é simplista, acho que vocês veriam que ela dá conta ao mesmo tempo de si própria e da insuficiência de todas as definições que enumerei agora há pouco. [...] Isso valeria para instituições como os partidos, e eu poderia ter dito: "O que é o Partido Comunista?" ou "O que é o Partido Socialista?" Trata-se do mesmo gênero de perguntas que se transpõe de modo muito simples à medida que, a cada momento, o conjunto desse campo de forças, de lutas, de concorrência etc. se cristaliza de alguma forma num mandatário ou num porta-voz legítimo que tem o monopólio da representação legítima dessa coisa que ninguém sabe o que é, que é a Igreja; à medida que essa monopolização da representação é uma das possibilidades da lógica do campo que chamo de Igreja. Nesta medida, compreendemos um dos efeitos fundamentais que toda instituição social produz: a ilusão do aparelho que é, para mim, o obstáculo fundamental ao pensamento do mundo social e que encontramos quando aceitamos frases do tipo: "A Igreja pensa que...", "A França pensa que..."

---

34. Sobre a crítica da "alternativa acadêmica entre a permanência e a alteração", ver P. Bourdieu, *A distinção: crítica social do juízo*. Porto Alegre: Zouk, 2006, tradução de Daniela Kern & Guilherme J. F. Teixeira, pp. 158-159 [*La Distinction: critique sociale du jugement*. Paris: Les Éditions de Minuit, 1979, pp. 184-185].

ou "o presidente da República pensa que..." etc. Essas frases mágicas devem ser interpretadas como o pensamento mágico: é preciso fazer intervir o universo de relações sociais extremamente complexo em cujo interior se definem milhares de ações e de interações aparentemente brownianas[35] que resultam em alguma coisa como a aparência de uma intenção personalizada. Como vivemos muitas vezes na lógica do processo ("Quem é responsável?", "Quem fez isso?" etc.), com frequência nos contentamos com a primeira aparência ("A Igreja decide") enquanto todo o esforço do trabalho científico busca encontrar uma linguagem conforme a essa realidade praticamente inominável. Minhas vacilações verbais no final [desta aula] dão uma ideia da dificuldade extraordinária desse trabalho. Eu penso que as realidades sociais são tão complexas que é muito difícil nomeá-las com a linguagem ordinária. Ora, é claro que na linguagem ordinária que usamos o tempo todo quanto mais seguros nos sentimos, maiores são as intenções de manipulação. É por isso que entre as coisas que gostaria de fazer está uma espécie de reeducação, uma espécie de ginástica política.

---

35. Referência ao movimento aleatório de partículas num fluido, descrito pela primeira vez pelo botânico escocês Robert Brown (1773-1858) [N.T.].

Aula de 12 de outubro de 1982

> A existência dupla do social. – O processo de objetivação e incorporação do social. – Ultrapassar a oposição subjetivismo/objetivismo. – Compreensão científica e compreensão prática. – O exemplo da leitura e da obra de arte. – Programa das próximas aulas e questões da plateia.

Na última aula eu perguntei no que consiste o objeto da sociologia ou, em outros termos, o que é o social que o sociólogo deve estudar. Para responder isso, eu comecei, na lógica da parábola, evocando as questões que podemos formular a respeito da Igreja como instituição, já que a Igreja, de certa forma, é a instituição por excelência. Eu tentei mostrar como a partir do momento em que nos perguntamos o que é existir para uma coisa como a Igreja nos encontramos diante de um monte de problemas extremamente difíceis, do tipo que os metafísicos encontram quando se colocam a questão do Ser.

Voltarei então a essa tarefa insistindo num ponto; é uma observação que fizeram para mim e quero, para começar, evitar um mal-entendido. Quando eu destaquei que em última instância a Igreja existe à medida que ela consegue fazer acreditar que ela existe, eu queria dizer que toda instituição – a Igreja mas também o Estado, a família etc. – tende a esconder que ela é um fato de crença: o que está em jogo no estudo das instituições é a fundamentação na consciência dos agentes da existência dessas instituições. Em outras palavras, quando se trata da Igreja, ou seja, da instituição encarregada de organizar a crença, arriscamo-nos a ser enganados e a esquecer de que a instituição encarregada de organizar a crença baseia sua estrutura profunda na crença; em última análise, por trás dos mistérios que a instituição eclesiástica produz, apoia e conserva, está o mistério da própria instituição. Portanto, eu queria simplesmente dizer, para que vocês sintam as dificuldades e os problemas que a sociologia encontra, que os mistérios da instituição não são menos misteriosos do que os mistérios que a instituição cultiva e conserva.

(E lembro rapidamente para aqueles que participaram do curso do ano passado que os teólogos da Idade Média falavam do mistério do ministério divino que pertencia ao papa, aos bispos etc.[36] Essa instituição particularmente misteriosa encarregada de administrar o mistério que é a Igreja, portanto, não é menos misteriosa em sua existência social do que as coisas sobre as quais fala. Por exemplo, fiquei muito surpreso ao reler – mencionei isso ano passado – o direito canônico ou os escritos dos historiadores sobre o direito canônico, quando notei que os teólogos que falavam de seus problemas teológicos propunham uma teoria do social particularmente refinada, particularmente moderna, que transpunha para sua instituição modos de pensamento que eles costumavam utilizar para pensar seus objetos teológicos. Vou fechar este parêntese, acho que ele é importante porque eu não gostaria de dar a impressão de sugerir uma espécie de representação voltaireana da sociologia: penso que se há uma atitude funesta na sociologia, é o escárnio voltairiano que não sabe nada sobre nada. Isso que digo pode parecer misterioso, mas, para aqueles que me entendem, eu queria muito dizer isso [risos].)

A existência dupla do social

Volto muito rapidamente à minha pergunta: o que quer dizer existir para uma coisa social? Como uma coisa social existe? Como o social passa a existir? Como ele perpetua sua existência? Como ele vive? Existe uma vida das coisas sociais? Eu usei o exemplo da Igreja um pouco para me divertir, mas um exemplo mais pedagógico, mais simples, o do livro ou da obra de arte, é muito mais fácil de compreender. Creio que podemos admitir sem discussão que um livro, um quadro ou uma partitura musical é uma coisa social que só existe como produto do trabalho humano objetivado. Será que essa coisa social existe realmente pelo tempo em que sua existência física se perpetuar? Ou, em outras palavras, será que um livro é uma coisa social completa? Enxergamos imediatamente aquilo que a expressão tradicional "letra morta" diz muito bem: uma letra que não é lida é uma letra morta, ou seja, uma letra mutilada, que não tem sua existência

---

36. Ver P. Bourdieu, *Sociologia geral vol. 1, op. cit.*, aula de 9 de junho de 1982, pp. 139ss. [163ss.].

social completa. Poderíamos dizer o mesmo sobre um quadro (daqui a pouco tentarei mostrar para vocês os erros que acho que podem ser introduzidos na ciência da arte pelo fato de esquecermos dessa realidade dupla da coisa social). Como a letra morta, o livro que ninguém lê, ou que ninguém mais sabe ler como ele exige ser lido – o problema não é exatamente o mesmo – é um livro morto ou um livro falsamente vivo. Assim, às vezes os arqueólogos encontram objetos que não sabem para que serviam. Esses objetos completamente indeterminados exigem um uso que ninguém mais sabe produzir: não somos feitos para esse objeto, não temos aquilo que chamo de *habitus* apropriado para fazer esse objeto funcionar. Encontramos hábitos e habitat que não sabemos mais habitar. O que chamo de *habitus* é aquilo que é chamado pelas coisas sociais e que faz com que essas coisas sociais, em vez de serem objetos mortos, tornem-se realidades vivas: é um hábito que sabemos portar "como se deve". Isso leva a uma definição simples da instituição, palavra que, na última aula, eu disse que tinha vários sentidos: a instituição social, o social [...] existe de duas maneiras. Neste caso particular, o livro existe sob a forma de coisa, mas um livro que ninguém lê é uma coisa física como qualquer outra: podemos queimá-lo, podemos destruí-lo, ele pode desaparecer, podemos usá-lo como um porrete para bater na cabeça de um inimigo etc. O objeto físico que é o livro só se torna um objeto social quando ele encontra sua outra metade, a metade incorporada do leitor ou, mais exatamente, do sujeito social ou do agente social dotado de disposições que o levam a lê-lo e o tornam assim capaz de decifrá-lo (essas são as duas dimensões do *habitus*: a "inclinação a" e a "capacidade de").

Poderíamos dizer a mesma coisa sobre uma regra quando ela não é aplicada, quando está obsoleta. O direito é uma dessas coisas sociais cheias de regras que se tornaram letras mortas: elas existem, elas estão escritas em algum lugar e podem ser exumadas por um pesquisador (que dirá: "No século XII, cortava-se a mão direita das pessoas que..."), mas são normas, regras, fatos sociais que caíram em desuso [*désuétude*], palavra essa que é da mesma família de pensamento que "*habitus*"[37] e implica uma disposição permanente adquirida pela repetição. Um outro exemplo, o do jogo caído em desuso, se aproxima ainda mais da teoria do social que proponho a vocês. Por exemplo, se vocês relerem *O outono da Idade Média* de

---

37. A palavra francesa *désuétude* tem origem etimológica no latim *desuetus*, que significa aproximadamente "cujo hábito se perdeu" [N.T.].

Huizinga, verão o lugar dos torneios na vida social da Idade Média[38]. Investia-se nos torneios muitas coisas: a honra, a vida, os amores etc. O fato de que ninguém mais esteja disposto a morrer num torneio quer dizer que a instituição existe, que podemos evocá-la historicamente, mas que ninguém mais investe nela. Eu acho que a palavra "investir" é importante: ela pode ter um sentido ao mesmo tempo econômico e psicológico e a característica de uma instituição viva é conseguir que os agentes sociais invistam nela e que, simultaneamente, deem vida a ela, façam ela funcionar. Portanto, me parece que esta análise simples conduz a uma primeira definição.

(Na última aula eu mencionei um pouco imprudentemente minha desconfiança a respeito das definições, e ouvi algumas reclamações. Eu queria dizer apenas que, com muita frequência, as definições são um pouco como a ciência dos asnos[39] e que elas mascaram, sob a falsa rigidez dos conceitos, o incerto e o estéril; é por isso que eu tomo cuidado. Mas quando chegamos a definições rigorosas num esforço de axiomatização, isso é perfeito, e farei tudo o que puder para empregar as palavras de maneira rigorosa e, se necessário, propor definições.)

Segundo essa primeira definição provisória, a instituição social ou o social se institui, quer dizer, se realiza, se efetiva, de duas maneiras na "realidade", por assim dizer (com muita frequência eu gostaria de colocar aspas nas palavras que emprego porque elas não são completamente adequadas). Por um lado, ela se institui nas coisas, nos objetos – é o caso do livro – ou nos mecanismos, como, por exemplo, um jogo – e os mecanismos não são coisas necessariamente visíveis: assim, o que chamarei de campo designa regras de funcionamento de um espaço social, as regras no jogo. Por outro lado, o social se objetiva naquilo que chamo de *habitus*, ou seja, disposições – por enquanto, peço que vocês se contentem com esta definição –, ou seja, maneiras de ser permanentes que são o produto de um trabalho de incorporação, de aprendizado. Rapidamente, direi que o social existe ao mesmo tempo nas coisas e nos corpos. Mas – isso está implicado na análise que fiz – o social só existe realmente como social vivo – em oposição ao social morto, "arqueologizado", ou seja, fossilizado, reduzido ao estado de coisa física – quando

---

38. Johan Huizinga, *O outono da Idade Média*. São Paulo: Cosacnaify, 2010, tradução de Francis Petra Jannsen [*Herfsttij der Middeleeuwen*. Haarlem: H. D. Tjeenk Willink & Zoon, 1919].

39. "Ciência dos asnos" é uma referência a um adágio escolar muito difundido na França, "a ortografia é a ciência dos asnos", com a conotação de que a ortografia seria algo que requer mera memorização, e não raciocínio ou análise [N.T.].

suas duas metades se reconciliam de alguma maneira e funcionam em suas relações. Assim, um habitat deixa de ser um habitat arqueológico para se tornar um habitat humano quando ele é habitado por pessoas que têm o *habitus* apropriado, ou seja, o *habitus* requisitado por esse habitat. Por exemplo, eu analisei há alguns anos a estrutura do espaço da casa cabila[40] e demonstrei – não vou refazer a análise aqui – que esse espaço retangular, aparentemente insignificante, era organizado segundo todo um sistema de oposições complexas onde encontrávamos os pontos cardeais, a oposição entre o seco e o úmido, o masculino e o feminino etc.[41] Mas essa casa cabila só era adequadamente habitável ou habitada por alguém dotado do *habitus* adequado e capaz, sem mesmo ter consciência disso – voltarei a esse ponto –, de fazer esse espaço funcionar de maneira adequada, de maneira tão natural, aliás, que essa pessoa se surpreendia quando eu perguntava: "Onde você coloca a água?" – é verdade que era preciso olhar para enxergar que se colocava a água à direita da porta quando se entrava, do lado da forragem, das coisas úmidas etc., sem que a oposição explícita fogo/água fosse problematizada. Esse exemplo mostra bem como uma instituição viva se efetiva na relação entre uma coisa ou um mecanismo e um sistema de disposições. Detalharei um pouco isso.

O processo de objetivação e incorporação do social

Ao definir assim a instituição social, defino ao mesmo tempo o trabalho da sociologia, o que é meu projeto de hoje. Se o social se realiza sob essas duas formas, uma primeira tarefa da sociologia será estudar o trabalho de objetivação, ou seja, o processo pelo qual o "social" se institui na materialidade das coisas (nos monumentos, documentos, escritos etc.) e/ou na lógica dos mecanismos (nos jogos ou em fenômenos como o mercado). Esse primeiro objetivo consiste então em estudar esse processo de objetivação, ver o que ele significa, como ele acontece, os efeitos que ele produz. Quais são, por exemplo – essa é uma das perguntas fundamentais da sociologia que abordei um pouco no ano passado –, os efeitos sociais da passagem de um sentimento difuso e implícito – um mal-estar, por exemplo – ao

---

40. Etnia argelina estudada por Bourdieu na década de 1950 [N.T.].
41. P. Bourdieu, "A casa *kabyle* ou o mundo às avessas". *Cadernos de Campo*, v. 8, n. 8, 1999, pp. 147-159, tradução de Claude G. Papavero ["La maison kabyle ou le monde renversé", in J. Pouillon & P. Maranda (orgs.), *Échanges et communications. Mélanges offerts à Claude Lévi-Strauss à l'occasion de son 60ᵉ anniversaire*. Paris: Mouton, 1970, pp. 739-758].

estado do discurso verbal ou do discurso escrito? Um dos efeitos sociais mais formidáveis é aquele produzido pelo fato de dizer alguma coisa que não estava dita. Sartre diz em algum lugar, cito de memória: "As palavras causam devastação e quando uma coisa que almejava por exemplo um amor, um sentimento num estado difuso, se confessa, se declara, tudo muda"[42]. Essa espécie de objetivação elementar que é a explicitação no discurso, *a fortiori* no texto, *a fortiori* num discurso dotado de autoridade como o direito, é um dos efeitos sociais mais fantásticos e poderosos, e há pessoas cujo ofício, cuja função social é serem especialistas da objetivação: aquelas que chamamos de "criadoras". Como sempre, a representação ideológica muitas vezes tem fundamentos reais: o criador é um profissional desse trabalho de objetivação que não é nada autoevidente. Seja na política ou na psicologia, a passagem da experiência vivida, difusa, confusa, do sentimento individual ou coletivo mal constituído à declaração e à manifestação, ou seja, à objetivação pública com a oficialização que ela implica, é um ato social de importância primordial que não faz nada, já que aquilo que é dito já existe – "Não me procurarias se já não me houvesses achado"[43], "O profeta prega para os convertidos" etc. Mas o profeta que diz as coisas que os convertidos pedem para entender exerce uma ação absolutamente capital e extraordinária ao dizer para as pessoas as coisas que elas simultaneamente sabiam e não sabiam porque não sabiam dizê-las. Será preciso analisar o processo de objetivação, voltarei a isso em detalhes.

O segundo processo, muito mais complicado e que infelizmente é de difícil acesso porque exigiria técnicas experimentais que o sociólogo nem sempre é capaz de manipular: o processo de incorporação, quer dizer, o mecanismo, a lógica segundo a qual as estruturas objetivas e as condições objetivas transformam-se em disposições permanentes. Eu me deterei por bastante tempo neste ponto: um dos postulados da sociologia – pelo menos, como eu a concebo – é que sempre há

---

42. "As palavras causam devastação quando elas nomeiam aquilo que era vivido sem nomeação: elas suscitam uma reflexão cúmplice ao propor uma significação do refletido que na verdade não passa de uma hipoteca sobre o futuro, de uma extrapolação que só pode ser aceita reflexivamente através de um juramento. Eu já citei a frase de Mosca falando de Fabrice e Sanseverina [personagens do romance *A cartuxa de Parma*, de Stendhal]: 'Se a palavra amor for pronunciada entre eles, estou perdido'. Através desse termo, a coletividade afirma seu direito de olhar a intimidade mais puramente subjetiva, ela socializa a ternura um pouco louca que a jovem tia e seu sobrinho sentem uma pelo outro" (Jean-Paul Sartre, *O idiota da família*. Porto Alegre: L&PM, 2014, tradução de Júlia da Rosa Simões (não localizada) [*L'Idiot de la famille*. Paris: Gallimard, 1971, v. 1, p. 783]).

43. Pascal, *Pensamentos*, in *Os pensadores*, vol. XVI. São Paulo: Abril Cultural, 1973, tradução de Sérgio Milliet, 553, p. 173 [*Pensées*, ed. Lafuma, 919].

uma correspondência entre as estruturas objetivas nas quais um indivíduo social determinado vive e as estruturas mentais que ele utiliza para pensar o mundo social e tudo aquilo que ele toma por objeto. Um dos mistérios que a ciência social deveria explorar através de uma sociologia genética são os mecanismos de aprendizagem pelos quais ocorre essa incorporação das estruturas objetivas.

Eis então dois objetivos para a ciência social. Mas a ciência social também tem como objeto, já que a instituição existe sob duas formas e só vive em relação com as duas formas, a relação entre essas duas formas de existência. Ao mesmo tempo, se vocês tiverem entendido o que eu disse, verão que eu tendo a substituir a oposição indivíduo/sociedade segundo a qual todos nós vivemos (e, infelizmente, parece-me que uma parte dos sociólogos) pela oposição entre duas formas de existência do social: o social que existe nas coisas e nos mecanismos, e o social que existe nos corpos. De certa maneira, quando um agente social qualquer entra em relação com o social – quando ele entra num ônibus, compra um bilhete ou paga seus impostos – não é um indivíduo biológico que entra em relação com uma instituição social, é uma instituição social que entra em relação com uma instituição social. Eu não reduzo a totalidade do indivíduo em todos os seus aspectos a uma instituição social mas, do ponto de vista daquilo que o sociólogo constrói como objeto, aquilo que entra em relação é uma instituição social com outra instituição social: o social instituído no corpo biológico, o social incorporado e portanto (porque o corpo individualiza) individuado – isso não quer dizer um indivíduo – entra em relação com o social objetivado. Esse é um dos paradoxos sobre o qual Durkheim refletiu sem ir até o fim de sua reflexão: o social é, em parte, portado pelos indivíduos, ou seja, pelos corpos que enquanto tais são separados uns dos outros e – aqui apenas sigo Durkheim – todos os grupos sociais buscam resolver os problemas, muitas vezes insolúveis, colocados a eles pelos efeitos dessa individuação[44]. Os grupos se esforçam, em particular através da socialização que produz indivíduos objetivamente afinados, a transcender o destino da individuação. Todo um conjunto

---

44. Durkheim aborda essa questão em várias ocasiões. Podemos lembrar, por exemplo, da análise que ele faz do clã: "[que,] como a sociedade, não pode existir senão nas consciências individuais e por elas" e cuja vida alterna as fases de dispersão e de concentração de seus membros; o emblema totêmico é para Durkheim um dos instrumentos que permitem ao clã "permanecer idêntico a si mesmo [...] enquanto as gerações mudam" (Émile Durkheim, *As formas elementares da vida religiosa*. São Paulo: Martins Fontes, 1996, tradução de Paulo Neves, pp. 166-245 [*Les Formes élémentaires de la vie religieuse*. Paris: PUF, 1912, pp. 207-320]).

de outras propriedades está ligado à incorporação do social – digo isso imediatamente para mostrar a lógica da reflexão. O fato de que, para existir, o social precisa se incorporar em corpos biológicos, portanto mortais, isolados e passíveis de todas as calamidades que são causadas pelo corpo (como a imbecilidade etc.), é de primeira importância e toda uma parte do trabalho do sociólogo será estudar os meios que os grupos sociais empregam para transcender tudo aquilo que acontece com o social por causa do fato de que ele precisa se incorporar. Em seu livro magnífico que citei na última aula, *Os dois corpos do rei*, Kantorowicz refletiu sobre o paradoxo que mencionei muito rapidamente da forma: "O rei está morto, viva o rei!" Como fazer com que a realeza sobreviva ao rei naquilo que ele tem de biológico? Como fazer com que a função sobreviva ao funcionário? Como fazer com que a Igreja seja eterna e que ela sobreviva a tudo que pode acontecer com a Igreja através dos corpos biológicos das pessoas que estão encarregadas de encarná-la? Eis coisas sobre as quais a sociologia precisa refletir.

Portanto, eu substituí a oposição comum indivíduo/sociedade por uma oposição construída, uma oposição entre o social no estado incorporado que chamo de *habitus* e o social no estado objetivado que chamarei de coisa social ou mecanismo social ou campo. Parece-me que uma das consequências e uma das vantagens importantes dessa substituição é fazer desaparecer esse problema do indivíduo e da sociedade que dá assunto para dissertações mas que creio ser um dos grandes obstáculos epistemológicos a uma ciência social e também à pesquisa do social no individual. A oposição entre a psicologia social e a sociologia, embora seja conveniente para todos os sociólogos, me parece ser um exemplo de falsa divisão do trabalho científico. Essa aceitação no terreno científico de oposições pré-construídas e de prenoções do senso comum é destruída a partir do momento em que pensamos que o social existe ao mesmo tempo sob a forma de mecanismos sociais e sob a forma de corpos socializados, ambas estudadas pelo sociólogo.

Assim, o *habitus*, provisoriamente definido como sistema de disposições – darei uma definição mais precisa – é o social incorporado, portanto, transindividual. Existe então, e na minha opinião isso é outra consequência de importância fundamental, classes de *habitus* e, ao mesmo tempo, *habitus* de classe, o que quer dizer que a estatística, por exemplo, tem boas razões – mesmo que os estatísticos não saibam disso (e sei que eles ignoram isso a maior parte do tempo) – para tratar um conjunto de indivíduos como idênticos, à medida que as classes estatísticas sejam bem constituídas e reúnam indivíduos que, por terem sido submetidos aos mesmos condicionamentos, tenham *habitus* homogêneos e sejam portanto homogêneos em relação ao social incorporado.

(Talvez eu tenha sido um pouco rápido, mas isso que acabei de tentar dizer é de certa forma ao mesmo tempo a fundamentação e o resumo antecipado de tudo que direi no decorrer do ano, e se eu tivesse conseguido ser perfeitamente claro e, assim, ser compreendido perfeitamente, eu poderia terminar depois desta primeira exposição. Mas eu vou continuar a falar [*risos na sala*] e acho que há implicações muito numerosas que se desenvolverão pouco a pouco.)

Eu proporei uma espécie de modelo cuja primeira figura será relativamente simples e cujas implicações desenvolverei em muitos detalhes. Não se surpreendam se parte do que digo parecer obscuro: o que quero é sugerir a lógica em seu conjunto porque acredito que é preciso ter o modelo em seu conjunto para poder desmontá-lo depois. O *habitus*, enquanto social incorporado e portanto transindividual, pode assim ser constituído em classes. Existem classes de *habitus*, apesar dos indivíduos biológicos poderem ser infinitamente diferentes segundo o princípio de continuidade de Leibniz: não existem dois indivíduos iguais[45]. A sociologia pode constituir classes de *habitus* considerados homogêneos a partir da hipótese segundo a qual as mesmas causas produzem os mesmos efeitos. Os indivíduos biológicos submetidos aos mesmos condicionamentos sociais serão, até certo ponto, homogêneos. Observo imediatamente que também não existem dois *habitus* iguais, simplesmente porque os condicionamentos sociais jamais são idênticos. Mesmo se supusermos que dois indivíduos viveram exatamente as mesmas aventuras individuais, o simples fato deles não as terem vivido na mesma ordem pode mudar tudo; ora, a probabilidade de que os indivíduos tenham vivido as mesmas experiências na mesma ordem é nula, portanto não existem dois indivíduos iguais. Isto posto, podemos supor que existem classes de *habitus* na medida em que existem classes de condicionamentos sociais, o que dá uma fundamentação à análise estatística sem, entretanto, fazer da sociologia a ciência das coletividades: existe também uma sociologia dos *habitus* singulares e, por

---

45. "O *princípio de individuação* reduz-se, nos indivíduos, ao princípio de distinção, do qual acabo de falar. Se dois indivíduos fossem perfeitamente semelhantes e iguais e (em uma palavra) *indistinguíveis* por si mesmos, não haveria princípio de individuação; ousaria até dizer que não haveria distinção individual ou diferentes indivíduos nesta condição" (Gottfried Wilhelm Leibniz, *Novos ensaios sobre o entendimento humano*. São Paulo: Nova Cultural, 1992 [1765], tradução de Luiz João Baraúna, livro II, cap. 27, § 3, p. 169).

exemplo – isso também é importante para a divisão do trabalho sociológico –, podemos nos dar como instrumento a biografia individual com a intenção de retomar a lógica singular da gênese de um *habitus* singular. Não me estenderei mais.

Ultrapassar a oposição subjetivismo/objetivismo

Neste ponto em que estamos, eu já disse o essencial do que me parece ser uma instituição. Gostaria de rapidamente oferecer um primeiro exemplo, e eu disse que me esforçarei para proceder assim durante todo o ano: tentarei alternar entre análises abstratas e análises semiconcretas – porque nem sempre é possível comunicar através do discurso o conjunto das informações que seriam necessárias para fazer uma análise estatística ou etnográfica completa. Para que vocês compreendam que essas análises não têm nada de puramente teórico – elas conduzem a aplicações práticas – eu gostaria de usar o exemplo da análise da obra de arte. Se o que eu disse até agora for verdade, podemos concluir que a ciência social deve se situar para além da distinção ordinária entre o sujeito e o objeto, ou seja, para construir um objeto que engloba uma relação sujeito/objeto. Para compreender essa coisa particular que é, por exemplo, um objeto de arte, uma obra de arte ou um livro (ou uma instituição, um mercado etc.), que engloba ela mesma uma relação sujeito/objeto, a ciência social deve se situar para além da relação sujeito/objeto. Em outros termos, existe no objeto que o sociólogo estuda uma relação sujeito/objeto: o objeto que o sociólogo estuda não é somente um livro como fato social, mas uma relação leitor/livro, uma relação sujeito/objeto. Talvez daqui a pouco eu desenhe um pequeno esquema na lousa, ainda que eu sempre desconfie dos esquemas [*risos na sala*].

Eu acredito que o caso do objeto de arte, ou do objeto arqueológico, ou do objeto etnológico que podemos ver no Museu do Homem [em Paris] é extremamente interessante porque ele obriga a formular a questão da relação do sujeito com o objeto. [*P. Bourdieu tenta, sem sucesso, fazer a lousa descer para desenhar seu esquema, o que causa risos na sala.*] Vejam, essa é uma bela ilustração das minhas análises: quando não temos o *habitus* adequado ao objeto, as coisas não funcionam.

Desenharei rapidamente: de um lado, o *habitus*; do outro, o campo – na verdade eu deveria ter escrito o livro, o quadro, o museu, o arado, qualquer coisa... Evidentemente, quando escrevo "campo", escrevo algo a mais: entendo que isto não existe de verdade fora de um conjunto de mecanismos que fazem com que ele funcione. Quando se trata da moeda, isso se entende imediatamente: enxergamos bem que uma única moeda não funciona... mas será a mesma coisa para um livro, uma peça musical: a relação se passa entre os leitores, os compositores, os autores etc. [...] O objeto da sociologia será, portanto, o estudo de tudo isso: o *habitus* e o campo ao mesmo tempo, entendendo que ambos, o *habitus* e o campo, são sociais. Estamos no social dos pés à cabeça mesmo que, num caso, o social esteja depositado no biológico e, no outro, ele seja depositado no físico – até porque, aliás, há casos onde ele existirá por fora, sob a forma de mecanismos não objetivados.

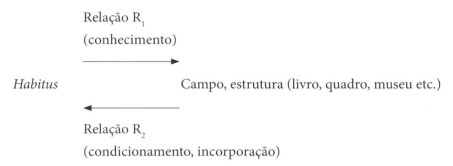

Continuo aquilo que disse agora há pouco a respeito do exemplo do livro: uma das primeiras coisas que a sociologia estudará é a constituição e a formação dos *habitus*; ela também estudará a constituição e a formação dos campos: como se forma, como se produz a objetivação no caso de um livro? Essa pergunta conduz a uma outra: "Como se produzem os produtores dos livros? Como se produzem os produtores materiais, os produtores simbólicos?" [...] Agora há pouco eu comecei a dizer de maneira muito abstrata que a ciência social deve se situar para além da distinção do sujeito e do objeto para construir o objeto que engloba a relação sujeito/objeto. [...] O sujeito científico – antecipo – também será ele próprio definido pelo fato de ter um *habitus* e estar num campo. Ora, esse campo será de um tipo particular, é o campo científico que tem uma lógica própria[46]. Agora estou complicando sem precisar, isso será para bem mais tarde. Por enquanto, temos o sujeito científico que encontra em seu objeto uma relação do tipo sujeito/objeto – podemos chamá-la de relação R_1 – mas, sobretudo, não

---

46. P. Bourdieu voltará a abordar a especificidade do campo científico longamente, em particular no seu último curso no Collège de France, publicado sob o título *Para uma sociologia da ciência*, *op. cit.*

devemos pensá-la como uma relação sujeito/objeto e poderemos nos perguntar qual é o estatuto dessa relação. Mas uma outra relação importante é aquela entre o campo e o *habitus*. Isso está implicado no que eu disse agora há pouco quando explicava que os *habitus* eram o produto da incorporação de estruturas objetivas e que, entre as estruturas das quais o *habitus* é a incorporação, temos por exemplo a estrutura dos espaços sociais, a estrutura do campo das classes sociais, a estrutura do campo religioso etc. Parte do que encontraremos nos *habitus* terá então seu princípio nas estruturas objetivas do mundo social que se incorporam. Essas duas relações não são de modo algum do mesmo tipo: esta aqui [R_2] será uma relação de condicionamento e aquela lá [R_1], uma relação de conhecimento. Agora estou antecipando muito, e repito o que disse há pouco para evitar mal-entendidos: eu proponho um modelo cujas linhas gerais descrevo agora, e tudo isso que digo de modo abrupto e arbitrário será explicitado longamente durante o curso. Preciso então que vocês me deem crédito.

Assim, poderíamos dizer que essa relação [campo → *habitus*] é uma relação do tipo "*habitus* determinado, condicionado por campo". [Mas] o *habitus* também está contido no campo – essa também é uma relação muito complicada. Um problema será saber como esta relação será determinada por aquela? O que quer dizer compreender um mundo que nos compreende? É claro que aqui jogo com os dois sentidos da palavra "compreender"[47], o que Pascal já tinha feito antes de mim ("O universo me abarca e traga como um ponto; pelo pensamento, eu o abarco"[48]): o mundo social me compreende, mas eu o compreendo. No fundo, isso resume muito bem o paradoxo elementar no qual sem dúvida é preciso mergulhar para fundamentar uma sociologia. Isso é dito com frequência, mas sob uma forma que me parece anticientífica: insiste-se na existência dessa relação para fazer da sociologia, ou das ciências sociais de modo mais geral, ciências compreensivas, ciências do espírito que teriam uma lógica irredutível à das outras ciências[49]. Na verdade,

---

47. Em português, a segunda acepção de "compreender" à qual P. Bourdieu se refere (conter em si, abranger) é muito menos frequente do que a primeira (alcançar com o raciocínio, entender), o que não é o caso em francês [N.T.].

48. Pascal, *Pensamentos, op. cit.*, 348, p. 128 ["*L'univers me comprend et m'engloutit comme un point; par la pensée, je le comprends*", ed. Lafuma, 113].

49. Alusão aos debates surgidos na Alemanha no final do século XIX como uma extensão da "querela dos métodos" em economia, que se tornaram um dos motivos centrais da epistemologia das ciências humanas e sociais ao redor da distinção entre "ciências do espírito", submetidas à compreensão hermenêutica, e "ciências da natureza", submetidas à explicação causal. Segundo

eu penso que é preciso tomar nota da existência dessa relação dupla não para proibir que a sociologia ou as ciências sociais tenham o estatuto de ciência, mas para se obrigar a construir essa relação cientificamente. Vejamos por um segundo esta relação [R_1]. É uma relação de conhecimento: o *habitus* adequado diante de um martelo – é uma análise célebre de Heidegger[50] – é aquele que é capaz de martelar; o *habitus* é aquilo que responde adequadamente às solicitações de um objeto social. Ao mesmo tempo, o *habitus* entra numa relação de conhecimento com o objeto, mas – esta é a questão – será que esta relação é do mesmo tipo que aquela? Aqui, teremos uma relação que chamo de R_0, e acho que um dos erros fundamentais das ciências sociais – esse será um dos objetos permanentes de minha reflexão – consiste na confusão entre R_0 e R_1: os sujeitos científicos, por não constituírem seu objeto como englobando uma relação "sujeito"/"objeto" de um tipo diferente da relação de conhecimento científico, projetam-se nesta relação aqui e agem como se a relação prática de conhecimento fosse da mesma natureza que a relação científica de conhecimento.

Isso ainda parecerá abstrato para vocês, mas, para que entendam, e saindo completamente da lógica que eu tinha preparado, vou me referir a um exemplo literário muito famoso que é comentado com frequência, especialmente por Auerbach. No capítulo de *Mimesis* que dedica a Flaubert, Auerbach cita uma passagem célebre de *Madame Bovary* que lerei a vocês para que entendam algo muito semelhante ao que eu disse: "Mas era sobretudo na hora das refeições que ela não aguentava mais, dentro daquela salinha no térreo, com a frigideira fumegando, a porta rangendo, as paredes suando, o piso úmido; toda a amargura da existência lhe parecia servida em seu prato, e na fumaça do cozido, ela subia do fundo de sua alma como outras baforadas de enfado. Charles demorava para comer; ela mordiscava algumas avelãs, ou então, apoiada no cotovelo, entretinha-se fazendo riscos na toalha de mesa com a ponta de sua faca". E Auerbach comenta: "Flaubert nos apresenta ao mesmo tempo Emma como objeto e o mundo visto por Emma"[51]. Flaubert nos apresenta ao mesmo tempo Emma enquanto objeto físico

---

Wilhelm Dilthey, em particular: "Nós explicamos a natureza, nós compreendemos a vida psíquica" (*Le Monde de l'esprit*. Paris: Aubier, 1947 [1924], tradução de M. Remi, v. 1, p. 150).

50. M. Heidegger, *Ser e tempo*, op. cit., § 15-19.

51. Erich Auerbach, *Mimesis: a representação da realidade na literatura ocidental*. São Paulo: Perspectiva, 1971, tradução de Suzi Frankl Sperber, p. 423 [*Mimesis – Dargestellte Wirklichkeit in der abendländischen Literatur*. Bern: A. Francke] (A citação exata de Auerbach é: "Embora seja

no mundo que se pode descrever exatamente como a toalha de mesa e a visão do mundo de Emma. Em outras palavras, ele nos lembra ao mesmo tempo do objeto e do fato de que esse objeto é sujeito de conhecimento. Ele nos apresenta ao mesmo tempo um objeto compreendido na situação e sua compreensão da situação. Ele nos lembra ao mesmo tempo que Emma faz parte do quadro que ela descreve e que ela vive esse quadro como algo que é passível de ser descrito. É Georges Poulet, em seu livro *As metamorfoses do círculo*, que nos diz: "Ele [Flaubert] nos apresenta como objeto de contemplação um ser que, por sua vez, tem como objeto de contemplação a realidade"[52]. Isso pode ser transposto para uma sociologia rigorosa. Para que a análise seja completa seria preciso opor a essa visão que se situa para além da distinção entre sujeito e objeto dois tipos de descrições: uma descrição de tipo estritamente objetivista ou, como às vezes se dizia do *Nouveau Roman*[53], objetal[54] [*objectale*], que descreveria Emma exatamente sob o modo e com a linguagem empregada para descrever os pratos ou a toalha de mesa; ou as descrições totalmente subjetivistas, como encontraríamos no *Dedalus* de Joyce[55] ou em Virginia Woolf, onde teríamos unicamente estados de consciência em seu fluxo do sujeito romanesco. Já Flaubert nos oferece os dois ao mesmo tempo sem cometer a confusão de estar simultaneamente dentro e fora, como os teóricos da literatura objetal criticavam os romancistas tradicionais. Remeto vocês a um livro de Maxime Chastaing muito interessante nesse aspecto, *A filosofia de Virginia Woolf*[56]. Nele Chastaing cita um romance de tipo populista de [Charles Ferdinand] Ramuz que corresponde completamente a essa mistura do dentro e fora, ao que dizem as pessoas que estão completamente fora mas que acreditam que estão dentro. Ramuz descreve um homem cavando com uma picareta e que, em certo

---

dela [Emma] que se irradie a luz que ilumina o quadro, ela própria não deixa de ser uma parte do quadro, está em meio a ele").

52. Georges Poulet, "La pensée circulaire de Flaubert" ["O pensamento circular de Flaubert"] (1955), in *Les Métamorphoses du cercle*. Paris: Flammarion, 1979 [1961], p. 386.

53. "Novo romance", movimento literário francês da década de 1950 marcado pela tentativa de enfocar os objetos em vez dos sujeitos, das personagens, do enredo [N.T.].

54. Essa qualificação, criada por Roland Barthes ("Literatura objetiva", in *Crítica e verdade*. São Paulo: Perspectiva, 1970, tradução de Leyla Perrone-Moisés, pp. 91-107 ["Littérature objective", *Critique*, n. 86-87, 1954, pp. 581-591]), tem como base uma analogia com a objetiva de uma câmera fotográfica.

55. Referência a Stephen Dedalus, alter ego literário de James Joyce em *Retrato do artista quando jovem* e *Ulisses* [N.T.].

56. Maxime Chastaing, *La philosophie de Virginia Woolf*. Paris: PUF, 1951.

momento, vê a terra que lhe cobre o rosto[57]. Chastaing observa que das duas uma, ou estamos escavando e vemos a terra cobrir nosso rosto – o que não é uma visão de espectador – ou então vemos o escavador escavar e nesse momento não vemos a terra cobrir o rosto, mas podemos dizer o que, aliás, Ramuz diz, a saber: que [o camponês] estava curvado, fatigado, que ele estava coberto de suor etc. Maxime Chastaing insiste, e eu acho que isso é muito importante, nessa espécie de visão divina que nós costumamos atribuir aos romancistas: eles descrevem o exterior da prisão e estão, ao mesmo tempo, ao lado do prisioneiro dentro da prisão; eles estão na consciência do sujeito – que eles fazem falar, ao qual emprestam monólogos etc. – e, ao mesmo tempo, de fora. Eles se fazem não somente espectadores humanos, mas também espectadores divinos que enxergam as muralhas da prisão e também o interior da prisão, a cama etc. Essa monstruosidade lógica que é o discurso do romancista total, totalmente subjetivo e totalmente objetivo, se baseia precisamente na indistinção: é o feito de alguém que não sabe de onde fala e ignora que, exatamente, sempre está de fora.

Eu acho que para um certo número de sociólogos uma das coisas mais tristes e mais difíceis de suportar é que sua relação seja diferente dessa do romancista. Um certo número de erros científicos encontra aí seu princípio: a sociologia participante – ou uma de suas variantes, pois são as mesmas coisas que renascem todas as épocas sob nomes diferentes, a sociologia da ação[58], o sociólogo imerso no movimento etc. – é o sonho do romancista absoluto de estar ao lado do prisioneiro e ao mesmo tempo fora da prisão para contar que sua noiva se casou com outro etc. Vocês podem refletir sobre isso e transpor a análise para a sociologia das classes populares, funciona muito bem. Uma coisa muito importante é ter em mente que as duas relações são essencialmente distintas. É uma distinção epistemológica absoluta e, se não a fizermos, cometemos o que me parece ser o erro fundamental de toda ciência social, que consiste em colocar a consciência do cientista na experiência do sujeito a distância e portanto ser o sujeito da ação daqueles que tomamos ao mesmo tempo como objeto. É muito frequente que os etnólogos se encontrem nessa relação impossível de conciliação dos contrários, ou seja, de magia.

---

57. *Ibid.*, p. 86.
58. P. Bourdieu alude à sociologia da ação de Alain Touraine que criticava desde 1966. Ver J.-D. Reynaud e P. Bourdieu, "Une sociologie de l'action est-elle possible?" ["Uma sociologia da ação é possível?"], *Revue française de sociologie*, v. 7, n. 4, 1966, pp. 508-517.

Assim, o texto de Flaubert que mais uma vez quero que funcione como paradigma, como parábola, faz com que enxerguemos que diante de um fato social (diante do quadro *A leitora* [de Jean-Honoré Fragonard], diante de uma jovem lendo, diante de uma sala de conferência que podemos analisar cientificamente etc.), podemos assumir várias posturas que se arriscam a se confundirem na conciliação de contrários que mencionei. A primeira postura é a postura de tipo objetivista que consiste em descrever Emma como parte da realidade objetiva, como uma coisa entre as coisas, e assim a pintá-la do exterior da mesma maneira que a frigideira, a parede ou os pratos. Essa postura, que tem suas razões de ser, é um behaviorismo radical que pode absolutamente ser concebido na ciência social. [...] Em segundo lugar, podemos adotar uma postura subjetivista: ela seria o Bloom de *Ulisses* ou *Sra. Dalloway*[59], ou seja, o sujeito social será apresentado em sua experiência vivida, como se diz, em seu monólogo interior, em seu vivido. Essa também é uma maneira concebível de falar do mundo social, e o único obstáculo – e aqui a crítica wittgensteiniana é radical[60] – é que com as técnicas ordinárias da ciência social é praticamente impossível ter acesso a essa experiência subjetiva de outras pessoas. Se é verdade, como eu disse agora há pouco, que seria preciso ser um profissional da objetivação para ser capaz de explicitar suas próprias experiências subjetivas, tudo o que pode fazer um sociólogo consciente de sua relação com seu objeto é servir de parteiro, de assistente socrático à expressão vivida de uma experiência que não é a sua, supondo que isso não pode ser feito com nenhuma chance de sucesso a não ser que ele se

---

59. P. Bourdieu dedicará várias análises aos autores desses dois textos, James Joyce e Virginia Woolf, em *As regras da arte*. São Paulo: Companhia das Letras, 1996, tradução de Maria Lucia Machado [*Les Règles de l'art*. Paris: Seuil, 1992] e *A dominação masculina, op. cit.*

60. P. Bourdieu sem dúvida tem em mente as análises que Wittgenstein dedicou à experiência da incompreensão psicológica ou da opacidade. Podemos citar, em particular: "E agora – eu gostaria de dizer – há aqui certamente o caso da dúvida desesperada. Se eu digo: 'Não faço ideia do que ele está realmente pensando'. Ele é para mim um livro fechado. Se o único meio de compreender o outro fosse passar pela mesma criação que ele, o que é impossível. E aqui não há fingimento. Mas imagine pessoas cuja criação as leva a reprimir a expressão da emoção no rosto e nos gestos, e que estas pessoas se tornam inacessíveis a mim por pensarem em voz alta numa linguagem que não compreendo. Agora eu digo 'Não faço ideia do que se passa dentro delas', o que no entanto está dado como um fato exterior" (Ludwig Wittgenstein, *Observações sobre a filosofia da psicologia*. Aparecida: Ideias & Letras, 2008, tradução de Ricardo Hermann Ploch Machado, vol. 2, § 568, pp. 371-372 [*Bemerkungen über die Philosophie der Psychologie*. Oxford: Blackwell, 1980].

compreenda como constituído em exterioridade em relação a essa experiência e que jamais se identifique com ela[61].

O terceiro nível seria a falsa síntese ou a falsa superação dessa oposição: é a projeção do sujeito científico no objeto e a substituição da relação de conhecimento científico. A pergunta "O que é o social?", por exemplo, já é uma pergunta que não é social: ser no social é exatamente não perguntar o que é o social, é andar de metrô, comprar uma passagem de ônibus etc. As perguntas que formulei agora há pouco ("Será que é um indivíduo biológico que entra em relação com a sociedade?") tipicamente são perguntas que não nos colocamos quando pagamos impostos etc. Um dos erros fundamentais do sujeito científico é então transferir sua experiência e suas representações científicas para a consciência que ele supõe de seus objetos e com isso fazer surgir perguntas que não se colocam para o sujeito cognoscente no modo prático. Isso é de importância absolutamente fundamental. Eu disse há pouco que o sociólogo pode se colocar como assistente do trabalho de explicitação ou de objetivação dos sujeitos sociais; acredito que a metáfora socrática, a metáfora da parteira[62] que utilizei é, pelo menos desta vez, bem fundamentada e completamente adequada. Com efeito, eu penso que, apesar de Wittgenstein, não é impossível que o sociólogo trabalhe objetivando experiências que ele não experimentou por si próprio, obviamente desde que ele saiba antes de mais nada que o perigo permanente é se identificar, "se colocar no lugar". Se vocês relerem os textos de Husserl sobre a compreensão[63] verão que eles são em última instância variações sobre o tema de "se colocar no lugar", mesmo que isso seja dito numa linguagem menos trivial [...]. Ora, se há um erro científico na sociologia é esse: não podemos nos colocar no lugar dos outros, e por um motivo: não estamos no mesmo lugar. Por definição, um patrão não pode se colocar no lugar de um operário, e vice-versa. Eles podem ter uma psicologia muito compreensiva, mas não podem se compreenderem... Talvez suas chances de se compreenderem aumentassem se eles

---

61. P. Bourdieu voltará a essa exigência de método no capítulo chamado "Compreender", em Pierre Bourdieu (org.), *A miséria do mundo*. Petrópolis: Vozes, 1997, tradução de Mateus S. Soares Azevedo *et al.*, pp. 693-732 [*La misère du monde*. Paris: Seuil, 2015 (1993), pp. 1389-1447].

62. Alusão à maiêutica de Sócrates (Platão, *Teeteto*, 150b).

63. Por exemplo, Edmund Husserl, "Quinta meditação", in *Meditações cartesianas e conferências de Paris*. Rio de Janeiro: Forense, 2013, tradução de Pedro M. S. Alves, pp. 127-188 [*Cartesianische Meditationen und Pariser Vorträge*. Heidelberg: Springer, 1991].

tivessem um conhecimento da verdade da relação de conhecimento científico como não sendo a relação de conhecimento prático.

A síntese monstruosa do romancista absoluto, ao mesmo tempo dentro e fora, é então uma falsa saída dessa antinomia do objetivismo e do subjetivismo. Ela é a caricatura do que me parece ser a verdadeira postura científica: se voltarmos ao meu esquema, o sujeito cognoscente deve estar muito consciente de que, pela sua posição, ele está numa situação de se colocar problemas. Para pensar o jogo como um jogo é preciso que ele saia do jogo. Para pensar o *habitus* como *habitus* é preciso que ele se distancie através da consciência em relação ao *habitus* etc. Por definição, o sujeito cognoscente se coloca fora desse espaço para pensá-lo e, ao mesmo tempo, ele o pensa como problema, apesar de uma das propriedades da relação R_2 (relação de condicionamento e de incorporação) ser exatamente que o mundo não é problema.

Essa relação será a relação dóxica, muito bem analisada pelos fenomenólogos, começando por Husserl; ela é a relação com o mundo social como autoevidente, como algo que se oferece imediatamente em seu sentido: diante do martelo não nos colocamos uma pergunta de arqueólogo ("Para que isso serve?"), nós o pegamos e martelamos um prego. A resposta prática à existência do martelo, que produz um *habitus* ajustado a esse martelo, é martelar sem passar pela interrogação: "Para que serve o martelo?" nem, *a fortiori*, pela pergunta: "O que é preciso supor para que o martelo exista?" O raciocínio que esbocei aqui com dificuldades – para que exista um martelo é preciso existir um ferreiro; para que exista um ferreiro é preciso martelos para forjar o martelo etc. – coloca todos os problemas da gênese social dos objetos sociais; esses problemas são constitutivos de uma ciência social real, mas são excluídos por definição de uma relação prática com o mundo social. Consequentemente, se o esquema for verdadeiro, o conhecimento adequado será uma superação da oposição subjetivismo/objetivismo, mas não uma superação fictícia como uma quimera. [...]

Compreensão científica e compreensão prática

Os primeiros passos do conhecimento científico devem ser – acho que esse será um dos objetos das próximas aulas – tentar compreender por que, de certa maneira, essa ciência do conhecimento científico ainda está por fazer, pois ela mal começou. Isso será então um conhecimento do conhecimento não científico e, ao mesmo tempo, do conhecimento científico porque não posso compreender o que é o conhecimento científico se não compreender como ele não é o conhecimento prático, e vice-versa. Por exemplo, eu revelei muitas coisas sobre o conhecimento científico ao dizer que o conhecimento prático não se coloca os problemas [científicos] e vice-versa. Portanto, só posso fazer que o conhecimento do conhecimento prático progrida ao fazer que o conhecimento do conhecimento científico progrida ao mesmo tempo – e eu incluiria até o conhecimento das condições sociais do conhecimento científico.

Portanto, um dos primeiros objetos será uma ciência do conhecimento prático, ou uma ciência da prática, e o segundo objeto será uma ciência dessa relação e do que implica, do ponto de vista de seu próprio conhecimento, o fato de que o *habitus* que produz esse conhecimento é o produto, em parte, do objeto que ele conhece.

[...] Se, como eu disse há pouco, essa ciência praticamente jamais foi feita, isso ocorre em grande parte porque toda a filosofia considera que a vida verdadeira é aquela ali [o conhecimento científico] e que existe tamanha hierarquia entre esses dois conhecimentos que pensa-se que não há nada melhor que se possa fazer para o objeto do que emprestar-lhe sua própria subjetividade. O belíssimo texto de Sartre sobre o garçom de um café, que lerei para vocês[64], é uma ilustração magnífica disso que acabei de dizer muito rapidamente. O *habitus* do sujeito vai produzir atos de conhecimento, mas num sentido completamente diferente daquele a que estamos habituados. Bater com um martelo é um ato de conhecimento no sentido em que eu entendo: aquele que bate com o martelo compreendeu o martelo melhor do que eu compreendi o funcionamento da lousa agora há pouco... Essa relação de compreensão deve parte de suas propriedades por ser o feito de alguém que está compreendido, no outro sentido, naquilo que compreende. E ela deve parte de suas propriedades ao fato de que aquele que compreende se serve, para compreender, de "coisas" que são o produto do que compreende. Assim, rapidamente, se essa relação [o conhecimento prático] é dóxica, da ordem do "isso é óbvio", isso ocorre em grande parte porque – anteciparei em poucas palavras tudo que direi ao longo do ano – as estruturas do *habitus* cognoscente são o produto da incorporação das estruturas do campo social.

---

64. Ver a aula de 19 de outubro de 1982, pp. 78-79.

O mundo social parece autoevidente. Em oposição a isso, no "desconcerto" que suscita a experiência de uma sociedade estrangeira, a lacuna entre as estruturas incorporadas e as estruturas objetivadas provoca o sentimento de incompreensão, o qual, por ser insuportável, é imediatamente anulado pela reinterpretação das estruturas objetivadas em função das estruturas incorporadas (é o mal-entendido). No caso do cientista, quando ele não compreende a prática e não compreende que ele não a compreende, no fundo seu etnocentrismo de cientista consiste em não compreender que ser cientista significa não compreender a prática. Ele só terá chance de compreender a prática se compreender que não a compreende imediatamente.

Se eu refletir agora sobre essa relação [de condicionamento], mas do ponto de vista do que ela faz com o objeto, existe um problema absolutamente importante: aquilo que chamo de "campo" que age sobre o *habitus* (por exemplo, o livro que age sobre o *habitus* ou sobre o corpo biológico que poderíamos constituir como *habitus*, o livro como livro lido que vai exercer uma "influência" – é uma palavra deplorável – ou o campo religioso, por exemplo, enquanto age sobre os corpos biológicos para criar *habitus* neles) evidentemente não é o mesmo campo que os *habitus* constituídos percebem ou o livro que o *habitus* constituído lê. Preciso então dividir esse campo. Reintroduzir o *habitus* não é simplesmente uma questão de honra espiritual, para dar um ar humanista ou de "ciência do ser humano"; isso permite, de modo geral, sair de uma análise de tipo fisicalista do campo para ver o campo como campo de ações ou como campo de lutas. Em outras palavras, se eu usar aspas, seria preciso "dividir o campo" e teríamos um campo$_1$, que é o campo conhecido, o campo no qual investimos. É um campo percebido, um campo de ações, um campo no qual vale a pena agir – um livro que merece ser lido ou um livro que é preciso ler. Se, por exemplo, temos o *habitus* culto, estamos sujeitos a constantes solicitações que existem na relação entre o *habitus* e o objeto: quando se fala de "um espetáculo que é preciso ver", esse "é preciso ver" não se exerce mecanicamente, mas somente em alguém que está disposto a sofrer essa ação. Um dos paradoxos da relação *habitus*-campo é que o *habitus* contribui para determinar as determinações que se exercem sobre ele. Voltarei a esse paradoxo – destacarei uma série deles –, mas quando ele está escrito numa revista semanal ("Esta semana é preciso ler...", "Este mês é preciso ver..." etc.), esse "é preciso" só se direciona a um certo tipo de leitores. Quase por definição, um jornal ou uma revista semanal tem um postulado sobre o *habitus* dos leitores aos quais ele se dirige e ele sabe que, de modo geral, essas injunções encontrarão as condições de sua eficácia. Esse campo percebido, esse campo como campo de ações, é portanto diferente do campo como estrutura objetivada que exerce um condicionamento estruturante, que posso chamar de "campo de forças". Terei aqui o campo$_1$ = campo de ações e campo$_2$ = campo de forças.

Acho que com isso chego aos limites do suportável numa primeira introdução muito rápida, porque tudo isso vai parecer completamente arbitrário apesar de vocês precisarem sentir sua necessidade. Eu chego a pensar, e tenho certeza (o que direi pode parecer contraditório) de que parte de vocês já sentiu essa necessidade porque tudo é dado por uma simples explicitação do que está contido [nessa] distinção. Eu acho que vocês terão ao mesmo tempo a sensação de que tudo já está dito e que isso é muito extenso: o objetivo deste curso, que vai durar um ano, será transformar essa sensação confusa de necessidade arbitrária em sensação de necessidade.

O exemplo da leitura e da obra de arte

Agora que explicitei um pouco esse esquema, gostaria de usar um exemplo para que vocês vejam como ele permite formular um certo número de perguntas. Além disso, utilizarei apenas uma parte pequenininha do esquema para o exemplo da leitura, o que quer dizer ler um livro ou ler um quadro. Eu disse agora há pouco que um objeto social em sua forma mutilada, ou seja, objetivada, se oferece como alguma coisa que reivindica uma resposta, uma reativação que é feita pelo *habitus* adequado. O texto, como coisa instituída, pode sobreviver enquanto coisa material ao *habitus* para o qual fora feito. Esse é o caso, por exemplo, de todos os textos que não conseguimos decifrar e, de modo mais geral, da maioria dos objetos que vemos nos museus e que geram leituras falsas, à medida que aquilo que se lembra a propósito de uma letra verdadeiramente morta, de um texto desconhecido, se faz esquecer no caso dos objetos que estão a esse tipo de distância próxima que define a própria história: os objetos como a pintura do *Quattrocento* ou *a fortiori* a pintura do século XVII estão próximos o bastante na experiência subjetiva para não serem notados como instituições mutiladas; eles são os objetos dos quais podemos ter uma experiência mesmo que não tenhamos o *habitus* inscrito no estado de solicitação da objetividade do objeto em questão. Por não serem percebidos como instituição pela metade, esses objetos mortos – isso muitas vezes é dito sobre a arte negra, mas podemos muito bem também dizer a propósito de uma pintura do *Quattrocento* – têm, de alguma maneira, um *habitus* que não é aquele no qual eles viviam[65]. Assim, o *habitus* científico se projeta na experiência do objeto. Esse é o erro que Bakhtin, em seu livro sobre a linguística, chama de "filologismo" no caso da leitura[66]. O filologismo consiste em colocar uma consciência de filólogo numa experiência de simples leitor, em ler os textos como se eles tivessem sido feitos para serem lidos por filólogos, em projetar na leitura uma experiência de leitor que, por exemplo, está diante de um texto como diante de algo a se decifrar: o fato de não se interrogar, como indiquei agora há pouco, esta relação [R_1] e a relação entre esta relação [R_1] e esta outra relação [R_2], portanto, o fato de não se interrogar estas duas relações em sua relação conduz à leitura das obras como se elas tivessem sido escritas para serem lidas da maneira como lemos hoje em dia.

Acho que conseguirei me fazer entender de modo muito simples: a partir de Baudelaire e, definitivamente, de Joyce, os escritores que começaram a escrever inscrevendo de maneira mais inconsciente do que consciente em sua escrita a expectativa de uma leitura que na verdade é uma releitura. Esses escritores nasceram num universo onde existiam leitores profissionais, para quem ler é ler muitas vezes, é fazer exegese, é buscar um sentido oculto, estruturas, uma correspondência entre, por exemplo, os capítulos de *Ulisses* e a *Ilíada* etc. São pessoas para quem escrever, enquanto instituição, implicava uma definição tácita da leitura legítima do que eles escreviam. Isso vale *a fortiori* para uma corrente literária como a do *Nouveau Roman*.

Existe então uma pragmática da escrita: esquece-se que aquele que escreve diz algo sobre aquele que o lerá. E existe também toda uma literatura das pessoas que nasceram num universo de leitores profissionais e que, por isso mesmo, desqualificam um tipo de leitura ilegítima, a leitura apressada, a leitura do trem, a que exatamente não consegue compreender as estruturas [do campo] etc. Eu falei dos escritores, mas o fato de estar num universo onde existem leitores profissionais,

---

65. Para o exemplo da pintura do *Quattrocento*, ver Pierre Bourdieu & Yvette Delsaut, "Pour une sociologie de la perception" ["Para uma sociologia da percepção"], *Actes de la recherche en sciences sociales*, n. 40, 1981, pp. 3-9.

66. Valentin Volóchinov (círculo de Bakhtin), *Marxismo e filosofia da linguagem*. São Paulo: Editora 34, 2017, tradução de Sheila Grillo & Ekaterina Vólkova Américo, pp. 183-186 [*Марксизм и философия языка*, Leningrado: Прибой (Priboi), 1929].

exegetas, estruturalistas, semiólogos, professores de história da literatura e onde a instituição da explicação do texto existe e se impõe a todas as crianças escolarizadas, ou seja, à quase totalidade da população, o fato de estar num universo em que a leitura existe enquanto instituição tem efeitos sociais ao mesmo tempo no inconsciente da pragmática da escrita e na leitura que os leitores profissionais poderão fazer de qualquer texto que seja: eles lerão todos os textos como se eles tivessem sido feitos para ser lidos, enquanto o manual de ginástica é feito não para ser lido, mas para ser executado, e o livro de orações tibetanas para ser recitado, cantado, dançado. Eu já disse muitas vezes que um dos erros fundamentais de uma certa antropologia estrutural tem a ver exatamente com ela constituir como texto feito para ser lido, destinado a uma análise de tipo hermenêutico, textos que foram feitos para serem agidos, para serem dançados, como, por exemplo, todos os textos que descrevem rituais[67]; esses textos não são destinados à leitura, muito menos à releitura estrutural e à busca de coerências ocultas etc. Temos uma prova disso no fato de que esses textos muitas vezes só resistem à busca de uma coerência até certo ponto para além do qual eles se quebram, porque uma das propriedades da lógica prática é exatamente de valer na prática, ou seja, para as necessidades de uma urgência e só até certo ponto. O fato de estar num universo social onde a leitura existe enquanto instituição, portanto, nos faz portadores de uma relação inconsciente com o objeto livro que tenderá a se generalizar a todas as coisas que podem ser lidas e que, por isso mesmo, produzirá esse tipo de efeito de filologismo.

Voltemos agora à pintura, onde a coisa talvez seja ainda mais evidente, mesmo que talvez mais inesperada... Um exemplo muito simples: nas igrejas italianas – eu poderia fazer uma descrição longa porque realizei essa observação de maneira muito precisa[68], mas darei apenas as linhas gerais –, hoje, vemos lá primeiro um quadro do século XV ou XVI com uma vela elétrica automática apagada diante dele, um outro um pouco mais longe com duas velas não elétricas acesas, depois um quadro muito pequeno do século XVI e, diante dele, um

---

67. Ver P. Bourdieu, *O senso prático*. Petrópolis: Vozes, 2009, tradução de Maria Ferreira [*Le Sens Pratique*. Paris: Les Éditions de Minuit, 1980].
68. P. Bourdieu a apresentará mais tarde em "Piété religieuse et dévotion artistique. Fidèles et amateurs d'art à Santa Maria Novella" ["Piedade religiosa e devoção artística: fiéis e amantes da arte em Santa Maria Novella"], *Actes de la recherche en sciences sociales* 105, 1994, pp. 71-74.

pequeno medalhão de tipo Saint-Sulpice[69] e um monte de velas [com o texto]: "Coloquem suas oferendas aqui". Mas o que surpreende muito é que em outros lugares encontramos o mesmo quadro e não acontece nada. Esse quadro continua a funcionar, e um pouco mais longe encontramos ainda outro que se torna puramente estético e, entre os dois, uma coisa tipicamente Saint-Sulpice: Santo Antônio rezando um rosário para a Virgem. Vocês encontram tudo isso no mesmo espaço: os sujeitos, a coisa representada, aqueles que rezam diante dos quadros e turistas consultando seu *Guide bleu*[70] [*risos na sala*]. A análise seria muito longa, mas eu quero somente que vocês compreendam o que tenho em mente. Essa observação só me ocorreu quando eu tive na cabeça aquilo que conto para vocês: esses objetos podem ser tratados como instituições. Quero dizer que a primeira propensão de um sujeito culto de nossas sociedades será tratar uniformemente esses objetos como objetos estéticos, ou seja, invocando o *habitus* estético. Por exemplo, eu imagino que se alguém se colocasse de joelhos diante de um Fra Angelico no Louvre, pensaríamos se tratar de um louco, ou acharíamos que seria uma intervenção de vanguarda [*risos na sala*]!

Assim, carregamos conosco uma representação inconsciente da pintura-instituição. Essa pintura é dupla: ela é coisa e, ao mesmo tempo, tem uma outra metade que é o *habitus* que ela invoca, e ela só se tornará realmente uma pintura viva se encontrar o *habitus* que lhe convém. Nós passamos diante dessa pintura levando conosco um *habitus* de utilização universal (essa é exatamente a definição do *habitus* estético: ele pode se aplicar a tudo, ele pode constituir tudo esteticamente) que diz: "Isso é belo", "Aquilo é feio" etc. E, como resultado, esquecemos que esses diferentes objetos enquanto instituições contêm uma definição tácita do *habitus* que eles esperam, do *habitus* adequado: assim como compreender o martelo é golpear com ele, compreender o quadro é se ajoelhar, dedicar uma oferenda, acender uma vela etc. Um quadro do século XV, religioso e humanista, invoca um certo tipo de relação ou de crença que não é mais a nossa e que correspondia ao universo de Marsílio Ficino e dessas pessoas que misturavam astrologia com astronomia, que estavam entre o mito e a religião, entre a alquimia e a química, que acreditavam em Saturno e o viam ao mesmo tempo sob a forma de um monge.

---

69. Alusão ao estilo Saint-Sulpice (sinônimo de "kitsch" para as imagens sacras) segundo a expressão inventada por Léon Bloy em referência ao bairro Saint-Sulpice de Paris, conhecido por suas várias lojas de artigos religiosos.

70. "Guia azul", série de guias turísticos franceses que existe desde o século XIX [N.T.].

Um livro magnífico de Seznec sobre a sobrevivência dos deuses antigos evoca isso muito bem[71]. Ele descreve aquela espécie de zona intermediária que chamamos de "Renascimento", entre a Antiguidade e a época moderna, onde as religiões antigas e a religião cristã se misturam de um modo que não é de modo algum um sincretismo – o sincretismo significa a mistura de coisas diferentes –, porque as coisas são realmente misturadas: Saturno assume a aparência de um pequeno monge barbudo etc. Nessa época, o efeito esperado que seria necessário para compreender esse quadro seria ter esse tipo de consciência complicada em que se tentava designar a Platão uma forma de cristianismo espiritualizado. Imaginemos agora um outro quadro: um quadro do gótico internacional com ouro reivindicava que as pessoas se ajoelhassem, ou seja, uma coisa bem diferente.

Vocês podem pensar que isso que digo é relativamente trivial, ou podem se perguntar para que serve fazer esse tipo de reflexão. Em primeiro lugar, isso pode funcionar como uma forma de paradigma do erro que nomeei agora há pouco. O que transportamos conosco é uma espécie de relação constante, que é a relação estética e que é uma forma de crença: é parar por um longo tempo diante de uma obra, dar-se o trabalho de observá-la, de decifrá-la, de procurar no guia o que representa aquilo que parece uma serpente e que na verdade é uma bandeirola onde estão escritas as palavras da Anunciação[72]. Esse cuidado e o trabalho de ascese que ele representa supõem uma forma de crença, a crença estética que dá um certo estatuto à obra de arte – poderíamos fazer uma espécie de variação à moda de Austin sobre o que se pode fazer diante de um quadro. Acreditar no valor do quadro é adotar a atitude estética que esse quadro exige e isso não é nem se ajoelhar (isso seria ridículo ou louco) nem rezar. Essa análise da disposição estética como instituição remete claramente a um certo tipo de obra. Quando um *habitus* de pessoa culta encontra um objeto que não invoca esse *habitus*, são duas metades que não foram feitas para estarem juntas que se unem. É como se vocês tivessem uma metade vermelha e uma metade azul: aqui, falta-lhe uma outra metade; [para o pintor sienês] Simone Martini era preciso um *habitus* de fiel que ia rezar e ele encontra um esteta parisiense; o esteta

---

71. Jean Seznec, *La survivance des dieux antiques* [A sobrevivência dos deuses antigos]. Paris: Flammarion, 1980 [1939].
72. As manifestações da disposição estética no museu são analisadas por P. Bourdieu e A. Darbel em *O amor pela arte, op. cit.*, pp. 69-111 [67-109].

parisiense encontra um objeto diante do qual era preciso se ajoelhar. Isso não impede que haja uma união, que isso passe despercebido.

A perversão epistemocêntrica[73], erro científico por excelência, só pode ser destruída através de uma análise dupla. Para compreender o *habitus* estético é preciso estudar o campo do qual esse *habitus* é o produto: por exemplo, o *habitus* estético que aplicarei a Simone Martini é o produto do museu. Recentemente li um belíssimo relato de um historiador da arte que mostrou como Goethe experimentou o choque da arte pura diante da galeria de Dresden que era, no fundo, o primeiro museu acessível às pessoas cultas de seu tempo. A existência de obras que foram arrancadas dos ambientes sociais nos quais elas podiam funcionar como objetos rituais ou objetos de luxo tornou possível e necessária a abordagem estética que consiste em observar as obras em si mesmas e por si mesmas, em não procurar nelas uma função. Por um lado, o *habitus* estético é o produto de um conjunto de coisas e de instituições (o museu, a existência de uma crítica de arte ligada a ler a obra em si mesma e por si mesma etc.) e, por outro lado, a obra à qual essa disposição se aplica equivocadamente está associada a todo um conjunto de condições que produziam o *habitus* adequado. Remeto vocês ao artigo de Baxandall que renovou completamente a percepção que poderíamos ter da pintura do *Quattrocento* a partir de uma objeção do tipo que proponho[74]. Por exemplo, Baxandall observou o detalhe que as duas cores empregadas nas pinturas do *Quattrocento* para valorizá-las não eram, como acreditamos, o vermelho e o amarelo, mas o azul e o dourado porque o azul, que era o azul ultramar, era extremamente caro e o ouro, por definição, era muito caro. Portanto, o artista que quisesse demonstrar ao seu cliente que o dinheiro foi bem investido utilizava muito azul e muito dourado, e utilizava muito azul quando queria destacar o valor de um gesto – o gesto de São João Batista benzendo, por exemplo. Quando não temos mais esse tipo de conhecimento da pragmática que as pessoas utilizavam em suas obras, fazemos leituras completamente inadequadas.

---

73. Em sua obra posterior, P. Bourdieu chamará esse fenômeno de "viés escolástico" (ver, em particular, o primeiro capítulo de *Meditações pascalianas*. Rio de Janeiro: Bertrand Brasil, 2001, tradução de Sergio Miceli [*Méditations pascaliennes*. Paris: Seuil, 1997]).

74. Michael Baxandall, "L'œil du Quattrocento", *Actes de la recherche en sciences sociales*, n. 40, 1981, pp. 10-49 (trata-se do segundo capítulo do livro *O olhar renascente*. Rio de Janeiro: Paz e Terra, 1991, tradução de Maria Cecília Preto R. Almeida [*Painting and Experience in Fifteenth Century Italy*. Oxford: Oxford University Press, 1972]).

Para falar mais profundamente, eu li há pouco tempo um texto clássico de Gernet sobre a utilização dos metais preciosos, "A noção mítica do valor na Grécia", na coletânea *Antropologia da Grécia antiga*. Gernet escreve: "Existe uma qualificação de ordem religiosa que se liga ao objeto precioso em geral" e uma frase muito mais interessante: "Não é apenas porque um objeto é de uso religioso que ele tem valor, é exatamente porque ele é precioso que pode ser objeto de consagração"[75]. Em outras palavras, não devemos nos surpreender diante de um certo tipo de pinturas com fundos dourados dizendo: "É estranho que eles continuassem a usar fundos dourados depois de Masaccio ter revolucionado a pintura". Se existe uma utilização de um certo tipo de materiais numa certa lógica, parece-me que isso se deve em parte por referência a uma busca do efeito produzido sobre o espectador, e essa busca é uma expectativa do *habitus* em cujo encontro o efeito será produzido. O caráter precioso dos objetos exerce um efeito de imposição de valor que pode ser uma dimensão do efeito religioso. Assim, um certo número de obras destinadas a receber relíquias tinha a mesma forma da relíquia que elas abrigariam; como essas obras estavam cheias de pedras preciosas, elas tornavam-se visivelmente tão preciosas quanto a coisa contida no próprio objeto. Esse efeito torna-se completamente ininteligível se projetarmos o olhar estético puro sobre essa realidade.

Vou resumir. É muito difícil fazer uma análise concreta numa situação como essa, mas eu tentei... Se tivermos consciência de que a relação científica com o objeto não é a relação invocada originariamente pelo objeto, podemos buscar no objeto tomado em sua materialidade os indícios do *habitus* que ele invocava: por exemplo, o fato de haver pedras preciosas incrustadas, auréolas de ouro, ou o fato do nome do santo estar inscrito na auréola são indicações pragmáticas através das quais o autor expressou, conscientemente ou não, uma definição do *habitus* adequado que ele invocava. Se procurarmos, podemos encontrar esse *habitus* adequado na obra, e também em documentos ou testemunhos. Para a leitura, por exemplo, Roger Chartier observou que, quando os romances clássicos ou os romances picarescos passavam do mundo culto para o mundo da "*Bibliothèque bleue*", ou seja, para um público supostamente maior, os parágrafos tornavam-se mais curtos, com cerca de dez linhas em vez de três páginas[76]. Eis um indício mi-

---

75. Louis Gernet, "La notion mythique de la valeur en Grèce" (1948), in *Anthropologie de la Grèce antique*. Paris: Maspero, 1968, p. 133.
76. Roger Chartier só publicou seu estudo sobre essa coleção emblemática da literatura comercial do século XVIII, de onde saiu essa análise, dois anos depois deste curso ("Os livros azuis", in *Leitu-*

núsculo, que pode passar despercebido, dessa pragmática da escrita: o recorte em parágrafos mais curtos chama um leitor que terá uma leitura menos sustentada, mais descontínua. Inversamente, existe uma retórica do uso dos parágrafos: escrever parágrafos muito longos é fazer sentir um pensamento de grande fôlego, isso expressa a amplitude, a profundidade, a magnitude do pensamento – em O ser e o nada [de Sartre] quase não há parágrafos... Poderíamos analisar a leitura da mesma maneira: se vocês sempre tiverem em mente que esse objeto, em si mesmo, é feito para funcionar em relação com um *habitus*, vocês poderão buscar no objeto muitos indícios através dos quais ele tenta manipular ou satisfazer o *habitus* de antemão – por exemplo, os sublinhados, o uso de itálicos, o uso de maiúsculas etc.

Eu não sei se este desvio, este exemplo, produziu o efeito que eu desejava: estou certo de que não, e sinto-me infeliz. No fundo, uma das coisas que eu disse hoje é que os objetos culturais, em sua forma material, reduzidos a sua dimensão física, são objetos mutilados que só podem ser compreendidos adequadamente se os constituirmos como tais; eles contêm uma expectativa de preenchimento enquanto objetos que esperam uma retomada, uma reativação. Em vez de deixar essa reativação acontecer por acaso e deixar um *habitus* científico não controlado se apropriar erroneamente de objetos que invocam um outro *habitus*, é importante ter uma consciência reflexiva do que é esse *habitus* científico e do que é o *habitus* prático, e assim dar um lugar a uma história social dos *habitus* de leitura, dos *habitus* de percepção da obra de arte, dos *habitus* de conduta econômica etc.

Programa das próximas aulas e questões da plateia

Vou parar aqui. Eu queria simplesmente mostrar a vocês como, a partir deste pequeno esquema, a sequência do curso vai se desenvolver. Temos, de modo geral, o plano que certamente é passível de transformações. Depois de ter indicado de maneira sinóptica o que me parece ser o objeto próprio de uma ciência social (a saber, essa instituição que vive sob duas formas, a objetivação e a incorporação, e a relação entre essas duas formas), examinarei num primeiro momento as funções teóricas da noção de *habitus*: por que é preciso falar de *habitus* para dar conta

---

ras e leitores na França do Antigo Regime. São Paulo: UNESP, 2004, tradução de Álvaro Lorencini, pp. 261-286 ["Les livres bleus", in Henri-Jean Martin & Roger Chartier (orgs.), *Histoire de l'édition française*. Paris: Promodis, 1984, v. 2, pp. 498-511]); P. Bourdieu certamente tinha em mãos uma versão preliminar.

das práticas sociais, e como ela permite escapar de um certo número de erros e dificuldades científicas. Em seguida, examinarei mais sistematicamente a noção de campo. Num primeiro momento, eu a estudarei enquanto campo de forças, mais exatamente enquanto campo de forças possíveis, ou seja, como um estado físico; tratarei do campo como ele funciona sem ser constituído como campo percebido por um *habitus*. Descreverei então o campo como espaço de posições que exerce coerções sobre todo agente que entra nesse espaço e utilizarei como exemplos um certo número de campos: o campo das *Grandes Écoles*, o campo do jornalismo, o campo das relações de trabalho, o campo dos conflitos trabalhistas etc. Em seguida, examinarei as relações entre a noção de campo e a noção de capital, duas noções relativamente intercambiáveis que tentarei esclarecer, e depois os problemas colocados pelas homologias de estrutura entre campos diferentes. Num segundo momento, tentarei examinar o campo não mais como campo de forças, mas como campo de ações, como campo de lutas. Terminarei com os problemas do simbólico e das lutas simbólicas: o campo, quando ele se torna objeto de conhecimento para um *habitus*, torna-se um objetivo de lutas simbólicas; neste ponto voltarei, mas talvez num nível de elaboração superior, a um certo número de temas que abordei ano passado.

No intervalo, recebi duas perguntas; esqueci completamente de respondê-las, peço que me perdoem. Eu não o farei imediatamente, e simplesmente as enuncio para que vocês mesmos possam refletir sobre elas: "Será que uma sociologia nativa é possível?" Esse é um problema que abordarei, e tentei reformular essa pergunta na minha análise. Ela muitas vezes é feita sobre os países que são objeto da etnologia, ou seja, os países que foram colonizados, mas ela também se coloca a propósito de nossas próprias sociedades. Podemos tomar como objeto um universo social do qual somos diretamente membros, ou um campo do qual fazemos parte? Um professor pode estudar o campo do ensino, um funcionário pode estudar o campo das relações burocráticas? Essa pergunta foi resolvida parcialmente através do que eu disse mas, se ela foi feita, é sinal de que a resposta não está evidente e, como é uma questão que sempre é repetida, gostaria de retomá-la. Leio agora a segunda pergunta: "Como é possível sair de uma regressão ao infinito se, para compreender o conhecimento prático, é preciso primeiro compreender o conhecimento científico? Seria preciso compreender o conhecimento que tenta compreender o conhecimento científico para compreender o conhecimento prático e assim em diante". Trata-se de uma excelente questão, e voltarei a ela[77], mas digo imediatamente que esse é o tipo de aporia falsamente lógica que se decide na prática. O fato dessa pergunta ter sido feita obriga a estabelecer um trabalho científico que resolve essa questão na prática. Por exemplo, o que comecei a dizer hoje, sobre a relação com os quadros, parece-me ser um começo de solução.

---

77. Ver em particular o final da próxima aula e a seção "Crítica da relação científica", pp. 194-199, na aula de 16 de novembro de 1982.

Aula de 19 de outubro de 1982

> Sentido sem consciência. – O erro mecanicista e o erro intelectualista. – A tentação do sociólogo-rei. – Obstáculos intelectuais ao conhecimento da *gnoseologia inferior*. – O *habitus* como *orthè doxa*.

Eu gostaria de relembrar rapidamente as linhas gerais do que tentei estabelecer na última aula e assim mencionar as primeiras consequências que podem ser extraídas do modelo representado pelo esquema que indiquei. A reflexão que vou propor se organizará em torno de três momentos principais: o primeiro será uma reflexão sobre a relação R_1 do esquema, ou seja, uma reflexão sobre o modo de conhecimento prático e sobre a lógica da prática como preliminar a um conhecimento do funcionamento do mundo social; o segundo momento consistirá numa reflexão sobre o campo de forças e seu funcionamento numa lógica fisicalista; o terceiro momento consistirá numa reflexão sobre o campo como campo de ações, através da reintrodução da relação R_1 e da relação de *habitus*. Em primeiro lugar, voltarei ao que me parece ser uma precondição de um conhecimento adequado do mundo social, a saber, uma reflexão sobre o conhecimento prático e uma tentativa de elaborar um conhecimento rigoroso da lógica específica da prática, e, em segundo lugar, sobre a teoria daquilo que chamo de *habitus* como princípio desse conhecimento prático.

Sentido sem consciência

Eu gostaria de insistir rapidamente, sem me perder em preliminares metodológicas ou epistemológicas, na função teórica da introdução da noção de *habitus*. Se eu não pratico muito esse tipo de reflexão sobre os conceitos que emprego, isso é em parte como reação contra a tendência muito comum de produzir, em vez de um conhecimento verdadeiro, um metadiscurso teórico de tipo jurídico. Para mim, um discurso teórico só se justifica à medida que ele permite produzir efeitos científicos. Quando ele é um fim em si mesmo, eu acho que ele tem uma função ou decorativa ou jurídica, ou seja, que ele pretende se constituir em norma, e não norma do discurso do produtor desse discurso, e sim do discurso dos outros. A sedução do que chamamos de epistemologia sem dúvida reside com muita frequência no fato de que, através de uma espécie de metadiscurso a propósito da ciência e da prática científica dos outros, instituímo-nos como legisladores da prática científica. Se as ciências sociais gastam seu tempo olhando-se num espelho, como muitas vezes fazem, elas quase não avançam, e é isso que quase sempre me faz evitar esse tipo de reflexão. Eu digo isso porque temo ter despertado esse hábito em alguns de vocês. Existe, na pré-história das ciências sociais, uma espécie de fascinação com um certo número de problemas legados pela filosofia, no mau senso do termo, como por exemplo todos os tristes tópicos do gênero "explicação e compreensão", "ciências humanas e ciências da natureza", "será que existe uma especificidade das ciências humanas?" etc. Acho que todas essas discussões sobre a relação com o mundo social, que podem ter uma função importante no ensino – é preciso ensinar alguma coisa – e também na discussão um pouco adolescente sobre o mundo social, devem ser expulsas do discurso científico, e não penso que isso seja uma espécie de reflexo positivista. Menciono esses debates simplesmente para descartá-los. Trata-se de um dos casos particulares desse paradoxo da cultura – eu já disse para vocês várias vezes: a cultura tem como função principal permitir descartar um certo número de problemas legados pela tradição cultural. É preciso ter uma cultura para se livrar da cultura. Se eu retomo a noção de *habitus*, é essencialmente para triangular a posição no sentido da navegação, para tentar situar esse conceito num espaço de conceitos onde ele funciona *volens nolens* [querendo ou não] e para tentar definir a posição teórica mais próxima num espaço de diferenças.

Por que uma ciência do conhecimento prático é necessária, e por que ela é difícil? Por que ela não foi feita mais cedo se ela é realmente tão indispensável como eu penso? Se esse conhecimento me parece indispensável, é para evitar o erro extremamente frequente que assinalei na última aula, que consiste em projetar na "consciência" dos agentes uma representação de suas práticas que é a do sujeito científico que os estuda (darei exemplos em relação à teoria econômica, que é sem dúvida uma das ilustrações mais típicas desse erro que consiste em projetar na ação do sujeito atuante a teoria do sujeito científico[78]). Essa reflexão preliminar é difícil e ao mesmo tempo indispensável devido ao fato de que as alternativas teóricas diante das quais nos encontramos são tais que sempre temos a sensação de que só podemos sair de um dos termos da alternativa caindo no outro. Darei um exemplo simples: se, por exemplo, numa teoria do poder, ou de modo mais geral uma teoria do mundo social, tentamos excluir a visão de tipo mecanicista segundo a qual as relações de poder seriam puras relações de força, sentimo-nos quase inevitavelmente empurrados pela lógica dessas alternativas, por mecanismos inconscientes, para uma teoria subjetivista, uma teoria da consciência; ao recusar uma teoria das relações de poder como relações de força, caímos quase inevitavelmente numa teoria das relações de poder como relações de cumplicidade entre o sujeito dominado e os dominantes, como se o poder pressupusesse uma cumplicidade consciente dos dominados. Eis um exemplo de alternativa que me parece impor uma reflexão sobre o que é o conhecimento do mundo social.

A ideia central que eu gostaria de desenvolver neste primeiro momento é que é possível haver conhecimento e sentido sem que haja consciência. Essa é uma proposição extremamente simples, mas eu argumentarei longamente em sua defesa. Dizer que o mundo social é um lugar de atos de conhecimento, que os sujeitos sociais conhecem o mundo social, que eles agem, por assim dizer, com conhecimento de causa, que eles são orientados pelo sentido de suas práticas e do mundo social em função do qual suas práticas se pensam, que eles são orientados por significações que não são necessariamente fins, isso não implica de modo algum que eles sejam sujeitos conscientes dessas significações e desses atos de conhecimento. O paradoxo aparente tem a ver, creio eu, com o fato de que vivemos na tradição dualista, na tradição cartesiana. Eu os remeto, por exemplo, ao que Husserl diz muito bem na *Crise das ciências europeias*: estamos tão imersos no dualismo da consciência e do mecanismo que nada podemos pensar do outro que não seja um ou o outro, ou seja, que queremos que as ações humanas sejam ou bem determinadas pelas causas (uma ação econômica será determinada por um certo número de causas econômicas ou físicas), ou realizadas com conhecimento

---

78. P. Bourdieu desenvolve esse ponto especialmente em *Algérie 60. Structures économiques et structures temporelles* [*Argélia 60: estruturas econômicas e estruturas temporais*]. Paris: Les Éditions de Minuit, 1977; e o prolongará em *As estruturas sociais da economia,* Porto: Campo das Letras, 2006, tradução de Lígia Calapez & Pedro Simões, pp. 287ss. [*Les Structures sociales de l'économie*, Paris: Seuil, 2000, pp. 319ss.].

de causa, ou seja, por um ato consciente (por um cálculo racional de um agente que conheça completamente o espaço no qual ele age, como o cientista pretende conhecer)[79]. Eu penso que essa alternativa é completamente funesta, e se explicito tanto isso, é porque, em primeiro lugar, é importante tê-la em mente para ver o que precisamos superar e, em segundo lugar, para compreender que, depois de superá-la, como acredito ter feito com a noção de *habitus*, estamos expostos a sofrer críticas de pessoas que permanecendo nessa alternativa enxergam uma contradição naquilo que é, creio eu, uma superação.

De modo geral, essa é a intenção do que direi e que agora retomarei um pouco mais devagar.

O erro mecanicista e o erro intelectualista

Sempre se pode [navegar] entre duas posições que me parecem errôneas – emprego a linguagem do erro porque ela é cômoda: por um lado, o erro mecanicista, que consiste em esquecer da existência de um modo de conhecimento em que as ações humanas são orientadas por referência ao sentido e que portanto reduz as ações ao produto de determinismos mecanicistas e, por outro lado, o erro que pode-se chamar de intelectualista, que consiste em tomar a relação entre o cientista e o mundo social como a verdade da relação prática entre os agentes sociais e o mundo social, erro cujo exemplo eu dei na última aula.

Para uma ilustração paradigmática desse erro, remeto vocês à análise do garçom de café, um texto de Sartre que lerei rapidamente para vocês – não farei nenhum comentário, vocês mesmos o farão – que me parece típico-ideal dessa espécie de conflito ou de confusão entre a consciência científica e a consciência ordinária. Eu hesitei em lê-lo porque, por mais que seja psicologicamente fácil fazer a crítica de um texto quando estamos diante dele no papel e tratamos de uma espécie de adversário teórico, sempre é um pouco desagradável, especialmente quando se trata de alguém que admiramos, fazer essa crítica publicamente abusando da situação de autoridade, da situação de monólogo etc. Apesar disso, eu o lerei porque creio que o exemplo é muito significativo e porque Sartre muitas vezes é útil. Sartre é absolutamente exemplar e admirável ao mesmo tempo por-

---

79. Edmund Husserl, *A crise das ciências europeias e a fenomenologia transcendental*. Rio de Janeiro: Forense, 2012, tradução de Diogo Falcão Ferrer [*Die Krisis der europäischen Wissenschaften und die transzendentale Phänomenologie*. Den Haag: Martinus Nijhoff, 1954].

que tem uma espécie de potência lógica que faz com que ele leve os erros até o final de sua lógica, em minha opinião. Leio agora o texto de Sartre: "Por mais que cumpra as funções de garçom, só posso ser garçom de forma neutralizada, como um ator interpreta Hamlet, fazendo mecanicamente gestos típicos de meu estado e vendo-me como garçom imaginário através desse gestual tomado como *analogon*. Tento realizar o ser-em-si do garçom, como se não estivesse justamente em meu poder conferir a meus deveres e direitos de estado seu valor e urgência, nem fosse de minha livre-escolha levantar toda manhã às cinco ou continuar deitado, com risco de ser despedido do emprego. Como se, pelo fato de manter existindo esse papel, eu não transcendesse de ponta a ponta o ser-em-si que pretendo ser ou não me constituísse como um mais além de minha condição. Todavia, não resta dúvida que, em certo sentido, sou garçom – caso contrário, poderia designar-me diplomata ou jornalista"[80]. E continua desse jeito... Talvez vocês não se surpreendam com o absurdo desse discurso, e eu nem sempre me surpreendi – li esse texto numa outra época. O absurdo reside no fato de ele misturar, numa espécie de consciência imaginária do garçom de café, a visão do garçom de café que está ocupado e não se coloca perguntas, que tem um *habitus* de garçom de café e não pode se pensar de outra maneira que não como garçom de café, que não imita ninguém mas faz aquilo que ele sempre viu ser feito por outros garçons de café de teatros, e uma consciência de sujeito observante, que constitui o garçom de café como sujeito livre das significações que ele coloca e que, ao mesmo tempo, faz surgir esse fantasma da liberdade de sair do papel de garçom de café, revogado a cada instante pela má-fé. Seria inutilmente maldoso continuar a análise, mas retomarei a equivalência paradoxal da análise com o sujeito da teoria econômica: o *homo œconomicus*, como o garçom de café visto por Sartre, é um sujeito agente que teria na cabeça o cientista que o observa agir, ou, melhor, que pensaria sua ação como se ele estivesse sob o olhar de outras pessoas. Agora que eu assinalei esse erro para vocês, vocês o encontrarão em todo lugar: o discurso científico está cheio dele, em grande parte porque é mais fácil escrever dessa maneira.

Uma das dificuldades da reflexão que proponho é que ela obriga a questionar um certo número de automatismos do discurso ordinário: nós falamos espontaneamente dessa maneira sobre o mundo social. Para escapar dessa es-

---

80. Jean-Paul Sartre, *O ser e o nada*. Petrópolis: Vozes, 1997, tradução de Paulo Perdigão, p. 107 [*L'être et le néant*. Paris: Gallimard, 1943, p. 95].

pécie de conflito das duas relações com o mundo social que distingui no meu esquema – a relação R_0 e a relação R_1 – é preciso fazer simultaneamente, como eu disse na última aula, uma ciência do conhecimento prático e uma ciência do conhecimento científico como não sendo o conhecimento prático. Em outras palavras, o conhecimento científico deve se perceber como conhecimento de um conhecimento que não é o conhecimento científico. É sobre isso que eu gostaria de insistir um pouco: a teoria científica supõe uma teoria da prática como não teoria, a expressão "teoria da prática" parece uma confusão, uma contradição entre os termos. De fato, ela não é fácil, primeiro por razões sociais – que desenvolverei rapidamente – e em seguida por razões intelectuais, porque há essa contradição que assinalei.

Para ser autorizado por uma autoridade – quando se está num terreno onde constantemente passamos rápido demais pelas evidências e, ao mesmo tempo, estamos em dificuldades extremas, os grandes autores são úteis porque ajudam a criar a crença – lerei para vocês este texto de Husserl na *Crise das ciências europeias* (a outra função de ler Husserl e Sartre para vocês é fazer com que vocês aceitem uma linguagem difícil para que apreciem melhor a minha [*risos*], desde que aceitem que meu discurso mereça esse mesmo esforço, o que não é nem de longe óbvio): "O que é efetivamente primeiro é a intuição 'meramente relativa ao sujeito' da vida no mundo pré-científico. É certo que o 'meramente' tem para nós [o "para nós" é interessante: ele não diz quem é, e eu tentarei dizer para vocês], como uma antiga herança, o tom desprezado [esta é uma passagem que fiquei muito feliz de encontrar em Husserl] da *doxa* [a *doxa* é uma velha tradição que remete a Platão e aos sofistas, é a crença, a opinião, a representação, o isso-é-óbvio]. Na própria vida pré-científica, ela nada tem certamente de desprezível [isso quer dizer que quando estamos dentro da *doxa*, não a desprezamos]; ela é aí um domínio de boa confirmação, a partir dela dispõe-se de conhecimentos predicativos bem confirmados, assim como de verdades certas, conforme exigido pelos próprios propósitos práticos da vida que determinam o seu sentido"[81].

Esse texto oferece um programa para o que esboçarei, ao dar como objeto da fenomenologia a análise da experiência originária do mundo social, experiência que é o fundamento de todas as experiências de tipo científico. Esse

---

81. E. Husserl, *A crise das ciências europeias*, op. cit., pp. 101-102 [Os colchetes nesta citação são intervenções do próprio P. Bourdieu – N.T.].

retorno ao originário é dificultado por uma tradição de desprezo ao sujeito para a qual Husserl emprega a palavra "doxa" e que é apresentada ao mesmo tempo na filosofia – através da oposição entre a *doxa* e a *épistémè*, que é nobre e conquistada contra a *doxa* – e na tradição científica: a ciência se constitui contra os erros primários – vocês conhecem os temas bachelardianos sobre o conhecimento primário e o erro primário[82]. Além do mais, Husserl diz por toda a *Crise* que essa ciência é em si extremamente difícil porque pressupõe uma ruptura com todas as disposições habituais do pensamento, com o modo de pensar cartesiano como eu disse há pouco. E ninguém tem vontade de fazê-la porque ela é desprezada. Ela é desprezada porque trata-se de utilizar o conhecimento por excelência, a *épistémè*, para compreender essa coisa que é sua negação, a *doxa*: como fazer uma *épistémè* da *doxa*? Esse é um tipo de paradoxo que Husserl aponta: é preciso ser realmente louco, é preciso realmente transgredir tabus sociais – porque é disso que se trata – para se dar como objetivo o conhecimento da *doxa*, essa coisa em cujo desprezo a *épistémè* se constrói.

Baumgarten falava de *gnoseologia inferior* sobre a estética[83], e creio que a noção é muito boa para nomear o esquema do que tentarei dizer. O que é preciso fazer é uma gnoseologia inferior, a gnoseologia de um modo de conhecimento inferior, que vai de encontro a toda a tradição gnoseológica, a toda a tradição da filosofia do conhecimento. Podemos retomar, por exemplo, as análises propostas por Cassirer em *A filosofia do iluminismo* a propósito da filosofia dos séculos XVII e XVIII: toda a tradição filosófica, que se pensa como uma reflexão sobre o conhecimento e sobre esse conhecimento por excelência que é o conhecimento científico, se dá como objetivo de alguma maneira pensar à imagem de Deus. Em última instância, o pensador apropriado é aquele que se dá um modo de conhecimento de maneira que não deixa nada a desejar ao entendimento divino. Aqui, estou apenas parafraseando Cassirer[84]. Em Descartes, Espinosa ou Leibniz, a filo-

---

82. Ver G. Bachelard, *A formação do espírito científico, op. cit.*
83. Alexander Gottlieb Baumgarten emprega a expressão na própria definição de "estética", noção que ele mesmo introduziu (*Aesthetica*. Frankfurt, 1750): "A Estética (como teoria das artes liberais, como gnoseologia inferior, como arte de pensar de modo belo, como arte do análogon da razão) é a ciência do conhecimento sensitivo" (Alexander Gottlieb Baumgarten, *Estética: a lógica da arte e do poema*. Petrópolis: Vozes, 1993, tradução de Mirian Sutter Medeiros, p. 95).
84. Ernst Cassirer, *A filosofia do iluminismo*. Campinas: Editora da Unicamp, 1992, tradução de Álvaro Cabral [*Die Philosophie der Aufklärung*. Hamburg: Felix Meiner, 1932]. Por exemplo: "Para os grandes sistemas metafísicos seiscentistas, para Descartes e Malebranche, para Espinosa e

sofia, numa dimensão que considero essencial, a epistemologia, busca garantir ao entendimento humano, através da virtude do método, o acesso a um pensamento de tipo divino. Eu tenho exemplos mais claros, especialmente em Espinosa, mas talvez o mais significativo e mais próximo dos problemas que quero propor hoje estaria em Leibniz que, ao descobrir o cálculo infinitesimal, e ao passar da geometria analítica – que já tinha como virtude, como ele observa, livrar a mente humana das servidões da imaginação, das figuras etc. – ao cálculo infinitesimal, tem a sensação de garantir ao conhecimento humano um poder completamente análogo ao do conhecimento divino que possui em ato o valor completo de $\sqrt{2}$ e que, ao mesmo tempo, transcende de alguma forma os limites da finitude humana. Poderíamos retomar aqui todas as reflexões de Leibniz sobre o intervalo diferencial que abrange toda a curva e que permite de alguma maneira que o conhecimento humano transcenda o tempo[85]. Obviamente não aprofundarei esse aspecto, mas o menciono porque um dos mistérios do conhecimento prático é precisamente estar completamente colado à temporalidade e que, para conhecê-lo, é preciso conhecê-lo como temporalidade da cabeça aos pés.

Eu utilizarei, sem desenvolvê-lo, o exemplo célebre das análises antropológicas da dádiva – eu apenas o indicarei para que vocês o desenvolvam sozinhos. Se me parece que a teoria antropológica na passagem de Mauss a Lévi-Strauss de alguma forma se perdeu quanto à teoria da dádiva[86], é porque os cientistas, especialmente Lévi-Strauss, davam-se por objetivo reduzir uma sucessão [...] a um modelo instantâneo, fazendo assim desaparecer a especificidade da dádiva, a saber, que existe um intervalo interposto; colocar no mesmo plano a mesma coisa que recebemos, ou outra coisa equivalente, é destruir aquilo que constitui a lógica da dádiva, o fato

---

Leibniz, a razão é a região das 'verdades eternas', essas verdades que são comuns ao espírito humano e ao espírito divino. O que conhecemos e contemplamos, em virtude da razão, contemplamo-nos imediatamente 'em Deus': cada ato da razão nos assegura a participação na essência divina, franqueia-nos o acesso ao domínio do inteligível, do suprassensível puro e simples" (p. 32, tradução modificada).

85. Gottfried Wilhelm Leibniz, *Nova methodus pro maximis et minimis* [*Novo método para máximos e mínimos*], 1684.

86. O princípio de reciprocidade teorizado por Marcel Mauss no "Ensaio sobre a dádiva" (1923-1924; reeditado em *Sociologia e antropologia*. São Paulo: Cosacnaify, 2003, tradução de Paulo Neves, pp. 183-314 [*Sociologie et anthropologie*. Paris: PUF, 1950]) foi sistematizado por Claude Lévi-Strauss em sua análise das regras que organizam as trocas matrimoniais (*As estruturas elementares do parentesco*. Petrópolis: Vozes, 1982, tradução de Mariano Ferreira [*Les structures élémentaires de la parenté*. Paris: PUF, 1949]). P. Bourdieu explicitará essa crítica na aula de 25 de janeiro de 1983, pp. 396ss.

de que ela se desenrola no tempo[87]. Eis um exemplo que nos deixa ver a diferença entre as coisas da lógica e a lógica das coisas, como dizia Marx[88]: quando a troca de dádivas é reduzida à sua fórmula lógica, o modelo acaba destruindo de alguma maneira aquilo que descreve. O modelo de Lévi-Strauss, que coloca no mesmo instante a dádiva e a contradádiva, revela que não existe dádiva sem contradádiva, o que é muito importante, mas é preciso ter em mente uma teoria da lógica prática como não sendo a lógica da lógica lógica e como introduzindo uma coisa que a lógica da lógica lógica destrói, a saber, a sucessão. O modelo de Lévi-Strauss é verdadeiro desde que constatemos que é um modelo teórico que encontra uma prática diferente, em sua lógica, desse modelo. Mesmo que a dádiva implique numa contradádiva, ela é vivida, no momento em que é ofertada, como sem retorno, e mesmo que a contradádiva seja uma resposta à dádiva, ela é vista como generosa no momento em que é ofertada e não como uma resposta à dádiva inicial. O que permite esse tipo de mentira, de má-fé, é o intervalo de tempo interposto que resulta de um acordo entre aquele que oferece e aquele que recebe, e existe uma espécie de cumplicidade, de jogo de má-fé coletiva: para que isso funcione é preciso fingir ignorar a contradádiva[89]. Minha análise consiste em aplicar um preceito muito simples: os modelos construídos para compreender a realidade se arriscam a destruir a realidade que descrevem, a não ser que saibamos que um modelo não é a realidade. [...]

Se eu insisto nessa espécie de húbris teórica dos grandes cartesianos, na ambição "panlógica" dos grandes filósofos racionalistas e em sua ambição de dominar o tempo – o exemplo do cálculo infinitesimal é típico – é porque essa ambição também me parece presente nas ciências sociais, particularmente na tradição estruturalista, e ela corre o risco de produzir, em todos os terrenos, efeitos análogos àquele cujo exemplo dei em relação à dádiva. Esse modo de pensar à maneira de Deus, por assim dizer, ou seja, sob o olhar do eterno, abstraindo o tempo, pare-

---

87. Para uma análise mais aprofundada, ver P. Bourdieu, *Esquisse d'une théorie de la pratique*, op. cit., especialmente pp. 337-349; *O senso prático*, op. cit., especialmente o capítulo "A ação do tempo", pp. 164-186 [167-189]; *Meditações pascalianas*, op. cit., capítulo "A dupla verdade do dom", pp. 234-246 [276-291]. Ver também a aula de 25 de janeiro de 1983, pp. 396ss.

88. Essa frase que P. Bourdieu cita com frequência vem da seguinte passagem: "O momento filosófico não é a lógica da coisa, mas a coisa da lógica" (Karl Marx, *Crítica da filosofia do direito de Hegel*. São Paulo: Boitempo, 2010, tradução de Rubens Enderle e Leonardo de Deus, p. 39 [*Zur Kritik der hegelschen Rechtsphilosophie*, 1843]).

89. Sobre este ponto, ver P. Bourdieu, *Esquisse d'une théorie de la pratique*, op. cit., especialmente pp. 337-349.

ce-me claramente ligado à ambição filosófica e ele encontra sua realização na... Eu hesito um pouco porque vocês podem achar bizarro que eu faça uma espécie de história da filosofia um pouco atabalhoada em relação ao problema que me interessa. Isso talvez não seja inútil, mas o lado um pouco apressado do que eu poderia dizer sobre os filósofos levaria a zombarias, e isso não adicionaria muito ao que eu gostaria de dizer. De qualquer forma, vocês podem prolongar o que esbocei se quiserem...

A tentação do sociólogo-rei

Eu gostaria – novamente sem aprofundar muito – de tentar mostrar como essa espécie de ambição da visão de Deus do mundo e do mundo social encontra sua realização na tradição hegeliana. (Vocês dirão que isso é óbvio, que todos sabem disso. Mas sempre é importante se ater às realizações arquetípicas: para mim, uma das funções das grandes filosofias é que elas desenvolvem de maneira ultraconsequente tendências do espírito humano que operam todos os dias, e existe uma tendência de tipo hegeliano sempre em atividade no trabalho dos pesquisadores em ciências sociais. Falar sobre Hegel não é homenagear um grande autor para fazer um discurso filosófico; é se servir de um documento histórico para descobrir nele uma forma realizada de uma tendência ao erro, a expressão exemplar de um erro paradigmático nas ciências sociais. Isso pode parecer arrogante, mas é ao mesmo tempo completamente modesto [*risos na sala*]... Mas é verdade, se eu não digo isso, não poderia mais falar depois de ter dito o que tenho a dizer sobre pessoas dessa envergadura.)

As ciências sociais no fundo são sempre assombradas – isso já foi dito mas sem ir até o fim, e talvez seja preciso ser um pouco duro para ir até o fim – pela tentação do filósofo-Deus que mencionei muito sumariamente e que toma, no caso das ciências sociais, a forma da tentação do sociólogo-rei onipotente que age através da representação. Essa tentação me parece encarnada no pensamento hegeliano como o resumirei. (Peço desculpas aos hegelianos fervorosos, de obediência estrita: como certamente direi coisas um pouco exageradas, direi, para me proteger, que construí um Hegel para as necessidades de minha demonstração.) Eu acho que Hegel dá uma expressão sistemática a uma tendência social que poderíamos chamar de tipo tecnocrata. No fundo, é uma espécie... as palavras são muito difíceis, isso que digo é completamente sumário... Quando, por exemplo, na *Filosofia da história*, Hegel descreve a história como o lugar do desenvolvimento do sujeito absoluto, diferente dos sujeitos humanos habituais, sejam os indivíduos ordinários, heróis históricos, ou sujeitos coletivos como o Estado, o Estado como nação, o mundo etc.[90], ele descreve uma coisa que sempre está em operação no inconsciente social daqueles que pretendem reinar em nome da ciência. Eu acho que em todo sociólogo, e *a fortiori*, no estado atual da divisão do trabalho científico, em todo economista, existe um pequeno Hegel dormindo e a ambição de opor o saber absoluto, o saber do Todo, o saber daquele que possui o conhecimento do Todo ao saber parcial dos indivíduos. Vocês encontram isso nos manuais de Samuelson[91] ou em Durkheim, que diz magnificamente – parece até uma transcrição de Espinosa – que o sujeito individual luta na obscuridade, é animado pela paixão, que cada um tem seu pequeno interesse particular enquanto o cientista, ou seja, obviamente o sociólogo, em nome da ciência do Todo, está de alguma forma acima desses saberes parciais e os percebe como perspectivas que só ele é capaz de totalizar[92]. O sociólogo, como o cientista que alcançou o conhecimento de terceiro gênero[93], tem o geometral, o lugar geométrico de todas as perspectivas[94], e a partir daí pode pensar os limites desses saberes particulares.

---

90. Georg Wilhelm Friedrich Hegel, *Filosofia da história*. Brasília: Editora UnB, 1998, tradução de Maria Rodrigues & Hans Harden (*Vorlesungen über die Philosophie der Geschichte*, 1837).

91. Sobre o livro *Economia* de Paul A. Samuelson (um dos manuais de economia mais indicados no mundo desde sua primeira edição em 1948), P. Bourdieu escreve: "Assim, tal tratado clássico de economia só evocará a lógica específica da prática e do senso comum para rejeitá-la na indignidade: denunciando a pretensão dos agentes econômicos em possuir um conhecimento adequado dos mecanismos econômicos, o economista 'científico' reivindica o monopólio do *ponto de vista total sobre o todo* e se afirma capaz de transcender os pontos de vista parciais e particulares dos grupos particulares e de escapar aos erros que têm por princípio o paralogismo de composição (*fallacy of composition*)" (*O senso prático, op. cit.*, p. 48, tradução modificada).

92. Por exemplo, Durkheim diz em seu curso de 1913-1914 sobre o pragmatismo: "As mentes particulares são finitas, não há nenhuma que possa se colocar em todos os pontos de vista ao mesmo tempo", e a "verdade científica" (que "não é incompatível com a diversidade das mentes") permite totalizar essas "verdades parciais" (Émile Durkheim, *Pragmatismo e sociologia*. Florianópolis: Editora da UFSC, 2005, tradução de Aldo Litaiff (não localizada) [*Pragmatisme et sociologie*. Paris: Vrin, 1955, p. 186]).

93. Espinosa opunha à percepção sensível e às convicções adquiridas por "ouvir dizer" (primeiro gênero), e também ao saber objetivo que vem do uso da razão (segundo gênero), um "conhecimento de terceiro gênero", intuitivo e acessível apenas ao filósofo, que procede "da ideia adequada de certos atributos de Deus para o conhecimento adequado da essência das coisas" (*Ética*. Belo Horizonte: Autêntica, 2007 [1677], tradução de Tomaz Tadeu, parte V, proposição XXV).

94. P. Bourdieu se referia com frequência (ver, por exemplo, *Para uma sociologia da ciência, op. cit.*, p. 132 e p. 157 [186 e 222]) a esse "geometral" (ou "lugar geométrico") que correspondia,

Encontramos em Hegel essa descrição dos limites que simultaneamente se impõem ao sujeito histórico quanto ao conteúdo e as consequências de seus atos. Encontramos [em *Filosofia da história*] uma descrição daquilo que eu chamarei de lógica prática, mas ela é estritamente negativa – a lógica prática é definida pela privação dessa totalização, privilégio ou monopólio do cientista. O cientista absoluto é precisamente essa norma a partir da qual todos os conhecimentos particulares aparecem como mutilados. Os limites dos saberes particulares, como ele os descreve, resultam do quadro natural e econômico das ações – os sociólogos pensam, eu inclusive, que os limites de validade do conhecimento que os sujeitos sociais individuais podem ter do mundo social dependem de sua posição no mundo social e dos determinismos ligados a uma condição particular –, de seu horizonte cultural, da interdependência dos atores num momento dado do tempo e da interdependência dos agentes sociais através do tempo. De modo geral, esses são os fatores que Hegel invoca e, em consequência, aquilo que ele chama de "liberdade subjetiva" dos atores sempre é muito limitada tanto pela ação, ou seja, pelas possibilidades reais, quanto pela consciência ou pelo conhecimento de si. Mas se o curso da história é racional, devido ao fato do aumento do controle da Natureza etc., essa racionalidade não pode ser atribuída a qualquer subjetividade em particular. Existe então um lugar da racionalidade transcendente aos indivíduos, onde se situa o pensador. Vejam, o filósofo e o sociólogo, que muitas vezes são considerados opostos, designam-se inconscientemente o mesmo papel e, se a sociologia exerce tamanha fascinação sobre a juventude, é em grande parte porque esse é um papel de rei ou de Deus, que sobrevoa as consciências – resumindo, o papel que a filosofia sempre se designou e cuja forma moderna é a sociologia.

O Estado para Hegel – continuo porque claramente o problema do Estado e do filósofo de Estado é central – é uma realização do "espírito objetivo", ou seja, uma das resultantes dessa infinidade de ações individuais que não contêm sua

---

para Leibniz, ao ponto de vista de Deus, apoiando-se na leitura feita por Maurice Merleau-Ponty: "Nossa percepção chega a objetos, e o objeto, uma vez constituído, aparece como a razão de todas as experiências que dele tivemos ou que dele poderíamos ter. Por exemplo, vejo a casa vizinha sob um certo ângulo, ela seria vista de outra maneira da margem direita do Sena, de outra maneira do interior, de outra maneira ainda de um avião; a casa *ela mesma* não é nenhuma dessas aparições, ela é, como dizia Leibniz, o geometral dessas perspectivas e de todas as perspectivas possíveis, quer dizer, o termo sem perspectivas do qual se podem derivá-las todas, ela é a casa vista de lugar algum" (*Fenomenologia da percepção*. São Paulo: Martins Fontes, 1999, tradução de Carlos Alberto Ribeiro de Moura, p. 103 [*Phénoménologie de la perception*, Paris: Gallimard, 1945, p. 81]).

própria verdade e que se encontram integradas às consciências individuais num nível superior, no qual o filósofo as retomará. O Estado é, portanto, uma das realizações do espírito objetivo que é o resultado de todos os particularismos. Rosanvallon aproximou com muita razão o modelo hegeliano do modelo da mão invisível caro aos economistas[95]: existe no mundo social uma espécie de fim do qual ninguém é sujeito e cuja descoberta é tarefa do filósofo. É surpreendente que ele se oponha ao liberalismo econômico, já que – como foi demonstrado pelo estudo de suas leituras – ele empresta um de seus temas essenciais, a "artimanha da Razão" que estou descrevendo, da tradição dos economistas, e ele retoma, numa outra linguagem, essa tradição segundo a qual a agregação das ações individuais dá um sentido objetivo irredutível ao sentido individual. Repito, para aqueles que pensam que estou me perdendo no terreno da filosofia, que tudo isso está constantemente presente nas descrições dos filósofos, dos sociólogos, dos economistas etc.: o que exploro com a ajuda da história da filosofia é o inconsciente epistemológico dos especialistas das ciências humanas e, de modo mais geral, de todos os sujeitos sociais porque todo mundo hoje em dia está mais ou menos imerso nas ciências humanas, que se difundiram para muito além dos especialistas. Portanto, o Estado é a realização do espírito objetivo e nele os pontos de vista unilaterais e abstratos sobre a situação histórica se ligam e se integram num processo histórico complexo que transcende as intenções, projetos e consciência dos agentes – sejam esses agentes príncipes, burocratas, nobres ou burgueses. Essa espécie de sentido objetivo que transcende as intenções individuais dota a conduta dos indivíduos de um sentido objetivo irredutível ao sentido postulado intencionalmente.

É neste ponto que encontramos a burocracia do Estado e a tecnocracia que invoquei um pouco apressadamente no começo: a burocracia de Estado representa a encarnação da visão universal e da vontade universal. Ela é o lugar, no próprio mundo social, onde se realiza a integração dos interesses particulares, cegos uns aos outros e portanto a si mesmos. Ela fornece ao príncipe o conhecimento dos princípios gerais, as circunstâncias particulares de cada caso, o conjunto de escolhas razoáveis e a ponderação das consequências de cada ação. Encontramos esta

---

95. Pierre Rosanvallon, "Hegel, de la main invisible à la ruse de la raison" ["Hegel, da mão invisível à artimanha da razão"], in *Le Capitalisme utopique. Critique de l'idéologie économique*. Paris: Seuil, 1999 (1979), pp. 162-178 (Aqui a análise se baseia mais na leitura da *Fenomenologia do espírito* [1807]).

passagem magnífica nos *Princípios da filosofia do direito*: "O príncipe que assina nada mais faz do que pôr os pingos nos 'i'"[96]. É um belíssimo texto de Hegel. O príncipe, em última instância, apenas assina: ele ratifica e rubrica dossiês preparados por burocratas.

Essa análise é muito interessante. Nós a reencontramos quase textualmente em Weber que, creio eu, laicizou Hegel em muitos pontos, o que faz com que possamos citar esse belíssimo texto de Weber, "Ciência como vocação", que é considerado, no fundo, como o ato de secularização da sociologia: é o cientista que renuncia à política etc. Quando Weber diz que o cientista deve propor o conhecimento claro da compatibilidade dos fins e da compatibilidade dos meios com os fins e que o resto cabe ao político decidir[97], acho que isso vem tipicamente de Hegel, que dizia que a burocracia do Estado fornecia ao príncipe o conhecimento dos princípios gerais, as circunstâncias particulares de cada caso, o conjunto de escolhas razoáveis e a ponderação das consequências de cada ação. Mas, quando essas ideias são enunciadas por Weber, vemos nela o nascimento da ciência objetiva neutra, da verdade científica etc. Como eu disse em muitas ocasiões, os sujeitos e os fantasmas, sobretudo políticos e sexuais, se eufemizam para transigir com a censura. O fantasma político do filósofo-rei se encontra hoje em dia, mas não se expressa ingenuamente: ele se expressa de forma eufemizada e disfarçada, e Weber já estava submetido a uma censura mais forte do que Hegel. Hoje em dia, vocês só encontrarão esse fantasma num grau de eufemização ainda mais elevado.

---

96. "Muitas vezes se alega contra o monarca que, se lhe confiarmos os negócios de Estado, eles estarão entregues ao acaso e à contingência, já que o monarca pode ter sido educado mal, que talvez ele não seja digno de estar à frente do Estado, que, em última instância, seria insensato admitir que esse regime existe como se fosse um regime racional. Essa argumentação se baseia na suposição de que tudo depende da particularidade do caráter do monarca, e essa suposição não vale nada. Numa organização completa do Estado, o que importa é ter à sua frente um órgão de decisão formal e uma muralha sólida contra as paixões. Portanto, é errado que se exija do monarca qualidades objetivas, pois tudo que ele tem a fazer é dizer sim e pôr os pingos nos 'i'." (Georg Wilhelm Friedrich Hegel, *Principes de la philosophie du droit ou Droit naturel et science de l'État en abrégé*. Paris: Vrin, 1975, tradução de Robert Derathé, p. 294, adendo ao § 280) [Este adendo está ausente da tradução brasileira, *Filosofia do direito*. São Leopoldo: UNISINOS, 2010, tradução de Paulo Meneses *et al*. (*Grundlinien der Philosophie des Rechts*, 1821) – N.T.].

97. Max Weber, *Ciência e política: duas vocações*. São Paulo: Cultrix, 1970, tradução de Leonidas Hegenberg & Octany Silveira da Mota [*Wissenschaft als Beruf*, 1917].

É por isso que é importante voltar à fonte com um belo caso, um equivalente do caso de Dora para Freud[98], onde o fantasma se expressa em toda sua pureza. A burocracia, nessa lógica, é a classe universal – que para Marx será o proletariado – e esse esquema da classe universal é muito importante. No oposto da consciência infeliz que se sente uma estrangeira quanto à sua atividade e à totalidade do mundo encontra-se a consciência satisfeita que procura o conhecimento adequado do mundo – encontramos Espinosa aqui: é a consciência satisfeita do burocrata que compreende e aceita o mundo como seu. O burocrata é aquele tipo de sábio estoico que conhece suficientemente o Estado e o mundo social para aceitá-lo e se apropriar dele. O Estado é portanto o desenvolvimento e a explicitação do aspecto universal da sociedade civil – para aqueles que acham que exponho um Hegel de fantasia, eu os remeto à *Filosofia do direito*, §§ 182, 187 e 249. Apesar de eu ter apresentado um Hegel unanimista e que propõe uma visão do Estado unanimista, esclareço que Hegel insiste quanto à dualidade da sociedade civil e do Estado. O Estado impõe dois tipos de ação: por um lado, tornar explícito o universalismo latente da sociedade civil dividida pelos antagonismos que são superados nas reconciliações e no universal e, pelo outro lado, controlar o particularismo inerente às divisões da sociedade civil.

Para voltar ao modelo hegeliano em sua pureza: o Estado é um objeto que inclui seu próprio desenvolvimento, e o último estado desse desenvolvimento, ou seja, o Conceito constituído pelo filósofo que é o parteiro do Estado, inclui a efetivação plena dessas possibilidades e a apropriação plena pelo discurso filosófico, ou seja, pelo filósofo, das possibilidades inerentes ao Estado. Existe então uma relação essencial entre o Estado e o filósofo, entre o burocrata e o filósofo. O filósofo é de alguma maneira não o conselheiro do príncipe – esse é um papel completamente diferente – e sim o assistente de conscientização – para empregar uma palavra muito utilizada nos dias de hoje – do burocrata. Se refletirmos sobre o que é hoje em dia a divisão do trabalho de dominação, é certo que esse papel é todo preparado para o sociólogo, convidado incessantemente a entrar em contratos nos quais é ele que traz para os funcionários do Estado simultaneamente o conhecimento da realidade e a consciência adequada de seu domínio prático da realidade. O filósofo parteiro da história é portanto o conselheiro do burocrata,

---

98. Sigmund Freud, "Análise fragmentária de uma histeria ('O caso Dora', 1905 [1901])", in *Obras completas volume 6 (1901-1905)*. São Paulo: Companhia das Letras, 2016, tradução de Paulo César de Souza.

que o auxilia a cumprir sua função de agente do universal transcendente aos interesses particulares antagonistas. É ele que liberta e traz para o nível do Conceito, ou seja, do discurso, o sentido objetivo que os agentes simples realizam sem saber.

Tenho vontade de dizer que no fundo Marx é a mesma coisa *mutatis mutandis*; eu tinha previsto desenvolver isso mas não o farei porque a transposição a Marx acontece perfeitamente, mesmo que ela seja surpreendente. O que eu queria tirar do paradigma de Hegel é a ideia de que o filósofo ou o sociólogo, quando se coloca no papel do pensador-rei, fica o mais distante possível de compreender e até de se dar como objeto compreender as ações particulares e a lógica da ação particular. Ao se constituir como pensador do Todo, ele as constitui de saída como privadas do conhecimento do Todo e, o que é pior, privadas da privação. Os agentes singulares acreditariam que têm o conhecimento do Todo se os filósofos não estivessem lá para dizer a eles até que ponto sua visão do mundo social é particular, perspectiva etc., para lembrar-lhes que seu conhecimento nada mais é do que pura *doxa*, que eles precisam reaprender desde o começo o que é o mundo social. Não seria uma pesquisa fácil de realizar, mas eu acho que, através de um certo tipo de técnicas de entrevista, descobriríamos que a representação que os sociólogos, em graus diferentes dependendo de sua posição no campo científico, têm de sua função social deve muito a essa visão: o sociólogo é aquele que, por profissão, sente-se no direito de constituir os sujeitos sociais ordinários como privados do conhecimento do mundo social e do conhecimento de sua privação. A utilização social da palavra "ideologia" poderia ser estudada nessa lógica, assim como a utilização de Durkheim da noção de sociologia espontânea, ou, para dar um exemplo recente, as utilizações na epistemologia da noção de "corte" – que, aliás, nada têm a ver com Bachelard, que fala de "ruptura epistemológica". A palavra "corte" ["*coupure*"] é interessante: é um corte entre o sagrado e os profanos, entre os detentores do saber total, portanto sagrado, e os profanos simplórios, por assim dizer, os não especialistas; parece-me que essa noção tem um sucesso social eminente porque ela encarna essa pretensão constitutiva da ambição científica um pouco juvenil de se separar dos simples mortais e se constituir como cientista[99].

---

99. Alusão ao tema do "corte epistemológico" que Louis Althusser introduz em 1965 ao identificar a passagem da ideologia para a ciência no pensamento de Marx em 1845-1846 (Louis Althusser, *Por Marx*. Campinas: Editora da Unicamp, 2015, tradução de Maria Leonor F. R. Loureiro [*Pour Marx*. Paris: Maspero, 1965]).

Eu desenvolvi longamente este tema porque ele me parece importante para compreender a dificuldade dessa ginástica que é uma conversão – é preciso andar sobre as mãos –, e até que ponto é paradoxal dar à ciência social o objeto de conhecer essa ciência inferior que tudo a impulsiona a descartar como obstáculo epistemológico, obscuridade, *doxa*, sociologia espontânea, "senhora de erro e falsidade"[100]. É o equivalente da imaginação para os filósofos atenienses: é o inferno e a perdição. Um sociólogo iniciante, com a cumplicidade do mestre, gosta bastante dessa espécie de orgulho profissional de casta ("Nós não somos ingênuos que confiam em sua intuição para conhecer o mundo social: temos questionários, técnicas, conceitos, grandes autores etc."). Se insisto obsessivamente neste ponto, é porque, numa análise científica como esta, temos a análise em si mesma mas também a persuasão das análises, e se acho que vocês entenderam tudo no nível da compreensão, não tenho certeza de que todos tenham compreendido no nível da persuasão. Digo a mesma coisa de várias maneiras de modo muito consciente e intencional, com a esperança de que uma delas atinja o alvo e que todos se sintam alvejados porque, a este respeito, todos somos alvejados, e eu também, antes de qualquer outro. Essa sensação de ser rei dificulta muito se dar realmente como ambição compreender o conhecimento que os simples mortais podem ter do mundo social.

Obstáculos intelectuais ao conhecimento da *gnoseologia inferior*

Depois de expor esses obstáculos sociais, tentarei agora indicar os obstáculos propriamente intelectuais ao conhecimento prático. A intenção de minha proposta é dizer que é preciso fazer uma ciência desse tipo de ciência comum que para a ciência ordinária – essa cujo paradigma é fornecido por Hegel – é um simples dejeto. Meu objetivo não é exatamente dizer que trata-se simplesmente de juntar e recolher os saberes dos sujeitos sociais ordinários sobre o mundo social. Em minha opinião, é uma tarefa sociológica completamente pertinente recolher sistematicamente a sociologia espontânea, os instrumentos com os quais ela se arma, os conceitos que ela emprega; há nos provérbios, ditados e frases

---

100. Fórmula empregada por Pascal em relação à imaginação: "É essa parte enganadora no homem, essa senhora de erro e falsidade, tanto mais velhaca quanto não o é sempre; pois seria regra infalível da verdade se o fosse infalível da mentira" (*Pensamentos, op. cit.*, 82, p. 62 [ed. Lafuma, 44]).

feitas todo um saber social – aliás, muito diferenciado dependendo das classes sociais – que funciona para as necessidades da prática como uma ferramenta de conhecimento. Mas não é isso que tenho em mente. Também não tenho a intenção de desqualificar o conhecimento científico em favor de uma reabilitação populista dos saberes profanos. Talvez eu me equivoque, mas minha intenção é fazer que o conhecimento dos limites do conhecimento científico e da lógica específica do conhecimento não científico entre no conhecimento científico. E isso para ser ainda mais científico.

(Eu digo as coisas de modo muito simples porque a comunicação dos resultados do trabalho sociológico se expõe a muitos mal-entendidos e encontra objeções completamente ingênuas. É fundamental saber, por exemplo, que existem agentes que têm espontaneamente interesse em estar do lado da desqualificação dos saberes científicos: se, por exemplo, do alto de uma cátedra autorizada, eu dissesse: "a ciência social não existe", eu agradaria um monte de gente, especialmente várias pessoas que se dizem sociólogas e que seriam assim dispensadas de uma tarefa difícil [risos]. Os interesses sociais que temos sobre as verdades e as proposições do mundo social são um obstáculo constante à comunicação dos resultados das ciências sociais, e se acontece com frequência de eu evitar algumas coisas ou dizer outras, é porque tento controlar e antecipar as interpretações possíveis sobre o que digo. Mas nunca penso em tudo e, agora mesmo, eu quase esqueci – porque para mim isso é óbvio – de indicar que minha proposta não é de maneira alguma reabilitar os saberes ordinários, nem sequer constituí-los como objetos de contemplação científica; reabilitá-los ética e politicamente não quer dizer reabilitá-los cientificamente.)

Minha proposta é dizer que uma ciência adequada do mundo social deve compreender e englobar uma ciência desse modo de conhecimento que os sujeitos sociais empregam em suas ações ordinárias. Ela é então uma gnoseologia, e não uma sociologia. Eu insisto porque tenho muito medo de ser malcompreendido. Existe toda uma psicologia social que trabalha com esses assuntos e que pergunta diretamente às pessoas como elas reconhecem que alguém pertence a tal classe, ou que cria situações nas quais as pessoas são obrigadas a operar essa ação e assim revelar em sua prática os critérios tácitos de sua distinção. Meu projeto não é esse. Não se trata de ir interrogar as pessoas na rua, mas de fazer a ciência do conhecimento prático, aquilo que Baumgarten, que invoquei várias vezes, chamava de *gnoseologia inferior*, quer dizer, uma ciência do conhecimento que é inferior na hierarquia das gnoseologias, porque seu objeto é inferior – é o desprezo mencionado por Husserl. Essa ciência é difícil porque é paradoxal – há *doxa* na palavra "paradoxal" – devido ao fato de que ela vai contra a *doxa* científica, já que os cientistas também têm sua *doxa*, isso é um dado importante, e entre as proposições dóxicas que assombram o pensamento dos cientistas estão as hierarquias e, em particular, a hierarquia das disciplinas.

(Um simples parêntese, de passagem: um dos princípios explicativos mais poderosos na história da arte, na história das ciências, na história das atividades intelectuais é o papel desempenhado na prática e nas representações dos agentes, cientistas e artistas pela representação, ou melhor, pelo esquema de classificação das disciplinas e das atividades. A história e a sociologia das ciências estabeleceram que os grandes progressos científicos muitas vezes ocorrem através da transgressão dessas hierarquias: por exemplo, pelo fato de alguém trazer grandes ambições intelectuais para um terreno desprezado. Ben-David e Collins mostram isso num artigo célebre sobre os primeiros momentos da psicologia e a descoberta da psicanálise[101]. Um certo número das grandes revoluções científicas foi feito por pessoas que, possuindo um grande capital intelectual e cultural, empregaram essa herança em terrenos muito enfraquecidos porque desprezados, dos quais ninguém queria se ocupar. A *gnoseologia inferior* é tipicamente um desses terrenos de que ninguém se ocupa porque isso significaria sujar as mãos. Eu acho que é muito importante saber, para compreender bem a história das ciências e a história da sociologia, que em cada momento existem coisas que não fazemos não porque elas sejam fúteis mas porque são fáceis demais, e que as pessoas que se estimam não podem fazer sem se desvalorizar – é isso que eu queria dizer sobre a *gnoseologia inferior*. Essas coisas muitas vezes desprezadas, portanto, são socialmente fáceis, como se diz de uma música ou de uma mulher: é preciso não ter nada a perder para ir a terrenos que são causas socialmente perdidas apesar de serem causas cientificamente muito fecundas.)

Para voltar à dificuldade propriamente científica: Alexander Baumgarten, que foi um discípulo de Wolff no século XVIII, forjou esse conceito de *gnoseo-*

---

101. Joseph Ben-David & Randall Collins, "Social Factors in the Origins of a New Science: The Case of Psychology" ["Fatores sociais nas origens de uma nova ciência: o caso da psicologia"], *American Sociological Review* n. 31, 1966, pp. 451-465. Sobre este ponto, ver também (incluindo comentários de P. Bourdieu sobre sua própria trajetória científica), *Para uma sociologia da ciência, op. cit.*, pp. 138-139 e 153 [196 e 218].

logia inferior para falar da estética que, do ponto de vista da filosofia racionalista clássica, é o terreno do que é sentido, da sensibilidade, do conhecimento sensível, ou seja, daquilo que, do ponto de vista do pensamento como Deus, não tem existência. Baumgarten diz mais ou menos que o conhecimento divino de fato ignora o sensível e só conhece o universo das leis. Rapidamente, não há estética para Deus. O conhecimento perfeitamente claro e distinto do pensador divino está sempre no nível do conjunto, das relações totais. Para ele, não há palavras nem percepção estética. Alexander Gottlieb Baumgarten, discípulo de Wolff, que foi discípulo de Leibniz, totalmente dentro dessa lógica ultrarracionalista, queria estabelecer a possibilidade de uma ciência do obscuro e do confuso que não fosse nem obscura nem confusa. Todo o paradoxo está aí. Fiquei muito feliz quando o descobri, porque é uma ilustração muito clara do que eu tentava fazer e da contradição em que eu me encontrava: a percepção estética é uma *perceptio confusa*, como diz Baumgarten, no sentido de que ela apreende totalidades inteiramente determinadas e organizadas segundo uma organização que não é a do conceito. Portanto, esse conhecimento estético que a lógica não conhece também tem sua lógica, seu *logos*, e tem direito, por isso, a uma teoria do conhecimento especial que chamaremos de *gnoseologia inferior*. Vocês são capazes de enxergar a relação com o que proponho.

Para não me estender demais não desenvolverei a analogia, mas poderíamos refletir sobre a crítica que Merleau-Ponty fazia à tradição intelectualista quanto à percepção, e sobre todo seu trabalho para fazer uma espécie de *gnoseologia inferior* para constituir a percepção como uma espécie de conhecimento que não fosse uma simples forma degradada do conhecimento científico. De modo a romper com a tradição intelectualista segundo a qual a percepção é uma ciência iniciante, Merleau-Ponty queria constituir a percepção como um conhecimento com sua própria lógica.

No trabalho de reflexão que é preciso fazer para tentar compreender a lógica do conhecimento prático, a principal ajuda teórica é claramente fornecida pela fenomenologia, pela tradição de Husserl, Merleau-Ponty e Alfred Schütz, o fenomenólogo alemão naturalizado americano inspirador da corrente da fenomenologia nos Estados Unidos[102]. Novamente faço uma história da filosofia selvagem, como

---

102. Nenhuma de suas obras havia sido traduzida para o francês na época desse curso, com exceção de um estudo dedicado a Husserl ao qual P. Bourdieu se refere implicitamente mais tarde

fiz sobre Hegel; os historiadores da filosofia vão tremer de novo, mas para os outros o que direi será melhor que nada: a sociologia pode utilizar a fenomenologia no trabalho que deve fazer para recuperar o conhecimento prático do mundo social. Merleau-Ponty, no curso que se chama "As ciências humanas e a fenomenologia", tentou mostrar que podíamos reconciliar, numa definição adequada da intenção fenomenológica, o sentido hegeliano e o husserliano da palavra. Ele disse mais ou menos que se a fenomenologia segundo Hegel era um esforço para juntar as experiências práticas (de conhecimento, mas também de vida, de cultura etc.) da humanidade assim como elas se apresentam na história, e para explicar essas experiências, também a fenomenologia no sentido de Husserl pretende "mergulhar na experiência para refleti-la e produzir uma teoria da razão oculta na história"[103] – frase de Husserl que poderia ser de Hegel. Merleau-Ponty tentava então reconciliar as duas ambições numa concepção da fenomenologia que eu retomarei prontamente por minha própria conta e que definirá o primeiro momento de todo conhecimento do mundo social como consistindo em fazer o conhecimento do conhecimento primário. Essa fenomenologia atualmente está encarnada na sociologia pelo interacionismo – Goffman – e pela etnometodologia.

Essa tradição sociológica pode se servir, empurrando um pouco mais a tradição husserliana, do método comparativo como um instrumento que permite radicalizar a *épochè* fenomenológica. Vocês conhecem aquela carta célebre – e historicamente interessante para o problema que nos concerne – em que Husserl escreve a Lévy-Bruhl que, em última instância, a etnologia permite radicalizar de alguma maneira a variação imaginária[104]. Uma utilização metódica do método

---

("Das Problem der transzendentalen Intersubjektivität bei Husserl" ["O problema da intersubjetividade transcendental em Husserl"], *Philosophische Rundschau*, v. 5, n. 2, 1957, pp. 81-107).

103. "Em suma, a empreitada [de Husserl] é muito análoga à de Hegel, o que podemos adivinhar até pela própria utilização da palavra 'fenomenologia' por Husserl. [...] Se é verdade que Husserl busca, pelo estudo dos fenômenos, enraizar a razão na própria experiência, não devemos nos surpreender que sua fenomenologia resultasse, no final de sua carreira, em uma teoria da 'Razão escondida na história'" (Maurice Merleau-Ponty, *Ciências do homem e fenomenologia*. São Paulo: Saraiva, 1973 (não localizado) [*Les Sciences de l'homme et la Phénoménologie*. Paris: Centre de documentation universitaire, 1975, p. 15]).

104. "Diante dessa generalidade vazia, sua obra e seu tema excelente nos fazem sentir uma coisa que perturba por sua novidade: é, de fato, possível, importante no mais alto grau, e grandioso se dar por tarefa 'sentir de dentro' uma humanidade fechada, vivendo numa sociedade viva e generativa, compreendê-la como tendo o mundo em sua vida social uniformizada e, a partir dela, um mundo que não é para ela 'representação do mundo', mas que para ela é o mundo verdadeiramente existente" ("Sur la mythologie primitive. Lettre d'Edmund Husserl à Lucien Lévy-Bruhl"

comparativo apoiada na etnologia ou na história comparada pode então permitir operar uma espécie de "redução" sociológica – emprego o vocabulário husserliano – para produzir uma espécie – aqui tremo ao reler minhas notas – de eidética sociológica, quer dizer, uma ciência dos princípios trans-históricos característicos do modo de conhecimento prático em sua diferença em relação ao modo de conhecimento teórico. Evidentemente, as fenomenologias assim reconciliadas forneceriam uma técnica de pensamento, um modo de pensamento, de estratégias de conhecimento, mas também ganhos, e, sem chegar a ponto de dizer que a fenomenologia conseguiu realizar o trabalho de conhecimento do conhecimento prático, podemos a partir de agora obter ganhos estabelecidos pelas obras de Schütz ou de Husserl.

O *habitus* como *orthè doxa*

Tentarei agora expor rapidamente um certo número de proposições simples sobre esse conhecimento prático. Começarei com a questão, que me parece importante, da relação entre o "sujeito que age" – que chamo de "agente" – e o mundo social. Antes de mais nada uma observação sobre o emprego da palavra "agente": é obviamente uma palavra não muito elegante e que é sempre desagradável de usar num texto científico, mas suas substitutas são tão carregadas de filosofias implícitas que sua vantagem é essencialmente negativa. A palavra "agente" serve contra a palavra "ator", que implica que existe um papel; e eu jamais escrevi a palavra "papel" porque ela remete à lógica modelo-execução: haveria um roteiro, e o ator executaria um papel que decorou de cor. Há toda uma filosofia da história e da ação no fato de dizer "ator" e "papel". Já a palavra "sujeito" evidentemente reintroduz toda a filosofia da consciência. Ela leva a dizer que os "sujeitos sociais" são os sujeitos de suas ações e do conhecimento do mundo social, e a postular o conhecimento do mundo social por um ato tético de consciência. Na palavra "agente", temos pelo menos a palavra "ação", e também uma certa impessoalidade: quando falamos de um "agente do Estado", temos a ideia de uma personagem

---

["Sobre a mitologia primitiva: carta de Edmund Husserl para Lucien Lévy-Bruhl"], tradução de Philippe Soulez, *Gradhiva*, n. 4, 1988, pp. 63-72). (P. Bourdieu pode ter se referido à citação dessa carta, datada de 11 de março de 1935, por Maurice Merleau-Ponty em *Signos*. São Paulo: Martins Fontes, 1991, tradução de Maria Ermantina G. G. Pereira, pp. 115-116 [*Signes*. Paris: Gallimard, 1960, p. 135] ou por Jacques Derrida na introdução de sua tradução de Edmund Husserl, *L'Origine de la géométrie* [A origem da geometria]. Paris: PUF, 1962, pp. 115ss.)

relativamente substituível. Mesmo que seja desencantadora, a palavra "agente" corresponde a uma filosofia da história [e a uma filosofia] da ação que creio estar mais conforme à realidade.

Mas se digo que os agentes sociais não são nem sujeitos nem atores que executam papéis, o que são eles? Não estaríamos voltando àqueles indivíduos privados da consciência do Todo que agem sem ter a verdade de suas ações dos quais Hegel e toda a tradição hegeliana-marxista falavam? Em outras palavras, seriam eles produtores de um sentido objetivo que os ultrapassa e lhes escapa? A palavra "*habitus*", na verdade, está aqui para dizer que eles são o lugar de intenções de sentido, de intenções significativas das quais eles não são propriamente o sujeito porque não colocam dessa maneira os fins de sua ação. No fundo, a função principal do *habitus* – é aqui que eu gostaria de chegar – é dar conta desse fato simples que, por ser o produto da incorporação de estruturas objetivas –, o que indiquei no esquema na aula passada –, as estruturas incorporadas do *habitus* são geradoras de práticas que podem estar ajustadas às estruturas objetivas do mundo social sem ser o produto de uma intenção explícita de ajuste. O conceito de *habitus* permite então dar conta do paradoxo da finalidade sem fim – não falo de finalidade sem fim no sentido kantiano[105] [e sim no sentido do] paradoxo da finalidade sem condição de fim.

Os agentes sociais – e é isso que é característico das ações humanas, tal como elas me parecem – realizam constantemente ações que se propõem para serem descritas na linguagem dos fins, seja por referência a fins individuais ("Ele fez isso para ganhar melhor a vida", "Ele se demitiu para preservar sua honra" etc.), seja por referência a fins transcendentes aos indivíduos singulares, ou seja, a significações objetivas, aquilo que a tradição marxista chama de "sentido objetivo". Como o *habitus* é esse conjunto de disposições, ou, em outras palavras, de esquemas de percepção, pensamento e ação, que são o produto da incorporação, interiorização, assimilação e aquisição de estruturas objetivas, de regularidades objetivas – por exemplo, tudo aquilo que se dá no mundo social sob a forma de regularidades estatísticas, como a divisão entre possível/impossível, entre o impossível, o provável, o certo, o duvidoso etc. –, entendemos que, apesar de ele funcionar como uma

---

105. Na estética kantiana, a noção de "finalidade sem fim" remete à ausência de subordinação da forma a um fim ou ao entendimento (Immanuel Kant, *Crítica da faculdade de julgar*. Petrópolis: Vozes, 2016, tradução de Fernando Costa Mattos, p. 116 [*Kritik der Urteilskraft*, 1790]).

maquininha geradora e inventar ou engendrar coisas, aquilo que ele produz parece – já que ele está em sua própria lógica ajustado até certo ponto às estruturas nas quais funciona – ter sido produzido para se ajustar àquilo a que ele se ajusta.

Portanto, o *habitus* me parece ser um conceito importante porque ele dá conta da ilusão da finalidade e daquilo que é uma das principais ilusões nas ciências sociais, como mostrarei agora. Tentarei mostrar que a noção de *habitus* permite escapar de duas ilusões: a ilusão da teleologia individual, ilusão subjetiva que está no centro da economia e da filosofia utilitarista, e a ilusão da teleologia coletiva que está no centro da tradição hegeliana-marxista. A noção de *habitus* é essa espécie de "coisa" que nomeia esse tipo de princípio gerador de pensamentos, percepções, ações, palavras etc. que parece obedecer a solicitações externas, e portanto parece ser inspirado pela busca do ajuste aos fins, quando em grande parte é ajustado espontaneamente. Darei um exemplo que é muito paradoxal e que me valeu muitos mal-entendidos, em particular com as pessoas que, na tradição da teleologia subjetiva, estão habituadas a pensar na lógica do *homo œconomicus*. Uma das formas de adaptação mais bem-sucedidas ao espaço social é realizada pelas pessoas que são como peixes n'água nesse espaço e que, ao mesmo tempo, não precisam ser calculistas para se encaixarem bem. O exemplo por excelência são aquelas pessoas que, de alguma maneira, têm sucesso num universo porque foram feitas para esse universo e foram feitas completamente por esse universo: é o herdeiro que, tendo respirado essa atmosfera desde que nasceu, tem sucesso em suas ações sem precisar calculá-las, o que dá a ele, além do lucro do sucesso, o lucro suplementar do desinteresse[106]. Creio que essa seja uma proposição universal: a excelência está sempre associada ao desinteresse, quer dizer, ao fato de realizar a maneira perfeita das formas sem parecer buscar fazer isso, como um bônus. É uma definição que dou muitas vezes. Em todas as tradições, a excelência consiste em jogar com a regra do jogo, quer dizer, em realizar a regra do jogo ao jogá-lo e, para mostrar que compreendemos a regra do jogo ao jogá-lo, jogamos com a regra, quer dizer, transgredimos a regra levemente de modo a mostrar simultaneamente que a respeitamos e que poderíamos transgredi-la mas escolhemos respeitá-la. Eu penso que se um dia fizéssemos um estudo comparado das definições da excelência humana nas sociedades mais diferentes, encontraríamos coisas muito

---

[106]. Sobre este ponto, ver especialmente Pierre Bourdieu & Jean-Claude Passeron, *Os herdeiros: os estudantes e a cultura*. Florianópolis: Editora da UFSC, 2013, tradução de Ione Ribeiro Valle & Nilton Valle [*Les Héritiers. Les étudiants et la culture*. Paris: Les Éditions de Minuit, 1964].

interessantes. Penso, por exemplo, na *arétè* (ἀρετή) grega[107] ou, em nosso sistema escolar, na oposição entre o saber e a liberdade em relação ao saber. Isso pode ser entendido na lógica que indiquei: a excelência sanciona um encontro tão perfeito entre as estruturas incorporadas e as estruturas objetivadas que o agente social se encontra incessantemente ajustado a seu universo sem jamais precisar buscar fazer isso, sem jamais fracassar nem dar a aparência de se forçar para corrigir, se recuperar ou se levantar depois de um escorregão. Eis um exemplo paradoxal.

Estamos evidentemente longe da ideia de cálculo, porque é aqui que se introduz a expressão que utilizo o tempo todo, "tudo se passa como se": a conduta perfeita, excelente, que não seria melhor nem se fosse calculada para ser perfeita, é melhor exatamente porque não foi calculada para ser perfeita. O "tudo se passa como se" nos lembra que estamos numa filosofia que não é nem a do mecanismo nem a da consciência, e uma das proposições que resultam de minha análise é que a teoria do conhecimento prático recomenda que todas as proposições que podemos escrever sobre as condutas humanas sejam precedidas pela expressão "tudo se passa como se" – isso muda o saber imediatamente, vocês verão em seguida: tudo se passa como se as condutas fossem orientadas por uma busca da maximização do lucro simbólico, ou do lucro econômico (ou cultural etc.) segundo o jogo que as pessoas jogam, entendendo-se que, tirando as exceções, a maioria das condutas não é orientada conscientemente por essa busca.

Nessa lógica, o que é da ação? Obviamente, fazer ciência social – seja história, sociologia, psicologia etc. – é engajar uma filosofia da história, quer dizer, uma filosofia da ação, uma teoria explicativa ou preditiva dos princípios em função dos quais os agentes sociais agem. O que faz com que os agentes sociais ajam em vez de não agirem? Essa é uma pergunta muito importante porque ela não é autoevidente. Por que os agentes sociais agem num certo espaço e não agem em outros espaços? Por que aquilo que faz certos agentes sociais agirem num espaço determinado é indiferente para outros agentes sociais? Por que, por exemplo, aquilo que faz um professor se motivar é indiferente para um banqueiro? É aqui que a

---

107. Referência ao diálogo platônico *Menão*, cujo ponto de partida é a seguinte pergunta [a tradução de Carlos Alberto Nunes traduz ἀρετή por "virtude" – Bourdieu prefere "excelência"]: "Saberás dizer-me, Sócrates, se a virtude pode ser ensinada? Ou, no caso de não o ser, se é adquirida pela prática? E não sendo alcançada nem pelo ensino nem pela prática, se se acha naturalmente no homem, e de que modo?" (*Menão*, 70a, in Platão, *Diálogos I-II*. Belém: Universidade Federal do Pará, tradução de Carlos Alberto Nunes, 1980).

noção de *habitus* se torna central. Na existência ordinária, e isso está implicado no que acabei de dizer, uma parte muito importante das ações é do tipo daquelas que descrevi: elas parecem ser orientadas pelos fins que alcançam quando na verdade elas alcançam esses fins sem que estes jamais tenham sido propostos.

Para que vocês entendam, empregarei uma referência a um texto de Platão que me parece dizer isso muito bem – mais uma vez, não acredito que esteja propondo a vocês uma referência apenas porque ela parece culta. Platão fala de *orthè doxa* (ὀρθὴ δόξα), o que se pode traduzir simplesmente por "crença verdadeira", e ele diz mais ou menos que as ações mais bem-sucedidas são as opiniões em oposição aos juízos – Husserl dizia que é isso que a filosofia sempre desprezou, a *doxa* é uma *anti-épistémè*, uma privação de *épistémè* –, privações de verdade que dão certo: "É através dela, da *orthè doxa*, que os homens de Estado governam as cidades com sucesso. Na visão da ciência, eles não diferem em nada dos profetas ou dos adivinhos porque estes muitas vezes dizem a verdade sem nada conhecer, no fundo, quando falam"[108]. Em outras palavras, como é possível que possamos chegar ao verdadeiro, que possamos acabar sendo educados pelo acaso, sem que o conhecimento do verdadeiro esteja no princípio da ação?

Talvez vocês achem que eu esteja fazendo metafísica, mas para mim esse é um dos problemas fundamentais das ciências sociais. Isso que chamo de *habitus* – podemos dizer também "o senso prático" – é esse conhecimento e esse domínio prático das regularidades do mundo social que, sem chegar a constituir essas regularidades no modo tético, permite que as condutas se ajustem a essas regularidades, que se encontrem imputadas a essas regularidades como se tivessem sido produzidas por referência a essas regularidades. A ação assim definida – repetirei mais uma vez, mas acho que é importante para as necessidades da compreensão – não é então nem uma reação mecânica a estímulos, nem o produto de uma determinação direta pelas causas, nem uma *praxis* inspirada por um projeto consciente ou um plano racional. Ela não é orientada em relação a um fim construído e calculado quando falamos, por exemplo, de "maximização do lucro"; a ação do senso prá-

---

108. "Logo, para a ação a opinião verdadeira em nada é inferior ou de menor utilidade do que o conhecimento, não o sendo também o indivíduo que tem a opinião verdadeira, em relação ao que dispõe do conhecimento. [...] Assim sendo, se não é apenas por meio do conhecimento que os homens se tornam bons e úteis para a cidade, os que chegam a esse ponto, mas também pela opinião verdadeira, e, por outro lado, se nem o conhecimento nem a opinião verdadeira são dados ao homem pela natureza, nem são por ele adquiridos... Ou és de parecer que qualquer deles nos é dado pela natureza?" (*Mênon*, 98c, 98d, in Platão, *Diálogos I-II, op. cit.*)

tico está na ordem ordinária da existência ordinária. Como Leibniz mais ou menos dizia, "nós somos autômatos em três quartos de nossas ações"[109]: durante três quartos de nossas ações, há uma espécie de coincidência (na minha perspectiva, é isso que quer dizer *orthè doxa*: nós "caímos" na verdade) entre os agentes e as *agenda* (as coisas a fazer) ou as *dicenda* (as coisas a dizer), entre a história que é incorporada, ou seja, as estruturas incorporadas, e as estruturas objetivas.

Poderíamos mostrar que isso que faço neste momento é em grande parte dessa ordem: uma parte enorme, considerável do que faço – e, já que estou fazendo a análise do que faço, podemos então raciocinar *a fortiori* – não é nada sem todos vocês que estão aqui, sem o espaço que está aqui etc. Uma grande parte do que está sendo feito aqui, do que se passa, como se diz, do que acontece, do evento é o encontro entre uma série de coisas e de instituições que são o investimento de toda uma história: a história do Collège de France, a história de cada um de nós, a formação de um *habitus* que não podemos compreender sem voltar a várias gerações. (Isso faz parte dessas análises que censuro por pudor: eu gostaria de mostrar a vocês que nunca me esqueço de que sou eu mesmo no que conto e, ao mesmo tempo, sou detido pelo mal-estar que vem do fato de tomar a mim mesmo como um objeto.) Para compreender o que se passa aqui, seria preciso voltar passo a passo e não terminaríamos nunca, como na outra aula sobre o exemplo do martelo; seria preciso compreender a instituição, e, para compreender todas essas comunicações simultaneamente coletivas e individuais, seria preciso compreender as condições nas quais se faz a comunicação (os microfones, a sala, a mesa, os copos, a tradição: vocês pegam um copo porque o conferencista precisa beber etc.). Em última instância, as poucas intenções conscientes que acontecem encontram-se definidas no interior de uma imensa experiência que funciona; é sobre o pano de fundo dessa imensa coincidência, desse imenso acaso coletivo, de tudo aquilo que faz o aparelho – no sentido de Pascal[110] e não de Althusser – que

---

109. "Os homens procedem como os irracionais, quando as consecuções de suas percepções apenas se executam devido ao princípio da memória, assemelhando-se a médicos empíricos que só possuem a prática sem a teoria. Em três quartas partes das nossas ações somos exclusivamente empíricos. Por exemplo: procede-se como empirista, quando se espera que haja dia amanhã pelo fato de sempre, até hoje, ter sido assim. Só o astrônomo, em tal expectativa, julga segundo a razão" (Gottfried Wilhelm Leibniz, *A monadologia*, in *Os pensadores*, volume XIX. São Paulo: Abril Cultural, 1974, tradução de Marilena Chauí, § 28, p. 66 [*Die Monadologie*, 1714]).

110. Referência à utilização da palavra "aparelho" no fragmento "A razão dos efeitos": "Os nossos magistrados conheceram bem esse mistério. As suas togas vermelhas, os arminhos com que se enfaixam como gatos peludos, os palácios em que julgam, as flores-de-lis, todo esse *aparelho*

se passam as poucas intenções conscientes e comunicações de sujeito a sujeito, se é que passam.

Eu gostaria apenas de voltar um segundo ao que acabei de dizer, que pode parecer muito distante da prática sociológica. Na verdade, acho que uma função desse tipo de análise talvez seja, entre outras, fornecer os meios de uma espécie de controle ético sobre nossa própria prática social e sobre a prática social dos outros. Do ponto de vista da prática científica, é um lucro extra, secundário, mas eu o indico de passagem: sem querer fundamentar uma ciência dos costumes [...] como faziam os ancestrais durkheimianos, acho que temos o direito de dizer que o gênero de exercício que acabo de fazer, se pudermos fazê-lo completamente numa situação social, teria uma função ética (digo "ética" porque "política" seria grandioso demais) absolutamente fundamental à medida que os "sujeitos sociais" seriam muito mais sujeitos se soubessem que são sujeitos muito raramente e que na verdade "isso fala" – no sentido de Husserl e que englobaria o sentido lacaniano[111] – através deles. No fundo, falo de um imenso barulho de "isso fala" e, para que um pouquinho de "eu falo" possa acontecer, é preciso saber que o que se passa aqui entre nós é uma instituição. Evidentemente, o que se faz em contrapartida ao dóxico poderia ser politicamente muito útil se os porta-vozes soubessem que portam as vozes – enfim, há um monte de coisas que eu poderia desenvolver e que desenvolverei –, o que poderia ser muito importante e fundamental quando se trata das ciências sociais e, obviamente, isso coloca problemas extremamente difíceis para a escrita da ciência social.

---

augusto era muito necessário: e, se os médicos não tivessem sotainas e galochas, e os doutores não usassem borla e capelo e túnicas muito amplas de quatro partes, nunca teriam enganado o mundo, que não pôde resistir a essa vitrina tão autêntica. Se possuíssem a verdadeira justiça e se os médicos fossem senhores da verdadeira arte de curar, não teriam o que fazer da borla e do capelo; a majestade destas ciências seria bastante venerável por si própria. Como, porém, possuem apenas ciências imaginárias, precisam tomar esses instrumentos vãos que impressionam as imaginações com que lidam; e, destarte, com efeito, atraem o respeito" (Pascal, *Pensamentos, op. cit.*, 82, p. 64 [ed. Lafuma, 44]. A tradução de Sérgio Milliet utiliza "aparato" em vez de "aparelho" – a citação foi modificada para manter a comparação feita por P. Bourdieu com os "aparelhos ideológicos de Estado" de Louis Althusser – N.T.). Ver também P. Bourdieu, *Meditações pascalianas, op. cit.*, pp. 203-204 [242-243].

111. Ver E. Husserl, "Quinta meditação", in *Meditações cartesianas, op. cit.* Sobre a fórmula lacaniana ("Isso fala. Fala inclusive com os que não sabem ouvir"), ver Jacques Lacan, *O seminário, livro 18: De um discurso que não fosse semblante*. Rio de Janeiro: Jorge Zahar, 2009, tradução de Vera Ribeiro, p. 23 [*D'un discours qui ne serait pas du semblant, Le Séminaire*, XVIII, Paris: Seuil, 2007 (1970-1971)].

Gostaria agora de responder a uma pergunta que me foi feita na última aula: "como podemos sair de uma regressão ao infinito se para compreender o conhecimento prático é preciso primeiro compreender o conhecimento científico? Seria preciso compreender o conhecimento que tenta compreender o conhecimento científico para compreender o conhecimento prático e assim por diante". A pessoa que fez essa pergunta tinha entendido muito bem o que falei e previu as dificuldades que eu encontraria. Eu acho que aqui podemos ver como podemos sair do círculo na prática à medida que todo esse trabalho de explicitação dos princípios do conhecimento prático, ao integrar o arsenal de conhecimentos à disposição do sujeito científico, vai de alguma maneira "refuncionar" para aumentar ainda mais o conhecimento que o sujeito científico terá de seu objeto. A cada momento, os ganhos do conhecimento entram no conhecimento, de modo evidentemente circular, mas esse círculo não é nada vicioso: a cada momento, o conhecimento que o cientista pode adquirir de seu objeto e do modo de conhecimento da realidade que faz parte desse objeto entra no seu conhecimento científico de seu objeto e portanto melhora seu modo de conhecimento do objeto. Eis uma ilustração: esse sujeito científico seria um *ego* transcendental à moda antiga? O sujeito científico poderia se encarnar num cientista particular, quer dizer, numa encarnação biológica do campo científico (neste momento, por exemplo, eu sou o máximo possível a expressão dos ganhos das ciências sociais), mas quanto mais uma ciência é avançada, mais esse sujeito transcende o *ego* particular que parece falar. Em outras palavras, aquele que fala neste momento não é um *habitus* particular, uma trajetória social, nem uma posição no espaço, mas sim, espero, o campo científico, quer dizer, seus concorrentes, suas lutas, sua história, seus ganhos, seus conflitos históricos e tudo que se obtem com esses conflitos. Acho que o fato de saber disso pode ajudar a controlar certos erros ligados às perversões do egocentrismo, e também a fazer avançar o conhecimento desse sujeito do conhecimento. De certa maneira, conhecer o conhecimento prático é se dar os meios de conhecer melhor o sujeito científico como alguém que tem que se arrancar do que ele é: um agente social que vive ordinariamente com base num conhecimento prático e que se encontra inserido, pela lógica da divisão do trabalho, num espaço que tende a funcionar como um sujeito coletivo que transcende os *habitus* e os interesses individuais. Vocês dirão que aqui eu me reencontro com Hegel e o Estado. Meu campo científico não seria a reencarnação do Estado hegeliano? Essa é uma pergunta que me faço, mas vou parar por aqui.

Aula de 2 de novembro de 1982

> Posições e disposições. – Os dois estados da história. – O senso do jogo. – O conhecimento prático. – O investimento no jogo e a *illusio*. – As transferências afetivas da libido doméstica e o conformismo. – Crítica do discurso econômico. – As condições econômicas das práticas econômicas.

Eu tentei formular a questão do estatuto do sociólogo e terminei com uma pergunta que talvez vocês tenham esquecido e que não responderei diretamente hoje: a ciência da relação científica com a prática não conduz a uma nova forma da ambição hegeliana como tentei descrevê-la? Indico imediatamente duas diferenças que me parecem importantes (e creio que existam outras). Em primeiro lugar, uma vez que ela é constituída como tal, a distinção entre o sujeito científico e o agente prático [em seu comportamento ordinário não científico], tal como a descrevi, lembra ao cientista que enquanto agente prático ele permanece necessariamente situado no mundo social que descreve e, portanto, não tem posição absoluta, e inclusive seria inútil tentar buscar uma posição absoluta. Eu enfatizo isso porque acho que é uma tentação permanente da ciência social, iniciada sem dúvida por Hegel. Em cada época, os sociólogos buscam o lugar privilegiado a partir do qual o mundo social se entregaria para ser pensado em sua verdade – depois da burocracia, veio o proletariado, em seguida as novas classes operárias, e então os estudantes etc.[112] Trata-se

---

112. Ver a passagem na aula anterior (pp. 89-90) sobre a "classe universal", identificada em Hegel com a burocracia, e depois em Marx com o proletariado. Na década de 1960, alguns autores evocam a formação de uma "nova classe operária" (por exemplo, Serge Mallet, *La Nouvelle Classe ouvrière*. Paris: Seuil, 1963) e, na década de 1970, os movimentos estudantis, ecológicos ou feministas, por exemplo, inspiram no sociólogo Alain Touraine a hipótese de que poderiam surgir "novos movimentos sociais" desempenhando na determinação das grandes orientações sociais um papel comparável àquele representado até então pelo "movimento operário".

aqui de uma ilusão fundamental que se explica sociologicamente mas que, apesar disso, não tem fundamentos sociológicos. A reflexão que eu propus na última aula me parece então mostrar, entre outras coisas, que essa busca sempre recomeçada do lugar privilegiado do pensamento do mundo social é inútil.

Segunda diferença: o sujeito científico, como o descrevi rapidamente no final da aula passada, não é nem um sujeito individual nem um sujeito coletivo, e sim uma espécie de encontro bizarro entre *habitus* socialmente constituídos e o campo da concorrência pela produção [do discurso] legítimo sobre o mundo social; portanto, ele é uma forma de agente coletivo submetido a tantas flutuações históricas que não podemos lhe designar uma espécie de destino que o conduzirá inevitavelmente, se não imediatamente ao menos em última instância, a um domínio absoluto do mundo social. Se o sujeito científico é um campo científico, todos os ganhos da sociologia estão à mercê de um golpe de Estado ou de uma revolução de direita ou de esquerda e, como eu gostaria de desenvolver hoje, somos obrigados a questionar as filosofias finalistas da história.

Portanto, eu gostaria agora, depois dessa indicação rápida do que considero ser a diferença essencial entre a relação científica e a relação prática ao mundo social, analisar o que me parece constituir o conjunto das características mais típicas da lógica da prática e das relações práticas com o mundo prático, para em seguida tentar opor a teoria do *habitus*, como eu a concebo, a duas formas de representação da ação: a teleologia finalista individualista e a teleologia coletiva.

Posições e disposições

Na última aula eu indiquei, a propósito da análise que propus da *orthè doxa* – da "ação justa" como encontro quase ao acaso entre um senso prático e um senso objetivamente inscrito nas estruturas objetivas – que a ação social bem-sucedida, ou seja, sancionada positivamente pelas leis objetivas de um campo social determinado, era de alguma maneira o produto de uma coincidência entre duas encarnações, se é que podemos usar esse termo, da história, uma no corpo e a outra nas coisas ou nos objetos[113]. Eu tomei como exemplo a relação com a

---

113. Sobre este ponto, ver Pierre Bourdieu, "*Le mort saisit le vif*. As relações entre a história reificada e a história incorporada", in *O poder simbólico*. Rio de Janeiro: Bertrand Brasil, 1989, tradução de Fernando Tomaz, pp. 75-106 ["Le mort saisit le vif. Les relations entre l'histoire réifiée et l'histoire incorporée", *Actes de la recherche en sciences sociales*, 1980, n. 32-33, pp. 3-14].

ferramenta, a relação com o instrumento, uma análise antiga de que só me lembro de memória: é porque o utilizador do instrumento é feito para o instrumento que o instrumento parece feito para ele, e a ilusão de finalidade que produz o virtuosismo, por exemplo – há uma belíssima análise de Hegel sobre a relação entre o sujeito agente e seu corpo, o virtuoso estabelecendo com seu corpo uma relação mágica de ação imediata[114] – se dissipa a partir do momento em que essa relação mágica aparece como o produto não de uma harmonia preestabelecida (de tipo biológico, por exemplo), mas sim como de um encontro entre um corpo socializado e objetos constituídos socialmente. É quando um corpo socializado encontra objetos estruturados segundo as próprias estruturas pelas quais ele mesmo é estruturado que se realiza esse tipo de ajuste imediato que dá às condutas a aparência de finalidade.

Para remover da análise aquilo que ela poderia ter de aparentemente filosófico (para aqueles que entendem esse termo no sentido pejorativo), eu poderia dar um exemplo de diferentes pesquisas que faço. Quando trabalhamos num espaço social como o do patronato, do episcopado ou do professorado, constatamos um fenômeno muito interessante: existe uma espécie de correspondência entre, por um lado, o espaço dos agentes sociais caracterizados pelas propriedades ligadas aos indivíduos biológicos – dependendo do caso, idade, sexo, origem social, origem geográfica, títulos acadêmicos etc. –, portanto, o espaço que constituímos a partir das propriedades ligadas às pessoas, aos indivíduos biológicos e, pelo outro lado, o espaço que construímos a partir das propriedades ligadas às posições – ou seja, no caso do patronato, das empresas caracterizadas pelo número de empregados, pelo capital etc.; no caso das profissões de professores, pela disciplina, estabelecimento, antiguidade do estabelecimento etc.; no caso de um espaço de bispos, pelas características do bispado, número de freiras, número de estabelecimentos privados ligados a uma diocese em particular etc. Quando construímos separadamente esses dois espaços e os sobrepomos (não entrarei nos detalhes das operações que permitem estabelecer essa relação), observamos uma correspon-

---

114. "[Os instrumentos], a saber, com o seu ressoar, estão mais afastados da expressão da alma e permanecem em geral uma questão exterior, uma coisa morta, ao passo que a música é movimento e atividade interior. Se a exterioridade dos instrumentos desaparece de todo, se a música interior penetra inteiramente na realidade exterior, então o instrumento aparece nesta virtuosidade como um órgão próprio completamente formado da alma artística" (Georg Wilhelm Friedrich Hegel, *Cursos de estética*, v. 3. São Paulo: Edusp, tradução de Marco Aurélio Werle & Oliver Tolle, p. 340 [*Vorlesungen über die Ästhetik*, 1835]).

dência muito exata entre o espaço das posições e o espaço das disposições. Pode-se dizer que tudo se passa como se as posições tivessem escolhido os indivíduos mais bem-dispostos a ocupá-las, ou o contrário – que corresponde ao discurso mais frequente e destaca a linguagem da vocação –, que tudo se passa como se os indivíduos tivessem escolhido as melhores posições para que eles expressem suas disposições, sua vocação, seus gostos, seus dons etc. Rapidamente, existe uma espécie de homologia estrutural entre dois espaços de propriedades que, se vocês refletirem sobre isso, são muito diferentes: por exemplo, de um lado, as características de uma empresa como seu tamanho, o número de pessoas controladas ou a estrutura de capital possuído e, do outro lado, o fato de o patrão ser politécnico ou não, de ele ter passado pela ENA [Escola Nacional de Administração] ou pela *Inspection Générale des Finances*[115] etc.

Esses dois espaços construídos com propriedades tão diferentes podem ser estruturalmente homólogos, com algumas lacunas que são muito interessantes: a constatação da homologia torna particularmente significativos os casos de lacunas, de desajustes – voltarei a esses problemas quando analisar a noção de campo –, e a relação de discordância entre posições e disposições que coloca pessoas em desajuste muitas vezes é um princípio de inovações. Há, nos casos de discordância, uma espécie de luta – novamente, é uma descrição muito antropomórfica, essa é a dificuldade da descrição científica do mundo social – entre a posição e as disposições de seu ocupante, e nunca sabemos quem vencerá: ou as disposições ganham e o posto é reestruturado em função das disposições do portador, ou as posições ganham e transformam as disposições do portador. É óbvio que – preciso dizer isso porque, já que abordei esse ponto, não posso me deter aqui – a própria questão dessa luta depende das posições e das disposições, e uma ciência rigorosa deve conhecer as propriedades das posições que têm as maiores chances de triunfar sobre as disposições. Muito rapidamente, num espaço social, por exemplo, há posições duras e posições moles, e uma posição de professor de ensino fundamental é mais dura do que uma posição de educador especializado. As pessoas que trazem disposições que não se conformam a uma posição dura, portanto, terão grandes chances de serem vencidas pela posição, de serem menos fortes do que ela, enquanto as pessoas que trazem disposições diferentes e discordantes para uma posição mole têm boas chances de moldarem a posição

---

115. Inspeção Geral das Finanças, instituição subordinada ao Ministério da Economia e ao Ministério do Orçamento franceses encarregada de supervisionar e auditar questões econômicas [N.T.].

conforme suas disposições. Isso explica, entre outras coisas, por que as pessoas que têm certas disposições tendem a ir para uma posição mole em vez de para uma posição dura[116].

Eu quero apenas mencionar esse fenômeno que, de modo geral, é ignorado pelo discurso científico e que por si só mereceria várias aulas. Suponhamos, por exemplo, um funcionário que, por trás de seu guichê, exerce uma ação repressiva com satisfação. Perguntamo-nos se essa propensão à agressividade está inscrita na posição ou se está inscrita nas disposições do agente que ocupa a posição, mas, muitas vezes, esse é um falso problema: não se trata de estabelecer a parte que se deve à posição e a que se deve à disposição, e sim de compreender o que faz com que essa disposição se encontre nessa posição; trata-se portanto de explicar o espaço das posições e o espaço das disposições e as trajetórias que conduzem as diferentes disposições para as diferentes posições. Espero que vocês não pensem que estou brincando com palavras: isto corresponde a realidades, e espero que cada um de vocês pense em pequenos exemplos e ilustrações empíricas que correspondam a essas análises. Para mim, essa análise chama a atenção para uma característica importante do mundo social. O baixo funcionário repressivo, muitas vezes descrito por Crozier[117], que se aproveita das propriedades inscritas na posição que ocupa para expressar concretamente disposições que só podem se expressar porque encontram suas condições de expressão na posição, desafia a alternativa efeito de posição/efeito de disposição. Ora, atualmente, imputaríamos as ações de tipo repressivo que se observam em certas posições às disposições pequeno-burguesas, "repressivas" porque reprimidas, das pessoas que ocupam essas posições; ou diríamos que elas estão inscritas na lógica da burocracia subalterna etc. Do meu ponto de vista, uma descrição rigorosa deve dar conta da correspondência, ou da não correspondência, entre as disposições e as posições, portanto dos dois sistemas e de seu encontro no canto particular. Para ir um pouquinho mais longe, darei um outro exemplo: todos nós vimos aparecer depois de Maio de 68 pessoas apresentando um *habitus* discordante em relação ao que costumávamos ver em certas posições. Por exemplo, quando antes os motoristas de ônibus

---

116. Sobre estes pontos, ver especialmente P. Bourdieu, *A distinção, op. cit.*, em particular as passagens sobre as "novas profissões" no capítulo 6, "A boa vontade cultural".

117. Ver, por exemplo, Michel Crozier, *O fenômeno burocrático*. Brasília: Editora da UnB, 1981, tradução de Juan A. Gili Sobrino, especialmente a passagem sobre "A personalidade burocrática" [*Le Phénomène bureaucratique*. Paris: Seuil, 1971 (1963)].

ou maquinistas de metrô eram pequeno-burgueses de barba bem feita, bem penteados, ajustados à função como ela costumava ser definida, ou seja, repressiva, controladora, controlada etc., vimos a aparição de pessoas cujos sinais exteriores mostram uma espécie de *habitus* mais solto, mais desenvolto, com uma distância ao posto, como por exemplo motoristas de ônibus barbudos, com *habitus* que até uma época recente se encontravam mais numa certa categoria de intelectuais. Eis um caso de discordância onde de alguma maneira a luta entre as disposições e as posições – obviamente não é uma luta corpo a corpo entre o novo motorista barbudo e sua posição destinada a ser ocupada por um indivíduo de barba feita – engaja toda a estrutura, todo o espaço das posições: os chamados à ordem virão de tudo que está ao redor, porque se, na luta com sua posição, o indivíduo em questão consegue impor suas disposições todo o espaço vai mudar, já que a posição é por definição – a palavra "posição" (*situs*) já diz – relacional, de maneira que aquele que consegue mover sua posição move todo o espaço. E, de modo geral, há pessoas que precisam que o espaço não se mova.

Neste ponto, parece-me que vocês devem ter entendido um pouco do que eu queria dizer. A partir deste tipo de coincidência – acho que essa é a palavra menos ruim – entre a posição e a disposição, que é de tal maneira que não faz muito sentido perguntar se é a função que produz o órgão ou se é o órgão que produz a função, resulta uma ação do tipo *orthè doxa*. De alguma forma, os agentes caem nessa ação sem que ela tenha sido constituída objetiva ou intencionalmente como tal, o que tem consequências concretas para a questão do sujeito – no fundo, é a questão que sempre temos em mente quando formulamos a questão dos fins ou a questão do sentido da ação. Por exemplo, a ação que consiste em reprimir maldosamente os adolescentes que passeiam em dupla em motos está inscrita no papel do guarda policial, mas, ao mesmo tempo, ela poderia não ser exercida se o policial tivesse uma certa "distância do papel". Empresto esse conceito de Goffman[118], que caracteriza certas posições como exigindo uma distância do papel. O que importa é que a exigência dessa distância do papel cresce com a posição social: quanto mais altos estamos na hierarquia das posições – isso vale mais ou menos para todos os campos – mais [...] a definição da posição [implica] que aqueles que a ocupam tenham uma certa distância em relação à posição, uma certa liberdade. Lembro a

---

118. Erving Goffman, "Role distance" ["Distância do papel"], in *Encounters: Two Studies in the Sociology of Interaction* [*Encontros: dois estudos de sociologia da interação*]. Indianápolis: The Bobbs-Merrill Company, 1961, pp. 85-132.

vocês que, na última aula, invoquei aquela definição da excelência como a arte de jogar com a regra do jogo. Quanto mais altos estamos num sistema, qualquer que seja, mais o fato de estarmos à distância da posição faz parte da realização. Para um policial não há muita distância do papel e é importante que ele tenha as disposições de sua posição, ou seja, que ele seja repressivo se precisar reprimir. (Não prolongarei mais a análise, senão eu diria coisas que complicariam a experiência ou que a simplificariam demais...)

De certa maneira, quando os agentes sociais executam ou realizam um ato que podemos chamar de repressivo, não faz muito sentido perguntar quem é o seu sujeito. A teoria da ação que proponho diz que o sujeito dessa ação não é o indivíduo biologicamente definido, nem em seu sistema de disposições, nem sequer na posição definida – como sugerem, por exemplo, os psicólogos que fazem descrições de cargos –, mas sim nessa relação muito complexa entre o espaço das posições – porque não posso definir uma posição *per definitionem* a não ser através de sua posição no espaço das posições – e o espaço dos *habitus*: ele está na correspondência entre esses dois espaços. Evidentemente – esse é um dos problemas que quero colocar hoje – é extremamente difícil descrever esse tipo de ação porque toda a linguagem é feita para falar na lógica do sujeito: porque existe sujeito-verbo-complemento, porque é fácil dizer: "Foi o guarda que aplicou uma punição", enquanto seria terrivelmente complicado e um pouco enganador, e chocaria nossa necessidade de descrições simples, dizer que a punição é o produto do encontro entre o espaço das posições e o espaço das disposições.

Os dois estados da história

O problema que tento formular hoje tem sido colocado desde a origem da sociologia, e, toda vez que ele é recolocado, parece-me que é ocultado porque tenta-se resolvê-lo rápido demais. Por exemplo, no período jakobsoniano/lévi-straussiano, respondeu-se a esse problema através da noção de inconsciente (não é o inconsciente de Freud – remeto vocês a Lévi-Strauss lendo Jakobson ou Saussure[119]). Eu acho que isso não é o inconsciente: é verdade que

---

119. "O inconsciente deixa de ser o inefável refúgio das particularidades individuais, o repositório de uma história única, que faz de cada um de nós um ser insubstituível. Reduz-se a um termo com o qual designamos uma função, a função simbólica, especificamente humana sem dúvida, mas que em todos os homens se exerce segundo as mesmas leis. Que na verdade se reduz ao conjunto

110

o essencial das condutas humanas se passa por fora da consciência, por fora mesmo de qualquer coisa que possamos chamar de sujeito, mas numa relação entre as estruturas objetivas (quer dizer, um estado da história) e as estruturas incorporadas (quer dizer, um outro estado da história). Em última instância, toda ação histórica é o produto – novamente, a palavra "produto" não é muito boa – do confronto entre dois estados da história: a história no estado objetivado, ou seja, a história que está acumulada nos instrumentos, documentos, ritos, teorias, costumes, tradições, modos de falar, maneiras de vestir etc. e a história no estado incorporado. Em suma, o paradigma dessa relação que mencionei, e que não desenvolverei, é a relação entre um *habitus* e um habitat ou entre um *habitus* e um traje [*habit*].

É preciso tentar substituir a teoria do sujeito e do objeto que adquirimos, mesmo que inconscientemente, a teoria de tipo cartesiano, por uma teoria cujo paradigma seria a relação entre um *habitus* e um traje, mediada pelo gosto. Remeto vocês às análises que desenvolvi longamente em *A distinção* sobre esse tipo de relação que pode aparecer como uma relação de harmonia preestabelecida: o *habitus* inteiro se expressa no traje que só existe porque o *habitus* o constituiu como seu traje. Não prolongarei essa análise, é um pouco longa. Posso tomar de Panofsky um exemplo um pouco mais surpreendente e um pouco mais fácil. É um exemplo que corre o risco de chocar um pouco mais porque a dificuldade das análises que me parecem rigorosas é que as compreendemos rápido demais. É por isso que estou enrolando um pouco, faço um suspense à moda dos músicos porque quando há expectativa sobre alguma coisa ela parece menos fácil e sentimos um pouco mais a dificuldade; isso não é para aumentar a importância do que direi e sim para fazer sentir que isso não é fácil. Panofsky observa, em seus *Estudos de iconologia*, que o ato insignificante que consiste em levantar ligeiramente o chapéu como saudação – havia inúmeras variantes marcadas socialmente – remete a uma tradição medieval na qual os cavaleiros manifestavam suas intenções pacíficas ao erguer levemente seu elmo: era um modo de mostrar que não haveria

---

dessas leis. [...] O inconsciente é sempre vazio. Ou, mais precisamente, é tão alheio às imagens quanto o estômago aos alimentos que o atravessam. Órgão de função específica, limita-se a impor leis estruturais, que lhe esgotam a realidade, a elementos esparsos que lhe vêm de fora – pulsões, emoções, representações, lembranças" (Claude Lévi-Strauss, "A eficácia simbólica", in *Antropologia estrutural*. São Paulo: Cosacnaify, 2008, tradução de Beatriz Perrone-Moisés, p. 219 ["L'efficacité symbolique", in *Anthropologie structurale*. Paris: Plon, 1974 (1958), p. 224].

combate[120]. Eis um exemplo que considero muito chocante, mas quando eu [falo do] traje, entendemos de modo fácil demais. O próprio traje está num espaço dos trajes, e se é difícil escolher um traje, é porque um traje está marcado num espaço dos trajes como um fonema está marcado num espaço de fonemas; um traje está marcado no espaço dos trajes, ora, o próprio traje é o produto de toda uma história como todos os outros trajes, e em última instância isso significa escolher em toda uma série muito complexa de toda uma história.

No caso da saudação, esse ato aparentemente insignificante que realizo no instante t reativa toda uma história sedimentada que é revivida. Obviamente, eu não revivo o ato medieval no sentido de Michelet[121]. Eu não revivo nem sequer um pouco da história quando a reativo, já que eu posso não saber que essa tradição remonta à Idade Média. Eu sou capaz de reativar essa história porque eu mesmo sou socialmente constituído, quer dizer, produto da interiorização da história, e é à medida que sou história incorporada, ajustada a essa história objetivada, sob a forma de tradições que vou encontrar nos manuais de etiqueta, que realizo esse ato que está presente e que, na verdade, nada tem de presente. É preciso então que haja essa espécie de encontro muito extraordinário entre duas histórias para que se realize um ato presente e não percebido como histórico, e eu acho que o essencial das ações que nós realizamos é desse tipo[122].

Volto ao exemplo que usei no começo do bispo que age, como se diz, em nome de sua diocese, que é "sua diocese feita homem" (é uma fórmula que Marx empregou uma vez a respeito do capitalismo: o "capital feito homem"[123]; foi a única vez que ele mencionou a noção de *habitus*). Se o bispo realiza, sem sequer precisar querer isso, as intenções objetivas da diocese, se ele age como deveria agir aos olhos de um observador que conheça tudo de sua diocese para realizar aquilo que está inscrito objetivamente em sua diocese, é porque, através de mecanismos muito complexos e relativamente independentes, as condições que produzem a

---

120. Erwin Panofsky, *Estudos de iconologia*. Lisboa: Estampa, 1986, tradução de Olinda Braga de Sousa [*Studies in Iconology*. Oxford: Oxford University Press, 1939].

121. Alusão à frase que o historiador Jules Michelet escolheu como seu epitáfio: "A história é ressurreição".

122. Sobre esse ponto, ver P. Bourdieu, "*Le mort saisit le vif*", op. cit.

123. Karl Marx, *O capital, volume 1*. São Paulo: Boitempo, 2013, tradução de Rubens Enderle, seção VII, cap. 22, 3, p. 667 [*Das Kapital*, 1867]. [A tradução de Enderle menciona "personificação do capital" – N.T.]

diocese e as condições que produzem o bispo resultam em correspondências. É muito fácil, em análises como essas, cair numa linguagem neo-hegeliana e dizer que é a História refletindo-se a si mesma. Isso soa muito bonito, mas é quase totalmente falso, por isso não o direi.

O senso do jogo

Antes de chegar nos dois casos que anunciei, a teleologia subjetiva que opera na teoria econômica e a teleologia objetiva que opera na tradição marxista, gostaria de responder a algumas objeções. Quanto à noção de papel, por exemplo, que é empregada quase automaticamente e sem reflexão pela maioria das pessoas que fazem sociologia: quanto a mim, por instinto, acho que jamais escrevi a palavra "papel" – se alguém a encontrar em uma ocasião, será um lapso. Essa noção parece herdada e faz parte do vocabulário constitutivo da sociologia. Quando queremos parecer chiques, quando queremos parecer sociólogos, dizemos "papel" e "estatuto" (ou "status"), e isso parece muito científico. Mas a noção de papel, se a tomarmos a sério, quer dizer que há algo que foi escrito antecipadamente (um texto completamente realizado, ou ao menos um programa como na *commedia dell'arte* ou um programa no sentido da informática) e há pessoas que vão executar o papel. Estamos então numa lógica do tipo modelo/execução que é exatamente como o modelo saussureano da oposição língua/fala[124]. O agente não é mais do que um ator, ou seja, alguém que executa um programa escrito antecipadamente. O tipo de pensamento que proponho restitui ao agente uma responsabilidade real: ele não é alguém que executa um plano estabelecido anteriormente, nem alguém que produz seu plano, e sim alguém cuja ação pode muito facilmente ser descrita na linguagem de "tudo se passa como se ele tivesse um plano", o que não quer dizer que ele tenha um plano, mas há esse tipo de acordo bizarro entre as disposições e a posição que faz com que alguém que seja como um peixe n'água em sua posição vá de certa maneira ao encontro das expectativas de sua posição. Há uma espécie de solicitação mútua.

---

124. "A língua não constitui, pois, uma função do falante: é o produto que o indivíduo registra passivamente; não supõe jamais premeditação, e a reflexão nela intervém somente para a atividade de classificação [...]. A fala é, ao contrário, um ato individual de vontade e inteligência" (Ferdinand de Saussure, *Curso de linguística geral*. São Paulo: Cultrix, 1969, tradução de Antônio Chelini *et al.*, p. 22 [*Cours de linguistique générale*. Paris: Payot, 1964, p. 30]).

Para que vocês entendam, o jogo e o senso do jogo são a melhor metáfora: em todos os esportes, os atletas valorizam muito o que chamam de "senso do jogo", uma forma particular do "senso prático" que faz com que, por exemplo, um jogador passe a bola para o outro não no lugar onde esse outro se encontra no momento, mas no lugar onde ele se encontrará quando o passe chegar; esse é o beabá de qualquer esporte. O senso do jogo consiste em se encontrar não no lugar onde o jogador adversário parece que vai mandar a bola, mas precisamente no lugar onde ele a mandará – para pegá-lo de surpresa. O senso do jogo é essa espécie de senso da história do jogo que faz com que, a cada momento, o jogo se realize porque existem pessoas que têm o senso do jogo. Essa análise confere aos agentes um papel fundamental. Eles não são *Träger* ("portadores") como na tradição neomarxista althusseriana[125] onde os agentes não passam de executores da estrutura, são supérfluos a ela e poderiam não estar lá, já que a estrutura engendra de todas as maneiras, por partenogênese, outras estruturas e um modo de produção que substitui o antigo. Não, os agentes são extremamente importantes: basta colocar numa quadra de handebol um jogador de tênis ou de basquete (para usar coisas relativamente próximas) para ver que isso não funciona de jeito nenhum. E é absurdo perguntar se o mais importante são as estruturas ou os agentes (ou as disposições) porque, num jogo que funciona bem, isso é dizer duas vezes a mesma coisa. Estamos portanto numa lógica em que os agentes, enquanto portadores de disposições, são absolutamente constitutivos do jogo: são eles que o definem, que o fazem funcionar e as próprias regras e restrições do jogo só agem sobre aqueles que têm o senso do jogo, o que também é muito importante. Com efeito, ter o senso do jogo é ser livre em relação ao jogo porque compreendemos sua necessidade: aquele que tem o senso do jogo, por exemplo, economiza energia em relação àquele que não o tem porque ele se encontra imediatamente no lugar certo enquanto o outro começa indo para o lugar errado. De certa maneira, ter o senso do jogo é ser aquele através do qual a necessidade do jogo se realiza. Existe toda uma série de paradoxos e, falando sério, se depois de eu ter desenvolvido esses paradoxos, vocês

---

125. O termo *Träger*, que Marx empregou ocasionalmente, é utilizado (como as expressões "forças produtivas" ou "relações de produção") pelos neomarxistas franceses reunidos desde a década de 1960 ao redor de Louis Althusser (*Ler o Capital*. Rio de Janeiro: Zahar, 1979, tradução de Nathanael C. Caixeiro [*Lire le Capital*. Paris: Maspero, 1965]); para eles, numa perspectiva "anti-humanista", trata-se de "desembaraçar-se completamente dos serviços teóricos do conceito de ser humano": os agentes sociais não passam de suportes ou portadores do papel que lhes é designado no processo de produção.

[continuarem na] oposição "determinismo/liberdade" [*risos*]!... É uma relação extremamente complexa que as antinomias ordinárias misturam completamente e, infelizmente – ênfase em *infelizmente* –, acabamos sempre voltando a essas análises. (Entre parênteses, as leituras de minhas obras que me atribuem um "finalismo dos piores" – que, entretanto, eu denunciava em textos já antigos – simplesmente aplicam o pensamento em termos "sujeito-objeto" a análises que estão além desse pensamento; elas releem numa linguagem finalista análises que se situam além disso – digo isso para aqueles que me compreendem.)

Poderíamos desenvolver a noção de senso do jogo: o senso do jogo se adquire jogando, é portanto um produto da história. Sinto-me um pouco incomodado de fazer essas análises. Apesar de, ao escrever um livro de tipo fenomenológico, às vezes encontrarmos certo prazer e até uma certa complacência em desenvolver todos os aspectos de uma noção, em tentar esgotá-la, fazer isso oralmente diante de um grande público me envergonha um pouco. Acho que será melhor deixar vocês estenderem essas análises. Isto posto, o importante na noção de "senso do jogo" é que ela é o produto de uma experiência constituída socialmente, ela é o produto da história que torna possível a ação histórica. No fundo, isso resume muito bem o que tentei dizer até agora.

O conhecimento prático

Prolongando o que acabo de dizer, gostaria de muito rapidamente descrever a lógica do conhecimento prático. Se vocês se lembrarem do esquema inaugural que desenhei na primeira aula[126], a relação agente-campo é uma relação de conhecimento de um tipo completamente particular. O senso do jogo tal como o evoquei é uma forma de conhecimento, mas de um modo que não é nada teórico: se vocês pedirem para um jogador de futebol fazer a teoria de como pegar o adversário de surpresa como ele acabou de fazer, ele provavelmente não dirá grande coisa a não ser que seja um profissional da explicitação – um professor de ginástica, por exemplo. Mas isso não quer dizer que a realização de seu truque de surpresa não implique uma forma de conhecimento extremamente sofisticado que é um conhecimento global, sinóptico, instantâneo, rápido, que passa imediatamente ao ato. É esse conhecimento que eu quero mencionar muito rapidamente.

---

126. Ver a aula de 12 de outubro de 1982, p. 55.

Repetindo, essa relação de conhecimento prático não é uma relação sujeito-objeto na qual o sujeito se pensa como distinto diante de um objeto (*objectum*), como alguma coisa que está diante dele, que está claramente de fora, que é constituída como tal e que é um problema. Trata-se aqui de análises clássicas de alguns fenomenólogos que criticam a tradição da filosofia do sujeito. Eu as retomo, modificando-as um pouco. A noção de problema (πρόβλημα) é o que "é lançado diante", e o mundo do conhecimento prático, o mundo para alguém que tem o senso do jogo é precisamente um mundo que não é problema, um mundo no qual já respondemos antes de nos formularmos a pergunta, um mundo no qual aparentemente estabelecemos os fins antes de termos constituído o projeto de estabelecer fins: já respondemos por ações organizadas em relação a fins sem que o próprio objetivo da ação tenha sido formulado enquanto tal e que os meios tenham sido calculados em relação a esse fim. Entendam isto em relação ao que direi em seguida. Se vocês mantiverem isso em mente, precisarei apenas fazer exercícios de aplicação quando me utilizar dessas análises para criticar a teoria do *homo œconomicus*, o calculista econômico tradicional. O *habitus* não tem o mundo como objeto nem como representação (na palavra "representação" há a ideia de visão global, de espetáculo). O agente não é um espectador – isso são coisas triviais mas importantes; ele está no mundo social, ele habita o mundo social, ele se desloca no mundo social como numa casa familiar. Neste ponto eu os remeto às análises de Bachelard sobre o habitar[127] que poderíamos transpor com muita facilidade, ou às análises de Heidegger sobre o que significa habitar[128]. (As análises de Heidegger são obviamente carregadas de conotações fascistas – demonstrei isso num artigo[129] –, mas elas podem ser verdadeiras mesmo que desviadas para o sentido de uma captação dos temas da terra e do sangue.) O sujeito social está inscrito no mundo social, ele habita o mundo social – exceto nas situações críticas onde é exatamente o ajuste imediato entre o senso do jogo e o jogo que está em questão; ele não se ergue diante do espaço, diante do campo social no qual ele

---

127. Gaston Bachelard, *A poética do espaço*, in *Os pensadores*, vol. XXXVIII. São Paulo: Abril Cultural, 1974, tradução de Antônio da Costa Leal & Lídia do Valle Santos Leal, pp. 339-512 [*La Poétique de l'espace*. Paris: PUF, 1957].

128. Martin Heidegger, "Construir, habitar, pensar", in *Ensaios e conferências, op. cit.*, pp. 125-142

129. *A ontologia política de Martin Heidegger*. Campinas: Papirus, 1989, tradução de Lucy Moreira Cesar [*L'Ontologie politique de Martin Heidegger*. Paris: Les Éditions de Minuit, 1988]. O livro é uma versão revisada e expandida de um artigo com o mesmo nome que P. Bourdieu publicara em *Actes de la recherche en sciences sociales*, n. 5-6, 1975, pp. 109-156.

funciona como um espectador, ele não se dá o mundo social como representação, ou seja, ele não se dá uma visão exterior e superior. É uma coisa muito simples: ele não faz esquemas, enquanto, por exemplo, todo sociólogo que trabalha começa a fazer modelos, esquemas, genealogias. Ora, pelo simples fato de substituir a casa na qual nos deslocamos por uma casa desenhada num papel, operamos uma espécie de objetivação que supõe que não estamos inseridos na casa. Eu insisto para evitar um mal-entendido e para não parecer exaltar a participação – repito isso toda vez porque nem todos compareçem a todas as aulas e estes são erros tão recorrentes que é preciso exorcizá-los o tempo todo –, não digo que o habitar da casa seja o modo de conhecimento legítimo da casa – o que muitas vezes os fenomenólogos dizem (cujas análises podemos modificar para aproveitá-las). Digo apenas que habitar uma casa é um modo de conhecimento que precisa ser levado em conta pelo modo de conhecimento científico.

O modo de conhecimento científico precisa saber que lida com pessoas que conhecem sua casa por habitá-la, e precisa saber que, a partir do momento em que desenha a planta de uma casa e que estuda as áreas de deslocamento (isso para os arquitetos), ele rompe com a experiência do habitante que habita e corre o risco de projetar sua experiência de fazedor de esquemas na cabeça do habitante que a habita. Da mesma maneira, como repito sempre (porque é importante), aquele que habita uma genealogia habita uma família, o que não é de modo algum a mesma coisa que fazer uma genealogia: ele habita relações e espaços nos quais ele tem primos e amigos que ele não confunde com os vizinhos, realiza trocas etc. Há pessoas próximas, pessoas distantes, sabe-se o que é preciso fazer, ele tem o senso do jogo, sabe se conduzir, sabe quem precisa convidar, a quem é preciso reciprocar, a quem é preciso emprestar etc. Quando chega o sociólogo ou o etnólogo que fazem esquemas e dizem: "Esta aqui é uma prima, uma prima paralela, cruzada etc.", isso muda tudo. Isso não quer dizer – repito – que não devemos fazer genealogias, mas é preciso saber que, quando fazemos genealogias, criamos com o objeto "família", o objeto "parentesco" ou o objeto "parente" uma relação que não é a relação do nativo que, simplesmente, habita sua família e está inserido numa rede de relações familiares.

Portanto, o agente social está engajado nesse mundo, ele não é espectador, ele não o sobrevoa – já o plano se vê de cima –, ele não tem representação, não tem visão de perspectiva, está engajado na própria realidade onde age e opera, por fora de qualquer posição deliberada de objeto de consciência e de reflexão. Em outras palavras, a relação entre o senso prático e o senso do jogo, entre o senso do jogo (no sentido de "ter o senso do jogo") e a significação do jogo e até o senso da história do jogo não é uma relação de exterioridade. No fundo, o que denuncio aqui é a tendência ao intelectualismo que conduz a descrever as relações sociais como relações de comunicação ou de conhecimento.

O investimento no jogo e a *illusio*

Se estendermos um pouco, "estar no jogo", "estar preso no jogo", "estar preso pelo jogo" querem dizer "estar investido no jogo". Eu invoquei muitas vezes essa expressão. Quando uma pessoa tem o senso do jogo conforme ao jogo, ela responde de antemão – essa é a característica da relação entre um *habitus* e um campo – às solicitações do jogo e, ao mesmo tempo, ela se investe no jogo, o que é a condição de funcionamento do jogo, porque os jogos sem indivíduos investidos neles, os jogos que dizemos "não valer a pena", são imediatamente abandonados. Investir-se no jogo é ter *interesse* no jogo. Eu gostaria de tratar agora dessa palavra "interesse", que emprego há muito tempo. Introduzi essa noção de interesse com intenções polêmicas contra uma visão, que podemos chamar de interacionista ou culturalista, que era dominante no campo das ciências sociais no momento do estruturalismo e que dava a sensação que os sujeitos sociais agiam com o único objetivo de realizar trocas de símbolos. Eu queria lembrar que mesmo as trocas simbólicas supõem um investimento interessado, que mesmo os jogos mais gratuitos, como os jogos de arte ou os jogos de amor, supõem uma forma de interesse. Mas eu não usava a palavra "interesse" no sentido de Bentham – voltarei a isso: é preciso tomar a palavra no sentido de *interest* [em inglês no original], de "estar interessado", de "isso que importa para mim".

Quando temos o senso do jogo, não perguntamos ao jogo qual é a questão de sua existência ou de sua razão de ser, temos vontade de jogar, temos uma *libido vivendi*. Cada jogo impõe sua libido e podemos dizer "interesse = libido". Podemos também dizer "interesse = *illusio*". A *illusio* é o fato de ter vontade de entrar no jogo. Trata-se aqui de uma falsa etimologia (acho que Huizinga a propõe em *Homo Ludens* – mas se não foi ele, não importa[130]), mas ela é muito cômoda. Exis-

---

130. O desmancha-prazeres, escreve Huizinga, "priva o jogo da ilusão – palavra cheia de sentido que significa literalmente 'em jogo' (de *inlusio, illudere* ou *inludere*)" (Johan Huizinga, *Homo Ludens*. São Paulo: Perspectiva, 2000, tradução de João Paulo Monteiro, p. 12 [*Homo Ludens*. Lon-

tem piadas clássicas (o pequeno judeu que vai à missa, a partida de rúgbi descrita por alguém que não conhece as regras do jogo etc.) que se baseiam nesse modelo e mostram o caráter absurdo de um jogo quando ele é visto por alguém que não tem o senso do jogo. Como os objetivos e os interesses se tornam fúteis, o resultado é que toda a ação se torna fútil. Essa desrealização do jogo produzida pela introdução do olhar exterior, do olhar do "espectador imparcial", como dizia Husserl[131], tem a ver com o fato de retirarmos a *illusio*, essa adesão imediata ao jogo implicada pelo senso do jogo. O jogo, como resultado, torna-se uma ilusão. Poderíamos fazer análises históricas interessantes e acho que não é acidente que as análises mais próximas daquelas que proponho sobre o capital simbólico, o poder simbólico etc. tenham sido desenvolvidas no momento em que o jogo da corte começava a perder seu sentido: a vida da corte, vista pelos burgueses puritanos ou jansenistas, aparecia como um jogo de ilusões, como a busca ilusória de objetivos que não valiam a pena. Todos os jogos sociais, quando são vistos de fora, aparecem como tendo interesses ilusórios, mas o característico de um jogo é produzir os *habitus* que fazem com que o jogo não seja questionado e dotar-se de jogadores tão profundamente ajustados ao jogo que eles jamais questionarão o próprio jogo.

Se aplicarmos isso ao campo intelectual, vemos imediatamente que as coisas não são tão simples; o que podemos dizer no nível da antropologia geral torna-se imediatamente muito mais doloroso quando descrevemos algo muito próximo [de nós]. O campo intelectual é um jogo e as pessoas que o jogam investem nele uma *illusio* que é a adesão ao próprio princípio do jogo. Segue-se, pela mesma propriedade – voltarei a isso –, que é muito raro que as pessoas que jogam um jogo com a *illusio* bem constituída formulem a pergunta da existência ou da não existência desse jogo. Elas podem contestar a maneira de jogar, podem dizer que outras pessoas não jogam bem, de uma maneira que não é ortodoxa, que é preciso jogar pela direita ou jogar pela esquerda etc., mas elas raramente perguntam se vale a pena jogar o jogo. Em última instância, será que a própria luta não supõe

---

don: Routledge, 1949 (1944), p. 11]). "Em seu famoso livro *Homo Ludens*, Huizinga observa, a partir de uma etimologia falsa, que *illusio*, palavra latina que vem da raiz *ludus* (jogo) poderia significar estar no jogo, estar investido no jogo, levar o jogo a sério" (Pierre Bourdieu, *Razões práticas*. Campinas: Papirus, 1996, tradução de Mariza Corrêa, p. 139 [*Raisons pratiques*. Paris: Seuil, 1996 (1994), p. 151], tradução modificada).

131. Ver E. Husserl, *Meditações cartesianas*, op. cit., § 15, p. 73 [A tradução brasileira escolheu "espectador desinteressado"].

a colusão (vejam como a etimologia é útil: *illusio/collusio*) entre os jogadores e a validade do jogo? Os adversários não estariam unidos em todo jogo por uma cumplicidade fundamental quanto à validade intrínseca do jogo? Será que o fato de ser habitado pela *illusio* adequada não contém um reconhecimento tácito da própria validade do jogo e, ao mesmo tempo, dos limites da luta, sobre os quais os lutadores sequer precisam concordar porque não poderiam transgredi-los sem questionar sua própria existência enquanto jogadores? Para dizer de maneira simples, isso significaria serrar o galho sobre o qual estão sentados, o que os grupos só fazem muito raramente, quando às vezes eles escolhem se suicidar – porque é possível se suicidar socialmente.

Esta análise nada tem de platônica e poderíamos pensar da mesma maneira o problema da crença que mencionei a respeito do campo religioso: em todo campo há um objetivo de crença, já que *illusio* significa crença no fato de que o jogo vale a pena ser jogado. Um jogo só funciona à medida que ele consegue fazer com que todos os jogadores reconheçam que o jogo vale a pena ser jogado. Essa crença no valor do jogo é tão fundamental que ela pode predominar de alguma forma sobre a crença que é o objetivo do jogo. Não compreenderemos o campo religioso se não compreendermos que trata-se, no campo da crença, de saber qual é a boa crença, qual é a *orthè doxa*. A questão da boa maneira de crer (ou de fazer crer) é o objetivo desse campo, mas não compreenderemos nada desse campo se não enxergarmos que, no campo que encoraja a crença, há como condição de funcionamento do campo a crença no fato de que o campo merece funcionar enquanto campo, que a luta pela boa definição da crença é objeto de crença. Eu queria dizer isso para que vocês não pensassem que estou muito longe das realidades sociais: comigo, nunca se está muito longe… pelo menos, é o que creio [*risos*].

Termino agora com a palavra "interesse" – voltarei a isso longamente. A palavra "interesse" deve ser tomada no sentido mais amplo: o que me interessa é aquilo que importa para mim, aquilo que conta para mim, aquilo que faz com que eu me mexa, que me tira da ataraxia, que me tira da indiferença. O que está implicado no senso de jogo, como eu disse há pouco, é a vontade de jogar, é que não sou neutro, que não fico de fora, indiferente. Podemos muito bem dizer que no caso do campo científico a *illusio* tomará a forma da *libido sciendi*. No caso do jogo, ela tomará a forma da *libido vivendi*, que também podemos chamar de "paixão". Aqui, eu gostaria de citar um texto de Hegel, "nada de grande é feito sem paixão" que, por ser um assunto de dissertação, sempre me parece ser muito mal lido. No fundo, a questão que coloco é a seguinte: como se faz com que as pessoas ajam? Por que as pessoas jogam, quando isso é muito cansativo, é uma despesa de energia? Como se faz com que as pessoas joguem em vez de não jogarem? Como se faz com que elas trabalhem em vez de não trabalharem? Acreditamos ter as respostas certas ao dizer que existem necessidades ou, no caso do trabalho, que de qualquer forma não podemos negar a necessidade econômica. Há todo tipo de resposta pronta. Ora, mesmo quando se trata do campo econômico, devemos sempre formular a pergunta de saber por que as pessoas jogam em vez de não jogarem. Porque pode-se muito bem se deixar morrer de fome (existem pessoas anoréxicas etc.). Arriscando-me a chocar a escola materialista, dialética ou não, acho que sempre é preciso formular a pergunta de saber por que há ação, investimento e interesse em vez do contrário. Ora, vemos que há mais ação do que falta de ação. Lerei a vocês o texto de Hegel, na tradução exata, rigorosa, um pouco pesada de Éric Weil, mas que muda as traduções um pouco aproximativas: "Se chamarmos de paixão um interesse pelo qual a individualidade inteira, com todas as veias de seu querer, negligenciando todos os outros interesses tão numerosos que podemos ter e que igualmente temos, se lança num único objeto, [um interesse] pelo qual ela concentra nesse objetivo todas as suas necessidades e todas as suas forças, então devemos dizer que de modo geral nada de grande jamais foi realizado no mundo sem a paixão"[132].

Aqui, a palavra "paixão" não designa um estado afetivo, e sim a lógica do fetichismo, ou seja, uma crença que é ilusória se a observarmos do ponto de vista de alguém exterior ao jogo, mas que é bem fundamentada – Durkheim dizia que a religião é uma ilusão bem fundamentada[133] – se a observarmos do ponto de vista

---

132. A referência à tradução de Éric Weil remete à citação dessa passagem na obra feita a partir de sua tese *Hegel et l'État*. Paris: Vrin, 1980 [1950], p. 81. [Nesta passagem, traduzi do francês a citação específica a que P. Bourdieu se refere. A tradução portuguesa publicada a partir do original é a seguinte: "[...] se chamarmos paixão a um interesse, na medida em que a individualidade inteira se entrega, com postergação de todos os demais interesses e fins múltiplos que se tenham e possam ter, se fixa num objeto com todos os veios inerentes do querer e concentra neste fim todas as suas necessidades e forças, devemos então dizer em geral que nada de grande se realizou no mundo sem paixão" (Georg Wilhelm Friedrich Hegel, *A razão na história*. Lisboa: Edições 70, 2013, tradução de Artur Morão, p. 84 [*Die Vernunft in der Geschichte*, 1830]) – N.T.].

133. Ainda que Durkheim não tenha empregado a expressão nesses termos, ele escreve em *As formas elementares da vida religiosa* que "esse delírio [religioso], se tem as causas que lhe atribuímos, é *bem fundamentado*" (É. Durkheim, *As formas elementares da vida religiosa*, op. cit., p. 235 [324]). Ele desenvolve com mais detalhes a ideia na passagem que no começo da conclusão desse livro é sintetizada no sumário pela fórmula: "A religião apoia-se numa experiência bem

de alguém que conheça as condições de produção do jogo e dos jogadores. Portanto, essa paixão é bem fundamentada, ainda que ilusória. A palavra "paixão" é interessante: é uma coisa que é suportada porque não podemos deixar de suportar esse interesse; alguém que tenha o *habitus* adequado não pode se impedir de jogar e não faz sentido dizer a ele que "é preciso sair do jogo". Marx disse algo parecido a propósito dos estoicos que jogavam fora vasilhames de ouro para beber em bacias de madeira ou com suas próprias mãos: que esses são "luxos de privilegiados"[134]. Com efeito, há formas de questionamento da economia que pressupõem condições econômicas. A lógica do fetichismo é tal que sempre pode ser descrita de fora como sendo ilusória: não há nada mais ilusório do que uma crença a não ser que, desde que conheçamos suas condições, possamos enxergar que é impossível agir diferente e que não há nada de mais necessário do que essa ilusão – é a paixão e a relação profunda entre um *habitus* e um campo. Aquele que está preso num campo está preso no jogo. Ele pode, teoricamente, a cada instante sair do jogo e, visto do ponto de vista do sábio ataráxico que o observa, ele parece um louco que investe em bobagens. Mas ele é constituído de tal maneira que está pronto para morrer por esse jogo.

As transferências afetivas da libido doméstica e o conformismo

Muito rapidamente, uma observação que não desenvolverei mas que pode interessar aqueles entre vocês que se perguntam sobre o problema das relações entre sociologia e psicanálise. Gostaria simplesmente de dizer que, na lógica do que indiquei nas análises anteriores, é claro que devemos ter em mente que o investimento primordial ou, de alguma maneira, originário no campo social toma a forma de

---

fundamentada". Nessa passagem, ele explica que a sociologia deve se colocar o "postulado de que esse sentimento unânime dos crentes de todos os tempos não pode ser puramente ilusório". "As crenças religiosas se baseiam numa experiência específica cujo valor demonstrativo, num certo sentido, não é inferior ao das experiências científicas, embora diferente" pois, "do fato de existir, por assim dizer, uma 'experiência religiosa' e de ela ser fundamentada de alguma maneira – aliás, há alguma experiência que não o seja? –, não se segue de modo algum que a realidade que a fundamenta esteja objetivamente de acordo com a ideia que dela fazem os crentes" (*ibid.*, pp. 460-461, tradução modificada [596-597]).

134. Essa formulação não aparece em *A ideologia alemã*. Entretanto, encontramos uma crítica aproximada em Sêneca: "Não penses que me estou referindo aos jantares à moda de Tímon, aos cubículos miseráveis e a tudo o mais que os ricos, entediados da própria riqueza, fazem gala em aceitar" (*Cartas a Lucílio*. Lisboa: Fundação Calouste Gulbenkian, tradução de J. A. Segurado e Campos, livro II, carta 18, 7, p. 63).

um investimento afetivo no grupo doméstico. Em outras palavras, o investimento social no começo toma a forma do afeto. A primeira forma da *illusio* será então aquilo que Laing chama de fantasma familial[135], essa forma de construção coletiva na qual se constitui ao mesmo tempo a imagem do grupo e a imagem de cada indivíduo. Isso permite dar um sentido e reativar um outro aspecto da palavra "paixão" em Hegel: se os investimentos nos jogos sociais são tão profundamente impossíveis de corrigir, se os fantasmas e os fetiches são tão reais, tão necessários apesar de serem objetivamente ilusórios, talvez seja porque os investimentos, como por exemplo na *Alma Mater* pelos universitários, têm algo a ver com a transferência de investimentos primordiais. Parece-me que poderíamos prolongar isso sem grandes riscos para uma análise sociológica da educação infantil.

Eu denunciei muitas vezes – remeto vocês a *Distinção*[136] – a ilusão populista que consiste em "viver" uma experiência popular com um *habitus* burguês ou pelo menos despopularizado, em outras palavras, em rasgar essa relação que descrevi em todas essas análises entre um campo e um *habitus* e agir como se o espaço da fábrica ou da linha de produção fosse vivido por um intelectual, com um *habitus* de intelectual. Os espaços sociais mais revoltantes – as favelas, as linhas de montagem etc. – são habitados por pessoas que têm o *habitus* adequado, se é que podemos dizer isso, o que faz com que a experiência que podemos ter deles como observadores tenha boas chances de ser falsa se não a corrigirmos. Portanto, temos aqui um caso onde a distinção que fiz entre o *habitus* científico, o sujeito científico, e o agente engajado na prática é extremamente importante. Há uma forma de projeção de si no outro, como diziam os fenomenólogos, uma [maneira] de "se colocar no lugar" que é profundamente falsificadora, e há uma forma de "generosidade subjetiva" que só agrada os generosos. Isso é muito importante para sentir aquilo que me horroriza num certo tipo de descrições populistas das classes populares.

---

135. O fantasma familial designa uma história genealógica, o processo através do qual "cada geração projeta sobre a próxima [...] uma projeção normalmente desconhecida para as pessoas envolvidas". Nessa projeção "induzimos os outros, e somos nós mesmos induzidos [...] a representar, sem percebermos, um jogo de sombras, como imagens de imagens de imagens... dos mortos, que por sua vez incorporaram e representaram os dramas projetados sobre eles e induzidos neles por aqueles que os precederam" (R. D. Laing, *A política da família*. São Paulo: Martins Fontes, 1971, tradução de João Grego Esteves (não localizada) [*The Politics of the Family and Other Essays*. Londres: Routledge, 1971, pp. 77-78]).

136. P. Bourdieu, *A distinção, op. cit.*, p. 350 [433-435].

Para ir um pouco mais longe, seria preciso analisar – e aqui apenas esboçarei – o caso aparentemente mais desfavorável em relação ao que acabo de dizer, a cultura dos adolescentes das classes populares – os jovens delinquentes, por exemplo – que dão todas as aparências da revolta contra o mundo social tal como eles o habitam e que parecem portar consigo uma espécie de questionamento profundo do mundo em que vivem. Eu me baseio nas experiências e num livro de Willis cuja referência lhes darei e que me parece muito importante[137]. Nesse livro, Willis estuda dois grupos de marginais, pessoas à margem, pessoas excluídas – como quiserem: por um lado, os valentões que organizam sua vida ao redor de sua moto e, pelo outro, os *hippies* de origem social e meio social muito diferentes. Falarei somente do primeiro grupo, já que o segundo é mais fácil. Esses jovens delinquentes, que chocam pela aparência de revolta que são capazes de exibir, estão à margem. Eles contestam os modos de vestir, sua linguagem é uma transgressão permanente da gramática, da sintaxe, das censuras impostas pela língua oficial etc. Esses durões, esses revoltados, são antes de mais nada, enquanto jovens, revoltados contra os velhos que, por serem mais socializados, já fizeram mais concessões à posição e têm disposições mais bem-ajustadas à posição. Eles organizam sua visão de mundo, como mostra muito facilmente uma análise de sua linguagem, ao redor de valores de virilidade, rudeza, brutalidade, violência, bravata, desafio, honra etc., que são simplesmente a passagem ao limite dos valores inerentes a toda a classe trabalhadora e, de modo mais geral, a todas as classes dominadas, e que levam a buscar – Willis insiste muito nisso, creio que corretamente – um mundo estável, sólido, constante e sobretudo talvez garantido coletivamente. Com efeito, é muito importante notar que a *illusio* só se torna totalmente necessária quando ela é coletiva e compartilhada, e uma das funções da gangue, do grupo de delinquentes, é precisamente buscar uma espécie de cruzamento das *illusio* e, ao mesmo tempo, fornecer a cada experiência um reforço permanente. Esse mundo sólido e estável também é um mundo muito fechado e muito defensivo, e Willis enfatiza seu horizonte muito restrito: essas pessoas se revoltam no interior de um horizonte relativamente fechado sem questionar o horizonte que as fecha. Em certa medida, podemos até dizer que sua contestação

---

137. Paul E. Willis, *Profane Culture* [*Cultura profana*]. Londres: Routledge & Kegan Paul, 1978. P. Bourdieu volta a tratar desse livro em "Você disse 'popular'?", in *Revista Brasileira de Educação*, n. 1, 1996, tradução de Denise Barbara Catani, pp. 16-26 ["Vous avez dit 'populaire'?", *Actes de la recherche en sciences sociales*, n. 46, 1983, p. 102].

é tão parcial quanto conservadora. Eles são revoltados nos limites de um universo cuja estrutura não questionam. A provocação, o insulto e particularmente tudo que concerne à relação com mulheres e à visão das mulheres poderiam ser analisados nessa lógica.

Essa subcultura popular aparentemente está em ruptura com certas formas de conformismo, mas, na realidade, ela é mais o limite do conformismo popular e da adesão às virtudes impostas pela necessidade, como as virtudes da dureza. As virtudes da dureza são as virtudes das pessoas que, por terem uma vida dura, transformam a necessidade em virtude e tornam-se duras para si mesmas e para os outros; elas não baixam a guarda, não choram como um bezerro desmamado, vivem a se empurrar, a fingir que brigam, estão sempre na violência porque o mundo é violento e fazem o tempo todo simulações de caratê porque podem precisar disso e, uma hora, precisam mesmo: a partir das três da manhã, começam a pensar em brigar. Em outras palavras, esse universo aparentemente liberado, anti, contra tudo, na verdade evoca muito mais um universo diferente, excluído, dominado. Essa seria uma discussão muito longa, mas acho útil pelo menos dar a vocês esse tema para insistir no fato de que é um mundo de senso comum, de consenso, cuja própria lógica – o que se vê bem no nível da linguagem – é dar uma visão dura, rígida, reconfortante e sólida do mundo: sabe-se que as coisas são o que parecem ser, as coisas são chamadas pelos seus nomes, sabe-se o que se deve fazer com as meninas, não há problemas etc. Seria preciso listar inúmeras expressões que mostram essa vontade patética de se apropriar de um mundo impossível e de transformar a necessidade em virtude. Eu empreguei a palavra "conformismo" (que é uma palavra objetivista: o "conformismo" supõe que a possibilidade da transgressão existe e que há pessoas que se conformam), mas isto é uma espécie de adesão originária que não chega ao conformismo, e que não chega sequer na própria possibilidade de formular a questão: é a relação dóxica com o mundo. Eu não seguirei Willis quando ele fala de conformismo, mas não continuarei porque eu teria muito a dizer. Queria apenas mostrar, mais uma vez, que não estamos em análises abstratas.

Crítica do discurso econômico

Quero acelerar um pouco meu percurso, porque eu gostaria de acabar hoje com a noção de *habitus* e começar a falar na próxima aula da noção de campo.

Portanto, seria preciso que eu tentasse hoje confrontar rapidamente as duas teorias concorrentes com as análises que propus do *habitus*: o que chamo de teleologia subjetiva e teleologia objetiva ou, se quiserem, a teoria da escolha racional, da qual uma de suas formas seria a teoria dos jogos e, pelo outro lado, o funcionalismo do melhor ou do pior – a orientação de nada importa –, quer dizer, o finalismo dos coletivos que enxerga no mundo social a ação de uma teleologia objetiva, a realização de fins transcendentes aos agentes, fins que nenhuma pessoa quis mas que ainda assim se realizam. Não menciono isso pelo prazer de fazer filosofia, mas porque acho que o discurso científico oscila constantemente entre esses dois polos. O fato de distinguir esses dois polos é importante porque, ao escrever, podemos passar de um para o outro sem sequer perceber – vocês podem se divertir encontrando textos assim –, assim como eu mostrei anteriormente que pode-se passar de um determinismo intelectualista para um determinismo mecanicista quase que na mesma frase.

Primeiro ponto: eu gostaria de criticar muito rapidamente, por assim dizer, a antropologia inerente à teoria econômica, essa espécie de antropologia imaginária cujo paradigma e encarnação privilegiada é o *homo œconomicus*. (Serei peremptório e dogmático, mas isso não é por autoritarismo intelectual. Na verdade, eu não dou tanta importância ao tema para julgar apropriado impor a vocês uma longa demonstração com os textos quando vocês podem muito bem encontrar os meios de falsear ou verificar o que direi. Se sou peremptório, e digo isso com sinceridade, é mais por respeito, para não desperdiçar um tempo que sem dúvida pode ser mais bem empregado.) A economia e a teoria econômica parecem-me compatíveis ao mesmo tempo com um mecanicismo e com um intelectualismo finalista. Com efeito, podemos formular a hipótese de que os agentes econômicos agem sob a coerção da necessidade e das causas que a ciência econômica estabelece, ou que agem com conhecimento de causa. Gastei muito tempo para compreender essa distinção porque o discurso econômico passa constantemente de um ao outro, ou seja, do sujeito que conhece a um sujeito conhecido, o *homo œconomicus*, que não passa da projeção de um sujeito que conhece. Suponhamos que a dona de casa que compra um bife faça isso depois de ler Samuelson[138]: ela compra com conhecimento de causa porque sabe que deve comprar o bife em tal lugar e que não seria rentável comprá-lo mais longe etc.; mas ela também compra

---

138. Ver *supra*, p. 85, nota 91.

sob coerção das causas e, no limite, a distinção não faz mais sentido a partir do momento em que supomos que o *homo œconomicus* é um sujeito científico feito homem. Esse é o tema, agora tentarei ser mais claro.

No fundo, acho que a filosofia utilitarista inerente à teoria econômica se baseia em dois princípios. Primeiro princípio: os agentes obedecem à busca de seu interesse, interesse individual ou interesse coletivo. O interesse do indivíduo é considerado como aquilo que aumenta a soma total de seus prazeres e diminui a soma total de suas dores. Aqui se colocaria o problema do interesse da comunidade, que algumas tradições resolvem ao dizer que ele é a soma dos interesses individuais de seus membros. (No momento hesito em falar porque sempre somos um pouco injustos quando tentamos caracterizar a filosofia implícita de uma produção científica muito diversa, ligada a vários nomes. Tenho um pouco de mal-estar porque descrevo o que me parece ser o paradigma dominante na economia – e não somente na economia à medida que a economia é uma disciplina dominante – a partir de outro paradigma. Ao descrever um paradigma em sua globalidade, sou claramente injusto e a cada instante tenho vontade de dizer que há exceções. Por exemplo, há gente que estuda os efeitos perversos, que, aliás, são conhecidos há muito tempo – sob o nome de efeito de agregação: para quem não sabe, isso faz parte de estudos de importação e exportação –, e os efeitos perversos desmentem isso que eu disse sobre a redução do interesse coletivo à soma dos interesses individuais. Tudo isso que direi será passível desse gênero de crítica. Esclareço isso porque senão não poderia continuar porque posso fazer objeções que acho que vocês não farão; mas eu as faço e sofro o tempo todo.)

Segundo princípio: os agentes, por definição conformes à definição, armam-se do cálculo para orientar sua busca da maior felicidade possível, e a matemática dos prazeres é o instrumento natural da prática racional e, através dela, até da moral. Nesse caso, estamos em condições de fazer uma arqueologia à maneira de Michel Foucault e, por exemplo, buscar na aritmética dos prazeres de Bentham que se chama ciência da moral ou deontologia[139] uma teoria explicitamente normativa das práticas econômicas racionais que são ao mesmo tempo práticas fundamentadas moralmente, com a virtude sendo aquilo que aumenta a posse do prazer com a isenção da dor. Essa teoria de aparência positiva permanece nor-

---

139. Jeremy Bentham, *Deontology: Or, The Science of Morality*, 1834 [*Deontologia: ou a ciência da moralidade*].

mativa. Isso fica claro nos textos fundadores, mas também é verdade para suas formas de aparência mais rigorosa. Em uma palavra, explicar por que essa teoria permanece normativa é resumir os dois pontos que tentei evocar: o agente econômico tem como guia seu interesse bem compreendido, e a noção de interesse bem compreendido me parece resumir perfeitamente essa filosofia, pois a função de utilidade é, a rigor, o interesse de um agente econômico tal como ele aparece para um observador imparcial. Adam Smith identificava assim o ponto de vista moral, ou seja, ao mesmo tempo racional economicamente, àquele de um "espectador imparcial" mas benevolente[140].

Para mostrar a vocês que não estou na história mais arcaica, cito uma definição que aparece num livro publicado em 1977 por Harsanyi, um ótimo economista: "Basicamente, o comportamento racional é simplesmente um comportamento que busca consistentemente alguns objetivos bem definidos, e o faz de acordo com algum conjunto bem definido de preferências ou prioridades"[141]. Em outros termos, o calculista racional é aquele que faz o que um economista deve fazer para dar conta das condutas econômicas; sua conduta econômica é aquela conforme ao que o calculista econômico deve supor para dar conta racionalmente dela. Neste tema eu devia ter mencionado mais cedo a célebre análise proposta por Max Weber da conduta racional em seu ensaio "Sobre algumas categorias da sociologia compreensiva": a conduta racional é a conduta que os indivíduos adotariam se tivessem o conhecimento da situação que o observador possui[142]. Então ela é a conduta que os agentes adotariam se agissem com conhecimento de causa ou, em outras palavras, se estivessem na posição do espectador que não está engajado na ação mas que, observando-a de fora, se dá todos os meios de conhecê-la tintim por tintim, as causas e os efeitos, de conhecer a situação em toda sua complexidade. Uma outra referência, absolutamente na mesma lógica: "Segundo [R.M.] Hare, o princípio correto [da utilidade] deve se basear não nas preferências efetivas dos agentes, mas sim em suas 'preferências perfeitamente prudentes' – o que alguém

---

140. Ver Adam Smith, *Teoria dos sentimentos morais*. São Paulo: WMF Martins Fontes, 2015, tradução de Lya Luft [*Theory of Moral Sentiments*, 1759].
141. John Harsanyi, *Morality and the Theory of Rational Behaviour* [*A moralidade e a teoria do comportamento racional*]. Cambridge: Cambridge University Press, 1977, p. 42.
142. Ver Max Weber, "Sobre algumas categorias da sociologia compreensiva", in *Metodologia das ciências sociais*. Campinas: Cortez, 1993, tradução de Augustin Wernet ["Über einige Kategorien der verstehenden Soziologie", 1913].

desejaria se tivesse todas as informações sem nenhuma confusão"[143]. É evidente que é o observador quem julga a prudência ("perfeitamente prudentes") já que ele é capaz de avaliar com conhecimento de causa o que é arriscado e o que não é, e que ele tem o conhecimento, por exemplo, das probabilidades de lucro que podem advir de um investimento feito aqui ou ali. Harsanyi também distingue entre as preferências manifestas e as preferências verdadeiras, ou seja, aquelas que o agente teria se, primeiro, tivesse todas as informações úteis, segundo, se raciocinasse sempre com o maior cuidado possível, e terceiro, se estivesse num estado de espírito que conduzisse à escolha racional[144]. Essa terceira condição remete à paixão (é preciso que o agente esteja completamente calmo, seja senhor de si etc.), enquanto as duas primeiras estão relacionadas à informação global e às capacidades de cálculo. Portanto, sempre se introduz, implícita ou explicitamente, duas dimensões: a informação (que, de preferência, deve ser total) e a reflexão e o cálculo.

A hipótese do interesse bem compreendido está no fundamento dessa teoria que pressupõe uma série de *petitio principii*[145] que enunciarei muito rapidamente. Para começar, o agente é reduzido a uma função de utilidade. Ele é o lugar de sua utilidade, ou seja, o lugar onde atividades como desejar, ter desejo ou ter dor se efetuam, e ele não é mais do que isso. Em outras palavras, só conhecemos dos indivíduos sua função de utilidade, e não nos perguntamos sobre a gênese social e histórica dessa função de utilidade. Por exemplo, eliminamos todas as propriedades individuais ligadas à história – aqui também, se vocês lerem esse livro, acho que encontrarão todas as confirmações disso que digo – para justificar a agregação de preferências individuais. Um grande problema para esses economistas é passar das preferências individuais às preferências coletivas: será que aquilo que é bom para o indivíduo é bom para a comunidade como um todo? Com que direito podemos agregar propriedades individuais? Elas não seriam antagônicas? Pode-

---

143. Amartya Sen & Bernard Williams, "Introduction", in A. Sen & B. Williams (orgs.), *Utilitarianism and Beyond*. Cambridge: Cambridge University Press, 1977, p. 9.

144. "Tudo que temos que fazer é distinguir entre as preferências manifestas e as preferências verdadeiras de uma pessoa. Suas preferências manifestas são suas preferências efetivas como expressas por seu comportamento observado, incluindo preferências possivelmente baseadas em crenças factuais errôneas, ou em análises lógicas descuidadas, ou em emoções fortes que no momento atrapalham bastante a escolha racional. Em contraste, as preferências verdadeiras de uma pessoa são as preferências que ela *teria* se tivesse todas as informações factuais relevantes, sempre raciocinasse com o maior cuidado possível e estivesse num estado mental que melhor conduzisse à escolha racional" (J. Harsanyi, *Morality and the Theory of Rational Behaviour, op. cit.*, p. 55).

145. Argumentos que pressupõem a própria conclusão que pretendem demonstrar [N.T.].

mos somar coisas não somáveis? Será que as preferências não seriam não agregáveis? Para justificar a agregação de preferências individuais que permite passar das preferências individuais às preferências coletivas, da felicidade individual à felicidade coletiva – pois é disso que se trata –, Harsanyi introduz o que chama de postulado da semelhança, que é muito interessante. (Uma das virtudes da teoria econômica e de sua propensão à formalização é que ela se obriga a explicitar seus próprios fundamentos, o que faz dela um paradigma relativamente fácil de combater: a axiomatização, o rigor e a formalização que são a sua força também são sua fraqueza porque ela exibe assim suas ingenuidades de uma maneira especialmente chocante; os paradigmas mais moles, mais elásticos, menos axiomatizados são muito mais difíceis de combater.) O postulado de semelhança é uma ideia magnífica: ele permite reduzir os agentes a uma espécie de humanidade universal ao abstrair seus gostos, sua educação etc. Postula-se que podemos agregá-los já que podemos ignorar seus gostos, educação etc. Mas chegar a ponto de eliminar os gostos de uma função de utilidade quando se trata de preferências é assombroso demais (isso está nas páginas 51 e 52 do mesmo livro, vocês podem conferir). Declara-se assim em todas as letras o postulado da humanidade comum. Uma outra fórmula extraordinária: Harsanyi postula que todos os agentes têm a mesma capacidade fundamental de satisfação e de não satisfação.

As condições econômicas das práticas econômicas

Uma outra coisa importante, essa universalização ou homogeneização abstrata que elimina os gostos elimina ao mesmo tempo sucessivamente a história, a gênese dos gostos, as condições sociais de produção dos consumidores e – paradoxo! – as condições econômicas de produção dos agentes econômicos. Minha primeira reação de sociólogo [quando pesquisava sobre o trabalho na Argélia] foi me surpreender diante da situação dos trabalhadores argelinos que se encontravam diante de uma economia capitalista sem possuir o *habitus* que produz normalmente essa economia. Meu primeiro trabalho consistiu em tentar mostrar que havia condições econômicas de acesso ao cálculo econômico[146].

Resumo em duas palavras essas análises desculpando-me para aqueles que as conhecem e já ouviram isso cem vezes: existia, e sempre existe, uma tradição de eco-

---

146. Ver P. Bourdieu, *Algérie 60*, op. cit. e *Esquisses algériennes* [Esboços argelinos]. Paris: Seuil, 2008.

nomia do subdesenvolvimento, de economia das economias pré-capitalistas, que se perguntava sobre a fundamentação das resistências à economia capitalista que se observava nas sociedades colonizadas ou outrora colonizadas (a palavra "resistência" é interessante). Invocava-se a tradição cultural, a tradição religiosa. Perguntava-se se o Islã é compatível com o capitalismo, se não existe uma mentalidade islâmica que proíbe o acesso ao empréstimo com juros, e procurava-se então isso nas relações medievais etc. Nesses terrenos, etnólogos e economistas se encontravam, os segundos pedindo aos primeiros que contassem quais *curiosa ethnologica* explicavam que essas pessoas não se conduzissem como economistas racionais, por exemplo, parando de trabalhar quando já tinham dinheiro suficiente (o que, no final das contas, é perfeitamente compreensível...), e os etnólogos explicavam que existiam tabus, o tabu do sábado etc. Estou resumindo e caricaturando um pouco, mas era muito paradoxal que uma questão muito simples jamais fosse formulada: quais condições econômicas deviam ser cumpridas para que um indivíduo tivesse acesso ao cálculo econômico? Não seria preciso ter um mínimo de segurança econômica para ter a ideia de buscar garantias econômicas? Por exemplo, uma pessoa que vive na instabilidade econômica absoluta, como o subproletário, o desempregado ou o trabalhador ocasional que trabalha dois dias e depois fica desempregado três, que tem um habitat completamente instável, que passa três dias aqui e três dias ali etc., teria condições objetivas que permitissem a atitude calculista? Em outras palavras, não seria preciso ter um mínimo de perspectiva objetiva sobre o futuro para se ter a ideia de ter uma perspectiva calculista sobre o futuro? No mesmo momento, a grande moda era se perguntar seguindo Fanon se a revolução seria feita pelo subproletariado ou pelo proletariado[147]. Esse é um problema recorrente que se coloca eternamente nos mesmos termos e pode ser resumido em poucas palavras: quais são as condições para que apareça uma consciência revolucionária que supõe um plano sistemático, já que é preciso opor a uma sociedade na qual estamos imersos uma outra representação da sociedade futura em nome da qual contesta-se globalmente a sociedade atual? (Essa formulação é um pouco simples, mas vale tanto quanto outras definições.) De maneira assombrosa, as pessoas que falavam de revolução raramente se perguntavam sobre as condições econômicas do aparecimento da consciência revolucionária, sem dúvida porque, paradoxalmente, não são

---

147. Frantz Fanon, *Os condenados da terra*. Rio de Janeiro: Civilização Brasileira, 1968, tradução de José Laurênio de Melo [*Les Damnés de la terre*. Paris: Maspero, 1961].

os mais dominados que são os mais revolucionários[148]. Isso foi constatado historicamente: os subproletariados são muito ambíguos, eles têm uma relação com o futuro muito ambígua, servem de massa de manobra para os fascistas, são frequentemente explorados por movimentos de tipo milenarista; enquanto é mais nos proletários que, apesar de explorados, conseguiram chegar a condições de existência relativamente estáveis em termos de emprego e de carreira que aparece a ambição de engajar-se com o futuro e revolucionar o presente em nome de um futuro.

Essas duas análises consistem em formular em relação ao *homo œconomicus* uma pergunta que os teóricos do *homo œconomicus* nunca formulam: o *homo œconomicus* é uma espécie de ser humano racional e universal? A teoria do *homo œconomicus* vem de Descartes: basta julgar bem para fazer bem, todos somos capazes de cálculo econômico, a *ratio* é universal. Ora, existem condições econômicas de possibilidade do cálculo econômico racional, da poupança, do investimento etc. Essas condições econômicas de possibilidade são condições necessárias mas não necessariamente suficientes. Aqui poderíamos reformular questões clássicas, como o problema do protestantismo e a relação entre Marx e Weber, mas isso fica melhor se formularmos antes a questão das condições econômicas de possibilidade do cálculo econômico. Apenas menciono essa análise porque meu objetivo é fazer com que vocês enxerguem o que está em jogo na crítica que proponho aqui.

Na teoria utilitarista-individualista que descrevo, o agente econômico é um indivíduo singular reduzido a uma capacidade de cálculo com conhecimento de causa. Considero que é preciso formular a questão da gênese desse indivíduo singular: de onde ele vem? Como ele se formou? Qual deve ser o mundo social e econômico no qual ele se formou e no qual ele age para que ele seja o que é? E o que ele deve ser nesse mundo social, porque não é suficiente que exista, por exemplo, uma economia capitalista? O caso das sociedades colonizadas, onde uma economia capitalista é implementada à força sobre uma sociedade que não é capitalista, representa uma situação experimental muito interessante. Para a Europa ocidental, Max Weber pergunta se a origem do capitalismo deve ser encontrada na economia ou na ética protestante[149], mas essas são duas coisas relativamente indis-

---

[148]. Sobre este ponto, ver P. Bourdieu, *Esquisses algériennes*, op. cit.

[149]. Max Weber, *A ética protestante e o espírito do capitalismo*, tradução de Tomas da Costa. Petrópolis: Vozes, 2020 [*Die protestantische Ethik und der Geist des Kapitalismus*, Tübingen: Mohr, 1934 (1904-1905)]. Ver também nessa edição "Palavra final anticrítica sobre o 'espírito do capitalismo'", pp. 398-458.

sociáveis que se desenvolveram ao mesmo tempo, e por isso não devemos tentar decidir entre elas. Em contrapartida, nos países colonizados, uma economia capitalista completamente armada foi importada de fora para sociedades cujos agentes tinham as disposições pré-capitalistas da economia pré-capitalista na qual eles em grande parte se formaram: esse é um caso onde há um jogo e pessoas que não têm o senso do jogo e estão em condições muito desiguais de adquiri-lo. Pode-se então, por exemplo através de observação estatística, tentar verificar se a aparição daquilo que chamamos de cálculo econômico racional está ligada a condições como a elevação de renda, a estabilidade profissional, o nível de instrução etc. Pareceu-me, no trabalho que fiz na época com bases estatísticas restritas (eu diria até fracas, mas existiram verificações desde então), que as condutas econômicas de tipo racional em matéria de fecundidade (planejamento familiar, redução do número de filhos etc.), em matéria econômica propriamente dita (poupança, investimento etc.) e em matéria de educação (investimento na educação das crianças etc.) tinham uma probabilidade de aparição cada vez maior à medida que os agentes econômicos afastavam-se da necessidade econômica brutal. A aparição de uma consciência revolucionária de tipo racional, e não afetivo, variava segundo as mesmas leis. Portanto, parecia que a disposição calculista e prospectiva, a disposição simultaneamente ativa e racional em relação ao futuro, a disposição a se apropriar do futuro através do cálculo, supunham um mínimo de capacidade de apropriação do presente, como se as pessoas estivessem mais dispostas e inclinadas a se apropriar de uma economia que exige que elas se apropriem do futuro se elas tivessem mais de um futuro objetivo, uma carreira, previsibilidade objetiva etc. Em termos muito simples, para estar disposto a prever, é preciso já ser previsível. Disso resulta coisas absolutamente importantes: a teoria econômica tal como a descrevi exige *homines œconomici* previsíveis, ou seja, como se diz em inglês, responsáveis, com quem podemos contar.

Falarei rapidamente sobre todos os problemas da teoria dos seguros e das formas modernas de empréstimos a juros[150], como o crédito personalizado inventado na década de 1950 que leva os bancos a conceder crédito não com garantias

---

150. P. Bourdieu se baseia numa pesquisa realizada em seu centro de pesquisa na década de 1960 sobre os bancos e o crédito (com Luc Boltanski e Jean-Claude Chamboredon, *La Banque et sa clientèle* [*O banco e sua clientela*], relatório do Centro de Sociologia Europeia, 1963). Ele retomará essas questões no final da década de 1980 na investigação sobre a casa própria (*As estruturas sociais da economia, op. cit.*).

visíveis (como no caso dos empréstimos de hipotecas) mas com garantias fornecidas pelos agentes que têm uma carreira: a garantia que você dá para o banco enquanto funcionário para comprar seu imóvel não é nem terras nem bens, mas sua carreira. Por um lado, calcula-se aquilo que você ganhará durante a vida. Como o empréstimo é feito com base na vida, é preciso saber se você tem boa saúde mas também se sua carreira tem chances previsíveis [de se realizar]. Por outro lado (os banqueiros sabem disso no modo do senso prático, do senso do jogo), se você tem uma carreira, pressupõe-se que você seja calculista e pode-se esperar que você não vai arrombar o banco. Vocês podem reler nessa lógica tudo o que perguntam para vocês quando fazem um empréstimo, e perceberão que constrói-se uma personagem social, um *homo œconomicus*, e que o banco lhes pede para fazer o cálculo econômico racional que permita julgar que você merece um empréstimo. Estamos completamente no concreto.

Volto a debater a diferença entre esse tipo de análise e os pressupostos da teoria econômica tradicional. A teoria do *habitus*, através do *habitus* mas também através da posição (o que retomarei através da noção de campo), reintroduz toda a história das condições sociais de produção da pessoa. Se as preferências são históricas, não posso conhecer um sistema de preferências individuais sem conhecer pelo menos a história individual da pessoa em questão, e até a de toda a sua linhagem. A teoria econômica elimina, junto com a história do agente histórico, a questão das condições econômicas e sociais de produção do agente econômico.

Segunda abstração – eu acabei de dizer isso –, o agente econômico é reduzido a um calculista puro, cujas preferências estão estritamente ajustadas às chances objetivas. Tudo se passa como se ele fosse capaz de maximizar a utilidade subjetiva e de avaliar a cada momento a probabilidade dos lucros ligados aos diferentes investimentos entre os quais ele deve escolher. (Voltarei daqui a pouco a esse ponto: no final das contas, os agentes sociais se distanciam menos do que poderíamos esperar dessa racionalidade, mas isso não quer dizer que essa racionalidade tenha o cálculo como princípio.) Supõe-se então que o agente é calculista, que ele escolhe entre possibilidades diferentes e decide com pleno conhecimento de causa, ou seja, depois de um exame plenamente informado das possibilidades diferentes e de suas respectivas probabilidades – como diz um dos textos citados há pouco. Concluindo, a utilidade tratada pela análise econômica não é o interesse dos agentes tal como os agentes o percebem, e sim a representação do interesse tal como ele aparece ao observador imparcial e informado, quer dizer, o economista.

Concretamente, o *homo œconomicus* é uma construção fictícia e o agente uma *fictio juris*, uma espécie de dever-ser que é o produto da aplicação de modelos econômicos às condutas individuais. Esse é o erro cujo princípio descrevi que consiste em reduzir a lógica das coisas às coisas da lógica, ou, melhor, a colocar as coisas da lógica, ou seja, o cálculo econômico, na cabeça dos agentes. Todas essas propriedades atribuídas ao agente econômico são fictícias. Se eu insisto um pouco didaticamente, o que não costumo fazer, é porque trata-se realmente do paradigma dominante e que, como todo mundo o tem mais ou menos na cabeça, isso me parece merecer um pouco de repetição exagerada.

Todas as propriedades atribuídas aos agentes econômicos são fictícias. Primeiramente, a utilidade e a felicidade, como às vezes dizem os economistas – eles podem ter pequenos clarões de autocrítica –, não são os únicos fins possíveis da ação e há casos em que as pessoas punem a si mesmas, fracassam intencionalmente – as condutas do fracasso são um grande problema para os economistas. Segundo (e mais importante), o interesse não é essa espécie de propriedade universal ligada a um agente universal; ele é definido socialmente. O interesse sempre se define por referência a um campo: o interesse é a *illusio* de um campo particular. O interesse se determina na relação entre um *habitus* disposto a perceber certas solicitações e um espaço social determinado onde surgem essas solicitações. Terceiro, quando se trata do princípio de utilidade, é muito interessante observar que os economistas fazem uma objeção a si mesmos: esse princípio deve contar com o princípio do ascetismo. Bentham denunciava o princípio do ascetismo como um dos obstáculos a uma ciência da felicidade[151]. Ora, de um ponto de vista sociológico, se relermos *As formas elementares da vida religiosa*, Durkheim insiste exatamente no fato de que a cultura é a ascese[152], e não retomarei o tema de Lévi--Strauss, mas a oposição natureza/cultura é uma oposição entre o *laissez-faire* e a ascese. Portanto, Bentham é um pouco ingênuo quando diz que é preciso constituir o princípio da utilidade contra o princípio do ascetismo, no qual ele vê uma perversão clerical. Mas ao mesmo tempo ele é interessante, como os fundadores sempre são, pelo fato de dizer ingenuamente o que os epígonos repetem depois de maneira mais sofisticada. Quarto, a lógica da decisão, da escolha e do cálculo é

---

151. J. Bentham, *Deontology: Or, The Science of Morality*, op. cit.
152. É. Durkheim, *As formas elementares da vida religiosa*, op. cit., livro III, cap. 1, "O culto negativo e suas funções. Os ritos ascéticos", em particular pp. 330-336 [444-453].

um mito antropológico. É uma espécie de logicismo, para empregar um vocabulário husserliano, um logicismo do psicológico. Na existência ordinária, as decisões mais importantes são as não decisões. Darei apenas um exemplo: quantas ligações ("ligação" é uma palavra social interessantíssima: falamos de ligações entre empresas, ligações amorosas etc.) são não rupturas? Não sabemos quando uma ligação começa nem como ela termina, mas mesmo assim ela continua. O mundo social está cheio de coisas desse tipo e as situações críticas nas quais é preciso decidir são absolutamente excepcionais. A *krisis*, o juízo, a crítica etc., tudo isso de que os economistas falam, na verdade só chegam nas situações de catástrofe: a compra de um bife não é uma situação crítica... Já chega, isso é um pouco fácil, mas era preciso desenvolver, porque apesar de ser tão fácil rir desse paradigma, ele também é tão poderoso que sempre retorna com suas formalizações, sua afinidade com o cálculo matemático etc.

Eu escrevi nas minhas notas [de aula]: "Falar de escolhas muitas vezes é tão absurdo quanto falar de escolhas entre fonemas". Ora, a linguagem leva a dizer coisas desse tipo. Assim, os linguistas dizem que "o locutor escolhe entre dois fonemas", mas, obviamente, ninguém jamais escolheu entre dois fonemas, colocando um fonema nesses termos, e depois um outro nos mesmos termos. Se neste momento eu devesse escolher entre dois fonemas, quanto trabalho! [*risos na sala*] O que podemos dizer é que "tudo se passa como se ele tivesse escolhas". Eu acho que a maioria das condutas econômicas é da mesma ordem e talvez as condutas econômicas mais importantes e mais cruciais sejam da mesma ordem que as "escolhas" entre os fonemas. Portanto, seria preciso fazer toda uma análise da rotina e das situações críticas. Essa crítica da descrição da decisão levaria talvez a dizer que no fundo – acho até que foi um economista que disse isso – com a teoria do *homo œconomicus* acabamos tendo duas teorias econômicas: uma que vale para os economistas, a outra que vale para o *homo œconomicus* comum. Em outras palavras, essa teoria que, contra todas as evidências, coloca na cabeça de todos os agentes um pequeno economista leva a criar uma divisão entre os modos de ação válidos para a pessoa comum e os modos de ação válidos para o *homo œconomicus*.

Para terminar, o que é importante nesse paradigma é que ele se baseia numa ambição dedutiva muitas vezes proposta como o modelo da ciência quando na verdade acho que ela implica uma regressão para um estado da ciência que poderíamos chamar de cartesiano. Utilizo aqui a oposição, que me parece muito pertinente, entre a visão cartesiana e a newtoniana do mundo físico. No fundo, a teoria econômica, tal como ela funciona hoje em dia, expressa sua ambição dedutiva através da construção de modelos formais fundamentados numa definição decisória e normativa do agente correspondente. É uma definição da ciência na qual formulamos uma axiomática a partir da qual podemos deduzir o real. Não é acidente que essa maneira de pensar tenha afinidades com a importação de uma matemática na economia – Kant dizia que os matemáticos eram naturalmente inclinados ao pensamento de tipo dogmático e ao raciocínio do tipo argumento ontológico[153]: ela passa das coisas da lógica para a lógica das coisas, ela pressupõe que uma coisa, uma vez estabelecida *logicamente*, está estabelecida *realmente*. Esse pensamento de tipo dogmático tende a se associar com aquilo que os filósofos da Escola de Cambridge chamavam de *morbus mathematicus*[154] – acho que essa fórmula é ótima –, o que leva a uma forma de metafísica que tem todas as aparências do pensamento físico.

Poderíamos recordar aqui, contra essas análises, o que Cassirer disse sobre o pensamento de Descartes – recomendo a vocês Cassirer em *A filosofia do Iluminismo*, especialmente nas páginas [82-83 e 112 da edição brasileira]. Cassirer notou que, nas *Regulæ philosophandi*, Newton dizia contra Descartes que era preciso abandonar a dedução pura a partir de princípios postulados *a priori* em nome de uma análise que parta dos fenômenos para propor princípios e que instaure uma dialética entre os fenômenos e os princípios, em vez de se curvar à ambição dedutiva que produz muitos efeitos sociais mas poucos efeitos científicos. Para dar conta completamente da eficácia e da tentação social do *morbus mathematicus*, seria preciso integrar o que muitas vezes chamo de "efeito Gerschenkron"[155].

---

153. Por exemplo: "A matemática fornece o exemplo mais brilhante de uma razão pura se ampliando por si mesma sem o auxílio da experiência". Immanuel Kant, *Crítica da razão pura*. Petrópolis: Vozes, 2015, tradução de Fernando Costa Mattos, B740, p. 531 [*Kritik der reinen Vernunft*, 1781].

154. P. Bourdieu empresta essa referência de Ernst Cassirer que, na *Filosofia do iluminismo*, assinala que "os pensadores da Escola de Cambridge falam do *morbus mathematicus* de Descartes, no qual enxergam o defeito fundamental de sua doutrina da natureza" (*A filosofia do Iluminismo*, op. cit., p. 119, tradução modificada).

155. Sobre o "efeito Gerschenkron", ver também Pierre Bourdieu, *Coisas ditas*. São Paulo: Brasiliense, 1990, tradução de Cássia R. da Silveira & Denise Moreno Pegorim, pp. 53-55 [*Choses dites*, Paris: Les Éditions de Minuit, 1987, pp. 51-53]; "O campo científico", in *Sociologia*, Renato Ortiz (org.). São Paulo: Ática, 1983, tradução de Paula Montero, p. 149 ["Le champ scientifique", *Actes de la recherche en sciences sociales*, n. 2-3, 1976, pp. 101-102]. O livro de Alexander Gerschenkron é *O atraso econômico em perspectiva histórica e outros ensaios*. Rio de Janeiro: Contraponto, 2015, tradução de Vera Ribeiro [*Economic Backwardness in Historical Perspective*. Cambridge, MA: Harvard University Press, 1962].

Gerschenkron é um historiador da Rússia. Ele escreveu um livro clássico no qual mostra que o capitalismo na Rússia não teve a mesma lógica nem o mesmo desenvolvimento do que na Inglaterra, na França ou em outros países pelo simples fato de ter começado mais tarde. Pelo único fato desse atraso, ele teve uma feição diferente na Rússia. Eu acho que nas ciências sociais também há um efeito Gerschenkron: elas são vítimas do fato de terem começado depois. Podemos ignorar a questão do "por quê", ou seja, as razões especialmente sociais de elas terem começado depois, e enfocar somente a compreensão dos efeitos sociais do fato de elas terem começado depois. Entre esses efeitos, existe a possibilidade para as ciências sociais de importar modelos que funcionaram nas ciências mais avançadas para produzir por dedução modelos que aparentemente funcionam no caso do mundo social. Eu não citarei autores, já que a ciência social está cheia dessas transferências, muitas vezes irresponsáveis, de modelos que, aliás, são acompanhadas de uma transferência dos portadores de modelos: é muito comum que, quando há, por exemplo, uma superprodução de matemáticos, despenquem matemáticos sobre a economia ou a sociologia, e esses portadores de modelos, em vez de construir os objetos para que eles sejam modeláveis, buscam objetos com os quais eles possam fazer seus modelos funcionarem – e esse é um dos fatores mais funestos.

Se isso que eu disse sobre a teoria econômica e sua filosofia for verdadeiro – talvez eu tenha caricaturado um pouco, mas não muito –, não entenderemos como essa teoria pode ter tamanha força social e ser dominante. Quando uma teoria é fraca teoricamente e dominante socialmente é porque ela cumpre funções sociais eminentes, é porque ela tem a seu favor a ordem social, as estruturas mentais etc. Assim, não podemos nos contentar com uma crítica teórica, vencida de antemão porque ela se atira contra forças sociais. É preciso também tentar compreender as forças sociais que fazem a força de teorias muito fracas. Não há pior adversário científico, quando trabalhamos com o mundo social e no mundo social, do que os adversários fracos teoricamente e fortes socialmente.

Aula de 9 de novembro de 1982

> A habitualidade em Husserl. – A teoria da decisão na economia. – Escapar do mecanicismo e do finalismo. – A teoria da máquina. – O poder ontológico da linguagem. – Cultura popular, linguagem popular. – A teleologia marxista. – A reificação e a personalização dos coletivos. – A solução do *habitus*.

Eu gostaria de voltar um pouquinho para mencionar o emprego que Husserl faz da noção de *habitus*. Obviamente não quero fazer uma análise histórica dos usos da noção de *habitus* por Husserl, nem *a fortiori* por todos aqueles que a utilizaram anteriormente. Quero apenas indicar um ponto muito interessante para aqueles entre vocês que conhecem essa tradição.

A habitualidade em Husserl

Parece-me, ao confrontar esse texto e os textos que eu já conhecia, que podemos discernir em Husserl dois polos na utilização da noção de *habitus*. Por um lado, conforme à ideia que se faz tradicionalmente dele, Husserl situa explicitamente o *habitus* – se é que podemos dizê-lo – no ego puro. O *habitus* é então uma espécie de princípio de constância e de coerência consigo mesmo ou, como ele diz, de consequência (no sentido em que dizemos que alguém é "consequente"): o sujeito puro é capaz, enquanto sujeito puro, de postular visões constantes e permanentes. Em outras palavras, isso seria uma espécie de princípio de constância do sujeito transcendental. Por outro lado, em outros textos que eu conhecia melhor, talvez porque estivessem ligados ao sentido do qual eu queria derivar a noção, ele diz uma coisa completamente diferente. É uma teoria daquilo que Husserl chama de "habitualidade" – se podemos traduzir assim – e aqui parece que Husserl se situa ao lado de uma teoria mais do eu empírico e não mais do lado do eu transcendental. Lerei para vocês um texto retirado de *Erfahrung und Urteil*, traduzido aproximadamente: "Nosso mundo vivido em sua originalidade não é apenas um mundo de operações lógicas, não somente o local da pré-doação dos objetos como substratos judicativos possíveis, como temas possíveis de atividade cognitiva, mas ele é também o mundo da experiência no sentido plenamente concreto que é normalmente ligado à palavra 'experiência'". Para aqueles que ainda estão na incerteza sobre os empregos que fiz da noção de *habitus*, acho que uma tradução cômoda – "mundana", como diriam os filósofos – seria essa noção de experiência, no sentido em que falamos de uma "pessoa de experiência": a experiência como algo que é o produto de uma confrontação quase experimental com o mundo. Husserl diz então: "Ele é também o mundo da experiência no sentido plenamente concreto que é normalmente ligado à palavra 'experiência'. E esse sentido ordinário não é de maneira nenhuma conectado pura e simplesmente ao comportamento cognitivo". Isso será tratado no sentido daquilo que tentei dizer na última aula: podemos tratar o *habitus* como um modo de conhecimento se soubermos que é preciso entender esse conhecimento como algo que obedece a uma lógica completamente distinta. "Tomado em sua maior generalidade, ele está conectado a uma habitualidade que assegura à pessoa provida dela, que é experimentada, a segurança na decisão e na ação nas situações da vida. Ao mesmo tempo, com essa expressão também nos concerne o estado individual da experiência através da qual essa habitualidade é adquirida." Eu achei esse texto maravilhoso porque ele dizia, no fundo, o essencial do que eu queria colocar com essa noção, quer dizer, ao mesmo tempo uma experiência no sentido de "aquilo que se adquire pela experiência", pela confrontação com as regularidades do mundo social, enfatizando o modo de aquisição, e essa experiência que permite se desembaraçar na vida, ser experimentado, que dá, como diz Husserl, "a segurança na decisão e na ação nas situações ordinárias da vida". "Dessa maneira, esse senso comum, familiar e concreto, da palavra 'experiência' designa muito mais um modo de comportamento que é praticamente ativo e avaliativo do que especificamente um modo de comportamento cognitivo e judicativo"[156].

---

156. "Nosso mundo da vida em sua originalidade produzida pela desconstrução das camadas de sentido, como já mencionado, não é apenas o mundo das operações lógicas, não é apenas o lugar da presença de objetos como possíveis substratos de juízos, como possíveis temas de atividades de conhecimento, mas é o mundo da experiência na qual os sentidos plenamente concretos do

Durante minhas leituras e releituras, encontrei ao acaso uma outra passagem, bastante longa nas *Meditações cartesianas* cujo tema é o eu como substrato da habitualidade[157]. Husserl desenvolve uma análise muito próxima da que eu acabei de fazer. O prolongamento mais natural dessa orientação do pensamento de Husserl é encontrado, obviamente, em Merleau-Ponty com o tema do corpo próprio como corpo sujeito, como intencionalidade encarnada, e todo o tema do corpo habitual que encontraremos, por exemplo, ao redor da página [120 da tradução brasileira] de *Fenomenologia da percepção*[158], onde o *habitus* é essa familiaridade com o mundo que para Merleau-Ponty, com razão, é um meio-termo entre a presença e a ausência. Essa expressão me parece muito boa para descrever o que eu queria evocar, a saber, que o *habitus* não é nem uma consciência vigilante sempre presente nem um automatismo ausente. Não desenvolverei o tema, apenas estendo as análises que mencionei na última aula. Repito que não estou dizendo isso para valorizar a originalidade do que digo. Eu empregava há bastante tempo a noção de *habitus* em meu uso pessoal, e da minha maneira, quando essas fontes me apareceram como fontes que me ajudaram a ir mais longe com o que eu tentava pensar. Tudo isso é anedótico mas acho que é importante para aqueles que fazem história da filosofia: acontece com muita frequência de encontrarmos fontes que só se tornam fontes *ex post*, em virtude dos historiadores.

A teoria da decisão na economia

Segunda retomada: na última aula, eu afirmei que a teoria da ação ou da racionalidade, tal como ela se apresenta na economia neomarginalista e neoclássica, distingue-se de meu jeito de conceber a ciência social porque ela procedia de ma-

---

cotidiano se ligam à palavra 'experiência'. E esse sentido cotidiano de modo algum se refere puramente ao comportamento cognitivo, mas sim, considerado em sua maior totalidade, a uma habitualidade, que empresta 'àquele que tem experiência', que é equipado com ela, segurança nas decisões e nas ações nas situações da vida [...]; assim como, por outro lado, também nos referimos sob essa expressão ao progresso individual 'da experiência' no qual a habitualidade é adquirida. Assim, esse sentido cotidiano, familiar e concreto de 'experiência' indica muito mais um comportamento prático e avaliativo do que especialmente um comportamento cognitivo e judicativo" (Edmund Husserl, *Erfahrung und Urteil*. Hamburg: Claassen Verlag, 1964, p. 52. Citação traduzida por Michel Nicolau Netto e Fábio Ribeiro).

157. E. Husserl, *Meditações cartesianas, op. cit.*, § 32, "O eu enquanto substrato de habitualidades" e § 33, "A plena concreção do eu enquanto mônada e o problema de sua autoconstituição", pp. 104-107.

158. M. Merleau-Ponty, *Fenomenologia da percepção, op. cit.*

neira dedutiva, e mencionei a esse respeito o texto bem conhecido de Cassirer que opunha a filosofia da ciência como desenvolvida por Newton àquela empregada por Descartes. Essa análise é importante à medida que a economia, em particular a economia matemática ou a teoria (principalmente bayesiana) da decisão, é tipicamente dedutivista; encontramos outros exemplos nas ciências sociais, como a linguística de Chomsky. Essas formas de ciência procedem através da construção de conceitos que encontram a realidade como alguma coisa que pode ser deduzida a partir do modelo. Esse modo de proceder, que em si não é contestável, é uma posição científica de um tipo particular, que é importante caracterizar para nos orientarmos nas maneiras contemporâneas de fazer ciência.

Sobre esse ponto, entre terça-feira passada e hoje, consegui ler uma obra muito típica desse pensamento de tipo dedutivista – darei a referência. Essa obra, de modo geral, não agrega muito ao que eu disse na última aula, mas eu queria apenas insistir num ponto para estender o que indiquei. Eu acho muito interessante, de um ponto de vista sociológico, o encontro que se observa hoje em dia entre a teoria filosófica da decisão e a teoria econômica do cálculo racional. Ele se torna possível devido à tradição dedutivista que caracteriza pelo menos algumas correntes de ambas as disciplinas, pois essa postura fundamental a respeito da ciência permite uma fecundação mútua. Essas pessoas formulam, de maneira interessantíssima, as mesmas questões que formulei e que tentei resolver com a noção de *habitus*: elas se perguntam constantemente se o modelo que constroem para entender a decisão racional, obedecendo ao que chamam de utilidade subjetiva esperada, é um modelo normativo ou descritivo. Uma de suas frases me parece ilustrar muito bem o que eu dizia na última aula sobre a teoria da decisão bayesiana que é descrita nesse livro: "enquanto uma teoria normativa e também descritiva, é um modelo da racionalidade humana"[159]. Se lermos a sequência do texto, percebemos que os autores do artigo jogam, conscientemente ou não, com a palavra "modelo", compreendida ao mesmo tempo como construção abstrata e relativamente arbitrária para dar conta do real e como paradigma ideal ao qual podemos confrontar a realidade. Portanto, essa teoria se propõe dar conta das condutas tais como elas são e ao mesmo tempo

---

159. Ellery Eells, "The philosophical and psychological significance of Bayesian decision theory" ["A importância filosófica e psicológica da teoria bayesiana das decisões"], in *Rational Decision and Causality*. Cambridge: Cambridge University Press, 1982, p. 24. (P. Bourdieu em várias ocasiões se refere "aos autores", no plural, "do artigo", quando se trata de uma coletânea de textos de um único autor, sem dúvida para designar o conjunto das fontes citadas nesse trabalho.)

ser o modelo da conduta tal como ela deve ser. Essa espécie de jogo duplo, por assim dizer, absolutamente explícito nesse livro me parece estar no coração dos modelos da decisão que operam explícita ou implicitamente na teoria econômica. Uma das questões que quero colocar é saber se se trata de uma verdadeira contradição ou se não há um fundamento para o fato de que é possível propor um modelo formal ao mesmo tempo como modelo teórico descritivo e como modelo teórico normativo. Como se faz com que um modelo teórico normativo contenha um valor de descrição? Não haveria aqui um paradoxo, e será que a teoria em operação nesse modelo é, em última instância, capaz de dar conta dos princípios de sua eficácia? Essa é uma questão que proponho e voltarei a ela em detalhes.

Na verdade, é difícil para mim falar em detalhes dessa obra sem voltar para coisas que já disse, ou sem entrar em discussões muito complexas sobre as quais não posso dar todos os elementos para vocês, mas é interessante constatar que os autores oscilam constantemente entre duas teorias da ação e, simultaneamente, da ciência: uma que consiste em descrever um modelo teórico como um artefato puro arbitrário que até certo ponto se cola à realidade, e podemos até nos surpreender que ele não seja mais absurdo, mais *meaningless* ["sem sentido", em inglês no original]; a outra que constitui uma teoria da ação muito próxima da que eu propus e que consiste em dizer que no fundo importa pouco que os agentes tenham ou não em mente o modelo proposto para dar conta das práticas porque, na verdade, tudo se passa como se eles o tivessem em mente. Cito: "A questão não é se as pessoas de fato manipulam conscientemente um aparelho formal particular de teoria da decisão quando tomam decisões. Assim como uma compreensão inconsciente e intuitiva das leis da mecânica está por trás das habilidades de um ciclista ou de um acrobata de corda bamba, também uma compreensão inconsciente e intuitiva de alguns princípios da teoria das decisões pode estar por trás da tomada de decisões dos seres humanos"[160]. Ele constrói então uma teoria matemática da decisão, com probabilidades subjetivas, funções de utilidade subjetivas etc., que acaba dando conta, até certo ponto, da realidade. No mesmo livro, como eu disse na última aula, os mesmos autores podem dizer em certos momentos que isso se passa dessa forma, que é assim que as pessoas fazem e, em outros momentos, que isso se passa inconscientemente. Nesse caso, a porta está aberta para tudo, como em Chomsky quando ele invoca ou um cérebro humano que calcula

---

160. *Ibid.*, p. 33.

e pensa matematicamente, ou automatismos misteriosos[161]. O que é interessante, apesar de tudo, nessa incerteza teórica sobre o estatuto, o valor teórico da teoria, é que se coloca com muita força a questão de saber como se pode fazer com que um discurso teórico fundamentado na hipótese de que, de modo geral, os agentes buscam maximizar as chances de sucesso tendo em mente as probabilidades de sucesso subjetivo, dê conta *grosso modo* da realidade sem postular a hipótese de que todos os calculistas econômicos sejam geômetras ou matemáticos. Essa é a questão que eu gostaria de lembrar para que vocês a tenham em mente.

Um outro problema interessante nesse livro: a oscilação entre a explicação pelas causas e a explicação pelas razões. Na última aula eu disse a vocês, um pouco rapidamente, que no fundo o problema poderia ser colocado em uma frase: quando realizam um ato racional, será que os agentes sociais agem coagidos por causas ou com conhecimento de causa? Será que eles agem sob a coerção de causas ou em função de razões? Essa questão também é formulada pelos economistas. Eles [a abordam] de passagem, mas é uma frase interessante: "A causa comum só pode causar o ato indiretamente: ao causar que a pessoa tenha razões para realizar o ato"[162]. Deixo que vocês pensem, é muito interessante... Eu hesito um pouco em entrar nesse tipo de discussões porque aqueles entre vocês que têm pouca cultura filosófica devem se sentir de volta ao ensino médio com a teoria das decisões, e aqueles que conhecem um pouco esses debates devem pensar que simplifico muito e que não estou à altura desses debates profundos onde encontramos justamente ao mesmo tempo a teoria das decisões e os problemas do cálculo econômico. Como eu repito toda aula, eu menciono essas questões não para demonstrar minhas credenciais de epistemologia, mas com a convicção de que esse tipo de reflexão é absolutamente indispensável hoje para fazer sociologia, para escrever sociologia, para pensar a sociologia.

Escapar do mecanicismo e do finalismo

Depois de recordar essa problemática dos economistas e dos filósofos das decisões, retomo rapidamente o problema tal como eu o formulei. Eu indiquei,

---

161. P. Bourdieu provavelmente aplica essa leitura a Noam Chomsky & Morris Halle, *The Sound Pattern of English* [*O padrão sonoro do inglês*]. Nova York: Harper & Row, 1968.
162. Ellery Eells, "Common causes, reasons and symptotic acts" (Causas comuns, razões e atos simptóticos"), in *Rational Decision and Causality, op. cit.*, p. 149.

talvez um pouco rápido demais, que na verdade a noção de *habitus* me parecia um instrumento teórico justificado, ao menos negativamente, por permitir escapar da alternativa entre o mecanicismo e o finalismo. Ela permite escapar simultaneamente da explicação mecânica através de causas e do finalismo subjetivo enquanto explicação pelos fins, e a forma extrema do finalismo subjetivo é representada pela teoria que mencionei na última aula. Eu também disse muito rapidamente na última aula que essas duas teorias, de aparência totalmente antagônica – a explicação pelas causas e a explicação pelos fins subjetivos – na verdade são redutíveis uma à outra, e ofereci como prova – como aliás acabo de perceber ao ler esse livro – que o mesmo autor pode passar de uma a outra com muita facilidade e que, sem sequer perceber, podemos passar de uma a outra no nível da escrita. Para compreender essa espécie de escorregão de uma teoria para uma outra que parece perfeitamente contrária, basta pensar na distinção célebre na tradição da filosofia clássica entre aquilo que chamamos de determinismo físico e o determinismo intelectual. Isso levará vocês para suas lembranças de Espinosa mas talvez não seja inútil.

Distingue-se tradicionalmente um determinismo externo exercido por causas exteriores ao agente: essas causas físicas, biológicas ou sociais se impõem ao agente. A formulação clássica se encontra no texto bem conhecido de Espinosa: "Nenhuma coisa singular, ou seja, nenhuma coisa que é finita e que tem uma existência determinada, pode existir nem ser determinada a operar, a não ser que seja determinada a existir e a operar por outra causa que também é finita e tem uma existência determinada"[163]. Portanto, não há ação sem causa externa e que possa ser designada sem determinismo físico ou biológico: a liberdade é apenas a ignorância das causas. Achamos aqui a utilidade da filosofia da *Ética* para esvaziar algumas problemáticas falsamente modernistas. Em seguida, há o determinismo de tipo intelectual. Contra Descartes, que postulava a liberdade para constituir as verdades e valores, Espinosa afirmava a impossibilidade de que um sujeito razoável ou um calculista racional pudesse se opor de alguma forma à necessidade lógica: a ação aparentemente livre de dizer que dois mais dois são cinco é na verdade uma ação alienada. Espinosa recusa a liberdade como faculdade de assentir ou de recusar a assentir; nós não temos o poder de suspender nosso juízo diante da necessidade lógica. Se voltarmos, depois desse

---

163. Baruch Espinosa, *Ética, op. cit.*, parte I, proposição XXVIII.

desvio didático e antiquado, à teoria da decisão econômica, encontramo-nos exatamente diante desse tipo de problema: alguns dirão que as coerções econômicas são tais que os agentes são coagidos a fazer o que fazem, enquanto outros dirão que os agentes são bem informados. Os teóricos das probabilidades subjetivas, por exemplo, mostrarão que o cálculo racional se exerce nos limites da informação disponível e pode-se dizer, parecido com as teorias de Weber sobre a ação racional, que o cálculo plenamente racional pressupõe um conhecimento o mais completo possível de todos os dados em jogo e, com base nesses dados, pressupõe um cálculo [econômico] ótimo fundamentado no conhecimento das probabilidades objetivas de sucesso da ação. É fácil ver que, posto nesses termos, o problema pode ser tratado como um problema de determinismo econômico-social ou como um problema de determinismo intelectual. Ao ler o que os economistas escrevem entre as linhas, enxergamos a diferença. Uns pressupõem que os agentes econômicos estão submetidos ao determinismo econômico e social direto, que eles agem conforme as causas; outros pressupõem que eles agem com conhecimento de causa, mas isso dá na mesma. E se os modelos construídos pelo cientista dão conta daquilo que os agentes fazem, o que acontece é simplesmente que os agentes são regidos por causas e que o cientista, por conhecer essas causas, sabe o que faz com que os agentes ajam como agem – a diferença está apenas na ordem do conhecimento. A alternativa entre o mecanicismo e o finalismo, portanto, é apenas aparente. Na última aula eu analisei as teorias econômicas como uma ilustração do finalismo subjetivo, mas, como acabo de mostrar, elas podem oscilar entre o finalismo subjetivo e o mecanicismo.

Existe uma outra forma de finalismo, à qual quero chegar hoje: o finalismo dos coletivos ou o finalismo objetivo. Diante do mecanicismo, temos dois tipos de teoria da ação: uma faz do indivíduo singular o sujeito das ações racionais, a outra busca o sujeito das ações racionais e das ações históricas nas espécies de sujeitos coletivos, nas entidades coletivas como a Classe, a Nação, o Estado etc. Hoje quero mostrar, muito rapidamente, que a teoria do *habitus* ou, mais exatamente, dessa vez a teoria do *habitus* mais a teoria do campo, que explicarei mais tarde, parecem permitir escapar das ilusões do finalismo econômico.

Todo mundo sabe o que está por trás desse finalismo dos coletivos. Temos ilustrações simples com essas frases que ouvimos todo dia no rádio: "A Nação nos diz que...", "O Estado decidiu aumentar os impostos indiretos", "A Igreja da França combate a tendência à...", ou que lemos nos sociólogos: "A escola capitalista elimina as crianças das classes desfavorecidas"[164] ou "O Estado burguês decide controlar a mídia". Essas frases que têm como sujeito noções abstratas que pretendem representar grupos, coletividades e instituições são tão comuns que passam completamente despercebidas. Mas o que elas querem dizer? Elas fazem sentido? Que perguntas devemos fazer a essas frases para que elas sejam sociologicamente fundamentadas?

A teoria da máquina

Essa lógica que consiste em reificar os coletivos, em fazer deles ou coisas que obedeçam a mecanismos ou pessoas que buscam fins, parece-me, num grau suplementar ao nível da teoria, se realizar com a noção de aparelho [de Estado][165]. A noção de aparelho é fantástica porque ele é um mecanismo finalizado: o aparelho é alguma coisa feita de tal maneira que parece ser feita para isso. "O aparelho escolar elimina os mais desfavorecidos" quer dizer que existe uma espécie de máquina – não sabemos qual *deus* fabricou essa *machina* – que, por sua lógica própria, com toda a fatalidade da máquina (dizemos sempre que as máquinas são infernais) produz os efeitos inscritos em seu programa – o programa no sentido da informática: ela foi programada... Essa espécie de teoria da sociedade-máquina pode ser compatível com duas filosofias aparentemente opostas: uma que chamaremos de mais otimista, a outra de mais pessimista. Num dos casos, é o *deus in machina*, a máquina funciona para um bem. É o que chamamos nas ciências sociais de teoria funcionalista: não só a sociedade é uma máquina que funciona, mas ela funciona para o melhor, ela é disposta de tal maneira que, não importa o que se faça, ela produz o bem; ela parece eliminar os alunos mas na verdade é para conservar melhor etc. No outro caso, é o *diabolus in machina*, a máquina infernal e diabólica que é programada para fazer tudo o que não gostaríamos que o mundo social fizesse. Eu poderia mostrar textos. A teoria da máquina me parece ser o limite para o qual tendem todas as utilizações mecânicas de conceitos coisificados ou personalizados – as frases que começam por "A classe trabalhadora...", "O proletariado...", "Os trabalhadores...",

---

164. Alusão ao livro de Christian Baudelot e Roger Establet, *L'École capitaliste en France* [*A escola capitalista na França*]. Paris: Maspero, 1971.

165. Alusão a um artigo de Louis Althusser sobre os "aparelhos ideológicos de Estado" (*Ideologia e aparelhos ideológicos de Estado*. Lisboa: Presença, 1970, tradução de Joaquim José de Moura Ramos ["Idéologie et appareils idéologiques d'État", *La Pensée*, n. 151, 1970]).

"As lutas...", "O movimento social..." etc., são desse tipo. Assim, todo um verbalismo social veicula uma visão ingenuamente finalista que apenas retraduz numa linguagem aparentemente nobre as reações do senso comum, da indignação moral, da conversa de café, os discursos do tipo: "Isso se faz para..." O sociólogo, antes de mais nada, deve estar em guarda, deve se colocar em guarda contra essas perversões do discurso ordinário do mundo social porque trata-se da maneira espontânea de pensar o mundo social. Assim como a física precisou se livrar da visão ordinária do mundo, do encantamento, ou seja, da magia, e também daquilo que os psicólogos da infância descrevem como um artificialismo infantil, também a sociologia deve livrar a ciência social do artificialismo social: há uma ação, portanto é preciso haver um sujeito [...]. Eu acho que os determinantes de todas as ordens convergem para impor ao pensamento ordinário e ao pensamento científico o pensamento em termos de responsável, de sujeito.

O exemplo simples do terrível acidente de ônibus em Beaune[166] servirá como uma parábola para entender o que quero dizer. É o caso típico de fenômeno social diante do qual a consciência comum busca imediatamente responsáveis. Foram nomeadas comissões de investigação, juízes, e a lógica do interrogatório só termina quando se designa um sujeito para a ação. O relatório da comissão de investigação que vocês podem obter é uma aula de sociologia científica sobre a qual todos os sociólogos deveriam meditar. Não contarei os detalhes, mas a comissão de investigação, como talvez vocês tenham lido nos jornais, chegou à conclusão de que havia uma pluralidade de causas relativamente independentes e ligadas às características sociais dos agentes envolvidos. Disse que o motorista, "um trabalhador temporário", "estava cansado". Poderíamos estender a análise um pouco mais e dizer que existem *habitus* e pessoas que são responsáveis humanos aparentes. Para estender ainda mais longe, não basta estudar as 24 horas que antecederam o acidente. Para entender se ele tinha bebido ou não, é preciso voltar à infância, e até aos avós (ao vovô e à vovó). É preciso então fazer uma espécie de genealogia histórica do lado dos agentes. Do lado das condições materiais, temos o estado da estrada, o engarrafamento da estrada que remete aos ritmos das férias, o estado dos

---

166. Esse acidente de estrada envolveu dois ônibus transportando crianças que viajavam para uma colônia de férias. Ele aconteceu em 31 de julho de 1982 e causou 53 vítimas, a maioria crianças. A emoção coletiva que suscitou levou a uma série de medidas relativas à velocidade dos veículos pesados e ao transporte de crianças.

veículos que remete às empresas, à estrutura dos impostos, à existência de funcionários temporários etc. Tudo isso não quer dizer que a noção de responsabilidade não seja adequada: ela pode ser porque pode ser importante, em certos jogos sociais, "encontrar o responsável", mas isso não tem nada a ver com a ciência. Essa noção não é adequada cientificamente; do ponto de vista da construção de um sistema de explicação científica, a causa tem a ver com um sistema de relações complexas entre os agentes e as situações.

Depois desse exemplo, podemos voltar ao que normalmente se diz sobre o mundo social ("A crise..." etc.) e veremos que o discurso ordinário feito todos os dias pelas pessoas pagas para falar do mundo social (jornalistas, políticos) está muito aquém daquele feito por essa comissão de investigação. Os discursos deles regridem para proposições do tipo: "O Estado fez...", ou então: "Como os pedágios das estradas são muito baratos, há engarrafamentos". Eles voltam a uma causa única e a uma lógica da responsabilidade. O que me parece importante de um ponto de vista científico, mas também ético (neste caso, as duas dimensões poderiam coincidir), é talvez submeter essa propensão à teleologia objetiva do modo de pensar ordinário a uma crítica do tipo que a filosofia analítica faz da linguagem e dos paradoxos e paralogismos que são engendrados por um uso irresponsável da linguagem.

O poder ontológico da linguagem

Eu gostaria, antes de chegar à exposição sobre a teleologia objetiva, ou seja, a teleologia do marxismo, de dizer algumas palavras sobre a interrogação de tipo analítico a respeito da linguagem, para que vocês a tenham em mente. Se é importante nomear corretamente o que afeta o mundo social, é porque, como diz o senso comum através de uma expressão popular que considero muito adequada, "a língua aguenta qualquer coisa": tudo pode ser dito, podemos até dizer aquilo que não existe.

Aqueles impregnados de uma cultura filosófica reconhecem aqui a tradição que, desde os sofistas até Russell, ou sob a forma atual da filosofia analítica, consiste em se perguntar sobre a legitimidade de um discurso que fala sobre o que não existe: podemos falar legitimamente sobre aquilo que não é o caso e será que, ao falar sobre o que não é o caso, reconhecemos uma existência daquilo que não é o caso? É isso que os sofistas desde Platão chamavam de problema do "bode-cervo"[167], ou seja, da quimera, essa espécie de realidade híbrida feita de dois pedaços separados que podem existir porque tudo pode ser dito e, como tudo pode ser dito, tudo pode ser pensado, tudo pode ser imaginado. Eu acho que na sociologia, quando dizemos: "O Estado decide que...", é quase como se disséssemos: "O não ser é" ou então "o bode-cervo salta no campo"; criamos uma frase que é gramaticalmente correta e que tem sentido, como diria Frege[168], mas que apesar disso não tem referência. Que ela tenha significado, que ela tenha *meaning* [em inglês no original] não quer dizer que ela remeta a alguma coisa que existe. Em outras palavras (peço perdão àqueles que já sabem, insisto demoradamente...), quando eu digo: "As classes populares se revoltam contra os impostos", invisto toda uma série de pressupostos, exatamente como quando digo: "O rei da França é careca". Esse exemplo célebre de Russell[169], importante para os filósofos da linguagem, postula como autoevidente que exista um rei da França. Eu pareço dizer: "O rei da França é careca", mas eu digo que há um rei da França antes de dizer que ele é careca. Da mesma maneira, quando digo que "as classes populares não aceitarão o aumento do imposto", eu pareço falar do aumento do imposto, mas digo antes de mais nada que existem as classes populares, o que é discutível. Ocorre o mesmo quando digo: "O Estado decide que..." Em outras palavras, eu chamo a atenção para o predicado quando deveria formular a questão que se manifesta na lógica

---

167. "De outro modo: como demonstraríamos a essência pela definição? Quando sabemos o que o homem ou outro sujeito qualquer é, sabemos também necessariamente que ele é, porque isso que não é ninguém sabe o que é – podemos saber apenas o significado ou da locução ou do nome, como ao dizer [*bode-cervo*] mas o que seja um [bode-cervo], eis o que é de saber impossível. Se a definição pode provar o que algo é, pode também ela provar que é? E como provará ela ao mesmo tempo a essência e a existência mediante o mesmo juízo uma vez que a definição, tal como a demonstração, dá o conhecimento de uma só e única coisa? Ora, a essência de homem é uma coisa, e a existência do homem é outra" (Aristóteles, *Organon IV: Analíticos posteriores*. Lisboa: Guimarães, 1987, tradução de Pinharanda Gomes, 92b, p. 124 [tradução modificada com a substituição de "hircocervo" por "bode-cervo" – N.T.]). "Os nomes e os verbos, por eles mesmos, parecem o pensamento sem composição ou separação, como homem e branco, quando não se anexa alguma coisa a eles. Pois, de qualquer modo, nem são falsos nem verdadeiros. E, com efeito, o bode-cervo significa alguma coisa, ainda que nem verdadeira nem falsa, se não se anexar a ela o ser ou o não ser, ou absolutamente, ou segundo o tempo" (Aristóteles, *Da interpretação*. São Paulo: Unesp, 2013, tradução de José Veríssimo Teixeira da Mata, 16a, p. 3).

168. Gottlob Frege, "Sobre o sentido e a referência", in *Lógica e filosofia da linguagem*. São Paulo: Edusp, 2009, tradução de Paulo Alcoforado, pp. 129-158 ["Über Sinn und Bedeutung", *Zeitschrift für Philosophie und philosophische Kritik*, NF, 100, 1892, pp. 25-50].

169. Bertrand Russell, "Da denotação", in *Os pensadores*, vol. XLII. São Paulo: Abril Cultural, 1974, tradução de Pablo Ruben Mariconda, pp. 9-20 ["On Denotation", *Mind*, 1905, pp. 479-493].

pelo quantificador existencial, quer dizer: "Será que posso dizer que existe isso sobre o qual faço uma previsão, isso sobre o qual digo alguma coisa?"

Eu acho que nós perdemos o hábito de formular esse tipo de pergunta em grande parte porque todos nós respiramos o finalismo dos coletivos, essa forma mole de hegelianismo que chega através do marxismo, através do jornalismo etc. Nós estamos tão imersos nisso que aceitamos todas essas frases automaticamente, em vez de nos sobressaltarmos. Os lógicos formulam a questão do estatuto ontológico das realidades abstratas: os conceitos existem, ou será que precisamos aceitar um nominalismo? E – um velho problema da escolástica – será que precisamos aceitar um nominalismo radical ou uma espécie de fenomenalismo radical segundo o qual nós só falamos sobre noções, e jamais sobre a realidade, ou será que precisamos tomar todas as proposições sobre o mundo social ao pé da letra?

No fundo, a crítica da linguagem ordinária, que é um momento nas ciências, tem no caso das ciências sociais uma importância e utilidade particulares. Mas essa crítica da linguagem à qual estão suscetíveis todos os conceitos abstratos é particularmente difícil no caso das ciências sociais porque [devido à] nomeação, as palavras contribuem para fazer a realidade: não podemos simplesmente dizer que as noções devem ser submetidas à crítica lógica; devemos também saber que essa crítica lógica leva inevitavelmente a uma crítica sociológica à medida que as palavras contribuem – como já disse várias vezes aqui – para fazer a realidade. Se, por exemplo, alguém disser com autoridade que o rei da França é careca, não se trata mais de um problema de lógica, mas de um problema político. Se alguém diz com autoridade que haverá uma "crise", ele contribui para fazer essa crise. Em outras palavras, no caso das ciências sociais, formular a questão do estatuto ontológico das noções que servem para nomear o mundo social é formular ao mesmo tempo a questão da significação política do uso descontrolado de noções que, quando são empregadas com autoridade ao implicarem postulados de existência, contribuem para fazer existir aquilo que elas designam. Eu acho que o exemplo mais simples e mais impressionante seria o da existência das classes sociais. Se esse é um problema que simultaneamente, de certa maneira, está resolvido e é indecisível, é exatamente porque estamos totalmente no paradoxo que descrevo: dizer que existem duas classes é uma constatação, mas, quando essa constatação é proferida por alguém que tenha autoridade para falar sobre o mundo social, essa constatação contribui para sua autoverificação, essa constatação valida a si mesma. O que eu queria dizer – e disse muito mal por um monte de razões, especialmente porque temo que a necessidade deste desvio não esteja clara para vocês –, é que a realidade social, por um lado, é a criação dos agentes sociais enquanto sujeitos que falam. Ao mesmo tempo, o fato da linguagem ter um poder, um estatuto ontológico, leva a linguagem a desempenhar um papel eminentemente político.

Eu anotei [nas minhas notas de preparação para esta aula] um exemplo que acho que fará com que vocês compreendam o que eu queria dizer e, talvez, faça vocês se sentirem melhor. Sobre os conceitos ordinários que empregamos, os lógicos, especialmente Ryle, observam que, como nós temos uma definição unívoca sobre o que significa existir, uma definição que remete à maneira como as coisas físicas existem, somos levados a postular questões não pertinentes para as coisas conceituais. Por exemplo, sobre o conceito de mente – utilizo o livro de Ryle, *O conceito de mente*[170] –, formulamos a pergunta de saber onde se situa a mente: ela está no corpo, na cabeça, no organismo etc.? E chegaremos ao que Ryle chama de paralogismo do "fantasma na máquina" com o qual ele resume a filosofia de Descartes[171]. Em outras palavras, como nós pressupomos implicitamente que uma coisa que exista é alguma coisa física, tangível, localizada – existir é existir em algum lugar –, a partir do momento em que postulamos a questão da existência de uma coisa ou de um conceito, postularemos o problema de sua localização. Eu poderia citar para vocês livros ou bibliotecas [inteiras] dedicados ao problema do *locus*, do lugar da cultura. Toda uma tradição antropológica anglo-saxã se questiona sobre o estatuto dessa coisa que chamamos de "a cultura" que [ela definiu] como sendo aquilo que permite que dois indivíduos associem o mesmo sentido aos mesmos comportamentos e o mesmo comportamento às mesmas intenções significativas. Mas onde existe a cultura? Da mesma maneira, pergunta-se onde existe a linguagem, se ela existe como um tesouro nos cérebros – vocês podem ver Saussure, que tem toda uma série de respostas a essa pergunta[172]. Outro exemplo: pergunta-se, e

---

170. Gilbert Ryle, *The Concept of Mind*. Chicago: University of Chicago Press, 1949.
171. *Ibid.*, "Descartes' Myth" ["O mito de Descartes"], cap. 1, pp. 11-24.
172. Saussure escreve, por exemplo: "A língua existe na coletividade sob a forma duma soma de sinais depositados em cada cérebro, mais ou menos como um dicionário cujos exemplares, todos idênticos, fossem repartidos entre os indivíduos [...]. Trata-se, pois, de algo que está em cada um deles, embora seja comum a todos e independa da vontade dos depositários" (*Curso de linguística geral*, op. cit., p. 27), ou também: "Se pudéssemos abarcar a totalidade das imagens verbais armazenadas em todos os indivíduos, atingiríamos o liame social que constitui a língua. Trata-se de um tesouro depositado pela prática da fala em todos os indivíduos pertencentes à mesma comu-

isso nos levará ao que eu disse, onde está o princípio gerador das ações? Quer dizer, onde está o sujeito? Quem é a causa? Onde está o ponto arquimediano? Em muitos casos, poderemos dizer que essa coisa que se procura não está em lugar nenhum. Frequentemente, os filósofos analíticos dizem, portanto, que a mente não está em lugar nenhum, o que quer dizer simplesmente que a pergunta não é pertinente, que você faz a uma coisa uma pergunta para a qual ela não foi constituída. Então, responder "em lugar nenhum" quer dizer "pergunta não pertinente".

Eu acho que, mesmo sem saber disso, fazemos constantemente perguntas desse tipo para o mundo social. Se submetermos a frase "A Igreja diz que..." à crítica de tipo russelliano, vemos que na verdade há duas proposições: uma proposição [que afirma que] "existe uma coisa que é a Igreja", o que quer dizer que essa coisa chamada Igreja existe, e [uma outra] que afirma "A Igreja diz isto ou aquilo". Ao postularmos no universo uma coisa que é a Igreja, podemos então nos perguntar o que significa existir para uma Igreja, e diremos que a Igreja existe como uma coisa, com o direito canônico, as catedrais etc. O que eu quero dizer é que realizamos um progresso considerável nas ciências sociais quando nos recusamos a dar o salto ontológico. Porque no fundo, quando dizemos: "A Igreja pensa que...", passamos do fato de que podemos dizer a palavra "Igreja" para o fato de que existe uma coisa que é a Igreja e que ela existe como existem as coisas que temos certeza de que existem porque podemos tocá-las. Muitos debates são desse tipo.

Cultura popular, linguagem popular

Eu mostrarei um outro exemplo e vocês verão a utilidade desse desvio que fiz com muito sofrimento porque tenho a sensação de que vocês me olham meio desorientados [*risos na sala*]... Chegaremos a um terreno mais firme: trata-se da noção de "cultura popular" ou de "linguagem popular", que é alvo de lutas consideráveis. O debate retorna periodicamente em cada período de crise, reinventam-se debates que já aconteceram cem vezes, e o menor desvio histórico permite prever todo o desenrolar desses debates. Por que uma noção como a de "cultura popular" exerce uma fascinação tão grande? A resposta está em grande parte numa sociologia dos intelectuais. Resta nos perguntarmos por que essa no-

---

nidade, um sistema gramatical que existe virtualmente em cada cérebro ou, mais exatamente, nos cérebros dum conjunto de indivíduos, pois a língua não está completa em nenhum, e só na massa ela existe de modo completo" (*ibid.*, p. 21).

ção está predisposta a funcionar na lógica do argumento ontológico que acabei de mencionar. A demonstração será muito longa e muito difícil porque as pessoas investem muitas pulsões nisso – aliás, não sei por quê. Mas se esse debate é tão tenebroso, para falar de modo grosseiro, é porque trata-se de uma proposição do tipo "o não ser é". A cultura, não no sentido dos etnólogos, mas no sentido em que a entendemos ordinariamente numa sociedade dividida em classes, por exemplo quando dizemos que uma pessoa é "culta" ou que "tem muita cultura", opõe-se à natureza, ou seja, às pessoas excluídas, às classes dominadas. A cultura é o que distingue as pessoas das classes dominantes das pessoas das classes dominadas. No terreno da linguagem, por exemplo, falamos de "palavras cruas", o que corresponde à oposição entre o cozido e o cru na qual reconhecemos a oposição tradicional entre natureza e cultura.

Portanto, a cultura é constituída contra a natureza, contra os incultos, ou seja, aqueles que estão no estado de natureza no interior da ordem social. Para verificar o que digo, basta abrir o dicionário em qualquer par de adjetivos do estilo polido/impolido, rude, grosseiro etc.: vocês encontrarão um sistema de adjetivos que se organiza ao redor de oposições do tipo natureza/cultura, ou seja, dominante/dominado, fino/grosseiro, leve/pesado, distinto/vulgar. A cultura, repito, constitui-se contra a natureza [no sentido como] os cultos constituem-se contra as pessoas sem qualidade social, que estão no estado bruto – consultem o adjetivo "bruto", "brutal" e vocês terão uma série muito interessante[173]. Quando falamos de "cultura popular", fazemos um "bode-cervo": temos o ser da cultura, e os incultos são o não ser. Falamos de um "ser não ser". Dizemos que existe uma cultura das pessoas contra as quais a cultura se define. Alguns dirão que o sentido da palavra "cultura" mudou, que se trata da cultura no sentido dos etnólogos, de uma cultura no sentido de um modo de vida, de um estilo de vida etc. Mas isso não é verdade. As pessoas que falam de "cultura popular" o fazem com uma pretensão de reabilitação e buscam encontrar nessa coisa assim definida como sendo popular tudo aquilo que lhes parece constitutivo da cultura dominante: "Olhem só a gíria, ela é magnífica, é do nível de Saint-John Perse[174]!" (*risos*). Se produzimos essa espécie de realidade, é porque os produtores e utilizadores dessa noção têm interesses

---

173. Sobre todos esses pontos, ver P. Bourdieu, *A distinção, op. cit.*
174. Pseudônimo de Alexis Leger, poeta francês condecorado com o Prêmio Nobel de Literatura em 1960 e conhecido por seus versos particularmente herméticos [N.T.].

sociais tão fortes que desconsideram as dificuldades, e também porque na própria realidade objetiva há contradições que tornam possível esse tipo de teste projetivo. Indico mais um exemplo – ficarei muito descontente comigo mesmo – que vocês poderão estender sozinhos: há muito tempo penso que se noções como "cultura popular", "língua popular", "arte popular" – isso vale para todos os fenômenos simbólicos aos quais juntamos o adjetivo "popular" – podem funcionar, circular, ser compreendidas etc., é porque as pessoas têm interesses muito fortes, talvez até vitais, em fazer a *coincidencia oppositorum* – é a definição da magia, a magia é a reunião dos contrários – e a desconsiderar as dificuldades. Mas me parece que também é porque nós estamos acostumados a combinar as palavras e a usar essa propriedade dos sistemas simbólicos que é separá-las de seus referentes.

Quando aplicamos a distinção entre sentido e referência à sociologia de maneira sistemática, vemos que o essencial do discurso político e das lutas simbólicas da existência cotidiana torna-se possível por essa capacidade da linguagem e, de modo mais geral, de todos os sistemas sociais de separar-se – não me lembro quem falava de "separação semântica"[175] – em relação a seu referente e de "ficar em ponto morto" (Wittgenstein falava isso sobre a linguagem: em muitos casos, a linguagem fica em ponto morto[176]). A política alimenta-se desse abuso de poder simbólico, dessa separação semântica permanente que faz com que se possa dizer qualquer coisa. Mas o fato de dizer faz existir. Se eu quiser refutar a noção de cultura popular, serei obrigado a falar dela e com isso contribuirei para sua existência, o que é um dos grandes problemas da luta política: como combater uma noção sem contribuir para sua existência? Esse é o paradoxo dos sofistas: a partir do momento em que uma coisa é pensável e dizível, ela tem uma forma de ser. Se eu digo: "o não ser é", então o não ser existe. A partir do momento em que falo de "cultura popular" para dizer que isso não existe, contribuo para que ela exista.

Não sei se consigo fazer melhor, mas apesar disso vou tentar retomar o que acabo de dizer para que vocês pelo menos compreendam a intenção de minha proposta. Eu queria dizer que a ciência social teria o maior interesse em repatriar para o terreno da prática científica uma forma de crítica da linguagem que foi

---

175. Talvez se trate do matemático René Thom, "Les 'mathématiques modernes': une erreur pédagogique et philosophique?" ["As 'matemáticas modernas': um erro pedagógico e filosófico?"], *L'Âge de la science*, n. 3, 1970, pp. 225-242.

176. Ludwig Wittgenstein, *Investigações filosóficas*. Petrópolis: Vozes, 2009, tradução de Marcos G. Montagnoli, § 132, p. 76 [*Philosophische Untersuchungen*, Oxford: Blackwell, 1953].

desenvolvida numa certa tradição filosófica. Isso quase não se faz porque, como acontece com muita frequência, as pessoas que estão nessa tradição de filosofia analítica estão sem dúvida o mais distante possível do interesse pelo mundo social, e as pessoas que têm interesse pelo mundo social também, muitas vezes por razões sociais (por formação, por disposições etc.), estão o mais distante possível dessa tradição filosófica analítica que lhes parece fútil: "o rei da França é careca", o sofisma do indiano[177] lhes [parecem exemplos] um pouco fúteis. Eu acho que, tirando as dificuldades subjetivas que tive hoje, [também há] uma dificuldade objetiva que é ser sempre difícil conseguir comunicar, mesmo em nossa própria mente, duas coisas que aprendemos em momentos muito diferentes e que estão inscritas em lógicas diferentes.

É muito impressionante que os filósofos da tradição que menciono invoquem com muita frequência exemplos emprestados do mundo social: por exemplo, eles se perguntam se a universidade de Oxford é algo mais do que o conjunto dos colégios ou se, depois de ver desfilar as três companhias que compõem o regimento, ainda preciso esperar o regimento[178]. Eles adoram exemplos desse tipo, um pouco gratuitos, um pouco engraçados, muito oxfordianos, que são ditos com uma risadinha tímida sem realmente pensar no mundo social. Daí a dificuldade, nesse universo, de pensar em qualquer coisa real. Eu assisti reuniões de filósofos dessa corrente e constatei que basta inserir um exemplo real nesse modo de pensar para [provocar] consternação. Isto posto, eu acho que são pessoas que falam do mundo social, talvez mais do que quaisquer outras. Eu gastei bastante tempo utilizando essa corrente filosófica e trazendo-a para minha própria prática, para meu próprio uso da linguagem. É preciso entender aquilo que Durkheim diz, por exemplo, nas *Formas elementares da vida religiosa*, a saber, que os conceitos lógicos saem do grupo, que o mundo social é a lógica, que a teoria lógica é uma teoria sociológica[179]. Todos ouvimos isso, mas no fundo não acreditamos mais porque isso faz parte do terreno da cultura sociológica. Eu acho que trabalhar com a linguagem nessa lógica

---

177. "Se um indiano, sendo todo negro, é branco no que toca aos seus dentes, então ele é branco e não branco" (Aristóteles, Órganon. São Paulo: Edipro, 2010, tradução de Edson Bini, "Refutações sofísticas", 167a, p. 553).
178. Sobre esses dois exemplos, ver G. Ryle, *The Concept of Mind*, op. cit., p. 16. Ryle os menciona como "erros de categoria" do mesmo tipo que o paralogismo do "fantasma na máquina" (ver *supra*).
179. Ver É. Durkheim, *As formas elementares da vida religiosa*, op. cit., pp. 479-498 [616-638].

é trabalhar com o mundo social, ainda mais porque, como eu tentei dizer (mas talvez seja o ponto sobre o qual fui menos claro), isso se situa no coração do trabalho político: o trabalho político é um trabalho pelas palavras, sobre as palavras, que explora essa propriedade inerente da linguagem – não é uma propriedade social – de poder se separar em relação ao que diz e de poder dizer o que não existe. Essa linguagem tem essa propriedade de falar do vazio quando não tem nada a dizer mas, e isso é mais forte, ela tem a propriedade de dizer e acho que ela nos coloca sem parar o golpe do argumento ontológico. Com efeito, eu retomei hoje a intenção kantiana que é de dizer: "Atenção, quando se diz 'existe um conceito *então* a coisa existe' – e quase nunca dizemos isso –, fazemos golpes ontológicos, ou seja, políticos".

Acima de tudo, eu queria amarrar duas correntes que participam da mesma tradição da filosofia analítica mas que são relativamente independentes, a corrente dos exegetas da lógica das noções abstratas e a corrente, representada principalmente por Austin, daqueles que se perguntam sobre o poder exercido pelas palavras. Se combinarmos as duas e nos perguntarmos o que significa falar de coisas que talvez não existam como se elas existissem, devemos ver que, quando temos autoridade para falar, temos autoridade para fazer acreditar que aquilo sobre o que falamos existe... No fundo, era aqui que eu queria chegar. Dizer que as coisas sociais existem sem colocar a questão da verdade do que dizemos, quando temos uma autoridade social para dizê-las, é contribuir para fazer com que as pessoas acreditem que elas existem, portanto, para fazer com que elas existam, tudo isso sem colocar a questão da existência e da não existência. O que significa existir para uma coisa social? Será que há um modo de existência específico? No que consiste esse modo de existência específico? Vocês se lembram que essa foi a primeira questão que fiz [no começo] do ano, foram as primeiras frases do meu curso: será que devemos diversificar essa noção de existência? Quando colocamos o verbo "ser" com os dois sentidos [...] depois de um conceito, o que fazemos? De modo geral, para resumir, eu queria simplesmente dizer que saberemos um pouco melhor o que fazemos quando falamos do mundo social se soubermos que estamos constantemente expostos a deslizamentos ontológicos.

A teleologia marxista

Se eu inseri aqui essa digressão sobre a filosofia analítica da linguagem é porque me parece que é na corrente que chamaremos de "teleologia objetiva" que essa prestidigitação ontológica, essa falsificação metafísica – como se dizia sobre os argumentos ontológicos –, essa falsificação sociológica, que consiste em agir como se as coisas existissem porque podemos falar delas, é mais frequente. Voltarei a esse ponto. Eu mencionei a dificuldade que é escrever de maneira justa sobre o mundo social e a linguagem, por sua lógica, impele à personificação pelo simples fato de que dizemos o sujeito de uma frase, pelo fato de que podemos não somente predicar as coisas a propósito de noções que designam os coletivos, mas também simplesmente tratar essas noções como sujeitos de frases que receberão predicados, como sujeitos de verbos que designam ações; isso já é toda uma teleologia da história que fala sozinha. No fundo, a teleologia objetiva em sua forma marxista está inscrita na linguagem ordinária. É isso que tenho em mente e é por isso que faço esse desvio: se todos nós temos mais ou menos na cabeça esse tipo de hegelianismo que chamo de "mole", é porque ele está em harmonia com a estrutura profunda da linguagem que mencionei.

Isso pode parecer um pouco excessivo e um pouco simplista, sobretudo numa época onde se disserta muito sobre as relações entre a dialética hegeliana e a dialética marxista. (Aqui também sofrerei; direi coisas um pouco simples, às vezes um pouco simplistas, mas acho que úteis do ponto de vista do que quero demonstrar.) É corriqueiro dizer que a tradição marxista teria rompido com a tradição hegeliana da teleologia objetiva. Como Marx afirmou (então é verdade – vejam mais uma proposição: "Marx afirmou sua ruptura com Hegel..."), o fim da história não é esse fim ideal fixado *a priori*, e sim um término material [...] "inscrito no próprio processo do qual a teoria é o reflexo". Isso aparece em termos muito claros em Engels, na *Dialética da natureza* – eu acho que Engels, no fundo, é a sociologia espontânea e que, quando se fala de obstáculo epistemológico, é nesse lado que devemos procurar. Cito: "A dialética, a chamada dialética *objetiva*, impera em toda a natureza; e a dialética chamada subjetiva (o pensamento dialético) [é] unicamente o reflexo do movimento através de contradições que aparecem em todas as partes da natureza e que (num contínuo conflito entre os opostos e sua fusão final, formas superiores), condiciona a vida da natureza"[180]. Em outras palavras, há uma espécie de harmonia entre o subjetivo e o objetivo, e essa harmonia é a definição precisa da finalidade. O sujeito

---

180. Friedrich Engels, *Dialética da natureza*. Rio de Janeiro: Paz & Terra, 1979, tradução não creditada, p. 162 [*Dialektik der Natur*, 1883].

teórico dialético de alguma forma se une ao movimento teórico da Natureza que não vai na direção de um fim, mas de um término – é uma mudança de palavra. O fim não é transcendência; ele é descoberto cientificamente como o término natural para cuja direção o processo histórico se encaminha – esse término é necessário (ele pressupõe um fim). Ou seja, a filosofia da história é substituída por uma ciência da história, por uma teleologia materialista, quer dizer, pelas leis. Não há mais, como dizia Marx, um fim ideal fixado *a priori*, e sim leis objetivas da Natureza. Acontece que essas leis objetivas da Natureza vão na direção de um fim absolutamente necessário que é inevitável – o socialismo – e portanto há um sentido absoluto da História.

Essa espécie de secularização da teleologia teológica de Hegel para mim não é uma mudança radical de filosofia, apenas um *aggiornamento*[181]. E essa espécie de filosofia finalista envergonhada é na verdade a *doxa* na qual nos banhamos; podemos encontrá-la em gente muito diferente, em Weber ou em Husserl. Assim, Husserl diz num pequeno texto traduzido para o francês na *Revue de métaphysique et de morale*: "Na nossa humanidade europeia está inata uma entelequia que rege, de uma ponta a outra, a deveniência das formas europeias e lhes confere o sentido de um desenvolvimento [é compreensível, o texto foi escrito em 1936 na Alemanha – P.B.] para uma forma de vida e de ser ideais, como para um polo eterno". E um pouco adiante: "O *telos* espiritual da humanidade europeia [...] reside no infinito"[182]. Quanto a Weber, eu os remeto a um texto sobre o processo de racionalização, que é um elemento central no seu pensamento, e, sobretudo – é o texto mais claro – à introdução da Ética protestante onde ele oferece uma espécie de tabela da humanidade desde a Babilônia até nossos dias do seguinte modo: há uma série de esboços – é a palavra que volta o tempo todo: os babilônios esboçaram o cálculo, os caldeus descobriram a trigonometria etc. – que se acumularam para resultar na sociedade racional, no direito racional, na música racional etc.[183] E num texto extraordinário sobre a música, em anexo a *Economia e sociedade*, Weber descreve a história da música ocidental da Idade Média até nossos dias como processo de ra-

---

181. Palavra italiana que significa "atualização", utilizada pelo Concílio Vaticano II para resumir seus objetivos [N.T.].
182. Edmund Husserl, "A crise da humanidade europeia e a filosofia", in *A crise das ciências europeias e a fenomenologia transcendental, op. cit.*, tradução de Pedro M. S. Alves, p. 254.
183. M. Weber, *A ética protestante e o espírito do capitalismo, op. cit.*

cionalização, de matematização etc.[184]. Num livro muito interessante – não tenho a referência, logo ela me virá à cabeça[185] – o historiador da arte Gombrich mostra como a tradição hegeliana mole, essa espécie de Hegel laicizado, assombrou toda a história social da arte através de pessoas muito diferentes, como Panofsky. É uma espécie de finalismo envergonhado, de finalismo científico; o fim não é postulado por um sujeito científico que descobre a orientação objetiva da história; ele é calculado cientificamente, é necessário e é ideal (no caso do socialismo). De certa maneira, é a mesma coisa [que Hegel], mas pior. Com efeito, temos o que me parece a forma mais perversa da ideologia, a ideologia disfarçada de ciência, quer dizer, a forma moderna da ideologia sobre o mundo social que toma a aparência da ciência e, de certa maneira, pretende ser imbatível. Esse fim não é mais oficialmente um fim ideal, mas ainda é um fim, porque vamos necessariamente em sua direção. Esse finalismo é ainda mais misterioso do que era em Hegel e encontramos nele toda essa forma de mística do "processo sem sujeito". Temos uma espécie de movimento na direção de um fim. Ninguém sabe por que vamos a ele, como vamos a ele, mas necessariamente vamos a ele.

A reificação e a personalização dos coletivos

Segunda objeção que me fazem: esse fim que continua a ser postulado, mas sobre bases científicas, é um fim sem agente que postula fins e é completamente autonomizado em relação às práticas dos indivíduos. Isso é o que me parece o mais grave do ponto de vista de uma teoria que colocou a *praxis* como seu princípio. A arte da reificação dos coletivos desempenha plenamente seu papel. Aqui seria preciso retomar – não o farei porque não terei tempo – todas as teorias do aparelho de Estado e da função conferida ao Estado para ver até que ponto isso que chamo de antropomorfismo social, de artificialismo social, se manifesta nelas. Quando dizem que "a escola capitalista elimina", coloca-se um fim na ausência de um sujeito, mas como pode se colocar fins na ausência de sujeito? Quando dizem que o Estado ou a escola está a serviço da classe dominante, supõe-se alguém

---

184. Max Weber, *Os fundamentos racionais e sociológicos da música*. São Paulo: Edusp, 1995, tradução de Leopoldo Waizbort [*Die rationalen und soziologischen Grundlagen der Musik*, edição de J. Winckelmann, 1958].

185. Ernst H. Gombrich, *Para uma história cultural*. Lisboa: Gradiva, 1994, tradução de Maria Carvalho [*In Search of Cultural History*. Londres: Oxford University Press, 1969].

que designa fins e instâncias que servem como meios. Segundo essa espécie de definição instrumentalista, o Estado é apenas uma etapa de um fim que não sabemos quem postulou. Invoca-se então a "classe dominante", por exemplo, ou um outro sujeito coletivo, e começamos uma regressão *ad infinitum*. Seria preciso ter a coragem de dizer que no final está Deus, mas é claro que isso não vai acontecer porque estamos numa lógica que se diz materialista... Essa espécie de artificialismo engendra muitos erros que podem ser bem vistos no caso do Estado: como o Estado é descrito numa lógica estritamente instrumental, ele é totalmente transparente aos fins que deve realizar; é por isso que se pode dizer frases do tipo: "O Estado capitalista domina", "o Estado capitalista elimina", porque há coincidência entre os meios e os fins, porque ele é totalmente ordenado em relação aos fins. Ora, basta refletir sobre o tipo de modelo que eu propus – postulei de um lado o *habitus*, em seguida postularei do outro lado o campo –, para ver que o Estado é composto de agentes com vários *habitus*. Lembrem-se da análise que fiz outro dia do funcionário[186]: para compreender o maquinista de metrô ou o empregado dos correios é preciso tempo, trata-se de saber as condições sociais de produção do funcionário que verifica os bilhetes, o campo no qual ele age etc. – não podemos fazer uma frase do tipo: "O Estado verifica os bilhetes". Na verdade, encontraremos o paradigma do acidente de Beaune, quer dizer, um universo de relações extremamente complexas.

Para compreender qualquer documento (decretos-lei ou uma entrevista de jornal) ao qual se designa o Estado como sujeito, ou ao qual somos tentados a conferir a paternidade ou a iniciativa ao Estado, é preciso invocar todo o espaço daquilo que chamo de campo do poder, sobre o qual falaremos novamente, as relações internas entre as frações dominantes da classe dominante e as frações dominadas da classe dominante, que constitui um universo de relações formidavelmente complicado que não podemos simplificar... Poderíamos dizer, a rigor, que "o Estado" é uma taquigrafia, mas num caso desses a taquigrafia é mortal. Contra essa espécie de filosofia finalista, de teleologia objetiva, agora já desenvolvi indicações suficientes. O que direi por todo este ano será o equivalente do que as pessoas dizem com essa taquigrafia abusiva.

Como eu disse momentos atrás um pouco rápido demais, a reificação dos coletivos conduz a duas formas de funcionalismo: um funcionalismo otimista e

---

186. Ver *supra*, pp. 108-110.

um pessimista. Mas, nos dois casos, é a fórmula do tipo "isso se faz para" que é constituída no discurso objetivo. Eu hesitei muito em fazer isso mas, para que vocês entendam, lerei algumas frases que resumem o último livro que acabo de escrever sobre o problema da linguagem: "Uma língua não se forma espontaneamente como muitas vezes se acredita – a legitimação forçada do uso dominante responde a uma estratégia política. Na França, a escola revolucionária do século XIX desvalorizou a fala popular para perpetuar melhor os ganhos da revolução – agora avanço um pouco. Essa competência [linguística] se parece com um capital remunerado em distinção e em poder. Seus detentores a deformam para preservar um mercado e garantem que o capital linguístico permaneça repartido de modo desigual. É importante que acima da fala ordinária reine uma linguagem culta" etc.[187] "Seus detentores [...] *garantem que...*": eis um exemplo que mostra como é difícil falar do mundo social sem cair – isso não é um juízo de valor – no finalismo, sem refinalizar. Na verdade, há um universo dos usos da linguagem, dos agentes que em interações múltiplas e complexas produzem discursos que se conformam a leis gerais que se especificam no caso particular: toda vez que há dois interlocutores, a estrutura do mercado depende da competência precisa dos locutores, que depende de seu capital linguístico mas também de seu capital simbólico. Todas essas coisas acontecem o tempo todo em todos os lugares, e resultam no fato de que se pode dizer, num certo momento, que existe uma língua dominante e legítima, aquela que é registrada nos dicionários, aquela que é preciso conhecer para poder fazer política ou para poder ser aprovado em exames.

E depois há uma língua dominada que também podemos descrever, à qual podemos designar limites sociais. Mas, quando fazemos taquigrafia, dizemos: "Existem detentores do capital que garantem que a linguagem permaneça distintiva", quando na verdade os fenômenos linguísticos escapam completamente da consciência. Há uma frase magnífica de Michelet sobre Frederico II [da Prússia], que queria adicionar letras "e" mudas ao final das palavras alemãs por achar que assim o alemão seria mais eufônico. Isso durou apenas até a morte de Frederico II: nem mesmo Frederico II foi capaz adicionar um "e" mudo à língua alemã. Em outras palavras, essas coisas fogem completamente do controle, o que não quer dizer que elas não estejam suscetíveis a uma ação política, nem que a concentração

---

187. Trata-se de *A economia das trocas linguísticas*. São Paulo: Edusp, 1996, tradução de Sergio Miceli *et al*. [*Ce que parler veut dire. L'économie des échanges linguistiques*. Paris: Fayard, 1982]. O livro foi ampliado e reeditado como *Langage et pouvoir symbolique, op. cit.*

da língua sob a forma de uma língua padrão, oficial e legítima que desqualifica as falas locais e populares não tenha um elo com a política e com o Estado. Mas isso não é uma vontade situada em algum lugar no mundo social de forma a podermos perguntar onde? Quem decidiu? Onde está o decreto? Quem o assinou? Quem quis isso? etc. Isso não quer dizer nem que seja uma classe em seu conjunto: os maiores beneficiários do capital linguístico estão totalmente inconscientes dos mecanismos que lhes concedem esse benefício, e com muita frequência essa ignorância beneficia os dominados. Pode acontecer das estratégias inconscientes do *habitus* alcançarem o nível das estratégias conscientes e organizadas, e sobretudo das estratégias coletivas. [...]

É interessante fazer a genealogia desse modo de pensamento personalizado sobre o mundo social porque não é certo que ele seja universal, e eu pensei – apenas menciono isso porque não desenvolverei esse tema – na pregnância[188] do modelo romancista. Eu acho que se a propensão a escrever a história ou o social na linguagem da personalização é tão forte que isso ocorre em parte pela própria lógica da linguagem, mas também porque os modelos de escrita impregnados em todos nós, como o romance, são completamente organizados sobre essa estrutura. Um artigo de Michel Butor em *Repertório II* sobre essa questão me pareceu muito interessante[189]. Butor, como a maioria dos autores do Novo Romance, refletiu sobre o problema da escrita e se pergunta por que esse modelo linear da história que é preciso contar se impõe com tamanha força. Não é por acaso que a filosofia da história conte uma história que vai na direção do fim, comparável ao que seria uma boa história segundo a definição do romance que era dominante até Joyce. O pessoal do Novo Romance é muito desconcertante porque eles quebram a história, contam a história na desordem. Eles são inspirados por uma pesquisa literária, mas eu acho que há um trabalho absolutamente análogo a ser feito para falarmos corretamente do mundo social. Um pouco mais sobre esse texto de Butor que vocês podem ler: ele mostra que o modelo da história romancista é uma sucessão de decisões decisivas. Na outra aula eu mencionei a filosofia da história segundo a teoria da decisão, através do *homo*

---

188. O conceito de "pregnância" [do alemão *Prägnanz*] é um dos pilares da teoria Gestalt da psicologia, e se refere a uma simplicidade que favorece nossa percepção das formas, que assim tendem a se impor à nossa consciência [N.T.].

189. Michel Butor, "Victor Hugo romancier" ["Victor Hugo romancista"], in *Répertoire II*. Paris: Les Éditions de Minuit, 1964, pp. 215-242.

œconomicus. Tudo se passa como se a vida do *homo œconomicus* fosse uma série de escolhas nas quais deve-se maximizar a informação e calcular em função das probabilidades subjetivas e objetivas. Esse é o modelo típico do romance, como Butor o define: uma série de esquemas de ações individuais decisivas precedidas de deliberações voluntárias que determinam-se umas às outras; se, num certo momento, a decisão fosse outra, toda a sequência seria modificada e, como consequência, uma decisão enérgica pode mudar a vida (vejam Balzac e Stendhal). Isso é um modelo, e o que me parece muito interessante é que ele percebe que Hugo, mais em *O noventa e três* do que em *Os miseráveis*, é uma exceção. O que ele diz me parece ser a maneira boa de falar do mundo social: o romance é linear, "a forma biográfica tende a estabelecer um 'fio' o mais contínuo possível na obra [...]. O indivíduo, por mais original que seja, não pode portanto ser considerado mais do que um ponto notável de um campo de forças". Daí o desaparecimento do personagem romanesco romântico por excelência: o conquistador de Paris; para Butor, não há mais Rastignac [da *Comédia humana* de Balzac]. Os personagens reais devem sua figura histórica à "intervenção de forças [...] que os deslocam". Ele cita então as páginas de *O noventa e três* sobre Marat, que não é mais do que uma espécie de médium – no sentido da magia – através do qual as forças do campo se exercem. Butor prossegue na análise do problema da escrita romancista que me parece ser o mesmo problema da escrita científica: "Como abarcar com as palavras esses fluxos, essas balbúrdias, essas texturas, essas migrações, esses deslocamentos que resultam em elementos inumeráveis, ou os envolvem?" E ele diz um pouco adiante: "Além do mais, nós só conhecemos essas forças [que seria preciso evocar] através da intermediação dos indivíduos que elas organizam [o que é um grande problema da sociologia: com muita frequência, só podemos acessar os campos de força interrogando os indivíduos que estão submetidos a eles e que os exprimem de modo refratado através das reações de seu *habitus*]. Portanto, nós precisamos praticar essas sondagens e exames estatísticos, tomar uma amostra, poder repartir zonas, polos, tensões"[190]. Invoquei esse exemplo, também com hesitação, porque muitas vezes me perguntam: "Por que você escreve desse jeito? Por que você escreve tão complicado ou tão mal, tão pesado etc.?" Eu acho que o problema da escrita é consubstancial ao problema do pensamento adequado do mundo social; mudar

---

190. *Ibid.*, pp. 216, 225, 228, 230.

a maneira de utilizar as palavras é mudar profundamente a visão do social. Eis o que eu queria dizer como consequência de minha análise.

A solução do *habitus*

No fundo, o primeiro resumo que quero fazer agora sobre as análises em relação ao *habitus* seria então o seguinte: contra essas diferentes filosofias da ação que são ao mesmo tempo filosofias da história, a noção de *habitus* permite propor uma filosofia da ação na qual o sujeito das ações – no momento ainda não posso desenvolver completamente porque falta o campo... – está do lado dos agentes aparentes, quer dizer, dos indivíduos biológicos, e o sujeito da ação não é o indivíduo mas essa espécie de encarnação biológica do social que chamo de *habitus*. Eu gostaria de mostrar – não sei se conseguirei fazer em poucas palavras – como a noção de *habitus*, no fundo, permite escapar dos problemas completamente ingênuos que a filosofia analítica denunciava – Ryle, por exemplo, quando observou que a tradição cartesiana formulava para a alma perguntas sobre existência que não são pertinentes para ela e que a mente não existia dessa maneira. Eu acho que a noção de *habitus* também é um esforço para responder à pergunta sobre a maneira como o social existe. O social existe sob a forma dessa "coisa" – sobre a qual não se deve perguntar onde existe – que vemos se manifestar em duas situações. Por um lado, ela se manifesta através dos processos de aquisição e de incorporação: os sujeitos sociais são modificados pelas condições sociais e econômicas, eles são continuamente transformados, como dizia Husserl, pela experiência; é o *habitus*. Por outro lado, nós percebemos o *habitus* em sua efetivação, ou seja, quando esse indivíduo biológico sobre o qual, tirando o *habitus*, não se pode fazer nada além de um discurso biológico, entra, junto com o mundo social do qual ele sempre é por um lado o produto, numa relação que não é passível de um discurso biológico. Em última instância, o *habitus* designa essa relação dupla que é a socialização e uma maneira permanente e durável de entrar em relação com o mundo social, uma modificação durável do biológico.

Aqui também existe o perigo da reificação: já vi frases do tipo: "O *habitus* pequeno-burguês faz isto ou aquilo..." Sempre temos necessidade de reificar e esquecemos que, de maneira estritamente lógica, não se pode usar o *habitus* como o sujeito de uma frase. O *habitus* pequeno-burguês é portanto uma propensão a fazer ações de contrafinalidade. Esse é o tema de uma comédia célebre, *Heauton-*

timorumenos[191] ("O homem que se puniu a si mesmo"), e acho que essa é uma das formas pelas quais podemos pensar o pequeno-burguês. Se for preciso caracterizar o pequeno-burguês, ele é aquele disposto a entrar em relação com o mundo social de tal maneira que sua revolta, aquilo que ele desaprova no mundo social, sua indignação moral – essa é uma disposição pequeno-burguesa – muitas vezes tem por efeito fazer acontecer aquilo contra o qual ele protesta. Em outras palavras, o pequeno-burguês é alguém que tem o dom de fazer acontecer coisas que não lhe aconteceriam se ele não protestasse de antemão contra o fato de que elas vão acontecer. Esse é um fenômeno interessante do ponto de vista de nossa teoria.

Isso nos conduz a um outro ponto com o qual eu gostaria de terminar: o paradoxo da adequação parcial dos modelos construídos sob a hipótese do ajuste das esperanças às chances objetivas e das práticas reais. Como é possível que os modelos que supõem que os agentes agem com conhecimento de causa, ou seja, a partir de uma avaliação das probabilidades de sucesso que não sabemos como é estabelecida, tenham um valor de previsão? Eu acho que a noção de *habitus* tem como função (é até sua função principal) dar conta desse ajuste dos modelos às realidades sem utilizar a hipótese do calculista econômico racional, nem a hipótese da determinação brutal pelas causas.

Desenvolverei isso muito rapidamente. Isso é o que chamo "causalidade do provável", retomando uma expressão de Bachelard[192]: os processos de socialização, aquilo que Husserl chama de experiência, aquilo que se adquire pelo encontro repetido com um mundo social estruturado segundo uma certa lógica, ou seja, aquela espécie de disposição a antecipar o que vai acontecer e a esperar o que vai acontecer, e também de contribuir para fazer acontecer ao se esperar que vá acontecer, resumindo, essa disposição a "chegar antes", a antecipar o provável, se adquire pelo encontro permanente com um mundo estruturado, definido por

---

191. Terêncio, *O homem que se puniu a si mesmo*. Coimbra: Instituto Nacional de Investigação Científica, 1992, tradução de Walter de Medeiros. Baudelaire resgata o título *Heautontimorumenos* para um poema de *Flores do mal*.

192. "A experiência da probabilidade pode dar a razão de nossos coeficientes de [expectativa] psicológica com relação às probabilidades mais ou menos claramente aritmetizadas" (Gaston Bachelard, *O novo espírito científico*, in *Os pensadores*, vol. XXXVIII. São Paulo: Abril Cultural, 1974, tradução de Remberto Francisco Kuhnen, p. 307, tradução modificada [*Le Nouvel esprit scientifique*. Paris: PUF, 1934, p. 117]). Ver Pierre Bourdieu, "Futuro de classe e causalidade do provável", in *Escritos de educação*, Maria Alice Nogueira & Afrânio Cattani (orgs). Petrópolis: Vozes, 1998, tradução de Albert Stuckenbruck, pp. 89-141 ["Avenir de classe et causalité du probable", *Revue française de sociologie*, vol. 15, n. 1, 1974, pp. 3-42].

uma certa estrutura de probabilidades objetivas. Voltarei a isso quando falar de campo, porque poderíamos dizer que um campo é um espaço de probabilidades objetivas (isso quer dizer que, ao entrar num espaço e ir para certo lugar, você tem 1%, 20% ou 50% de chances de sucesso). A experiência – retomo o vocabulário de Husserl –, no sentido de disposição adquirida, é essa espécie de arte de chegar antes do que vai acontecer, e parte da necessidade social vem exatamente do fato de que há essa cumplicidade das pessoas tão preparadas para o que vai acontecer que contribuem para que aconteça. Isso seria absolutamente pertinente para compreender os fenômenos de violência simbólica, mas há fenômenos de dominação que só podem ser compreendidos se percebermos que os dominados colaboram com sua própria dominação. [...] E no momento em que começamos o processo cujo término é o princípio da minha não decisão, não faz sentido procurá-lo: sempre já embarcamos, isso sempre já começou antes etc. Pode-se tirar dessa análise uma visão muito determinista, muito fatalista. Acho que alguns de vocês vão se dizer que "não há nada a fazer" e que, em última instância, o *habitus* tem um caráter transcendental – sei que são referências filosóficas demais para hoje, mas elas são úteis. Eu não acho que essa análise conduza necessariamente ao fatalismo.

O *habitus* é um produto da história. Ainda assim, não faz sentido dizer quando o processo começou, mas ao mesmo tempo podemos compreender sua lógica e, por exemplo, sua lógica profunda é bem conhecida: são os problemas de dissonância cognitiva, há uma espécie de tendência a reduzir as dissonâncias cognitivas; por exemplo, é difícil pensar que seremos primeiro-ministro, ou simplesmente um agregado de universidade ou banqueiro, quando saímos da escola com onze anos, e há toda uma série de apelos à ordem social, sanções sociais... As sanções sociais são muito importantes, contrariamente ao que se acredita quando se universaliza uma experiência burguesa. Uma das características da experiência burguesa é que as sanções do mundo natural e social passam quase sempre pela mediação dos familiares, da família, de papai, de mamãe, dos próximos, à medida que a família é protetora, é uma tela. Isso não é nem um pouco universal. As experiências de tipo popular, por exemplo, são muito diferentes: as sanções ocorrem de maneira muito mais brutal, muito mais direta, como na educação à Rousseau. Rousseau dizia: "Não diga a ele que vai se queimar, deixe ele se queimar"[193]; essa é

---

193. P. Bourdieu talvez misture aqui os princípios que podemos retirar da leitura de Jean-Jacques Rousseau em *Emílio, ou Da educação* (1762, livro III) com uma citação de um personagem de André Gide em *Os moedeiros falsos*: "Melhor do que ficar repetindo à criança que o fogo queima,

a diferença, rapidamente, entre uma educação burguesa e uma educação popular. Elas resultam em visões do mundo social completamente diferentes. Quando se descobre o mundo social fisicamente, sem palavras, sob a forma de "o mundo passa por cima", como se diz às vezes, ou sob a forma do discurso: "Não, mas veja, é preciso prestar atenção", "Você não acha que...", "Seria preciso..." etc., a representação do mundo social será profundamente diferente.

Isto posto, a lei fundamental da aquisição dos *habitus* será a mesma: mesmo os *habitus* que chamo de "*habitus* de liberdade", ou seja, os *habitus* definidos pela distância ao mundo, pela distância aos papéis, pela distância ao que se diz, ao que se faz etc., estão ligados a uma forma de necessidade social que se caracteriza como distância à necessidade, como maior distância relativamente à necessidade[194]. Pode-se até dizer que o princípio fundamental da socialização é o princípio da "necessidade transformada em virtude": quando somos forçados a descobrir que não chegaremos a certas posições, acabamos renunciando a elas; eu sempre cito uma frase de Hume: "tão logo nos damos conta da impossibilidade de satisfazer um desejo, esse mesmo desejo desaparece"[195]. É uma proposição muito surpreendente, mas sociologicamente é verdade: as aspirações impossíveis são rasuradas, são esquecidas, e as esperanças reais tendem a se ajustar às chances objetivas. Quando vocês questionam pessoas sobre seu futuro – foi assim que tive minha primeira experiência dessa lei[196] –, elas têm as esperanças de suas chances e querem o que podem, sem que isso seja mecânico. O princípio da necessidade transformada em virtude encontra as disposições, por exemplo, de submissão à necessidade nas classes dominadas que, se refletirmos, são surpreendentemente submetidas à necessidade[197].

---

consintamos em deixá-la queimar-se um pouco. Com certeza, a experiência ensina mais do que o conselho" (André Gide, *Os moedeiros falsos*. São Paulo: Estação Liberdade, 2009, tradução de Mário Laranjeira, p. 365 [*Le faux-monnayeurs*. Paris: Gallimard, 1925]).

194. Sobre a maior ou menor distância à necessidade econômica e social segundo os grupos sociais, ver *A distinção, op. cit., passim*.

195. David Hume, *Tratado da natureza humana*. São Paulo: Unesp, 2000, tradução de Déborah Danowski, p. 23 [*A Treatise of Human Nature*, 1739-1740].

196. P. Bourdieu se refere a suas pesquisas na Argélia (ver *Algérie 60, op. cit.* e *Esquisses algériennes, op. cit.*). Ele também mobilizará esse esquema das probabilidades objetivas e das esperanças subjetivas em suas primeiras investigações sociológicas sobre a cultura e o sistema de ensino.

197. Ver o capítulo de *A distinção* chamado "A escolha do necessário" e dedicado às classes dominadas (pp. 350-370 [433-461]): "A proposição fundamental que define o *habitus* como necessida-

O *habitus* da necessidade, ou seja, o *habitus* de dominado, é um *habitus* de submissão à ordem. Ele não exclui formas de revolta, mas é um *habitus* da necessidade nesse sentido de que a revolta não é o principal. Se muitas vezes chocamos ao dizer isso, é por causa dos mal-entendidos sobre a experiência dos dominados que mencionei em outra aula e que têm a ver com o fato de que ocupamos, de modo imaginário ou real, posições de dominados com atitudes de dominantes: habitadas com os *habitus* de dominantes, as posições de dominados são vividas de uma maneira diferente daquela que são vividas quando são habitadas pelas pessoas que têm o *habitus* de seu habitat. Vocês poderiam, nessa lógica, me perguntar: "Mas como você explicaria as formas de *habitus* que parecem ser exceções, o *habitus* de liberdade ou mesmo o *habitus* intelectual, o *habitus* de transgressão?" É o próprio oposto "das uvas verdes demais"[198]; e há o provérbio que diz "a grama é mais verde no jardim do vizinho". Não tenho tempo para desenvolver essas teses mas poderíamos mostrar que um *habitus* de transgressão é o produto de um certo tipo de condições sociais de exceção.

O que eu queria dizer é apenas que para dar conta desse paradoxo dos modelos construídos a partir da hipótese da racionalidade não serem mais falsos do que são, é preciso pressupor o mecanismo da causalidade do provável e alguma coisa como o *habitus* enquanto modificação durável dos organismos que faz com que os agentes sociais ajam como se fossem determinados pelo cálculo racional das chances. A frase importante é "tudo se passa como se": ela lembra que há uma lacuna entre o modelo e a realidade da qual o modelo dá conta; uma proposição lógica ou matemática pode dar conta da realidade sem ser o princípio explicativo da realidade. A teoria do *habitus* permite dar conta desse fato fundamental: quando vocês supõem que um agente social vai se conduzir de maneira mais razoável do que racional, quer dizer, que ele vai se conduzir como deve se conduzir para não ter problemas com o mundo social tendo em vista seu capital e as chances objetivas de ter sucesso num desafio às leis objetivas, vocês podem mais ou menos prever o que as pessoas farão.

---

de que se torna virtude nunca é experimentada com tanta evidência quanto no caso das classes populares, uma vez que, para elas, a necessidade abrange [bem] tudo o que se entende habitualmente por esta palavra [...]" (*A distinção, op. cit.*, p. 350 [433], tradução modificada).

198. "Estão verdes, não prestam, só cães os podem tragar!" (tradução de Bocage): numa fábula de La Fontaine inspirada em Esopo ("A raposa e as uvas"), esse é o argumento de uma raposa quando percebe que os cachos de uva que quer comer estão altos demais para que ela os possa alcançar.

Os modelos formais produzidos numa lógica filosoficamente muito esquisita – teoria da decisão, teleologia subjetiva etc. – são muito mais verdadeiros do que deveriam ser porque, na realidade, os agentes sociais são moldados e transformados de maneira durável, eles são feitos para o mundo no qual vão agir; como consequência, sem precisar calcular, eles antecipam a necessidade, o que dá à sua conduta a aparência de finalidade ("Ele fez o que precisava"). Pensem no exemplo do senso do jogo que discuti na última aula; que o jogador vá para o lugar exato para onde a bola será mandada quando aquele que a manda nem sequer sabe para onde a manda tem algo de milagroso, de fantástico. O mundo social está cheio de coisas parecidas, de pessoas que vão ao encontro de fins que não formularam. O *habitus* é essa espécie de senso do mundo social, de experiência que faz com que as pessoas sejam ajustadas objetivamente sem cálculo de ajuste, ao menos em certos limites, até certo ponto, e de maneira desigual dependendo dos períodos e das conjunturas – isso não é uma lei universal. Parece-me que é com base nessa lei que podemos compreender as exceções.

Indicarei apenas um ponto sobre o qual talvez falarei por cinco minutos na próxima aula: essa imposição da necessidade se faz em grande parte, e no que é essencial, fora de qualquer intervenção expressa da educação, fora da mediação verbal – por exemplo, através de sanções objetivas (ridículo, fracasso etc.). Isto posto, existem ações, especialmente os ritos de passagem que chamo de ritos de instituição, que aumentam e reforçam simbolicamente, através de toda a autoridade do mundo social, as sanções objetivas do mundo. Em particular, o exemplo da oposição masculino/feminino mostrará como os ritos de passagem reforçam as sanções objetivas de um mundo social que está ele próprio dividido segundo a oposição entre masculino e feminino, que se apresenta como uma estrutura de chances objetivas muito desigual [...][199]. Os ritos de passagem intervêm com a força específica do social para fortalecê-lo ainda mais. E nessa lógica – explicarei isso rapidamente na próxima aula –, o sistema escolar tem uma função absolutamente particular em nossas sociedades: ele é a grande instituição de reforço simbólico das sanções através das quais se engendra a experiência no sentido de adesão inconsciente às necessidades objetivas.

---

199. Ver Pierre Bourdieu, "Os ritos de instituição", in *A economia das trocas linguísticas, op. cit.*, pp. 97-106 ["Les rites d'institution", in *Langage et pouvoir symbolique, op. cit.*, pp. 175-186]; e *A dominação masculina, op. cit.*

Aula de 16 de novembro de 1982

> O ajuste das esperanças às chances. – Escapar do finalismo. – A interiorização do social. – A incorporação da necessidade. – Os ritos de instituição. – O chamado à ordem: o exemplo da relação da família com a escola. – A relação social na relação de pesquisa. – Persuasão clandestina, violência simbólica. – O paradoxo da continuidade. – Crítica da relação científica.

Tentarei esclarecer o que disse nas últimas aulas voltando ao esquema que propus na segunda aula[200]. [...] Tenho vontade de examinar a diferença entre a relação R_0, ou seja, a relação científica com o mundo social, e a relação prática R_1 a esse mesmo mundo. Na última aula mencionei muito rapidamente a relação R_2, que serve para simbolizar a relação entre o campo como campo de forças e o organismo biológico como suscetível a ser socializado e assim ser constituído como *habitus* social. Essa relação R_2 – quero voltar a esse ponto – é uma relação de tipo genético através da qual o social incorporado se constitui; no fundo, ela descreve o processo de condicionamento que se realiza num certo tipo de condições sociais; esse processo que chamamos normalmente de "socialização" também podemos chamar de "incorporação do social".

O ajuste das esperanças às chances

Na última aula, eu indiquei que para mim um dos mecanismos fundamentais, quando se trata desse processo, é aquele que faz com que as aspirações dos sujeitos sociais, dos agentes, tendam a se ajustar às chances objetivas. Essa espécie de lei tendencial, muito geral, me parece absolutamente fundamental para compreender

---

200. Ver *supra*, p. 55.

a gênese social do *habitus*. Ela pode ser expressa pela expressão comum "fazer da necessidade virtude": *grosso modo*, pode-se dizer que os agentes sociais colocados em condições sociais determinadas tenderão a ajustar, de modo completamente inconsciente, suas aspirações às possibilidades objetivamente inscritas nessas condições. E eu disse que uma das propriedades dos campos sociais será precisamente a estrutura de possibilidade – de "potencialidade objetiva", para falar como Weber, ou de probabilidade objetiva – que se propõe ou a um sujeito médio – esse seria um ótimo debate, para o qual talvez voltarei – ou a um sujeito particular capaz de especificar em seu caso particular o valor dessas probabilidades médias. Essa relação entre as chances e as esperanças não se instaura de uma só vez. Ela está sempre em jogo na experiência social dos agentes. Eu postulei, emprestando a palavra de Husserl, a equivalência entre a experiência e o *habitus* – esse é um dos sentidos que podemos dar à noção de *habitus*. A experiência social como forma incorporada das regularidades objetivas é o produto dessa espécie de ajuste permanente entre o agente biológico e o mundo no qual as regularidades objetivas tornam-se regras imanentes de comportamento. Como indiquei, a incorporação das chances leva a disposições que, por serem objetivamente ajustadas às chances objetivas, engendram ações que podem aparecer como inspiradas pela intenção de ajuste a essas condições. Essa análise da gênese do *habitus* dá conta da aparência de finalidade que as condutas humanas apresentam sem precisar de um princípio de explicação teleológica.

Portanto, é porque os agentes sociais estão tendencialmente, e até certo ponto, ajustados às condições objetivas nas quais foram produzidos que eles realizam espontaneamente, fora de qualquer cálculo racional, condutas que tendem a se ajustar a essas chances tudo o mais constante, quer dizer, enquanto as condições objetivas nas quais eles agem não sejam muito diferentes das condições objetivas nas quais foram moldados. É importante enfatizar esta reserva: "enquanto as condições em que eles foram produzidos não sejam muito diferentes das condições em que eles precisam funcionar". O *habitus*, com efeito, tende de certa maneira a reproduzir o mundo do qual ele é o produto, mas pode haver lacunas segundo aquilo que poderíamos chamar de "paradigma Dom Quixote" – Marx emprega a imagem de Dom Quixote em duas ou três ocasiões, mas não tira grande coisa dela[201]. Por

---

201. Na *Ideologia alemã*, onde ele zomba do idealismo dos jovens hegelianos como Franz Zychlin Von Zychlinski (Karl Marx & Friedrich Engels, *A ideologia alemã*. São Paulo: Boitempo, 2007, tradução de Rubens Enderle, Nélio Schneider & Luciano Cavini Martorano, p. 431 [*Die deutsche Ideologie*, 1845-1846]).

exemplo, os fenômenos de envelhecimento, em sua dimensão social, podem ser compreendidos na lógica da lacuna entre as condições sociais de produção do produtor de condutas e as condições sociais nas quais essas condutas funcionam[202]: quando as condições de existência sofrem, no espaço de uma geração, uma transformação radical, os agentes sociais que são o produto de condições transformadas radicalmente podem se encontrar defasados em relação às condições objetivas de efetivação das disposições que estão profundamente incorporadas. Eles também podem engendrar sem parar condutas que, adaptadas para um outro estado das coisas, resultam num ritmo errado, e temos um fenômeno de contrafinalidade.

Em outras palavras, se a noção de *habitus* permite compreender um dos aspectos das relações entre as condições de produção do *habitus* e as condições de efetivação desse *habitus*, ela também permite compreender os casos onde não há concordância e onde, ao mesmo tempo, há contrafinalidade. O *habitus* moldado em condições de penúria pode, por exemplo, estar completamente inadaptado numa situação de esbanjamento[203]. Portanto, essas contradições entre o *habitus* e as condições nas quais ele deve funcionar estão inscritas na teoria; e as pessoas que compreendem o *habitus* como uma espécie de reprodução circular e mecânica das condições das quais ele é o produto têm uma má leitura da noção – aliás, muitas vezes intencional, porque fica mais fácil de criticar.

Escapar do finalismo

Portanto, é importante não ter uma leitura finalista desse mecanismo nem, *a fortiori*, do próprio processo de socialização. Isso remete a uma outra crítica que é feita à noção e que, como a primeira, tem a ver não com a noção tal como eu a concebo, e sim sobre a noção tal como ela é concebida para poder criticá-la. Como vocês sem dúvida entenderam com a insistência que dediquei a denunciar todas as formas de teleologismo, uma das funções do conceito de *habitus* é esvaziar a teleologia ao dar conta de uma aparência de teleologia. Pode-se portanto

---

202. Sobre o processo de envelhecimento, ver P. Bourdieu, *A distinção, op. cit.*, p. 104 [123], e "L'invention de la vie d'artiste" ["A invenção da vida de artista"], *Actes de la recherche en sciences sociales*, n. 2, 1975, especialmente pp. 75-81.

203. Para uma análise desse ponto, ver *A distinção, op. cit.*, p. 351 [436]: "Os novos-ricos levam, em geral, muito tempo – às vezes uma vida inteira – para aprender que aquilo que eles haviam considerado uma prodigalidade culpada faz parte das despesas de primeira necessidade em sua nova condição" [tradução modificada].

fazer reaparecer a teleologia – admitindo-se que ela tenha desaparecido no nível da relação entre o *habitus* e o campo – no nível da relação entre as condições de produção do *habitus* e as condições de efetivação do *habitus*. Assim, descreve-se de maneira totalmente equivocada o processo de socialização como um processo final, teleológico, dizendo-se: "As pessoas são produzidas para..." e imputa-se ao poder, aos dominantes, ao Estado ou a qualquer outra potência a ação de socialização que faz com que em seguida, por exemplo, as pessoas não se revoltem. Ora, a ação do *habitus* é importante no domínio da sociologia política porque nas ciências sociais um erro elementar, e até corrente porque elementar, consiste em confundir – como diziam nossos antecessores – a lei com os costumes, ou o produto das vontades com o produto de regularidades absolutamente independentes dos sujeitos.

No domínio da sociologia política – isso que direi parece trivial, mas deixa de parecer se pensarmos no que se diz normalmente sobre a ordem política –, o erro consiste em acreditar que a manutenção da ordem social é necessariamente final e voluntária, em outras palavras, que não há ordem se não houver um sujeito: a ordem política seria o produto da propaganda, ou da ação política, seja ela material ou simbólica, ou da repressão, da opressão material ou simbólica. Uma função da noção de *habitus* é dar conta do fato elementar de que, como eu disse na outra aula, podemos ser produzidos em condições revoltantes sem nos revoltarmos contra essas condições revoltantes à medida que essas condições revoltantes produzem o *habitus* ajustado a essas condições revoltantes, e portanto uma forma de aceitação do mundo revoltante. Do ponto de vista de uma filosofia do sujeito como a de Sartre (poderíamos encontrar nele exemplos magníficos tirados de textos de uma ingenuidade simpática em *O ser e o nada*), diríamos que o mundo é revoltante não porque ele é revoltante, mas porque somos revoltados, o que corresponde a variações sobre o tema: "Será que ela é bonita porque eu a amo ou será que eu a amo porque ela é bonita?", ou seja, sobre o velho debate entre objetivismo e subjetivismo. Essa espécie de consideração só é possível enquanto permanecermos numa filosofia da consciência, do sujeito, onde ele não pode ter um efeito que não seja o produto de intenções finais.

No caso da política e da ordem política, a noção de *habitus* traz uma coisa trivial mas importante, a saber, que uma certa quantia de adesão à ordem é imediatamente dada a partir do momento em que há uma ordem: toda ordem social tende a produzir, por uma parte, pelo simples fato de existir, as condições de sua própria perpetuação. À medida que essa lei fundamental do ajuste tendencial das aspirações às chances se impõe em todos os universos sociais, toda ordem social, quando existe, tende a se fazer aceita, se não reconhecida, porque ela produz pessoas que têm como ordem mental algo como a interiorização da ordem social. É aqui que poderíamos analisar o que podemos chamar de realismo "popular" – o adjetivo "popular", como eu disse na outra aula, deve sempre ser empregado com aspas, com muita prudência: o realismo das classes "populares" como forma de ajuste antecipado não implica necessariamente na resignação às condições tais como elas são e ao mundo social tal como ele é. O fato de se falar sem rodeios, de recusar uma das disposições fundamentais da visão burguesa do mundo que é uma relação de denegação, de automistificação, de encantamento etc., essa disposição popular em ver o mundo tal como ele é e aceitá-lo de certa maneira como tal, é um dos casos da relação entre as estruturas objetivas e as estruturas incorporadas. Ao se imporem com uma violência e necessidade particulares aos mais dominados, as estruturas objetivas impõem com uma rigidez particular estruturas cognitivas e avaliativas rígidas e rigidamente ajustadas às necessidades rígidas que as produziram.

Poderíamos fazer aqui uma análise, que acho importante, das atitudes das classes populares. Em relação à política, seria preciso até comparar essa espécie de realismo, que não é o realismo científico mas se parece com ele em alguns aspectos, e que consiste portanto em tomar a necessidade como ela é, com aquilo que Marx chamava – num texto muito divertido sobre Sêneca e os estoicos na *Ideologia alemã* – de "ascetismo dos ricaços", aquele que consiste, por exemplo, em denunciar os excessos do consumo[204]. Marx disse mais ou menos que a denúncia do consumo é tipicamente uma ideologia de consumidor. Eu pensei em algumas coisas que foram ditas recentemente sobre a "sociedade de consumo"[205]: há um abismo entre uma certa denúncia da necessidade e essa espécie de realismo, os dois podem se encontrar numa recusa da necessidade mas com expectativas completamente diferentes. Muito rapidamente, poderíamos opor um certo tipo de re-

---

204. Ver *supra*, pp. 121-122, nota 132, sobre a fórmula "luxos dos privilegiados".
205. O teórico marxista Henri Lefebvre é frequentemente considerado o inventor da noção de "sociedade de consumo" (em *Critique de la vie quotidienne*. Paris: L'Arche, 1958 [*Crítica da vida cotidiana*]), à qual Jean Baudrillard dedicou um ensaio de sucesso depois de Maio de 68 (*A sociedade de consumo*. Lisboa: Edições 70, 1995, tradução de Artur Morão [*La Société de consommation*. Paris: Gallimard, 1970]).

cusa a um certo tipo de denúncia, mais canônica, das condições materiais de existência das classes dominantes. Esse gênero de experiência do mundo está ligado a uma forma particular de experiência, e poderíamos fazer, de certa maneira, uma fenomenologia diferencial das experiências sociais do mundo a partir da ideia de que a lei do ajuste das esperanças às chances produzirá, dependendo da natureza dessas esperanças, experiências diferentes do mundo, em particular dos graus de liberdade oferecidos à ação humana. Se fizéssemos um questionário para estudar as filosofias ou as teorias espontâneas das diferentes classes sociais, um dos pontos cruciais seria certamente a oposição entre a necessidade e a liberdade; as visões mais deterministas teriam maiores chances de serem aprovadas pelas classes mais determinadas e as visões mais libertárias ou liberais – não devemos confundir isso, são duas variantes interessantes – pelos mais privilegiados que estão distantes o bastante da necessidade para conceberem-se como capazes de jogar com essa necessidade. Isso foi um parêntese mas eu queria refutar algumas ideias falsas que eu posso ter sugerido na outra aula por ter ido um pouco rápido demais.

A interiorização do social

Assim, eu retomei, em essência a propósito desse processo de socialização, o fenômeno do ajuste das esperanças ao campo. Pude empregar uma linguagem levemente diferente que acho que será particularmente útil em seguida para compreender as relações entre as disposições – eu muitas vezes defino o *habitus* como um sistema de disposições, quer dizer, maneiras de ser duráveis que são o produto de condições de existência – e as posições num espaço social. Eu disse "as esperanças ajustadas às chances", mas poderia ter dito que as estruturas incorporadas, as estruturas mentais tendem a se ajustar às estruturas sociais ou, em outros termos, que as estruturas cognitivas e avaliativas que os agentes sociais investem em seu conhecimento – no sentido R_1 – do mundo social são em parte o produto das estruturas objetivas ou da incorporação dessas estruturas objetivas.

Voltarei a esse ponto que já abordei várias vezes, mas eu queria simplesmente mencionar esse tema porque ele será extremamente importante para compreender alguns fenômenos no interior dos campos especializados. Por exemplo, no campo literário, no campo científico ou no campo universitário, as taxonomias e os esquemas de classificação que os agentes sociais empregam com muita frequência para pensarem uns aos outros, para pensar o mundo social ou o campo onde eles estão, são o produto da incorporação de estruturas objetivas do campo. Assim, oposições como jovem/velho que são muito pertinentes em alguns estados dos campos sociais quando se colocam problemas de sucessão e conflitos de geração – os conflitos de geração muitas vezes são problemas de sucessão – estão na objetividade das estruturas sociais e funcionam, sob uma forma levemente transformada, nas consciências dos agentes que pensam essas estruturas sociais.

A maioria das grandes classificações que são com frequência dualistas, pares de adjetivos de dois termos (alto/baixo, comum/raro, pesado/leve etc.) que funcionam para pôr ordem no mundo social, que fazem o mundo social ser visto como uma ordem para se compreender alguma coisa e para se encontrar nele, é uma forma transformada de oposições objetivas desse mundo e dessa ordem. O fato de elas funcionarem no estado incorporado como princípio estruturante, quando estão na realidade objetiva, é responsável por um dos efeitos fundamentais do ajuste das estruturas objetivas e as estruturas incorporadas, quer dizer, da experiência da evidência e do que é "autoevidente". A maioria das taxonomias, das oposições ou das palavras que servem nos usos ordinários para pensar a oposição entre o povo e o não povo, ou entre o burguês e o povo, é de uma pobreza fantástica: basta abrir o dicionário num desses verbetes (por exemplo, pesado/leve) para ver que esses são terrenos por excelência em que os dicionários são circulares: "distinto: ver vulgar", "vulgar: ver distinto", "pesado: ver leve", "leve: ver pesado", ou equivalentes: "leve = fácil", "fácil = inútil", "inútil" remete a "pesado". Os sistemas de oposição desempenham um papel determinante e toda uma parte do discurso estético não é nada mais do que um sistema de adjetivos ou de exclamativos; Barthes dizia isso[206] – e nesse ponto concordo com ele cem vezes. Esses sistemas de adjetivos que bastam para nos comportarmos bem diante de uma obra de arte, e com frequência diante de uma obra científica quando não queremos entrar em sua lógica, são muito pobres, caem muito claramente na circularidade viciosa; para que eles funcionem tão bem é preciso um princípio muito mais poderoso,

---

206. Por exemplo, Roland Barthes escreveu: "Se examinarmos a prática corrente da crítica musical (ou conversações 'sobre' música; é, frequentemente, a mesma coisa) veremos que a obra (ou sua execução) só é traduzida através da categoria linguística mais pobre: o adjetivo. À música é imediatamente atribuído um adjetivo. [...] Evidentemente, do momento em que tomamos a arte como tema (de um artigo, de conversação), temos que atribuir-lhe um predicado" (Roland Barthes, "O grão da voz" [1972], in *O óbvio e o obtuso: ensaios críticos III*. Rio de Janeiro: Nova Fronteira, 1990, tradução de Lea Novaes, p. 237 ["Le grain de la voix", in *L'Obvie et l'obtus: essais critiques III*. Paris: Seuil, 1982, p. 236]).

que nada mais é do que o acordo entre as estruturas mentais e as estruturas objetivas. Com efeito, esses sistemas só funcionam enquanto não pedirmos a eles que se expliquem; basta pedir que se expliquem, mesmo numa dissertação, para que eles mostrem sua fraqueza formidável.

O acordo entre as estruturas objetivas e as estruturas incorporadas é absolutamente fundamental para a boa ordem social: ele é um dos fundamentos – voltamos ao que eu dizia agora há pouco sobre os fundamentos não desejados da ordem política – mais profundos da ordem política. Ele é exatamente aquilo que o questionamento político não questiona[207]. O questionamento político gira ao redor dessa *doxa* profunda. O universo da *doxa* envolve a esfera da opinião, esse pequeno universo do que está em discussão, no qual estarão opostas ortodoxia e heterodoxia. O universo da *doxa* é exatamente tudo aquilo sobre o qual não é preciso discutir porque é autoevidente, do fato de que as estruturas mentais estão tão de acordo com as estruturas objetivas que, como se diz, isso não causa problemas, isso não é questão, isso é assim.

A incorporação da necessidade

Como acontece muito, eu comecei a falar de outra coisa. Então volto agora à leitura finalista da noção de *habitus*. Uma primeira leitura refinaliza a noção de *habitus* ao dizer que o *habitus* é feito para se ajustar às chances objetivas; ela corta o *habitus* de suas condições sociais de produção, da lei tendencial do ajuste das esperanças às chances. Uma segunda leitura refinaliza o *habitus*, que ela enxerga não como o produto de uma lei, mas como o produto de uma vontade, ao dizer que se há adesão inconsciente e automática dos agentes sociais a princípios, a valores contrários ao interesse objetivo ou a suas representações, é porque suas disposições foram o produto de uma ação voluntária, deliberada e organizada. É uma leitura absolutamente falsa, que rejeito completamente, e eu diria mesmo que a noção de *habitus* está aqui para dar conta – como disse várias vezes – do fato de que pode haver adesão a uma ordem sem que ninguém tenha desejado aderir, nem [desejado] a adesão. Era isso que eu queria adicionar a este ponto.

---

207. Sobre esse ponto, ver Pierre Bourdieu, "Questions de politique" ["Questões de política"], *Actes de la recherche en sciences sociales*, n. 16, 1977, pp. 55-89.

Para dar conta do que são os *habitus* e que as esperanças tendem a se ajustar às chances objetivas, eu utilizei apenas mecanismos objetivos. Podemos também invocar mecanismos psicológicos, como a tendência a suprimir as dissonâncias que citei na última aula. Podemos também utilizar a "teoria dos níveis de aspiração" que todo mundo conhece[208]. Isso é psicologia completamente elementar, e por isso hesito em mencionar esse processo observado cem vezes segundo o qual, experimentalmente, um agente social que se dá por exemplo um objetivo de 10 e obtém 2 tende a aproximar progressivamente o objetivo da *performance*, o nível de aspiração ao nível de realização: ele diz 8, consegue 4; diz 6, consegue 5; depois diz 5 e consegue 5. Essa espécie de tendência ao ajuste das aspirações às chances objetivas ocorre de maneira totalmente inconsciente e sem necessariamente a intervenção de agentes. Uma parte muito importante daquilo que as pessoas adquirem e incorporam sob forma de *habitus* não é o produto de nenhuma intervenção humana explícita.

Eu queria insistir um pouco nesse ponto. Obviamente, enquanto sociólogo, a partir do momento em que formulo uma proposição relativa aos agentes sociais "em geral" eu me desdigo imediatamente, e se vocês me observarem, verão que me corrijo com frequência... É preciso então especificar que evidentemente isso ocorre de maneira diferencial dependendo das classes: pode-se dizer, *grosso modo*, que, mesmo nas classes onde a intervenção e mediação dos adultos são máximas, a incorporação acontece, numa parte muito importante, sem a mediação de agentes sociais, sem a intervenção de vontades, de normas explícitas ou, apressando-me um pouco, da educação.

A educação que ocorre através da lei tendencial é portanto uma educação sem sujeito, sem sujeito educador e, no limite, sem sujeito educado. No fundo, ela realiza, quando se trata da ordem social, aquilo que Rousseau sonhava para a ordem natural: uma educação na qual os agentes fazem suas experiências e fazem sua experiência ao fazerem suas experiências. Essas experiências são aspirações desmesuradas que se lançam ao fracasso. São experiências infelizes que obrigam a recuar, e uma das experiências sociais fundamentais – da qual a sociologia bizarramente pouco se ocupou antes de eu me ocupar dela (não digo isso para celebrar

---

208. A teoria dos níveis de aspiração, ou "teoria das expectativas", cujo princípio P. Bourdieu resume na próxima frase, foi desenvolvida pelo psicólogo Kurt Lewin (*Teoria dinâmica da personalidade*. São Paulo: Cultrix, 1975, tradução de Álvaro Cabral [*A Dynamic Theory of Personality*. Nova York: McGraw-Hill, 1935]).

minha originalidade mas, ao contrário, para me espantar da bizarrice dos sociólogos) – é essa experiência do desinvestimento progressivo que é mais ou menos feliz, mais ou menos infeliz.

Esse seria um outro viés através do qual o sociólogo poderia contribuir com a teoria do envelhecimento da qual eu falava agora há pouco: o envelhecimento é, entre outras coisas – digo "entre outras coisas" porque aquilo que eu dizia agora há pouco não é exclusivo –, essa espécie de processo através do qual tornamo-nos realistas e adquirimos uma capacidade generativa de esperanças ajustadas às chances: não sonhamos, não fazemos mais loucuras – mesmo que haja exceções, alguns continuam a "fazer loucuras" [*risos na sala*]. A socialização é essa espécie de dialética permanente entre aquilo que gostaríamos e aquilo que podemos, entre o princípio da realidade e o princípio do prazer, segundo a oposição freudiana[209], ou entre o utopismo e o sociologismo, segundo a oposição marxiana. Poderíamos dizer que, quanto mais envelhecemos, mais tendemos a ter uma atitude sociologista. O sociologismo é a tendência a ver o mundo como se ele fosse inteiramente determinado pelas leis sociais. Marx opunha o sociologismo ao utopismo como tendência a colocar entre parênteses o poder social e a agir como se fosse possível suspender a ação das leis sociais. Eu acho que essa espécie de luta permanente entre princípio da realidade e princípio do prazer, entre a *libido dominandi* (ou *sciendi*, ou qualquer outra que vocês quiserem…) e as leis objetivas dos campos normalmente resulta na vitória do campo, na vitória das estruturas objetivas no sentido de que a própria luta modifica o lutador. Poderíamos retomar aqui a análise de Marx e Hegel sobre o trabalho: o trabalho de luta transforma aqueles que lutam – é uma coisa absolutamente banal mas importante para compreender o movimento operário, por exemplo –, nem que seja porque eles precisam se transformar para lutar, e para lutar duravelmente, para lutar o tempo todo em vez de lutar de vez em quando. Essa espécie de incorporação da necessidade que é feita na ocasião de enfrentamento com a necessidade, através do próprio esforço para superá-la, é uma coisa absolutamente fundamental. No fundo, é isso que a noção de *habitus* quer dizer.

Há então essa ação automática mas espontânea da necessidade social: o princípio de necessidade se impõe, as regularidades sociais são lembradas quando

---

209. Sigmund Freud, "Formulações sobre os dois princípios do funcionamento psíquico", in *Obras completas, volume 10 (1911-1913)*. São Paulo: Companhia das Letras, 2010, tradução de Paulo César de Souza ["Formulierungen über die zwei Prinzipien des psychischen Geschehens", *Jahrbuch für psychoanalytische und psychopathologische Forschungen*, v. 3, n. 1, 1911, pp. 1-8].

queremos transgredi-las. Uma outra oposição que eu poderia mencionar neste aspecto é aquela estabelecida por Alain entre o conto e a fábula: o conto é o romanesco, as abóboras que se tornam carruagens – resumindo, é o princípio do prazer; a fábula é o princípio da realidade, o lobo que come o carneiro etc.[210]. Na vida ordinária, passamos do conto à fábula, e ter experiência é saber que o mundo social tem leis – as pastoras raramente se tornam princesas, os príncipes raramente se casam com pastoras etc. – e que essas leis sociais não podem ser transgredidas, que a rigor elas podem ser transformadas, mas isso requer um trabalho. Essa espécie de educação sem agente educador e, no limite, sem agente educado, ocorre através das chamadas à ordem das chances objetivas: eu queria ser politécnico, mas, infelizmente, fui parar numa classe ruim no ensino fundamental, e no ensino médio numa ainda pior etc. [...]

Eu voltarei a esse ponto porque o sistema escolar em nossas sociedades é uma das grandes mediações através das quais a ordem social inculca sua ordem, faz incorporar a ordem. Ele diz, às vezes explicitamente – mas muitas vezes ele não precisa dizer explicitamente: "Você não nasceu para...", "Você não tem natureza para tornar-se politécnico". Trata-se de filosofia política se pensarmos, segundo o exemplo que sempre utilizo, no sonho de Platão na *República* que é que cada um faça aquilo para o qual é feito, aquilo que é de sua essência[211]: é isso que o sistema social consegue sem precisar de processos tão complicados como aquele que Platão imagina no mito de Er[212] nem de intervenções políticas expressas que consistem em dizer para as pessoas: "Você não é feito para ser presidente-diretor geral, e sim para ser faxineiro", o que seria uma intervenção explícita indispensável se essa fosse a única técnica do sistema social. Ora, as coisas acontecem insensivelmente: há uma espécie de trabalho contínuo no processo de socialização. Quanto a isso, penso muito sobre o paradoxo do monte de trigo[213]: é de grão em grão, são inflexões insensíveis que, quando as integramos, resultam em grandes desvios. Assim, o mundo social nos ergue [...] ou nos curva, nos torna flexíveis ou, pelo

---

210. Sobre essa oposição entre o conto, "narrativa da prece atendida" e a fábula, em que "a verdade [...] está inteira na imagem terrível", ver Alain, *Les Dieux* [*Os deuses*]. Paris: Gallimard, 1934.

211. Platão, *A república*. Belém: UFPA, 2000, tradução de Carlos Alberto Nunes, livro II, 369-370, pp. 109-112.

212. *Ibid.*, livro X, 614b-621d, pp. 461-470.

213. Também chamado de "paradoxo sorites", em referência a seu suposto formulador, Eubulides de Mileto. Consiste na seguinte pergunta: "se um monte é reduzido de grão em grão, qual é o ponto exato em que ele deixa de ser um monte?" [N.T.]

contrário, exige que sejamos firmes, através de intervenções muito pequenas muitas vezes exteriores a qualquer agente. Simultaneamente – acho que isso é uma coisa importante –, como ela não implica na intervenção de agentes educadores, a necessidade se impõe muito mais como necessária, ou seja, natural: por exemplo, revoltamo-nos com muito mais facilidade contra injunções de nossos pais do que contra sanções que aparecem como sanções da necessidade. A intervenção de mecanismos e de mediações aparentemente neutras e socialmente irrepreensíveis (como o sistema escolar) é extremamente importante para que experimentemos essas sanções como quase naturais.

Um dos términos, um dos resultados – não emprego a palavra "objetivo", que está no registro do finalismo – da socialização é a naturalização das regularidades objetivas: as regularidades sociais tornam-se naturais ao serem incorporadas ao – já disse isso dez vezes hoje – ajuste das regularidades objetivas às regularidades subjetivas. Esse processo de naturalização ocorre de maneira particularmente bem-sucedida quando ele se exerce através de instâncias cuja ação tem a aparência da Natureza e é portanto quase natural. Esses são os mecanismos sociais (ou, melhor, os quase-mecanismos, porque a palavra "mecanismo" tende a fisicalizar o mundo social) que, na sociedade, mais se parecem com isso. Por exemplo, a lei fundamental da transmissão do capital cultural, que diz que o capital cultural vai, de modo geral, na direção do capital cultural, no fundo age, sob aparência da natureza, como uma lei física: "Você terá os resultados escolares proporcionais ao capital cultural de sua família". Esse mecanismo passa completamente despercebido (até os sociólogos se intrometerem) e seus efeitos são pensados na lógica do talento, da escolha, do mérito. Os mecanismos produzem um efeito de naturalização. As sanções objetivas aparecem como o fato de uma espécie de potência sobre a qual as pessoas nada podem, que não é de responsabilidade das pessoas, que é de responsabilidade da natureza – mas desta vez da natureza humana, e não mais física. Esses mecanismos tendem a impor uma forma de submissão à necessidade. Eu sei que o realismo das classes populares, do qual falei há pouco, choca o populismo adolescente, mas todas as pesquisas mostram que a crença no talento como fator de sucesso escolar aumenta à medida que descemos na hierarquia social. Esse é um fenômeno paradoxal – para a *doxa* comum: rapidamente, quanto mais pertencemos a uma classe social nas quais a chance de ser eliminado pelo sistema escolar são grandes, maior a chance de vivermos a sanção escolar como justa, natural, e como pura sanção de talentos naturalmente desiguais. Esse fato social ilustra bem o que eu dizia: a necessidade social toma a aparência da necessidade natural e se exerce através de mecanismos. Um certo número de mecanismos econômicos é do mesmo tipo, mas eles foram trazidos à consciência há muito tempo e a tradição de lutas políticas em relação aos mecanismos econômicos não existe em relação aos mecanismos culturais. A opressão cultural é muito mais inconsciente e a alienação cultural tende a excluir qualquer consciência da alienação, o que não é necessariamente o caso na alienação econômica.

Eu queria insistir um pouco nesse ponto. Esquecemos dele completamente, mas acho que ele tem consequências políticas de primeira ordem para pensarmos especialmente a sociologia política.

Os ritos de instituição

Mas a ação do mundo social – é aqui que eu queria chegar – não se exerce apenas através dessa espécie de educação sem educadores, sem agente educador e sem educado consciente. Ela também se exerce através de intervenções expressas de educação que chamarei, por brevidade, de "ritos de instituição" ou de "atos sociais de consagração". Eu gostaria de ilustrar esse ponto muito rapidamente para mostrar como nas sociedades mais diferentes os grupos sociais exercem sobre os jovens, sobre os recém-socializados que precisam entrar na sociedade, ou seja, na ordem, ações explícitas que apresentam características invariantes nos grupos sociais mais diferentes. Para nomear esse processo muito geral, utilizo a noção de ato de consagração ou rito de instituição, tomando a palavra "instituição" no sentido ativo de quando falamos de "instituir" um herdeiro, um bispo etc. Não desenvolverei longamente esse tema, sobre o qual vocês podem ler uma apresentação no capítulo chamado "Os ritos de instituição" no livro que acabo de publicar, *Ce que parler veut dire*[214]. Gostaria apenas de destacar a especificidade dessa ação expressa ao compará-la com os mecanismos que descrevi há pouco.

Os ritos de instituição aumentam, de certa maneira, o efeito da lei tendencial do ajuste das esperanças às chances ou das estruturas subjetivas às estruturas objetivas. É nesse sentido que se trata de uma função de consagração. Como a palavra "consagração" diz bem, a consagração de certa forma não adiciona nada:

---

214. P. Bourdieu, "Os ritos de instituição", *art. cit.*

para consagrar é preciso que algo já esteja feito. Mas a consagração faz mais do que sancionar: ela santifica. Ela diz: "Isso é assim" e, mais que isso, ela diz implicitamente: "É bom que seja assim". Ela diz, por exemplo: "É preciso que você seja professor e tenha orgulho disso". O trabalho próprio da educação, em oposição a essa espécie de educação sem educador que evoquei longamente, consiste então em reforçar, em muitos casos (nem sempre, mas na maior parte do tempo), a ação de mecanismos de socialização. Essa ação de consagração, por exemplo – aqui me aventuro um pouco – exerce-se de maneira contínua no interior do grupo familiar já que também aqui normalmente são os momentos mais marcantes do processo de socialização que prendem a atenção. Arnold van Gennep, por exemplo, criou a noção importante de "rito de passagem", que chama a atenção sobre essas ações que, em todas as sociedades, são realizadas para marcar todo tipo de momentos cruciais – o casamento, a circuncisão, a primeira comunhão etc. – em que as pessoas mudam de estatuto social, passam de uma classe social ou de uma classe etária (juventude, velhice) para outra[215]. No texto que menciono eu tentei dizer que a atenção dada à passagem nos fez esquecer um efeito muito mais importante que é a consagração das pessoas que passam pelo rito de passagem em oposição àquelas que não estão elegíveis para a passagem. Eu usei o exemplo da circuncisão porque ele me parece muito impressionante: da maneira como ela é praticada em muitas sociedades, a circuncisão não é simplesmente a separação simbólica entre os não circuncisos e os circuncisos, ela é a separação simbólica e real entre o conjunto dos homens que são todos passíveis de circuncisão e o conjunto das mulheres que não são passíveis de circuncisão. Portanto, a oposição aparente esconde a oposição muito mais profunda entre aqueles que são consagrados desde o nascimento como passíveis de circuncisão, que sabemos que serão circuncidados e que são tratados como tal desde o nascimento em oposição àquelas para quem essa operação não tem objeto.

Essas ações notáveis, que consistem em dizer: "Você é isso, e é bom que você seja, contra aqueles que não o são, e é bom que eles não sejam" – isso é importante, esses ritos sempre funcionam através de classes complementares –, aparecem em momentos decisivos e cruciais do ciclo de vida, e o grupo, mais ou menos totalmente mobilizado, assume essa operação. Por exemplo, eu mostrei no caso

---

215. Arnold van Gennep, *Os ritos de passagem*. Petrópolis: Vozes, 1977, tradução de Mariano Ferreira [*Les rites de passage*. Paris: E. Nourry, 1909].

da Cabília que dependendo da importância da operação o grupo se mobilizava em maior ou menor parte: quanto mais importante a passagem, mais a presença de todo o grupo é importante, porque uma consagração realizada diante de todo mundo por todo mundo torna-se unânime, aprovada por todos, conhecida por todos; é de notoriedade pública[216]. Quando você é batizado, é de notoriedade pública que você é cristão. Quando se publicam declarações de casamento[217], é de notoriedade pública que vocês estão se casando, a não ser que haja oposição. Para que essa operação de consagração tenha toda sua força é preciso que ela tenha todo o grupo e, quanto mais a operação é importante, maior a mobilização do grupo. Isso é verdade no caso da tribo mas também, acho, de maneira mais geral. Vemos essa operação de consagração nas grandes ocasiões quando exatamente todo o grupo se mobiliza.

Eu acho que as grandes ocasiões são uma espécie de coroação, de realização, a assinatura de uma infinidade de pequenas ações de consagração que acontecem todos os dias desde o nascimento – por exemplo, na maioria das sociedades, através do fato de que vestimos meninos e meninas com roupas diferentes, os alimentamos de modo diferente, uns comem de pé e outros sentados etc. As ações de consagração solene – ou seja, públicas mas também raras porque só ocorrem uma vez por ano ou até uma vez por década – de certa maneira não passam do momento em que viramos a página para somar e integrar um monte de microações infinitesimais de consagração que, grão a grão como eu falava há pouco, transformam duravelmente o *habitus* e fazem com que aquele que nasceu menino sinta-se cada vez mais menino, orgulhoso de sê-lo e devendo sê-lo (*noblesse oblige*), e aquela que nasceu menina sinta-se cada vez mais menina. Isso valeria também para aquele que nasceu branco, negro, rico, pobre etc.

Eu costumo dizer que van Gennep teve um grande mérito e ao mesmo tempo demonstrou uma grande ingenuidade: ele caiu nessa armadilha do social que chama a atenção para os grandes momentos descontínuos – vejam, estou refinalizando... – como se ele quisesse desviar a atenção das ações infinitesimais, contínuas, banais, cotidianas. O essencial dessa consagração – insisto nesse ponto – acontece

---

216. Ver P. Bourdieu, "La parenté comme représentation et comme volonté" ["O parentesco como representação e como vontade"], in *Esquisse d'une théorie de la pratique*, op. cit., pp. 149ss.

217. O Código Civil francês estabelece que, na véspera de todo casamento, deve-se publicar uma declaração dessa união, para que qualquer desafio ou impedimento a ela possa ser proposto antes de sua oficialização [N.T.].

no dia a dia, através das ações absolutamente insignificantes, pelo fato de que, de modo absolutamente inconsciente, a mãe fala diferente com o filho mais velho do que com o caçula, pelo fato de que, de modo absolutamente inconsciente, ela lhe dá um pedaço de carne e o caçula, de modo absolutamente inconsciente, compreende que o mais velho deve ser tratado de maneira diferente, passa a tratá-lo de maneira diferente e depois, quando chega o momento do casamento, como por acaso ele permanece solteiro, como ocorre em muitas sociedades, e trabalha para o mais velho, torna-se um empregado doméstico sem salário[218]. Essas coisas absolutamente impressionantes são possíveis porque começam muito cedo, porque tomam a forma de ações absolutamente ínfimas. Há portanto um trabalho social.

Eu direi que essas ações de consagração – empregarei aqui uma palavra arriscada mas vou me explicar – que têm uma força extraordinária porque agem sobre as consciências na medida em que são infinitesimais são *ações de sugestão* – utilizando a palavra "sugestão" no sentido forte que ela recebe na magia. Eu me autorizo, não sem hesitar, do último livro de François Roustang e sua leitura de Freud, intitulado *Ela não o solta mais...*[219] – não é meu trabalho falar de psicanálise, Deus sabe que muita gente faz isso, mais um motivo para não fazer... Nesse livro, Roustang busca saber se a psicanálise não poderia ser adicionada à classe das ações de sugestão. Formularei a pergunta de modo mais amplo: será que as ações pedagógicas exercidas para moldar inconscientes inseparavelmente sociais, sexuais etc. não seriam realizadas através de processos do tipo que designamos com a noção de sugestão? Ou seja, processos muito profundos de imposição nos quais evidentemente intervêm as relações de autoridade – não no sentido de autoridade explícita, de autoridade reconhecida, aceita intimamente etc. – e também coisas muito mais subterrâneas: eu acho que a educação é feita por insinuações como, no exemplo que usei há pouco, o pedaço de carne ligeiramente maior. Essas são coisas que muitas vezes os etnólogos não sabem observar. Para observá-las é preciso fazer parte da sociedade, mas quando fazemos parte dela não as vemos mais porque estamos tão habituados a elas que elas são autoevidentes. Essa espécie de infinitamente pequeno das relações sociais, que, portanto, escapa daqueles que estão dentro e também daqueles que estão

---

218. P. Bourdieu se refere aqui aos trabalhos que realizou durante a década de 1960 sobre o sistema familiar do Béarn, republicados em *Le Bal des célibataires* [*O baile dos solteiros*]. Paris: Seuil, 2002.

219. François Roustang, *Elle ne le lâche plus...* Paris: Les Éditions de Minuit, 1980.

fora exerce uma ação permanente através da qual, pouco a pouco, passamos a ser quem somos, tornamo-nos quem somos, quer dizer, quem o mundo social disse que éramos: tornamo-nos um homem realmente homem, um homem de honra, um filho mais velho, um caçula, uma mulher etc.

O chamado à ordem: o exemplo da relação da família com a escola

Entre as ações de chamado à ordem sobre as quais eu falava há pouco, temos as entonações de voz, as maneiras de falar. Haveria uma análise muito concreta a se fazer para mostrar como a família exerce uma ação de chamado à ordem. Eu acho que todos aqui entenderão do que falo: se o sistema escolar emprega sanções, os pais dos alunos também o fazem. Recentemente, tive que destrinchar uma pesquisa na qual havia opiniões de professores, de pais de alunos e de alunos, e uma coisa interessante foi ver os conflitos que apareciam nas opiniões dos professores quando eles pensavam o sistema escolar como pais de alunos ou como professores, e assim por diante – podemos imaginar qualquer caso. A experiência ordinária dos pais de alunos, sobretudo nas classes sociais cujo acesso ao sistema escolar é antigo e natural, aliás, deve ser descrita de modo geral como uma espécie de conflito entre o sentimento de ser capaz de legislar e o fato de se entregar a uma legalidade exterior. Não é por acaso que, como todas as pesquisas demonstram, o pertencimento a associações de pais de alunos cresce com muita força de acordo com a classe social, o que quer dizer – mas é mais complicado do que isso – que o sentimento de ter direito de legislar sobre o sistema escolar é maior quanto mais próximos estamos do sistema escolar, mais somos parte interessada, mais somos diplomados.

Essa espécie de conflito que vivem os pais que se sentem no direito de contestar o sistema escolar diante de sanções que não se conformam às suas esperanças e às suas expectativas deve ser negociado na existência cotidiana: é o filho que tira uma nota baixa e não sabemos se devemos encorajá-lo – num nível de aspiração deslocado em relação às chances objetivas, ao nível de realização – ou ajudá-lo a fazer o trabalho de rebaixamento colocando-se de alguma forma do lado do princípio de realidade. Não estendo esta análise para não dizer coisas que poderiam ser pessoais ou cruéis, ou ambas, mas esse gênero de conflito existencial me parece o pão de cada dia da experiência de relação com o sistema escolar. Isso às vezes é negociado por um tom de voz, a fala diz: "É claro que você vai passar", e a entonação adiciona: "mas duvido". O que será compreendido é o "mas duvido", ou então as duas frases ao mesmo tempo, o que engendrará, para utilizar a linguagem do *double bind*[220], conflitos com o sistema escolar que serão na verdade conflitos com o pai como definidor de uma certa relação com o sistema escolar. Não avançarei mais.

Queria apenas que vocês sentissem o que seria a área por excelência de uma reconciliação real entre a psicanálise e a sociologia, e poderíamos fazer análises que considero absolutamente sutis e justas do trabalho coletivo de negociação entre o fantasma coletivo – não sou eu quem diz, é Laing que afirma que toda família mantém ou conserva um fantasma coletivo[221] – e as sanções objetivas. Por exemplo, para as famílias burguesas, e sobretudo para aquelas que podiam transmitir sua posição sem passar pelo sistema escolar, o sistema escolar tornou-se aquilo através do qual o princípio da realidade intervém no fantasma familiar. (Digo isso de modo muito grosseiro, mas toda vez que digo coisas aparentemente impensadas, tenho estatísticas na minha cabeça, o que não quer dizer que tenha razão... Digamos que tenho mais razão do que as objeções [espontâneas] que vocês poderiam fazer [lhes fariam supor] [*risos*].) Entre as questões feitas nas pesquisas, uma muito frequente é: "Quais são os assuntos que vocês mais discutem em família?" E o que lidera em todas as frações da classe dominante é o sistema escolar. É o assunto sobre o qual mais se conversa nas famílias.

Vocês verão, num dos próximos números de *Actes de la recherche en sciences sociales*, um conjunto de artigos que creio [sublinharem] a contribuição que o inconsciente da linguagem pode trazer a esse trabalho de socialização[222]. Por exemplo, uma propriedade da linguagem falada é ter tantos níveis – a sintaxe, a intenção, o léxico etc. – que mesmo o locutor mais controlado jamais pode controlar tudo, e é isso que torna possível uma sociolinguística sutil. Neste momento eu penso no que digo, mas os linguistas poderiam contar quantas ligações faço

---

220. O conceito de *double bind* [traduzido em português por "duplo vínculo"], ou também "injunções paradoxais", foi introduzido na década de 1950 pelo antropólogo Gregory Bateson especialmente em suas obras sobre a esquizofrenia (em particular Gregory Bateson *et al.*, "Towards a Theory of Schizophrenia" ["Para uma teoria da esquizofrenia"], *Behavioral Science*, v. 1, n. 4, 1956, pp. 251-264).

221. Ver *supra*, p. 123, nota 135.

222. Trata-se do número 46, de março de 1983, dedicado ao "uso da palavra", que contém contribuições de Pierre Encrevé, Michel de Fornel, Bernard Laks e uma entrevista com o sociolinguista William Labov.

pois, através das ligações que faço, ou não faço, em comparação com outros fazedores ou não fazedores de ligações, exibo uma propriedade.

Ocorre o mesmo em todos os níveis da linguagem, e se tivéssemos uma espécie de visão microscópica da dimensão sociológica – é isso que me interessa, mas isso não exclui a dimensão psicanalítica, por exemplo – das interações entre pais e filhos, sem dúvida enxergaríamos essa espécie de infralinguagem através da qual creio que se comunica aquilo que há de mais importante do ponto de vista daquilo que queria dizer aqui, por exemplo, as ansiedades do pai. Um dos mistérios da sociologia reside nas relações muito surpreendentes entre a posição do pai e a carreira dos escritores, por exemplo: a probabilidade de se tornar romancista ou, pelo contrário, dramaturgo (ou romancista populista, romancista psicológico etc.) está muito fortemente ligada à origem social. Poderíamos perguntar como. Encontramos até relações entre coisas mais sutis: entre a posição no instante t e a tendência da posição, ou seja, "pai em ascensão" ou "pai em declínio", ou "pai em ascensão depois em declínio" etc. Podemos perguntar como se comunica o declínio ou a ascensão do pai. Não imaginamos que os pais tragam suas folhas de pagamento e falem delas em casa. Há classes sociais nas quais sabemos quanto o pai ganha, há outras em que não podemos saber ou não devemos saber. Isto posto, a maneira como se comunica o "papai vai bem?" é muito importante e estará presente posteriormente em toda a relação com o mundo das crianças, engendrando um monte de coisas, por exemplo um espírito empreendedor que funcionará no nível do *habitus* e produzirá efeitos quarenta anos depois. Para retomar o meu exemplo anterior, essas coisas infinitesimais que funcionam como chamados à ordem e que o realismo paterno ou materno é obrigado a trair – mesmo que os conselhos da psicologia avançada digam o contrário – em minha opinião passam pelos fenômenos como as inflexões da voz, o modo como a voz diminui, as frases não terminadas, o tom, várias coisas que, no estado atual, os sociólogos não captam.

A relação social na relação de pesquisa

Eu me aproveito dessa excursão na sociolinguística para dizer que a própria relação de pesquisa é desse tipo: numa relação de pesquisa, estamos inteiros lá, não somos simplesmente nosso questionário. Os sociólogos que acreditam – essa é outra das coisas que me surpreendo por ter sido o primeiro a dizê-las – que, antes de mais nada, podemos mandar qualquer um aplicar um questionário a qualquer pessoa sobre qualquer assunto e, em seguida, deixar inteiramente a cargo de um computador a tarefa de extrair estatísticas têm um otimismo sagrado [cuja origem] precisaria ser procurada no papai deles [*risos na sala*]! O questionário trabalha numa relação social: todos sabem que o que é difícil é preparar as questões, provocá-las, fazer com que elas funcionem, enunciá-las sem parecer arrogante etc. Ora, tudo isso acontece numa relação social. Uma questão pode ser completamente transformada pela maneira de enunciá-la. Ela pode ser uma injunção à qual respondemos afirmativamente porque não queremos parecer idiotas numa relação de força simbólica. Pode-se insinuar, exatamente no nível da inflexão, que "faço essa pergunta porque sou pago pelo Instituto Francês de Opinião Pública, mas eu sei de antemão que ela não se aplica a você" etc. Mil coisas podem ser ditas através de mudanças ínfimas de entonação, da voz, ou então não são ditas e acontecem na maneira de se apresentar, entrar, bater na porta, dizer "bom dia". O preceito que sempre lembro é importante para aqueles cujo ofício é a sociologia: é preciso interrogar a interrogação, o sociólogo deve se interrogar ao interrogar etc. Mas isso é conversa fiada se não soubermos que envolve coisas como as que acabei de mencionar. O melhor que podemos fazer é tentar ter consciência do que fazemos, mesmo que de qualquer maneira façamos coisas que não estão previstas no protocolo de observação. É preciso saber o que fazemos para sabermos que o que recolheremos será em parte o produto de uma persuasão clandestina.

Para aqueles que não são sociólogos, sempre repito o paradigma de Scholem[223], um dos fundadores da ciência do judaísmo, que dizia: "Eu nunca digo a mesma coisa para os judeus de Jerusalém, de Nova York, de Paris e de Berlim". É mais ou menos parecido com a sociologia: eu nunca digo a mesma coisa, o que não quer dizer que eu minta, mas os diferentes receptores possíveis do discurso sobre a sociologia não merecem o mesmo discurso. Para os praticantes que acreditam demais nos questionários, isso que acabei de dizer é ótimo; para aqueles que não acreditam neles e que já são céticos – o que é errado! –, digo que a característica de um bom questionário é limitar esses efeitos e em seguida controlar as condições de aplicação e os efeitos das condições de aplicação. Enfatizo isso porque não gostaria de suscitar um ceticismo que infelizmente já está bastante disseminado.

---

223. Pierre Bourdieu e Jean Bollack realizaram em 1978 entrevistas com Gershom Scholem que foram publicadas em 1980: "L'identité juive" ["A identidade judaica"], *Actes de la recherche en sciences sociales*, n. 35, pp. 3-19.

Persuasão clandestina, violência simbólica

Volto a esse efeito de persuasão clandestina que se exerce de maneira contínua na família. Obviamente, não devemos psicologizá-lo. Eu evoquei, através de meu exemplo, um universo, digamos, burguês e moderno que facilita a visão psicológica. Não é que não exista psicologia em outras sociedades, mas o ponto é exatamente que ela é instituída: um filho mais velho é um filho mais velho, uma mulher ama seu marido porque sua mãe o escolheu para ela – isso foi uma resposta que recebi numa pesquisa. Em suma, temos os sentimentos de nosso estado social. Isso nunca é completamente verdade, há conflitos entre as estruturas e os sentimentos em todas as sociedades, mas a margem deixada para as variações individuais, para a modalização individual das normas é menor em muitos universos diferentes do universo intelectual burguês. Esses efeitos de injunção, de insinuação etc. são da ordem daqueles efetivados publicamente nas grandes cerimônias solenes, o que quer dizer que cada um dos agentes, cada um dos papais e das mamães, cada um dos irmãos, cada uma das irmãs é um pouco o agente da socialização: ele sabe o que é preciso fazer com uma irmãzinha, ele sabe o que é preciso fazer enquanto irmão mais velho. Da mesma maneira, essas injunções são muito mais estritas, sistemáticas e metódicas do que o exemplo que mencionei rapidamente sugere.

Para terminar com este ponto, eis o que eu queria dizer: a ação de socialização se realiza através de mecanismos sociais objetivos, através das sanções do fracasso ou da recompensa que a ordem social pode dar a si mesma [...], mas a essas sanções objetivas são adicionadas sanções manipuladas socialmente por todo o grupo nos casos mais solenes, mas também pelos agentes individuais que agem continuamente na rotina mais inconsciente, mais cotidiana. Do ponto de vista da eficácia formadora não devemos subestimar essas ações ínfimas e invisíveis que agem em dobro, através de sua ação e de sua invisibilidade. Como eu disse há pouco a respeito das ações naturais, as ações invisíveis são mais difíceis de combater: é mais fácil se defender e se revoltar contra uma educação repressiva explícita; as chances de constituir [as sanções objetivas] enquanto tais são maiores do que as chances de constituir enquanto tais as persuasões clandestinas e infinitesimais. É esse tipo de efeito de desconhecimento [*méconnaissance*] e de violência simbólica que me levou a empregar a expressão "sugestão". A violência que chamo de simbólica – sempre repito as definições – é exercida com a cumplicidade daqueles que a sofrem. O termo "cumplicidade" é perigoso porque comporta, como eu já disse várias vezes, o risco de sugerir a ideia de que a vítima aplica sua própria punição conscientemente, quando na verdade essa cumplicidade pode acontecer simplesmente através da forma de um desconhecimento, sob o efeito de não saber que o que se faz contra nós é feito contra nós. A forma mais absoluta da cumplicidade com uma violência é aquela que ocorre quando não sabemos que a sofremos: uma violência que é ignorada é uma violência simbólica – essa é a própria definição da violência simbólica.

O paradoxo da continuidade

Para que vocês compreendam um dos efeitos da ação de consagração, volto muito rapidamente aos ritos de passagem. Em *Os ritos de passagem*, van Gennep insiste nos momentos em que os grupos sociais realizam cortes: separa-se os adultos das crianças, os solteiros dos casados etc. Com o exemplo da circuncisão eu insistia apenas no fato de que a divisão, a *diacrisis* que o grupo realiza, não está onde achamos que está: o grupo não separa os circuncidados dos ainda-não-circuncidados, mas do conjunto de pessoas que não serão circuncidadas. O que eu queria mostrar bem rápido é que a maioria dos ritos de consagração age produzindo ajuntamentos que não são necessariamente aqueles que nós poderíamos produzir, produzindo grupos que são apenas um dos agrupamentos possíveis.

Ilustrarei isso rapidamente com um primeiro exemplo maldoso: um aluno da ENS [École normale supérieure, principal instituição formadora de professores do ensino superior na França – N.T.] tenderá a se sentir solidário com aquele que estiver na posição mais alta no momento em questão – Pompidou, Fabius[224] etc. – em vez de se sentir solidário com seu colega de [liceu]. Esse é [um fenômeno que se perpetua] através dos boletins das associações de ex-alunos. Um outro exemplo: vamos supor as *performances* de dois conjuntos de sujeitos, masculinos e femininos, em salto em altura (poderia ser qualquer outra coisa: *performan-*

---

224. Num período em que a ENS produzia muito menos quadros políticos de primeiro escalão do que ocorria na 3ª República (1870-1940), Georges Pompidou e Laurent Fabius são sem dúvida os ex-"normalianos" que tiveram a carreira política mais bem-sucedida. O primeiro foi primeiro-ministro (1962-1968) e depois presidente da República (1969-1974). O segundo, no período em que o curso acontecia, acabava de ser nomeado ministro do Orçamento com trinta e cinco anos de idade e, em 1984, se tornaria "o mais jovem primeiro-ministro". Ambos foram primeiros colocados no concurso de agregação de Letras da ENS.

ces de tricô, de natação…). Podemos imaginar um rapaz que se sentirá solidário, enquanto homem, com a classe das meninas: por exemplo, assistindo o salto em altura feminino na televisão, ele vai dizer que tal menina "consegue até saltar 1,80 metros", apesar dele mesmo só alcançar 1,40 metros. Isso é uma experiência que todo mundo já teve pessoalmente. Portanto, um indivíduo B vai se sentir solidário com um indivíduo B', mesmo que, do ponto de vista do sucesso objetivamente mensurável, ele não tenha nada em comum com aquele, mas ele não se sentirá solidário com um indivíduo A cujas *performances* são semelhantes às suas, e vai se sentir ainda menos solidário com um indivíduo A' que representa a abominação, já que ele o supera segundo os próprios princípios (força, velocidade) em nome dos quais ele se sente solidário com B'. [...] A' é uma contradição formidável porque é em nome daquilo que faz com que A' supere B que B se sente solidário com B' – ele salta muito alto. Obviamente, se colocarmos as coisas dessa maneira, isso se torna inevitável quando distinguimos de antemão os homens das mulheres. Mas imaginemos uma competição mista, e o fenômeno desaparece: basta não constituí-lo para que ele desapareça. Mas a partir do momento em que ele é constituído enquanto tal, toda uma série de operações é dissimulada. A partir do momento em que tomamos uma *performance* como princípio de classificação universal (pode ser tanto o QI quanto a capacidade matemática – ou, mais exatamente, de uma certa matemática, dependendo da era), a partir do momento em que constituímos um critério (uma definição da força ou da inteligência entre milhares de outras) como critério determinante, encontramos uma justificação de uma divisão que tornou possível a distribuição segundo esse critério.

Um dos efeitos da lógica da consagração é, portanto, exatamente criar grupos que escapam do paradoxo da continuidade. Toda vez que medimos distribuições – por exemplo, segundo a fortuna –, temos distribuições contínuas, mas a consciência social introduz cortes: Pareto – Deus sabe que ele não é suspeito de igualitarismo… – dizia mais ou menos que jamais encontramos o meio de saber onde termina a pobreza e onde começa a riqueza[225]. Também jamais conseguimos encontrar

---

225. P. Bourdieu cita com muita frequência esse "paradoxo de Pareto" (ver, por exemplo, "A 'juventude' é apenas uma palavra", in *Questões de sociologia*. Petrópolis: Vozes, 2019, tradução de Fábio Creder, pp. 137-147 ["La jeunesse n'est qu'un mot", *Questions de sociologie*. Paris: Les Éditions de Minuit, 1980, pp. 143-154]) em relação à renda ou à idade. Sobre a personificação dos coletivos (como as classes sociais ou os países) e a tentação, diante de distribuições contínuas, de criar limites ou traçar linhas, Pareto, por exemplo, escreveu: "Essas linhas não são linhas geométricas; não mais do que as linhas que separam a terra firme das águas do oceano. Somente uma ignorância

o meio de saber onde terminam os pequenos e onde começam os grandes, e assim em diante. Ora, na sociedade, tudo funciona através de grande/pequeno, rico/pobre, forte/fraco, homem/mulher etc., com essa espécie de dicotomização que consiste em produzir o descontínuo, os incomparáveis, lá onde havia um contínuo. Os concursos que, como todos sabem, criam diferenças de essência para a vida de pessoas separadas por um quarto de ponto é um dos casos particulares dessa lógica. Da mesma maneira, a diferença em termos de *performance* entre o homem mais masculino e a mulher mais feminina é – os biólogos sabem disso – infinitamente pequena, mas o mundo social exige que sejamos classificados de maneira clara como masculinos/femininos. Temos identidades sociais dicotômicas, com efeitos sociais absolutamente consideráveis. Uma das funções dos ritos de instituição, sejam os ritos de instituição solenes ou os atos infinitesimais de consagração que são a moeda desses atos mais absolutos, é inculcar o corte e a diferença sobre toda relação que torna o comparável incomparável e os indiscerníveis definitivamente diferentes. É importante saber isso porque, na prática sociológica, deparamo-nos constantemente com continuidades enquanto o mundo social produz diferenças. O problema é saber como e por que o mundo social produz essas diferenças, e os ritos de instituição são uma das técnicas que produzem essas diferenças. Através da sanção simbólica, eles criam diferenças do tudo ao nada.

Crítica da relação científica

Gostaria de voltar um pouco a esse ponto, que para mim está claro mas talvez esteja menos claro para alguns de vocês, e quero insistir porque uma má compreensão dessas noções de socialização, condicionamento, *habitus* etc. corre o risco de viciar completamente a utilização que podemos fazer da noção de *habitus* e de introduzir uma filosofia que é a negação completa daquela que essa noção quer servir. Volto ao esquema: estudei a relação R_1, estudei a diferença entre a relação R_1 e a relação R_0 e acabei de estudar a relação R_2. Agora, o que quero fazer a título de transição para as próximas aulas que serão dedicadas à noção de campo é estudar a relação com o que é um campo, como campo de força e como campo de lutas.

---

presunçosa poderia exigir um rigor que não pertence à ciência do concreto. [...] Não se pode definir rigorosamente a terra vegetal ou a argila, nem dizer qual é o número exato de anos, de dias, de horas etc., que separa a juventude da idade madura; o que não impede a ciência experimental de utilizar esses termos, com a reserva das aproximações que eles comportam" (Vilfredo Pareto, *Traité de sociologie générale* [*Tratado de sociologia geral*]. Paris: Payot, 1917, cap. 13, § 2544).

Gostaria de me deter um momento – não vou demorar muito neste ponto – para recapitular o que me parece ter sido aprendido sobre as relações entre o *habitus* científico e o *habitus* ordinário engajado na ação, quer dizer, entre o sujeito científico e o agente social engajado na consciência prática do mundo prático. Quero voltar a isso um pouco porque eu disse no começo – aliás, como resposta a uma objeção que foi feita por um dos participantes[226] –, mas de uma forma que pode ter parecido um pouco mística, que é possível sair da regressão ao infinito. Eu respondi para aqueles entre vocês que me perguntaram se não recomeçamos a série que, de fato; essa antinomia poderia se resolver na prática à medida que, em cada momento, a ciência do mundo social poderia ser posta a serviço do conhecimento do sujeito dessa ciência e assim contribuir para progredir o sujeito do conhecimento. Como essa resposta podia parecer um pouco sofística, do tipo da que se dá numa aula de filosofia para uma objeção um pouco sofística, gostaria de levar a objeção a sério e mostrar que, praticamente, minha resposta se fundamentava.

Como podemos sair desse círculo vicioso e escapar de uma regressão *ad infinitum*? Há uma ciência do sujeito do conhecimento? Será que o sociólogo encontra, em seu conhecimento do mundo social, os elementos de uma ciência de si próprio enquanto sujeito cognoscente que lhe permite fazer o conhecimento progredir? A sociologia não é um saber absoluto – esse tipo de círculo é realmente muito inquietante, e assinalo isso para aqueles que o imaginaram (e para aqueles que não o imaginaram dessa forma) –, mas esse retorno das conquistas do sujeito cognoscente sobre o sujeito conhecido no fundo pode ser descrito como implicando uma definição absolutamente banal da lógica, aquela com a qual, aliás, a tradição da filosofia de Kant a Husserl sempre mais ou menos se engalfinhou. É uma coisa que os filósofos não gostam muito: é a lógica como disciplina prática, como tecnologia. Husserl fala muito longamente sobre isso no começo das *Investigações lógicas*, autorizando-se de Kant, que já tratava a lógica como uma simples tecnologia a serviço do espírito científico. Husserl cita um autor que só conheço através dele, Beneke, que tinha escrito um livro sobre a lógica como tecnologia do pensamento[227]. Eu concordo com Beneke e acho que existe uma tecnologia

---

226. Ver a pergunta no final da aula de 12 de outubro de 1982, p. 73.

227. Husserl cita dois livros de Friedrich Eduard Beneke: *Lehrbuch der Logik als Kunstlehre des Denkens* [Manual da lógica como técnica do pensamento] (1832) e *System der Logik als Kunstlehre des Denkens* [Sistema da lógica como técnica do pensamento] (1842). Ver Edmund Husserl, *Inves-*

do pensamento. Eu acho essa fórmula muito boa e muito modesta – é uma das razões de os filósofos não gostarem disso: é muito pior do que fazer uma lógica transcendental [*risos*]...

É então uma tecnologia: eu busco no conhecimento que posso ter do mundo social técnicas para controlar o sujeito cognoscente. Aqui juntarei coisas que já disse para que vocês vejam que não temos maus resultados para essa pergunta. Irei mais ou menos rápido, dependendo do estado de desenvolvimento das coisas. O sociólogo encontra em seu próprio trabalho os elementos de uma crítica social do sujeito cognoscente. Entendo aqui a palavra "crítica" no sentido de definição dos limites do conhecimento, portanto, no sentido de Heidelberg, e não de Frankfurt[228], e a sociologia seria uma ciência que pode ser crítica de si mesma. Assinalo também que essa crítica que desejo desenvolver não tem nada a ver com a crítica como praticada cotidianamente nas lutas políticas e científicas quando estas se reduzem à luta política. (Depois de um certo tempo, tendemos a reduzir a crítica de uma posição à crítica da pessoa que a produziu – "De que lugar você fala, senhor?" – e acreditamos ter acabado com um pensamento quando dizemos que ele foi produzido por um filho de fulano ou pai de sicrano. Eu acho que existe uma crítica sociológica do discurso sociológico que não tem nada a ver com essa, ou pelo menos que só leva em conta bem parcialmente a posição social do sociólogo – seria bom demais e fácil demais se bastasse não ser mais um mandarim para fazer boa sociologia...)

Primeiro ponto: a crítica sociológica trata antes de mais nada do sujeito científico enquanto solidário de uma postura teórica. Começo com isso porque no fundo é isso que a crítica ordinária mais deixa de lado. Não voltarei a esse ponto, insisti muito nesse tema num livro chamado *O senso prático* ao me aplicar essencialmente sobre os efeitos da importação não crítica de posturas teóricas no trabalho antropológico[229]. Muito rapidamente, esses são os temas dessa crítica: é no fundo tudo que resultou da análise que fiz da diferença entre a relação R_0 e a relação

---

tigações lógicas: prolegômenos à lógica pura, vol. 1. Rio de Janeiro: Forense, 2014, tradução de Diogo Ferrer, p. 25 [*Logische Untersuchungen. Erster Band: Prolegomena zur reinen Logik*. Halle: Niemeyer, 1913].

228. Portanto, P. Bourdieu entende a palavra no sentido que ela tem em Kant e não no sentido influenciado pelo marxismo dado a ela pela "teoria crítica" desenvolvida pelos pensadores de origem alemã (em primeiro lugar, Theodor W. Adorno e Max Horkheimer) reunidos, a partir da década de 1930, sob o nome de "Escola de Frankfurt".

229. P. Bourdieu, *O senso prático*, *op. cit.*, pp. 70-85 [71-86].

R₁. É uma crítica de tipo kantiano dos limites inerentes ao fato de ser um sujeito cognoscente, exterior à ação, pensando a ação em vez de agindo a ação, o que não implica que a posição inversa que consiste em agir a ação seja fundamentada: a definição dos limites do conhecimento exterior à ação – é o paradigma do esquema, do diagrama, da genealogia etc. – tem como função definir os limites dessa exterioridade e tomá-la em conta para o conhecimento, em vez de pensar que anulamos essa exterioridade através do fato de mergulharmos no objeto. Portanto, a solução não é a sociologia participante. A teoria do conhecimento prático faz com que descubramos os limites de todo conhecimento que não se conhece como conhecimento, ou seja, como não prático.

No domínio da economia, essa é toda a crítica que fiz da teleologia associada à noção de *homo œconomicus*, o fato de projetarmos o *homo sapiens œconomicus* sobre o *homo œconomicus vulgaris*, emprestando a ele o conhecimento científico das teorias econômicas. No caso da etnologia, é o *homo anthropologicus*, o etnólogo que se torna o sujeito das ações e que, por exemplo, toma as genealogias como a verdade das trocas de parentesco. O caso mais impressionante – apenas menciono esses temas para que vocês possam transferir o conjunto do que me parece que obtivemos – é a análise do mito ou do rito: descrever de modo geral a importação não analisada de posturas teóricas para a análise de práticas como os ritos leva a descrever como uma álgebra o que é uma ginástica, a descrever os sistemas de parentesco ou os rituais como eles são no papel. Aqui, encontramos uma das coisas que eu disse na última aula sobre essas formas de ontologia viciosa que empregamos: dizer simplesmente "as classes populares comem mais feijão do que as classes privilegiadas" já é uma ontologia porque não colocamos a pergunta de saber se as classes populares existem, se elas existem no papel, ou se elas existem somente nas estatísticas etc. Entre os erros produzidos pela falta de crítica da postura teórica está aquele que consiste em fazer existir aquilo que existe no papel, ou seja, os esquemas, os diagramas, a álgebra, aquilo que construímos para compreender e que se torna a coisa compreendida – não me estendo mais mas acho que está claro o bastante. A linguística seria um excelente exemplo – Chomsky etc. – assim como o dedutivismo que denunciei em outra aula. A primeira crítica e o primeiro resultado dessa reflexão no fundo é a descoberta de um etnocentrismo teórico.

Se, nas lutas políticas, polêmicas, científicas, politizadas, o "teoricismo" [*théoricisme*] é uma dessas ofensas *ad hominem* que substitui a análise, aquele que considero o paralogismo mais perigoso nas ciências sociais é essa espécie de "teoreticismo" [*théoréticisme*] inscrito no fato de estar na postura teórica, ou seja, no fato de ser alguém que se pergunta: o que é a sociedade? Por que existem sociedades? Como isso funciona? etc. Isso são perguntas – já disse várias vezes – que uma pessoa que age normalmente não se coloca, não precisa se colocar; tudo é feito para que ela não precise se colocá-las. Não perceber o que está implicado no fato de se ter condições de se colocar essas perguntas é não saber a pergunta que se coloca e ao mesmo tempo produzir um artefato. Poderíamos continuar; tudo isso que acabo de dizer aqui poderia ser ilustrado de mil maneiras na concepção de um questionário. Retomo o paradigma do questionário sobre as classes sociais no qual o sociólogo que jamais se perguntou o que são as classes sociais pede para seu respondente dizer a ele o que é uma classe social. Se vocês refletirem sobre isso, verão que isso que enuncio realmente merece ser denunciado.

Um outro efeito – um dos mais sutis – que indico muito rapidamente consiste em se omitir de interrogar tudo aquilo que é inerente à postura teórica, ou seja, tudo aquilo que está implicado no fato de assumir uma postura teórica. Em "teórico", existe *theoria*, quer dizer, "contemplação", "representação", "espetáculo". Isso é uma banalidade de curso de filosofia, mas de vez em quando os tópicos mais gastos são verdadeiros: a visão que o *homo theoricus* se dá é uma visão de sobrevoo, é o mundo como representação no sentido do teatro e da pintura, é um mundo fora do qual nos instalamos e vemos, de preferência do alto, com perspectivas arrogantes, vistas aéreas (para o geógrafo); desenhamos planos, tiramos fotos, fazemos diagramas e produzimos um sentido que escapa aos sujeitos. Para saber o que fazemos – isto que faço nada mais é uma explicitação da famosa crítica de Saussure: "É preciso saber o que o linguista faz"[230] –, digo que é preciso saber o que o sociólogo faz. É preciso saber qual é esse ponto de vista do sociólogo e é preciso assumir um ponto de vista sobre esse ponto de vista. É preciso se perguntar como esse ponto de vista é possível epistemológica e socialmente. É absoluta-

---

230. "Estou muito desgostoso com [...] a dificuldade que há, em geral, para escrever dez linhas quando se tem [o] senso comum em matéria de fatos de linguagem. Preocupado sobretudo, há muito tempo, com a classificação lógica desses fatos, com a classificação dos [pontos de vista] sob os quais os tratamos, vejo cada vez mais [...] a imensidade do trabalho que seria necessário para mostrar ao linguista *o que ele faz* [...]". Ferdinand de Saussure, carta a Antoine Meillet de 4 de janeiro de 1894, citada por Émile Benveniste em "Saussure após meio século", in *Problemas de linguística geral I*. Campinas: Editora da Unicamp, 1991, tradução de Maria da Glória Novak & Maria Luiza Neri, p. 40, tradução modificada ["Saussure après un demi-siècle", *Cahiers Ferdinand de Saussure*, n. 20, 1963, p. 13].

mente importante saber o que é preciso ser socialmente para poder se dar ao luxo desse ponto de vista que não é apenas do sociólogo: os tecnocratas, os políticos, os delegados sindicais, todos os nossos representantes e porta-vozes compartilham com o sociólogo uma postura que é aquela das pessoas suficientemente afastadas do mundo social para estarem em posição de se questionar sobre o que ele é, o que ele faz, [o modo como] ele funciona etc.

Entre as coisas que não nos perguntamos – eu acabei de dizer – está tudo aquilo que é inerente a essa postura teórica, o sobrevoo mas também os instrumentos que nos damos para sobrevoar, para pensar: os mapas, os diagramas, os planos etc., assim como as coisas muito mais simples como os sistemas de classificação ou as oposições mais banais. Por exemplo, quando criamos faixas de renda (10.000, 20.000, 30.000) sem as interrogar: por que [adotar] cifras redondas? Por que uma divisão por classes etárias? Por que uma divisão por gênero? Há todo tipo de cortes que não questionamos. Como resultado, ao não questionarmos os sistemas de classificação, não questionamos os dejetos dos sistemas de classificação, dentro dos quais há coisas fluidas. Remeto vocês a um artigo exemplar de Thévenot sobre esse ponto publicado há alguns anos em *Actes de la recherche en sciences sociales*, que é uma crítica de um ponto de vista estritamente estatístico[231] (e não uma crítica ingênua das estatísticas, como aquelas contra as quais me defendi agora há pouco em relação aos questionários)[232].

---

231. Laurent Thévenot, "Une jeunesse difficile. Les fonctions sociales du flou et de la rigueur dans les classements" ["Uma juventude difícil: as funções sociais da vaguidade e do rigor nas classificações"], *Actes de la recherche en sciences sociales*, n. 26-27, 1979, pp. 3-18.
232. O final desse desenvolvimento, que concluiu a aula, está faltando da gravação.

Aula de 23 de novembro de 1982

> Um discurso suspeito. – Fingir ser cientista. – De onde fala o sociólogo? – A sociologia no espaço das disciplinas. – As estruturas inconscientes da hierarquia das disciplinas. – Filosofia/sociologia/história. – Lutas epistemológicas, lutas sociais. – Saber o que a sociologia faz.

O fato de a sociologia utilizar um vocabulário mais ou menos separado da língua comum está no princípio de uma dificuldade específica, em particular quando se trata da escrita. O sociólogo encontra-se diante de uma escolha: ele pode ou utilizar um léxico completamente arbitrário sem relação com os usos ordinários da língua, por exemplo, dando denominações arbitrárias às noções (por exemplo, X, Y, Z...), ou retomar palavras que já têm um uso no mundo social. Com muita frequência, nem que seja para estabelecer um mínimo de comunicação com os destinatários de seu discurso, os sociólogos escolhem retomar as palavras do léxico usual comum mas fazendo com que elas passem por um trabalho de renovação importante. Assim, as noções de "grupo" ou de "interação" podem ser utilizadas num discurso científico, mas com funções diferentes daquelas que possuem no uso ordinário e uma posição num espaço conceitual particular. No melhor dos casos, ou seja, quando o produtor do discurso realiza essa crítica linguística, ele se expõe a ver seu trabalho destruído pelos leitores comuns que, conscientemente ou não, reinjetam na mensagem seus hábitos de pensamento e modo de leitura.

Posso usar o exemplo do conceito de "legitimidade": essa noção tem toda uma história política e jurídica e sofreu, com Max Weber, uma elaboração decisiva ligada especialmente ao problema da violência e da definição do Estado[233]. Para

---

[233]. Alusão à definição de Max Weber do Estado contemporâneo como "uma comunidade humana que, dentro dos limites de determinado território [...], reivindica o monopólio do uso legítimo

um profissional da sociologia, a palavra "legitimidade" está portanto carregada de toda uma história, ela foi objeto de uma elaboração teórica. Quando, no que me concerne, eu retrabalho essa noção e adiciono a ela, num prolongamento de Weber e tentando ir mais longe, conceitos como "reconhecimento", "desconhecimento" etc., apoio-me num saber teórico que não posso supor que todos os leitores conheçam (nem sequer, infelizmente, todos os meus colegas). Há portanto um perigo considerável de mal-entendidos. Eu me coloco aqui na suposição (eu disse "no melhor dos casos") de que a intenção de purificação do léxico é máxima da parte do produtor do discurso. Mas a dificuldade aumenta pelo fato de que existe um gênero, um modo de expressão sobre o mundo social, uma espécie de ensaísmo, que brinca com a polissemia da linguagem científica.

Um discurso suspeito

Sem desenvolver longamente esse ponto (ele mereceria ser tratado, mas isso levaria tempo), remeto vocês, antes de mais nada, a um texto sobre Heidegger no qual mostro que um certo uso filosófico de um léxico sociológico resulta num discurso suspeito, um discurso que olha para os dois lados ao mesmo tempo[234]. Existem discursos que se definem por essa espécie de intenção bífida: eles parecem falar no nível da coerência sistêmica de um léxico de profissionais especializados e, ao mesmo tempo, falam no nível da coerência infrassistêmica dos sistemas míticos através dos quais pensamos o mundo social. Eu mostrei, por exemplo, como um conjunto de jogos de palavras (como *Sorge*, *Fürsorge* etc.) que se encontra no coração da teoria heideggeriana do tempo remete de modo implícito ao tema ordinário da previdência social. Em outras palavras, pode-se, ao ler Heidegger, escutar um discurso patente, uma teoria da temporalidade que tem sua coerência enquanto continuamos escutando paralelamente, como uma espécie de baixo contínuo na música, um outro discurso que, talvez, diz o essencial, e que num momento aparece no primeiro plano – talvez o autor inconscientemente deixe isso acontecer ou faça isso acontecer. Eu fiz um trabalho análogo a propósito de um texto ainda mais sagrado, ainda mais canônico, a *Crítica da faculdade de julgar* de Kant. Aqueles que

---

da violência física" (Max Weber, *Ciência e política: duas vocações*, op. cit., p. 71). Ver também M. Weber, *Economia e sociedade*, op. cit., v. 1, pp. 19-20.
234. Ver P. Bourdieu, *A ontologia política de Martin Heidegger*, op. cit.; *Sociologia geral vol. 1*, op. cit., pp. 89ss. e 147ss. [104ss. e 174ss.].

quiserem me seguir no sacrilégio podem ler o *post-scriptum* do livro *A distinção*[235], onde tento mostrar que podemos fazer uma leitura dupla da *Crítica da faculdade de julgar*: a leitura que Kant nos pede para fazer ao chamar nossa atenção para um nível patente de coerência, e uma outra leitura na qual também encontrei uma grande coerência a partir do momento em que comecei a seguir essa espécie de discurso subterrâneo ao mesmo tempo reprimido e sempre presente.

Esse discurso suspeito, de duas direções, me parece muito importante porque, no fundo, é o pão de cada dia do discurso sobre o mundo social: no terreno do social, é muito raro que não falemos dessa maneira. A ponto de me fazer pensar que o sociólogo deveria se perguntar todos os dias, quando escreve, se não é isso que está fazendo. Obviamente coloco essa pergunta para que ela possa ser devolvida para meu próprio discurso, e para o discurso de qualquer sociólogo possível: será que quando fazemos esse trabalho de elaboração para romper com as conotações ordinárias não estaríamos fazendo um simples trabalho de racionalização de um discurso profundo através do qual nossos fantasmas sociais se expressam? Em outras palavras, o sociólogo não seria para a ciência o que o astrólogo é para o astrônomo?

O terceiro exemplo é o que chamei de "efeito Montesquieu", em relação à sua teoria do clima[236]. Essa teoria entrou há muito tempo no inconsciente culto e periodicamente gera discussões científicas: a questão de saber se é preciso dar crédito à teoria de Montesquieu ainda recentemente foi assunto de uma discussão muito séria em *L'Homme*, uma revista de antropologia muito notável[237]. Ora, quando eu vi esse texto sobre o norte e o sul[238], eu me surpreendi ao descobrir nele uma coerência que é da ordem daquela do pensamento mítico como existente nas sociedades arcaicas: o norte é o frio, a frigidez, o masculino, enquanto o sul é o calor, a

---

235. Ver P. Bourdieu, *"Post-scriptum*. Elementos para uma crítica 'vulgar' das críticas 'puras'", in *A distinção, op. cit.*, pp. 448-460.

236. Ver Pierre Bourdieu, "A retórica da cientificidade: contribuição para uma análise do efeito Montesquieu", in *A economia das trocas linguísticas, op. cit.*, tradução de José Carlos Durand, pp. 177-186 ["Le Nord et le Midi: contribution à une analyse de l'effet Montesquieu", *Actes de la recherche en sciences sociales*, n. 35, 1980, pp. 21-25].

237. Pierre Gourou, "Le déterminisme physique dans *l'Esprit des lois*" ["O determinismo físico em *O espírito das leis*"] , *L'Homme*, n. 3, 1963, pp. 5-11.

238. A teoria dos climas de Montesquieu está exposta principalmente nos livros XIV a XVII de *O espírito das leis* (1748), in *Os pensadores*, vol. XXI. São Paulo: Abril Cultural, 1973, tradução de Fernando Henrique Cardoso & Leôncio Martins Rodrigues, pp. 207-251.

sensualidade, o feminino etc. Num estado antigo da minha maneira de refletir, eu me contentaria em dizer que esse texto, que era considerado como um argumento pela revisão e aperfeiçoamento de um determinismo geográfico, era na realidade um sistema mítico. Mas, relendo-o recentemente, depois de ter lido esse discurso bífido do qual eu falava a respeito de Heidegger, descobri uma segunda coerência, uma coerência patente que explicava por que levamos esse texto a sério por tanto tempo. Portanto, meu sentimento de ser esperto na verdade era ingênuo (essa é uma grande experiência que vivenciamos quando fazemos sociologia): se esse texto realmente fosse uma mitologia simples, seria preciso explicar como gente tão erudita poderia tê-lo levado a sério por tanto tempo. Para compreender como aquilo que estava completamente à vista não tenha sido percebido era preciso que o texto exercesse um efeito, o efeito que batizei de "efeito Montesquieu". Para fazer com que acreditassem em sua cientificidade, Montesquieu elaborou toda uma retórica. Ele fez experiências, ele deixou uma língua de boi no frio e viu que as fibras estavam mais contraídas, e com isso tirou conclusões sobre as pessoas do norte[239], ele citou um médico inglês... Resumindo, ele mobilizou todo um aparelho (no sentido de Pascal[240]) científico para fazer com que acreditassem que ele era capaz de provar o que afirmava.

A partir do momento em que existe um campo científico capaz de produzir a ciência, somos expostos à tentação de mascarar estruturas míticas profundas vestindo-as com uma roupagem científica. Somos convocados a produzir, conscientemente ou não, esse efeito Montesquieu, nem que seja para responder positivamente às expectativas geradas pelo mundo onde estamos. Para que o efeito Montesquieu funcione, o aparelho científico não é suficiente: é preciso também que as estruturas profundas do cientista encontrem as do leitor e que se produza uma comunicação dos inconscientes – fala-se muito de "comunicação das consciências"[241], mas o que interessa ao sociólogo é a comunicação dos inconscientes. Não fazemos muitas perguntas a um discurso que é estruturado como nosso próprio cérebro; se ele se enfeita com os trajes da ciência, não perguntamos mais nada a ele. O que é consti-

---

239. *Ibid.*, pp. 209-211.
240. Ver *supra*, p. 101, n. 110.
241. A "comunicação das consciências" é um velho tema teológico e filosófico. Nos decênios do pós-guerra, ele era invocado com frequência em relação à fenomenologia e aos filósofos existencialistas, devido ao fato de eles contestarem a concepção mais solipsista da consciência que reinava na filosofia clássica vinda especialmente de Descartes.

tutivo do efeito Montesquieu, portanto, é essa combinação entre por um lado um aparelho que é estruturado como um discurso científico e, pelo outro, as estruturas [mentais] dos cérebros dos receptores. Para estender um pouquinho mais essa análise: eu acho que o terreno no qual se expressa o pensamento mítico hoje em dia não é mais somente o das sociedades arcaicas. Parece-me que o "pensamento selvagem" analisado por Lévi-Strauss[242], que foi de modo geral eclipsado do pensamento sobre o mundo natural, hoje em dia refugia-se no mundo social. Há dois terrenos nos quais somos espontaneamente mitólogos: o mundo social e os casos em que falamos de outras pessoas – especialmente do corpo delas.

Fingir ser cientista

O paradigma dessa ciência falsa, dessa mitologia científica que encontrei em Montesquieu, poderia ser a grafologia ou a fisiognomonia. Acabo de ler um texto dedicado a Lavater[243], que é o inventor da fisiognomonia científica (e não o "inventor da fisiognomonia", porque não se pode inventar algo que todos têm na cabeça e para o qual, como para a teoria dos climas de Montesquieu, podemos encontrar fontes infinitas, já que se trata de estruturas mentais muito profundas que são coextensivas a uma tradição cultural). Ao se fundamentar no seu senso prático, Lavater expôs uma correspondência entre as características do rosto e as disposições internas. Para as necessidades da prática, para se virar na vida, existe um senso prático de decodificação dos rostos: dizem que uma parte inferior grande do rosto significa sensualidade, que uma testa alta remete à inteligência etc. Aliás, seria interessante coletar esses discursos que vão da fisiognomonia espontânea até à produção com pretensão científica: poderíamos ver antes de mais nada o que está inconsciente e não verbalizado, em seguida aquilo que está verbalizado na linguagem comum (alto/baixo, fechado/aberto etc.), depois aquilo que está objetivado nos discursos semicientíficos (vejam os manuais do tipo "como se tornar um chefe") e, finalmente, o que está objetivado numa ciência de caráter científico como a caracterologia ou a psicologia aplicada a empresas. Temos assim uma

---

242. Claude Lévi-Strauss, *O pensamento selvagem*. Campinas: Papirus, 1990, tradução de Tânia Pellegrini [*La Pensée sauvage*, Paris: Plon, 1962].

243. Sem dúvida se trata do manuscrito de um artigo que será publicado após o curso: Martine Dumont, "Le succès mondain d'une fausse science: la physiognomonie de Johann Kaspar Lavater" ["O sucesso mundano de uma falsa ciência: a fisiognomonia de Johann Kaspar Lavater"], *Actes de la recherche en sciences sociales*, n. 54, 1984, pp. 2-30.

linha contínua. Essa espécie de caracterologia espontânea existe primeiro no estado de esquemas práticos pouco verbalizados ou não verbalizados. Em seguida, ela existe nas expressões, provérbios, ditados, ou seja, sob a forma de verbalizações parciais que são o equivalente daquele que é o costume no terreno jurídico. Depois temos os níveis de elaboração um pouco maiores, como o discurso político.

Isso que acabo de dizer sobre a fisiognomonia vale para muitos domínios de conhecimento. Por exemplo, existe uma sociolinguística espontânea: por exemplo, alguém que diga "pega esse treco aí" é imediatamente classificado como "classe popular". No terreno da linguística, encontramos a mesma linha contínua da fisiognomonia. Aplicamos à língua o mesmo tipo de esquemas inconscientes: falamos, por exemplo, de "linguagem crua", invocando a oposição cru/cozido para [marcar] a divisão entre língua legítima e língua ilegítima. As categorias míticas (alto/baixo, por exemplo) funcionam para tudo: para a língua, para os sentimentos (há sentimentos elevados), para o caráter, a fisionomia etc. Elas são ao mesmo tempo fracamente coerentes, parcialmente substituíveis, ligadas entre si por laços vagos: não enxergamos imediatamente o laço entre "leve/pesado" e "alto/baixo", mas basta mencionarmos dois ditados para ver que passamos facilmente de uma categoria para a outra. Esse sistema de oposições moles que valem para tudo vai estruturar cada terreno particular. A língua popular, por exemplo, será chamada de "baixa", "mole", "frouxa", "desleixada", "relaxada" etc. Teremos então uma classificação dualista fundamentada em estruturas ao mesmo tempo cognitivas e valorativas hierarquizadas, pois sempre há um lado bom das oposições que, obviamente, corresponde aos termos que designam os dominantes, ou seja, os utilizadores do sistema de oposições: "elevado" é a cabeça, o alto, em oposição aos pés, ao ventre, ao sexo etc. Esses sistemas dualistas sempre são orientados. E não sem motivo: por serem os juízes e partes interessadas, aqueles que utilizam esses sistemas estão do lado bom da taxonomia. Portanto, no terreno da língua, esses sistemas de oposição reproduzirão primeiro, no terreno da sociolinguística espontânea, sistemas de diferenças (não completamente coerentes), depois se desenvolverá uma sociolinguística semicientífica (há, por exemplo, dois *Que sais-je?* de Guiraud: um sobre a gíria, outro sobre o "francês popular"[244]): é o equivalente

---

244. O autor dos volumes *L'Argot* [*A gíria*] (n. 700, 1ª ed. 1956) e *Le Français populaire* [*O francês popular*] (n. 1172, 1ª ed. 1965) é Pierre Guiraud, um professor de linguística da Universidade de Nice [A série *Que sais-je?* ("O que sei?"), é uma famosa coleção francesa de livros introdutórios sobre temas acadêmicos para o público leigo. – N.T.].

de Lavater na fisiognomonia, ou seja, um sistema de categorias de pensamento míticas (alto/baixo etc.) aplicadas a um objeto social.

Volto a Lavater: ele era um cavalheiro que, num período de crise (perto da Revolução Francesa[245]) em que o universo social balançava, construiu um sistema teórico que permitia julgar as pessoas a partir da forma de seus rostos. O sistema é muito simples (alto/baixo, grande/pequeno etc.) e se baseia em analogias sumárias: há três partes do corpo humano, segundo uma divisão que se parece muito com a tripartição platônica[246], e reconhecemos o chefe pela testa, por sua cabeça, já que a testa é para a cabeça o que a cabeça é para o corpo e o corpo é para todo o resto o que as pessoas são para aqueles que comandam. O fisiognomonista com pretensão científica, ou seja, o mitólogo científico, dá a esse sistema de analogias simples uma aparência científica. Por exemplo, ele utiliza a matemática: Lavater desenha curvas. Assim, uma ilustração que todo mundo já viu mostra uma série de cabeças, desde o sapo até o *homo sapiens* europeu, passando pelo chinês, pelo negro que é obviamente apresentado como o homem popular etc. Mede-se os ângulos do rosto, do nariz etc. Constrói-se então todo um aparelho de racionalização científica, porque na era da ciência não se pode aderir ingenuamente a uma mitologia.

O sucesso dessa falsa ciência, que incluiu Balzac, por exemplo[247], deve-se à conjunção entre um pensamento mitológico profundo do qual não se exige uma justificação científica e um aparelho científico. Essa conjunção que define o discurso suspeito produz o efeito ideológico absolutamente especial que caracteriza as falsas ciências. Dentro dessas falsas ciências, obviamente não podemos colocar no mesmo saco Lavater, Heidegger e Kant; podemos distinguir entre seu grau de racionalização, entre o tipo de mitologia etc. Mas o que eu queria designar aqui é um conjunto de discursos que, independentemente de suas diferenças, falam do mundo social,

---

245. Publicado em alemão entre 1775 e 1778, o tratado de Lavater teve extratos traduzidos para o francês desde 1797 ("com observações sobre as características de alguns personagens que figuraram na Revolução Francesa") e será traduzido integralmente em 1806 sob o título *L'Art de connaître les hommes par la physionomie* [A arte de conhecer as pessoas pela fisionomia. Há uma tradução em português não creditada de 1854 com o título *O fisionomista portátil, ou compêndio da arte de conhecer as inclinações dos homens e das mulheres pelas feições do rosto*. Paris: Pillet Fils Ainé – N.T.].

246. No livro IV de *A República,* Platão distingue três grandes caracteres da alma (o "apetite", a "razão" e a "vontade") que são distribuídos desigualmente entre as pessoas e que determinam o lugar que elas são mais aptas a ocupar na cidade.

247. Balzac se inspira em Lavater para a fisionomia dos personagens da *Comédia humana*. Ver M. Dumont, "Le succès mondain d'une fausse science", *art. cit.*, p. 29.

dos medos e fantasmas sociais de seus autores, enquanto parecem falar de algo completamente diferente. A força das mitologias científicas vem do fato de que elas estão, como se diz, "como o nariz no meio da cara", elas são como esses desenhos onde há rostos escondidos numa folhagem. Se, antes da publicação de meu artigo[248], tivéssemos feito um concurso com todos os heideggerianos da França perguntando a eles: "Onde é que Heidegger fala sobre a previdência social?", ninguém teria encontrado nada porque isso está totalmente integrado num discurso manifesto. Certamente, as estratégias (como explicarei mais tarde, eu não deveria utilizar esse termo porque ele pode sugerir que se trata de um ato completamente intencional) que os diferentes autores empregam para produzir esse efeito de camuflagem (mais uma vez, isso parece uma palavra intencional) são muito diferentes [...].

Eu acho que é importante saber que a sociologia é constantemente perseguida por esse perigo, por essa tentação do discurso de objetivo duplo, de jogo duplo, de lucro duplo. Se eu insisto muito nisso é porque, como Bachelard dizia sem parar, sempre lutamos contra o adversário mais ameaçador, contra o adversário principal num certo momento. Temos o direito de dar muita importância a alguma coisa que é importante numa certa luta científica e, do ponto de vista sociológico, eu acho que o perigo do discurso bífido é um dos mais ameaçadores. Isso não quer dizer que não existam outros. Por exemplo, mencionei bem rapidamente o perigo que, expresso na sua forma mais geral, consiste em falar em nome de um certo título acreditando falar na primeira pessoa. Não desenvolverei muito esse ponto que está ligado à crítica que esboçarei daqui a pouco (a saber: quem fala quando eu falo?), mas ele é muito importante. Assim, a sociolinguística se dá como objeto compreender os discursos ao compreender as condições sociais de produção dos discursos e as condições sociais nas quais esses discursos são recebidos. Um discurso, eu disse várias vezes, remete ao encontro de um produto e de um mercado. Do lado daquele que fala, ela busca saber como o discurso foi produzido. E do lado do receptor, ela interroga a estrutura do mercado linguístico. É por isso que as leituras internas de tipo semiológico que consistem em procurar no texto, e apenas no texto, toda a verdade do texto são contestáveis. É verdade que toda a verdade do texto está no texto, mas não é lá que a enxergamos melhor, porque ela está lá num estado oculto, mascarado. Para compreender a verdade do texto, é importante interrogar o que o torna possível.

---

[248]. P. Bourdieu, *A ontologia política de Martin Heidegger*, op. cit.

Apesar de muitas vezes dizermos que os sociólogos são ameaçados pela tentação de fazer política, eu acho que o perigo do discurso bífido que se dirige às estruturas mentais profundas dos indivíduos, ou seja, a suas categorias de percepção, é muito maior. Num certo grau de avanço do campo científico, o perigo de irrupção brutal do discurso político fica cada vez menos importante. O que é mais ameaçador é um discurso político que se dá a aparência de ciência. Penso, por exemplo, que toda uma parte da obra de Marx é suscetível a uma análise em termos do efeito Montesquieu: há em Marx toda uma parte de filosofia social (eu falei, por exemplo, a propósito da filosofia teleológica reprimida[249]), de mitologia social disfarçada de ciência. Eu acho que, quanto mais o campo científico ganhar autonomia, mais o discurso bífido se tornará dominante porque, com o aumento da censura científica, a repressão das pulsões e dos fantasmas políticos primitivos será crescente, e os discursos se caracterizarão por um grau mais alto de eufemização: eles parecerão não falar de nada, mas na verdade eles só falarão *disso*. Eu invoco esse *isso* como na psicanálise, porque acho que os sujeitos sociais só pensam sobre o mundo social.

Assim, o discurso literário que é em grande parte feito para não pensar o mundo social é absolutamente assombrado por ele. Ele fala do mundo social de maneira formidável, mas com um grau de eufemização de modo a fazer com que os leitores sucessivos reproduzam a denegação que produziu o texto. Remeto vocês à minha análise de *A educação sentimental* de Flaubert[250]: nela mostro que *A educação sentimental* reproduz a estrutura da classe dominante tal qual Flaubert a enxergava; ao mesmo tempo, o que é interessante é que, como no caso de Montesquieu, essa estrutura que salta aos olhos, segundo o paradigma de "A carta roubada" analisado por Lacan[251], passou despercebida por todos os leitores, incluindo aqueles mais esclarecidos, como Sartre[252]. O trabalho de repressão do social que cada criador faz para si mesmo – e é pelo fato de fazer para si mesmo que ele o faz tão bem para os outros; é porque ele busca enganar a si mesmo que ele engana tão bem – se reproduz nas leituras de seu público. Eu insisti muito (é um viés que adotamos muito na exposição das pesquisas científicas: nós enfatizamos o erro

---

249. Ver *supra* a passagem sobre a teleologia marxista na aula de 9 de novembro de 1982, p. 157.
250. P. Bourdieu, "L'invention de la vie d'artiste", *art. cit.*, e o desenvolvimento dessa análise em *As regras da arte*, *op. cit.*
251. Ver Jacques Lacan, "O seminário sobre 'A carta roubada'", in *Escritos*. Rio de Janeiro: Jorge Zahar, 1998, tradução de Vera Ribeiro, pp. 13-66 [Écrits. Paris: Seuil, pp. 11-61].
252. Ver J.-P. Sartre, *O idiota da família*, *op. cit.*

mais provável no momento em que falamos) nessa forma avançada de ideologia que são os discursos bífidos mas é preciso entender que ela coexiste com as formas muito mais elementares e ainda existem, incluindo no mundo da sociologia, pessoas que falam com graus de eufemização muito baixos.

De onde fala o sociólogo?

Lembro vocês que o que faço aqui é mostrar como a sociologia pode aplicar os resultados da sociologia à prática do sociólogo. Primeiro examinei o sociólogo enquanto teórico, segundo, o sociólogo enquanto utilizador de um discurso marcado socialmente. Agora, terceiro, analisarei o sociólogo enquanto alguém que ocupa uma posição social.

Já se falou muito – essa é uma tradição historicista que podemos aproximar de modo geral ao nome de Max Weber e que foi desenvolvida na França do pós-guerra – sobre a inserção social do sociólogo, a inserção histórica do historiador[253]. Disso resultaram argumentos relativistas: é possível estar inserido na história e ter uma visão objetiva da história? Essas problemáticas resistem porque são reconhecidas pelo sistema escolar. Elas servem para dissertações, mas também para estados de alma. Isso pegava muito bem nos anos pós-1945: "Será que consigo superar os limites da minha condição histórica?" A pergunta tinha um lado existencial, mas ela sempre voltava em outras formas ("De que lugar você fala?"[254]), e as pessoas acreditavam estar liberadas de todas as críticas kantianas às quais eu submeto a sociologia depois de dizerem a profissão de seu pai e de sua mãe. Essa problemática que me parece, e vocês já entenderam pelo modo como falo dela, um pouco ingênua, resume-se a fazer ao produtor dos discursos científicos a pergunta sobre sua posição social reduzindo-a de alguma forma ao interesse de classe: dizem que há uma história burguesa, progressista ou proletária. Apesar do velho debate sobre a "ciência proletária" e a "ciência burguesa" causar risos nos cientistas das ciências naturais, ele ainda é muito vigoroso quando se trata das ciências sociais. Ele sempre renasce sob formas mais ou menos ingênuas: sempre

---

253. Na sociologia, podemos mencionar por exemplo o título da aula inaugural de Raymond Aron no Collège de France: *Da condição histórica do sociólogo*. Brasília: Editora da UnB, 1981, tradução de Vamireh Chacon [*De la condition historique du sociologue. Leçon inaugurale au Collège de France prononcée le 1er décembre 1970*. Paris: Gallimard, 1971].

254. Alusão ao sucesso de fórmulas como "De onde você fala, camarada?" no interior dos grupos militantes dos anos pós-1968.

queremos medir a qualidade científica de uma produção científica a partir da qualidade social do produtor, como se, para se escrever sobre a classe operária, fosse preciso ter saído do mundo operário. Eu menciono essas questões ingênuas quase com vergonha, à medida que participo da comunidade que as coloca, mas elas ainda têm uma grande eficácia social: na lógica da denúncia, da difamação, do anátema, do jdanovismo[255] prático que é muito praticada no estado espontâneo da luta cotidiana, elas têm um rendimento altíssimo; quando queremos calar a boca de alguém, sempre podemos lembrar a essa pessoa "o lugar de onde ela fala".

Essas questões, que invoquei por honestidade, por virtude, escondem questões muito mais importantes que parecerão evidentes para alguns de vocês. Uma primeira questão é saber o que é ser o que se é. Quando se trata de um sociólogo, por exemplo, antes de interrogar suas filiações e afiliações, seria preciso interrogá-lo simplesmente sobre sua disciplina: o que é ser sociólogo? Será que uma parte dos limites de seu entendimento científico não tem a ver com o que é ser sociólogo? Saussure dizia que era preciso saber o que o linguista faz (eu sempre repito essa frase porque ela me parece resumir a epistemologia): ele não dizia que era preciso saber o que Saussure faz, mas o que "o linguista" faz[256]. Da mesma maneira, é preciso saber o que "o sociólogo" faz: o sujeito de um certo número de discursos feitos na primeira pessoa não é tal sociólogo francês ou alemão com um nome próprio, é "o sociólogo", ou seja, a disciplina sociológica. Para saber o que sou enquanto sujeito do discurso sociológico, não se trata de fazer uma introspecção. Com isso não quero dizer que essas questões ordinárias da origem social, sobre as quais, aliás, falarei mais, não têm importância; elas são importantes, mas elas só podem ser formuladas depois da posição ser interrogada.

O sujeito do discurso sociológico que será produzido em Berkeley, Paris ou Londres é portanto *antes de mais nada* a sociologia, quer dizer, uma certa história, um certo capital acumulado, um certo número de problemáticas obrigatórias. Uma disciplina científica se define por um inconsciente coletivo, que faz com que as pessoas se entendam entre si, tenham uma espécie de consenso inconsciente sobre um certo número de questões que julgam mais ou menos importantes. Mas é muito mais do que isso: o que corre o risco de ser o sujeito desse consenso não é nem sequer

---

255. Referência à doutrina estética de Andrei Jdanov, que estabeleceu os parâmetros da produção cultural na União Soviética na década de 1950 [N.T.].
256. Ver *supra*, p. 198, nota 230.

a sociologia enquanto disciplina histórica, é a posição da disciplina no espaço das disciplinas. Para exercer um controle rigoroso sobre uma prática científica como a sociologia é preciso ter uma ideia do que é o campo no qual a sociologia está situada.

A sociologia no espaço das disciplinas

Eu não tenho elementos suficientes para propor uma análise absolutamente rigorosa do que seria a posição da sociologia no espaço das disciplinas na França, mas sei o bastante para fazer uma espécie de exercício escolar que improvisarei e que terá uma virtude dupla: ele mostrará como se pode compreender o que é uma disciplina, como podemos analisar a sociologia com os resultados da sociologia; ao mesmo tempo, isso será uma iniciação a tudo que direi sobre a noção de campo. O postulado metodológico e epistemológico que utilizarei é que o sujeito, o "eu" das proposições que todos os sociólogos do mundo escreverão, será em grande parte o sociólogo segundo uma certa posição que sua disciplina ocupa num espaço. Esse espaço das disciplinas apresentará invariantes nas diferentes sociedades, mas também variações: por exemplo, ser um sociólogo em Paris em 1960 não é a mesma coisa que em Londres, Harvard ou Berlim, porque, apesar de existirem invariantes, as condições vão variar. Desenharei um pequeno esquema completamente provisório, útil como exercício, mas destinado a ser apagado das memórias[257].

---

257. Reproduziremos aqui o esquema que aparece em *Homo Academicus*. Florianópolis: Editora da UFSC, 2011, tradução de Ione Ribeiro Valle & Nilton Valle, p. 163 [Paris: Les Éditions de Minuit, 1984, p. 160]; o esquema que P. Bourdieu efetivamente desenhou durante o curso deve ter sido o esboço desse.

211

Para saber onde colocar a sociologia, o primeiro momento consistirá em perguntar em qual espaço ela se encontra. Vou situar a sociologia num espaço universitário, que precisará ser relacionado à história: é muito importante saber como uma ciência que se dá por objeto o mundo social tornou-se possível num certo momento da história, como ela apareceu enquanto disciplina no espaço universitário. Como a sociologia é uma disciplina universitária, é natural situá-la no espaço universitário. O primeiro conceito será o campo das disciplinas: essa estrutura vai se impor aos agentes, que deverão levá-la em conta. O campo acadêmico está dividido em disciplinas hierarquizadas umas em relação às outras. Como encontrar indicadores da hierarquia das disciplinas? Num estado determinado do campo, excluindo qualquer juízo de valor, utilizando as leis do mercado, podemos manter como indicadores a taxa de "normalianos" [formados pela École normale supérieure] ou a taxa de agregados [professores universitários concursados] numa disciplina. Descobrimos assim uma hierarquia muito simples, linear, unidimensional: da filosofia à geografia (ainda não situo a sociologia, porque ela ocupará uma posição bizarra, oposta a essas duas disciplinas), a taxa de "normalianos" e de agregados diminui, e também a origem social dos estudantes. Quanto mais vamos na direção da geografia, mais a origem social dos estudantes diminui. A origem social dos professores baixa da mesma maneira, mas como se trata de uma população muito mais selecionada, isso já é mais misturado (esse é um fenômeno absolutamente banal). Existe então uma hierarquia das disciplinas que corresponde a uma hierarquia dos agentes, o que é uma coisa muito interessante que observamos em campos muito diferentes, a ponto de podermos reconstruir os campos usando duas coisas: as indicações sobre as instituições e as indicações sobre os agentes que as ocupam. Podemos, por exemplo, construir o campo da literatura utilizando a origem social dos escritores e ao mesmo tempo as propriedades das diferentes instituições, como o fato de que o teatro rende cem vezes mais do que o romance e mil vezes mais que a poesia. Assim, construir um campo é levar em conta as informações que concernem ao mesmo tempo as posições e os ocupantes das posições. Para construir o espaço da Igreja, utilizamos simultaneamente as propriedades das dioceses e as propriedades dos bispos. Em alguns casos, podemos construir um campo utilizando apenas as propriedades dos agentes quando ocorre de termos poucas informações sobre as posições. Mas quando conseguimos informações suficientes sobre as posições e sobre as disposições, podemos colocar o problema do ajuste das disposições às posições. Uma lei, que já mencionei neste curso, é a existência de uma correspondência global, com a possibilidade de discordâncias, entre as posições e as disposições. Podemos utilizar de tudo para construir um campo: o fato de os historiadores dizerem "burro como um geógrafo" é, por exemplo, um fato social revelador das relações entre disciplinas: um historiador pode dizer isso sem precisar se justificar e sem se tornar alvo da reciprocidade: se um geógrafo disser "burro como um historiador", isso funcionaria muito pior, porque ele não tem o mercado ao seu lado.

Muito próximo da filosofia, mas com diferenças, teríamos o francês. Mas há uma segunda dimensão (tenho uma visão mais complicada do que essa que direi a vocês). Um campo pode englobar espaços que são eles mesmos campos e que têm como constantes tudo aquilo que lhes advém pelo fato de ocuparem uma certa posição no campo [geral]. Um campo vai se organizar segundo oposições homólogas àquelas do campo pelo qual ele está englobado, o que resultará em coisas muito complicadas e esclarecerá muitos paradoxos, especialmente quando se trata de posições políticas. Mas aqui estou indo muito rápido e muito devagar ao mesmo tempo [*risos*]. (Eu hesitei muito antes de falar disso porque é muito arriscado. Ao mesmo tempo, acho que isso pode ter uma virtude comunicativa importante porque, se eu colocasse vocês imediatamente no tipo de formalização difícil, rigorosa e um pouco chata que tentei fabricar para dar conta da noção de campo, vocês concordariam com tudo e com nada, quer dizer, vocês concordariam com o discurso acadêmico; assim eu exerceria uma autoridade pedagógica sem efeito real, o que não é meu objetivo na vida.)

Há portanto essa oposição entre as disciplinas dominantes e as disciplinas dominadas. Entre as dominantes, vocês encontrarão uma suboposição. Remeto vocês ao artigo chamado "A excelência escolar e os valores do sistema de ensino"[258], que analisa as *performances* dos laureados no Concurso Geral[259]. A disciplina aparece nesse artigo como muito explicativa e encontramos uma oposição muito central entre os laureados de letras clássicas e os laureados de filosofia, e em menor grau de francês: os laureados de letras clássicas eram mais pequeno-burgueses, mais submetidos ao sistema escolar, mais disciplinados. No estado orgâ-

---

258. Pierre Bourdieu & Monique de Saint Martin, "A excelência escolar e os valores do sistema de ensino francês", in *A economia das trocas simbólicas*, op. cit., tradução de Sergio Miceli, pp. 231-267 ["L'excellence scolaire et les valeurs du systéme d'enseignement français", *Annales ESC*, v. 25, n. 1, 1970, pp. 147-175].

259. Concurso que premia os melhores alunos dos liceus franceses [N.T.].

nico do campo intelectual, eles tinham uma probabilidade maior de tornarem-se "normalianos". Essas pessoas são geralmente "oblatas"[260], o que é uma lei geral: as instituições adoram aqueles que as adoram e o Partido [comunista], por exemplo, adora as pessoas que devem tudo ao Partido, que fazem carreira no Partido, que chegam ao topo devendo tudo à instituição e de cuja lealdade a instituição não duvida porque elas devem tudo à instituição. É parecido nas Igrejas e com os "alunos milagrosos" do sistema escolar: eles devem tudo ao sistema escolar e em geral são aqueles que mais geram renda para o sistema escolar e aqueles para os quais o sistema escolar mais rende. Eles são inclinados à docilidade: eles portam uma espécie de docilidade visceral que permite que a instituição se confie a eles.

A hierarquia seria simples se não houvesse essas novas disciplinas que são a sociologia, a psicologia, a linguística. Como até uma data recente – mais ou menos até a década de 1960 – essas disciplinas não haviam sido separadas, teríamos num certo ponto "gramática-filologia-linguística"; depois houve uma cissiparidade, em parte por causas externas, e ocorreu um corte entre a linguística e a filologia. O caso da sociologia é diferente: ela não saiu de uma disciplina tradicional. Mais exatamente, ela saiu há muito tempo (desde Durkheim) da filosofia. Como o corte é antigo, percebemos menos essa origem. A própria história será um campo: a história moderna estará muito próxima da sociologia enquanto a história antiga estará muito próxima da filosofia. Uma propriedade interessante da história é que ela ocupa no campo das disciplinas literárias uma posição central e, em algumas conjunturas dos campos, a posição central pode corresponder à posição dominante. Portanto, a dominação da história não tem a mesma forma da dominação da filosofia.

Essa construção ensina uma primeira coisa importante sobre a sociologia. Do ponto de vista dos critérios que utilizei para construir o campo, a sociologia é na realidade uma disciplina bizarra. Por um lado, ela tem mais detentores de indicadores de alto nível segundo as normas antigas do que a geografia: ela tem mais "normalianos", mais agregados, mais professores e estudantes de origem burguesa. Por outro lado, ela tem mais pessoas de nível escolar fraco, medido pela taxa de distinções no bacharelado[261], do que outras disciplinas. Portanto, é

---

260. P. Bourdieu utiliza com frequência o termo "oblato", cujo significado original remete a pessoas leigas que se juntam a ordens religiosas, muitas vezes com dedicação fervorosa, para se referir a pessoas completamente dedicadas às instituições nas quais atuam [N.T.].

261. Na França, o bacharelado é um título que pode ser obtido ao final do ensino médio nos liceus [N.T.].

uma disciplina bimodal. Ela é dupla do próprio ponto de vista dos critérios que empregamos para construir o espaço das disciplinas, e podemos perguntar qual é a posição que ela ocupa nele.

Entretanto, esse espaço das disciplinas se situa no espaço das faculdades. É preciso então introduzir as faculdades de Ciências, já que tratamos das "ciências humanas". No espaço das disciplinas científicas, teremos uma hierarquia entre a Matemática, a Geologia, a Física, a Química [...]. Essa hierarquia também corresponde a uma hierarquia das origens sociais dos estudantes e dos professores e a uma hierarquia dos prestígios em função dos graus de nobreza [acadêmica]. Por exemplo, eu assisti um debate entre representantes de todas as disciplinas científicas e, para falar dessas disciplinas, as pessoas utilizavam constantemente o léxico e os esquemas do puro e impuro, belo e feio, teórico e empírico, material e etéreo. Se os sistemas de oposições míticas sobre os quais eu falava há pouco funcionam tão bem, é porque com frequência a realidade social se constrói objetivamente dessa maneira: a geologia vai se opor à geografia como o céu e a terra, como o alto e o baixo, e a matemática será para a geologia o que a filosofia será para a geografia.

A sociologia é duplamente "menos" [*risos*], ela é "nem... nem...". Ela é a menos literária das disciplinas literárias e a menos científica das disciplinas científicas [...]. Poderíamos retirar todo tipo de propriedades durante horas e comentar esse esquema por muito tempo para tirar dele não lições definitivas, e sim um monte de questões passíveis de respostas empíricas. Eu não o ofereço de jeito nenhum como um corpo de proposições validadas, mas como um sistema de hipóteses parcialmente controladas e validadas, gerador, enquanto modelo, de um conjunto de questões, de interrogações, de verificações a fazer etc. Ao concebê-lo dessa maneira, tirarei dele simplesmente o que me parece pertinente do ponto de vista do problema que me coloco: qual é a contribuição que a sociologia pode dar quando se trata de compreender o que pode acontecer com o sociólogo sem que ele saiba disso e quando se trata de controlar o inconsciente do sociólogo?

A sociologia, por exemplo, é uma disciplina situada entre dois espaços, o espaço das disciplinas literárias e das humanidades e o espaço das disciplinas científicas, que lutam pela dominação do espaço universitário. Seria preciso indicar isso no esquema através de um sinal que indicasse a dinâmica das forças. Aqui também direi coisas que vão parecer peremptórias mas que acho que poderiam ser facilmente verificadas (com indicadores como a hierarquia das seções no ensino secundário): num outro estado do campo, eu acho que teria havido um "+"

global para o campo literário em relação ao campo científico, mas estamos num período onde o "+" tende a passar para o lado do campo científico; isso não é certo porque há uma luta pela dominação, o que é uma das propriedades do campo. Os campos, com efeito, são espaços de forças possíveis e, nesse aspecto, são comparáveis aos campos físicos; mas os agentes sociais engajados nesses campos são dotados de *habitus* que lutam para transformar a estrutura do espaço das forças possíveis com forças que dependem de sua posição no espaço das forças possíveis. Há portanto uma luta pela preeminência entre esses dois campos. No seu famoso texto *O conflito das faculdades*, Kant construiu o campo de lutas das cinco faculdades de seu tempo – as faculdades de Artes, de Letras e Ciências, de Medicina, de Teologia, de Direito – e descreveu as relações de força, a lógica das lutas entre essas diferentes faculdades[262]. Aliás, para que meu modelo seja completo, precisaríamos introduzir a Faculdade de Direito que desempenha um papel muito importante nos cursos de economia[263]; também encontraríamos nela uma forma de sociologia normativa e uma concorrência pelo monopólio do discurso sobre o mundo social. O esquema é simplista mas, em sua simplicidade, ele já diz uma coisa importante: a sociologia é uma disciplina bizarra quanto à relação de sua posição nesse espaço marcado pela oposição entre o literário e o científico. Além disso, ela corre o risco de ser especialmente tentada, de maneira estrutural, pelo discurso bífido, e isso ocorre independentemente de seu objeto – com efeito, corremos o risco de imputar à própria dificuldade de seu objeto sua propensão particular ao discurso bífido, ao efeito Montesquieu, ou seja, à pretensão de oferecer pulsões sociais como razões científicas. (Eu não havia previsto dizer isso: foi somente no intervalo que pensei nessa ligação entre as duas partes de minha aula, entre a parte sobre o perigo do discurso bífido e a parte sobre o esquema.)

Um outro ponto: o estilo. Um sociólogo alemão, Lepenies, escreveu um belíssimo trabalho sobre Buffon, que dizia: "O estilo é a pessoa"[264]. Ele mostra que na época de Buffon um problema estratégico numa ciência da natureza era saber se era

---

262. Immanuel Kant, *O conflito das faculdades*, Lisboa: Edições 70, 1993, tradução de Artur Morão [*Der Streit der Fakultäten*, 1798]. Ver *Homo Academicus, op. cit.*, pp. 95-96 [88-89].
263. Na França, a economia se desenvolveu no interior das faculdades de Direito.
264. A fórmula ("O estilo, ele é a própria pessoa") foi retirada do discurso de recepção do naturalista à Academia francesa em 1753. Wolf Lepenies, "Der Wissenschaftler als Autor – Buffons prekärer Nachruhm" ["O cientista como autor: a precária fama póstuma de Buffon"], in *Das Ende der Naturgeschichte. Wandel kultureller Selbstverstandlichkeiten den Wissenschaften des 18. und 19. Jahrhunderts*. München: Carl Hanser Verlag, 1976, pp. 131-168.

preciso escrever bem ou não. Escrever bem ou não era se expor a ganhar lucros no campo literário ou no campo científico: aquilo que escrever bem permitia ganhar em notoriedade, em reputação de elegância, em títulos acadêmicos etc. arriscava-se a ser perdido no terreno da cientificidade. Eu acho que a sociologia estará nessa tensão. Uma estratégia que a filosofia utilizou numa época em que ela não era a filosofia dominante, mas buscava ser, consistiu em escrever com uma certa feiura estilística, para se constituir como uma coisa rigorosa, não literária. Se vocês fizerem uma pesquisa nos *khâgnes*[265] franceses, encontrarão diferenças sistemáticas entre os professores de francês e de filosofia quanto a temas como "obscuro, mas profundo", "brilhante, mas leve" etc.[266] Os sociólogos também terão um problema de escrita: se eles escrevem bem demais, dizem que não são científicos; se eles escrevem mal demais, dizem que não são literários. Portanto, eles estão numa estrutura do tipo "nem… nem…" e estão sempre expostos ao que se diz sobre eles [*risos*]. Vejam como é divertido quando aplicamos a sociologia a ela mesma! De modo geral, a sociologia é utilizada sobretudo para agredir os outros, para reduzi-los a esta ou aquela de suas características sociais, mas ela pode ser muito útil e ter um efeito libertador à medida que permite compreendermos por que sofremos [*risos*]. A sociologia não impede o sofrimento, ela permite compreender por que sofremos[267].

As estruturas inconscientes da hierarquia das disciplinas

Um dos efeitos que se exercem com muita força sobre os sociólogos é o efeito que chamo de "Gerschenkron". Eu já falei disso[268]: Gerschenkron é um historiador da Rússia que mostra que, por ter começado mais tarde lá, o capitalismo se desenvolveu de maneira diferente na Rússia. A sociologia é a última a chegar. Assim, a licença de sociologia foi a última criada nas faculdades[269]. A sociologia

---

265. Nome informal dos cursos preparatórios para a entrada nas *Grandes Écoles* dedicadas à literatura e às humanidades, realizados depois da conclusão do ensino médio na França [N.T.].
266. Ver P. Bourdieu & M. de Saint Martin, "A excelência escolar e os valores do sistema de ensino francês", *art. cit.*
267. Essa observação um pouco desiludida estará na origem de uma grande pesquisa sobre o sofrimento social que será realizada alguns anos depois do curso e publicada sob o título *A miséria do mundo*, *op. cit.*
268. Ver *supra*, aula de 2 de novembro de 1982, p. 137s.
269. A licença de sociologia foi criada nas faculdades de Letras e Ciências Humanas [na França] por um decreto de 2 de abril de 1958.

não tem antiguidade; ora, em qualquer espaço, a antiguidade é nobreza. Por ser uma disciplina nova, a sociologia vai florescer nas faculdades novas, nas instituições novas, e ela sempre será um pouco "neo", comprometedora, inquietante, sob vigilância. Ao mesmo tempo, ela será, como os novos-ricos, agressiva e cheia de desafios. Obviamente, ela também vai lutar para subverter essa hierarquia. A hierarquia de Auguste Comte[270] é uma estratégia de sociólogo: é um sociólogo que estabelece uma hierarquia das disciplinas. Isso é interessante porque eu não teria colocado a sociologia onde Auguste Comte a colocou. Eu a teria colocado, muito modestamente, no lugar onde ela está [risos]. Isto posto, num certo sentido eu vou ainda mais longe do que Auguste Comte já que afirmo que a sociologia pode pensar o espaço. Eu poderia dizer que ela está na vertical desse espaço, o que é uma maneira de tomar uma posição dominante. Assim, a filosofia fundamentou sua dominação sobre as outras disciplinas científicas sobre a base dessa espécie de discurso normativo que chamamos de "epistemologia" e que pretende fundamentar as outras disciplinas (que não saberiam o que fazem). Eu acho que poderíamos entender muitas lutas epistemológicas nessa lógica. Podemos fazer uma sociologia de Kant. Portanto, a sociologia se distingue das outras disciplinas por uma pretensão a pensá-las. Em outras palavras, ela não fica no seu lugar. Ela diz que é a partir de seu lugar que podemos repensar todo o universo [social]. Essa é uma de suas propriedades.

Eu acho que essa pretensão à dominação também pode explicar uma diferença muito impressionante. Eu esqueci até agora de mencionar a psicologia. Ela se encontra no mesmo setor que a sociologia, mas com uma grande diferença do ponto de vista da população: a sociologia é masculina e a psicologia é feminina, o que é muito importante, já que o masculino está do lado da política, do poder, da dominação, enquanto a psicologia está do lado privado, do íntimo, do romance, do feminino. Essas estruturas inconscientes que descrevo aqui e que regem a divisão do trabalho entre os sexos têm evidentemente algo a ver com essa divisão entre disciplinas. Se essas estruturas de oposições funcionam

---

270. A sociologia está no topo da classificação das ciências proposta por Auguste Comte, especialmente no *Curso de filosofia positiva* (1830-1842). As ciências, nessa classificação, ocupam uma posição mais elevada quanto maior for a complexidade e menor a independência de seu objeto (e, correlativamente, quanto mais tarde elas tenham chegado ao "estado positivo"). A hierarquia de Comte parte assim da matemática para ir na direção da astronomia e da física, depois a química, a biologia e por fim a "física social" (que ele acaba rebatizando de "sociologia" exatamente para marcar sua autonomia em relação à física e às outras ciências mais antigas).

tão facilmente como estruturas míticas e se muitas querelas entre disciplinas são na verdade lutas de classes travestidas, é porque as estruturas de oposições que encontramos nos campos expressam estruturas da divisão do trabalho entre os sexos e estruturas da divisão do trabalho, ponto-final. Fundamentados sobre as oposições entre a teoria e a empiria, o puro e o impuro, o céu e a terra, muitos debates sobre a hierarquia das disciplinas têm afinidades, sem que as pessoas saibam, com os debates políticos, mas completamente travestidos: estar do lado da física teórica contra a física aplicada, dizer que a matemática aplicada é boa para os porcos ou que a geografia é estúpida é formular juízos de classe que se ignoram enquanto tais mas que apesar disso são habitados, de maneira completamente misteriosa, pela classe. Com efeito, as pessoas, em função de seus *habitus* de classe, não se situam ao acaso nesse espaço e as estruturas mentais que trazem para esse espaço têm afinidade com as estruturas segundo as quais esse espaço é organizado. Vocês encontrarão dezenas de textos nos quais, sob a aparência de falar de epistemologia, de teoria, de reorganização das faculdades etc., é todo um inconsciente social que se expressa.

Filosofia/sociologia/história

Para explicitar melhor o que está nesse esquema, poderíamos continuar a analisar a estrutura global, complicá-la etc. Também podemos tomar as disciplinas em pares. Eu já mencionei a oposição filosofia/sociologia. Ela ainda é importante para compreender muitos debates teóricos de hoje em dia, assim como escolhas intelectuais, por exemplo o fato de que num certo momento muitos filósofos se reconvertem, mas de maneira particular, na direção das ciências sociais. Eu acho que ela ajuda a compreender as maneiras de fazer sociologia: podemos encontrar suas referências ao mesmo tempo nos filósofos e nos sociólogos, ou então apenas nos sociólogos, ou também nos filósofos convertidos em sociólogos, ou nos sociólogos que se fazem de filósofos etc. O movimento dos filósofos na direção das ciências sociais foi muito marcado na década de 1960 graças a uma conjuntura de expansão, o que lembra que os campos são relativamente autônomos em relação ao espaço econômico e social global: o que se passa num tal campo é a retradução de fenômenos externos segundo a lógica específica de cada campo. Na década de 1960, houve uma fase tecnocrática e cientificista, um avanço da norma científica. Não é por acaso que tantos e tantos estudos da época terminavam com "-logia" – gramatologia, arqueologia[271] etc. – enquanto quinze anos antes eles teriam sido apresentados como "fundamentação de", "origem", "estrutura e gênese de..." etc. A filosofia, nesse espaço, é dominante em relação à sociologia, sob a relação das normas canônicas e tradicionais, do ponto de vista da divisão teoria/empiria: por não ter material, ela é pura, ela não tem mãos[272]. Aqui eu mergulho no inconsciente do olhar que os filósofos dirigem à sociologia; a definição implícita que as pessoas têm "da teoria" é a de uma reflexão "sem material", sem quadros estatísticos, sem dados etc. Quanto mais nos afastamos da filosofia, mais aumentamos em material e mais diminuímos em teoria. Como consequência, o historiador situado no ponto neutro do espaço dos historiadores estará submetido a uma demanda social de teoria muito menor do que o filósofo, mas também do que o sociólogo.

O sociólogo, com efeito, tem mais de empiria que o filósofo, porém mais de teoria que o historiador. Esses são fatos sociais absolutamente simples: qualquer que seja seu estatuto na divisão do trabalho específica da disciplina, um sociólogo não pode avançar sem um mínimo de conceitos; faz parte da definição social de seu papel ter conceitos, mesmo que "feios", enquanto a definição social de uma disciplina que, como a história, ocupa num certo momento uma posição neutra e central permite uma espécie de compromisso entre a cientificidade, a teorização e o estilo. Uma análise estatística do estilo dos historiadores, dos filósofos e dos sociólogos ficaria muito mais clara com referência a esse esquema. Escrever bem é exigido tacitamente em certas disciplinas, enquanto há outras onde escrever bem gera desconfiança. Também há disciplinas onde é preciso fazer com que as pessoas vejam que podemos escrever bem, mas sem o fazer com frequência.

Cada uma das relações no esquema ensina coisas sobre a disciplina em questão. A história, por exemplo, é central no campo. É uma disciplina canônica com uma taxa de agregados muito elevada; todos os índices de inserção no sistema escolar ainda permanecem muito fortes. Há um consenso mínimo, um acordo para dizer se fulano é historiador ou não, enquanto a sociologia, disciplina dupla em

---

271. Jacques Derrida, *Gramatologia*. São Paulo: Perspectiva, 1973, tradução de Miriam Schnaiderman & Renato Janine Ribeiro [*De la grammatologie*. Paris: Les Éditions de Minuit, 1967]; Michel Foucault, *A arqueologia do saber*. Rio de Janeiro: Forense Universitária, 1995, tradução de Luiz Felipe Baeta Neves [*L'Archéologie du savoir*. Paris: Gallimard, 1969].

272. Referência a uma frase de Charles Péguy: "O kantismo tem as mãos puras, mas ele não tem mãos" (Charles Péguy, *Victor Marie, comte Hugo* [*Victor Marie, conde Hugo*], 1910, in Œuvres, v. III. Paris: Gallimard, 1992, p. 331).

sua posição e sua definição, é muito dividida, muito polêmica; há pouquíssimo consenso sobre a definição do que é um sociólogo. Na imagem social, a história está do lado das humanidades. Ela fala do ser humano, mas de maneira humanista. Ela também está do lado da cultura enquanto a sociologia está do lado da política, tendo em vista que a cultura é historicamente definida – essa seria uma longa demonstração – como o não político. Esse não é o caso da sociologia e isso explica a difusão diferencial entre a história e a sociologia. Há uma dezena de programas históricos de público amplo na televisão, as coleções históricas são muito difundidas, os historiadores têm um estatuto considerável: a história está do lado da cultura, ou seja, do lado daquilo que é neutro social e politicamente. Descobriríamos novas propriedades explorando essa relação: a sociologia seria menos confiável, menos validada, ela não teria nenhum modelo – ou muito poucos.

Uma outra comparação que seria muito útil para uma história social do inconsciente cultural de toda uma geração seria a comparação entre a etnologia e a sociologia. De um ponto de vista estritamente teórico – eu afirmo coisas que parecem dogmáticas, mas acho que vocês são capazes de enxergar o argumento –, é difícil enxergar por que existe essa distinção. Ora, é uma distinção social muito forte e a etnologia se renomeou como antropologia – o que era um velho truque filosófico com a antropologia de Kant – no momento em que, de certa maneira, ela dominou o campo e foi apresentada como a ciência fundamental do ser humano em sua universalidade[273]. A antropologia tem uma posição absolutamente diferente da sociologia à medida que, como a história, ela é percebida em seu uso social amplo como resultado da cultura e não questiona a estrutura do mundo social.

Lutas epistemológicas, lutas sociais

Esse gênero de análise permite compreender não apenas o conjunto de escolhas que uns e outros podem fazer, mas também um conjunto de alternativas

---

273. P. Bourdieu se refere à importação [para a França] feita por Claude Lévi-Strauss da palavra "antropologia", que era utilizada nos países anglo-saxões. A disciplina assim rebatizada era concebida por Lévi-Strauss como o resultado (a "síntese") de uma pesquisa com objetivo de "um conhecimento global do ser humano" cujas etapas preliminares seriam a etnografia e a etnologia (Claude Lévi-Strauss, *Antropologia estrutural*, op. cit.). Kant, em particular, lecionou um curso chamado *Antropologia de um ponto de vista pragmático* [1798] (São Paulo: Iluminuras, 2000, tradução de Maria Lúcia Cacciola). Esse curso foi traduzido para o francês por Michel Foucault e publicado pela Editora Vrin em 1964.

diante das quais todo mundo que tem que escrever sociologia se encontrará. Eu tentei mostrar isso em relação ao problema do estilo, mas teríamos também, por exemplo, a atitude em relação ao uso da estatística e o reconhecimento (ou não) da divisão entre sociologia qualitativa e quantitativa – tratados de sociologia são construídos em torno dessa oposição. Toda vez que encontramos divisões tão primitivas num certo nível de pretensão teórica, é porque existe alguma coisa de social por trás. Para ir rápido: a divisão entre sociologia quantitativa e sociologia qualitativa é inútil, mas por trás dela existe a oposição entre a qualidade e a quantidade, entre a elite e as massas. Outra oposição do mesmo tipo é a divisão entre o macro e o micro que resulta do efeito Gerschenkron combinado com estruturas mitológicas: o pensador do grande se opõe ao pensador do pequeno. A oposição recupera a oposição masculino/feminino: na Cabília, o homem derruba as azeitonas e a mulher as recolhe; o homem corta lenha e a mulher recolhe gravetos. Essa é uma das estruturas fundamentais da divisão do trabalho entre o grande o pequeno (e o mesquinho), entre o geral (a filosofia social, o pensamento planetário[274], a filosofia geral, a teoria geral etc.) e o particular. Essa oposição é uma das mediações através das quais se opera a divisão do trabalho.

Parêntese: eu falei de uma correspondência entre essas estruturas e as propriedades sociais dos agentes que ocupam essas posições, mas por quais mediações ela se realiza? Como acontece de mais meninas se dirigirem para a psicologia do que para a sociologia sem que ninguém as envie para lá? Como acontece de haver mais teóricos homens? Como acontece que o masculino esteja ligado ao geral? A palavra "geral" ["*général*"] nos faz refletir, e foi uma mulher, Virginia Woolf, que disse: "As ideias gerais são ideias de general"[275]. Através de quais mediações as

---

274. Provável alusão a um livro publicado por Kostas Axelos em 1964: *Vers la pensée planétaire. Le devenir-pensée du monde et le devenir-monde de la pensée* [*Para o pensamento planetário: o pensamento transformado em mundo e o mundo transformado em pensamento*]. Paris: Les Éditions de Minuit.
275. Essa frase, que P. Bourdieu cita em outras circunstâncias (ver, por exemplo, *A distinção*, op. cit., p. 417 [520]), é na realidade de Maxime Chastaing em *La Philosophie de Virginia Woolf*, op. cit., p. 48: "Resumindo, [estas são] ideias gerais. Mas na verdade essas ideias são ideias de general". Não conseguimos identificar com certeza o texto de Virginia Woolf que M. Chastaing comenta, mas muito provavelmente trata-se de uma passagem do conto "A marca na parede" (1917): "[...] mas essas generalizações são muito inúteis. Basta o timbre militar da palavra, que lembra editoriais, ministros de gabinete – toda uma categoria de coisas que em criança tomávamos pelo que podia haver de mais sério, de mais grave, de mais importante, e das quais não se podia escapar a não ser sob risco de inominável danação. As generalizações trazem de volta, de alguma forma, o domingo em Londres, os passeios nas tardes de domingo, os almoços de domingo, e também modos de

mulheres se encontram em todas as bifurcações ao lado do particular? O mecanismo que descrevo, ou seja, a existência de estruturas objetivas, de um espaço de possíveis e de probabilidades objetivas, se exerce sobre os agentes sociais não de maneira mecânica, mas através de mediações sutis, através do intermediário da percepção que eles têm de certas estruturas, e a própria percepção dos agentes é estruturada segundo princípios homólogos àqueles que organizam o espaço. Assim, o geógrafo dirá: "Eu sou só um geógrafo". A partir do momento em que as pessoas de disciplinas diferentes se encontram relacionadas, essas coisas afloram e uma parte das lutas epistemológicas que são vividas como lutas puras – muitas vezes as indicações dadas por Bachelard se estendem com muita facilidade para uma linguagem sociológica – são lutas sociais que se ignoram enquanto tais.

Esse também é o caso das lutas epistemológicas em torno do "positivismo". A palavra não quer dizer grande coisa; em geral, é uma ofensa. Qualificar seus adversários ou concorrentes de "positivistas" é um golpe dos dominantes, já que os "positivistas" são com frequência os dominados, as mulheres, os novos-ricos, os geógrafos etc. Assim, o "positivismo" aparece como a ciência dos asnos, e o teórico, aquele que não faz contas, que não tem cifras, se pensa acima disso. De modo geral, nessa luta todos estão errados, tanto o positivista quanto o teórico. A palavra "historicismo" é a forma um pouco mais chique da ofensa; ele significa: "Eu, que voo em escala planetária, digo que você que olha o que é a burguesia na França em 1980 não passa de um historicista. Você se dá ao trabalho de fazer isso e além do mais isso é bobagem... basta ver alguns sucessos de livrarias" [risos]. Já o positivista se defende dizendo: "Eu sou geógrafo, eu sei que sou besta como um geógrafo" [risos]. Se é verdade que, como dizia Marx, os dominantes são dominados por sua dominação[276], os dominados são dominados pela dominação e, entre os fatores que os dominam, há o reconhecimento que eles têm daquilo em nome de que os dominantes dominam. Assim, o geógrafo dirá: "Eu não sou brilhante,

---

falar de mortos, roupas, hábitos – como o hábito de se sentarem todos juntos numa sala até certa hora, embora ninguém gostasse disso" (Virginia Woolf, *A marca na parede e outros contos*. São Paulo: Cosacnaify, 2015, tradução de Leonardo Fróes, p. 10 ["The Mark on the Wall"]).

276. P. Bourdieu talvez resuma com essa fórmula uma passagem da *Ideologia alemã*: "Não se deve entender isso como se, por exemplo, o rentista, o capitalista etc. deixassem de ser pessoas, mas sim no sentido de que sua personalidade é condicionada e determinada por relações de classe bem definidas; e a diferença torna-se evidente apenas na oposição a uma outra classe e, para os próprios indivíduos, somente quando entram em bancarrota" (Karl Marx & Friedrich Engels, *A ideologia alemã, op. cit.*, p. 65).

eu não sou teórico". E ele criticará aqueles que "não têm cifras, que não têm dados" através daquilo que chamo de epistemologia do ressentimento; como dizia Nietzsche: "Eu sou fraco, portanto é preciso ser fraco"[277]. No caso do geógrafo, as razões sociais se transformam em razões escolares: "Eu me desviei, escolhi a prova final B[278], passei raspando, tinha boas notas em história e geografia mas não em filosofia. Na época disse: 'Eu não gosto de filosofia' e 'Eu não sirvo para fazer filosofia'. Então interiorizei as técnicas, isso se tornou meu *habitus* e agora eu *amo* a geografia" [*risos*]; isso quer dizer: "É preciso ser como eu sou, é preciso amar as cifras, é preciso amar os dados, e só se deve amar isso; não apenas não é ruim não ter ideias, mas não se deve ter ideias, elas são suspeitas".

Darei um único exemplo, o único que posso dar: se vocês interrogarem os historiadores sobre a maneira de eles fazerem a história, todos os juízos que recolherão vão consistir em dizer: "Não se deve fazer o que não sei fazer". É a mesma coisa em todos os cantos. Em psicologia, em geografia etc. encontraremos estruturas desse tipo, com os nobres que não querem se rebaixar: "Eu não encosto no empírico, eu não saberia como e sujaria minhas mãos" – aqui temos o dominante dominado por sua dominação. É verdade que há pessoas que se rebaixam e que, vindo de uma posição muito alta, por exemplo a filosofia, vão na direção de uma disciplina muito baixa como a psicologia. Há um belíssimo artigo de Collins e Ben-David sobre as grandes descobertas científicas no qual eles descrevem essa trajetória muito improvável[279] porque, normalmente, esse deslocamento da filosofia para a psicologia implica uma perda enorme de capital. Quando temos a possibilidade de ser filósofo e colocamos um chapéu de sociólogo, realmente perdemos capital e ficamos à mercê de todos os professores de filosofia que podem dizer: "Ele não passa de um sociólogo". Para fazer esse tipo de coisas muito improváveis, é preciso ter propriedades particulares. É preciso ser um pouco bizarro, estar dominado em outra relação, como por exemplo a origem social. Eu me perguntava,

---

277. Sobre a "moral do ressentimento" que Nietzsche opõe à "moral nobre", ver em particular *A genealogia da moral*. São Paulo: Companhia das Letras, 1998, tradução de Paulo César de Souza [*Zur Genealogie der Moral*, 1887].

278. Trata-se da série do bacharelado rebatizada de "ES" em 1995. A alusão aqui tem a ver com o fato de esse bacharelado, caracterizado pela dominação das ciências econômicas e sociais e criado apenas em 1968, ter tido dificuldade para rivalizar, quanto à excelência escolar e recrutamento social, com o prestígio antigo dos bacharelados literários, assim como com o prestígio mais recente dos bacharelados científicos.

279. Ver *supra*, aula de 12 de outubro de 1982, p. 93, nota 101.

por exemplo, por que a sociologia foi fundada por judeus, por que esses filósofos fizeram a besteira de fazer sociologia e escrever em *L'Humanité*[280], quando a escolha claramente rentável da filosofia espiritualista teria sido muito mais simples. Normalmente, quando estamos no polo dominante, nossa atração é dirigida para o polo conforme a nossos interesses. É preciso ter uma disposição absolutamente bizarra para ir na direção contrária dos interesses, é preciso um *conatus*[281] que vem de algum outro lugar. Isto posto, assim que chegam nessa posição em que se rebaixam, a grande preocupação desses agentes atípicos é restaurar seu ponto de partida e eles fazem grandes inovações científicas: eles transformam, por exemplo, uma psicologia tagarela que era com justiça dominada pela filosofia numa psicologia científica; eles subvertem esse espaço utilizando a lógica do espaço. Essa é outra propriedade desses espaços: para fazer esse tipo de subversão, é preciso simultaneamente importar um grande capital de autoridade e de legitimidade e um capital incorporado para redefinir a posição. Os campos são espaços nos quais os deslocamentos que induzem uma perda de capital se chocam com forças de resistência consideráveis. Por exemplo, as pessoas vão dizer: "Você está louco, vai arruinar sua carreira". Uma biografia de Goblot publicada por Viviane Isambert-Jamati ilustra isso muito bem[282]. Quando temos na cabeça o modelo que proponho, compreendemos os estados da alma que lemos nas biografias: é preciso estar louco para ir fazer coisas parecidas. Vocês podem ler no mesmo espírito a biografia de Bourgin, que era um durkheimiano, publicada há alguns anos[283]. As

---

280. Alusão aos principais sociólogos durkheimianos (o próprio Émile Durkheim, Marcel Mauss, François Simiand, Maurice Halbwachs etc.), que conseguiram ser aprovados na agregação de filosofia, muitas vezes com as maiores distinções, que vieram de famílias judias e/ou colaboraram com o jornal *L'Humanité* [*A humanidade*, jornal fundado em 1904 pelo líder socialista Jean Jaurès – N.T.]; Marcel Mauss acumulou essas várias propriedades.

281. Conceito utilizado por Espinosa na *Ética* que designa o fato de perseverar no seu ser.

282. Viviane Isambert-Jamati publicou um artigo biográfico sobre o filósofo Edmond Goblot com base na exploração da correspondência familiar (Goblot era seu tio-avô): "La barrière, oui, mais le niveau?" ["Sim, a barreira, mas e o nível?"], *Cahiers internationaux de sociologie*, n. 71, 1981, pp. 4-33 (com Régine Sirota); posteriormente ela publicou *Solidarité fraternelle et réussite sociale. La correspondance familiale des Dubois-Goblot (1841-1882)* [*Solidariedade fraterna e sucesso social: a correspondência familiar dos Dubois-Goblot (1841-1882)*]. Paris: L'Harmattan, 1995.

283. Não existe uma biografia de Hubert Bourgin. Bourdieu pensa num livro do próprio Bourgin que continha retratos de vários "normalianos" da época: *De Jaurès à Léon Blum: l'École normale et la politique* [*De Jaurès a Léon Blum: a Escola normal e a política*]. Esse livro, publicado inicialmente pela Editora Fayard de Paris em 1938, havia sido reimpresso em 1970 (Paris/Londres/Nova York: Gordon & Breach, 1970).

pessoas que fazem esses deslocamentos são afetadas por forças, mas essas forças não são forças fatais e, quando temos um certo número de forças de uma posição ocupada no campo, podemos, *em certa medida*, transformar a posição e as forças que se exercem nela, e assim deslocar a posição.

Obviamente, as diferentes propriedades que eu mencionei se baseiam numa análise incompleta do que o sociólogo faz: o que tenho em mente é a sociologia na França num certo momento. Para entender melhor, seria preciso fazer uma espécie de projeção cinematográfica dessa imagem do campo a várias épocas. O campo não é o mesmo em 1880 e 1960. A comparação dessas estruturas diferentes permitiria descobrir as constantes que são, em parte, nominais: pode ser que a filosofia permaneça constante, mas uma posição nominalmente constante pode mudar simplesmente porque as coisas ao seu redor mudam. Mesmo se supusermos que a filosofia não mudou desde Victor Cousin[284], ela mudou formidavelmente devido ao fato de as coisas ao seu redor terem mudado. É isso que significa raciocinar em termos de campo.

Saber o que a sociologia faz

Eu poderia me estender em dois sentidos: através de reflexões sobre o campo em sua historicidade e através de reflexões sobre o método. Eu apenas gostaria de indicar que, apesar de agora eu saber um pouco melhor o que o sociólogo faz, eu só falei do sociólogo francês num certo momento. Portanto, uma outra possibilidade consistiria em comparar no tempo ou no espaço. Eu poderia por exemplo tomar o modelo americano e me perguntar se ele corresponde a um campo do mesmo tipo, se existem invariáveis. A história estará numa posição bastante análoga. Por exemplo, há uns quinze anos nos Estados Unidos houve toda uma luta sobre a questão de saber se a história está do lado das humanidades ou do lado da ciência[285]. Trata-se de um debate recorrente que se resume em perguntar se é preciso

---

284. Victor Cousin (1792-1867) foi um filósofo francês hoje em dia lembrado por sua contribuição para a reforma do ensino secundário e universitário de filosofia no século XIX [N.T.].

285. Isso pode se tratar de uma alusão aos debates suscitados por um empreendimento como a "sociologia histórica" de Charles Tilly (que, aliás, expôs seu trabalho num seminário de Bourdieu na década de 1970); ela se separa de uma história mais tradicional representada na mesma época, por exemplo, por Carl Schorske em Princeton. Na década de 1970, a utilização de estatísticas ou de técnicas das ciências sociais por uma história que era concebida com mais frequência como um "ramo da literatura" foi muito debatida na revista *American Historical Review*. Essas discussões tiveram uma vivacidade particular nos Estados Unidos, onde as relações entre a história e as

recontar histórias ou descrever estruturas. Vemos assim que é mais um erro acreditar que a sociologia historiciza todos os debates. Na verdade, ela dá as chaves para compreendermos a forma histórica que um debate toma e que não deixa de ser um debate real. Com efeito, existem na história debates recorrentes, esses grandes debates registrados pela história da filosofia: as mesmas causas produzem os mesmos efeitos, o mesmo problema é colocado e os mesmos debates se reproduzem.

Agora entendemos que uma parte enorme das propriedades da sociologia não reside na própria sociologia, como poderia ter suposto um sociólogo ingênuo que fosse antes de mais nada perguntar aos sociólogos. O que esse esquema mostra é que 90% do que se passa é produto da posição da sociologia no espaço. Em outros termos, substituo uma pequena sociologia substancialista que poderíamos esgotar através de um método monográfico por uma sociologia completamente despedaçada, relacional. A verdade da sociologia reside nesse espaço das relações, portanto, fora da sociologia. Isso não quer dizer que não haja nada a se compreender na sociologia: com efeito, eu posso me questionar como, e com quais propriedades, as pessoas chegam a posições de sociólogo. Portanto, eu poderia ver se há uma correspondência entre as posições e as disposições.

No fundo, a sociologia ocupa uma posição na realidade e outra na pretensão. Nesse ponto de vista, seria interessante entrevistar historiadores apresentando a eles, segundo um método praticado pela psicologia social, uma lista de adjetivos com os quais podemos caracterizar os sociólogos e as outras disciplinas: pretensiosos, pomposos, nobres, gentis, modestos etc. Eu acho que os sociólogos descobririam que se atribuiria a eles com uma frequência maior do que a provável o adjetivo "pretensioso", e isso com justiça, devido à própria estrutura da posição que eles ocupam. A pretensão está em suas disposições ou em sua posição? Esse é um problema falso. A questão que devemos formular é a seguinte: quais disposições são necessárias para se tornar sociólogo, dado o que é essa posição? Essa é a mesma questão que formulo quando pergunto o que Flaubert devia ser para ocupar a posição que ocupou[286]. Isso representa uma inversão completa da problemática da enorme obra de Sartre: trata-se de compreender a posição e o posto

---

ciências sociais (e a filosofia) são mais distantes do que na França – nos Estados Unidos, a história é tradicionalmente ligada às humanidades enquanto as ciências sociais são praticadas em departamentos distintos.

286. P. Bourdieu desenvolve esse ponto em mais detalhes *infra*, na aula de 11 de janeiro de 1983, pp. 340ss.

ocupado como uma estrutura de probabilidades objetivas e de coisas a fazer, como um conjunto de probabilidades que apenas aguardam as pessoas para realizá-las. A questão a se formular então é: "Dado o que é essa estrutura de probabilidades, o que deviam ter sido as pessoas que a ocuparam?" Há maneiras diferentes, mais ou menos pretensiosas ou mais ou menos modestas de ocupar posições, e na luta entre os pretensiosos e os modestos, encontraremos um campo.

Não continuarei porque senão seria obrigado a falar de mim mesmo[287]. Não é que eu tenha vergonha, e sou capaz de fazer isso sobre mim, mas não faria nenhum sentido contar isso em público. Esse é outro problema do discurso sociológico: o discurso que se coloca como o mais positivo possível sempre é entendido como um discurso normativo, porque normalmente só falamos para dizer "isso é bom" ou "isso é mau". Ora, eu me esforcei para evitar proposições normativas e, quando isso não foi o caso, eu as enunciei rindo ou sorrindo, para que vocês entendessem que eu sabia que eram normativas. Se a sociologia é difícil e improvável, é precisamente porque as pessoas são tão tomadas pelo jogo que elas não estão nem um pouco dispostas a objetivá-lo. Mas o fato de objetivá-lo é uma liberdade absolutamente extraordinária, assim como o tom que utilizei: podemos falar sem drama, sem vontade de conquistar ("eu vou te dominar" ou "você vai me dominar"), sem ingenuidade, sem picuinhas interdisciplinares, sobre essa coisa muito dramática que comanda profundamente as escolhas de assuntos de pesquisa, os trabalhos que as pessoas fazem e a ideia que elas fazem deles, seus investimentos intelectuais, ou ainda o que elas dizem quando perguntamos: "O que você está fazendo agora?", sua ideia de si mesmas, suas pretensões intelectuais. Se há uma maneira de se tornar um pouquinho sujeito de sua prática sociológica, é saber isso. Podemos ir além e dizer o que eu não disse, porque eu censurei e escondi muita coisa, sempre conforme ao paradigma de Scholem: não podemos dizer qualquer coisa em qualquer lugar[288]. Não é que o que eu tenho a dizer e o que censurei seja difícil, mas vocês poderiam ter compreendido rápido demais, e portanto não teriam realmente compreendido. Dito isso, espero que vocês consigam retirar desse esquema tudo o que eu não disse: vocês podem, por exemplo, perguntar por que vocês estão nele.

---

287. P. Bourdieu aplicará esse esquema de análise à sua própria trajetória em *Esboço de autoanálise*. São Paulo: Companhia das Letras, 2005, tradução de Sergio Miceli [*Esquisse pour une auto-analyse*, Paris: Raisons d'agir, 2004].

288. Ver *supra*, aula de 16 de novembro de 1982, p. 190.

Aula de 30 de novembro de 1982

> A sociologia como tomar liberdade(s). – Posições, disposições e tomadas de posição. – O corpo dos sociólogos e estilos acadêmicos. – Posições feitas e posições a fazer. – Estruturas mentais e estruturas objetivas. – As transformações do campo: o caso do sistema universitário. – A refração das restrições externas. – Estratégias de luta. – As fronteiras do campo. – O campo intelectual.

Como eu disse a vocês, a análise que propus tinha uma função dupla: por um lado, ela devia mostrar o que a sociologia aplicada ao campo científico poderia trazer para o conhecimento sociológico; por outro lado, ela deveria servir de introdução para a apresentação da noção de campo. Gostaria em primeiro lugar de indicar muito rapidamente o que supõe o tipo de análise que propus. Vários de vocês, nas perguntas feitas em diferentes momentos de nossos encontros, me perguntaram o que pressupõe uma ciência de seu próprio meio, de seu próprio mundo, e se algo como uma sociologia de seu próprio universo seria possível para o sociólogo. Em vez de responder *in abstracto*, eu tentei responder concretamente ao tentar mostrar que podemos analisar a posição social que ocupamos e eu queria simplesmente indicar muito rapidamente o que essa análise me parece pressupor, ou, em todo o caso, o que me parece mais importante.

A sociologia como tomar liberdade(s)

Na verdade, me parece que esse tipo de análise só é difícil porque pressupõe, como se diz, tomar liberdades, ou seja, adotar em relação ao universo no qual estamos uma atitude normalmente excluída pelo fato de pertencermos a esse universo. Se a sociologia, e em particular a sociologia dos meios seletos e fechados, é com frequência muito difícil, é porque quando somos excluídos desses meios não temos acesso a eles e, quando não somos, estamos bem neles e não temos mais vontade de fazer sociologia. Portanto, a sociologia desses universos só é possível se tomarmos liberdades em relação às normas implícitas do universo que em geral são normas tácitas, regras de cortesia, de bom-tom, de postura, de porte, e que funcionam como censuras, com muita frequência incorporadas tão profundamente que nem sequer as sentimos como tais e, consequentemente, a ideia de tomar liberdades com coisas tão evidentes e sagradas não nos ocorre. Em toda análise do mundo do qual participamos é necessária uma espécie de violência em relação a esse mundo para destruir e questionar aquilo que Sartre chamava de "a violência inerte das instituições"[289]. Essa violência acaba esquecida porque está inscrita na ordem das coisas. Em geral, ela só aparece quando é desafiada, mesmo de maneira anedótica e aparentemente sem importância. Eu costumo citar a palavra "*obsequium*", com a qual Espinosa designava a relação estabelecida entre os cidadãos e o Estado; ele dizia que essa relação de *obsequium* é o que une de maneira muito profunda e inconsciente os cidadãos à ordem social da qual participam[290]. Essa espécie de reverência fundamental se manifesta, por exemplo, nas formas de polidez, no respeito das formas e nas formas de respeito. Essa adesão fundamental à ordem social se manifesta exatamente nos "nadas": quando alguém transgride aquilo que todo universo social exige de seus membros, criticamos essa pessoa por não fazer sacrifícios aos ritos que "não lhe custariam nada". Todavia, esses "nadas" que a ordem social exige que respeitemos são precisamente de importância primária: eles são a dádiva em troca da qual os universos sociais concedem o reconhecimento do pertencimento. Se, com muita frequência, a sociologia choca ao tocar aspectos absolutamente essenciais da experiência social é porque me parece que para existir ela precisa cometer algumas indiscrições às vezes muito mais profundas do que imaginam aqueles que estão fora do mundo analisado.

---

289. Sobre o colonialismo, Sartre escreve: "A violência antiga é reabsorvida pela inerte violência da instituição" (*Crítica da razão dialética*. Rio de Janeiro: DP&A, 2002, tradução de Guilherme João de Freitas Teixeira (não localizada) [*Critique de la raison dialectique*. Paris: Gallimard, 1960, p. 679]).

290. Espinosa fala do *obsequium* como uma "vontade constante de cumprir aquilo que é bom segundo o direito e que, segundo o decreto comum, deve [ser posto em prática]" (Espinosa, *Tratado político*. São Paulo: WMF Martins Fontes, 2009, tradução de Diogo Pires Aurélio, cap. 2, § 19, p. 21 [tradução modificada. Nessa tradução, o termo *obsequium* é traduzido por "obediência" – N.T.]). Alexandre Matheron apresenta o *obsequium* e a "virtude de justiça" como "o resultado definitivo do condicionamento através do qual o Estado nos molda para seu uso e que permite que ele se conserve" (Alexandre Matheron, *Individu et communauté chez Spinoza* [*Indivíduo e comunidade em Espinosa*]. Paris: Les Éditions de Minuit, 1969, p. 349).

Estenderei um pouco essa análise. Eu terminei uma das aulas mencionando a figura de Karl Kraus, esse personagem surpreendente da Viena do final do século XIX, que fez uma espécie de sociologia em ação dos intelectuais[291]: por exemplo, durante toda sua vida ele editou uma revista na qual escrevia três quartos dos textos e questionava os abusos de linguagem característicos do ambiente jornalístico e político no qual vivia. Considero essa figura exemplar de uma forma de liberdade necessária para sobrepujar a primeira forma de violência que me parece se impor àqueles que tentam compreender o mundo social, que é aquela que se exerce no campo intelectual. É por isso que todas as formas de denúncia subversiva que começam de alguma maneira *além* do campo intelectual sempre são, aos meus ouvidos, um pouco farisaicas e ao mesmo tempo um pouco gratuitas e inúteis. Portanto, a sociologia dos intelectuais não é de modo algum – morrerei repetindo isso – um capítulo entre outros da sociologia; ela é a precondição de toda sociologia, ela é aquilo sobre o qual podemos constituir uma liberdade científica: é preciso tomar liberdades com as leis ocultas, secretas, não escritas do mundo intelectual para realizar um verdadeiro trabalho intelectual. Os defensores da cortesia e do bom-senso estão quase sempre do lado da ordem moral e social e muito pouco do lado da ordem científica. Essa luta contra a dominação específica começa pela luta contra a magia das palavras, contra os manipuladores ordinários das palavras: Kraus passou sua vida enfrentando um semanário – hoje temos vários equivalentes – que ele criticava não exatamente por suas tomadas de posição políticas (ou quando ele deixava de tomar posição), mas simplesmente por sua complacência, sua frouxidão no domínio da linguagem, que é o único domínio para o qual os intelectuais prestam contas porque é o único sobre o qual eles têm algum poder. (Eu não gosto muito do profetismo mas, para não ser culpado de uma persuasão clandestina, eu queria explicitar o que estava um pouco implicado no que eu disse.)

Se é preciso, através de uma espécie de anarquismo metódico, tomar liberdades na ciência, isso é feito de certa maneira para se tomar a liberdade. Com efeito, eu acho que, como já disse várias vezes, a questão da liberdade que sempre é feita

---

291. Em 1981, a revista *Actes de la recherche en sciences sociales* publicou um artigo de Michael Pollak chamado "Une sociologie en acte des intellectuels. Les combats de Karl Kraus" ["Uma sociologia em ação dos intelectuais: os combates de Karl Kraus"] (n. 36-37, pp. 87-103). Sobre Karl Kraus, ver também Pierre Bourdieu, "À propos de Karl Kraus et du journalisme" ["Sobre Karl Kraus e o jornalismo"], *Actes de la recherche en sciences sociales*, n. 131-32, 2000, pp. 119-126.

ao sociólogo devido apenas ao fato de ele descobrir determinismos não deve ser feita como ocorre ordinariamente. A liberdade não é um dado, e sim algo que deve ser tomado e que está a se fazer. Ao mesmo tempo, esse trabalho que consiste em tomar liberdades para aprender os determinismos me parece fazer parte dos meios de adquirirmos uma liberdade verdadeira em relação a esses determinismos. Se esse for o caso, o que digo coloca a questão do privilégio da liberdade. (Só menciono essas questões porque um certo número de vocês as fizeram a mim oralmente ou por escrito. Senão, eu provavelmente as teria evitado, não porque elas não se colocariam para mim, mas porque de modo geral as pessoas que falam essa linguagem me desagradam muito: elas abusam de seu poder e começam a moralizar, o que, no final das contas, não cabe a ninguém. Eu respondo a essas perguntas porque elas me foram feitas e não quero que achem que as considero insignificantes ou ridículas, nem que não tenho resposta.)

Uma das questões colocadas pelo trabalho que apresentei e que consiste em deixar visíveis os determinismos – a começar por aqueles que pesam sobre aquele que trabalha para deixar visíveis os determinismos – é essa liberdade que, percebida como uma pretensão sem fundamento ou como uma espécie de privilégio, é nos dois casos muito desagradável para aqueles que não participam dela. Essa liberdade efetivamente implicada pela sociologia tal como eu a pratiquei diante de vocês – e poderíamos ir muito mais longe nessa análise que interrompi no ponto onde eu podia chegar sem chocar demais o decoro – não é de modo algum um monopólio. Se a sociologia é ensinada, se ela é publicada, mas igualmente se muitas pessoas a combatem e querem que ela se difunda o mínimo possível, também é porque ela busca difundir um privilégio, universalizar uma liberdade. (Tudo isso parece tão pomposo e profético que chega a me assustar, mas era preciso dizê-lo, e só digo isso porque me obrigam a dizê-lo.) Como a sociologia oferece um conhecimento dos determinismos e assim a possibilidade de uma liberdade em relação aos determinismos, escrever sociologia, ou ensiná-la para as pessoas fazendo com que ela se torne inteligível sem muitas deformações ou distorções, significa trabalhar para difundir e universalizar a possibilidade de uma liberdade. Por exemplo, foi de modo absolutamente consciente que semana passada eu disse: "Não levarei essa análise até o fim, vocês já viram o bastante para poderem continuar sozinhos". Meu projeto, com efeito, não é oferecer teses nem mesmo hipóteses, mas uma maneira de pensar que as pessoas possam pôr em prática, incluindo contra o que eu digo, já que a possibilidade da crítica do que digo está constantemente não apenas implicada mas invocada no que digo. Parece-me que a cada momento (azar de vocês, agora que já comecei vou até o fim da lógica profética e depois voltaremos às coisas em si mesmas) há agentes da ciência ou agentes da literatura ou da arte – porque não é sempre a ciência que traz essa possibilidade de liberdade – que realizam um pouco mais que os outros essa possibilidade humana que até então não aparecia como possível nem como pensável.

Estou pensando em algo que vai lhes parecer bizarro, uma dessas anedotas que costumam ser encontradas na história da arte e da literatura. Normalmente elas são lidas na lógica hagiográfica na qual são apresentadas, mas me parece que podem ser lidas de outra forma. Dizem, por exemplo, que quando Michelangelo visitava o Papa Júlio II, que o financiava e sustentava durante seu trabalho, Júlio II rapidamente ordenou que ele se sentasse para que Michelangelo não se sentasse antes de receber permissão para isso. Eu acho que isso é um ato histórico: a liberdade tomada por Michelangelo, enquanto artista, de não esperar que um poder temporal, mesmo com um componente espiritual, pudesse ter a menor autoridade sobre ele não é uma liberdade pessoal: é a liberdade que ele toma por todos os artistas, e também potencialmente para todas as pessoas que, através dele, poderiam compreender que é possível se sentar sem esperar que o príncipe mande se sentar, enquanto há uma infinidade de intelectuais e de artistas que se sentam quando é preciso estar de pé e estão de pé quando é preciso se sentar. Essas virtudes celebradas pela hagiografia como virtudes singulares só permanecem singulares enquanto as celebrarmos enquanto tais [...].

Eu poderia também ter dado o exemplo de Aretino[292], esse cavalheiro incrivelmente bizarro tão célebre por seus epigramas que os nobres, príncipes etc. lhe pagavam para que ele não escrevesse epigramas: seu silêncio, às vezes, era suficiente para causar medo. Essa é uma das estruturas possíveis da relação entre os intelectuais e o poder. É muito importante que um tal personagem tenha existido e que o percebamos não como singular, mas como representando uma das formas da humanidade. A hagiografia é enganosa porque ela constitui esses personagens numa espécie de transcendência na qual eles deixam de estar acessíveis, na qual eles são tão exemplares que ninguém mais consegue imitá-los. A sociologia, ao contrário, é uma ciência profundamente democrática: diferente das outras ciên-

---

292. Pietro Aretino (1492-1556) foi autor de sátiras nas quais não poupava príncipes e nobres.

cias, ela interroga o primeiro que aparece, coloca um microfone na sua frente; é uma ciência que aprendeu que havia algo a aprender. O sociólogo é sem dúvida o único intelectual que jamais se entedia: ele escuta, ele sempre tem algo a aprender e a compreender em qualquer lugar, em qualquer situação.

Essa ciência democrática no seu trabalho também o é na sua própria intenção. O sociólogo é criticado por essa espécie de lucidez, por ser burro demais ou inteligente demais. Esse é o sentido de muitas perguntas que são feitas a mim, especialmente por filósofos: "Com que direito você se coloca na vertical do mundo social, nessa espécie de ponto de vista absoluto que até o momento era reservado para nós?" Na verdade, o sociólogo não se coloca nesse ponto de vista absoluto, e sim na cesta de Sócrates[293]. Ele se coloca lá para dizer que todos podem se colocar lá ao preço de um certo tipo de aprendizado. Esse é um pouco o sentido de minha análise da semana passada: eu queria mostrar, através da prática, que no fundo podemos submeter nosso próprio universo social, nossa própria posição social a uma análise sem complacência nem narcisismo e que isso não se tratava de uma proeza única reservada a alguns, e sim uma coisa acessível, por um lado, ao preço de uma certa formação intelectual, de uma certa aquisição técnica e, do outro lado – as duas coisas têm a mesma importância –, ao preço da aquisição de uma atitude em relação à sua própria posição, o que na verdade é o que há de mais raro, e certas autoanálises aparentemente muito destrutivas são a forma suprema da complacência.

Os intelectuais, por exemplo, se protegem da análise sociológica ao praticá-la eles mesmos de uma maneira hiperbólica, hipertrófica, excessiva e, ao mesmo tempo, poupando-se através do excesso. Vocês podem tomar toda a obra de Sartre: essa espécie de autoanálise masoquista é na verdade complacente, nem que seja porque a pessoa sempre se coloca na posição de ser aquela que fará a análise mais insuperável de si mesma – "Ninguém me analisará melhor do que eu mesmo". Pelo contrário, a análise que proponho é feita para ser superada: se ela se inscreve, como penso, num trabalho coletivo e progressivo, está claro que será superada continuamente. Para que isso ocorra, basta que ela se inscreva numa relação que não é nem a do exame de consciência nem a da culpabilidade – esse tipo de análi-

---

[293]. P. Bourdieu talvez pense na peça *As nuvens* de Aristófanes (423 A.C.) que, ao representar o personagem de Sócrates dentro de uma cesta suspensa no ar, zomba de sua pretensão de se elevar acima do ponto de vista ao qual os mortais comuns estão condenados.

se foi muito praticado nos anos encarnados por Sartre. Eu acho que se a sociologia dos intelectuais está entre os setores mais subdesenvolvidos da sociologia, isso ocorre em grande parte porque essa espécie de *habitus* sem complacência é o que mais falta. Na verdade, somos um objeto social como os outros, com a diferença de que afirmamos pensar sobre nós mesmos. Se vocês procurarem "intelectual" no índice de *A distinção*, encontrarão uma formulação melhor do que tento dizer aqui: a verdade dos intelectuais escapa aos intelectuais, porque eles acreditam ser capazes de compreender sua verdade através das técnicas ordinárias de reflexão e de autoanálise; a ilusão da liberdade é aquilo que determina os intelectuais.

Esse foi então o preâmbulo. Ninguém deve ter ficado surpreso: ele consistiu apenas em dizer o que estava realmente implícito no meu tom de voz, minha maneira de agir etc.; que todos vocês perceberam. Mas uma vez que as coisas tenham sido ditas implícita e praticamente, é melhor dizê-las explicitamente porque isso muda tudo.

Posições, disposições e tomadas de posição

Depois desses desenvolvimentos sobre as condições implícitas do método, quais resultados sobre a noção de campo podemos retirar do que eu fiz na aula passada? Não vou propor uma apresentação sistemática da noção de campo, que tentarei fazer em seguida, e sim uma espécie de aplicação prática dos pressupostos envolvidos na análise que fiz. Primeira proposição: há uma correspondência grosseira entre as posições (por exemplo, a posição ocupada por uma disciplina), as disposições (os *habitus*, as maneiras de ser permanentes e duráveis que os agentes trazem para essa posição) e as tomadas de posição explícitas (sob a forma ou de práticas ou de discursos e representações). Podemos postular e constatar, em certa medida, a existência de uma correspondência entre, por exemplo, o cargo de geógrafo e as disposições trazidas para esse posto, uma certa origem social. Diremos então que os geógrafos estão para os historiadores como a geografia está para a história: os geógrafos usam menos o latim, são menos numerosos, mais provincianos, mais modestos – "modestos" no sentido de "origem modesta" etc. Haverá então uma correspondência entre as posições vividas objetivamente num espaço, ou seja, definidas num espaço através de suas relações com outras posições em termos de "+/–", "sobre/sob", "à direita/à esquerda", "ao lado/entre/na fronteira" etc., e as disposições que os agentes sociais trazem para esse espaço.

A questão que se coloca então é a das mediações sutis através das quais essa correspondência se realiza. Sobre o caso das mulheres, na última aula eu comecei a sugerir que seria preciso ir buscar a explicação dessa correspondência no acordo entre, por um lado, as disposições e as estruturas incorporadas através das quais os homens e as mulheres pensam o mundo social e a divisão entre homens e mulheres e, pelo outro lado, as estruturas objetivas. De modo geral – isso nem sempre é verdade –, os agentes sociais escolhem seu destino, amam as posições para as quais são destinados. Dito dessa forma, isso é absolutamente simplista e quase revoltante, portanto eu repetirei isso de maneira muito mais nuançada: os agentes sociais estão muito mais dispostos a aceitar as posições nas quais se encontram do que normalmente acreditamos, ou mesmo do que eles pensam ou dizem. Há uma espécie de *amor fati*[294], de amor do destino social que orienta, por exemplo, a escolha de vocações, e as pessoas dizem que têm vontade de fazer aquilo para que elas são feitas ou que não podem fazer nada diferente do que aquilo para que elas são feitas, ou que são dotadas para fazer aquilo que, de toda maneira, seriam condenadas a fazer. O exemplo mais típico desse *amor fati* se observa exatamente no caso do amor e das relações entre os sexos em que observamos que os agentes sociais, mesmo nas sociedades onde as restrições quanto às trocas matrimoniais são muito fortes, ajustam-se ao que é seu destino social muito mais do que poderíamos acreditar tendo em vista aquilo que os restringe – o que não quer dizer que tudo aconteça da melhor forma possível e que tudo isso seja o melhor no melhor dos mundos. No fundo, eles amam seu destino social muito mais do que poderíamos acreditar. Como voltarei a esse ponto, agora não insistirei mais.

Há portanto uma correspondência entre as posições e as disposições, e também entre as posições e as tomadas de posição por intermédio das disposições. Por exemplo, do filósofo ao geógrafo, do matemático ao geólogo, os agentes sociais podem ser situados no espaço que descrevi na última aula, e os ocupantes das diferentes posições tomarão posições: eles votarão em petições, escolherão partidos políticos, tomarão posições nos períodos de crise como Maio de 68, escreverão panfletos, livros, jornais etc.; eles também vão formular opiniões, responder questionários, comprar este livro e não aquele, enunciar tal juízo sobre tal jornal em vez daquele, assiná-lo etc. Por intermédio das disposições, todas essas tomadas de posição correspondem a posições, muito mais do que poderíamos

---

294. P. Bourdieu voltará a essa noção na aula de 11 de janeiro de 1983, pp. 335ss.

esperar se tivéssemos a hipótese da relação aleatória. Ao conhecer as posições dos agentes nesse espaço e as disposições que normalmente estão ligadas a elas, temos então uma grande previsibilidade quanto a suas tomadas de posição.

O corpo dos sociólogos e estilos acadêmicos

Eu dei dois exemplos. O primeiro foi a pretensão dos sociólogos, que é menos uma tomada de posição propriamente dita e mais uma disposição, ou seja, uma matriz de tomadas de posição. Retomo uma análise de Canguilhem retirada de *Ideologia e racionalidade na história das ciências da vida*[295]: a sociologia é impulsionada à pretensão mais do que a biologia, a biologia mais do que a física, e a física mais do que a matemática, e essa pretensão se manifesta através das ideologias com aparência científica – aquilo que chamei de efeito Montesquieu[296] –, ou seja, através da ambição de resolver os problemas sociais, problemas de importância prático-jurídica, sem ter criticado a posição. Canguilhem continua: essa pretensão das ciências sociais conduz a "discursos com pretensão científica feitos por pessoas que, quanto a esses assuntos, ainda não passam de cientistas aspirantes e presunçosos"[297]. Se vocês se lembram, eu havia indicado essa posição bimodal, dispersa e partida ao meio da sociologia. Ela tem uma posição real na parte mais baixa e uma posição de aspiração ao mais alto, o que, segundo Lenski, poderíamos chamar de uma "descristalização" muito grande[298]. Lenski fala de "descristalização" em relação a indivíduos que possuem propriedades muito dispersas, como certas atrizes de cinema muito famosas e muito ricas por seu trabalho mas analfabetas, ou como um grande jogador de tênis muito rico mas negro. Essas propriedades estão ligadas à mesma pessoa, mas pelo menos uma tem uma correlação muito fraca com as outras, apesar das propriedades com frequência estarem correlacionadas (quando o prestígio cresce, cresce a renda e também a classe social).

---

295. Lisboa: Edições 70, 1977, tradução de Emília Piedade (não localizada) [*Idéologie et rationalité dans l'histoire des sciences de la vie*. Paris: Vrin, 1977].
296. Ver *supra*, aula de 23 de novembro de 1982, pp. 202ss.
297. Georges Canguilhem, *Ideologia e racionalidade na história das ciências da vida*, op. cit., [p. 44].
298. Gerhard Lenski, "Status Crystallisation: A Non-Vertical Dimension of Social Status" ["Cristalização de status: uma dimensão não vertical do status social"], *American Sociological Review*, n. 19, 1954, pp. 405-413.

O corpo, o conjunto dos sociólogos se define por essa espécie de estatuto descristalizado. A posição partida ao meio se expressa pela coexistência de pessoas muito díspares, de pessoas social e escolarmente muito sobresselecionadas e pessoas muito pouco selecionadas escolar e socialmente. Na última aula eu disse que a sociologia é "nem... nem...", mas que ela também pretende ser "isso e aquilo" (ela pretende ser científica e teórica). Essa posição dupla da sociologia se encontra na definição do cargo, na descrição das propriedades do corpo, mas também nas próprias produções, no estilo, na maneira de ser dos sociólogos, obviamente em graus diferentes segundo sua posição no subcampo dos sociólogos. Com efeito, seria preciso continuar a análise – paro aqui voluntariamente: a análise que eu fiz, que aliás também era parcial, da posição da sociologia no espaço das disciplinas deveria ser continuada por uma análise da posição de cada sociólogo no espaço dos sociólogos.

Para ilustrar essa correspondência entre a posição e as tomadas de posição, o segundo exemplo era o do estilo. Aqui também teríamos uma análise muito longa. Eu falei de um artigo de Lepenies que ainda não foi publicado – recebi uma versão de prova[299]. Inspirando-me nas análises de Lepenies, eu tentei mostrar que a escolha entre um estilo mais científico, ou seja, indiferente à qualidade literária da forma (o que não quer dizer indiferente à forma) e um estilo literário, que presta atenção à forma, se coloca desde o século XVIII para as várias ciências. Seria interessante retomar nessa lógica o esboço de análise que fiz da estrutura da divisão do trabalho entre diferentes disciplinas científicas. Com efeito, para verificar a hipótese do corte, da divisão do trabalho entre as diferentes disciplinas científicas, poderíamos usar indicadores objetivos de atenção ao estilo: para começar, os indicadores de utilização da língua (francesa ou outra) que, ainda que meçam outra coisa, não devem ser completamente independentes; em seguida, depois de controlar a variação da língua, utilizaríamos indicadores para medir a atenção

---

299. P. Bourdieu talvez confunda aqui um artigo cuja referência ele já havia dado (ver *supra*, p. 216, nota 264) com um outro, traduzido por sua indicação, que seria publicado alguns meses depois: Wolf Lepenies, "Contribution à une histoire des rapports entre la sociologie et la philosophie" ["Contribuição para uma história das relações entre a sociologia e a filosofia"], *Actes de la recherche en sciences sociales*, n. 47-48, 1983, pp. 37-44. Mas é igualmente possível que ele se refira a uma prova de um capítulo da primeira edição alemã, que só será publicada em 1985, do livro *As três culturas*. São Paulo: Edusp, 1996, tradução de Maria Clara Cescato [*Die drei Kulturen: Soziologie zwischen Literatur und Wissenschaft*. München: Carl Hanser Verlag, 1985], que está mais ligado à continuidade de uma reflexão sobre o estilo.

dedicada à língua. Sem levar a análise até o fim, eu fiz uma contagem sistemática das relações de agregação de todas as disciplinas literárias e científicas[300]. Eu não tinha isso em mente na semana passada, mas posso dizer que aquilo que disse correspondia inteiramente à minha análise: nas disciplinas científicas, as preocupações propriamente literárias (o que não quer dizer "forma") crescem à medida que descemos na hierarquia das disciplinas, e a parte dedicada ao estilo se torna cada vez maior quando nos aproximamos da geologia; nas disciplinas literárias, a atenção à forma literária obviamente chega ao máximo nas letras clássicas, mas diminui regularmente à medida que descemos na hierarquia das disciplinas. Não havia júris de agregação para as ciências humanas mas, quando entrevistamos as pessoas na posição de produzir juízos, aparecia uma particularidade dessas ciências: uma indiferença maior quanto ao formal, quanto às questões de forma. Poderíamos continuar a análise comparando as revistas das diferentes disciplinas e suas normas quanto à aceitação e apresentação de manuscritos. Eu acho que ainda hoje essa oposição poderia ser o princípio de uma distribuição diacrítica das diferentes disciplinas. Por exemplo, comparar os historiadores e os sociólogos a esse respeito tornaria visível um conjunto de diferenças sistemáticas – a pretensão dos sociólogos à formação de conceitos estaria correlacionada a uma indiferença às vezes ostentada quanto a tudo que pode ter a ver com a escrita. Às vezes, através de um efeito de imitação das ciências naturais, há uma espécie de recusa aberta da boa escrita que muitas vezes serve como signo exterior de cientificidade: como as atitudes negativas são sempre as mais fáceis de adquirir, escrever mal abertamente é uma das maneiras mais econômicas de assumir uma aparência científica. Rapidamente, poderíamos opor a filosofia, a história e a sociologia e medir o tipo de dificuldade ou de obscuridade estilística que as três disciplinas produzem.

Eu acho que o uso da metáfora em oposição ao uso do conceito seria um ponto interessante para distinguir os historiadores dos sociólogos hoje em dia. A utilização imensa que os historiadores fazem da metáfora, que é ao mesmo tempo uma forma habitual de se esquivar do conceito e uma maneira de fazer bonito, se opõe à ausência de metáforas nos sociólogos. Isso está ligado a fenômenos de disposições: os historiadores têm maior probabilidade de estudarem latim, de passarem pelas áreas clássicas, pelas *Grandes Écoles* etc. Mas o recurso à metáfora é um efeito de

---

300. P. Bourdieu & M. de Saint Martin, "A excelência escolar e os valores do sistema de ensino francês", *art. cit.*; ver também o prolongamento dessa análise em "As formas escolares de classificação", in *La Noblesse d'État, op. cit.*, pp. 17-98.

posição, e não só um efeito de formação. A história é uma disciplina pouco teorizada: a única teoria própria dos historiadores é a teoria do "tempo longo"[301] de Braudel que, no fundo, é uma teoria negativa. É uma disciplina *catch-all*, uma disciplina que engloba tudo, que pega um pouco da etnologia, um pouco da economia, e até da econometria. Essa disciplina dominada teoricamente afirma sua especificidade essencialmente através da escrita, e essa escrita metafórica é ao mesmo tempo signo de distinção e de pertencimento às humanidades e uma maneira de se esquivar do problema da formação de conceitos. (Eu me sinto mal por falar desse modo: se houver historiadores e sociólogos entre vocês, eu preciso chocá-los e deixar claros os juízos de valor dissimulados, apesar de tentar não cometê-los.)

Para prolongar a análise do estilo e mostrar no que os estilos de expressão estão ligados à posição seria preciso também confrontar a posição ocupada pela sociologia em relação à da economia e os estilos entre os quais a sociologia oscila e que às vezes coexistem nela. Por exemplo, poderíamos, como fez um sociólogo americano, colocar as ciências humanas em relação à oposição entre a criação de modelos, que teria a economia como principal representante, e a descrição fina e quase romanesca da etnologia, a menos "modelizante" das ciências sociais. Obviamente, como cada disciplina também é um campo, as pessoas se distribuem segundo esses polos no interior de cada disciplina: não teríamos estruturas simples e estupidamente lineares, mas estruturas mais complicadas, com inversões etc.

Eu queria apenas dar esses dois exemplos porque eles são uma maneira de compreender esse fenômeno da correspondência entre as posições e as tomadas de posição.

Posições feitas e posições a fazer

Segunda propriedade que podemos retirar das análises que eu propus: num campo, num espaço social estruturado e hierarquizado, as posições existem independentemente dos agentes, o que logo conduz a distinguirmos num campo diferentes estados das posições: há posições estáveis, já feitas, estruturadas, às vezes codificadas e juridicamente garantidas, e posições ainda não estabelecidas: poderíamos opor de modo geral as posições feitas às posições a fazer.

---

301. A concepção dos três "tempos da história" (longo, intermediário e do evento) de Fernand Braudel foi exposta especialmente em *Escritos sobre a história*. São Paulo: Perspectiva, 1978, tradutor/a não creditado/a. [Écrits sur l'histoire. Paris: Flammarion, 1969].

Digo aqui duas coisas que devo separar. Em primeiro lugar, as posições existem independentemente dos agentes. Por exemplo, há na posição de geógrafo coisas que se impõem ao geógrafo. Se acontece de chegar numa posição de geógrafo alguém que, sociologicamente, "deveria" ter chegado a filósofo, as restrições da posição se imporão a ele com muita força. Haverá uma espécie de luta entre as exigências da posição e as exigências das disposições e não sabemos antecipadamente quem sairá vencedor. Eu dei um exemplo dessas lutas a partir do artigo de Ben-David e Collins[302]: às vezes, as pessoas trazem um capital enorme a posições inferiores e dominadas e são capazes de transformar a posição para deixá-la conforme às disposições que trazem para ela.

Em segundo lugar, esse trabalho de reestruturação das posições em função das disposições terá maior chance de sucesso quanto menos a posição for codificada, objetivada e garantida estrutural e juridicamente. Por exemplo, nos campos das posições sociais que normalmente descrevemos como campo das classes sociais ao descrever as posições através das pessoas que as ocupam há pontos moles da estrutura social, lugares ainda indeterminados, maldeterminados, o que chamamos de profissões novas, de setores em desenvolvimento[303]. Recentemente, as posições de assistente social representam um setor onde os cargos ainda são maldefinidos: os próprios títulos que conduzem a esses cargos são maldefinidos e ao mesmo tempo há uma grande dispersão dos ocupantes de um mesmo cargo. A elasticidade do cargo e a dispersão dos ocupantes criam zonas de combate incertas nas quais existem possibilidades de mudança e de inovação relativamente imprevisíveis. Em todo espaço social, em todo campo, há esse gênero de oposições.

No campo das disciplinas literárias, por exemplo, as posições correspondentes às ciências sociais são muito mais abertas, muito menos codificadas, muito menos cristalizadas do que as posições antigas. Ao mesmo tempo, segundo o postulado – que se verifica na prática – da correspondência entre as posições e as disposições, haverá uma probabilidade maior de encontrarmos nessas posições abertas agentes com disposições dispersas ou com disposições que inclinam e dispõem ao aproveitamento da abertura das posições. Se vocês compararem a população de um jornal como *Le Monde* e de um jornal como *Libération*, ou se compararem as profissões de professor de ensino básico e de

---

302. Ver *supra,* aula de 19 de outubro de 1982, p. 93, nota 101.
303. Sobre as "profissões novas", ver P. Bourdieu, *A distinção, op. cit.*, pp. 333-349 [409-431].

educador[304], terão casos muito precisos aos quais minha análise se aplicará. Da mesma maneira, se, no mundo artístico, vocês tomarem um gênero literário bem estabelecido e bem codificado como o teatro do século XIX em oposição ao romance na fase em que ele começava a se constituir, encontrarão o mesmo gênero de oposição.

Repito: em primeiro lugar, as posições existem independentemente das disposições; segundo, as posições se distinguem não apenas por sua posição no espaço, por suas propriedades topológicas (acima, abaixo, entre etc.), mas também, todo o resto constante, segundo seu grau de fechamento e de rigidez. Essa é uma propriedade importante para compreendermos muitos fenômenos. Por exemplo, no modelinho que tentei propor, as disciplinas se opõem em relação à sua elasticidade relativa: a sociologia é muito mais elástica do que a geografia.

Na consciência comum, diz-se que isso entra nas estratégias de escolha. Por exemplo, retomando a questão que formulei há pouco de saber através de quais mediações as posições se ajustam às disposições, podemos perguntar se essa é uma espécie de harmonia preestabelecida, milagrosa, leibniziana. Muitas vezes dizem dessa maneira o que tento dizer, mas na verdade isso não é de modo algum o que quero dizer. Na consciência comum, diz-se que existem posições certas com carreiras previsíveis (quando entramos nelas, sabemos como sairemos etc.) e, por outro lado, que há posições arriscadas, de alto risco mas com a possibilidade de altos lucros. Essa é a alternativa que indiquei entre a carreira que conduz às profissões de ensino das artes e a carreira que conduz às profissões de artista, ou entre o jornalista e o professor de ensino médio. Em cada época há bifurcações. Na consciência comum, essas alternativas são vivenciadas como escolhas e muitas vezes são pensadas na lógica do risco maior ou menor, e ao mesmo tempo do lucro antecipado, mais ou menos certo, mais ou menos importante. Eu acho que essa intuição da existência ordinária corresponde a alguma coisa objetiva, e encontramos o que eu disse por todas as primeiras aulas: cada agente social dispõe de um equivalente prático mais ou menos adequado. Não se deve fazer da consciência prática que invoquei muitas vezes uma ciência do herbívoro que jamais comerá uma planta venenosa: é muito frequente que o senso social se engane, mas [esse risco] se distribui de modo muito desigual. Como eu disse várias vezes, o senso de

---

304. Ver Francine Muel-Dreyfus, *Le Métier d'éducateur* [*O ofício de educador*]. Paris: Les Éditions de Minuit, 1983.

investimento num título escolar (ou artístico) varia consideravelmente segundo o capital herdado.

Isto posto, uma espécie de conhecimento prático do espaço social tem lugar para a antecipação da rigidez associada às diferentes posições. Por exemplo, verifica-se estatisticamente que, quanto mais as pessoas são desprovidas de capital, mais aumenta a tendência de escolher posições certas mas com lucros baixos, em oposição a posições arriscadas com lucros potencialmente altos: elas escolhem mais professor de desenho do que artista, e como há toda uma série de bifurcações desse tipo numa trajetória escolar, encontramos no final ajustes do tipo "filho de camponês = geógrafo". Essa é portanto uma das mediações através das quais se realiza essa correspondência.

Num espaço social, num campo, há então posições independentes das disposições das pessoas que as ocupam, e essas posições são estruturadas e rígidas de maneira desigual: as potencialidades objetivas, os futuros inscritos objetivamente que elas oferecem são fechados desigualmente, estabelecidos antecipadamente, não apenas pela experiência de antecipação dos agentes, mas também na realidade objetiva. Essas posições serão locais de luta pela imposição de uma definição da posição. Elas são locais de refúgio. A sociologia, por exemplo, é em parte uma disciplina de refúgio. Ela reúne pessoas diferentes e será o local e o objetivo de uma luta para definir o futuro da disciplina, que marcará o sucesso de um grupo ou de outro. Uma posição nova e ainda maldeterminada, exatamente por causa de sua disponibilidade e abertura, atrairá agentes de disposições particularmente dispersas e a essa dispersão corresponderá uma luta particularmente intensa.

Todas as disciplinas são o local de lutas pela definição dominante da disciplina, assim como – essa é outra propriedade que antecipo – o campo científico em seu conjunto é o local de uma luta pela imposição de uma definição dominante da ciência e cada disciplina será o local de uma luta pela imposição da definição dominante da ciência, e cada pessoa tem o interesse de impor a definição da disciplina mais favorável ao seu capital, em dizer que a ciência deve ser o que essa pessoa faz. Isso que digo parece reducionista mas é absolutamente verificável: as pessoas que fazem física estatística dirão que a física estatística é o topo da pesquisa. Isso é absolutamente normal, faz parte da moral e da moralidade de cada um: para fazer ciência, é preciso acreditar nela e acreditar que aquilo que fazemos é o futuro da ciência. Essa luta para impor nossa definição da ciência é ao mesmo tempo uma luta para obter os maiores lucros com nossos investimentos científicos. Se a definição da ciência em função da qual eu ajo se impuser, eu terei o máximo de lucros. Se, ao contrário, uma outra definição da ciência se impuser, todos os meus investimentos serão estruturalmente desqualificados e destruídos, a não ser que aconteça uma nova revolução científica que me reabilite. Esse último ponto é interessante para aqueles entre vocês que trabalham com a história da filosofia, da arte ou das ciências: nas lutas póstumas, pode acontecer que, por necessidade das lutas atuais, alguém precise reabilitar um derrotado do passado; pode então ocorrer um aumento súbito de seu valor. Se, por exemplo, um defensor da "nova crítica" diz que Taine inventou tudo, Taine, ou algum outro que defendia ardentemente o positivismo, pode subitamente revidar contra Lemaître[305]. Num subcampo, haverá então uma luta para impor a definição do futuro mais favorável para cada categoria de detentores de capital. Do resultado dessa luta dependerá o que a disciplina se tornará. É provável que daqui a trinta anos a sociologia seja completamente diferente do que é hoje. E certamente o mesmo acontecerá com os ofícios de assistentes sociais: uma definição dominante se imporá, será codificada, e as pessoas serão selecionadas por referência a essa definição dominante clara, codificada, inscrita nos programas escolares, nas normas de seleção, de reprodução etc. Como resultado, as estruturas de tipo bimodal que encontramos por exemplo nas disciplinas ainda abertas desaparecerão. Eis aqui mais uma vez, de passagem, um indicador: para descrever uma posição, podemos observar as propriedades das pessoas que a ocupam. Como eu disse desde o começo, esse é um dos círculos dos quais não podemos escapar quando trabalhamos nessa lógica: apesar de ser possível conhecer a posição independentemente das pessoas que a ocupam, as melhores informações sobre a posição são fornecidas por uma análise estatística dos ocupantes dessa posição e, por exemplo, essa propriedade de dispersão é interessante para compreender a posição. Isso não quer dizer que a análise das posições

---

[305]. Aqui trata-se talvez de uma alusão à famosa controvérsia que opôs o professor universitário Raymond Picard, especialista no teatro de Racine, a Roland Barthes depois que este publicou *Sobre Racine* (São Paulo: Martins Fontes, 2008, tradução de Ivone C. Benedetti [*Sur Racine*. Paris: Seuil, 1963]), considerado o símbolo da "nova crítica" que apareceu na década de 1960 e que foi fustigada por Picard em *Nouvelle critique ou nouvelle imposture?* [*Nova crítica ou nova enganação?*] (Paris: Pauvert, 1965). No passado, Jules Lemaître desmontara a "crítica histórica" desenvolvida por Hippolyte Taine em seus *Nouveaux essais de critique et d'histoire* [*Novos ensaios de crítica e de história*, 1865] qualificando-a de "mania de só enxergar uma reprodução de Versalhes nas tragédias de Racine" (Jules Lemaître, *Jean Racine*. Paris: Calmann-Lévy, 1908, p. 227), e a "crítica literária" de Lemaître será por sua vez desqualificada pelo "positivismo" de Gustave Lanson.

não produza, em seguida, confirmações sobre as propriedades que encontramos a partir da análise das disposições. Podemos por exemplo tentar ver até que grau a posição está codificada, se temos a existência de um código de deontologia, o que uma tradição americana, a Escola de Chicago, chama de "índices de profissionalização"[306]: uma profissão altamente profissionalizada (com um código comum, normas de seleção comuns, diplomas comuns etc.) terá propriedades do lado dos agentes e também do lado do direito, da profissão etc. Eis um segundo conjunto de propriedades que podemos aproveitar do que eu disse. Eu insisti no fato de que as posições existem independentemente dos indivíduos e expliquei uma segunda propriedade: essas posições são desigualmente objetivadas, codificadas etc.

Estruturas mentais e estruturas objetivas

Terceira propriedade: os sistemas de classificação que os agentes sociais empregam em sua prática para pensar o espaço no qual estão estabelecem uma relação com a estrutura desse espaço e aparecem como homólogos à estrutura desse espaço, de maneira que podemos formular a hipótese de que eles são, em parte, o produto da interiorização da estrutura desse espaço. Um ótimo exemplo: se vocês estudarem o espaço das práticas esportivas que, até certo ponto, funciona como um campo, um objeto interessante pode ser o discurso que cada um dos praticantes profere sobre as outras práticas; no espaço dos esportes de combate, o que as pessoas que praticam luta falam sobre as pessoas que praticam aiquidô, judô etc., ou, num conjunto mais amplo, o que esse conjunto de pessoas fala sobre aqueles que jogam rúgbi, que jogam futebol. Os jogadores de rúgbi falam que os futebolistas são aleijados, que eles não usam as mãos, com toda uma série de conotações, e os futebolistas dizem "jogos de mãos, jogos de vilões" [*jeux de mains, jeux de vilains*] com tudo que isso carrega de insinuações sociais, sexuais etc. Os discursos que os agentes proferem espontaneamente sobre as práticas em questão e as taxonomias que empregam para pensar essas práticas têm algo a ver com a própria estrutura do espaço ao qual esses discursos e esses sistemas de classificação se aplicam.

Eu acho que é extremamente importante ver que existe uma correspondência para desemaranhar exatamente o nível do discurso e o nível da análise. Por exem-

---

306. Ver, por exemplo, Harold L. Wilensky, "The professionalization of everyone?" ["A profissionalização de todos?"], *American Journal of Sociology*, v. 70, n. 2, 1964, pp. 137-158.

plo, há um erro que isso que digo permite, se não evitar, pelo menos prevenir. Quando eu trabalhava sobre o corpo docente, recolhi uma dezena de análises nas quais sociólogos propunham classificações para distinguir as diferentes categorias de professores do ensino superior[307]. O que é muito impressionante é que todas essas taxonomias utilizavam categorias nativas, como *jet sociology* – o sociólogo que está o tempo todo no avião, o pesquisador internacional –, que podem ser empregadas dessa maneira ou, pelo contrário – o que é ainda pior –, podem ser rebatizadas numa linguagem de aparência científica e tornarem-se, por exemplo, oposições entre o sociólogo universal que voa muito de avião e o sociólogo particular que não viaja muito e não conhece nenhuma língua estrangeira. As taxonomias empregadas atualmente são a mistura de taxonomias nativas, demarcadas e rebatizadas, e categorias científicas produzidas pela análise. Esse erro que me parece muito grave só é possível quando não fazemos essa distinção e não nos perguntamos sobre a correspondência entre as estruturas e as representações ou as categorias através das quais representamos o mundo social. Na maioria dos universos, as ofensas, os apelidos, todas as classificações polêmicas que os agentes sociais empregam para colocar outras pessoas numa classe são extremamente interessantes. Eu digo isso sempre, mas é importante: a palavra "categoria" vem de *katégoreisthai*, que quer dizer "acusar publicamente"[308]. Sempre vemos isso na história da arte: a maioria dos nomes de escolas são ofensas produzidas pela escola rival ou por críticos e em seguida retomadas pelos objetos dessas classificações, às vezes por desafio, às vezes por destino. No mundo social ordinário, as pessoas passam seu tempo classificando umas as outras, e um dos primeiros esforços de todo pesquisador consiste em recolher o mais ingenuamente possível esses categoremas, registrá-los como eles aparecem sempre tentando saber por quem são produzidos, por quem são utilizados, qual é seu campo de validade. Vale a pena procurar a origem desses categoremas para encontrar neles uma informação sobre a estrutura. Eles são muito menos gratuitos do que parecem e as tipologias mais ou menos espontâneas que os sociólogos muitas vezes reproduzem sob o

---

307. Ver Alvin W. Gouldner, "Cosmopolitans and Locals: Toward an Analysis of Latent Social Rules" ["Cosmopolitas e locais: para uma análise de regras sociais latentes"], *Administrative Science Quarterly*, n. 2, dezembro de 1957, pp. 281-307; ver também *Homo Academicus, op. cit.*, pp. 33-34 [23-24].

308. Para uma análise desse ponto, ver as aulas de 28 de abril e de 5 de maio de 1982 em P. Bourdieu, *Sociologia geral vol. 1, op. cit.*, pp. 28 e 35 [26 e 35].

nome de ciência são menos falsas do que poderíamos acreditar: apesar de tudo, mesmo os sociólogos mais desajeitados sempre recolhem um pouco de verdade social, justamente sob a forma das palavras que utilizam. À medida que essas próprias palavras expressam a estrutura que as produzem, um pouco de verdade social aparece mesmo nas tipologias mais vazias.

Do ponto de vista de um trabalho científico, o inventário ou o recolhimento de categoremas com o objetivo de tentar construir o espaço dos categoremas – o que um diz sobre o outro etc. – fornece indicações, por exemplo, sobre a oposição dominantes/dominados. Os dominados, por exemplo, são muitas vezes obrigados a retomar por sua conta o que os outros dizem deles – há exemplos em profusão: há identidades sociais que nada mais são do que ofensas reivindicadas, e elas não são as mais agradáveis. Não se trata de fazer uma análise dos categoremas tomando-os um de cada vez: se tomarmos o categorema *jet sociology* sem opô-lo às pessoas que não se deslocam, não compreendemos nada. Esses categoremas são tomadas de posição que nos levarão a supor que elas mesmas constituem um campo, como um espaço de fonemas que vai funcionar através de um sistema de oposições complexas. Se reconstituirmos esse espaço dos categoremas tendo em mente, antes de mais nada, que os usos que as pessoas farão desse espaço de designações possíveis dependerá das disposições, já teremos compreendido bastante. Por exemplo, se amanhã eu fosse estudar o cinema, eu começaria me perguntando como os técnicos chamam os operadores, como os operadores chamam... Meu primeiro trabalho consistiria então em recolher essa espécie de léxico, aliás, muitas vezes carregado de toda uma sociologia, pois obviamente as ofensas só funcionam se colarem, como se diz, e para colarem é preciso que elas sejam um pouco verdadeiras.

As transformações do campo: o caso do sistema universitário

Chego aqui a outra característica que me parece interessante e importante, e que talvez não tenha aparecido para vocês porque não insisti nela. O modelinho que propus para vocês era relativamente datado. Ele valia para os anos de 1970-1975 e acho que já seria preciso corrigi-lo. Isso não quer dizer que ele não fosse verdadeiro para a data em questão, já que amarrar o modelo a uma etapa da história não contradiz sua validade: uma propriedade do pensamento em termos de campo é exatamente permitir a construção da realidade em sua particularida de histórica mantendo a possibilidade de nela descobrir invariáveis e retirar leis de funcionamento trans-históricas. Uma das perguntas que o campo coloca é a pergunta da mudança: como ele muda? (Obviamente, não gastarei muito tempo respondendo esse ponto, pois, repito, aqui quero apenas que vocês compreendam minha intenção: no começo propus uma descrição do campo para tentar mostrar que o sociólogo era capaz de analisar sua própria prática sociologicamente e para, como uma transição, dar um exemplo de análise na lógica do campo; agora, realizo uma espécie de tentativa de retirar algumas das propriedades do pensamento em termos de campo antes de passar a uma exposição um pouco mais sistemática das razões que me fazem pensar que é preciso pensar em termos de campo. Isso que digo é desconjuntado mas está muito ligado a um exemplo particular: é um modo de agir que considero pedagógico, mesmo que eu possa me enganar.)

Tanto no caso particular como, creio eu, em muitos campos, a mediação através da qual a mudança intervém é com frequência a mudança morfológica, quer dizer, a mudança do volume dos agentes ligados às diferentes posições. Por exemplo, para compreender as transformações do campo universitário, seria preciso levar em conta – não digo "em última análise"[309] – a mediação do crescimento da escolarização que remete a uma transformação das relações entre as diferentes classes sociais e o sistema escolar. Essas coisas foram analisadas em "A defesa do corpo"[310]. A transformação dos usos sociais que as diferentes classes sociais fazem do sistema escolar se traduz por um aumento considerável do número de crianças escolarizadas, por um crescimento da concorrência pelo acesso ao sistema escolar e aos bens raros (os diplomas) que o sistema escolar concede, com efeitos induzidos como a desvalorização dos diplomas etc. Essas mudanças produzem efeitos específicos no campo dos professores de ensino superior: o influxo de alunos determina efeitos capazes de mudar a estrutura das relações de força no interior do campo das disciplinas universitárias. Esse influxo de alunos difere dependendo das disciplinas e, se perguntarmos por que, encontraremos um problema análogo àquele que formulei a propósito da relação das mulheres com os diferentes tipos de

---

309. Alusão crítica implícita à abordagem marxista que coloca sistematicamente a causalidade do modo de produção econômico "em última análise", o que é uma maneira denunciada por Bourdieu de dispensar uma análise precisa das mediações que agem em primeira análise.

310. Pierre Bourdieu; Luc Boltanski & Pascale Maldidier, "La défense du corps", *Information sur les sciences sociales*, n. 10, 1971, pp. 45-86. Essa questão será desenvolvida em *Homo Academicus*, op. cit.

atividade intelectual: o que é que leva um capital escolar determinado, um capital social determinado, um sexo determinado a escolher esta disciplina e não aquela?

O influxo diferencial dos alunos nas diferentes disciplinas produz efeitos diferenciados: o crescimento do corpo docente será desigual tanto em quantidade quanto em qualidade nas várias disciplinas. Com efeito, as diferentes disciplinas, em função de sua posição no espaço das disciplinas, responderão diferentemente à necessidade de atender um número maior de estudantes. Mais uma vez, temos aqui uma propriedade de campo que se manifesta: as disciplinas posicionadas no topo da hierarquia tradicional das disciplinas vão tratar o influxo de estudantes de modo diferente das disciplinas posicionadas mais abaixo. Elas vão desenvolver (ou deixar que se desenvolva) o corpo docente de modo diferente quanto à quantidade e à qualidade definida academicamente, através da relação, por exemplo, da taxa de agregados. (Estou um pouco envergonhado: como se trata de uma análise muito complicada, muito difícil de resumir em algumas frases, eu me digo a cada frase que talvez não tenha razão em contar essas coisas para vocês; e também para as necessidades de minha análise não preciso contar tudo isso em pormenores. Ainda assim, explicarei um pouco mais...)

As disciplinas canônicas com uma grande reserva de "normalianos" e agregados, como as letras clássicas, responderão ao influxo de estudantes utilizando abundantemente suas reservas de agregados; por isso o corpo docente aumentará de volume sem de fato mudar em qualidade social medida academicamente. Nessas disciplinas, tudo se passa como se (mesmo que existam exceções) nos esforçássemos no começo em utilizar todos os "normalianos" agregados do sexo masculino, depois recrutássemos as "normalianas" agregadas do sexo feminino, depois os agregados homens (não "normalianos"), depois as agregadas mulheres e, quando não houver mais agregados, os "capesianos"[311]. Essa lógica bem conhecida para a nobreza é clássica para um corpo dominante que não quer se rebaixar: esforça-se em defender a pureza do corpo, ou seja, as normas segundo as quais o corpo é recrutado e que são constitutivas do valor da posição ocupada por esse corpo, esforçando-se para introduzir o mínimo possível de corpos estranhos que desqualifiquem a posição desqualificando os ocupantes da posição. O corpo, por exemplo, incluirá mais mulheres, mas apenas agregadas, e ainda precisará fazer escolhas: é melhor uma mulher agregada ou um homem não

---

311. Titular do *Capes* (Certificação de aptidão ao magistério do ensino de segundo grau) [N.T.].

agregado? É claro que ninguém fala desse jeito; na prática, perguntamos ao nosso redor: "Você conhece alguém que poderia ocupar esse cargo?" É a estatística que, ao agregar dados, permite compreender o resultado agregado de um monte de decisões individuais que nem sequer são realmente decisões, e sim o produto de uma espécie de acaso, de compromisso, que acaba num funcionamento do tipo que descrevi.

Nas disciplinas novas, mal-estruturadas, sem passado, não há uma reserva de "normalianos" agregados. Não há nem sequer agregados (isso não é juízo de valor, e sim juízo de instituição: enquanto sociólogo, não compreendo nada da instituição se eu não recuperar os valores em nome dos quais a instituição se compreende. Se é preciso ser crítico, não é nesse sentido – esse é o beabá do erro sociológico das pessoas que se acham espertas). Por não terem reservas, a instituição recruta de fora e introduz num corpo que já é bimodal, disperso, dividido entre uma fração superselecionada e uma fração subselecionada, pessoas que trazem para a posição disposições totalmente estranhas à definição dominante da posição e ao que se compreendia, dez anos antes, como a ocupação legítima da posição. Isso não é a mesma coisa que ocorre nas disciplinas dominantes onde os titulares e os assistentes são, com trinta anos de distância, os mesmos, e sua oposição é apenas uma oposição de antiguidade. No estado completamente orgânico do sistema escolar, cada mestre se reproduzia num sucessor de eleição e se reconhecia nele, e não havia nenhum problema, nenhum conflito. Era um pouco o tempo cíclico e eterno como nas sociedades arcaicas. Num período crítico, pelo contrário, para se reproduzir o corpo precisa recrutar pessoas de uma espécie completamente diferente – esse problema se coloca em outras situações – que não têm de forma alguma as propriedades nas quais reconhecíamos o titular legítimo da posição e que, além disso, nem sempre têm as propriedades exigidas socialmente pela posição como ela é definida: por exemplo, em várias disciplinas na década de 1960, o assistente[312] realizava um papel quase igual ao do professor. Era praticamente o mesmo papel, não havia diferenciação de tarefas.

É claro que o aparecimento de pessoas recrutadas fora das reservas legítimas cria uma tensão considerável entre os dois corpos, enquanto no estado orgânico a tensão que existia tinha a forma comum das tradições de sucessão. Como dizia

---

312. O corpo dos mestres-assistentes, criado em 1960 para enfrentar o influxo de estudantes, foi integrado em 1984 ao corpo dos mestres de conferências.

o outro [Leibniz], o tempo é a ordem das sucessões[313]; também na sociedade o tempo é a ordem das sucessões: não há outra medição do tempo social que não seja saber quem está antes, quem está depois, quem é o predecessor, quem é o sucessor. Por exemplo, as pressões morfológicas têm como efeito produzir contradições entre o predecessor e o sucessor, seja porque os sucessores não são tudo o que precisariam ser para serem sucessores do tempo que foram convocados a suceder, seja porque trazem para a posição disposições que fazem com que eles considerem inadmissível o tempo que separa o sucessor do predecessor – esse é um critério tácito, oculto, mas importante: todo sucessor é escolhido em função de sua aptidão a esperar para suceder: ninguém escolhe um sucessor que o empurrará para a cova [*risos*]! A contradição será especialmente de número: onde havia um professor e um assistente, agora há, por exemplo, um professor e quarenta assistentes. Ao mesmo tempo, a estrutura de expectativa do assistente será completamente diferente. Enquanto o assistente único tinha uma probabilidade absoluta (igual a 1) de se tornar sucessor, o assistente entre quarenta outros não pode mais se pensar como sucessor. Inconscientemente, ele pensa a posição de professor de modo diferente e, nessa estrutura que se situa logo antes de 1968, ele tem uma tendência a perturbá-la, a subvertê-la. Eis um dos efeitos.

Como eu digo constantemente, em razão do equilíbrio interno do corpo e da divisão do trabalho, esse espaço é um espaço de posições que pode ao mesmo tempo ser descrito como uma estrutura de divisão do trabalho de produção cultural. Mas as hierarquias internas de cada disciplina e as relações entre as disciplinas vão mudar profundamente. As disciplinas nas quais a contradição quanto ao modo de sucessão atingirá o máximo podem, por exemplo, ter um papel de liderança na expressão de uma contradição sentida por todas as disciplinas em graus diversos. Isso remete ao problema eterno de saber por que certos grupos são portadores de intenções revolucionárias: há lugares nesse espaço onde a contradição da sucessão chegará ao máximo e, se acontecer uma revolução que é em parte uma guerra de palácios, uma guerra de sucessão, é óbvio que essas pessoas serão as portadoras de uma mensagem que vai antecipá-la. Eu só utilizei o exemplo das letras porque era

---

313. Neste ponto, Bourdieu cita Leibniz com frequência: "Quanto a mim, deixei assentado mais de uma vez que, a meu ver, o espaço é algo puramente relativo, como o tempo; a saber, na ordem das coexistências, como o tempo na ordem das sucessões" ("Terceira carta de Leibniz, ou resposta à segunda réplica de Clarke", *Correspondência com Clarke*, in *Os pensadores*, volume XIX, *op. cit.*, tradução de Carlos Lopes de Mattos, p. 413).

mais cômodo para mim; poderíamos demonstrar que, nas disciplinas científicas, há fenômenos completamente análogos.

A refração das restrições externas

Eu muitas vezes desenho os campos como elipses e suponho que forças externas agem sobre eles, já que uma propriedade de todos os campos é sua capacidade de refratar, de retraduzir essas ações externas: uma crise econômica, mesmo que tome a forma de uma restrição de crédito, só pode ter efeito, por exemplo, no campo da física nuclear através da mediação da estrutura desse campo. Os campos têm uma autonomia em relação às restrições externas que se retraduz por uma capacidade de reestruturar as restrições conforme sua própria lógica interna. Não é o sistema escolar que engendra a explosão demográfica. Esta chega a ele de fora, sob a forma de um influxo de estudantes: as curvas crescem, primeiro nas ciências, em seguida nas letras, depois no direito. Isso se retraduz no nível do corpo docente sob a forma da necessidade de aumentar o número de professores para lecionar e engendra uma espécie de problema de otimização: como manter o nível da educação? Essas estratégias individuais são uma espécie de política coletiva. A estatística permite compreender essas estratégias de defesa do corpo que ninguém quer mas que acontecem progressivamente e resultam numa evolução relativa do corpo docente, das relações e dos conflitos entre professores e assistentes e numa redefinição do cargo. Quando as pessoas recrutadas para ocupar o cargo se afastam fortemente da definição do cargo, o cargo se torna absurdo, ou insustentável. Ele é portanto redefinido através de todo tipo de transações. Dizemos, por exemplo, que não se pode mais ensinar como antes, que isso não é mais possível, que não precisamos mais de aulas sem a participação dos alunos etc.: redefine-se a estrutura da posição para trazer disposições a elas. É claro que esse nunca é um discurso finalista, cínico ou ingênuo do tipo: "Eu digo que não devemos mais ter aulas sem a participação dos alunos porque não consigo mais dar aulas assim". Há todo tipo de graus na manipulação da relação entre as disposições e as posições. Na retradução do efeito morfológico está expressa toda a estrutura do campo, a hierarquia das posições está ligada à reserva de agregados, e é através dessas mediações que o impacto externo será retraduzido e um outro equilíbrio será engendrado: aparecerão, por exemplo, outras disciplinas e uma outra hierarquia de disciplinas. As relações de força entre as disciplinas podem acabar sendo transformadas pelo fato de que cada campo é o local de uma luta pela definição da maneira legítima de pertencimento ao campo, ou seja, pela dominação e pelo princípio legítimo de dominação: eu luto num campo não somente para dominar, mas também, num grau mais sutil, para dizer aquilo em cujo nome é legítimo dominar; por exemplo, no interior da classe dominante é mais legítimo dominar pela inteligência ou pelo dinheiro, ou seja, pelo capital cultural ou pelo capital econômico? Na luta dentro do campo das disciplinas acadêmicas, certas disciplinas poderão encontrar um reforço na situação. Com efeito, as diversas disciplinas são ameaçadas de modo diferente pelo influxo de estudantes e pelos problemas causados pelo número em termos de recrutamento docente e de novos tipos de pedagogia. Poderá então haver uma subversão. As transformações das relações de força nesses campos relativamente autônomos muitas vezes estão ligadas a ocasiões externas e é graças a uma crise externa que acontecem subversões dentro de um campo relativamente autônomo.

De passagem: se as periodizações dos historiadores da literatura – quando eles fazem cortes em 1830, 1848, 1870 etc. – não são assim tão falsas como se pensa apesar de resultarem da simples transferência de projetos de manuais, quer dizer, da transferência de cortes gerais, é porque os cortes gerais permitem uma transformação das relações de força dentro de um subespaço. No caso do campo universitário, o aumento do corpo docente teve como primeiro efeito uma transformação do equilíbrio interno da divisão do trabalho. Produziu-se um outro efeito muito importante para uma sociologia do conhecimento: houve um aumento considerável dos agentes colocados numa posição correspondente, no estado antigo do campo, a uma definição das tarefas que implica, por exemplo, que o professor de ensino superior deve escrever artigos e livros. Pessoas que teriam sido professores agregados num liceu foram colocadas numa posição universitária: o fato de elas serem passadas de uma posição que não implica escrever livros para uma posição que implica terá um efeito na produção; pessoas que não eram autorizadas estatutariamente para escrever livros vão se sentir autorizadas estatutariamente para escrevê-los. Precisaríamos examinar um monte de coisas aqui, como as curvas de produção, o aparecimento de editores etc. E os livros serão diferentes. Seria preciso continuar a análise, mas temos aqui então um outro efeito.

Um fenômeno externo se retraduz na lógica do campo. Ele suscita a aparição de novas disciplinas, de novas revistas. Ele transforma o espaço da produção e também a estrutura do espaço de consumo. Com efeito, um outro fenômeno muito importante é que com a população estudantil cresce o número de pessoas em posição estatutária de estudantes. Eu já fiz essa análise cem vezes: o que chamo de atos ou ritos de instituição através dos quais um indivíduo é encarregado de uma posição social tem como efeito a imposição de obrigações, segundo a lógica "*noblesse oblige*" – dizer para alguém "Você é um estudante" é dizer: "Você lerá *Le Monde*, você irá ao cinema etc." É também dizer: "Você lerá livros", de modo que, para o corpo docente, o aumento considerável do corpo discente não terá como único efeito o crescimento do tamanho do corpo, mas também o aumento considerável do público em potencial para os livros. Seria preciso estender a análise para compreender o que se passa no campo intelectual hoje em dia, mas não o farei aqui.

Estratégias de luta

Em vez disso, queria insistir no fato de que as lutas no campo não têm como objetivo apenas triunfar na luta, mas também definir os objetivos das lutas capazes de oferecer as maiores chances de triunfo na luta. Portanto, há duas estratégias numa luta: uma estratégia ingênua de primeiro grau consiste em dizer "eu sou o mais forte", ou simplesmente ganhar a luta, a outra estratégia consiste em dizer "vamos jogar o jogo no qual eu sou o mais forte". Esse é um dos grandes fatores de mudança do campo em geral e dos campos de produção acadêmica em particular: a luta muitas vezes assume a forma de uma luta sobre os objetivos da luta e, ao mesmo tempo, sobre a definição da maneira legítima de lutar. Por exemplo, se você é peso-pluma e consegue impor que não exista mais boxe sem limite de peso e que exista uma categoria peso-pluma, você ganhou. Da mesma maneira, se existe uma geografia geral, você pode fazer uma geografia um pouco especializada. A divisão de disciplinas funciona assim desde a Idade Média, e há um belíssimo artigo de Kantorowicz sobre o nascimento de uma especialização nas profissões jurídicas[314]: a gente prefere ser o primeiro na nossa aldeia a ser o segundo em Roma. A cissiparidade dos campos é uma estratégia através da qual podemos redefinir os objetivos e as normas da luta. Uma outra maneira de lutar pode consistir em fazer

---

314. Trata-se talvez do artigo "Kingship under the Impact of Scientific Jurisprudence" ["A realeza sob o impacto da jurisprudência científica"], in Marshall Clagett, Gaines Post & Robert Reynolds (orgs.), *Twelfth-Century Europe and the Foundations of Modern Society*. Madison: University of Wisconsin Press, 1961, pp. 89-111.

uma revolução da definição das maneiras legítimas de triunfar. Uma estratégia muito atual é a estratégia herética, que prende os dominantes no seu próprio jogo, opondo a eles aquilo em nome de que eles dominam mas que não honram mais. É o retorno às fontes, o retorno à linha pura e dura; é a estratégia reformadora.

É claro que essas estratégias de subversão estão sempre no estado virtual num campo. No período orgânico, quando o espaço social ao redor está calmo, elas são derrotadas de saída e podem até ser, como dizemos ingenuamente, "recuperadas" – a palavra é muito perigosa porque é finalista, ela supõe uma vontade dos dominantes de prestar atenção às estratégias dos dominados e desviá-las por uma intenção consciente. Muitas vezes me acusam de pessimismo quando mostro que as estratégias subversivas, no período orgânico, funcionam em certa medida a favor dos dominantes. Poderíamos retomar nessa lógica a análise de Marx das revoluções parciais[315], que, como a de 1848[316], são de certa maneira conservadoras, já que contribuem para reforçar o sistema de defesa e não tocam nada de decisivo. Na maioria dos campos de produção acadêmica, como o campo literário – o campo científico está à parte, mais tarde direi a vocês como essa especificidade aparece para mim –, as tentativas de subversão radical só têm chances de sucesso à medida que sejam capazes de aproveitar, na lógica do campo, os efeitos de mudanças sociais externas como as mudanças morfológicas, as restrições econômicas retraduzidas na lógica própria do campo etc.

As fronteiras do campo

A última observação que eu queria fazer, sempre a propósito do esquema que apresentei a vocês, trata do problema das fronteiras dos campos. Um dos pontos mais difíceis nesse modo de pensar é o problema das fronteiras: por um lado, as fronteiras do próprio campo – desenhei uma elipse bem delimitada – e, pelo outro lado, as fronteiras entre subcampos. Essas fronteiras são importantes para a pesquisa mas, ao mesmo tempo, é preciso se precaver para não transformá-las numa espécie de divisor de águas como as fronteiras jurídicas. Que são essas fron-

---

315. Uma frase muito citada de Marx opõe à "revolução *radical*" a "revolução parcial, *meramente* política, a revolução que deixa de pé os pilares do edifício" (K. Marx, *Crítica da filosofia do direito de Hegel*, op. cit., p. 154).

316. Ver Karl Marx, *O 18 de brumário de Luís Bonaparte*. São Paulo: Boitempo, 2011, tradução de Nélio Schneider [*Der achtzehnte Brumaire des Louis Bonaparte*, 1852].

teiras? Por que elas são interessantes? Se pensarmos, por exemplo, no nascimento da sociologia, percebemos que metade da reflexão metodológica e teórica de Durkheim foi inspirada pela necessidade de lutar nas fronteiras: Durkheim esteve sempre no Velho Oeste, ele lutou na fronteira da psicologia com a oposição entre representações individuais e coletivas, ele lutou na fronteira da filosofia ao dizer que era preciso recolocar em termos positivos e científicos os problemas tradicionais da filosofia do conhecimento.

Uma parte da energia utilizada nas lutas dentro do campo pode ter como objetivo a defesa das fronteiras do campo, ou as de um subcampo, contra invasões ou anexações. Eu falei agora há pouco das estratégias de cissiparidade que consistem em dividir um campo para se tornar completamente dono de um pequeno setor, quando não se pode ser dono de todo um império. A estratégia inversa consiste em se apropriar, conquistar, anexar todo um setor mostrando, por exemplo, que as fronteiras não existem. Se você demonstrar que as representações individuais são apenas fenomenais, que elas são apenas a forma incorporada das representações coletivas, você engole a psicologia[317]. Uma parte das lutas entre disciplinas tem como objetivo as guerras de anexação, guerras de fronteiras. Essas guerras, obviamente, não são realizadas por qualquer um: não é por acaso que são os dominantes de cada campo que realizam essas guerras e que são seus heróis epônimos, como os nobres nas guerras feudais. Há uma belíssima análise de Butor sobre o nome nobre: o nobre é aquele que luta em nome de todo um cantão, de toda uma região e, através de seu nome, são todos os outros que lutam[318]. Quando Durkheim lutou contra a psicologia, eram todos os sociólogos que lutavam através dele, e ao mesmo tempo lutavam para ele, para dominar. Essas lutas de fronteiras são extremamente importantes mas, normalmente, os campos comuns não têm fronteiras jurídicas precisas. Um dos grandes problemas que se coloca a qualquer estudo em termo de campos é saber quem faz parte e quem não faz parte deles. Uma maneira de saber isso é observar se os efeitos de estrutura do campo se exercem sobre esta ou aquela posição. O problema é então encontrar indicadores

---

317. Ver, por exemplo, Émile Durkheim, "Representações individuais e representações coletivas" in *Sociologia e filosofia*. São Paulo: Edipro, 2015, tradução de Evelyn Tesche (não localizada) ["Représentations individuelles et représentations collectives" (1898), in *Sociologie et philosophie*. Paris: PUF, 1963, pp. 1-48].

318. Michel Butor, "Individu et groupe dans le roman" ["Indivíduo e grupo no romance"], in *Répertoire II, op. cit.*, pp. 73-87.

para determinar até onde se exercem os efeitos de campo: os ocupantes de uma posição de sociologia geográfica, por exemplo, estão engajados nas lutas nas quais os sociólogos se dividem ou nas lutas nas quais os geógrafos se dividem?

Mais uma vez – explicarei isso muito melhor na próxima aula –, a noção de campo é construída contra a tentação do pensamento realista, contra a tentação de levar a sério o que salta aos olhos no mundo social: os indivíduos biológicos, os objetos fabricados socialmente, as interações físicas entre os indivíduos biológicos que são manifestadas pelas trocas de palavras, de objetos etc. A noção de campo é construída contra o realismo espontâneo, contra o substancialismo espontâneo que só concede realidade àquilo que pode ser visto através dos modos de percepção ordinários, àquilo que podemos apontar o dedo. Assim, a noção de fronteira nasce de um pensamento realista para o qual um campo deve existir em algum lugar, ter um comprimento, uma largura, uma altura, ou seja, uma fronteira, e deve terminar em algum lugar.

O campo intelectual

A questão dos limites do campo se coloca para todo campo. Usarei um exemplo que já usei mil vezes (eu acho que não é inútil repetir essas coisas): pensar o mundo intelectual enquanto campo é saber antes de mais nada que um dos problemas fundamentais do campo intelectual será lutar para saber quem faz parte do campo intelectual. Eu diria até que uma das melhores propriedades para caracterizar a posição ocupada por um intelectual no campo intelectual será sua tomada de posição sobre quem merece fazer parte do campo intelectual, o que não quer dizer que a definição do campo intelectual seja relativa ao que as pessoas que acreditam fazer parte dele pensam sobre ele. O objeto próprio de uma sociologia do campo intelectual é estudar as lutas de dominação intelectual para impor o princípio de definição dominante do campo intelectual e, através disso, contribuir para dominá-lo. Ao impor o princípio de definição dominante, imponho um princípio de delimitação e, portanto, de exclusão – tem gente *in* [dentro] e tem gente *out* [fora]. Mas minha fronteira só será uma fronteira bem fechada em algumas fases do campo intelectual, onde serei suficientemente dominante para poder controlar o direito de acesso.

Essa propriedade da fronteira que tenderemos a pensar em termos realistas – existe uma fronteira ou não? – é uma propriedade histórica que deve ser integrada ao modelo: eu não a constituo enquanto particularidade, mas como alguma coisa que aparece como questão em todo campo. Pensar em termos de campo consiste em dizer que universalmente, em todo campo, há uma pergunta sobre suas fronteiras. Mas a forma histórica que a fronteira vai assumir em cada campo vai variar, por exemplo, segundo o grau de codificação. Reencontramos um pouco a oposição de agora há pouco entre profissões duras e profissões moles. Uma profissão dura terá uma deontologia muito forte, um código profissional muito forte, um direito de entrada no campo muito elevado, procedimentos muito claros de inclusão e de exclusão. Mas uma fronteira tão forte pressupõe um certo estado do campo: é preciso que os dominantes nesse campo dominem a ponto de controlar completamente a entrada no campo porque assim eles controlam os efeitos perigosos que são produzidos quando se deixa entrar qualquer um; isso tem um nome, é o *numerus clausus* [limite de vagas].

Eu acho que ninguém tem consciência disso – é por isso que a sociologia é apesar de tudo uma coisa muito surpreendente... –, mas há um efeito muito interessante dessa luta para não deixar entrar qualquer um. Há uma forma simples da luta pelo *numerus clausus*: quando se trata, por exemplo, do acesso à universidade, o *numerus clausus* parece ter como objetivo limitar o número de detentores do diploma final. Na verdade, é muito mais sutil. O *numerus clausus* é uma maneira inconsciente, que não poderia ser explicitada completamente, de tentar controlar de saída os efeitos de detalhes imprevisíveis – poderíamos no máximo prever como as coisas vão se passar globalmente, *grosso modo* – que seriam produzidos pela entrada massiva, ou simplesmente numerosa, num campo, de pessoas que podem não ter as propriedades das pessoas que até então entravam no campo e que terão cada vez menos as propriedades que davam acesso ao campo. A chegada massiva é portanto acompanhada de uma transformação do direito de entrada, que não é necessariamente um direito monetário: há todos os tipos de direitos de entrada num clube (por exemplo, pode ser preciso ter dois patrocinadores e vir de um meio onde pode-se encontrar um patrocinador). Controlar o direito de entrada é se proteger dos efeitos relativamente imprevisíveis que podem ocorrer sobre a estrutura do campo, sobre as relações de força internas ao campo, já que a irrupção de um conjunto de pessoas pode, segundo o que eu disse há pouco, trazer um reforço para as posições dominadas no campo e para suas estratégias subversivas. Por exemplo, a subversão do campo dos arquitetos ou da medicina só pode acontecer se houver um rebaixamento sistemático do direito de entrada que deflagrará todos os fenômenos que esbocei mais ou menos agora há pouco. Eu não me estenderei mais, acho que vocês são capazes de deduzir, através da transferência das minhas análises, as análises que precisariam ser feitas de todos os corpos que, ao defender um direito de entrada, defendem a estrutura das relações de força constitutiva de um estado do campo.

Para resumir, podemos dizer que as fronteiras bem defendidas, bem traçadas, bem delimitadas, são fronteiras sem nuvem. Eu uso com frequência essa imagem das fronteiras em nuvem ou na borda de uma floresta com densidades decrescentes[319]: os campos muitas vezes são desse jeito. Essas fronteiras em nuvem às vezes assumem a forma de fronteiras jurídicas bem traçadas, como entre a França e a Suíça. Assim como num momento estamos na França e no outro na Suíça, num momento somos um intelectual ou um padre e, subitamente, mudamos de hábito, de traje, há ritos de instituição, ritos de passagem que fazem com que passemos uma fronteira, saltemos sobre um limiar. Isso pressupõe que aqueles que dominam o campo sejam capazes de impor a fronteira. Não é a fronteira que interessa para eles, e sim a ordem no campo: para mantê-la, é preciso impor fronteiras.

Eu me arrisquei a deixar vocês um pouco confusos mas, na próxima aula, farei as coisas de modo completamente diferente. Tentarei mostrar para vocês os princípios teóricos que me levaram a pensar nesses termos e retirar deles os princípios gerais desse método.

---

319. Ver P. Bourdieu, *Sociologia geral vol. 1, op. cit.*, aula de 2 de junho de 1982, p. 108 [127].

Aula de 7 de dezembro de 1982

> O modo de pensamento estrutural. – Dos sistemas simbólicos às relações sociais. – Parêntese sobre a gênese dos saberes. – Campo de forças e campo de lutas. – Pensar uma posição social. – Como construir um espaço relacional? – A distribuição do capital e as diferentes estruturas. – Os intercampos. – Retorno à estrutura da distribuição do capital. – A interdependência entre o campo e o capital. – As grandes espécies de capital. – A conversão das espécies de capital.

Eu levarei em conta as observações que foram feitas e que me fizeram pensar que, ao contrário do que eu imaginava, eu mais uma vez fui um pouco rápido demais e considerei como óbvias coisas que merecem ser discutidas. Na última aula eu indiquei que a noção de campo foi construída através de uma reflexão sobre um certo número de modos de pensamento ou, mais exatamente, através da aplicação às ciências sociais de um modo de pensamento que poderíamos chamar *grosso modo* de estruturalista e, ao mesmo tempo, temo haver incitado que alguns de vocês pensem o que digo através da ideia que vocês têm do estruturalismo. É por isso que quero voltar um pouquinho a esse tema.

O modo de pensamento estrutural

A noção de estrutura, tal como introduzida na França pelo estruturalismo, é de uma aplicação extremamente geral. Poderíamos até dizer que ela é coextensiva à ciência moderna. (Essas são coisas que eu não teria dito de tão evidentes que me parecem, mas acho que devo dizê-las para evitar um mal-entendido que poderia ser muito perigoso.) Na minha visão, o que é importante no estruturalismo, muito mais do que essa noção de estrutura sobre a qual pode-se tergiversar, é aquilo que poderíamos chamar de modo de pensamento estrutural ou, mais exatamente, relacional. Em seu livro *Substância e função*, Cassirer tenta mostrar como esse modo de pensamento se impôs progressivamente na matemática e na física[320]. Num artigo publicado na revista *Word* que, aliás, foi seu último, ele tenta mostrar como a própria linguística, e em particular a linguística saussureana que acho que ele conheceu muito mal e muito tardiamente, é um caso entre outros da aplicação desse modo de pensamento estrutural que foi elaborado nas ciências da natureza – a matemática e a física – e que pouco a pouco foi aplicado a todos os terrenos da ciência[321]. Esse artigo publicado numa época onde todo mundo falava de estruturalismo me parece extremamente importante. Na sua lógica típica, Cassirer – que tinha uma cultura histórica e teórica absolutamente fantástica – tenta ressituar a gênese do modo de pensamento estrutural a partir de ciências diferentes.

Portanto, estou voltando bem para trás – essa é uma das razões pelas quais eu havia pulado alegremente essa etapa na exposição retrospectiva que fiz da genealogia da noção de campo. Eu escrevi em 1968 um artigo em que tentava mostrar que o modo de pensamento estrutural, no fundo, não passava de uma aplicação ao campo das ciências sociais de um modo de pensamento muito mais geral, o que não quer dizer que estendê-lo às ciências sociais não seja de extrema originalidade[322]. Eu tentei mostrar, baseado ao mesmo tempo em Cassirer e Bachelard, que me pareciam dizer em linguagens diferentes – em todo caso para as minhas necessidades – mais ou menos a mesma coisa, que com a aplicação desse modo de pensamento estrutural às ciências sociais introduziu-se uma ruptura radical com o modo de pensamento que Cassirer e Lewin – que é um dos autores importantes quando se trata da noção de campo[323] – chamavam de modo de pensamento substancialista ou aristotélico – Lewin usava mais "aristotélico", Cassirer mais "substancialista" –, que tende a considerar as coisas em si mesmas em vez

---

320. Ernst Cassirer, *Substanzbegriff und Funktionsbegriff* [*O conceito de substância e o conceito de função*]. Berlim: Bruno Cassirer, 1910.

321. Ernst Cassirer, "Structuralism in Modern Linguistics" ["O estruturalismo na linguística moderna"], *Word. Journal of the Linguistic Circle of New York*, v. 1, n. 2, 1945, pp. 99-120.

322. Pierre Bourdieu, "Structuralism and the Theory of Sociological Knowledge" ["O estruturalismo e a teoria do conhecimento sociológico"], *Social Research*, v. 35, n. 4, pp. 681-706.

323. Ver Kurt Lewin, *Teoria de campo em ciência social*. São Paulo: Pioneira, 1965, tradução de Carolina Martuscelli Bori [*Field Theory in Social Science: Selected Theoretical Papers*, Dorwin Cartwright (org.). Nova York: Harper & Brothers, 1951].

de em suas relações entre elas. O que é importante na obra de Cassirer é que ele mostra que esse modo de pensamento não é de alguma maneira congênito, e que ele foi uma conquista nas ciências da natureza, muito difícil e muito recente. Para a matemática, por exemplo, foi através de um trabalho de abstração muito alto que conseguimos passar da tendência a considerar as realidades geométricas cada uma em si mesma a um pensamento das realidades geométricas como um sistema puro de relações e a compreender as figuras geométricas em suas relações em vez de compreendê-las em sua existência particular. Eu citava, por exemplo, uma frase de Bachelard: "a realidade de uma linha se fortifica pela multiplicidade de suas pertinências a superfícies variadas, melhor ainda, [...] a essência duma noção matemática se mede pelas possibilidades de deformação que permitem estender a aplicação dessa noção"[324].

Como consequência, o que é importante, e nesse ponto eu me uno a Cassirer, é que na matemática moderna os pontos, as linhas e os planos podem ser substituídos por uma infinidade de objetos inteiramente diferentes sem que as proposições que podemos formular a seu respeito sejam afetadas. Cassirer demonstra para a física e para a obra de Hermann Weyl, de maneira absolutamente análoga, que também é à custa de uma espécie de "desrealização", de "dessubstancialização", de destruição – esses são termos bachelardianos que todos têm mais ou menos em mente – das noções intuitivas e sensoriais como a de força, por exemplo, que a ciência física conseguiu construir seu objeto. Eu estendi a análise tentando demonstrar como esse trabalho de "dessubstancialização", que não era fácil nas ciências naturais, era especialmente difícil no caso das ciências humanas quando se tratava de pensar os objetos simbólicos como os mitos, ritos ou religiões, ou *a fortiori* os objetos sociais ordinários como os grupos e as instituições. Com efeito, nos dois casos, as "realidades" que precisavam ser "desrealizadas", que precisavam desaparecer em prol das relações – é um tema que desenvolvi em profundidade nas últimas aulas – resistem particularmente à "dessubstancialização", já que essas realidades podem ser, por exemplo, o indivíduo ou a pessoa, que a escolástica adorava chamar de *ens realissimum*, a realidade mais real.

Assim, se eu denuncio às vezes com um pouco de humor polêmico o personalismo que assombra as ciências sociais, é obviamente porque não tenho simpatia pela ideologia de tipo personalista, mas também porque acho que um modo de

---

324. Gaston Bachelard, *O novo espírito científico*, op. cit., p. 260 [28].

pensamento personalista é profundamente incompatível com um modo de pensamento científico nas ciências sociais, pelo fato de ele constituir o indivíduo, ao qual estamos ligados de maneira particularmente interessada, como uma coisa que não se deixa dissolver, que não pode ser reduzida a uma espécie de emanação do campo. Há uma frase de Hermann Weyl que eu citava com muito prazer que dizia que o ponto físico não passa de uma emanação do campo[325]. Quando se trata de indivíduos, nós claramente temos dificuldade em pensar que este ou aquele personagem histórico, ou nós mesmos, somos um simples produto das forças em jogo no campo[326]. Para fazer o que parecia óbvio depois de toda uma série de revoluções científicas nas ciências naturais, a ciência social devia então realizar um trabalho particularmente difícil, e em dois níveis.

O estruturalismo, no sentido histórico que costumamos dar a ele (o estruturalismo de Jakobson, Lévi-Strauss etc.), efetuou essa ruptura no nível dos sistemas simbólicos. Ele conseguiu pensar relacionalmente os sistemas simbólicos, quer dizer, a norma, o mito, o rito etc. É preciso ver como os sistemas simbólicos eram pensados antes de aplicarmos a ele o modo de pensamento estrutural. Um dos obstáculos ao pensamento estrutural do mito ou do rito tem a ver com o fato de que à intuição ordinária que pensa os elementos independentemente de suas relações se dava interpretações parciais na lógica da chave dos sonhos – é mais ou menos a mesma coisa que Freud. Por exemplo, dizíamos rapidamente que "o trabalho agrícola é o ato sexual" com base numa espécie de intuição que era uma intuição do sistema mas que se constituía a partir de um elemento particular do sistema. A conquista estrutural que consistiu em pensar os sistemas simbólicos como sistemas de relações de modo que o elemento só tem sentido dentro do sistema não foi tão fácil. Ela ia na contramão dessa tendência espontânea, ilustrada pela noção da "chave dos sonhos", de pensar os elementos simbólicos em suas relações diretas com seus referentes sem fazer o desvio pelo sistema. É verdade que

---

325. P. Bourdieu, no artigo citado ("Structuralism and the Theory of Sociological Knowledge", p. 690), cita o físico Hermann Weyl dizendo que o elétron não é "um elemento do campo mas sim 'um produto do campo' (*eine Ausgeburt des Felds*)".

326. Podemos aproximar essa passagem da seguinte citação de *Sobre a televisão* (Rio de Janeiro: Jorge Zahar, 1997, tradução de Maria Lúcia Machado, p. 78 [*Sur la télévision*, Paris: Raisons d'agir, 1996, p. 63]): "É preciso ver que [Bernard-Henri Lévy] não passa de um epifenômeno de uma estrutura, que ele é, à maneira de um elétron, a expressão de um campo. Não se compreende nada se não se compreende o campo que o produz e que lhe confere toda sua força" [tradução modificada].

esse desvio sempre é cansativo e longo: se, para entender o que o arado quer dizer, é preciso passar pela lâmina, pela roda, por todo o universo, isso é longo, isso é difícil, enquanto a lógica prática nos leva a procurar o atalho. O modo de pensamento estrutural não era autoevidente e, no fundo, a árvore do símbolo isolado escondia a floresta dos símbolos, escondia o sistema.

Dos sistemas simbólicos às relações sociais

Mas havia um segundo estado, e era aqui que eu queria chegar, que tentei passar para o modo de pensamento estrutural. Ele consiste em pensar numa lógica relacional não mais somente sistemas simbólicos, mas sistemas de relações sociais. No nível simbólico, a transposição acontecia muito facilmente, aliás, muitas vezes facilmente demais porque – isso seria um longo debate – eu acho que, por não voltarmos à raiz do que estava envolvido no estruturalismo, ou seja, o modo de pensamento estrutural, realizávamos jogos e transposições de maneira muito mecânica. Mais do que considerar que o que estava em jogo era uma maneira de pensar, um método relacional de pensamento, buscávamos equivalências. Tínhamos de um lado Jakobson e do outro um rito ou um sistema simbólico e criávamos sistemas de tradução quase termo a termo procurando paradigmas, sintagmas etc. Teve uma época disso. Isto posto, era ainda mais difícil passar para o sistema de relações sociais nas quais se produzem os sistemas simbólicos. Havia mil obstáculos que impediam aplicar o sistema estrutural de relações não mais, na linguagem que utilizo aqui, ao sistema das tomadas de posição mas ao sistema do campo das posições: um certo marxismo decadente, um pouco rígido e esclerosado que tinha uma aparência de pensamento relacional, mas também obstáculos específicos, como o fato de que o mundo social conduz muito mais ao pensamento realista do que um sistema simbólico. De certa maneira, a partir do momento em que começamos a pensar um sistema como um sistema simbólico ele exige ser pensado assim. Mas ter em mente, quando se trata da relação entre o patrão e o operário, entre a empregada doméstica e a dona de casa, entre a secretária e o diretor etc., que não podemos pensar nenhuma dessas relações – que entendemos rápido demais e bem demais no estado isolado – sem passar pela totalidade do sistema é extremamente difícil por todas as razões que mencionei, e também pelo próprio fato da divisão do trabalho que, por exemplo, nos sanciona positivamente – aliás, tem um ótimo artigo que foi publicado numa revista anglo-saxã – se descrevemos a relação entre patrão e empregada doméstica: somos imediatamente publicados nas grandes revistas internacionais como se publicássemos um artigo sobre este ou aquele fonema independentemente do sistema. Assim, todo um conjunto de obstáculos sociais se institui contra o modo de pensamento que acho que deve se impor. A dificuldade do modo de pensamento estrutural era dobrada pelo fato de que podíamos constantemente passar do nível sincrônico, do nível dos símbolos no estado de *opus operatum* [obra realizada] ao nível do campo de produção dos símbolos. E muitos trabalhos confundiam os dois.

Chego a outra referência que queria fazer e que me incitou a propor essa reflexão para vocês hoje: no prolongamento dos trabalhos dos formalistas russos que foram repensados na França na lógica estrutural[327] apareceu uma escola da literatura que poderíamos chamar de estrutural, essencialmente em Israel[328]. Ela me parece muito interessante para marcar a diferença entre aquilo que proponho e o que podemos conseguir com um decalque um pouco mecânico das noções linguísticas consideradas dominantes. Essa escola parte da ideia de que, para compreender as obras de uma época, é preciso constituí-las como um sistema, o que já é uma ruptura importante e interessante em relação à história literária tradicional – "o homem e a obra" – e às suas variantes, porque é muito possível fazer falsas revoluções metodológicas preservando o essencial. Pensando as obras em suas relações, esses pesquisadores descobrem propriedades dos espaços dos produtos literários; por exemplo, geralmente se observa a oposição entre um centro e uma periferia do espaço literário, mudanças que consistem em trazer ao centro o que estava na periferia etc.

Mas, por terem partido do sistema como definido pela linguística, eles ainda permanecem de certa forma no céu das ideias: o que se passa na literatura é uma história das relações entre as coisas literárias. No fundo, é onde eu teria chegado se tivesse partido da noção de campo semântico como proposta por Peirce que consistia em dizer – mais uma variante estruturalista – que não podemos pensar um

---

327. Ver *Théorie de la littérature. Textes des formalistes russes* [*Teoria da literatura: textos dos formalistas russos*], reunidos, apresentados e traduzidos por Tzvetan Todorov. Paris: Seuil, 1966. [No Brasil, uma coletânea semelhante foi organizada por Dionísio de Oliveira Toledo: *Teoria da literatura: formalistas russos*. Porto Alegre: Globo, 1970, vários tradutores.]

328. Ver em particular Itamar Even-Zohar, "Teoria dos polissistemas", *Translatio*, n. 5, 2013, tradução de Luis Fernando Marozo; Carlos Rizzon & Yanna Karlla Cunha ["Polysystem Theory", *Poetics Today*, v. 1, n. 1-2, 1979, pp. 287-310].

conceito ou uma noção independentemente do sistema de diferenças no qual ela funciona[329]. Por exemplo, se eu tivesse tomado esse ponto de partida para pensar a história literária – ou a história da filosofia, seria o mesmo tipo de problemas –, eu teria sido levado a dizer que o espaço das obras, enquanto sistema simbólico, contém a explicação do sentido de cada elemento constitutivo desse espaço.

Ao dizer, como acabei de fazer, que se tratava de aplicar o modo de pensamento relacional não apenas ao espaço das obras mas também ao espaço dos produtores das obras, eu introduzi uma distinção clara entre dois níveis de análise e coloquei ao mesmo tempo a questão das relações entre o campo das tomadas de posição e o campo das posições. De fato, na época em que eu escrevi esses artigos, eu tinha em mente um esquema do seguinte tipo: a ideia de que existia um espaço das tomadas de posição; por exemplo, aqui a ortodoxia – que podemos colocar na parte direita da elipse para respeitar a língua grega[330] –, na parte esquerda a heterodoxia, a heresia, e no centro uma zona neutra, onde estariam as pessoas que prolongam os formalistas russos (Tynianov, Chklovski etc.). Poderíamos colocar também dominantes/dominados, central/periférico, e isso no nível dos produtos culturais.

Mas eu tinha a hipótese de que devia construir um segundo espaço, o espaço dos produtores: eu chamei o esquema anterior de "espaço das tomadas de posições" e este esquema o "espaço das posições" no qual se situam os produtores. E eu tinha a hipótese de que esse espaço das tomadas de posição era a projeção do espaço das posições. Eu postulei a existência de uma homologia entre as posições ocupadas no espaço real das posições sociais (pelos escritores, músicos, etnólogos etc.) na divisão do trabalho de produção, por exemplo literária, e as posições ocupadas no espaço das tomadas de posição pelas tomadas de posição correspondentes. Para estender a hipótese, poderíamos dizer que é muito improvável que alguém que esteja aqui [à esquerda no espaço das posições] possa sequer ter a ideia de ter uma posição que se encontre ali [à direita no espaço das tomadas de posição], e citei num outro texto da mesma época uma brincadeira de Arthur Cravan, um personagem um tanto bizarro, que imaginava [o escritor católico e acadêmico] Paul Bourget vestido de bailarina[331]. Essa espécie de variação imagi-

---

329. Ver Charles S. Peirce, Écrits sur le signe [*Escritos sobre o signo*], textos reunidos, traduzidos e comentados por Gérard Deledalle. Paris: Seuil, 1978.
330. A palavra "ortodoxia" é formada a partir de *orthos* (ὀρθός), que significa "direito".
331. "Se eu tivesse a glória de Paul Bourget eu me exibiria todas as noites com um tapa-sexo numa casa de espetáculos e garanto a vocês que faria sucesso" (Arthur Cravan, "L'Exposition des indé-

nária esquisita, esses exercícios de imaginação inspirados pela polêmica [...] são muito interessantes porque são exercícios estruturais. (Para ajudar a dormir, vocês podem se divertir imaginando pessoas que estão aqui fazendo coisas que ficam tipicamente ali; em geral, é muito cômico. No outro sentido funciona muito pior, parece paródia.)

Em outras palavras, constituir o espaço das relações sociais de produção como tal leva a distinguir claramente os dois espaços e formular a pergunta de sua correspondência: as transformações que se situam neste nível [das posições] correspondem a mudanças aqui [no nível das tomadas de posição]? Essa é uma pergunta que formulamos imediatamente. Podemos imaginar que a ortodoxia seja suplantada pela periferia se não aconteceu alguma coisa aqui que reforçou essa posição? Ao mesmo tempo aparece a questão do que acontece no exterior desse campo relativamente autônomo, questão que fiz na última aula. Essa distinção, que retrospectivamente me parecia tão evidente que esqueci de falar para vocês, foi muito difícil de adquirir. (Prova de que ela não é tão fácil, o que digo aqui foi suscitado por objeções que foram feitas por gente que considerava faltar no que digo coisas que para mim eram tão evidentes que esqueci de dizê-las – isso acontece com muita frequência, talvez seja uma ilusão de minha parte, mas, em todo o caso, é assim que eu as vejo e é portanto importante que eu diga.)

Para recapitular de maneira simples o que acabo de dizer: há um perigo muito frequente no emprego da noção de campo, e houve uma época, nos anos de 1960, em que a palavra "campo" era utilizada de modo aproximativo demais por um certo número de pessoas, entre as quais, aliás, eu me incluía no começo (como creio que já disse de modo muito honesto), sob a influência do modo de pensamento estrutural que estava em voga na época. Nessas utilizações muito confusas, a palavra "campo" designava alguma coisa que confundia os produtos culturais e o espaço no qual são produzidos esses produtos culturais. Parece-me que a noção de *épistémè* tal como ela foi compreendida também misturava os dois níveis[332]. A noção de cultura também funcionava de maneira confusa nos dois níveis. Insisti

---

pendants" ["A exposição dos independentes"], *Maintenant*, n. 4, 1914; P. Bourdieu cita essa frase em "O mercado de bens simbólicos", in *A economia das trocas simbólicas, op. cit.*, p. 160, tradução de Sergio Miceli ["Le marché des biens symboliques", *L'Année sociologique*, n. 22, 1971, p. 107]).

332. Depois de ter teorizado o conceito de *épistémè* em *As palavras e as coisas* (São Paulo: Martins Fontes, 2000, tradução de Salma Tannus Muchail [*Les Mots et les choses*. Paris: Gallimard, 1966]) e *A arqueologia do saber, op. cit.*, Michel Foucault deixou de empregá-lo.

fortemente nisso para manifestar que é preciso distinguir claramente o campo das tomadas de posição e o campo das posições, tendo em mente que, na lógica que postulo, uma tomada de posição não contém em si mesma seu próprio motor. O campo das tomadas de posição pode sobreviver na contradição; não podemos imaginar uma espécie de partenogênese, de mudança a partir do único nível das tomadas de posição: é no nível das lutas no campo de posições, pelo monopólio, pela dominação, pela subversão etc. que reside o movimento que em seguida se manifesta no nível do campo das tomadas de posição. Pronto, isso é mais ou menos o que eu queria dizer para vocês. Ficarei bastante contente se tiver certeza de ter dito tudo o que queria dizer.

Parêntese sobre a gênese dos saberes

Uma outra coisa que eu não disse mas que me parece importante (como essas são coisas que foram úteis pessoalmente para mim, eu postulo que elas podem ser úteis para outras pessoas) é que uma das dificuldades do trabalho intelectual consiste em ressituar em relações mútuas as coisas que aparecem historicamente na biografia individual em momentos e contextos diferentes: umas foram aprendidas escolarmente, outras não escolarmente, através de leituras pessoais pós-escolares etc. Os ganhos permanecem ligados a seu modo de aquisição e o trabalho intelectual, que é um trabalho de unificação e de integração, precisa vencer essas adesões ligadas aos modos de aquisição. Para esse trabalho, uma das coisas extremamente úteis – em todo caso para mim, espero que para outras pessoas também – é ter informações mínimas de tipo histórico ou social sobre os conteúdos de saber que são adquiridos. Aproveito a oportunidade para dizer uma coisa que acredito ser importante: uma das tradições do sistema de ensino francês, por razões cuja sociologia poderíamos fazer – Durkheim diz coisas excelentes sobre isso em *A evolução pedagógica na França*[333] –, é cortar os saberes de sua gênese histórica. As pessoas agem como se *As moralidades do Grande Século*[334] tivesse saído da coxa de Júpiter, sem dizer nada sobre Paul Bénichou, sobre o que ele fez e de quem ele foi aluno. Como resultado, os cérebros a-históricos que esse sistema fabrica são constituídos como pequenas ilhas isoladas que têm uma dificuldade enorme para se

---

333. Émile Durkheim, *A evolução pedagógica*. Porto Alegre: Artmed, 1995, tradução de Bruno Charles Magne [*L'Évolution pédagogique en France*. Paris: PUF, 1938].

334. Paul Bénichou, *Morales du Grand Siècle*. Paris: Gallimard, 1948.

comunicarem. Entre as maneiras de fazermos essas ilhas se comunicarem, temos efetivamente as genealogias históricas – "essa pessoa foi aluna de fulano" etc. Isso talvez tenha a ver com o fato de que na França há pouquíssimos alunos e pouquíssimos mestres [*risos*] – isso é uma maldade, mas tem um fundo de verdade.

Por exemplo, uma coisa – essa também é uma maneira de preparar a sequência porque posso parecer polêmico – que seria preciso dizer sobre os formalistas russos é que eles foram importados para a França no período estrutural, seu grande importador foi Todorov, e um de meus interlocutores recentes falava de "todorovismo" para designar essa leitura estruturalista dos formalistas russos, que podemos ler de forma completamente diferente. A gente leu os formalistas russos (essencialmente Propp[335] e alguns outros) e esqueceu que a palavra "formalismo" era uma ofensa dirigida aos formalistas por seus adversários. Os formalistas não eram de modo algum formalistas no sentido que damos a isso na França, ou seja, não eram semiólogos. Eles não consideravam a literatura como um espaço autônomo que continha em si mesmo suas referências, ainda que eles não tenham escapado completamente – insisto – de uma tentação que eu chamaria de formalista devido ao fato de eles terem partido da analogia com a linguística e tratado os sistemas da literatura como sistemas simbólicos independentes do campo de produção. Eu não sei se estou sendo claro, mas acredito que é importante, porque no fundo vinte anos de discussões na vida intelectual francesa giraram, pelo menos para mim, ao redor desse tipo de problemas. Essa é uma das razões pelas quais achei que precisava voltar a esse ponto: eu penso estar além desse debate estruturalismo/pós-estruturalismo, mas temo ser percebido como estando dentro dele, o que não teria grande importância se não fosse o risco de introduzir mal--entendidos ou incompreensões.

Outra coisa, entre os obstáculos à compreensão (há um monte deles) existe a tentação permanente de reduzir o novo ao já conhecido, o que acontece com as pessoas cultas que, através disso, defendem sua cultura. (Eu me permito dizer essas coisas, mas escrevê-las seria indecente [*risos*]: uma das funções do ensino talvez seja dizer coisas que talvez sejam importantes mas que não nos sentimos no direito de escrever.) A redução ao já conhecido cuja função é servir ao sistema de defesa acaba prejudicando de certa maneira as compreensões, prejudicando os

---

335. Vladimir I. Propp, *Morfologia do conto maravilhoso*. Rio de Janeiro: Forense Universitária, 1984, tradução de Jasna Paravich Sarhan [МОРФОЛОГИЯ СКАЗКИ. Leningrado: 1928].

conteúdos, e acho que uma forma de docilidade crítica, ou de modéstia vigilante, é muito importante na prática científica, mas aqui também isso não é uma coisa especialmente encorajada pelo sistema francês. (Isso estava [nas notas preparatórias de minha aula], e esqueci de dizer.)

Campo de forças e campo de lutas

Depois de dizer que o pensamento em termos de campo é uma aplicação [do modo de pensamento estrutural] ao espaço das relações sociais e, ao mesmo tempo, das relações culturais enquanto elas expressam relações sociais, eu queria agora tentar descrever rapidamente de maneira sinóptica, sem aprofundar cada ponto, um certo número de propriedades dos campos, começando pela oposição que propus na última aula entre campo de forças e campo de lutas. Este também é um ponto sobre o qual acho que consigo ter um pouco mais de clareza depois de estar confuso por muito tempo: eu acho que utilizei por muito tempo a noção de campo de maneira indiferenciada demais, tanto como campo de forças, tanto como campo de lutas, dependendo daquilo que o objeto particular para o qual eu tentava aplicar esse modo de pensamento me apresentava para ser pensado. Mais uma vez, trata-se de uma coisa importante ensinada pelo trabalho de pesquisa empírica: os objetos se propõem para serem pensados de certas maneiras; há objetos que facilmente trataremos de modo fisicalista, outros que trataremos mais facilmente de modo representacionista. A relação que travamos com o objeto em questão tem um papel. Assim, sem dúvida é mais provável que sejamos fisicalistas diante de um objeto que nos é totalmente estranho e penso também – tentarei demonstrar – que a visão fisicalista é muito natural para aqueles que ocupam uma posição dominante no espaço social na medida em que a judicialização é uma forma de "fisicalização". Seria preciso então interrogar a cada momento as propensões epistemológicas inerentes a este ou àquele objeto científico.

A distinção entre campo de forças e campo de lutas é importante metodologicamente. Ela nos obriga a realizar operações diferentes na conduta prática das operações da pesquisa. Construir um campo como o das disciplinas escolares ou o campo literário etc. como campo de forças significa de modo geral ter em mente que construímos um espaço no qual exercem-se de maneira permanente forças potenciais que poderiam permanecer invisíveis enquanto não entramos no espaço em questão e que se exercerão sobre todos aqueles que entram nesse espaço.

Como podemos conhecer essas forças potenciais? Qual é sua unidade de medida? Como definir a estrutura de um campo de forças? Essa é a primeira pergunta quando pensamos em termos de campo de forças. Como nomear as posições ocupadas nesse campo de forças? Como caracterizá-las umas em relação às outras?

A lógica do campo de lutas é um modo de pensar que é muito mais natural para nós, nem que seja porque estamos acostumados com a palavra "luta", que é utilizada demais na verbalização do universo político. Se adotamos a linguagem do campo de lutas, diremos que o espaço literário é um campo de lutas no sentido de que há agentes que, ao utilizarem as armas à sua disposição, esforçam-se para se apropriar dos objetivos que estão em jogo nesse espaço. Ao falarmos de campo de lutas, posicionaremo-nos num universo dotado de sentido para os agentes que o habitam e dentro do qual se desenrolam ações orientadas por intenções conservadoras ou subversivas que buscam conservar ou transformar o estado da relação de força.

Eu não tenho vontade de fazer isso aqui, mas seria útil demonstrar que no fundo, na tradição marxista, os dois sentidos (campo de forças e campo de lutas) jamais são distinguidos claramente. Assim, passamos constantemente de um para o outro, e essa confusão me parece gerar muitos lucros econômicos mas resulta em muitos inconvenientes científicos. Eu separo os dois tipos de definição da noção de campo pela necessidade de exposição, mas enfatizo que na verdade é apenas através de uma operação da razão, de uma abstração consciente, que podemos fazer essa distinção: na realidade não podemos pensar nem um segundo numa posição sem pensá-la como aquilo a partir do qual as pessoas que a ocupam vão realizar a luta para manter sua posição ou para transformá-la. Em outras palavras, a todo instante as posições engendram as tomadas de posição que buscam transformar sua posição. A todo instante, o campo de forças funciona como um local dentro do qual se desenrolam lutas para transformar o campo de forças. É preciso então fazer a distinção entre esses dois momentos da construção do objeto sabendo que é uma abstração.

Pensar uma posição social

Assim, a distinção está posta, junto com a impossibilidade de considerá-la qualquer outra coisa que não uma abstração teórica. Agora, o primeiro momento: o campo como campo físico, como campo de forças, é a descrição do campo como uma espécie de teoria do estado das posições ocupadas pelos agentes, grupos de agentes e instituições no campo de forças. O mundo social considerado desse ponto de vista é um espaço de forças possíveis, uma ordem de coexistência na qual cada agente, singular ou coletivo, é definido por sua posição no interior do espaço, ou seja, por todas as propriedades inscritas no ponto do espaço onde ele se encontra, propriedades que são inseparáveis da estrutura global do espaço. Falar de posição é portanto lembrar a todo instante que não há propriedade nesse espaço que não seja relacional. Com efeito, é impossível definir uma posição se não for através da relação com o espaço global das posições. Falar de classes médias independentemente das classes superiores ou inferiores não faz nenhum sentido e as próprias classes inferiores, que muitas vezes consideramos serem de alguma maneira o zero absoluto a partir do qual podemos pensar as outras classes, só tem sentido em relação às outras classes como sendo exatamente aquilo sob o qual não há nada ou [aliás, para evitar um erro frequente], aquilo sobre o qual pode haver alguma coisa. Quando se trata de compreender a aparição nos últimos vinte anos daquilo que chamamos ingenuamente de uma "necessidade de educação" nas classes populares, esquecemos, por exemplo, que uma das propriedades de posição da classe trabalhadora, numa sociedade em que existe uma mão de obra de origem imigrante, é que, por não ser o zero absoluto, a manutenção dessa posição, que uma visão populista acredita ser a última das últimas, pode pressupor estratégias que busquem manter a distância em relação àqueles que não são nada e não têm nada. Essa posição potencial de declínio pode estar no princípio de condutas e se expressar em tomadas de posição inesperadas, bizarras, que poderíamos por exemplo chamar de conservadoras unicamente porque elas não correspondem à ideia que temos da posição pensada de maneira substancialista [...][336]. Essa posição e seus ocupantes devem então uma parte considerável de suas propriedades ao fato de que a posição está num espaço e que ela só ganha sentido na relação. Uma propriedade de uma posição é que não podemos estar onde estamos e ao mesmo tempo em outro lugar, o que constitui uma outra propriedade axiomática fundamental que resulta do fato de pensar um espaço de posição como tal: eu não posso estar onde estou e estar em outro lugar. Eu não posso "me colocar no lugar..." Essa proposição muito simples arruína toda uma fenomenologia da

---

336. Sobre o conservadorismo e a trajetória social, ver P. Bourdieu, *A distinção, op. cit.*, especialmente pp. 424-428 [528-535].

comunicação, da comunicação das consciências, e um monte de coisas que foram escritas na década de 1960. É sociologicamente impossível "se colocar no lugar..." O "se colocar no lugar" terá altíssima probabilidade de ser um jogo, como a espécie de exercício imaginário que descrevi com Arthur Cravan, onde importamos para uma posição uma coisa que seria impossível e impensável nela. Isso permite refletir sobre a noção de populismo...

Eu me sinto mal por estar um pouco hesitante: não tenho uma certeza suficientemente grande para me expressar com segurança, ainda mais porque sou levado a dizer coisas que parecem formidavelmente triviais. É simplesmente – isso talvez seja uma justificação *ex post* – que tenho com frequência a experiência, em meu trabalho, da necessidade de repensar as coisas triviais para avançar, o que é especialmente difícil no caso do mundo social porque, como digo muitas vezes, nós já sabemos tudo no modo prático (o que faz com que a explicitação passe uma impressão de evidência), mas ao mesmo tempo nós temos semissaberes teóricos que impedem que pensemos essas coisas triviais. Por exemplo, eu não queria dizer "classe trabalhadora/proletariado" ou "lumpemproletariado/proletariado": esses são obstáculos formidáveis ao pensamento em termos relacionais porque isso implica uma substancialização e até uma espécie de personalização da classe trabalhadora. Eu digo essas coisas polêmicas apenas para mostrar a dificuldade própria do trabalho em ciências sociais, no qual é difícil pensar coisas triviais mas fundamentais.

É preciso uma mistura de audácia teórica e humildade para lembrar que estar numa posição é não estar numa outra posição – Leibniz explicou bem as coisas aqui –, o que parece inevitavelmente trivial porque todo mundo sabe o que é ter uma posição em algum lugar. Eu sempre terei essa dificuldade, e prefiro dizê-la porque vou sofrer muito. Saber que estar em algum lugar é não estar em outro lugar significa não ser utópico. A teoria dos intelectuais de Mannheim – que convido vocês a relerem –, o tema do "intelectual orgânico" ou da "*intelligentsia* sem laços nem raízes"[337] que gerou muitas dissertações ilustra o que acabo de dizer:

---

337. Karl Mannheim, *Ideologia e utopia*. Rio de Janeiro: Zahar, 1972, tradução de Sérgio Magalhães Santeiro (não localizada) [*Ideologie und Utopie*. Bonn, 1929]: "[Essa *intelligentsia*] constantemente forneceu os teóricos dos grupos conservadores cujas raízes na gleba tornavam muito difícil o ensino da ginástica da reflexão teórica. Mas ela também deu seus teóricos para o proletariado, desprovido, por suas condições sociais, das premissas da instrução exigida pelas lutas políticas da época moderna. Quanto ao seu acordo com a burguesia liberal, já falamos disso. A capacidade de se identificar com todas as posições permitiu aos intelectuais essas aproximações a grupos que, em termos de

será que podemos estar num lugar e em outro? Sociologicamente, ocupar uma posição é estar em algum lugar e não estar em outro, exceto em pensamento. Mas o que quer dizer "estar em outro lugar em pensamento"? Como o pensamento dependerá da posição, isso quer dizer que você ocupará uma posição mas terá o pensamento de uma outra posição.

Se vocês entenderam bem o que eu disse até agora, terão compreendido que é preciso ter o pensamento de sua posição enquanto posição para ter uma chance de ter um pensamento que não seja imaginário demais sobre as posições das outras pessoas. É preciso tirar todas as consequências do fato de que, se ocupamos uma posição, não podemos estar em outro lugar. Com muita frequência é preciso começar com quase tautologias para desenrolar o fio que permite sair do labirinto do semissaber, das ideias recebidas, do marxismo um pouco envelhecido etc. Se dizemos que estar em algum lugar significa não estar em outro lugar, podemos perguntar o que quer dizer "não estar em outro lugar". Pode ser útil mudar a linguagem e dizer: "Ser alguma coisa é não ser outra coisa" ou: "Ser patrão é não ser trabalhador"... Dizer isso não é nada mau [risos]. Para retomar uma distinção clássica, isso pode ser uma negação contrária ou contraditória: isso significa simplesmente ser outro (o patrão é outro) ou ser antagonista? Mas podemos perguntar também se há uma resposta para todas as posições. Será que no interior de uma classe, por exemplo, ainda há posições? Será que a maneira de diferir dentro de uma classe será diferente da maneira de diferir entre classes? [...]

Eis o tipo de reflexões ao qual pensar em termos de relações nos leva. Poderíamos também dizer: "Será que ser o que somos não é ser diferente do que seríamos se estivéssemos em outro lugar?" Mas então será que existir socialmente é a mesma coisa qualquer que seja a posição que ocupamos no mundo social? Pode-se postular uma espécie de universalidade antropológica transcendente às posições? Será que há alienações genéricas (por exemplo, a relação com a moda),

---

classe, lhes eram estranhos; para eles, e apenas para eles, havia uma possibilidade de escolha, enquanto os indivíduos cujas ligações de classe não têm ambiguidade apenas excepcionalmente conseguem superá-las para agir" [*Idéologie et utopie*. Paris: MSH, 2006, tradução de Jean-Luc Evard, p. 131]. A noção de "intelectual orgânico", que é mobilizada em oposição à anterior, vem de Antonio Gramsci: "Todo grupo social, nascendo no terreno originário de uma função essencial no mundo da produção econômica, cria para si, ao mesmo tempo, organicamente, uma ou mais camadas de intelectuais que lhe dão homogeneidade e consciência da própria função, não apenas no campo econômico, mas também no social e político" (Antonio Gramsci, *Cadernos do cárcere, vol. 2: Os intelectuais. O princípio educativo. Jornalismo*. Rio de Janeiro: Civilização Brasileira, 2001, tradução de Carlos Nelson Coutinho, p. 15 [*Quaderni del carcere*. Torino: Einaudi, 1948]).

ou será que essas alienações genéricas especificam a si mesmas segundo a posição nas quais elas são vividas? Esse é outro problema extremamente importante. É muito cômodo pensar as relações em termos de dominante/dominado, e funciona melhor em termos pedagógicos e heurísticos falar de classes "dominantes" e "dominadas" em vez de classes "burguesa" e "trabalhadora", porque é obviamente difícil pensar "dominante" sem pensar "dominado": são conceitos relacionais. Em última instância, até mesmo a oposição superior/inferior é melhor do que esse tipo de grandes substâncias burguesia/proletariado que se põem a viver uma vida autônoma e deixam visualizar a possibilidade de uma burguesia sem proletariado ou de um proletariado sem burguesia. Pensar relacionalmente é portanto tentar ter em mente que, em última instância, não podemos dizer nada sobre o que se passa no mundo social sem referi-lo a todo o espaço pertinente: "toda determinação é negação", como dizia o outro [Espinosa][338], e isso é particularmente verdadeiro no mundo social.

Darei um outro exemplo sobre a cultura e todo o debate sobre cultura/contracultura/anticultura/cultura popular etc. A "cultura popular" (com muitas aspas) é uma coisa diferente ou é "anti"? Ela é outra coisa, ou ela é contra? Briga-se muito em torno dessa distinção sem se perguntar se o problema não é criado em grande parte pelo fato de que uma mesma palavra é aplicada a duas posições no espaço nas quais a palavra não pode coexistir. Ora, por uma razão simples que analisei na última aula, como a noção de cultura se constituiu contra o vulgar, não se consegue enxergar o que pode ser uma cultura vulgar. A noção de "cultura popular" ainda é um produto do "se colocar no lugar" em pensamento. Acreditamos ajudar os outros colocando-nos em seu lugar. Os erros populistas dos intelectuais muitas vezes têm a ver com a ideia de que não podemos fazer nada melhor pelo povo do

---

338. Essa fórmula, muitas vezes citada em sua tradução latina (o texto original, que foi perdido, era em holandês), "*determinatio negatio est*", é utilizada por Espinosa no quadro limitado das figuras: "No que diz respeito à ideia de que a [figura] é uma negação, mas não qualquer coisa de positiva, é evidente que a pura matéria, considerada como indefinida, não pode ter [figura], só havendo [figura] em corpos finitos e [determinados]. Quem diz que percebe uma [figura], mostra por isso que concebe uma coisa [determinada], e de que maneira ela é [determinada]. Essa determinação não pertence à coisa [segundo seu ser], mas, ao contrário, [é o seu não ser]. A [figura], portanto, não é outra coisa senão uma [determinação], e [como] toda [determinação é] uma negação, a [figura] não pode ser, como disse, outra coisa que uma negação" ("Carta 50: Spinoza a Jarig Jelles (Haia, 2 de junho de 1674)", in *Obra completa II*. São Paulo: Perspectiva, 2014, tradução de J. Guinsburg & Newton Cunha [tradução modificada segundo a versão de Atilano Domínguez, "Carta 50", in *Spinoza: Obras completas, Biografías*. Madri: ViveLibro, 2018, p. 589]).

que se colocar no lugar dele. Eles consistem em se colocar em pensamento no seu lugar e pensar o que ele pensaria se fosse um intelectual, ou pensar o que ele deveria pensar – porque sempre é normativo – se ele pensasse normalmente [risos]. Tudo isso resulta de maneira muito simples de proposições triviais que hesito em dizer. Seria preciso continuar. Enfim, esse é um primeiro ponto.

Como construir um espaço relacional?

É claro que essas posições existem independentemente dos agentes que as ocupam – insisti muito nisso. Elas são determinadas por suas relações com as outras posições muito mais do que pela relação com os agentes que as ocupam, o que não quer dizer – eu repito sem parar – que a interrogação dos agentes não ensine nada sobre as posições; com muita frequência, não temos nenhum outro meio óbvio de conhecê-las. Assim como [eu falava] há pouco a propósito do sistema simbólico, é preciso, para compreender o ato do plantio, fazer o desvio pela colheita, pelos ritos agrários, resumindo, por todo o espaço mítico, também é preciso, para compreender uma posição como a de empregada doméstica, compreender a totalidade do espaço em sua estrutura e em seu futuro. Um outro exemplo típico: o campesinato é estudado pela sociologia rural, mas tudo isso que acabo de dizer é a destruição da sociologia rural. Isso resulta de minha tautologia inicial: "Uma posição é uma posição". Também não há mais sociologia urbana, e também não há mais muitas sociologias, muitas revistas, muitas pessoas [risos na sala]... Vejam, as tautologias são importantes, sempre é preciso começar pelas tautologias. Para aqueles que fazem trabalho científico, é importante – isso é algo que não costumo [destacar] devido a uma espécie de discrição, dizendo a mim mesmo que é inútil fazer as pessoas sofrerem – se perguntar por que acabamos estudando os jovens do subúrbio oeste de Paris, fazendo monografias sobre uma aldeia da Provença ou estudando os solares ingleses do século XIV. Eu acho que é porque há todo um conjunto de obstáculos sociais reais à construção em termos de campo. Repito: se eu proceder da maneira correta e estudar a relação patrão/empregada doméstica, sou remetido a todo o espaço, mas como de pouco em pouco serei levado a pensar que é preciso estudar tudo que se passa no sistema escolar, no mundo social, o que não é possível, o problema da boa construção do espaço é saber onde fazer o corte de maneira razoável. A escolha de um assunto e de uma estratégia de trabalho não é de modo algum uma hipótese, como dizem os manuais de epistemologia, e sim a alocação de recursos escassos: sabendo que tenho um tempo finito de trabalho, que só posso trabalhar em média três dias por semana, e com esta ou aquela restrição, como investir de maneira a obter um rendimento máximo? Na última aula mencionei a monografia sobre uma escola em oposição a alguma coisa mais extensa sobre o conjunto das *Grandes Écoles*: esse é o tipo de problema que se coloca concretamente para muitos pesquisadores. O problema é então encontrar até onde é preciso ir para ter o espaço de inteligibilidade, esse espaço a partir do qual compreendo o máximo sobre o que decidi compreender e o limite a partir do qual perco o mínimo possível em termos de compreensão.

Voltemos à monografia rural: é possível estudar uma aldeia como um império dentro de um império, esquecendo que o sistema escolar e o sistema econômico transcendem a aldeia [e que] o sistema matrimonial começa a fazê-lo? O sociólogo desembarca e, já que as estatísticas estão na escala da cidade [*commune*], ele traça um grande contorno ao redor da cidade e decreta: "Decido que é isso que me interessa, que o princípio de explicação está aí dentro". Por que a gente procede desse modo? Primeiro, e isso talvez seja o essencial, como resultado da demanda social fica bem claro: isso tem um nome ("monografia"), há revistas que publicam esse tipo de artigo etc. Em seguida, temos o fato de que o material é construído dessa maneira: as estatísticas são construídas na escala da comunidade; no nível do cantão, as coisas não funcionam tão bem, e no nível do estado [*département*] tudo é reunido e misturado etc. Os documentos também são constituídos e inventariados deste ou daquele jeito[339]. Há portanto um monte de obstáculos que tornam o preceito simples "pensar relacionalmente" formidavelmente difícil de pôr em prática e quando, por acaso, conseguimos realmente pô-lo em prática, há um monte de chamadas à ordem em nome de uma visão positivista – a epistemologia intervém: "Vale mais estudar muito bem um objeto pequeno do que estudar mal...", "Quem tenta abarcar coisa demais..." etc. Esses são preceitos morais, mas retraduzidos epistemologicamente. Isso também acontece muito na epistemologia: os conselhos de orientadores de trabalhos muitas vezes são inspirados por uma "boa sabedoria". Tudo isso, mais uma vez, não é nada polêmico, mas Bache-

---

339. Sobre esse ponto, ver Patrick Champagne, "La restructuration de l'espace villageois" ["A reestruturação do espaço aldeão"], *Actes de la recherche en sciences sociales*, n. 3, 1975, pp. 43-67; reeditado em *L'Héritage refusé* [*A herança recusada*]. Paris: Seuil, 2002, pp. 51-95.

lard falava da polêmica científica[340] e esquecemos que a ciência é a polêmica ao longo do tempo: é lutar contra problemas, adversários, objetos malconstruídos, é quebrar os objetos pré-construídos, é reconstruir as coisas malconstruídas.

Esse trabalho bate de frente com dificuldades que são essencialmente sociais, mas, tendo dito isso – e eu tinha que dizer isso –, um dos problemas é construir o espaço e os princípios de estruturação do espaço. Se eu estudo um campo e as posições de uns em relação aos outros no campo, onde vou encontrar a métrica que me permitirá dizer: "Isto está longe daquilo, isto está perto daquilo, este aqui encosta naquele, isto está no alto, isto está embaixo, isto está à direita, isto está à esquerda"? "O que é preciso gastar para ir daqui para ali? Qual força um agente deve ter para realizar esse deslocamento? Será que ele precisa ter ancestrais, ou será que precisa de dinheiro, de diplomas, de audácia?": essas são as perguntas que se colocam diante de um campo. Trata-se de definir os princípios estruturantes. O que é essa estrutura? Qual é a estrutura das relações de força? Qual é essa força? Não podemos falar de estrutura de relações de força sem falar de distribuição de capital. Em outros termos, eu utilizei de uma só vez várias palavras: "estrutura", "distribuição", "capital", "capital específico" (acho que isso é tudo). É preciso explicar todas essas palavras, mas – minha hesitação não é fingida – eu me sinto desconfortável em relação a todas elas, eu as utilizo torcendo para que pouco a pouco eu aprenda o que elas querem dizer. Vocês podem pensar: "Se ele as considera tão ruins assim, por que ele nos fala delas numa situação de autoridade científica?" Em minha defesa, direi que para mim é um mal menor e que esse é um conjunto de ferramentas úteis que funcionam, que permitem desconstruir construções ruins e construir melhor. Mas isso não é uma coisa apresentável como uma bela doutrina científica, e sinto muito por isso.

A distribuição do capital e as diferentes estruturas

No caso do campo das disciplinas, eu dei indicadores do capital, indicadores que eram de certa maneira padrões universais. Para medir o que vale num campo, é preciso se perguntar o que é eficaz nele, o que é eficiente nele, o que é preciso ter para agir, para ter sucesso, para ganhar, para se apropriar de objetivos específicos. Não é qualquer coisa: os objetivos específicos são, dependendo dos campos, o

---

340. "A observação científica sempre é uma observação polêmica" (G. Bachelard, *O novo espírito científico*, op. cit., p. 254 [12]).

prestígio universitário, as autoridades religiosas, os clássicos literários. Portanto, o que é preciso ter no campo em questão para que isso funcione? O que é preciso ter é uma forma particular de capital que será distribuída segundo uma certa estrutura. Podemos imaginar diferentes grandes classes de estruturas – a analogia com a economia naturalmente se impõe aqui. Podemos ter uma estrutura de concorrência perfeita: todos os agentes e instituições engajados no campo têm o mesmo capital, os concorrentes são todos iguais. Por exemplo, se é preciso ser o maior, todos têm a mesma altura; se é preciso ser o mais rápido, todos têm a mesma velocidade; se é preciso ser o mais capitalista no sentido econômico, todos têm o mesmo capital; se é preciso ter sucesso no sistema escolar, todos têm o mesmo capital cultural etc. O polo oposto é uma distribuição totalmente desigual, com o caso hipotético do monopólio absoluto no qual um único agente ou conjunto de agentes concentra todo o capital disponível no campo em questão. Uma questão obviamente se coloca nesse caso: será que isso ainda é um campo, não no sentido de campo físico, mas no sentido de campo de lutas?

(Aqui sou obrigado a apresentar o que eu havia guardado para depois: eu acho que um campo no qual o monopólio integral se realiza, se é que isso é possível – isso poderia ser simplesmente uma fantasia da imaginação –, um campo no qual por exemplo o capital religioso ou a legitimidade religiosa estaria concentrada totalmente nas mãos de uma única pessoa ou de um grupo de pessoas não seria mais realmente um campo. Voltarei a esse ponto [...], mas isso seria o que chamo de um aparelho. Eu acho que seria preciso reservar a noção de aparelho a essa situação que corresponderia a um espaço completamente mecânico passível de uma análise quase fisicalista, ou seja, na qual bastaria saber o que o monopolista quer para saber o que vai acontecer: não haveria absolutamente nenhuma possibilidade de subversão no campo que seria como resultado um campo sem história, não haveria mais história. Fecho o parêntese, voltarei a esse ponto[341]).

Entre essas duas estruturas imaginárias que jamais se realizam na prática há as estruturas reais nas quais há uma distribuição desigual do capital específico em questão: algumas pessoas têm muito, outras um pouco menos, outras ainda menos, outras muito pouco, outras quase [nada]. É essa distribuição que

---

341. Para uma exposição mais detalhada sobre a diferença entre campo e aparelho, ver Pierre Bourdieu & Loïc Wacquant, *Um convite à sociologia reflexiva*. Rio de Janeiro: Relume-Dumará, 2002, tradução de Luiz Roberto Mendes Gonçalves (não localizada) [*Invitation à la sociologie réflexive*. Paris: Seuil, 2014 (1992), pp. 147-148].

podemos medir. A noção de "distribuição" é extremamente útil. No caso da construção do campo universitário, eu busquei um padrão universal, ou seja, uma medida do capital escolar que fosse comum a pessoas diferenciadas (geógrafos, historiadores etc.). O título de "normaliano" é uma medida. Eu também consegui reunir os prêmios no bacharelado, a taxa de laureados no concurso geral etc., ou seja, um indicador de capital específico, segundo a hipótese de que, quando se trata do universo acadêmico, o princípio de hierarquização é o capital escolar, pendente verificação. Pode ser que, depois de fazer a análise, o próprio capital escolar pareça se diversificar, que seja preciso distinguir subespécies de capital: um capital escolar canônico que leva para a Sorbonne, um capital escolar mais heterodoxo que leva a outras instituições universitárias etc. O espaço exibiria uma estrutura mais complicada, com não apenas uma dimensão mas duas, talvez três, e sempre evidentemente com uma luta dentro dessa estrutura: quanto mais o espaço é complicado, mais a luta em torno dos princípios de hierarquização será complicada.

Assim, antecipo o segundo momento: enquanto pesquisador, coloco-me fora do campo e busco aquilo que me permitirá constituir o espaço de tal maneira que o espaço assim constituído me dá ao mesmo tempo uma intelecção e uma previsibilidade. A melhor distribuição será aquela que me permite compreender mais coisas entre as que as pessoas dizem e fazem. Quando se trata da estrutura do espaço social, do campo social – aqui me antecipo também –, a hipótese subjacente de *A distinção* é que o espaço social ou, se preferirmos, o campo das relações de classe pode ser construído a partir de dois grandes princípios de hierarquização: o capital econômico e o capital cultural. Mas, na verdade, para encontrar o espaço em toda sua complexidade, para encontrar todos os campos relativamente autônomos, seria preciso introduzir um número muito grande de dimensões correspondentes aos diferentes princípios de hierarquização hierarquizados entre si (isso é importante) e relativamente autônomas umas em relação às outras, como os eixos numa análise de correspondências. Essa estrutura dos princípios de hierarquização deve me fazer entender o que faz com que as pessoas estejam onde estão e entender que, por estarem onde estão, fazem o que fazem. Como exige a definição do campo, essa é então uma descrição explicativa. É um espaço de posições que é explicativo do que as pessoas fazem ao ocuparem essa posição, mantendo o resto constante e dependendo da autonomia relativa dos *habitus* – mas deixemos esse ponto de lado por enquanto. Assim, o espaço é constituído com base na hipótese de que há um princípio de hierarquização dominante que é a posse diferencial do capital específico em jogo no campo. É claro que é preciso explicar o que é esse capital específico: por que ele é específico? Como ele se engendra? Por que ele funciona nos limites de um campo e não em outros lugares? Como ele se converte quando passamos de um campo para outro? Ele se engendra dentro do campo? Ele é o produto do campo e, se for, como é possível que ele seja aquilo que organiza o campo?

Os intercampos

É evidente que existe uma estrutura dentro de cada campo, mas – seria preciso refletir sobre isso comparativamente – há lugares de interseção entre os campos. [...] Um exemplo seria esses lugares onde encontram-se pessoas situadas em campos diferentes, como nas comissões do Plano[342]. Um problema nesses subespaços é a gestão das hierarquias entre os campos. Um outro local desse tipo será o salão [literário]: mesmo que essa não seja a única pergunta colocada pelo salão, podemos nos perguntar como se administra a hierarquia no interior desse subespaço um pouquinho artificial onde se encontram pessoas cujo capital está ligado a campos diferentes? Uma hipótese será que a pessoa responsável pelo salão, a senhora do salão, administra essas relações através da diplomacia e das estratégias sabendo muito bem que trata com pessoas que são todas importantes, cada uma em sua ordem, e que coexistem bruscamente num subespaço, o que gera problemas. Uma questão poderia ser saber se o salão vai se constituir como campo de campos, um terreno onde os diferentes campos se enfrentarão por intermédio de seus representantes ou se, pelo contrário, as pessoas deixarão de alguma maneira seus campos "no guarda-roupas" para poderem ter relações neutralizadas. Precisaríamos refletir sobre isso, pensando em lugares sociais muito específicos, já que o modo de pensar que apresento de forma abstrata e axiomática funciona muito bem quando aplicado a objetos particulares. Ele acaba permitindo a formulação de perguntas e ao mesmo tempo a exposição daquilo que os espaços concretos têm de realista.

---

342. Ver Pierre Bourdieu & Luc Boltanski, "La production de l'idéologie dominante" ["A produção da ideologia dominante"], *Actes de la recherche en sciences sociales,* 1976, n. 2, pp. 3-73. (Criado em 1946 para definir o planejamento econômico da França, o Comissariado Geral do Plano foi substituído em 2006 pelo Centro de Análise Estratégica e depois, em 2013, pelo Comissariado Geral de Estratégia e Prospectiva.)

Eu acho, por exemplo, que vocês não pensam o salão como eu proponho: um salão é quando Madame ... recebe numa hora determinada pessoas constituídas na hierarquia da aristocracia etc. Proust pensava os salões no espaço dos salões como um estruturalista e sabia muito bem, ao mesmo tempo, que as pessoas que frequentavam os salões estavam elas mesmas situadas pelo salão que frequentavam ao mesmo tempo em que situavam o salão[343]. Para pensar estruturalmente o salão de madame Fulana é preciso compreender a estrutura da classe dirigente. Para compreender sua posição no espaço dos salões, para compreender quem participa dele e quem não participa, e para compreender até mesmo como as coisas acontecem no salão quando madame Fulana recebe ao mesmo tempo X e Y, será preciso também compreender a divisão do trabalho entre os sexos. Assim, um fato social muito importante durante todo o século XIX é que as mulheres das frações dominantes serviam de mediadoras (em todos os sentidos do termo) entre as frações dominantes e as frações dominadas, quer dizer, na linguagem de Flaubert, entre os burgueses e os artistas. Para mim, esse papel só pode ser compreendido a partir de uma análise da estrutura da divisão do trabalho entre os sexos e das formas que ela assume dependendo das frações da classe dominante.

(Há aqui uma parte de credibilidade que não posso obter sem dar um monte de argumentos. Por isso, prefiro parar por aqui em vez de dizer a vocês coisas que pareceriam levianas, apesar de não serem o que parecem[344].)

Retorno à estrutura da distribuição do capital

A estrutura da distribuição do capital é o princípio estruturante de um campo. Para construir a estrutura de um campo, acabamos, como sempre acontece nas análises de tipo relacional, num círculo hermenêutico: para ter alguma hipótese, por menor que seja, sobre o que pode ser o princípio estruturante, já é preciso saber coisas sobre o campo em questão e não podemos saber alguma coisa

---

343. Alusão à análise feita por Proust, em *Em busca do tempo perdido*, do salão de madame Verdurin, que não fazia convites para o jantar porque as pessoas tinham "um lugarzinho à mesa" e o traje preto era preferido porque se estava "entre camaradas". (Marcel Proust, *No caminho de Swann*. Porto Alegre: Globo, 1998 [1948], tradução de Mario Quintana, p. 188 [*Du côté de chez Swann*. Paris: Grasset, 1913].)

344. P. Bourdieu desenvolverá a análise dos salões em *As regras da arte, op. cit.*, especialmente pp. 66-69 [89-93]; e a das lutas entre os campos dentro da classe dominante (ou do Estado) em *La Noblesse d'État, op. cit.*, quarta e quinta partes.

a não ser que já o tenhamos interrogado a partir de uma hipótese. Para o campo universitário, por exemplo, procedemos tateando: formulamos a hipótese de que [...] a hierarquia escolar é o padrão comum, depois percebemos que esse princípio de estruturação não dá conta completamente da estrutura do espaço, que as pessoas, sob a relação do princípio de hierarquização em questão, são idênticas, entretanto vemos que elas são diferentes, o que implica a existência de um princípio de hierarquização secundário que é independente do primeiro e ortogonal a ele, e que é preciso levá-lo em conta. Pouco a pouco, efetivamente vemos o espaço se constituir numa espécie de círculo vicioso que na verdade é dialético: à medida que compreendemos que o princípio estruturante é melhor construído a partir de um conhecimento melhor das práticas que ele permite construir, ele torna possível uma melhor compreensão das práticas que permitem construí-lo. (O que acabo de dizer constitui realmente o resumo das operações que, se tomarmos o trabalho que acabamos de fazer sobre a Igreja[345], durou dois anos. A gente diz: "Veja, se construirmos desse jeito, tem esta oposição principal, depois tem uma oposição secundária, depois tem uma outra aqui". A pesquisa é isso. Infelizmente, quando estamos no nível das generalidades, como estou aqui, somos obrigados a apresentar proposições gerais às vezes quase vazias mas que muitas vezes são muito difíceis de construir.)

A construção da distribuição do capital supõe então fundamentalmente uma hipótese sobre a natureza do capital em jogo. Para dizer o que é esse capital, utilizarei uma analogia: esse capital é a energia específica que está em jogo no campo em questão[346]. Essa analogia física, com todos os perigos que ela implica – mas [que permanece] na lógica que os físicos utilizam ao menos na vulgarização –, me parece legítima naquilo que ela permite compreender da realidade. Se vocês recuperarem mentalmente as perguntas que fiz agora há pouco, é essa energia específica que permite dar conta das relações – por exemplo, relações de dominação –, assim como de suas transformações e deslocamentos no espaço. Como eu disse na última aula, um campo pode ser imaginado mentalmente como os mapas em re-

---

345. Trata-se da pesquisa realizada com Monique de Saint Martin, publicada com o título "La sainte famille. L'épiscopat français dans le champ du pouvoir" ["A santa família: o episcopado francês no campo do poder"], *Actes de la recherche en sciences sociales*, n. 44-45, novembro 1982, p. 2-53.

346. Sobre a analogia entre a energia e o capital como poder social, ver P. Bourdieu, *O senso prático*, op. cit., p. 203 [209], onde ele reproduz e comenta uma citação de Bertrand Russell a esse respeito.

levo do Instituto Geográfico: os movimentos num certo sentido são mais difíceis do que os movimentos em outro sentido e exigem uma forma de energia de tipo particular, e um dos problemas é saber, por exemplo, como se acumula a energia aqui e ali. Como acontece a acumulação inicial, como acontece essa capitalização quando se entra num campo completamente destituído, sem nada, sem capital? É por conquista, por rapto? É através da importação de um capital externo transformado em capital interno? Essa segunda possibilidade corresponde a uma situação hipotética relativamente frequente que opera na passagem de uma disciplina a outra [que podemos observar, por exemplo,] em relação a Freud, em que um capital de médico foi reconvertido em capital de psicólogo (no caso de Fechner, um capital de físico foi reconvertido em capital de psicólogo[347]). Com muita frequência, no campo científico, o capital escolar é convertido em capital científico: a maioria dos trabalhos de sociologia da ciência mostra como o capital inicial dela é constituído por títulos de disciplinas, das escolas mais prestigiosas etc.

O capital é essa espécie de energia social que opera num espaço determinado e que pode estar concentrada nas mãos de poucos. Ele vai se distribuir entre as pessoas, pode ser manipulado e – aqui antecipo a sequência –pode ser apropriado e garantido. O papel do direito será garantir a apropriação monopolística de uma espécie de capital ou de uma parte do capital em jogo. Os efeitos de certificação (é preciso pensar no que os americanos chamam de *certification*), através do efeito de título (exercido pelo título escolar, pelo título jurídico, pelo título de propriedade etc.), consistem em garantir uma apropriação da energia social acumulada e eficaz num campo determinado. Há portanto uma espécie de reificação: o título de certa maneira coloca esse capital fora do jogo, não podemos mais tocá-lo, ele pertence de uma vez por todas a seu proprietário. Voltarei a isso (já aludi a isso momentos atrás), mas a judicialização, a objetivação no direito, é uma forma de fisicalização: se tudo estivesse num campo garantido juridicamente, as coisas não se mexeriam mais e não existiriam mais objetivos em jogo no campo porque todos os objetivos estariam atribuídos. Os dominantes têm a fantasia de bloquear o campo no instante em que o dominam. Weber dizia que os dominantes sempre têm uma teodiceia de seus próprios privilégios[348], para destacar que as grandes re-

---

347. Gustav Fechner (1801-1887) foi o criador da psicofísica, uma ciência que buscava mensurar quase matematicamente os fenômenos de ordem psicológica.

348. "Os afortunados raramente se contentam com o fato de serem afortunados. Além disso, necessitam saber que têm o *direito* à sua boa sorte. Desejam ser convencidos de que a 'merecem'

ligiões eram, segundo ele, teodiceias dos privilégios dos dominantes. A noção de campo implica que, dependendo do princípio de dominação, a teodiceia mudará porque terá que justificar espécies de capital diferentes: aqueles em que a dominação se baseia no capital [cultural] terão uma ideologia da meritocracia cultural, do dom; aqueles em que o capital vem da terra e da linhagem terão, como os aristocratas, uma teodiceia da terra e do sangue[349]. De qualquer maneira, os dominantes tendem – eu não digo "visam" (o verbo "tender" é mais neutro e não implica uma intenção) – a reificar, a fisicalizar o estado do campo conforme seus desejos, através da forma elementar de objetivação que é o discurso religioso como teodiceia dos privilégios ou, numa forma mais avançada de legitimação, pela legalização que diz o que deve ser e que toda transgressão será acompanhada de sanções graças ao monopólio da violência legítima específica no campo em questão.

Podemos dizer, em referência à teoria weberiana do Estado – Weber definiu o Estado como o monopólio da violência legítima[350] –, que um dos objetivos da luta no interior de cada campo será o monopólio da violência simbólica legítima no campo, por exemplo, o monopólio da consagração ou da excomunhão. No espaço, o capital é portanto a energia social acumulada e ele se distribui, como eu disse há pouco, de maneira mais ou menos desigual. No fundo, o grande princípio de variação – excluindo os dois extremos, o monopólio absoluto e a igualdade perfeita – será o grau de dispersão ou de desigualdade. A forma dessa estrutura será um dos fatores explicativos do que se passa no campo. Mas qual é o capital em jogo? Como ele age, como ele se acumula, como ele se manifesta?

A teoria do campo conduz inevitavelmente a uma teoria do capital ou, mais exatamente, das espécies de capital, o que constitui um ponto novo: a relação de força que descrevi há pouco, que pode ser representada sob a forma da estrutura de uma distribuição da força específica em jogo no campo, será materializada na

---

e, acima de tudo, que a merecem em comparação com outros. Desejam acreditar que os menos afortunados também estão recebendo o que merecem. A boa fortuna deseja, assim, 'legitimar-se'. Se a expressão geral 'fortuna' cobrir todo o bem representado pelas honras, poder, posses e prazer, será então a fórmula mais geral a serviço da legitimação, que a religião teve para realizar os interesses externos e íntimos dos homens dominantes, os proprietários, os vitoriosos e os sadios. Em suma, a religião proporciona a teodiceia da boa fortuna para os que são afortunados" (Max Weber, "A psicologia social das religiões mundiais", in *Ensaios de sociologia*. Rio de Janeiro: Zahar, 1974, tradução de Waltensir Dutra, p. 314 ["Die Wirtschaftsethik der Weltreligionen", 1915]).

349. P. Bourdieu & L. Boltanski, "La production de l'idéologie dominante", *art. cit.*, especialmente p. 8, nota 4.

350. Ver nota 233, p. 200.

estrutura da distribuição de uma forma particular de capital, o que chamo de uma "espécie de capital". O problema das espécies de capital em relação à noção de campo exigirá um desenvolvimento imenso, que retomarei num outro ano. Aqui vou simplesmente indicar os grandes temas, pois falar de campo é automaticamente falar de capital, e o capital é ao mesmo tempo aquilo que se engendra no campo e o que está em jogo no campo: é ao mesmo tempo o que faz o campo funcionar, aquilo pelo que agimos, e aquilo que só tem valor no campo. Essa é uma contribuição (precisava haver pelo menos uma...) que as leituras estruturalistas de Marx deram: o capital só age em relação a um campo.

Isso vale para qualquer espécie de capital: é num campo que se engendra a energia social que age num campo e essa energia vale nos limites do campo dentro do qual ela se engendra. Tomemos o exemplo simples do campo religioso: a energia específica, que poderíamos chamar grosseiramente de "energia de consagração" ou de "capital de autoridade religiosa específica" que consiste no poder de "consagrar" é ao mesmo tempo o produto do funcionamento do campo religioso e o objetivo da luta no interior do campo religioso. Esse capital de consagração estará distribuído desigualmente entre diferentes agentes religiosos que vão tentar ou conservar o capital adquirido aumentando-o e concentrando-o ainda mais ou reforçando a ortodoxia (essa será a estratégia dos dominantes), ou desacreditar o capital acumulado pelos outros desqualificando os agentes religiosos que detêm provisoriamente o monopólio da autoridade específica e colocando a crença que fundamenta esse monopólio sob suspeita. Essa luta engendrará aquilo pelo qual ela age: é na luta propriamente religiosa pelo monopólio da autoridade religiosa que se engendra a crença na necessidade da luta, no valor dos objetivos que justificam a luta, e assim em diante.

A interdependência entre o campo e o capital

Mais uma vez, passei do campo de forças ao campo de lutas, do nível fisicalista ao nível das representações. É muito difícil que isso não aconteça. Quando compreendemos o campo num momento dado através dos indicadores objetivos, podemos tentar compreender a estrutura da distribuição do capital sem que as ações para transformar essa estrutura intervenham, mas não podemos fazer com que a própria história do campo de forças não intervenha, na medida em que o capital acumulado é o produto objetivado dessa história. Se a metáfora fisicalista não se sustenta até o fim, é porque a cada instante os agentes engajados na luta característica de um campo em questão colocam em jogo na luta pelo monopólio do capital em questão o capital que eles adquiriram nas lutas anteriores e que possuem ou no estado objetivado – sob a forma de bens materiais, de cetros, coroas, símbolos, cruzes, livros etc. –, ou no estado incorporado. Isto posto, meu objetivo era simplesmente insistir nessa espécie de interdependência total entre o campo e o capital. Essa é a razão pela qual fui além da noção de campo de ações, sem dúvida porque não é possível fundamentar completamente essa interdependência no nível fisicalista: é preciso passar para o nível do campo de lutas e trazer o *habitus*, a crença etc., sobretudo para os campos de produções simbólicas. Eu direi, neste nível, que no fundo há tantas espécies diferentes de capital quanto há campos: há uma interdependência entre a definição de um campo e a definição do capital que está em jogo nele. Quando eu falo de campo cultural, falo automaticamente de capital cultural; quando falo de campo religioso, falo automaticamente do capital religioso que está em jogo nele e é engendrado pelas próprias lutas para se apropriar desse objetivo que as lutas produzem.

Uma maneira simples de sentir essa interdependência é observar o que se passa num campo a partir de um ponto de vista obtido em outro campo. Produzimos com muita facilidade um efeito de desconcerto etnológico ao descrever o que se passa num campo com os olhos inocentes de alguém que está num outro campo, com o olhar do ingênuo de Montesquieu que, por não ter nada investido num campo, olha esse campo sem ter nem objetivo nem crença no valor dos objetivos[351]. Se, por exemplo, um dia vocês fizerem um estudo sobre o alto funcionalismo público com uma visão de intelectual, um dos grandes problemas será conseguir perceber o que, como a gente diz, "faz correr" um alto funcionário e depois de descobrir isso ("meu escritório tem duas janelas" etc.), compreender como isso pode "fazer ele correr". Num sentido inverso, será a mesma coisa e as pessoas não entendem por que você prefere publicar no *American Journal of Sociology* e não em outro lugar. Ora, nos dois casos, pode se tratar de uma questão de vida ou morte; as grandes revistas de física americanas têm, por exemplo, telefonistas permanentes para que, a qualquer hora do dia ou da noite, os cientistas possam telefonar e informar suas descobertas, e às vezes o

---

351. Montesquieu utiliza o procedimento do olhar do ingênuo nas *Cartas persas* (1722): nelas a sociedade francesa é evocada através do olhar de um estrangeiro, um filósofo persa.

fato de ter seu nome ligado a uma descoberta, depois de vinte anos de trabalho, se concretiza em poucos minutos.

Ao falar de um campo, somos obrigados a levar em consideração as lutas. Quero que vocês percebam a intuição disso. A metáfora do jogo só é cômoda para o nível "campo de ações", mas é inadequada para o nível "campo de forças". Se eu insisto em dar autonomia ao nível do campo de ações quando seria tão fácil falar em termos de campo de forças, é porque essa é uma maneira de materializar a prioridade das posições em relação às estratégias que se engendram através das disposições. É para que vocês entendam bem que a cada momento a história sai da estrutura (que sai da história), mas que a cada momento é o espaço das posições como espaço físico que é explicativo do que vai se engendrar, incluindo aquilo que vai se engendrar para mudar a estrutura. Eu acho que é importante ter em mente que essa estrutura da distribuição implica estratégias dentro do campo em questão: imaginem uma pilha grande de fichas, e aqui uma pilha pequena, e depois lá teremos gente com uma pilha média... Começar pensando o espaço das posições é lembrar que as estratégias que vão se engendrar aqui e ali para transformar esse espaço encontram seus princípios na própria estrutura do espaço, mesmo que não devamos esquecer que a própria estrutura do espaço é a cada momento o produto das estratégias do instante $t-1$ que tinham por objetivo transformar o espaço (dentro dos limites das determinações ligadas a uma estrutura do espaço no estado $t-1$). É por essa razão que insisto tanto na primazia da estrutura física do espaço, da relação de força em oposição ao campo de lutas.

Essa relação de força é portanto uma relação entre as posições definidas como posições ocupadas na estrutura do capital. Eu tinha me referido a posições que podiam ser definidas em termos de direita, de esquerda etc. Agora, tenho posições numa distribuição; eu direi: "[Este aqui] está no alto da curva, ou embaixo, ou no meio etc." e é essa posição que pode ser definida pelas propriedades: neste lugar, contamos 30% de "normalianos", 60% de agregados, tantos por cento de filhos de professores etc. Esses são indicadores puros mas podemos reconstruir de outra maneira e dizer: "Existe o capital escolar de tipo científico, ou de tipo literário, consagrado ou não etc." As pessoas que estão nessa posição têm essas propriedades, mas essas propriedades as definem à medida que elas as situam num espaço de propriedades, e o que será explicativo de suas práticas não é exatamente suas propriedades – o fato de ser agregado, bispo, teólogo, cabeleireiro, etc. –, é essas propriedades à medida que elas definem uma posição no espaço das propriedades que agem dentro do espaço em questão.

As grandes espécies de capital

Mesmo que, no fundo, existam tantas espécies [de capital] quanto de campos, eu propus a distinção entre um certo número de grandes espécies de capital para poder construir o que ordinariamente chamamos de espaço social, ou seja, o espaço mais geral no qual os agentes podem ser classificados de alguma maneira se misturarmos todas as espécies de capital e todos os campos. Percebi, com bases tanto empíricas quanto teóricas, que para construir esse espaço era preciso postular, de uma maneira que me parece fundamental, um pequeno número de espécies de capital que podem elas mesmas ser especificadas e subdivididas[352]: o capital econômico e o capital cultural (ambos podem ser especificados, voltarei a isso). Todas as espécies de capital podem ser distinguidas dependendo do seu grau de institucionalização e garantia jurídica, mas elas também podem ser especificadas segundo variáveis secundárias com referência aos subcampos. Eis um exemplo simples no caso do capital cultural: para compreender o espaço das disciplinas, eu utilizei tacitamente a distinção entre o capital literário e o capital científico e, ao mesmo tempo, formulei implicitamente o problema das relações entre essas duas espécies de capital, de sua convertibilidade, da evolução da taxa de conversão em épocas diferentes já que um capital dominante tem uma taxa de conversão melhor do que um capital dominado, e quando dizemos que "as ciências crescem em relação às letras", isso quer dizer que será preciso muito mais capital literário do que na geração anterior para chegar ao mesmo ponto. Essas são coisas absolutamente simples. É claro que as medidas e o cálculo da taxa de conversão são relativamente simples para o capital econômico, já que existe um quantificador – o dinheiro. Para o capital cultural, é preciso encontrar indicadores relativamente sutis para medir, por exemplo, a desvalorização relativa do capital literário em relação ao capital científico.

---

[352]. Ver Pierre Bourdieu, "Ökonomisches Kapital, kulturelles Kapital, soziales Kapital", in Reinhard Kreckel (org.), *Soziale Ungleichheiten*. Göttingen: Otto Schartz & Co., 1983, pp. 183-198 (traduzido para o inglês por Richard Nice: "The Forms of Capital", in John G. Richardson (org.), *Handbook of Theory and Research for the Sociology of Education*. Nova York: Greenwood, 1986, pp. 241-258).

A terceira espécie de capital que seria preciso distinguir é a que chamo de capital social, mas isso seria muito mais complicado de analisar. Podemos dizer, como eu já fiz, que ela corresponde ao que normalmente chamamos de "relacionamentos", mas essa é uma definição perigosa por ser intuicionista, já que os "relacionamentos" constituem um objeto pré-construído que se impõe mas que é preciso desconstruir para conceber o capital social como sendo o capital associado às relações de pertencimento. O capital social designa tudo que acontece com um indivíduo, um agente ou um grupo por intermédio de seus "relacionamentos", institucionalizados ou não, com outros agentes ou outros grupos. Ele pode exercer um efeito multiplicativo em relação às outras espécies de capital: ter um capital social pode ser um aumento muito significativo do capital econômico, e se o capital econômico gera capital econômico, é porque através de um espaço de capital social, materializado sob a forma de relacionamentos, podemos ter "crédito" (no sentido forte de confiança, de crença, daquilo com que podemos contar no futuro a partir do presente). No crédito, há muitas coisas que têm a ver com o efeito do capital social. Eis assim, de modo geral, as três espécies que distingo. Elas me parecem ser as três espécies de eficácia universal às quais as subespécies ligadas aos campos particulares podem se reduzir e para as quais elas podem se converter.

A conversão das espécies de capital

Um dos problemas colocados pela distinção das espécies de capital é o das conversões entre espécies. Esse problema pode ser formulado em termos fisicalistas: com qual perda de capital econômico ele pode se transformar em capital cultural? Com qual gasto de energia (e que tipo de energia) o capital econômico pode se transformar em capital cultural? Será preciso, por exemplo, gastar tempo: uma dificuldade da conversão do capital econômico em capital cultural é que o capital cultural não pode ser comprado instantaneamente. Não podemos comprar o capital cultural incorporado, da mesma maneira como até pouco tempo atrás não podíamos nos bronzear instantaneamente, era preciso gastar tempo [*risos*]. A analogia é interessante porque ela é absolutamente da mesma ordem: há coisas que conseguimos imediatamente, na hora, à vista, assim que pagamos. A conversão do capital econômico em capital cultural exige tempo, daí a importância nos juízos sociais da estigmatização do arrivista, do atrasado.

Se o tempo desempenha um papel tão grande na percepção social – o tempo é o antigo: os móveis antigos, os títulos antigos, a nobreza antiga, a dimensão histórica[353] – é porque a antiguidade é a medida do tempo de conversão e portanto da taxa de conversão. A passagem do capital econômico para o cultural tem um custo. Não recuperamos toda a energia que investimos porque foi preciso gastar energia para a própria conversão.

Da mesma maneira, quando se trata da transformação do capital econômico em capital social, não se pode comprar relacionamentos: pelo contrário, os relacionamentos pressupõem todo um trabalho. Essas observações vêm de minhas reflexões sobre as sociedades que chamamos de tradicionais, arcaicas, pré-capitalistas, nas quais o capital social é uma das formas essenciais do capital[354]: uma das únicas coisas que se pode acumular nessas sociedades é um capital de relacionamentos, de dívidas, de obrigações morais ou reais, às vezes garantidas juridicamente. Nessas sociedades, o capital econômico não consegue praticamente nada sozinho e, no limite, a maioria das coisas que em nossas sociedades compramos está fora do comércio. Em *O vocabulário das instituições indo-europeias*, Benveniste chama um de seus capítulos de "Um ofício sem nome: o comércio"[355]: nas sociedades antigas, o comércio como ação econômica vista enquanto tal era tão vergonhoso e desaprovado que não recebia sequer um nome. Nessas sociedades, o capital econômico que agia jamais podia agir pessoalmente: era sempre preciso se disfarçar, nada podia ser pago imediatamente, um sorriso não estava à venda, enquanto em nossas sociedades pode-se comprar de tudo, incluindo um sorriso, claro que alguns mais facilmente do que outros. As sociedades pré-capitalistas são o local de um trabalho enorme de sociabilidade que é um trabalho de transformação do capital econômico em capital social através do presente, da manutenção de relacionamentos etc. Encontramos um equivalente em nossas sociedades no trabalho de manutenção dos relacionamentos dentro da nobreza: Monique de

---

353. Ver P. Bourdieu, *A distinção*, op. cit., especialmente pp. 70-72, 245-246 e *passim* [77-79, 298-299].

354. Ver os desenvolvimentos sobre a importância do capital simbólico em P. Bourdieu, *O senso prático*, op. cit., pp. 187-202 [191-207].

355. Émile Benveniste, *O vocabulário das instituições indo-europeias*, v. I: *Economia, parentesco, sociedade*; v. II: *Poder, direito, religião*. Campinas: Editora da UNICAMP, 1995, tradução de Denise Bottmann, (não localizada) [*Le Vocabulaire des institutions indo-européennes*, v. I: *Économie, parenté, société*; v. II: *Pouvoir, droit, religion*. Paris: Les Éditions de Minuit, 1969, v. I, pp. 139-147].

Saint Martin demonstrou, num trabalho sobre a família dos Brissac[356], que, para ser um duque, não basta (ainda que isso ajude) nascer duque, é preciso também trabalhar continuamente para manter o capital por um trabalho específico. Eis mais um exemplo do efeito de campo: do ponto de vista de uma posição pequeno-burguesa, a gente diz: "Essas pessoas da sociedade não fazem nada…", sem ver que isso é um trabalho considerável [*risos na sala*], que exige inaugurações, ações de caridade, instituições beneficentes etc.[357] Esse trabalho é importante para manter o capital de nobreza herdado e para fazê-lo frutificar em busca de lucros.

Um outro exemplo é as relações de parentesco: numa obra sobre o Béarn e a Cabília, demonstrei que enquanto uma visão objetivista de tipo genealógico considera essas relações como dadas – na genealogia, você tem todos os primos –, na realidade, só temos os primos que mantemos[358]. Há uma palavra antiga em francês, o verbo *cousiner* ["*cousin*" significa "primo"]: só temos primos se "*cousin*-armos", se frequentarmos os primos e se os mantivermos; só podemos nos servir de um primo se anteriormente o tivermos visitado várias vezes sem nos servir dele[359] [*risos na sala*]. Todo mundo sabe disso, mas não tiramos as consequências na teoria. Já é preciso destacar a existência da palavra "primo" quando ela podia não existir: em muitas sociedades, teríamos uma especificação imediata como "prima cruzada" ou "prima paralela", o que destruiria a classe dos "primos" ou o conceito genérico de "primo". O fato de haver não apenas uma palavra, mas um conjunto de representações, deveres, obrigações, sentimentos obrigatórios

---

356. Monique de Saint Martin, "Une grande famille", *Actes de la recherche en sciences sociales*, n. 31, 1980, pp. 4-21. (Ver também *L'Espace de la noblesse*. Paris: Métailié, 1993, especialmente pp. 45-52).

357. Sobre esses pontos, ver também Pierre Bourdieu, "O capital social – notas provisórias", in *Escritos de educação, op. cit.*, tradução de Denice Barbara Catani & Afrânio Catani, pp. 73-78 ["Le capital social. Notes provisoires", *Actes de la recherche en sciences sociales*, n. 31, 1980, pp. 2-3].

358. Ver Pierre Bourdieu, "Les stratégies matrimoniales dans le système des stratégies de reproduction" ["As estratégias matrimoniais no sistema das estratégias de reprodução"], *Annales ESC*, n. 4-5, 1972, pp. 1105-1127; reeditado em *Le Bal des célibataires, op. cit.*, pp. 167-210, especialmente pp. 173-176.

359. P. Bourdieu oferece uma parte da "gênese" dessa ideia em seu *Esboço de autoanálise* (*op. cit.*, pp. 92-93 [86]): "Foi uma observação banal de minha mãe, a qual nem teria ouvido se não estivesse antenado – 'Eles se [acham parentes muito próximos dos fulanos] desde que passou a existir um politécnico na família' –, que, na época de minha pesquisa sobre o celibato, constituiu o desencadeador das reflexões que me levaram a abandonar o modelo da regra de parentesco pelo modelo da estratégia" [tradução modificada].

etc. é muito importante e tem sua eficácia: é o efeito de institucionalização, de objetivação, de nomeação, de legalização. A nomeação é um primeiro passo no caminho da judicialização, da legalização. Mas, além disso, para que o primo não seja apenas um primo nominal, para que ele se torne um primo real, há um trabalho de "formação de primos" [*cousinage*] a se fazer e que, na prática, é feito sem que o percebamos como trabalho – pelo contrário, é um trabalho denegado, que fazemos sem querermos saber, o que contribui para as dificuldades de levarmos isso em conta na teoria.

Eis um exemplo do que implica a passagem de um capital para um outro. Eu poderia dar outros exemplos. No interior do espaço do capital cultural, por exemplo, quais são as condições da transformação de um capital de físico para capital de sociólogo, ou de um capital de historiador para capital de sociólogo? As leis de transformação vão ser do mesmo tipo: os direitos de entrada, a passagem para campos conexos, vão implicar num trabalho de conversão que, obviamente, dependerá muito da posição relativa dos campos em questão; o trabalho de conversão assumirá formas completamente diferentes e será mais ou menos longo, mais ou menos fácil dependendo, por exemplo, de ser uma conversão de capital econômico em capital cultural ou em capital de relacionamentos. Se vocês estiverem céticos quanto ao que contei, acho que poderão realmente sentir os efeitos de campo se refletirem sobre o exemplo das passagens de fronteiras, pois é lá que se enxergam a maioria dos efeitos de campo, dos efeitos de conversão etc.

Na próxima aula, eu insistirei, sempre me mantendo no nível fisicalista, nos efeitos da noção de campo que resultam do fato de que os campos, apesar de cada um deles ter sua lógica específica ligada ao jogo específico jogado neles, têm, de modo geral, formas de funcionamento relativamente invariantes. Há fenômenos de homotetia e de homologia entre campos – o fato, por exemplo, de ser dominado num campo dominante – que estão na origem de efeitos sociais completamente paradoxais, especialmente na política. Darei a vocês apenas, para que reflitam, um exemplo muito próximo de nós (mas não próximo demais): eu escrevi um artigo há alguns anos sobre o campo da alta--costura que é um espaço como todos os outros: não estou atualizado sobre as últimas evoluções nessa questão mas, na época, Dior ocupava as posições dominantes e tínhamos pessoas como Ungaro, Paco Rabanne etc. que eram dominantes/dominados, e no meio havia Courrèges[360]. As pessoas que estavam em posições dominadas – a pesquisa foi feita logo depois de 1968 – falavam de suas relações com os dominantes e diziam, como os estudantes de esquerda da época: "é preciso que a moda desça para a rua" [*risos na sala*]. Era preciso analisar os efeitos que tinham a ver com o fato de que os campos relativamente autônomos estão situados em posições muito altas no espaço social e têm uma relação de homologia com o campo das classes sociais e com todas as consequências disso. (Vocês podem fazer um monte de exercícios mentais posicionando o CNRS [Centro Nacional de Pesquisa Científica], o campo científico e o próprio campo político). Como eles estão em relação de homologia com o campo das classes sociais (ou com o espaço global no qual eles estão situados), engendram condutas duplas, suspeitas, e estar na esquerda do campo relativamente autônomo pode levar ao sentimento de estar na esquerda do campo que o engloba. Eu voltarei a isso porque, dito dessa forma, vocês sem dúvida entenderam tudo, mas na verdade não entenderam nada [*risos*].

---

360. Pierre Bourdieu & Yvette Delsaut, "O costureiro e sua grife: contribuição para uma teoria da magia", in *A produção da crença*. Porto Alegre: Zouk, 2004, tradução de Maria da Graça Jacintho Setton ["Le couturier et sa griffe: contribution à une théorie de la magie", *Actes de la recherche en sciences sociales*, n. 1, 1975, pp. 7-36].

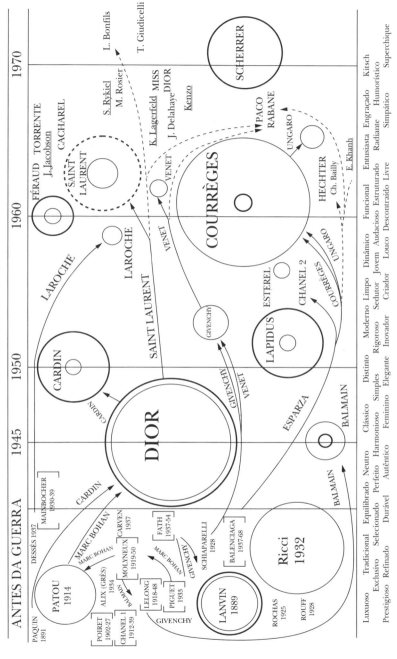

Aula de 14 de dezembro de 1982

> Uma maneira de pensar. – Campo e agregado estatístico. – O conceito de campo (1): itinerário teórico. – O conceito de campo (2): itinerário prático. – Campo e meio. – Campo e interação. – Campo e rede. – Campo e posições. – Campo e representação da situação. – Espaço das relações objetivas e espaço das interações. – Campo, grupo, população, indivíduo. – Representações e senso prático. – As homologias entre campos.

Eu mencionei várias vezes a noção de campo, mas sem jamais propor uma definição rigorosa. Hoje eu quero passar dessa espécie de intuição à qual me prendi até agora através de exemplos para uma primeira tentativa de sistematização. Como o número de sessões que poderei dedicar a esse tema está acabando, vou tentar dar a vocês uma espécie de sinopse e reservar os desenvolvimentos mais aprofundados para um outro ano.

Como fiz para a noção de *habitus*, eu gostaria então de tentar expor o contexto teórico no qual a noção de campo foi constituída e, ao mesmo tempo, dar uma descrição sinóptica um pouco simplificada das propriedades dos campos. Eu procederei um pouco como fazem os jornalistas americanos: começamos dizendo em poucas frases tudo que diremos no artigo, e dessa maneira temos tempo para desenvolver e podemos pressupor que o leitor que só lê o primeiro parágrafo terá mesmo assim uma visão de conjunto. Vou tentar romper com essa espécie de círculo muitas vezes encontrado na pedagogia que tem a ver com o fato de que é tão difícil empregar um conceito sem tê-lo definido quanto defini-lo sem que as pessoas tenham adquirido o hábito de vê-lo funcionar. Com efeito, eu já fiz o conceito de campo funcionar um pouco diante de vocês com o caso do sistema universitário do qual todos aqui têm uma experiência. A partir das análises que vocês têm em mente e das propriedades que retiramos delas, quero agora mostrar a vocês o que essa noção engloba para mim.

Uma maneira de pensar

Primeiro princípio: a noção de campo não é nem uma tese, nem o que normalmente chamamos de teoria. Eu indiquei desde a primeira vez que usei a noção que ela era uma maneira de pensar, uma espécie de termo mnemotécnico que, diante de um problema, fornece técnicas de construção do objeto. Naquele momento eu demonstrei, no exemplo do espaço das *Grandes Écoles*, que pensar em termos de campo excluía desde o começo a possibilidade de estudar uma *grande école* enquanto tal, dissociando-a do espaço das *Grandes Écoles*. Essa preocupação metodológica com frequência coloca o pesquisador diante de uma alternativa muito dolorosa: será que ele deve estudar extensivamente tudo o que deve ser estudado para que o objeto construído seja construído corretamente, ou deve estudar a fundo, com todas as aparências de rigor, o menor objeto possível mas construído contra a lógica do funcionamento real do mundo social? Será que ele deve, por exemplo, estudar a *École des arts et métiers* [Escola de Artes e Ofícios, uma das *Grandes Écoles* de engenharia], um objeto relativamente circunscrito que pode ser abordado sincrônica e diacronicamente e sobre o qual podemos ter todo o material possível, ou estudar o conjunto das *Grandes Écoles* sabendo muito bem que será então reduzido a um pequeno número de informações, que a relação com o objeto não poderá ser tão aprofundada e que portanto ele estará exposto à crítica positivista rotineira: "Nem tudo foi levado em conta" etc.?

A ciência social, como ciência dominada e incessantemente ameaçada em sua identidade científica pelo fato de não cumprir as regras em vigor, tem muita dificuldade em resistir à tentação da idiografia detalhista e pontilhista que, sem grande esforço (mas parecendo ter um custo muito elevado), tem todas as aparências de rigor científico. Uma das funções da noção de campo é, de alguma maneira, chamar à ordem teórica as pessoas prestes a se precipitar nas satisfações da monografia ou da idiografia. O exemplo das *Grandes Écoles* é muito típico: se, como indica a noção de campo, a verdade não está em cada *grande école* mas essencialmente na relação que ela mantém com as outras *Grandes Écoles*, vamos nos esgotar para esgotar o objeto singular "esta *grande école* em particular" sem encontrar nele, a não ser por acidente ou sem querer, aquilo que deveríamos ter tomado por objeto (porque apesar de tudo isso tem efeitos: mesmo se fizermos as perguntas mais estúpidas, os politécnicos acabarão sendo obrigados a falar das outras escolas e a dizer, por exemplo, que tiveram que escolher entre a *École normale* [*supérieure*] e a *École polytechnique* etc.). A mesma coisa valeria para o campo literário. Podemos assim esgotar [o poeta Alfred de] Vigny sem compreender nada do que compreenderíamos se soubéssemos que a verdade do que ele é [se situa] na relação que ele mantinha com um espaço. É chocante constatar que as monografias infindáveis sobre os amores de Vigny ou sobre as opiniões políticas [do poeta Alfred de] Musset etc. estão cheias de lacunas a partir do momento em que as interrogamos, por assim dizer, estruturalmente, ou seja, do ponto de vista do espaço das relações no qual atuaram as pessoas que são o objeto dessas monografias.

Assim, a noção de campo é uma maneira de levar a sério essa prioridade das relações da qual sempre falamos nas ciências sociais sem realmente saber o que queremos dizer com isso. Ela ajuda (eu disse a mesma coisa para a noção de *habitus*) a projetar uma espécie de visão do mundo social em contradição com a visão espontânea. Com efeito, aquilo que enxergamos espontaneamente no mundo social são indivíduos ou grupos de indivíduos; assim, é muito frequente que as pessoas que não são sociólogas, por exemplo os cientistas que vêm das ciências naturais, acreditem fazer sociologia simplesmente através de analogias com a teoria dos gases, com fenômenos estocásticos etc. Um engarrafamento na Praça da Concórdia [em Paris] é certamente um fato social interessante[361], mas eu acho que a sociologia deve superar dois tipos de imagens imediatas: o indivíduo e a soma dos indivíduos – e mesmo as interações entre indivíduos. A noção de campo busca abolir de forma duradoura essas três imagens. É apenas em certas configurações que o mundo social se parece com uma espécie de movimento browniano de partículas elementares que se chocam entre si produzindo alguma coisa que podemos apreender estatisticamente. É preciso saber que os fenômenos de massa têm sido o local de toda uma série de fantasmas, já que a massa constitui, junto com as classes populares, um dos objetos mais difíceis de estudar porque as outras classes projetaram nela todos os seus fantasmas (nesses dois casos são os mesmos fantasmas).

---

361. P. Bourdieu retomará esse exemplo em *A dominação masculina, op. cit.*, p. 7 [11].

Campo e agregado estatístico

Portanto, é verdade que o mundo social nem sempre funciona enquanto campo (é preciso haver condições sociais para que um mundo social funcione enquanto campo). É apenas em certas condições que o mundo social escapa do estado de agregado: por exemplo, o conjunto de pessoas que estão, num certo momento, no corredor principal da *Gare du Nord* [Estação ferroviária do Norte em Paris] não formam um campo, apenas um conjunto de pessoas que estão em interações pontuais. Apesar disso, os movimentos de massa são apenas um caso particular do estado do mundo social que não se reduz a formas de movimento browniano, ou seja, às interações físicas de pessoas que se chocam entre si, têm contatos, se empurram. Ele também não é uma soma de indivíduos num estado de interações simbólicas. O mundo social às vezes é pensado como um conjunto de interações inumeráveis cuja agregação produz alguma coisa irredutível à soma dos elementos: assim, há muito tempo os economistas estudam a lógica dos efeitos perversos e o paradoxo de que, em muitos casos, as ações individuais mudam de sentido ao se agregarem. As ações individuais agregadas também são um estado particular do mundo social. Temos então o estado browniano, o estado agregado e o estado de campo.

O estado de campo é um estado no qual as relações entre os agentes sociais não são redutíveis às interações físicas nem simbólicas. Com efeito, as ações dos agentes contêm alguma coisa cujo princípio não está na interação. Se o agente X toma a palavra e o agente Y se cala, o princípio dessa diferença de conduta não está nas propriedades da interação. Não podemos dar conta disso dizendo que aquele que fala é aquele que "tem a iniciativa". Então por que ele toma a palavra? Que propriedade ele porta para poder falar[362]? Em muitos casos – são esses os casos que a noção de campo tenta constituir como objeto privilegiado da ação social –, as propriedades dos agentes só podem ser compreendidas se introduzirmos relações que transcendem a interação enquanto algo pontual, em sua sincronia. Para estender a análise é preciso distinguir a estrutura das relações constitutivas de um campo das interações que acontecem nesse campo. As interações são um dos locais nos quais se efetiva a estrutura do campo, e invocar a

---

362. Sobre as lógicas que comandam a tomada da palavra, ver P. Bourdieu, *A distinção, op. cit.* pp. 384ss. [480ss.] (P. Bourdieu voltará a essa questão em várias ocasiões, especialmente em *Sobre a televisão, op. cit.*, "O estúdio e seus bastidores", pp. 15-54 [9-42]).

noção de campo é dizer que, para compreender o que se passa num campo social, é preciso postular estruturas invisíveis. O que acontece na Escola de Artes e Ofícios, por exemplo, tem seu princípio na hierarquia objetiva das escolas a partir da qual podemos construir uma escala utilizando indicadores complexos que introduzem a antiguidade, a origem social dos alunos, o valor do diploma nos diferentes mercados escolares ou em outros mercados etc. Em outras palavras, na prática de cada um dos agentes singulares desse espaço descobriremos, se soubermos procurar, o traço dessa estrutura invisível que anulamos quando não construímos o espaço completo.

Não podemos pensar em termos de campo sem nos perguntarmos como construir o campo. É por isso que eu disse no começo que a noção de campo é essencialmente um método de construção de objeto. É uma maneira de lembrar que fazer sociologia não é estudar qualquer coisa: "os adolescentes de quinze a dezessete anos do subúrbio ao sul de Paris", "a condição das mulheres na França desde 1980" ou "a lei Roudy"[363]. A sociologia, se não quiser estudar o nada (ainda que com todas as aparências de cientificidade), consiste em construir um espaço de modo que aquilo que ocorre nele encontre nesse espaço assim construído seu princípio explicativo ou, mais exatamente, encontre o essencial de sua explicação. É a noção de autonomia relativa que me leva a fazer essa correção: os campos são relativamente autônomos em relação ao espaço a seu redor e encontramos no espaço das *Grandes Écoles* o essencial da explicação do que acontece nesse espaço, tirando o fato de que esse próprio espaço é o local de forças que, como eu disse na última aula, são a retradução de forças externas que se expressam segundo uma lógica específica no interior desse espaço. Eis então uma primeira indicação sobre o que está implicado na visão do mundo social inscrita no pensamento em termos de campo.

O conceito de campo (1): itinerário teórico

Antes de continuar neste ponto, gostaria de voltar às razões pelas quais comecei a falar de campo e a fazer essa noção funcionar. Meu objetivo aqui não é tentar me tornar de alguma maneira historiador de meu próprio pensamento mas,

---

363. Nomeada a partir de Yvette Roudy, ministra dos Direitos das Mulheres que assumiu o cargo no momento da chegada da esquerda ao poder em 1981, a "lei Roudy" sobre o reembolso dos procedimentos de aborto estava prestes a ser adotada quando este curso foi lecionado.

pelo contrário, é oferecer um [meio de] controle sobre o que vou dizer, indicar os limites e, talvez, ajudar aqueles que queiram se apropriar dessa maneira de pensar. Esse deveria, na minha opinião, ser um grande princípio pedagógico: compreendemos muito melhor as estruturas de pensamento quando conhecemos sua gênese, compreendemos muito melhor as obras dos cientistas do passado quando compreendemos os problemas que eles se colocaram. A história das ciências deveria fazer parte da pedagogia das ciências. Quanto a mim, vou propor uma reconstrução retrospectiva que inevitavelmente será enviesada. Vou me esforçar com toda a honestidade do mundo para não manipulá-la mas, inconscientemente, vou estruturá-la em função de sua conclusão.

A primeira coisa, e isso talvez seja o essencial do que eu quero dizer: a noção de campo, como a maioria daquelas que utilizei (*habitus*, capital cultural, capital simbólico etc.) é uma noção que empreguei porque não podia fazer outra coisa. Minha preocupação não era afirmar minha distinção teórica nem importar um conceito nobre da física teórica ou da psicologia lewiniana. É um conceito que empreguei porque precisava dessa palavra para designar alguma coisa que eu não sabia muito bem o que representava e essa palavra mais apontava do que realmente designava. Assim, comecei a falar de campo sem saber muito bem o que dizia. Digo isso correndo o risco de tornar ainda mais vulneráveis os conceitos cuja vulnerabilidade vou mostrar para vocês. (Em minha defesa, direi que as coisas muitas vezes acontecem desse jeito mas os cientistas não falam disso porque de modo geral não têm interesse, e os epistemólogos falam ainda menos porque não sabem disso e sempre tomam a ciência no estado de *opus operatum*, quer dizer, de ciência já feita. É importante abrir uma exceção para a tradição bachelardiana, Bachelard falava sobre a importância na ciência dos erros e das tentativas[364]. Isto posto, apesar de tudo esquecemos disso.)

Assim, na origem eu utilizei a noção de campo sem saber bem o que queria dizer com ela. Foi num artigo publicado [na revista] *Les Temps modernes*, redigido por volta de 1964 e 1965, "Campo intelectual e projeto criador", utilizando-o num sentido que muito rapidamente me pareceu errado, mas acho que se eu não tivesse utilizado a noção dessa maneira, não poderia ter descoberto o erro (é por isso que é preciso cometer erros para avançar cientificamente). Nesse artigo, eu identificava

---

364. "O espírito científico [...] se constitui como conjunto de erros retificados" (G. Bachelard, *A formação do espírito científico, op. cit.*, p. 293 [239]).

claramente a noção de campo com a noção de espaço de interações[365]. Eu tentava romper com a tradição da história literária que procura o princípio explicativo da obra na própria obra ou, a rigor, numa biografia construída em função da obra. Para me arrancar dessa concepção tradicional, tentei encontrar o princípio explicativo da produção ou da intenção literária no espaço de relações entre os produtores literários – ou seja, os escritores. Mas eu mantinha em mente uma definição que hoje chamaria de "interacionista": eu pensava que aquilo que acontecia entre os escritores era redutível às suas interações. Portanto, era um progresso apenas aparente. Ao chamar a atenção para as relações entre o escritor e os outros escritores, o escritor e o crítico, o escritor e os editores etc., eu permanecia na lógica das influências, em última instância banal nos historiadores da literatura: a noção de influência é exatamente o tipo de noção que, numa lógica científica, é preciso desconstruir completamente para sumir com ela. A influência é uma espécie de ação mágica a distância que se realiza na interação real entre os agentes.

Se eu tivesse trabalhado um material empírico seguindo essa lógica, teria questionado os agentes sobre suas relações reais e chegado a uma análise que já existe, o interacionismo, sobre o qual já falei muitas vezes através da Escola de Chicago. A análise de redes (ou *network analysis*) efetivamente empregada por alguns sociólogos americanos consiste em tentar construir (por exemplo, para dar conta do poder numa cidade pequena ou dos sistemas de influência numa universidade) a rede de relações do conjunto das pessoas[366]. A técnica de pesquisa poderia consistir em pedir às pessoas sua agenda de compromissos, anotar os nomes e examinar as interseções. É uma técnica que não deve ser negligenciada. Uma rede de interações reais pode ser o canal empírico visível a partir do qual se exercem relações que não são redutíveis a essas interações. Registramos numa agenda as pessoas que encontramos e o pensamento em termos de campo conduz exatamente a formular a hipótese de que os encontros só são aleatórios na aparência; em última instância, através dos encontros, ou seja, das interações efetivadas, o que se expressa é um espaço de encontros possíveis, quer dizer, a lógica de um campo.

---

365. Pierre Bourdieu, "Campo intelectual e projeto criador", in *Problemas do estruturalismo*. J. Pouillon *et al.* (orgs.). Rio de Janeiro: Zahar, 1968, pp. 105-145, tradução de Rosa Maria Ribeiro da Silva ["Champ intellectuel et projet créateur", *Les Temps modernes*, n. 246, 1966, pp. 865-906].

366. P. Bourdieu se refere em particular à abordagem desenvolvida por Ronald S. Burt, *Toward a Structural Theory of Action: Network Models of Social Structure, Perception, and Action* [Para uma teoria estrutural da ação: modelos de rede da estrutura, percepção e ação sociais]. Nova York: Academic Press, 1982.

Entretanto, uma rede de interações não é um campo, e a noção de espaço ou de campo de interações apresenta riscos (aqui também, falo de maneira totalmente inocente para que vocês compreendam o que faço e não para definir o absoluto na lógica dos cursos tradicionais nos quais, segundo o velho modelo hegeliano, fazemos a genealogia de nosso pensamento para chegar ao topo). Na sociologia rural há um conceito equivalente, a noção de universo de interconhecimentos. Ela é útil para definir de maneira não realista, não empírica, uma comunidade aldeã e esse conceito me ajudou muito num certo momento. Mas, em minha experiência, essas noções próximas da noção correta são as mais perigosas porque, exatamente, por estarem juntas a ela, trazem o risco de ocultá-la por muito tempo. Assim, esse espaço de interações não é o campo, mesmo que às vezes não exista outra maneira de compreender um campo que não seja apreendê-lo sob a forma de um espaço de interações, tentando estabelecer um sociograma[367]. ("Com quem você passou suas férias?" etc.) Um sociograma pode ser útil, obviamente desde que tenhamos as variáveis pertinentes (porque se esquecemos de perguntar a profissão dos pais da criança entrevistada, teremos dificuldades em procurar as estruturas escondidas, elas não aparecerão por si mesmas, ou então estarão lá mas não as enxergaremos). O espaço de interações é portanto uma das manifestações possíveis do espaço que chamo de campo, mas essa manifestação tem a propriedade de desvelar aquilo que desvela escondendo-o.

A noção de campo, tal como eu a empreguei, estava muito próxima da noção de interação, mas na época eu tentei lhe dar um conteúdo com o tema ao mesmo tempo útil e puramente verbal da autonomia relativa. Minha utilização da noção de autonomia relativa vem de ainda mais longe: na década de 1960, no curso que dei na *École normale* sobre o campo literário, eu não tinha como não cair na noção de autonomia relativa. Mas essa noção só tinha valor negativo: ela consistia em dizer que os corpos sociais que dependem em última instância, em última análise, da economia têm uma lógica própria. Falar de campo era então tentar operacionalizar aquilo que era, como muitas vezes acontece com os con-

---

[367]. O sociograma é uma técnica utilizada desde a década de 1930. Em sua forma mais simples, consiste em representar os membros de um grupo através de uma nuvem de pontos e ligar ou não os pontos diferentes dependendo da existência ou não de laços entre os indivíduos correspondentes. Os sociogramas podem representar, por exemplo, as relações existentes dentro de um grupo constituído pelos alunos de uma mesma sala de aula (daí a referência a crianças que aparece na frase seguinte).

ceitos marxistas[368], um conceito de alto rendimento acadêmico mas de baixo rendimento científico, uma dessas noções que não sabemos muito bem o que fazer com ela fora das aulas e das dissertações esquematizadas em três partes. A noção de campo consistia assim em dizer que esse efeito de autonomia relativa poderia ter a ver com o fato de que existem, dentro do universo social, subuniversos onde se joga um jogo particular, que são dotados de regras e estruturas próprias e que, devido a esse fato, retraduzem as influências externas. Na época eu utilizei muito a metáfora da refração, dizendo, por exemplo, que graças à autonomia relativa dos campos as oposições políticas entre conservadores e progressistas vão se retraduzir segundo uma lógica de modo que a oposição entre a direita e a esquerda sofrerá uma transformação conforme às leis específicas do campo. A noção de campo é portanto uma maneira de nomear a noção de autonomia relativa que tenta constituir os mecanismos que são possibilitados por essa autonomia e que por sua vez a tornam eficiente.

Desse ponto, passei para uma noção mais propriamente estruturalista: eu introduzi muito claramente em minha mente a oposição entre interação e estrutura, entre campo de interações e estrutura, e comecei a dizer para mim mesmo, com muita força, que esse campo não era redutível a um espaço de interações, que ele tinha uma estrutura transcendente às interações, uma estrutura cuja manifestação era as interações. Relidos nessa lógica, os artigos adquirem uma virtude pedagógica, porque enxergamos seus erros. (Eu não gosto de praticar autocrítica porque é uma maneira de ter os lucros dos erros e os lucros da correção dos erros.) Ofereço a vocês textos que podem ser lidos em confiança.

Construir a noção de campo como espaço estruturado me levou a me perguntar qual era o princípio dessa estrutura, como essa estrutura se organizava, como eu podia captá-la empiricamente e o que queria dizer a "estrutura do campo literário" ou a "estrutura do campo religioso". Essa foi uma das raras vezes em que

---

368. O conceito de autonomia relativa está ligado à tradição marxista. Se Marx e Engels escreveram, por exemplo, que em relação à infraestrutura econômica "a moral, a religião, a metafísica e qualquer outra ideologia, bem como as formas de consciência a elas correspondentes, são privadas, aqui, da aparência de autonomia que até então possuíam" (K. Marx & F. Engels, *A ideologia alemã, op. cit.*, p. 94), depois disso eles, especialmente Engels, chamaram a atenção para a autonomia relativa da qual se beneficiava, apesar de tudo, a "superestrutura". Neste ponto, P. Bourdieu citou várias vezes uma carta a Conrad Schmidt onde Engels fala da autonomia relativa do corpo dos juristas ("Carta a C. Schmidt, 27 de outubro de 1890", in *Marx & Engels: História*, Florestan Fernandes (org.). São Paulo: Ática, 1989, tradução de Flávio R. Kothe, pp. 458-464).

fiz o que chamaria de uma "pequena descoberta" ao dar um curso: eu estava expondo a análise célebre da religião que Max Weber propõe no capítulo "Sociologia da religião" em *Economia e sociedade*, e sua descrição dos agentes fundamentais do mundo religioso (o sacerdote, o profeta, o feiticeiro). Eu fiquei chocado, ao cotejar com a tradução inglesa de Talcott Parsons[369] – como Parsons dominava de modo completamente abusivo o campo das ciências sociais na época, eu obviamente tinha vontade de mostrar que sua leitura era ruim[370] –, ao perceber que Parsons omitiu completamente a tradução do que ele achava serem simples transições entre os diferentes capítulos dedicados ao feiticeiro, ao sacerdote, ao profeta etc. Notando essa lacuna e entusiasmado por descobrir esse erro (vejam como os interesses sociais – a vontade do jovem sociólogo de subverter o sociólogo velho – podem ter virtudes científicas; isso é uma ilustração do que eu disse: num campo científico, os motivos patológicos podem produzir efeitos que não são patológicos[371]), refleti muito sobre esses textos a meio-caminho entre a simples transição e algo como indicações sobre as relações entre os diferentes agentes, algo como um pensamento em termos de campo. Como eu tinha em mente o pensamento em termos de campo, disse a mim mesmo que no fundo Parsons tinha suprimido todas as indicações de que Weber oferecia das relações entre os agentes religiosos. Em outras palavras, lá onde tínhamos visto os retratos (que chamamos de "tipos", essa palavra detestável) dos agentes religiosos fundamentais que se encontravam trans-historicamente em todos os universos religiosos (o sacerdote, o profeta, o feiticeiro), podíamos enxergar, ao acentuar as transições, figuras invariantes porque trans-históricas dos campos religiosos. Mas, nesse momento, tornava-se preciso ver que o profeta só podia ser definido em oposição ao feiticeiro que também se definia em relação ao sacerdote, e era preciso construir o espaço – o que Weber

---

369. Talcott Parsons foi o autor (com Alexander Morell Henderson) de uma tradução do primeiro volume de *Economia e sociedade* sob o título *The Theory of Social and Economic Organization* [*A teoria da organização social e econômica*] (Nova York: Oxford University Press, 1947).

370. Sobre o contexto sociológico da época e a hegemonia de Talcott Parsons e, de maneira mais geral, do que P. Bourdieu chama "triângulo Parsons, Merton e Lazarsfeld", ver "Pontos de referência", in *Coisas ditas*, op. cit., pp. 52ss. [50ss.]; "A causa da ciência: como a história social das ciências sociais pode servir ao progresso das ciências", *Política & Sociedade*, n. 1, 2002, tradução de Gabriel Fernandes, pp. 143-161 ["La cause de la science. Comment l'histoire des sciences sociales peut servir le progrès de ces sciences", *Actes de la recherche en sciences sociales*, n. 106-107, 1995, p. 6]; *Esboço de autoanálise*, op. cit., p. 99 [95].

371. P. Bourdieu desenvolverá esse ponto em 2000-2001, no seu último curso no Collège de France dedicado ao campo científico e publicado sob o título *Para uma sociologia da ciência*, op. cit.

não fizera – dentro dos quais esses agentes se definiam. Não estenderei a análise, mas – isso ajudará vocês se quiserem se divertir – há dois artigos que escrevi nessa época: por um lado uma releitura do texto de Max Weber publicada nos *Archives européennes de sociologie* e, pelo outro, uma reconstrução, digamos, libertada da dívida com Weber da noção de campo religioso[372]. Nesses dois textos, tento mostrar como aquilo que sempre foi lido como retratos de agentes religiosos deviam ser compreendidos como a descrição de três posições invariantes que poderiam ser encontradas nas diferentes formas do campo religioso.

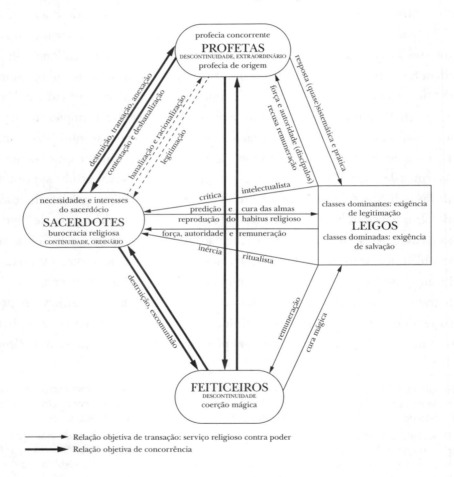

---

372. P. Bourdieu, "Uma interpretação da teoria da religião de Max Weber"; "Gênese e estrutura do campo religioso", *art. cit.* Esses artigos serão retomados na abertura de sua obra inacabada sobre a teoria dos campos, *Microcosmes* [*Microcosmos*] (a ser publicada pelas editoras Seuil e Raisons d'agir).

Eu não sei se vocês conseguem perceber a mudança, mas neste ponto em que, como todas as pessoas que fazem tipologias, Max Weber foi bloqueado pela lógica tipológica da definição realista (porque se existem sacerdotes, feiticeiros e profetas, também existem sacerdotes um pouco feiticeiros ou profetas próximos do sacerdote), o fato de construir o espaço e simplesmente traçar esse círculo (na verdade uma elipse, para podermos distinguir posições opostas) faz com que nos perguntemos não apenas sobre as relações de interação, mas, levando em conta que aquilo que um agente faz com outro varia dependendo de ele ser dominante ou dominado, [também sobre a estrutura de suas relações]. O sacerdote queima ou excomunga o feiticeiro quando pode, mas quando não pode chega a um acordo com ele ou o canoniza etc. Imediatamente, as coisas começam a se mexer e logo vemos que se esta linha [que liga dois agentes no esquema] pode designar interações reais (o que eles fazem uns com os outros: eles se criticam, se ofendem, se excomungam, se [enviam] bulas etc.), não podemos descrever essas interações sem nos perguntarmos sobre as condições de possibilidade dessas interações, o que fiz depois. Em outras palavras, sou obrigado a pensar as relações e a estrutura da relação de força que se expressa numa interação. Ao mesmo tempo, posso pensar as variações desse espaço de modo a compreender aquilo que Weber tinha descrito como invariantes. Essas posições exemplares têm toda chance de serem efetivadas em qualquer campo religioso, e sua própria ausência seria interessante: numa situação de monopólio sacerdotal, os outros polos serão espremidos, mas o fato de termos o modelo do campo nos obriga então a perguntar para onde foi o profeta (em situação de monopólio, o profeta foi anexado e as profecias estão [integradas ao dogma]). Isto é apenas um resumo muito rápido de um trabalho que foi muito mais longo (dois textos longos, cada um com cerca de cinquenta páginas).

Graças à passagem pelo campo religioso e por esse tipo de reinterpretação, eu acho que de qualquer maneira fiz a noção progredir, por um lado ao marcar mais claramente a oposição entre interação e estrutura e, por outro, ao importar para a minha maneira de pensar a noção de campo a analogia que Weber trouxera entre o campo religioso e o campo econômico. Weber, com efeito, e foi isso que causou – e que sempre causa – a fascinação que ele exerce sobre mim, soube pensar os campos de produção simbólica por analogia com o campo econômico. A analogia weberiana trouxe as coisas ao redor da noção de campo, enquanto nos obrigava a pensar o que a havia tornado possível: se Weber pensou o campo religioso segundo o modo de pensar característico do pensamento econômico, talvez seja porque o pensamento econômico também pensava os campos e que, por trás da noção de campo religioso ou de campo econômico, haveria uma teoria mais geral dos campos, na base de todas as analogias. Eu poderia explicar isso por mais tempo se isso lhes interessar, mas vejam que o itinerário é completamente diferente daquele que muitas vezes me acusam quando falam de uma transposição dos conceitos econômicos. É a partir de uma transposição, que na minha opinião ainda é genial, dos conceitos econômicos para o terreno da produção simbólica que somos levados a repensar *tanto* os campos da produção simbólica *quanto* o campo econômico pensando-os como campo. Obviamente é preciso tomar muito cuidado, por enquanto, ao falar aqui desse último ponto já que a sociologia não pode, por causa das relações de dominação entre as disciplinas, enfrentar a economia sem medo, e sobretudo as próprias bases do pensamento econômico. Isto posto... é isso que eu penso [*risos na sala*], e como vocês descobrirão isso de qualquer maneira, melhor admitir logo!

O conceito de campo (2): itinerário prático

Portanto, o itinerário é mais ou menos esse. Mas as reconstruções retrospectivas são sempre um pouco falsas e elas podem levar a crer que, em última instância, essa noção de campo se implantou por causa da reflexão sobre textos e conceitos, o que é completamente falso. Paralelamente, e mesmo desde a origem, havia um trabalho ao mesmo tempo individual e coletivo sobre os problemas reais do campo. Eu mencionei aquela empreitada coletiva na *École normale* sobre o estudo do campo literário no século XIX[373], e, em todos os instantes, apareciam proble-

---

373. Essa empreitada estava inscrita no quadro de um seminário de história social da literatura, da arte e das formas de dominação que foi realizado na *École normale supérieure* por P. Bourdieu e Jean-Claude Chamboredon a partir de 1968. Entre os artigos que surgiram desse seminário, ver, além de Pierre Bourdieu, "Campo do poder, campo intelectual e *habitus* de classe", in *A economia das trocas simbólicas, op. cit.*, tradução de Sergio Miceli, pp. 183-202 ["Champ du pouvoir, champ intellectuel et *habitus* de classe", *Scolies. Cahiers de recherche de l'École normale supérieure*, n. 1, 1971, pp. 7-26]; Christophe Charle, "L'expansion et la crise de la production littéraire (2ᵉ moitié du XIXᵉ siècle)" ["A expansão e a crise da produção literária (2ª metade do século XIX)"], *Actes de la recherche en sciences sociales*, n. 4, 1975, pp. 44-65; Christophe Charle, "Situation sociale et position sociale. Essai de géographie sociale du champ littéraire à la fin du XIXᵉ siècle" ["Situação social e posição social: ensaio de geografia social do campo literário ao final do século XIX"], *Actes de la recherche en sciences sociales*, n. 13, 1977, pp. 45-59; Jean-Claude Chamboredon, "Marché de la littérature et stratégies intellectuelles dans le champ littéraire" ["O mercado da literatura e as estratégias intelectuais no campo literário"], *Actes de la recherche en sciences sociales*, n. 4, 1975, pp. 41-43; Rémy Ponton, "Naissance du roman psychologique" ["O nascimento do romance

mas completamente reais. Por exemplo, tentar estudar em termos de campo uma população de escritores fazia surgir a antinomia entre população e campo. Rapidamente, o campo dos escritores no século XIX só pode ser compreendido através de indicações quase todas ligadas a indivíduos (biografias, livros etc.), e a tentação elementar, ao mesmo tempo, é fazer o que fazem os sociólogos da literatura como Escarpit[374], ou seja, estatísticas, e se meter por exemplo a comparar a origem social dos poetas simbolistas e dos poetas parnasianos, ou a estudar a evolução das taxas de diplomados em direito, letras, medicina etc. entre os escritores no decorrer do século XIX. Em outras palavras, toma-se por objeto populações que são tratadas estatisticamente. Mas o trabalho empírico sobre as populações faz surgir a seguinte pergunta: não pode acontecer, em certos campos, de certas posições serem posições em um lugar e que, nesse caso, a estatística, ao fazer agrupamentos (por exemplo, uma categoria de menos de cinquenta indivíduos não faria sentido), leva a destruir exatamente o que procuramos?

Havia então uma espécie de conflito prático permanente entre a noção de campo e aquilo que ela impunha (a ideia de que era preciso encontrar posições permanentes, *situs*, que valiam por sua oposição), e não somente as restrições (ainda que só existam as restrições que queremos criar para nós) mas também as inclinações e as facilidades da estatística que levam a um modo de pensar em termos de populações que são agregados, como as pessoas na estação de trem. Trabalhar em termos de campo é por exemplo observar a posição das instâncias de consagração. Existirão num campo literário instâncias de consagração, instâncias de reprodução dos produtores, instâncias de reprodução dos consumidores. O sistema escolar, no caso dos campos literários, se tornará – isso não é uma mera mudança de nome – uma "instância de produção dos produtores e dos reprodutores" etc. Uma posição construída passível de ser compreendida através das propriedades de seus ocupantes se caracteriza pelo que ela faz com os outros, mesmo que os outros não estejam agindo com ela. (Eu não tinha dito isso porque

---

psicológico"], *Actes de la recherche en sciences sociales*, n. 4, 1975, pp. 66-81; Rémy Ponton, "Les images de la paysannerie dans le roman rural à la fin du XIXe siècle" ["As imagens do campesinato no romance rural ao final do século XIX"], *Actes de la recherche en sciences sociales*, n. 17-18, 1977, pp. 62-71.

374. Ver em particular Robert Escarpit, *Sociologie de la littérature* [*Sociologia da literatura*]. Paris: PUF, 1958; e organizado por ele, *Le Littéraire et le social* [*O literário e o social*]. Paris: Flammarion, 1970.

isso é autoevidente, mas os efeitos da estrutura se exercem mesmo na ausência de interações – isto posto, eles também podem se exercer através das interações.)

Uma maneira de caracterizar essas posições relacionalmente em relação às outras, ou seja, como elas são, é descrever as propriedades estatísticas das pessoas que as ocupam. Mas há conflitos práticos nos quais a reflexão se desenvolve: como fazer, por exemplo ao estudar o estado do campo na França na década de 1950, com a posição dominante ocupada por uma única pessoa, Sartre, o homem-orquestra que domina ao mesmo tempo o teatro, a literatura etc.? Eu não estou condenado a uma monografia sobre Sartre porque, se é verdade que Sartre é definido pela dominação, eu só posso compreendê-lo ao compreender tudo aquilo que ele domina: Sartre é o campo, o campo é Sartre. Eis o tipo de problema que menciono muito rapidamente mas que estava acompanhado, ou mais exatamente precedido, por reflexões de natureza teórica, ou seja, no abstrato, que contei separadamente.

Campo e meio

Agora, como a noção de campo pode ser definida num espaço de noções vizinhas e opostas? Para começar, poderíamos dizer, por comodidade, que a noção de campo, num certo sentido e correndo o risco de desencantá-la, é sinônimo da noção de "meio". Parece que essa noção foi introduzida na ciência social por Claude Bernard. Canguilhem, que em *O conhecimento da vida* tenta fazer uma espécie de genealogia do conceito de meio, mostra como essa noção passou de Newton para as ciências da vida, e das ciências da vida para as ciências sociais, até tornar-se um termo utilizado de modo tão corrente e tão banal que não recebe mais nenhum significado[375]. É por isso que a noção de campo, que reativa mais a significação que pretende veicular, me parece preferível. Isto posto, o retorno genealógico à noção de meio não é inútil, nem que seja para compreender os usos sociais ordinários da noção e sentir a distância entre as formas esgotadas do vocabulário científico e as formas um pouco mais rigorosas, assim como a importância, nas ciências sociais, do trabalho sobre as palavras, que faço tão avidamente no meu discurso. Portanto, a noção de meio tal como Newton a utilizou foi em última instância uma espécie de veículo da ação a distância que Newton também designava através da noção de éter. (Vocês logo verão que essa volta genealógica não é inútil.)

---

375. Georges Canguilhem, *O conhecimento da vida*. Rio de Janeiro: Forense, tradução de Vera Ribeiro, 2011, pp. 139ss. [*La connaissance de la vie*. Paris: Vrin, 1965, pp. 129ss.].

Assim, o meio é aquilo que permite dizer esse fenômeno da ação a distância e, ao mesmo tempo, romper com a física de tipo cartesiano segundo a qual só há ação sob a forma da interação, do choque. Essa noção me parece importante à medida que ela permite ver que o pensamento em termos de campo está para o pensamento em termos de interação, ilustrado por exemplo por Goffman, como o pensamento newtoniano está para o pensamento cartesiano. (Essas analogias são sempre perigosas e imprudentes, e eu as menciono unicamente porque talvez elas possam servir para que alguns de vocês consigam compreender melhor a noção.) Assim, a noção de meio se constrói contra a noção de contato como a noção de campo se constrói contra a noção de interação. Gostaria de citar aqui um texto de Marx ao qual eu poderia atribuir a paternidade da utilização científica da noção de campo (em algumas épocas, isso me daria muitos lucros simbólicos!): "Em todas as formas de sociedade, é uma determinada produção e suas correspondentes relações que estabelecem a posição e a influência das demais produções e suas respectivas relações. É uma iluminação universal em que todas as demais cores estão imersas e que as modifica em sua particularidade. É um éter particular que determina o peso específico de toda existência que nele se manifesta"[376]. Essa é realmente a noção de campo ("um éter particular que determina o peso específico de toda existência que nele se manifesta"). É claro que eu só vi esse texto depois de utilizar a noção de campo por bastante tempo. (E certamente sou o único que vi isso, ainda que só Deus saiba quantos leitores de Marx existem, ou quantas pessoas que fingem ter lido Marx!)

Assim, o retorno genealógico a Newton não foi inútil para fazer essa ligação entre Newton, o éter e Marx. O que está em questão na noção de campo é a ideia que Marx, acho, tinha na prática segundo a qual o mundo social é um espaço de relações objetivas irredutíveis às interações. Se há uma coisa que, com certeza, podemos creditar a Marx, é ter visto, mais do que os outros "pais fundadores" [da sociologia], que o mundo social não se reduz à interação entre os agentes. Temos o famoso texto da *Ideologia alemã* onde ele diz: "Sancho acredita que o patrão e os operários precisam se encontrar para que o patrão influencie o operário"[377]; é na

---

376. Karl Marx, *Grundrisse*. São Paulo: Boitempo, 2011, tradução de Mario Duayer & Nélio Schneider, p. 59 [*Les Fondements de la critique de l'économie politique*, v. 1. Paris: Anthropos, 1967, p. 36].

377. "Sancho quer ou, antes, *acredita* que quer que os indivíduos devam travar relações uns com os outros de modo puramente pessoal, que seu intercurso não deva ser mediado por um terceiro,

verdade toda a estrutura econômica que se interpõe entre o patrão e o operário. O operário e o patrão podem nunca sequer ter se encontrado, mas ainda assim o patrão domina. Essa ideia de que existem relações objetivas independentes das vontades e das consciências individuais, como diz Marx, é constitutiva da noção de campo. A noção de campo não se reduz a isso, mas a ideia é importante para arrancar a noção de campo da leitura interacionista.

Campo e interação

Eu gostaria de falar mais sobre essa distinção absolutamente central entre campo e interação. Como a visão interacionista é a mais próxima da visão em termos de campo, ela é o principal perigo epistemológico; e quando trabalhamos com campo basta nos esquecermos um pouco para fazermos interacionismo acreditando pensar em termos de campo. O exemplo mais claro é o do pensamento weberiano tal como eu o descrevo: Weber, em sua sociologia da religião, parte dos agentes individuais (profeta, feiticeiro, sacerdote) e reduz ao mesmo tempo as ações que os agentes religiosos podem exercer sobre os outros às interações reais, ignorando as restrições estruturais ligadas à posição num campo e aos efeitos de atração/repulsão, para utilizar uma metáfora física – eu a justificarei logo –, que estão ligados ao pertencimento a um campo e que comandam a forma das interações subjetivas. Portanto, as interações subjetivas não contêm sua verdade em si mesmas; elas são comandadas pela estrutura dentro da qual se realizam. Essa definição da noção de campo pode ser chamada, se quisermos (eu sacudo voluntariamente as fronteiras entre as tradições teóricas), de estruturalista. Eu digo "se quisermos" mas não quero muito, mais uma vez não por desejo de originalidade, mas porque isso acarreta riscos, tendo em vista o que o estruturalismo se tornou em seu uso social. Essa concepção estruturalista – mas então é melhor não a chamarmos de estruturalista – descreve o mundo social como um universo

---

por uma coisa (cf. a concorrência). [...] Sancho não quer, por exemplo, que dois indivíduos estejam em 'antagonismo' um com o outro como burguês e proletário; ele protesta contra o 'algo especial' que coloca o burguês 'em vantagem' sobre o proletário; ele gostaria de fazê-los travar um com o outro uma relação puramente pessoal, como simples indivíduos. Ele não considera que no interior da divisão do trabalho as relações pessoais necessária e inevitavelmente se desenvolvem e se fixam como relações de classes..." (K. Marx & F. Engels, *A ideologia alemã*, op. cit., pp. 420-421; o apelido de "Sancho", em referência a *Dom Quixote*, é utilizado por Marx com frequência para se referir a Max Stirner.)

de relações objetivas que podem não ser direta e imediatamente efetivadas nas interações e que orientam as práticas, particularmente as interações diretas. Ao mesmo tempo, ela recusa a visão interacionista, que no fundo quer dizer psicossociológica, segundo a qual a verdade das relações, conforme o sentido ordinário do termo (quando dizemos: "eles estão relacionados" ou "eles têm relações"), estaria na experiência que as pessoas têm delas. É verdade que, por exemplo, uma das propriedades de certas posições no campo social é ter relações.

Um outro exemplo para sentirmos a diferença entre interação e efeito estrutural é a noção de distância social. Eu analisei várias vezes as estratégias de condescendência[378] que se realizam na interação e que consistem em negar na interação uma distância que, exatamente, não é visível na interação. O observador realista, num certo sentido, não consegue compreender essas estratégias; ele pode ter uma intuição delas, mas não consegue dar conta delas. Com efeito, elas se produzem entre pessoas próximas no espaço físico mas distantes no espaço invisível que é o espaço social. Elas colocam face a face duas pessoas (o aristocrata e seu cavalariço, o professor moderno e seu aluno) separadas por uma diferença objetiva que existe sob a forma de um sistema de sanções sociais e de distâncias sociais, mensuráveis com indicadores (diferenças de salário, antiguidade, idade, carreira, futuro, passado, presente etc.).

As estruturas de dominação devem estar em alguma parte no invisível para que as estruturas que as colocam em suspenso ganhem sentido. As estratégias de condescendência que consistem em denegar as distâncias simbolicamente, em oferecer ao dominado sua dominação, provam a distância social no próprio ato em que a negam. Um outro exemplo: nas relações entre os sexos, é paradoxalmente o fato de deixar as mulheres entrar primeiro que é uma estratégia de condescendência. Ou ainda: a estratégia de condescendência pela qual um filósofo é entrevistado no primeiro número de uma revista de geografia[379] só pode ser compreendida se tivermos em mente o espaço que descrevi na última aula. Há um monte de situações sociais que sentimos na prática e que poderíamos utilizar como perguntas de provas, como acontecia no século XVIII, dizendo: "Explique o que se passa nesta situação social". Apenas um estruturalista, no sentido que dei

---

378. Ver em particular P. Bourdieu, *A distinção*, op. cit., pp. 238, 357, 439, nota 9 [285, 444, 551].

379. Alusão à entrevista com Michel Foucault publicada no primeiro número da revista *Hérodote*: "Questions à Michel Foucault sur la géographie" ["Questões para Michel Foucault sobre a geografia"], *Hérodote*, n. 1, 1976, pp. 71-85.

ao termo, pode dar conta daquilo que numa interação depende de uma estratégia de condescendência.

Um outro exemplo mais sofisticado: as estratégias através das quais um dominado busca se familiarizar com um dominante; ele familiariza, ele não mantém as distâncias etc. Também essas estratégias – mas aqui é muito mais complicado – só podem ser compreendidas por referência a uma distância objetiva que o "familiarizante" e o "familiarizado" conhecem e reconhecem, e este último busca negar a distância, que reconhece pelo próprio esforço para negá-la, através de atos que buscam trazer aquele cuja familiaridade ele busca para seu próprio nível. É o paradigma de Groucho: "Que clube é esse que me aceita?"[380] [*risos na sala*]. Essas são estratégias muito complexas que praticamos em público e sabemos reconhecer, mas que são formidavelmente difíceis de analisar enquanto permanecermos numa visão psicossociológica. É preciso pressupor essa lacuna entre as estruturas objetivas que ninguém enxerga mas que agem com muita força, incluindo através dos atos que buscam negá-las – e até sobretudo através deles. Eu deixarei que vocês retomem o problema da cultura popular e vocês verão que ele é análogo ao modelo daquele que se familiariza. Não desenvolvo isso porque me desviaria e me levaria longe demais.

Campo e rede

É muito difícil comunicar um discurso em ciência social, e sempre é preciso enfatizar todos os lados. A contribuição interacionista é absolutamente notável e eu não quero passar a impressão de destruir sumariamente, como acontece muito nas lutas ideológicas francesas, a enorme contribuição científica das escolas de Chicago. Se hoje podemos fazer análises meticulosas das estratégias de condescendência, também é porque existiu essa sociologia. A dialética da ciência é assim: somos obrigados a criticar aquilo que mais respeitamos. Eu digo isso com muita sinceridade, respeito muito esse modo de pensar, mas acho que é preciso criticá-lo porque ele tem limites, exatamente porque está muito próximo da ver-

---

380. Referência a uma anedota contada, com pequenas variações, em vários momentos (por exemplo: Groucho Marx, *Groucho e eu*. São Paulo: Marco Zero, 1991, tradução de Maria José Silveira [*Groucho and Me*. Nova York: Da Capo, 1959]) por Groucho Marx no final da década de 1940. Ao receber um convite para um clube privado de celebridades, sua resposta foi: "Não quero pertencer a nenhum clube que me aceitaria como membro".

dade. No fundo, é uma forma de realismo, e até de realismo ingênuo que considera que para a ciência só existe o que podemos tocar, o que podemos ver. Podemos filmar uma interação. Ao contrário, não podemos filmar a estrutura que comanda a interação, e pensar em termos de campo é se expor, como acontece quando utilizamos a noção de *habitus*, a ser questionado. A gente jamais poderá mostrar um *habitus* nem um campo, e jamais poderemos, acho, colocá-los sob um microscópio. Entretanto, isso não quer dizer que eles não existam. Eles existem através das manifestações que só podemos compreender dessa forma, e que, aliás, não existiriam de outra forma.

A mesma coisa valeria para a rede (*network*). Eis um exemplo de efeito científico que a análise em termos de campo ou de estrutura produz: acontece, como eu disse há pouco, de certos fenômenos de campo ou de estrutura só poderem ser captados através das análises de redes. Assim, Pinto analisou, depois de um trabalho considerável, os "amigos [da revista] *Nouvel Observateur*", ou seja, a rede de pessoas ligadas a essa revista por diferentes conexões (escrevem artigos para ela, são celebradas por ela, celebram outras pessoas nela etc.)[381]. A análise, que foi obrigada a ser interacionista porque não havia outro meio de captar um certo tipo de verdade objetiva, imediatamente levou a leituras ordinárias, por exemplo, à maneira de Régis Debray (aqui sou obrigado a mencionar), que consistem, segundo o modo de pensamento ordinário, em reduzir os efeitos de estrutura a efeitos de complô. Uma das razões pelas quais o pensamento em termos de campo é muito difícil é que é preciso procurar uma coisa invisível que só podemos encontrar tomando coisas visíveis, quer dizer, pessoas. Mas sabemos o que são redes de pessoas: é um complô, sociedades secretas, uma rede de gente que tem um projeto comum, interesses comuns, perigos comuns, fins comuns – e reencontramos a teleologia e tudo aquilo que já critiquei. Ao mesmo tempo, isso acaba sendo pensado em termos de responsabilidade ("É culpa de Pivot"[382]).

---

381. Louis Pinto, "Les affinités électives. Les amis du *Nouvel Observateur* comme 'groupe ouvert'" ["As afinidades eletivas: os amigos do *Nouvel Observateur* como 'grupo aberto'", *Actes de la recherche en sciences sociales*, n. 36-37, 1981, pp. 105-124. (Esse trabalho será desenvolvido em *L'Intelligence en action: Le Nouvel Observateur* [*A inteligência em ação: o Nouvel Observateur*]. Paris: Métailié, 1984).

382. Em outubro de 1982 (cerca de dois meses antes dessa aula), numa conferência em Montreal sobre literatura, Régis Debray (que escreveu alguns anos antes *Pouvoir intellectuel en France* [*O poder intelectual na França*]. Paris: Ramsay, 1979) reuniu propostas que tinham sido repetidas e comentadas em várias mídias: ele criticou o jornalista Bernard Pivot, apresentador do principal programa literário da época, por "exercer uma verdadeira ditadura sobre o mercado do livro"

É preciso adicionar – é uma coisa que sempre digo e que dificulta a ciência social – que todas as propensões ao erro se acumulam: um intelectual que fala do campo intelectual está num terreno onde ele tem objetivos importantes, tem interesses enormes investidos e escondidos, e todas as propensões ao erro se acumulam. O pensamento inquisitório que tem sido identificado há gerações com o pensamento político e que consiste em constituir as ofensas como conceitos ("Você não passa de um...", "Você é filho de...", "Você não passa de um mandarim" etc.) depois aumenta tudo isso que eu disse e acabamos cometendo erros científicos que além disso também são erros políticos. Esse é um exemplo que não posso prolongar porque ele é quente demais, próximo demais etc., ele reproduziria o que quero denunciar, mas dá uma ideia da dificuldade que existe para fazer sociologia. Os sociólogos mais eficazes na minha opinião são aqueles que se questionam constantemente sobre suas operações mentais, e eu acho que isso é vital numa ciência onde estamos ameaçados sem parar de cair de volta no nível da visão ordinária, ou seja, interessada.

A visão interacionista, à medida que ela situa o princípio da ação e da interação ao nível das interações, conduz naturalmente a uma filosofia da história de tipo maquiavélico, a uma teoria do complô, do responsável, do responsável principal, do núcleo de responsáveis, do grupelho etc. Pensar em termos de campo tem como efeito não dissolver as responsabilidades, mas excluir o pensamento em termos de responsabilidade, excluir por exemplo a questão de saber quem é responsável pelo que se escreve em *Le Nouvel Observateur*. Isso suspende também a propensão à indignação moral. Um sociólogo sueco que escreveu um belíssimo livro sobre o papel da indignação moral [...] queria mostrar que a propensão à indignação moral era uma disposição particularmente marcada na pequena burguesia[383]. Essa propensão à indignação moral que leva a procurar os responsáveis em todo lugar, a fazer a caça às bruxas (coisa que conhecemos), não deixa de ter bases sociais entre as pessoas que fazem a sociologia e, nesse caso particular, ela acaba reforçando e coroando de alguma forma tudo aquilo que os erros teóricos e empíricos prepararam.

---

e denunciou o poder que ele adquirira na vida literária, falando sobre a "arbitrariedade de uma única pessoa".

383. Provavelmente se trata de Svend Ranulf (que, no entanto, era dinamarquês), *Moral Indignation and Middle Class Psychology* [*Indignação moral e psicologia da classe média*]. Copenhague: Levin & Munksgaard, 1938.

Campo e posições

Assim, a noção de campo leva a pensar não mais em interações, mas em posições: aqui onde enxergávamos um espaço de indivíduos visíveis, de interações visíveis (trocas, presentes que circulam, subornos, recompensas, citações mútuas etc.), agora só enxergamos posições como numa análise *in situ* num espaço abstrato que é preciso construir, com o círculo permanente de que é ao construir as posições que constituímos o espaço, e é construindo o espaço que as posições se constituem. Por exemplo, em vez de pensar as classes médias na lógica [da renda média], nós as consideraremos simplesmente como estando "entre": elas são as classes que não estão nem no alto nem embaixo, ou, para sair de uma concepção estática, aquelas que ainda não estão no alto mas que não estão mais embaixo, aquelas que não estão mais no alto mas ainda não estão embaixo.

A partir do momento em que começamos a pensar dessa maneira somos levados a formular perguntas muito simples: quais propriedades as pessoas devem à sua posição, às posições que elas ainda não ocupam, às suas disposições? Definimos a posição pequena burguesia como sendo neutra: nem um nem outro etc. A pequena burguesia é a posição mais posicional, aquela em que vemos mais facilmente que deve a maior parte de suas propriedades ao fato de estar "entre"[384]. Quando se trata do baixo e do alto fica menos claro, mas a frase de Marx segundo a qual o dominante é dominado por sua dominação[385] lembra que aquilo que aparentemente seria o mais pensável no absoluto só é pensável relacionalmente: não podemos pensar um superior sem um inferior. Isso é muito simples, mas se seguirmos o fio e levarmos a análise até as últimas consequências, vemos que temos uma topologia na qual nenhum elemento, nenhuma posição, nenhum local, nenhum ponto tem sentido fora de sua relação com outros pontos. Ele é o que é enquanto não é o que os outros são.

A característica de uma posição é, portanto, essencialmente que ela difere das outras. Por exemplo, os escritores não podem escrever ao mesmo tempo peças de comédia ligeira e arte social. Não se pode estar em todo lugar no espaço social, o

---

384. Esse ponto é desenvolvido em Pierre Bourdieu, "Condição de classe e posição de classe", in *A economia das trocas simbólicas, op. cit.*, tradução de Sônia Miceli, pp. 3-26 ["Condition de classe et position de classe", *Archives européennes de sociologie*, v. 7, n. 2, 1966, pp. 201-223].

385. Ver *supra*, p. 223.

que é o sonho dos intelectuais[386]. Como resultado, a frase de Mannheim "o intelectual se define pela ausência de posição"[387] aparece exatamente como o tipo da ideologia daqueles que, pensando um pouco o espaço como tal, se pensam como não estando situados nesse espaço, e sim em sua vertical. Em última instância, só podemos pensar esse espaço como uma rede de relações objetivas (e não mais como uma rede de interações) entre posições que imporão suas restrições aos ocupantes das diferentes posições. Para ir um pouquinho mais longe, poderemos dizer que o campo é um espaço de forças possíveis que vão se exercer sobre qualquer um que entre no espaço, no começo sob a forma de forças de exclusão que dificultam a entrada e, depois de entrar, sob a forma de forças que nos empurram para um ou outro sentido.

Se eu tivesse que resumir tudo que tenho para contar em uma frase, eu empregaria uma imagem (enfatizo isso porque Marx a empregou): no fundo, o mundo social é espaços de forças que podem não se exercer ou que vão se exercer no momento em que uma coisa vai entrar nele; essa coisa vai sofrer a força e sua capacidade de resistência a essa força será proporcional a seu capital, ou seja, a seu *habitus*, a seu capital incorporado e a seu capital objetivado. Para utilizar uma outra metáfora, poderíamos dizer que o campo é um espaço em relevo, o que significa que, se você quiser ir da geografia para a matemática, é preciso subir. A imagem implica também que se você vem de muito baixo, estará tenso e nervoso, e isso será percebido. Se, agora há pouco, para dar conta de uma estratégia de condescendência, era preciso supor alguma coisa que era transcendente, o mesmo acontece para dar conta dessa observação do fenômeno de que aqueles que chamamos de "arrivistas" – palavra pejorativa porque expressa o ponto de vista dos dominantes (eles são os "atrasados" [...], aqueles que chegaram por último) – serem muitas vezes marcados pelo traço do efeito exercido sobre eles pelas forças do campo que eles devem contrariar, enquanto aqueles que nascem na posição que ocupam flutuam num estado de leveza. Essa metáfora que empreguei, como

---

386. "Foi sem dúvida o gosto de 'viver todas as vidas' a que se refere Flaubert e de captar todas as ocasiões de entrar na aventura em que consiste, cada vez, a descoberta de novos ambientes [...] que me levou a me interessar pelos mais diversos mundos sociais [...]. E assim pude participar no pensamento de universos muito afastados dos meus, passados ou presentes, como os da nobreza ou dos banqueiros, dos dançarinos da Ópera ou dos atores do Teatro francês, dos leiloeiros ou dos notários" (P. Bourdieu, *Esboço de autoanálise, op. cit.*, pp. 93-94 [87-88]).

387. Ver *supra*, p. 273, nota 337.

todas as metáforas, é falsa, perigosa, provisória, deve ser destruída etc., mas ela é pedagogicamente útil porque permite apoiar análises um pouco prosaicas.

Campo e representação da situação

Volto à distinção entre estrutura e interação. A estrutura das posições nas quais os agentes se encontram engajados restringe a interação e pode agir através da mediação da representação que as pessoas têm da estrutura – é aqui que o interacionismo se torna interessante novamente. Voltarei a este ponto em mais detalhes. Uma das questões colocadas pelo pensamento em termos de campo e que me preocupa bastante é a do modo de ação dessas forças possíveis. Elas se exercem como um campo físico? Seria preciso levar a analogia com a física até o fim e dizer que o campo, como eu o descrevi, é um campo de forças que agiria de maneira determinada sobre as pessoas que entram, ou será que essas forças só se exercem sob certas condições, ou seja, sobre agentes predispostos a sofrê-las, à medida que eles as conhecem e as reconhecem? O interacionismo que, por sua genealogia, é o produto – se é que isso faz sentido – do cruzamento entre a fenomenologia (através de Schütz[388]) e da psicologia social de Mead[389], presta muita atenção aos fenômenos de significação e tende a encontrar o princípio explicativo das condutas nas interações, quer dizer, na representação que os sujeitos têm da interação. Assim, Anselm Strauss, um dos principais representantes da corrente interacionista, tentou formalizar a noção do espaço de interações, que é tangencial à noção de campo, através do conceito de *awareness context*[390], o contexto de consciência: o que seria determinante nas práticas, segundo Strauss, seria a consciência que os agentes têm da consciência que os outros agentes têm de sua consciência: estamos numa espécie de jogo de espelhos infinito (os interacionistas foram muito influenciados pelos fenomenólogos como Schütz, Husserl etc., mas também pelo primeiro Sartre). Para Strauss, a interação teria por princípio o que ele chama de a "situação" – a palavra "situação" circula com frequência na psicologia social –, ou melhor, no fundo, a representação que os agentes têm da situação, entendida

---

388. Ver *supra*, p. 94, nota 102.
389. Ver em particular George Herbert Mead, *Mind, Self and Society* [Mente, eu e sociedade]. Chicago: University of Chicago Press, 1934.
390. Ver em particular Barney Glaser & Anselm Strauss, *Awareness of Dying* [Consciência do morrer]. Chicago: Aldine Publishing Company, 1965.

como a representação que os agentes têm da representação que os outros agentes têm de si mesmos (é de novo o jogo de espelhos infinito).

Em Goffman, temos uma tentativa que nos lembra muito o pensamento marginalista: o mundo social seria o agregado de todas as ações inspiradas pela representação que os agentes têm da representação que os outros agentes têm de sua ação; e o agregado de todas essas ações, referidas sucessivamente aos outros e ao valor que os outros dão à sua própria ação resultaria na transcendência social[391]. Isso é interessante porque, se seguirmos essa lógica, chegaremos numa filosofia do mundo social segundo a qual cada uma de nossas ações, por exemplo, de respeito, contribui para as estruturas de respeito que não passam do agregado de todas as ações respeitosas, enquanto numa visão estruturalista as ações de respeito serão uma das manifestações (aliás, no mesmo nível das ações de desrespeito que, por serem produzidas na lógica da inversão, reconhecem as estruturas no próprio ato que [realizam] para denegá-las) das estruturas de respeito que são transcendentes às ações individuais de respeito, através das quais essas estruturas transcendentes se expressam. Não sei se fui claro, mas fiz o que podia para ser! Há muita coisa em jogo, teórica e politicamente, já que a primeira visão conduz, em última instância, a uma visão liberal, marginalista ou espontaneísta, dependendo do lado que quisermos enfatizar. Nessa lógica, cada um agiria, dependendo do princípio da ação, em função das percepções que tem dos outros e das percepções que os outros têm de si. O que não é falso. Portanto, não podemos argumentar, contra o interacionismo, em prol de um fisicalismo puro segundo o qual os agentes sociais seriam como limalhas lançadas num campo. Na verdade, eu acho que os agentes sociais são determinados em suas condutas pela representação de si e dos outros, desde que entendamos que essa representação dos outros é função das posições que o representante, aquele que se representa e o representado ocupam [respectivamente] no espaço objetivo.

É portanto verdade que a representação intervém, mas ela é estruturada pelas estruturas do representante e do representado. Dependendo da minha posição no espaço, eu não verei a mesma coisa; dependendo de eu ser dominante ou dominado, verei o mundo de cima ou de baixo e, ao mesmo tempo, verei algo diferente. Minha representação do mundo poderá então ser o princípio de minha ação,

---

391. Ver Erving Goffman, *Os quadros da experiência social*. Petrópolis: Vozes, 2012, tradução de Gentil Titton [*Frame Analysis*. Cambridge: Harvard University Press, 1974].

mas isso será apenas um princípio aparente porque a própria representação será o produto das estruturas que estruturam essa representação. Em outras palavras, se existe um espaço dos *situs*, se existe um espaço das posições, a análise dos *situs* que é a sociologia, quer dizer, a análise topológica desse espaço, implica ao mesmo tempo a análise das posições e a análise das representações que os agentes têm de suas posições e das outras posições e, simultaneamente, a análise das tomadas de posição que em função de suas representações, de suas posições e de suas disposições os agentes terão sobre esse espaço, nesse espaço, sob a forma de ações, sob a forma de opiniões declaradas etc.

Espaço das relações objetivas e espaço das interações

Eu acho que vocês foram convencidos, mas preciso estender um pouco essa análise. Por mim, eu a pularia... [*risos na sala*], mas insisto porque sei – também é por isso que invoquei a genealogia agora há pouco – que essas são coisas de compreensão muito lenta e muito longa. Nós as compreendemos muito rapidamente, mas num nível abstrato. É como a frase "as rupturas epistemológicas são rupturas sociais": nós a entendemos em três segundos, mas é preciso toda uma vida para que ela se torne um princípio real de prática: a sociologia tem um lado de "iniciação zen" no qual é preciso trabalhar por muito tempo porque as coisas podem ser compreendidas de maneira muito diferente. No meu ensino, [eu sinto] sempre esse conflito entre a comunicação do discurso que podemos compreender muito fácil e rapidamente e a comunicação de alguma coisa que deveria ser veiculada pelo discurso mas que o discurso veicula muito raramente: uma conversão profunda das disposições, dos modos de pensar etc.

Estenderei um pouco esse ponto com um exemplo através do qual, acho, as coisas vão se esclarecer. O interacionismo distingue, na troca de uma mensagem, o fato de que toda mensagem comunica simultaneamente um conteúdo informativo (uma mensagem que diz alguma coisa) e alguma coisa sobre o emissor da mensagem, sobre a estrutura na qual a comunicação se efetiva (ela comunica, por exemplo, uma ordem). Esse é um viés através do qual os interacionistas reencontram as análises clássicas de Austin[392]: dizer alguma coisa é

---

392. John L. Austin, *Quando dizer é fazer*. Porto Alegre: Artes Médicas, 1990, tradução de Danilo Marcondes de Souza Filho [*How to Do Things with Words*. Oxford: Clarendon Press, 1962]. Ver os desenvolvimentos que P. Bourdieu dedica a ele no momento desse curso em *A economia das*

sempre dizer alguma coisa sobre as condições nas quais dizemos o que dizemos. Esse é um princípio simples e extremamente importante, por exemplo do ponto de vista de uma sociolinguística. Isso que os interacionistas fazem é ótimo, mas eles esquecem de perguntar de onde vem a força dessa metamensagem que a mensagem comunica sobre as condições de sua própria recepção. Na verdade, seria preciso dizer que toda mensagem tende ou pretende comunicar uma mensagem sobre o emissor da mensagem e, ao mesmo tempo, sobre as condições da recepção adequada dela. Toda mensagem contém pelo menos a exigência de ser ouvida e de acreditarem nela; falar significa: "Conceda-me pelo menos isso: me escute!" Ora, obviamente, isso não é uma coisa que obtemos automaticamente. Os interacionistas não se perguntam nem sequer – porque isso não está no seu modo de pensar – sobre as condições necessárias para que essa metamensagem contida em toda mensagem seja entendida, para que ela seja eficaz, o que é o problema da autoridade, das condições sociais nas quais a mensagem é não somente conhecida, mas reconhecida como legítima, quer dizer, digna de ser não somente ouvida mas acreditada, e até obedecida.

Último exemplo de lacuna. Há, na Escola de Palo Alto, leituras interacionistas da família como um espaço de interações[393] (isso agora está na moda em Paris com quinze anos de atraso), e critica-se a psicanálise ortodoxa por ter esquecido (o que é ao mesmo tempo verdadeiro e falso, mas às vezes as pessoas têm que dizer alguma coisa) de que o espaço no qual as experiências originárias acontecem é um espaço social. Acredita-se que o social é introduzido ao se falar não mais de experiências individuais, mas de interações. Substitui-se então o indivíduo em sua história individual por uma rede de interações na qual ele participa, como se a família não passasse de um agregado de todas as interações nas quais o sujeito em questão foi o local ou o objeto. Na verdade, é muito fácil mostrar que, do ponto de vista estrutural que descrevo, as interações no interior da família só fazem sentido como efetivação de uma estrutura (por exemplo, a divisão de trabalho entre os sexos) tal como ela se retraduz no espaço da família sob a forma de desigualdades econômicas entre, por exemplo, o pai

---

trocas linguísticas, op. cit., especialmente pp. 60-63 [108-110].

393. Vários trabalhos fundadores da Escola de Palo Alto haviam acabado de ser traduzidos para o francês pela Editora Seuil, especialmente Paul Watzlawick & John H. Weakland (orgs.), *The Interactional View: Studies at the Mental Research Institute Palo Alto 1965-1974* [A visão interacional: estudos do Instituto de Pesquisa Mental de Palo Alto 1965-1974]. Nova York: W. W. Norton, 1977.

e a mãe. Em muitas sociedades, a divisão entre os sexos se retraduz pela divisão econômica. Numa sociedade em que o patrimônio se transmite pelas duas linhagens, a dominação masculina também pode coincidir, em alguns casos, com uma dominação feminina, e a mulher pode ser mais rica que o homem no plano econômico, o que gera estruturas quiasmáticas. E podemos nos perguntar qual efeito o fato de ser (ou não) o produto de uma estrutura quiasmática tem sobre a estruturação de uma personalidade.

Não estenderei a análise já que, como fiz três ou quatro vezes, vocês podem fazer isso sozinhos, mas vemos que, se considerar a família como um "espaço de interações" marca um progresso, esse é um tipo de progresso que esconde outro. Compreender a família como uma estrutura de interações não é fazer a sociologia da família. Não é nem sequer fazer sua psicologia social (eu acho que a psicologia social só existe subordinada a uma análise do tipo estrutural). Isso não tem a ver com a hierarquia das disciplinas: para mim, uma análise das interações que ignora as interações como locais de efetivação das estruturas é ideológica. É por isso que a psicologia social faz tanto sucesso (nas empresas etc.): ela permite que acreditemos que manipulamos estruturas quando manipulamos coisas estruturadas pelas estruturas, o que permite não tocarmos nas estruturas e nos contentarmos em ajustá-las. É certo que, na família, estudar as interações é sem dúvida a única maneira de compreender as estruturas. É através de uma observação aprofundada e contínua do tempo de fala à mesa do pai, da mãe, de suas tomadas de palavra etc. que poderemos, entre outras coisas, captar a estrutura. Mas ao estudar também as genealogias, as profissões dos pais e dos avós, o capital econômico, cultural e social trazido pelos dois cônjuges ou pelas duas linhagens etc., podemos encontrar o princípio de compreensão e a explicação das diferentes interações observadas. A estrutura dos dois espaços, o espaço das interações e o espaço das relações de força objetivas devem então ser sempre pensados em conjunto.

Campo, grupo, população, indivíduo

Depois dessa distinção entre o espaço de relações objetivas e o espaço das interações, tratarei bem mais rapidamente de uma segunda distinção sobre a qual já falei um pouco: campo contra grupo, ou contra população. Irei rápido, mas acho que isso é muito útil porque em nossa época toda pessoa culta já foi, em graus diversos, exposta ao discurso durkheimiano sobre as representações coletivas e sobre o todo que não é igual à soma das partes[394]. Na verdade, eu acho que a noção de campo permite ao mesmo tempo compreender o que Durkheim quis nomear por toda a sua vida e compreender por que [sua intenção] resultou numa espécie de metafísica holística (com sua dimensão política extremamente perigosa) que foi muitas vezes denunciada. A noção de campo permite escapar de uma outra oposição na qual a sociologia normalmente está presa. Por não ter constituído o efeito de meio ou o efeito de campo, Durkheim não parou de pensar na alternativa entre o individual e o coletivo (essa é uma oposição que retorna permanentemente). Do meu ponto de vista, mas hesito em dizer, ele não tinha as noções de "campo" e de "*habitus*" e, ao mesmo tempo, girou toda a sua vida ao redor da oposição entre grupo e indivíduo.

Sobre o *habitus*, eu já me expliquei. Direi duas palavras sobre a noção de campo. Durkheim tinha a intuição muito forte de um efeito de campo que se manifesta assim: quando as ligações entre dois fenômenos mudam, os resultados mudam, mesmo que os elementos não tenham mudado; quando você muda a relação entre dois elementos que permanecem fisicamente idênticos, você obtém efeitos diferentes. A partir desse efeito relacional, Durkheim chegou à existência de uma eficácia do todo, do coletivo ou do grupo como totalidade transcendente à soma das partes. Na verdade, eu acho que ao falar de campo, buscamos nomear um efeito simples: o espaço das *Grandes Écoles*, por exemplo, produz alguma coisa que não é redutível ao que produziria cada *grande école* num estado separado. Mencionarei um desses efeitos. Como sua descrição seria muito longa, falarei apenas do princípio: as *Grandes Écoles*, grosseiramente, contribuem para reproduzir a elite ou a classe dominante etc., mas o espaço que elas formam produz um efeito muito mais sutil e irredutível aos efeitos individuais de cada *école* ao reproduzir uma estrutura de diferenças que é, em grande medida, a própria estrutura da classe dominante e da divisão do trabalho de dominação. Eu voltarei a essa análise[395], mas não tenho um exemplo melhor para que vocês sintam que os campos podem produzir efeitos enquanto tais. Nesse caso, no fundo, o campo reproduz um sistema de diferenças (que é um sistema de relações). Já falei disso há pouco, então

---

394. É. Durkheim, *As regras do método sociológico*, op. cit., pp. 104-105 [102].

395. Especialmente no curso do ano letivo 1985-1986, do qual foi conservado um manuscrito publicado posteriormente: Pierre Bourdieu, "Champ du pouvoir et division du travail de domination" ["O campo do poder e a divisão do trabalho de dominação", *Actes de la recherche en sciences sociales*, n. 190, 2011, pp. 126-139].

não voltarei ao fato de que, para pensar em termos de campo, é preciso escapar da tentação inerente à noção ordinária de grupo de pensar em termos de população.

Representações e senso prático

Terceira distinção que eu queria fazer e que já esbocei a respeito do interacionismo ao reintroduzir as representações: devemos considerar os campos, de uma maneira física, como campos de forças ou como campos de lutas, campos de ação nos quais os agentes introduzem suas representações do campo? Obviamente, agora que vocês têm em mente o esquema que desenhei antes, vocês enxergam imediatamente que podemos pensar o campo em si mesmo de alguma maneira como um espaço de posições que age como espaço de forças possíveis exercendo-se sobre aqueles que entram nele. Mas se sabemos que esses campos são apreendidos por agentes sociais dotados de *habitus*, ou seja, de esquemas de percepção e de apreciação que lhes permitem estruturar esse espaço, apreendê-lo como ordenado e não como algo dado através de suas manifestações [...] vemos que o campo de forças funciona também como espaço em que se age e, em certa medida, representado.

Se reintroduzirmos aqui tudo que eu disse sobre a noção de *habitus*, o espaço social pode então ser constituído como significante para o senso prático sem ser constituído como espaço representado. Isso é importante e foi por isso que me detive sobre a palavra: pode-se agir sobre o espaço social no modo prático como espaço dotado de significado para o senso prático sem, apesar disso, ser o objeto de uma representação, mesmo parcial. Isto posto, é evidente que há um lugar para as representações. Vou explicar esse ponto, mas isso é algo que vocês deveriam ter compreendido depois de tudo que eu disse sobre a noção de *habitus*. Eu disse e repeti por todo um trimestre: um dos perigos do pensamento ordinário é pensar que só há significado se houver representação, enquanto para o senso prático pode haver significado sem que haja representação no sentido de "imagem mental" que desenha uma configuração visível, perceptível e objetificável sob forma de desenho ou de palavras. Pode-se então agir no espaço social considerando que ele tenha um significado sem ser representado como tal, o que não quer dizer que não existam representações parciais. Eu penso que não podemos viver num espaço social sem representações.

Mesmo que sejamos um peixe n'água num espaço social, sempre há um mínimo de representações; para as necessidades da prática, fazemos objetivações parciais. Por exemplo, para viver corretamente no espaço das universidades, é preciso ter um domínio prático desse espaço. (O fato de que, com muita frequência, quando eu objetivo algumas palavras brincando um pouco as pessoas riem na hora significa que elas dominam imediatamente o que está em questão – o riso é um sinal de compreensão imediata.) Os agentes têm um domínio desse espaço e dos começos da objetivação. As ofensas, por exemplo, que citei várias vezes ("burro como um geógrafo"), também são começos de objetivação, começos da efetivação do espaço. Portanto, os agentes sociais são ao mesmo tempo estruturados, afetados pelas estruturas desse espaço que se impõe a eles pela mediação do senso prático que eles têm desse espaço e que é, em parte, o produto das estruturas desse espaço e de espaços homólogos. (Isso é muito importante: se um universitário tivesse que "se virar" na universidade com um senso prático produzido completamente pela universidade, ou se um bispo tivesse que se virar no episcopado com um senso prático produzido inteiramente pela estrutura do campo religioso, eu acho que eles não se virariam completamente bem.)

As homologias entre campos

Eu disse "o produto desse espaço ou de espaços homólogos": acho que um dos efeitos mais originais da noção de campo é que ela permite compreender os efeitos das homologias entre campos. Assim, um geógrafo trará, em suas relações com o filósofo, coisas que ele poderá ter conseguido completamente fora do campo, e o campo com certeza sempre lhe lembrará dessas coisas através de um efeito de reforço – por exemplo, um *habitus* ajustado ao campo mas adquirido no espaço social que é homólogo a ele. Se, de modo geral, todos os espaços tendem a se organizar segundo oposições +/- (o espaço das classes sociais dominantes/dominadas etc.), as pessoas poderão investir no seu senso prático de orientação (o senso prático é um pouco o senso de orientação: acho que essa é a melhor metáfora), no espaço das disciplinas universitárias, alguma coisa que elas conseguiram no espaço das classes sociais com base na transferência que as homologias permitem: dominante/dominado, masculino/feminino, inferior/superior, teórico/empírico, puro/impuro, desinteressado/interessado etc.

Se o campo de forças funciona, é porque as forças que se exercem nele se exercem através da mediação de *habitus* que são, em parte, o produto do campo de forças que se exerce sobre esses *habitus*. Os *habitus* são o produto dos condicionamentos exercidos pelas estruturas e esse produto estrutura o espaço no qual age. Quando a coincidência é perfeita entre as estruturas estruturantes do *habitus* e as estruturas estruturadas do campo as coisas não são questionadas, o mundo é evidente, somos um peixe n'água. Essa coincidência perfeita nunca acontece na realidade, mas esse é o mecanismo. Assim, as estruturas do *habitus* são determinadas pelas estruturas do campo ou de um campo homólogo, e elas estão, enquanto tais, no princípio da eficácia que, na sincronia, as estruturas do campo exercem sobre esses *habitus* sob a forma de senso prático, sob a forma de "isso deve ser feito", de "isso é bom para mim", de "eu adoro isso", portanto sob a forma de propensão, de adesão, de *libido dominandi*, de *libido sciendi* etc.

Termino rapidamente: deixo para a próxima aula a oposição entre campo de forças e campo de lutas, que é útil e que terei que explicar na exposição sinóptica das propriedades da noção de campo. Serei obrigado, pelas necessidades da análise, a distinguir dois momentos: 1) as propriedades do campo enquanto campo de forças, ou seja, enquanto espaço de posições determinante das condutas; 2) as propriedades do campo enquanto campo de lutas destinadas a transformar ou a conservar o campo de forças, entendendo que a força nas lutas para transformar ou conservar o campo de forças sempre depende em parte da posição ocupada no campo de forças. Portanto, distinguirei as duas definições da noção de campo por razões pedagógicas. Mas é importante que vocês tenham em mente que essa é uma distinção escolar, indispensável para compreender certas propriedades que devem, ao mesmo tempo, ser ultrapassadas.

Aula de 11 de janeiro de 1983

> Fisicalismo e semiologismo. – A estrutura como história cristalizada. – A roleta e o pôquer. – A alternativa entre a renda e a venda. – *Amor fati*. – O terreno produtivo do campo literário. – A arte contra o método: ideologia carismática e "sociologia da literatura". – O campo como mediação. – Campo literário e intertextualidade. – Uma estrutura em quiasma. – Autonomização, hierarquização, institucionalização. – Os intelectuais no campo de produção cultural.

Como não temos muito tempo, eu proponho uma reorientação parcial da análise teórica sobre a noção de campo. Tentarei terminar falando o essencial no plano teórico do que eu tinha a dizer sobre a noção de campo e propondo uma análise sistemática nesses termos utilizando como terreno de aplicação o campo literário, que é o terreno por excelência em relação ao qual a noção de campo se constituiu e onde ela se impôs como instrumento de conhecimento. É o terreno onde ela funciona há mais tempo e onde encontramos o maior acúmulo de trabalhos feitos por mim ou por outras pessoas. Portanto, ele me parece permitir, mais do que outros terrenos, mostrar a fertilidade da noção, as dificuldades que ela encontra e os problemas que ela coloca[396].

Fisicalismo e semiologismo

Eu gostaria de prolongar rapidamente a reflexão com a qual deixei vocês na última aula sobre a necessidade de ter em mente duas expressões da noção de campo, o campo como campo de forças e o campo como campo de lutas ou campo de ações. De certa maneira, a distinção entre campo de forças e campo de ações

---

396. P. Bourdieu desenvolverá todos os pontos que aborda nesta aula em *As regras da arte, op. cit.*

é artificial: ela é imposta pelas necessidades da exposição, e somente por elas. Ao mesmo tempo, ela é relativamente inevitável na medida em que indica uma prioridade metodológica. É sobre esse ponto que eu queria insistir rapidamente: a definição do campo como campo de forças ou como espaço de posições possíveis é epistemologicamente prioritária no sentido de que, num campo, as lutas, estratégias e ações dependem a cada momento do estado das relações de força. Do ponto de vista de uma empreitada científica, é portanto indispensável começar pela construção desse espaço e dessa estrutura objetiva na medida em que ela é explicativa do que se passa no espaço estudado; é o postulado materialista que se afirma nessa prioridade.

Esse campo é um campo de forças, mas ele é também um campo de lutas destinadas a transformar ou a conservar esse campo de forças, e essas próprias lutas são determinadas em sua forma e orientação pela estrutura do campo de forças. Esse discurso que pode parecer circular me parece necessário para escapar das alternativas e das dicotomias que se impõem – não é por acaso – ao pensamento social de modo particularmente forte. Um artigo foi dedicado à frequência das dicotomias [...] no pensamento social que se constituiu ao redor de oposições como aquela entre comunidade/sociedade. Quase sempre, essas oposições entre dois termos, que têm uma eficácia social muito grande, têm uma eficácia científica muito fraca. Elas têm uma eficácia social muito grande porque correspondem de modo geral a oposições sociais e conflitos sociais reais, já que os conflitos se estruturam de maneira dualista, mesmo quando existe uma terceira posição, uma terceira via. O pensamento de tipo dualista se transfere assim muito naturalmente da objetividade do mundo social ao pensamento social que pretende objetividade. Assim, é o social em estado bruto que é importado para o pensamento social. Com muita frequência, em minha experiência de pesquisador, fui levado, não por uma petição de princípio mas pela lógica do meu trabalho, a superar essas alternativas que impedem que pensemos a realidade em sua complexidade. Nesse caso particular, a definição dupla que proponho é ao mesmo tempo útil e destinada a ser superada. Ela permite pensar uma diferença e superá-la de maneira muito real pelo fato de tê-la constituído claramente como tal.

Se eu digo que o campo é um campo de forças mas também um campo de lutas destinadas a transformar ou a conservar esse campo de forças, isso ocorre em oposição a duas posições contra as quais a sociologia e a ciência social em geral não param de se mobilizar, porque a característica dessas oposições dualistas é de serem eternas, voltarem sempre sob formas quase idênticas, o que alimenta uma *philosophia perennis* que me parece impedir que entremos num movimento científico progressivo, para não falar do reforço que essas oposições dualistas encontram nas necessidades da pedagogia e na comodidade das exposições escolares. Portanto, essas oposições têm a seu favor uma força social extraordinária e nos colocamos numa posição difícil quando tentamos superá-las, ainda mais porque essas posições de superação, a não ser que se apresentem como uma superação hegeliana com tudo aquilo que isso pode esconder de metafísico, muitas vezes são percebidas como ecléticas pelas pessoas que não têm nenhuma outra categoria de percepção que não sejam essas categorias dualistas. É uma lei da percepção: só enxergamos em função das estruturas de percepção e, como a maioria das mentes foi socialmente constituída para pensar segundo essas categorias, toda superação, quando não passa despercebida, é reduzida a um defeito [...] ou condenada como eclética (o ecletismo, vocês sabem, é o inferno do pensamento: ele é condenado por todos os lados). Essas coisas são relativamente importantes, mesmo que sejam exteriores ao que exporei, para ajudar vocês a entenderem o que vou tentar dizer.

Assim, minha definição se esforça para superar os dois polos entre os quais a discussão científica em ciências sociais se orienta constantemente. De um lado, temos de modo geral o fisicalismo, cuja fórmula "tratar os fatos sociais como coisas"[397] é a definição mais clara e limpa. Segundo essa posição epistemológica que constitui o mundo social sobre o modo do mundo físico, o campo é um campo de forças, um campo de espaço de posições, um espaço de forças que vão se exercer sobre todo objeto que entra no campo. Não há uma palavra cômoda para designar a outra posição. É claro que ao fisicalismo podemos opor uma forma de personalismo, de espiritualismo, de subjetivismo. Hoje em dia, poderíamos chamar isso, ainda que ninguém o tenha feito, de "polo semiológico". Isso corresponderia ao que chamamos na França de "estruturalismo", quer dizer, uma maneira de definir o mundo social como local de comunicação, como sistema de signos, onde as ações sobre o mundo social são entendidas como atos de comunicação, trocas no sentido de trocas simbólicas (as trocas matrimoniais, por exemplo, são vistas como trocas de mulheres tratadas como símbolos). Essa espécie de visão semiológica se opõe à visão fisicalista. Ela trata os fatos sociais como signos enquanto

---

397. É. Durkheim, *As regras do método sociológico*, op. cit., p. 28 [27].

a segunda trata os fatos sociais como coisas. Ela leva a reduzir as coisas sociais a sistemas de signos. Ao dizer que o campo é um campo de forças mas que também é um campo de lutas que busca conservar ou transformar o campo de forças, eu supero a oposição. Eu digo que o campo é um espaço quase físico no qual os agentes são submetidos às forças que se impõem a eles e que orientam suas ações, mas que esses agentes, que têm disposições socialmente constituídas, que chamo de *habitus* através das quais percebem o campo de forças, não são manipulados pelo campo de forças como a limalha. Eles "pensam"; eles se situam praticamente em relação a esse espaço, seja sob o modo do senso prático, seja mais raramente sob o modo da representação. Ao mesmo tempo, eles constituem esse espaço. Eles agem sobre ele enquanto o espaço age sobre eles: eles agem nesse espaço segundo uma lógica que, em grande parte, é imposta por esse espaço.

A estrutura como história cristalizada

Para utilizar o exemplo dos escritores: se algum de vocês quiser se tornar escritor, entrará num espaço constituído onde forças se exercerão sobre essa pessoa. Existem ambições, escritores já estabelecidos, a Academia, locais de consagração, há uma estrutura de capital já objetivado, pessoas conhecidas, pessoas desconhecidas etc. Ao entrar como desconhecida, ela precisará fazer um nome para si e estará submetida a forças que se exercerão diferentemente sobre ela dependendo do capital que ela já tenha de algum outro lugar. Entretanto, ela não será jogada para todos os lados como palha ao vento. Ela terá ações. Por exemplo, ela poderá enviar, devido a um erro de percepção, seu manuscrito para um editor que não corresponde à sua posição e, se o que digo for verdade, será enviada para seu lugar natural, o local para onde ela teria ido diretamente se tivesse o senso de orientação. Ela enviará um manuscrito para [a editora] Robert Laffont e será mandada para as Éditions de Minuit (de modo geral, o que acontece é mais o contrário)[398]. Portanto, a lei do campo se exercerá sobre ela não de maneira mecânica, mas através da percepção que ela terá sobre esse campo, e essa percepção pode ser mais ou menos correta. Ela a conduzirá imediatamente na direção de seu lugar natural, se

---

398. Em 1999 P. Bourdieu voltará a falar sobre a estrutura do campo editorial e a orientação dos ingressantes: "Uma revolução conservadora na edição", *Política & Sociedade*, v. 17, n. 39, 2018, tradução de Luciana Salazar Salgado & José de Souza Muniz Jr., pp. 198-249 ["Une révolution conservatrice dans l'édition", *Actes de la recherche en sciences sociales*, n. 126-129, 1999, pp. 3-26].

ela for bem-nascida, se seu *habitus* for moldado pelas leis homólogas àquelas do campo que ela sentirá e *a fortiori* se for um produto do campo.

O teatro, por exemplo, é um dos domínios nos quais existe uma forte hereditariedade profissional e onde, para se ter sucesso, é preciso de alguma maneira ser nascido nos meios do teatro. Sem relações com os meios do teatro, para começar não se tem vontade [de escrever] peças, e se apesar de tudo tivermos vontade, não temos nenhuma chance de ela ser encenada. As forças que se exercem sobre o novo ingressante, sobre essa partícula que entra no campo, exercem-se assim através de ações que pressupõem atos de percepção: os manuscritos serão lidos ou não, atos de juízo serão feitos sob a orientação de um senso prático da cortesia ("isso é permitido" ou "isso não é permitido", "isso convém" ou "isso não convém", "isso fará sucesso" ou "isso não fará"). Essas ações se exercem sobre um sujeito que também se orienta e se desloca no espaço em função de um ímpeto autônomo que não é completamente um produto de forças externas. Por exemplo, se ele quiser a qualquer preço ser publicado no polo mais prestigioso simbolicamente e menos gratificante economicamente, ele pode escolher permanecer inédito em vez de publicar numa editora que não convém à ideia que ele faz de si mesmo.

Portanto, é essa espécie de dialética entre a posição, ou seja, o campo como campo de forças, e as disposições através das quais o campo de forças se constitui como campo de lutas que está ao mesmo tempo no princípio da estrutura e da mudança do campo. Eis mais uma oposição que causou muitos danos: a dicotomia nas dissertações acadêmicas entre "estrutura e mudança", "estrutura e história". Na definição que propus para vocês, é autoevidente que a estrutura é a história e que a história é a estrutura. A estrutura é a história cristalizada e a todo momento a história será, se não comandada, pelo menos orientada fortemente pela estrutura: aquilo que os agentes vão fazer (ou tentar fazer) num espaço para transformar a estrutura, quer dizer, a distribuição do capital num dado momento do tempo, dependerá de sua posição na estrutura, ou seja, do capital que eles adquiriram.

A roleta e o pôquer

É a analogia do jogador de pôquer que já utilizei várias vezes. Podemos imaginar um mundo social cujo modelo seria um jogo totalmente não cumulativo como a roleta. Esse mundo no qual em todos os momentos partimos do zero não corresponde de modo algum ao modelo que propõe o jogador de pôquer. Eu acho que se o jogo exerce uma fascinação quase metafísica[399] é porque ele é um dos únicos lugares onde num instante podemos mudar radicalmente nossa posição social. É um lugar que dá uma experiência do Deus cartesiano, de criação contínua: se eu ganhar, eu me torno mais poderoso, mais rico etc. É um dos únicos lugares onde as leis sociais podem ser bruscamente suspensas ou destruídas. Entretanto, na maioria dos jogos as próprias estratégias dos jogadores dependem das jogadas anteriores. E o mundo social é desse tipo: em cada momento, o jogador poderá blefar ou, ao contrário, desistir, e sua audácia dependerá da pilha de fichas que tiver diante dele.

Uma das propriedades do espaço social que descrevo tem a ver com o fato de que essas fichas no mundo social são de naturezas diferentes[400]. São as diferentes espécies de capital: temos fichas econômicas, fichas culturais, fichas sociais. Dependendo da importância global do número de fichas e de sua estrutura – o jogador pode só ter fichas econômicas, ou um pouco de fichas dos três tipos –, as estratégias serão diferentes. Não devemos esquecer que essa estrutura, além disso, deve parte de suas propriedades a suas relações com outras estruturas: diante de mim, posso ter alguém que não tem nada ou outra pessoa que tem ainda mais. Existe uma estrutura das estruturas de capital, que será conhecida ou desconhecida, e esse é um ponto interessante. Num jogo, é muito importante ter informações sobre o que os outros possuem. Ora, no mundo social sabemos o que as outras pessoas têm, mas não completamente. O jogo social sem dúvida seria totalmente modificado se conhecêssemos a cada momento sua estrutura e as outras estruturas corretamente, por exemplo, se as rendas fossem publicadas. Parte da especificidade e da originalidade do fato social tem a ver com o fato de que as pessoas têm alguma informação sobre o volume e a estrutura do capital das pessoas com quem jogam, mas ao mesmo tempo quase nunca têm informações completas.

O jogo dos diferentes jogadores dependerá então a cada momento da estrutura da distribuição do capital, ou seja, não somente da estrutura e do volume do capital possuído por um jogador, mas do valor relativo, relacional, estrutural dessa estrutura de capital na estrutura de todos os capitais de todos os agentes possíveis. Uma

---

399. P. Bourdieu retomará essa analogia em *Meditações pascalianas*, op. cit., p. 262 [310], aproximando-a de *O jogador*, de Dostoiévski.

400. Sobre essa propriedade dos campos e a imagem do jogo e das fichas, ver "Algumas propriedades dos campos", *Questões de sociologia*, op. cit., pp. 109-115 ["Quelques propriétés générales des champs", pp. 113-120].

propriedade muito simples e muito importante no campo literário, por exemplo, é a audácia. Isso aliás vale para a maioria dos universos. Existem posições sociais que não podemos ocupar, que não podemos ter a ideia de ocupar, para as quais não podemos nos dirigir se não tivermos uma alta ideia de nós mesmos. Essas posições, que são tipicamente raras e difíceis de manter, são apropriadas pelas pessoas que têm a propriedade particular de ter recursos. É uma coisa muito simples: quanto menos arriscamos, mais audácia temos. Quando as pessoas se arriscam de modo aparentemente considerável, é porque na verdade, apesar de tudo, elas arriscam menos do que outras. No campo literário, por exemplo, é o risco das posições de vanguarda que muitas vezes pressupõem ficar sem mercado por muito tempo. A ideologia carismática do meio descreve essa lei da vanguarda ao dizer que é preciso trabalhar para a posteridade, produzir seu próprio mercado, o que é verdade, mesmo que isso seja tão transfigurado ideologicamente que é preciso tomar cuidado. Essas posições pressupõem trabalhar para um mercado que ainda não existe, mas todo mundo precisa ganhar a vida e reproduzir o produtor. Existe todo tipo de solução para superar esse problema. Às vezes, esses escritores têm mulheres que trabalham, que labutam. Também há os pequenos ofícios: os empregos de supervisor escolar no século XIX, os trabalhos editoriais etc. E há uma solução sem a qual uma parte enorme da pintura do século XIX não existiria, que é a renda.

A alternativa entre a renda e a venda

Em suma, essa é a alternativa entre a renda e a venda: há aqueles que escolhem viver de sua literatura e que são chamados de "vendidos" e de "comerciais", e há aqueles como Flaubert, sobre quem Goncourt diz: "Que sorte tem Flaubert, ele tem a renda"[401]. Sem a renda, talvez não tivéssemos Flaubert. A estrutura da distribuição do capital objetivado ou incorporado é a cada momento o princípio a partir do qual as estratégias são engendradas, levando em conta que há uma autonomia relativa – esse ponto é importante para não cairmos numa visão mecanicista e determinista – das disposições em relação às posições. Num espaço, uma

---

401. Sobre a alternativa entre a renda e a venda, ver *As regras da arte, op. cit.*, pp. 103-104 [142-143]. É uma afirmação de Théophile Gautier feita para Ernest Feydeau que é citada nesse ponto: "Flaubert tem mais espírito do que nós, [...] ele teve a inteligência de vir ao mundo com um certo patrimônio, coisa que é absolutamente indispensável a qualquer um que queira 'fazer arte'." (Ernest Feydeau, *Théophile Gautier: souvenirs intimes* [*Théophile Gautier: recordações íntimas*]. Paris: Plon, 1874, pp. 126-127).

posição, qualquer que seja (dominante ou dominada etc.), comanda em grande parte as estratégias de seus ocupantes na medida em que é através dela que se exercem as forças do campo. Isto posto, e é nesse sentido que o campo de forças não é um simples campo de forças, esse efeito da posição dependerá das disposições do ocupante da posição. Ele dependerá também da natureza das posições que, como já destaquei, são mais ou menos restritivas, mais ou menos definidas.

Muitas escolhas de carreira, por exemplo, decorrem da alternativa entre a renda e a venda: é a escolha de tornar-se escritor ou universitário – ou crítico no século XIX; é a escolha entre, por um lado, a audácia, apostas arriscadas e grandes lucros muito incertos e, pelo outro, menos audácia, apostas certeiras mas de valor muito menor. Isso engendra dois tipos de personagens muito diferentes. A profissão de escritor tem a particularidade de ser muito fortemente indeterminada, sem ser entretanto completamente aberta: há momentos em que ela não é nada aberta e, às vezes, porque houve um escritor antes de nós, herdamos uma posição definida pelo menos pelo grande antecessor ter sido [Victor] Hugo ou Théophile Gautier; então é preciso levar em conta isso etc. Dito isso, essa definição se impõe nos limites das disposições daquele que enfrenta [a posição em questão] e a história será a resultante do enfrentamento entre essa posição e essas disposições, e ou as disposições conseguem transformar a posição, ou a posição transforma as disposições, ou acontece uma espécie de luta permanente com compromissos, mudanças etc.

Amor fati

Para resumir esse primeiro ponto, o campo se define como um campo de forças possíveis, um espaço onde as forças se manifestam desde o momento em que um agente entra nele. Poderíamos até falar de um espaço no qual não fazemos qualquer coisa que quisermos, um espaço no qual somos puxados, empurrados, orientados, mesmo se essas forças não forem vividas diretamente como forças, mesmo se elas forem apreendidas – é aqui que vem o segundo ponto –, por exemplo, como vocação. Uma das artimanhas da razão social é que o mundo social o envia com alegria no coração para onde ele quer que você vá, e você não quer ir por nada no mundo para algum outro lugar que não seja aquele onde ele quer lhe enviar. É o *amor fati* que já descrevi várias vezes[402]. Para que

---

402. Ver, por exemplo, *A distinção, op. cit.*, p. 169, 180 [199, 211].

vocês entendam, direi que a maioria das experiências biográficas é desse tipo. Na maioria das vezes, nós vamos para onde o mundo social nos haveria enviado de qualquer forma, mas vamos contentes. É o que chamamos de vocação. Obviamente há exceções, e elas são muito importantes: basta que haja uma só exceção para que isso mude tudo – é a liberdade.

O campo é então um campo de forças possíveis que se exerce sobre as pessoas que entram nesse espaço mas, por causa do fato de que o mundo social – repeti muito isso na primeira parte do meu curso – se realiza duas vezes, na objetividade das estruturas e sob a forma da incorporação no inconsciente, por assim dizer, dos agentes, ele também é um campo de ações possíveis. E a oposição entre a estrutura e a mudança, que já disse que me parece absolutamente artificial, corresponde a duas maneiras de ver a mesma coisa: quando consideramos um estado de equilíbrio desse campo de forças que é também um campo de lutas (quando olhamos a pilha de fichas entre duas jogadas), tratamos de uma estrutura e, segundo a fórmula hegeliana "o ser é ter sido"[403], [esse campo] é passado objetivado, passado reificado, resultado acumulado, recursos acumulados; sob uma outra relação, ele é irredutível, já que é sobre a base desse passado que vão se desenvolver as ações destinadas a transformar esse passado. Por exemplo, é sobre a base de sua privação na estrutura e na distribuição do capital num dado momento do tempo que os dominados podem ser levados a tentar transformar a estrutura, sob certas condições e em certos contextos, quando o acordo ordinário entre as estruturas objetivadas e as estruturas incorporadas foi suspenso. No fundo, o modelo marxista que temos mais ou menos confusamente na cabeça é um caso particular de um modelo muito mais geral que é aquele das relações entre uma estrutura fundamentada sobre a oposição entre posições definidas pela posse desigual de um capital qualquer e uma mudança que está inscrita de alguma forma na estrutura. Na verdade, é a própria estrutura que faz a oposição e engendra as ações que bus-

---

403. "Primeiro, pode-se lembrar que em alemão, no caso do verbo auxiliar *"sein"* [ser] para designação do passado, empregamos o termo *Wesen* [essência] enquanto nos referimos ao ser *pretérito* como *gewesen* [sido]. Essa irregularidade do uso linguístico funda-se em uma intuição correta da relação do ser para com a essência, enquanto decerto podemos considerar a essência como o ser que passou. Ainda a esse propósito, só resta a notar que aquilo que passou nem por isso é negado abstratamente, mas apenas suprassumido; e por isso, ao mesmo tempo, conservado" (Georg Wilhelm Friedrich Hegel, *Enciclopédia das ciências filosóficas em compêndio, volume I: A ciência da lógica*. São Paulo: Loyola, 1995, tradução de Paulo Meneses, adendo ao § 112, p. 223 [*Enzyklopädie der philosophischen Wissenschaften im Grundrisse: Die Wissenschaft der Logik*, 1830].

cam, dependendo do lado em que nos encontramos, conservar ou transformar essa estrutura. Digo isso rapidamente porque não quero ficar para sempre nesse ponto, mas também não quero deixá-lo em suspenso.

O terreno produtivo do campo literário

Agora que disse o essencial do ponto de vista dos problemas que destaquei, quero passar para o exemplo do campo literário, porque esse é um terreno no qual o acúmulo de trabalhos é grande e porque nele poderemos ver muito claramente a eficácia desse sistema de pensamento que é antes de mais nada um método, uma maneira de pensar, e não uma doutrina. Ele não é uma coisa sobre a qual falamos, mas uma coisa com a qual fazemos alguma coisa, com a qual produzimos efeitos. É por essa razão que a solução que consiste em partir de um caso particular para apresentar o funcionamento do método me convém mais do que o formalismo das exposições gerais ilustradas por exemplos um pouco descontínuos. Uma das razões pelas quais o terreno do campo literário ou artístico é particularmente favorável à aplicação desse método é que esses terrenos levam a pensar diferente. A lógica segundo a qual esse universo se propõe ao pensamento, se pensa a si mesmo, é absolutamente antitética à lógica que proponho através dessa noção de campo; há poucos terrenos em que a sociologia espontânea, a sociologia nativa, está tão profundamente oposta à sociologia que considero cientificamente correta. Não é por acaso que este seja um dos terrenos onde a pesquisa sociológica é das mais difíceis, já que os escritores e os artistas se definem como singularidades irredutíveis e recusam de maneira absoluta as interrogações, a pesquisa etc. Mas, ao mesmo tempo, uma vez superadas as dificuldades, eu acho que esse é um dos terrenos em que o meu método pode produzir os efeitos mais fantásticos e onde a renda em termos de audácia de um investimento intelectual tem chance de ser máxima. É um terreno no qual temos a impressão, quando começamos a trabalhar nele, de que é impensável que não tenhamos pensado assim mais cedo e no qual o material parece se propor de alguma forma como feito para ser pensado dessa maneira.

Isso é complicado e vocês devem achar que o que digo é contraditório. Existe um discurso nativo sobre o mundo literário que exclui a abordagem científica. É um discurso de tipo carismático segundo o qual o criador – essa palavra é interessante – é filho de suas obras. Ele não é criado e não seria possível haver uma ciência desse criador não criado que é sua própria criação. (A sociologia da filosofia se choca contra um obstáculo ainda maior porque, sendo o criador que se pensa como criador, o filósofo não pode ser objeto de pensamento de nenhuma abordagem científica; ele se pretende capaz de pensar qualquer pensamento que o pense, ele pretende se pensar, se fundamentar a si mesmo melhor do que qualquer outro pensamento.) Dito isso, uma vez contornada essa ideologia profissional defensiva-ofensiva pela qual o artista se constitui como artista (e o filósofo como filósofo), é muito divertido ver até que ponto o material se mostra, de alguma forma, todo estruturado.

Utilizarei o exemplo da pesquisa de Huret, reeditada recentemente[404]. Huret foi um jornalista. Ele publicou em 1891 uma pesquisa chamada de "pesquisa Huret", que consistiu em entrevistar para um jornal todos os escritores importantes naquele momento. Ele começa com o naturalismo, que era ao mesmo tempo dominante e desprezado, começa com [Émile] Zola, e diz para as pessoas: "O naturalismo está morto" (essa é uma jogada clássica de jornalista desde que o campo intelectual se desenvolveu) e entrevista sucessivamente os representantes da escola simbolista, os neorrealistas, os neonaturalistas, os remanescentes dos parnasianos, e toda vez ele pergunta: "O que você acha, Zola está realmente morto?" Ele entrevista o próprio Zola, entrevista todo mundo, e esse documento jornalístico é para mim o documento científico mais interessante: em vez de tomar como unidade, como normalmente faz a história literária, uma obra de um autor (*A princesa de Clèves* etc.), toda a obra de um autor, ou um autor e sua obra, ela toma por objeto, numa lógica jornalística, o conjunto do espaço, todas as pessoas importantes, que têm um nome ou que buscam fazer um. Os mais jovens e obscuros obviamente são sub-representados; a amostra não é perfeita, mas temos uma visão do espaço.

Se vocês lerem nas entrelinhas, tendo em mente a noção de campo, verão que não há uma frase que não seja relacional: mesmo – e sobretudo – quando os escritores falam de si mesmos, eles só falam dos outros. É claro que o autor da pesquisa registra esse tipo de discurso porque ele os interroga sistematicamente pelo menos em relação às grandes posições da época; se ele tivesse perguntado: "Quando o senhor escreve, caro mestre, mais de manhã ou mais à noite?", é provável que eles tivessem pensado de maneira menos relacional, menos estrutural. Dito isso,

---

[404]. Jules Huret, *L'Enquête Huret* [*A pesquisa Huret*]. Vanves: Thot, 1982 [1891].

o direcionamento é mínimo. Ele pergunta sobre a escola naturalista, a escola simbolista, os parnasianos, Verlaine, Mallarmé, e eles respondem: "Ah sim, eles são obscuros, eu não os leio, eu não os entendo", e temos um espaço que se constitui por si mesmo. Não precisamos de muitas coisas suplementares para construir a estrutura do campo e para compreender, a partir dessa estrutura, o que cada um diz e através do que se revela a estrutura. Estamos obviamente diante do círculo hermenêutico clássico: quanto mais eu conheço a posição de cada um, mais eu descubro a estrutura e quanto mais eu conheço a estrutura, melhor compreendo a posição de cada um, o que é a antítese da posição ordinária na qual imaginamos que conheceremos um indivíduo singular ao mergulharmos em sua singularidade. Numa palavra, a realidade social funciona de maneira tão claramente estrutural que, a partir do momento em que pensamos os pensamentos corretos, ela se revela quase construída.

([...] O rendimento de qualquer forma de interrogação de um sujeito social – a entrevista, a entrevista não dirigida, o questionário etc. – cresce de maneira extraordinária a partir do momento em que a pensamos estruturalmente e compreendemos naquilo que os sujeitos sociais falam sobre si mesmos o que eles falam de sua posição num espaço. Estamos tão acostumados a pensar não estruturalmente que é muito fácil recebermos a informação sem a entender. Quando o caldeireiro fala das caldeiras, na verdade ele fala do montador. Ele não pode falar de sua posição sem falar do resto do espaço. Prestar atenção ao modo de pensar estrutural é ouvir a informação que é espontaneamente estrutural e é também, obviamente, saber desenvolver a interrogação de maneira a intensificar essa forma de mobilização da experiência que, por ser constituída estruturalmente, chega melhor e mais rápido quando nos situamos conscientemente numa ótica estrutural – esse é um dos problemas da entrevista bem-feita: trata-se de obter o máximo de informação no mínimo de tempo. Se, por exemplo, fizermos uma pesquisa sobre os professores, podemos começar perguntando: "Para você, o que é ser professor?", mas as coisas imediatamente funcionarão muito melhor se perguntarmos: "Você é professor de qual disciplina, num estabelecimento onde há quais objetivos, quais lutas etc.?" Isso não é uma provocação, é que a realidade funciona estruturalmente. Ao captar e entender isso, intensificamos a eficácia desse estímulo que é toda intervenção científica. O sociólogo, através da entrevista, faz experimentos, e o essencial de seus objetivos é estimular suficientemente o informante para obter o máximo de informações no menor tempo possível. Algumas entrevistas não revelam nada porque o entrevistador conseguiu a proeza de não estimular as pessoas através do fato de elas estarem [num] "campo": se vocês forem falar com um editor e não perguntarem como ele se situa em relação aos outros editores, ele fará um discurso geral igual ao de todos os outros editores. Eu acho que esse parêntese prático foi útil.)

A arte contra o método: ideologia carismática e "sociologia da literatura"

Na prática ordinária da história ou da crítica literária, resumindo, em tudo que está ligado ao fato literário ou ao fato artístico, a unidade é quase sempre o produtor singular ou o produto singular do produtor singular. Vocês podem verificar isso estatisticamente nas bibliotecas: a parte das obras dedicadas ao conjunto de uma corrente ou ao conjunto de uma época em relação às obras dedicadas aos indivíduos é ínfima. Quero citar para vocês um livro muito importante de [Albert] Cassagne que foi reeditado recentemente em Genebra. Ele trata da gênese da teoria da "arte pela arte"[405]. Como o livro de Huret, ele estuda a arte pela arte não através de um indivíduo singular (como Flaubert), mas a partir do conjunto das pessoas que ocupam essa posição distinta, no espaço [artístico], da arte "burguesa" e da arte "social". Mais do que outros autores – talvez não tanto quanto necessário – ele mostra o espaço dentro do qual se situa essa posição que é a arte pela arte. Se os terrenos literários são particularmente produtivos do ponto de vista do exercício de método que quero realizar, é porque a análise científica é especialmente improvável nele devido à ideologia de tipo carismático: a obra de criação, de graça, carismática, só tem explicação em si mesma e o personagem carismático que, filho de si mesmo ou de suas obras, é sua própria criação não teria como obedecer a determinantes externos à realidade do que ele é. Trata-se de uma visão dominante do fato intelectual que é quase tão forte no domínio científico, por exemplo, mesmo que certamente a ciência, em seu desenvolvimento moderno, tenha se tornado tão claramente coletiva que a força de resistência da ideologia carismática seja menor. Mas ela pode ressurgir sob outras formas; um dia eu mostrarei isso se falar da sociologia da ciência. A arte ainda é, de qualquer maneira, o terreno por excelência da ideologia carismática, a mais antitética ao método.

---

405. Albert Cassagne, *La Théorie de l'art pour l'art en France chez les derniers romantiques et les premiers réalistes* [A teoria da arte pela arte na França nos últimos românticos e primeiros realistas]. Genebra: Slatkine, 1979 [1906].

Entretanto, há casos complicados que eu queria apenas mencionar, como o *Flaubert* de Sartre que coloca um problema. Sartre claramente está na lógica que descrevi: ele toma por objeto um autor singular e busca o princípio de explicação final de uma obra na singularidade da pessoa[406]. Portanto, ele parte do sentido absolutamente oposto à direção pela qual eu me oriento[407]. Com efeito, se vocês tiverem compreendido o que quis dizer com a noção de campo, enxergarão imediatamente que o criador da obra de Flaubert é Flaubert, na medida em que ele é o lugar onde se efetivou um campo de forças que é o verdadeiro princípio do que Flaubert fez. Meu método consiste, portanto, em se perguntar o que Flaubert devia fazer para realizar aquilo que estava inscrito na posição que ele ocupou. Assim, procederei no sentido inverso ao de Sartre. Começarei descrevendo um espaço em seu conjunto antes de chegar à posição de Flaubert que, entre a arte social e a arte burguesa, se distingue tanto de uma quanto da outra, e é só quando eu tiver descrito a posição em todas as suas propriedades e toda sua complexidade que poderei voltar à biografia, à infância, os primeiros romances etc., para me perguntar o que Flaubert deveria ter sido (o idiota da família, o segundo, as relações com seu pai, com o irmão mais velho etc.) para ser tão bem-feito para fazer o que fez, ou seja, efetivar essa posição central no campo. A mudança da ordem não é anedótica[408].

Também é preciso situar o método em relação àquele ao qual normalmente associamos a ideia de sociologia da literatura e que corresponde à solução Lukács-Goldmann[409]: pegamos um produtor (Flaubert, Debussy, Mallarmé, Heidegger, Adorno etc.) e perguntamos sobre o grupo social que o produziu e para o qual ele produz, formulando a hipótese de que esse produtor expressou – de modo geral, sem saber disso e melhor do que o grupo seria capaz de fazer – as expectativas e experiências inconscientes, a visão do mundo social desse grupo. Isso funciona magnificamente quando temos, por exemplo, um autor burguês ex-

---

406. J.-P. Sartre, *O idiota da família*, op. cit.

407. Sobre a análise de Flaubert por P. Bourdieu, ver *As regras da arte*, op. cit., pp. 17-132 e *passim* [17-191].

408. P. Bourdieu procederá da mesma maneira sobre si mesmo em seu *Esboço de autoanálise*, op. cit., que escreverá no final de sua vida, no qual a ordem da exposição também é inversa à das biografias tradicionais.

409. Ver Georg Lukács, *A teoria do romance*. São Paulo: Duas Cidades/34, 2000, tradução de José Marcos Mariani de Macedo [*Die Theorie des Romans*, 1920]; Lucien Goldmann, *Sociologia do romance*. Rio de Janeiro: Paz & Terra, 1976, tradução de Álvaro Cabral [*Pour une sociologie du roman*. Paris: Gallimard, 1964].

pressando um grupo burguês do qual ele é o porta-voz inconsciente, e o grupo fala através dele sem que ele saiba. Vocês reconhecerão imediatamente: é a filosofia mais idealista simplesmente invertida. Pensamos em Hugo, no poeta de tese inventado no século XIX, no poeta que expressa tudo ou parte de sua sociedade. Mas aqui se trata de uma teoria materialista da arte: é preciso buscar o grupo em questão. Esse grupo é às vezes causa final: é o grupo para o qual se produz, e usamos a linguagem da comissão. Aplicada à história da pintura, essa maneira de agir é uma catástrofe porque ela sai da história hagiográfica ("Da Vinci por ele mesmo" etc.) apenas para cair, pensando fazer uma ruptura, na ideia de que há comissões, há pessoas que pagam e a realidade estará na comissão. [Frederick] Antal, em seu livro sobre a pintura florentina e seu pano de fundo social[410], acha que encontra nas obras a visão de mundo dos mandatários, como se a verdade das obras estivesse na visão dos mandatários. Essa empreitada é muito primitiva e fantasmagórica, porque constrói-se ao mesmo tempo os dois termos da relação.

Por um lado, constrói-se as propriedades do produtor e do produto; diz-se que Mallarmé ou Debussy, por exemplo, tinham uma visão encantada do mundo social, que há uma espécie de "escapismo", uma vontade de escapar do mundo social através de uma fuga para o passado ou de uma visão regressiva do mundo social etc. Por outro lado, constrói-se as propriedades do grupo: evoca-se a Comuna de Paris, Fourmies[411], Anzin[412], a CGT[413], as lutas etc., e diz-se que a burguesia, os salões e a aristocracia exigiam uma pintura ou uma música que celebrasse as delícias [do mito] de Citera, o retorno ao passado, a fuga [do organista] Couperin etc.[414] E os dois lados se juntam. Eu acho que essa maneira de agir à qual

---

410. Frederick Antal, *Florentine Painting and Its Social Background* [*A pintura florentina e seu pano de fundo social*]. Londres: Routledge & Kegan Paul, 1948.

411. Referência ao "fuzilamento de Fourmies", quando uma manifestação pacífica pela jornada de trabalho de oito horas na cidade de Fourmies, no 1º de maio de 1891, foi reprimida violentamente pelo exército, com muitas vítimas [N.T.].

412. Cidade francesa conhecida pela extração de minérios, palco de uma grande greve de mineradores em 1884 e inspiração de Émile Zola para seu romance *Germinal* [N.T.].

413. Confederação Geral do Trabalho, maior confederação sindical francesa, criada em 1895 [N.T.].

414. Esses exemplos foram retirados de um artigo de Michel Faure, "L'époque 1900 et la résurgence du mythe de Cythère. Contribution à l'étude des mentalités sociales à travers les *Fêtes galantes* de Verlaine et de deux de ses musiciens: Fauré et Debussy" ["A época 1900 e o ressurgimento do mito de Citera: Contribuição para o estudo das mentalidades sociais através das *Festas galantes* de Verlaine e de dois de seus músicos: Fauré e Debussy"], *Le Mouvement social*, n. 109, 1979, pp. 15-34.

a ideia da sociologia da arte e da literatura está ligada é catastrófica. Ela parece dar razão, muitas vezes por causa de sua grosseria [técnica], às formas mais estúpidas do discurso carismático do criador não criado.

O campo como mediação

Como ocorre muitas vezes no terreno do pensamento social, as duas posições polares se reforçam mutuamente: temos uma espécie de debate circular eterno entre aqueles que se chamam "formalistas"[415] em certas épocas e que dizem que é preciso examinar as obras e apenas elas, que a verdade está na obra e em nenhum outro lugar, e aqueles que invocam a burguesia ascendente, o "Deus escondido"[416] etc. O que é absolutamente esvaziado nos dois casos é essa mediação muito particular que também é uma mediação social: o campo artístico, ou seja, um espaço social no qual se estrutura uma ação de criação cultural. Em outras palavras, entre os salões que recebiam Fauré para que ele tocasse bagatelas e a música de Fauré, existe toda a história da música. Os especialistas se beneficiam ao invocarem a história da música, mas a história da música é a história acumulada de uma música ou de uma concorrência específica entre as pessoas que introduziam novos acordes contra o Conservatório [de Paris] etc. Há uma espécie de acumulação específica e é nesse espaço particular que se constitui uma forma de produção cultural. Com muita frequência, as aparências infelizmente favorecem o "goldmannismo" para essas pessoas que, ao estabelecerem brutalmente uma relação com um grupo que supostamente é mandatário ou destinatário, fazem o que chamo de curto-circuito: elas esvaziam toda a história específica da arte, ou seja, tudo o que se passa no campo, por exemplo o fato de que Debussy se situa desta ou daquela maneira em relação a seus contemporâneos ou seus predecessores, o fato de que ele age diferente, de que ele faz mais, de que ele faz outra coisa etc.

A partir do momento em que lemos estruturalmente, vemos que os novos ingressantes muitas vezes não dizem nada mais do que "é preciso fazer outra coisa". Os fundadores de revistas escrevem manifestos mas, nove em cada dez vezes, não dizem quase nada. Assim, [Jean-Louis] Fabiani, que estuda o campo

---

415. Sobre o formalismo, ver *supra*, aula de 7 de dezembro de 1982, pp. 269ss.

416. Alusão a Lucien Goldmann, *Le Dieu caché. Étude sur la vision tragique dans les Pensées de Pascal et dans le théâtre de Racine* [*O deus escondido: estudo sobre a visão trágica nos Pensamentos de pascal e no teatro de Racine*]. Paris: Gallimard, 1955.

filosófico no final do século XIX, mostra que não há nada de mais no manifesto publicado no primeiro número da *Revue de métaphysique et de morale*[417]. De modo geral, a prática dos ingressantes consiste em dizer que eles são inspirados pelo desejo, às vezes desesperado, de fazer outra coisa. Assim, há pessoas que se dão rótulos torcendo para que eles peguem, mas os adversários enxergam isso. Zola, por exemplo, diz: "Quem são essas cascas de nozes nas cataratas do Niágara?"[418] Essas pessoas querem existir a qualquer preço, e como para existir num certo momento é preciso ter um rótulo, elas inventam rótulos. Muitas vezes há uma espécie de voluntarismo da diferença, mas é raro que ele se expresse tão claramente quanto no caso da *Revue de métaphysique et de morale* que nasce da vontade de três ou quatro jovens desconhecidos de fazer algo diferente da *Revue philosophique*. Eles dizem que querem fazer outra coisa, mas não dizem o quê.

O princípio explicativo, direto e imediato que permite dar conta do fato de que as pessoas fazem isso em vez de fazer outra coisa deve ser procurado nesse espaço [o campo literário relativamente autônomo]. A solução sartreana consiste em escavar indefinidamente apenas Flaubert (no *Idiota da família*, Sartre encontra tudo, ele faz com que tudo que está presente no campo volte a Flaubert, mas ele não se deu como projeto construir o campo literário enquanto tal). O conceito de campo permite evitar uma armadilha dupla: ou escavamos desesperadamente o indivíduo para encontrar o princípio explicativo, apesar da verdade do que, por exemplo, Flaubert faz não estar em Flaubert, e sim na relação de Flaubert com todo o resto; ou espremaemos completamente o espaço literário no qual Flaubert se encontra e dizemos que Flaubert é a burguesia provinciana, a renda etc. Nos dois casos, escamoteamos o espaço literário.

---

417. A tese de Jean-Louis Fabiani à qual P. Bourdieu se refere aqui (*La Crise du champ philosophique: 1880-1914. Contribution à l'histoire sociale du système d'enseignement* [*A crise do campo filosófico, 1880-1914: contribuição para a história social do sistema de ensino*]), Paris: EHESS, 1980) será publicada posteriormente sob o título *Les Philosophes de la République* [*Os filósofos da república*]. Paris: Les Éditions de Minuit, 1988 (ver especialmente pp. 36-38). O manifesto contém, em particular, a seguinte frase: "Aqui gostaríamos de fazer outra coisa".

418. A frase é relatada na "pesquisa Huret": "Ao se agarrarem a besteiras, a bobagens como essas, neste momento tão grave da evolução das ideias, todos esses *jovens*, que têm de trinta a quarenta anos, me parecem cascas de noz dançando na queda do Niágara!" (J. Huret, *L'Enquête Huret, op. cit.*, p. 158).

Campo literário e intertextualidade

Há uma terceira maneira de escamotear que vou mencionar. Não digo tudo isso para valorizar o que proponho, nem para causar um efeito professoral de concorrente desleal (já que meus colegas não estão aqui para responder). Individualmente, respeito muito essas pessoas. Faço essa crítica da abordagem sistêmica, realmente constrangido e forçado, porque acho que senão a eficácia do que tento fazer não aparecerá. As coisas pareceriam fáceis demais.

Há uma forma de leitura das obras de arte que pode ser confundida com o que vou propor e que poderíamos chamar, de modo geral, sistêmica ou estrutural. Eu já a mencionei na última aula: são as pessoas que, umas inspiradas nos formalistas russos, outras no estruturalismo francês também parcialmente influenciado pelos formalistas russos ou pela tradição saussureana, tentam pensar as obras literárias como sistema. Eles formulam como postulado de método que uma obra não é explicativa da mesma, mas o que importa é o que alguns chamam de "intertextualidade": um texto só fala em referência a outros textos, a um sistema de textos. Alguns, estendendo os formalistas russos, chegam a uma forma de destruição do fenômeno literário que pode se parecer com o que direi para vocês. É por isso que sou obrigado a mencioná-los, não para me afastar de meus marcadores, o que é uma lei do campo intelectual (como no futebol), mas para evitar mal-entendidos que atrapalhariam a compreensão do que vou explicar para vocês.

Alguns, estendendo as obras de Tynianov[419], por exemplo, insistem no fato de que o campo literário muda segundo a lei relativamente simples da automatização e da desautomatização. Rapidamente, as escolas dominantes imporiam um modo de pensar e de expressar que se tornaria automático e, portanto, ao mesmo tempo banal, evidente e repetitivo; num certo grau de automatização da vida literária, uma espécie de cansaço e de desgosto engendraria a desautomatização (a tradução é minha, mas acho que isso representa bem o que eles fazem), ou seja, uma espécie de ruptura que cria uma espécie de surpresa. Portanto, a dialética literária consistiria na produção de uma lacuna em relação ao que se faz. Essas duas proposições – por um lado, a obra literária só faz sentido em relação às outras obras; pelo outro, há uma espécie de história das obras que é a história das confronta-

---

419. J. Tynianov, "Da evolução literária", in *Teoria da literatura: formalistas russos, op. cit.*, pp. 105-118. P. Bourdieu voltará a essa questão especialmente em "Le champ littéraire" ["O campo literário"], *Actes de la recherche en sciences sociales*, n. 89, 1991, pp. 20-21.

ções entre as obras – podem se parecer com o que direi a vocês. A diferença está claramente no fato de que para mim o motor da mudança não pode estar no nível das obras: nada acontece no nível das obras; o princípio gerador das tomadas de posição, isto é, das obras, situa-se no nível do espaço das posições.

Podemos fazer uma aproximação entre os formalistas russos que falam de desautomatização e Max Weber, que diz "desrotinização", "descotidianização". (Isso se trata do ecletismo metódico que nada tem a ver com o ecletismo passivo: uma cultura ampla permite produzir efeitos científicos ao fazer correntes intelectuais que não se comunicam se comunicarem, ao abrir a porta dos espaços culturais.) Para Max Weber, o carisma é extra-ordinário, fora do cotidiano, regido pelo caráter extra-cotidiano, ele sai do ordinário, rompe com o ordinário, é para-doxal, contra o que é autoevidente, ele quebra as rotinas. Um dos problemas do chefe carismático é sua sucessão[420]: quem vai suceder ao chefe carismático que, filho de suas obras, é inimitável? O problema da sucessão é o da rotinização do carisma, da cotidianização do extra-cotidiano: como substituir o chefe grandioso, eloquente, magnífico, por alguém que não terá sua legitimidade histórica ou que, em todo caso, não será percebido como legítimo? Haverá rotinização, cotidianização, e uma de suas formas é a burocratização que permite fazer todos os dias, de maneira ordinária, as coisas que o carisma só pode fazer de maneira extraordinária. Weber desenvolveu esses conceitos de rotina e de desrotinização sobretudo em relação à religião, opondo a rotina do sacerdócio que reza sua missa e faz um milagre todas as manhãs ao profeta que faz milagres extraordinários três ou quatro vezes numa vida extra-ordinária. Portanto, o profeta é aquele que desrotiniza, que perturba a rotina. É uma oposição entre agentes sociais implicados num mesmo espaço, um espaço de concorrência entre eles, e o que se passa no nível dos textos ("A letra mata, o espírito vivifica"[421], a crítica que o profeta faz aos sacerdotes, a leitura boa e a ruim, Barthes contra Picard[422] etc.) é o produto de lutas entre pessoas que ocupam posições diferentes: a posição sacerdotal de mestre magistral garantida por uma autoridade estatutária e institucional e a posição de mestre marginal, carismático, autorizado por si mesmo. Portanto, a desrotinização não vem de um cansaço geral em relação aos textos. Na verdade, num certo momento

---

420. M. Weber, *Economia e sociedade*, op. cit., v. 1, pp. 161-166.
421. 2Cor 3,6.
422. Ver *supra*, p. 244, n. 305 e P. Bourdieu, *Homo academicus*, op. cit., pp. 154-159 [151-156].

as pessoas têm interesse em ler os textos de maneira diferente e encontram neles outras coisas. Elas querem ser excomungadas. Toda uma série de coisas está inscrita na posição.

Portanto, a noção de intertextualidade representa de certa forma um progresso em relação à leitura dos textos num estado isolado. Eu acho que é possível fazer sobre vários problemas uma espécie de tabela periódica dos erros possíveis. Aqui, sobre o campo literário, a visão sistêmica é a que mais tem as aparências a seu favor. Ela diz corretamente que estamos diante de um sistema, que as obras só existem através de sua oposição e sua relação; não podemos compreendê-las se não soubermos que existir é diferir etc. Vocês poderiam acreditar que digo exatamente isso. Entretanto, o que digo é que no nível das obras isso efetivamente ocorre dessa maneira, mas somente na medida em que o nível das obras é a expressão transfigurada, simbólica, transformada pela alquimia literária de um sistema de posições. Existe transfiguração, já que a relação entre a posição e a tomada de posição obviamente não é mecânica.

Há um trabalho de elaboração e uma coisa importante é acreditar e fazer acreditar que a tomada de posição nada tem a ver com a posição. Quando Zola diz: "você é uma casca de noz no Niágara", isso não é para defender o naturalismo. Se esse fosse o caso, a afirmação perderia a metade de sua eficácia que se fundamenta na crença em sua eficácia. Vejam a frase de Hobbes: "O poder é ser creditado com o poder"[423]. O poder simbólico existe na medida em que acreditamos que a pessoa que o exerce o possui. Consequentemente, se Zola parecer perturbado pelo ressentimento, pelos interesses defensivos de dominante prestes a ser liquidado em seu juízo sobre os neorromânticos, os parnasianos ou os simbolistas etc., ele perde uma grande parte de sua eficácia. A não ser numa situação de pesquisa, de polêmica etc., essas tomadas de posição, sobretudo sobre outras pessoas, serão fortemente eufemizadas, fortemente retraduzidas, e uma parte da competência específica do escritor consiste em mascarar a relação imediata entre a posição e as tomadas de posição. Isso é importante e também vai contra as teorias que causam curtos-circuitos, como a teoria do reflexo. Existe tanto trabalho, tanta refração, que não podemos falar de reflexo.

---

423. Essa frase, que P. Bourdieu cita em várias ocasiões, provavelmente é: "A reputação de poder é poder; porque ela traz consigo a adesão daqueles que precisam de proteção" (Thomas Hobbes, *Leviatã*, cap. 10).

Portanto, essa teoria sistêmica (intertextualidade etc.) é correta se enxergarmos nela um princípio de método provisório e parcial quando se trata de estudar os textos: é melhor estudar um conjunto de textos contemporâneos do que um único texto, e estudá-los em sua relação. Mas essa teoria não irá muito longe se não especificarmos que a relação a ser estudada é uma relação objetiva e se não tivermos em mente que esse espaço de relações entre as tomadas de posição, ou entre as expressões, tem seu princípio no espaço de relações entre as posições. Eu quis mencionar as duas ou três direções em relação às quais gostaria de situar o que tinha a dizer para vocês.

Uma estrutura em quiasma

Passo agora para uma tentativa de analisar o campo literário em seu funcionamento e sua gênese.

Primeiro ponto: o campo literário é um subespaço relativamente autônomo inserido num espaço que o engloba que chamo de campo do poder, que está ele próprio inserido num espaço que o engloba que chamo de "campo das relações de classe" ou "campo social". Isso se traduz num esquema relativamente simples. [*P. Bourdieu desenha um esquema na lousa enquanto fala*[424]]. O "campo social" é ao mesmo tempo um campo de lutas entre as classes. Já o campo do poder é de modo geral o campo das lutas pelo poder entre os detentores do capital que dá chances nas lutas pelo poder; se quisermos, é a "classe dominante", mas prefiro falar de "campo do poder", as diferentes frações da classe dominante são subcampos que também são lugares de lutas mas que lutam entre eles pelo poder. Há um terceiro nível: o que chamo de campo de produção cultural para englobar também a produção intelectual, filosófica, artística, literária etc. Uma coisa importante que aparecerá melhor na sequência: essa estrutura tal como a descrevo não é eterna nem universal; nem sempre existe uma estrutura desse tipo e ela não existe em todas as sociedades, o que não quer dizer que não possamos extrair leis aceitáveis sobre a constituição ou a gênese de uma estrutura desse tipo e leis do funcionamento de estruturas desse tipo uma vez que elas são constituídas.

---

424. Reproduzimos a seguir o esquema que aparece em *As regras da arte, op. cit.*, p. 144 [141].

O campo de produção cultural no campo de poder e no espaço social

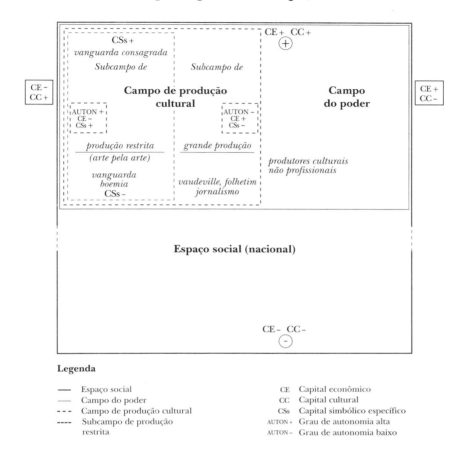

Legenda

- Espaço social
- Campo do poder
- - - Campo de produção cultural
- - - - Subcampo de produção restrita

CE   Capital econômico
CC   Capital cultural
CSs   Capital simbólico específico
AUTON +   Grau de autonomia alta
AUTON −   Grau de autonomia baixo

O que acabo de dizer é verdade. Eu acho que o problema das leis nas ciências sociais se coloca assim. O campo literário e artístico, o campo de produção cultural, está englobado pelo campo do poder apesar de ter uma autonomia relativa em relação a ele, em particular em relação aos princípios econômicos e políticos de hierarquização; isso é uma coisa muito importante cujas consequências desenvolverei. Dizer que um campo é autônomo em relação a outro é dizer que ele vai continuar a sentir as forças que se exercem no outro, mas de forma atenuada. Quanto maior for a autonomia do campo, mais essas forças serão atenuadas. Aqui neste caso, um dos princípios de hierarquização dentro do campo do poder é o capital econômico, e como analisei em *A distinção* com a base estatística mais rigorosa possível, a distribuição do capital econômico e do capital cultural nas diferentes frações da classe dominante faz surgir uma estrutura em quiasma [que é um índice da autonomia relativa do campo de produção cultural no campo do poder].

Todo mundo conhece essa estrutura e a considera evidente quando a explicitamos, mas bizarramente ela nunca tinha sido exibida por um trabalho científico. Em duas palavras, essa é a estrutura: no campo do poder, no polo dos intelectuais e dos artistas [ou seja, no canto superior esquerdo do gráfico], encontraremos menos capital econômico, mas inversamente haverá mais capital cultural; temos então uma estrutura em quiasma da qual resultará um grande número de propriedades[425]. Essa oposição será retraduzida no plano ideológico sob a forma da oposição "neste mundo" contra "o outro". Essa estrutura é uma matriz ideológica: por exemplo, é sobre essa base que vai se constituir a representação que os artistas farão dos dirigentes; quando eles disserem "burguês", isso quer dizer: "Nós temos o além, vocês têm o aqui e agora", ou ainda: "[Vocês são] poderosos neste mundo, impotentes no outro".

Essa história é variável historicamente. É preciso constituí-la como estrutura para perceber suas variações. Eu insisto nesse ponto porque o modo de pensar que proponho a vocês exige a historicização. Não podemos realmente trabalhar com ele sem material histórico, sem casos particulares, mas de forma diferente da forma dos historiadores (em sua definição social, porque se os historiadores fossem o que deveriam ser, não haveria mais diferença [com os sociólogos]). Trata-se aqui de uma banalidade: Bachelard diz que a ciência é a arte de tratar os casos particulares como um "caso particular do possível"[426]. Estou pondo para trabalhar essas coisas que mencionamos nos cursos de epistemologia: tenho esse modelo em mente e, depois de ter construído esse espaço da classe dominante como tal, posso me perguntar sobre a forma que essa oposição assumirá nas diferentes épocas e sociedades.

Uma das propriedades da época atual na França, para dar um exemplo preciso, é que essa estrutura quiasmática é menos clara do que era no final do século XIX. A oposição entre o artista ou escritor rico em capital cultural mas

---

425. Para desenvolvimentos, ver P. Bourdieu, *A distinção, op. cit.*, pp. 108-111, 113, 297 [130, 134, 364]; e *La Noblesse d'État, op. cit.*, pp. 139, 212, 218, 382.
426. "Dessa organização matemática das possibilidades experimentais, retorna-se então à experiência por caminhos mais retos. Encontra-se o real como um caso particular do possível" (G. Bachelard, *O novo espírito científico, op. cit.*, p. 277 [58]).

pobre em capital econômico e o poder rico em capital econômico mas pobre em capital cultural é muito menos verdadeira hoje em dia do que no século XIX, em parte talvez porque os intelectuais são mais ricos em capital econômico, por razões complicadas (eles estão mais ligados à universidade e menos à boemia) e sobretudo porque, do lado do polo dominante da classe dominante, a acumulação de capital cultural torna-se cada vez maior. Isso coloca, por sua vez, um grande problema para os intelectuais. Estendo o exemplo para que vocês não fiquem só com modelos abstratos. No campo literário e artístico, o que ocorre é a luta pelo monopólio da competência literária ou artística legítima. Nele as pessoas lutam para reivindicarem o monopólio da competência artística legítima, quer dizer, o direito de dizer "eu sou artista", "eu digo quem é artista" e, ao mesmo tempo, o que é essencial, "eu digo quem não é". Portanto, eles lutam pelo poder de definir um espaço de concorrência. Se o que digo for verdade, a questão tradicional das pessoas que trabalham sobre os intelectuais ("Quem chamaremos de intelectual?") não faz sentido, porque ela está em jogo no próprio objeto. Se digo: "Eu sou um historiador sério e chamarei de intelectual aquele que...", eu já decidi. Uma das coisas em jogo nesse espaço é saber quem é intelectual e quem não é, e uma coisa muito importante será dizer que algumas pessoas não são. Mas quando essas pessoas começam a passar pela ENA, a ter títulos elevados, a escrever ensaios, elas colocam um problema de concorrência desleal, de monopólio da legitimidade, de exercício ilegal [*risos na sala*], e isso é muito importante.

Portanto, construir esse corte dessa maneira leva à formulação de um monte de perguntas: por exemplo, um fator de mudança nesse espaço não será a transformação das estruturas? Infelizmente, um enorme problema é que as estatísticas são insuficientes: a partir do momento em que construímos realmente a realidade social, o material não basta... É por isso que o problema me atormenta o tempo todo. [Os historiadores] têm desculpas porque eles muitas vezes são obrigados a construir [seus objetos] em função dos documentos que encontram. Eu acho que, justamente, seria melhor se eles soubessem dizer que todo documento implica uma pré-construção, porque, com muita frequência, o que encontramos nos documentos é o que pessoas bem ou mal-intencionadas deixaram neles. Portanto, é um material já estruturado de maneira a propor uma pré-construção. Para citar um caso célebre, o livro de Darnton que acaba de ser traduzido para o francês se baseia nos arquivos de um editor de Genebra que editava tanto a *Enciclopédia* quanto livros eróticos[427]. É ótimo estudar esses arquivos, os pedidos que as pessoas faziam etc. O problema é que o objeto está em grande parte pré-construído pelo material que se encontra neles. Na verdade, o que essa forma de exercício exige é que tracemos em linhas pontilhadas o espaço dentro do qual esse material ganha seu sentido.

Eu repito sempre as mesmas coisas, mas o exemplo das *Grandes Écoles* é significativo: se o que estudei foram os arquivos da Escola Politécnica, por exemplo, estou pronto para considerar que esses arquivos contêm o essencial e também o princípio explicativo do que procuro. Para os positivistas, as aparências são impecáveis: tenho meu material, ele foi bem selecionado, bem recortado, falo apenas sobre o que encontrei. Mas, em alguns casos, não há nada nesse material. Se lidarmos com um fenômeno no qual 95% da explicação se encontra fora do espaço, essa é a pior falsificação. Ora, nas ciências sociais, com muita frequência estamos nessa situação de ter a escolha entre um material impecável de um ponto de vista positivista mas cientificamente nulo, e um material cientificamente rigoroso (com isso quero dizer "construído segundo o que proponho como modelo de construção") mas fraco de um ponto de vista positivista, porque o material não é evidente. Afirmo para a posteridade que, do ponto de vista da ciência, é mais científico fazer isso [reconstruir o espaço em seu conjunto] arriscando-se a deixar linhas pontilhadas do que fazer aquilo [restringir-se a um *corpus* pré-construído] e ter a aprovação dos seus contemporâneos. Digo isso com firmeza: eu acho que mais vale ter as aparências contra si do ponto de vista da prova positivista do que ter para si todas as aparências mas ter registrado um artefato que muitas vezes é dado sorrateiramente aos pesquisadores (esse não é sempre o caso, mas acontece bastante – pensem por exemplo nos arquivos de polícia).

O ideal seria construir séries, por exemplo, tomar a classe dirigente em 1900, 1930, 1950, 1980 e comparar as estruturas segundo os diplomas, sexo, idade etc. Mas, para começar, os dados nem sempre existem; além disso, a comparação coloca problemas formidáveis porque os próprios indicadores são estruturalmente definidos e podem ter sentidos completamente diferentes se a estrutura tiver mudado. Assim, estamos diante de um problema muito difícil. Dito isso, eu acho que

---

427. Robert Darnton, *O iluminismo como negócio: história da publicação da "Enciclopédia", 1775-1800*. São Paulo: Companhia das Letras, 1996, tradução de Laura Teixeira Motta & Maria Lucia Machado [*The Business of Enlightenment: A Publishing History of the Encyclopédie, 1775-1800*, Cambridge, MA: Harvard University Press, 1979].

é melhor produzir problemas claramente insolúveis do que resolver falsos problemas [*risos na sala*]. Eu digo isso com veemência porque, infelizmente, pouca gente fala isso. A sociologia é uma ciência dominada. Ela se encontra submetida às formas mais estúpidas de exigência científica. Exigem dela uma falsa matemática e uma falsa empiria, e depois de entregarmos isso, ficamos tranquilos. Na verdade, as exigências científicas, sobretudo no estado em que a sociologia está, são exigências de construção rigorosa do objeto mais do que exigências de prova. Dito isso, o que contarei a vocês é uma forma de prova. Eu acho que isso é válido, que tem uma forma de coerência e de *self-probation*[428].

Autonomização, hierarquização, institucionalização

O campo literário ou artístico tem uma autonomia relativa no interior desse espaço [o campo do poder] e uma das questões que podemos formular é até que grau ele é autônomo em relação às forças que agem nesse espaço. Uma coisa muito simples (antecipo um pouco) é que uma das leis desse espaço é estar estruturado segundo o princípio de hierarquização dominante, o princípio econômico: quanto mais você tem dinheiro e poder político, mais você é poderoso – essa é uma definição grosseira, mas aceitem-na por enquanto. Quanto mais você tem dinheiro e/ou poder político, mais você está na parte direita do espaço literário. Dizer que existe uma autonomia relativa do espaço literário é dizer que, quanto mais autônomo for o espaço literário, menos isso será verdade. Podemos até imaginar que o campo literário seja totalmente autônomo e produza uma inversão completa: quanto menos você tiver poder e dinheiro, mais prestígio você terá. No mercado dos editores, por exemplo, haverá um subespaço que será um mundo ao avesso: ele funcionará segundo uma lei que tenderá a ser o inverso da lei do universo ao redor. Mas a outra lei sempre continuará a tentar funcionar. Uma das questões será determinar o grau de autonomia deste espaço [literário] em relação àquele [o campo do poder]; quanto maior for a autonomia, menos essa lei geral [se aplicará]. A autonomia quer dizer que esta fronteira aqui [entre o campo literário e o campo do poder] se tornará cada vez mais forte, e daí as perguntas: será que os artistas são burgueses? Há uma luta dos artistas contra os burgueses?

---

428. Em inglês no original. Aproximadamente, "autojustificação" [N.T.].

O que está em jogo é a definição do intelectual, é a recusa de ser submetido à lei geral, a recusa da correlação entre o sucesso medido por tiragens ou dinheiro e o valor [literário]; trata-se então de uma luta para impor um subuniverso relativamente autônomo cuja lei não é a lei geral do campo no qual ele está inserido, e onde não podemos dizer: "X é bom escritor porque ele é da Academia, ou porque vende 800.000 exemplares, ou porque é filósofo". Portanto, é a autonomia em relação ao político, ao econômico e, em última instância, a todos os poderes externos. Obviamente, o modelo obriga a perguntarmos sobre as variações que vão se produzir em função do que é o poder externo. Eis o que significa o "caso particular do possível": se esse poder externo é um poder (hesito em dizer...) de "direita" ou de "esquerda" (para trazê-los à atualidade[429]), isso coloca problemas; como as coisas mudam dependendo dos intelectuais estarem diante da Academia francesa ou da Academia da União Soviética? Se eu quisesse continuar, formularia muitas perguntas que sempre são formuladas objetivamente, por exemplo, quando alguém escolhe um tópico de tese sobre os escritores da França entre 1930 e 1940 ou sobre as relações entre os escritores e o Partido Comunista da China entre 1924 e 1960. No primeiro nível, o campo estudado está inserido nesse espaço [o campo do poder] e se uma parte de heteronomia é uma invariável, podemos nos colocar a questão das mudanças que a parte de heteronomia sofre dependendo do poder em relação ao qual se define essa heteronomia. Eu acho que existem leis invariáveis e que a tendência à dependência em relação ao poder obedece leis universais, qualquer que seja o poder, mas mesmo assim podemos supor que, se realizarmos uma comparação empírica, a forma dos efeitos da dependência mudará dependendo da forma do poder. Ser dependente de um poder cesaripapista não é a mesma coisa que ser dependente de um poder de tipo democrático.

O campo literário está englobado pelo campo do poder, em relação ao qual ele tem uma autonomia relativa que também é uma dependência relativa: ele continua a ser parcialmente determinado pelas leis gerais desse campo. Nesse espaço, ele ocupa uma posição dominada: ele está no polo "menos" [em relação ao princípio de hierarquização dominante] do espaço do campo do poder. O campo artístico está englobado pelo campo do poder e, ainda que ele disponha de uma autonomia relativa em relação ao princípio de hierarquização econômica e política desse campo, ele ocupa uma posição dominada no campo do poder. Eu

---

429. Lembramos que essas aulas foram dadas no contexto do retorno da esquerda ao poder.

me esqueci de especificar que o próprio campo do poder está situado no polo dominante do espaço das classes sociais. Disso resulta que este campo aqui [o campo artístico] é o local de uma hierarquia dupla. Por um lado, um princípio de hierarquização heterônomo está em vigor. Ele se imporia totalmente se a autonomia do campo [artístico] desaparecesse; se o campo perdesse sua autonomia, esse princípio de hierarquização agiria sem nenhuma restrição. Esse princípio de hierarquização [se estabelece] segundo critérios econômicos e políticos, quer dizer, segundo o sucesso em termos de tiragem, número de edições, rendas financeiras etc. Por outro lado, temos o princípio de hierarquização autônomo, interno, que o campo de alguma maneira tem para si mesmo. Temos variações contínuas e podemos fazer o grau de autonomia variar continuamente: se o grau de heteronomia ficar muito forte, o princípio de hierarquização econômica torna-se dominante e o melhor escritor será aquele que vender mais; se o princípio autônomo, quer dizer, as leis internas do meio (leis internas que, como tentarei demonstrar, se constituem contra as leis globais do campo [do poder], contra o burguês, contra a economia, contra o interesse etc.), torna-se dominante, o que se imporá será o grau de reconhecimento, o grau de consagração simbólica que é concedido pelo reconhecimento dos outros membros do campo autônomo.

Terei então nesse espaço dois princípios de hierarquização possíveis. Se o princípio de hierarquização externa se tornar dominante, o campo da produção cultural se tornará um campo como os outros, e em última instância a produção cultural será medida pelo mesmo critério, pelo mesmo metro do que qualquer outra produção. É por isso que, por exemplo, quando discutimos o preço do livro[430], as pessoas dizem: "Mas você não pode tratar o livro como um mercado igual aos outros, livros não são panelas etc." Ao invocar isso, elas defendem a especificidade das resistências de um critério autônomo irredutível. Há pessoas que são invendáveis, o que não quer dizer que elas não valem nada, e o editor de vanguarda afirmará que não é porque ninguém compra seus livros que eles não valem nada. Disso resulta automaticamente que eles valham alguma coisa? Esse é um problema... Os dominados nesse campo, no fundo, têm interesse

---

430. A questão do preço do livro era atual no momento desse curso: em agosto de 1981, pouco tempo depois dos socialistas chegarem ao poder, a "lei relativa ao preço do livro" foi adotada. Para proteger as pequenas livrarias (percebidas como "comerciantes de um bem diferente dos outros"), ela proibiu qualquer vendedor de livros novos de anunciar descontos maiores de 5% em relação ao preço de venda fixado pelos editores.

nessa estrutura. Eles têm interesse em dizer que, quanto menos temos sucesso, melhores somos e que, portanto, todos aqueles que têm sucesso, que acumulam condecorações, são corrompidos, comprometidos etc. As propriedades de posição são uma coisa muito interessante. Por exemplo, uma das leis do envelhecimento nos meios literários e intelectuais em geral é que podemos adiar bastante a descoberta da verdade dos preços. Podemos ficar contando histórias até bem tarde. De certa maneira, tudo que se fala sobre a boemia fala apenas disso: podemos adiar bastante o momento em que nos perguntamos se a falta de sucesso é a promessa de um sucesso póstumo ou apenas uma falta de sucesso. Podemos pensar nas formas que as crises no mundo intelectual tomam com os fenômenos que tentarei analisar em seguida, por exemplo, as reconversões brutais – que assumem formas políticas – realizadas por pessoas que, apesar de estarem bem embaixo na hierarquia dos lucros econômicos, estão ao mesmo tempo muito alto na hierarquia dos lucros simbólicos de consagração. Por exemplo, há tipos de trajetórias historicamente frequentes, com um exemplo magnífico de sociologia experimental em *A educação sentimental* [de Flaubert] através do personagem Hussonnet que, depois de acalentar ambições de escritor, de crítico fracassado etc., fez uma grande carreira na administração das artes e das letras em favor da Revolução de 1848[431]. Temos assim trajetórias em que as pessoas passam da extrema-esquerda para a extrema-direita. O período pré-fascista é muito interessante nesse aspecto: um período de crise da avaliação de si que foi acompanhado de reconversões dramáticas que fizeram passar daqui [a boemia] para lá [a fronteira do campo político], e lá, é uma forma servil, de vendedor de serviço simbólico, de "picareta".

Repito: esse subcampo é portanto o local de duas hierarquias que concorrem entre si. Temos de um lado uma hierarquia externa: é a lei comum, aquilo que, de certa maneira, [os produtores culturais] mais temem, especialmente se sua autonomia for alta. Essa lei externa não é somente a tiragem, é também (isso é sempre muito complicado no campo intelectual e artístico) uma forma de consagração institucionalizada concedida por um poder que age no campo mas muito ligado a poderes externos ao campo. O paradigma aqui é representado pela Academia, onde se exerce efetivamente um poder de consagração que não é o poder de con-

---

431. Para uma elaboração posterior, ver a análise de *A educação sentimental* em *As regras da arte*, op. cit., pp. 11-50 [17-71].

sagração interna. Com variações dependendo da época, os escritores de vanguarda não podem aceitar esse tipo de consagração sem se desvalorizarem.

Rapidamente, temos primeiro o princípio de hierarquização econômica. Desse ponto de vista, [o gênero] mais elevado no século XIX é o teatro. É ele que rende mais: com uma peça de teatro ganhamos o equivalente a cem mil [exemplares de um romance] e milhares de vezes mais do que uma coleção de poemas que imprime cem exemplares. Sob o critério da hierarquia econômica, [o dramaturgo François] Ponsard[432] estaria muito alto e Mallarmé muito baixo. A outra hierarquia, a hierarquia interna, se fundamenta no princípio de consagração específica, no fato de que somos reconhecidos pelos mais reconhecidos, pelos mais raros entre aqueles que podem dar o reconhecimento.

A história do campo literário no século XIX, cujas linhas gerais mencionarei mais tarde, é a história de um processo de autonomização através do qual [essa segunda hierarquia] se afirma na objetividade (e não apenas na representação de alguns jovens esquisitos como [Gérard de] Nerval, por exemplo, que foi preso por gritar na rua "Morte ao poder!"), sob a forma de instituições. Essas instituições podem ser muito pouco institucionalizadas no campo literário, que é um dos universos de mais fraco grau de institucionalização: não há uma carreira estabelecida, não há títulos claros, não há uma transmissão simples do poder e dos privilégios. As técnicas de sucessão são maldefinidas. Há coisas clássicas, como o prefácio do autor consagrado elogiando o autor iniciante que escreverá uma resenha louvando o autor do prefácio, mas essas são coisas relativamente pouco institucionalizadas.

Apesar de tudo, à medida que a história avança, teremos cada vez mais mecanismos objetivados que sancionam a eficácia do princípio de hierarquização autônoma em oposição ao princípio de hierarquização heterônoma: essa história do campo no século XIX pode ser descrita como uma espécie de conquista progressiva da autonomia que se traduz pela aparição cada vez mais clara de mecanismos de mercado nos quais se define um valor puro e antieconômico. Quanto mais avançamos, mais aqueles que dão as costas ao mercado econômico no sentido estrito encontrarão reforços objetivos nas próprias leis de funcionamento do campo. Por exemplo, esse discurso antieconômico, contra a baixeza burguesa e o burguês interessado que, em [Alfred de] Vigny, foi um tema

---

432. *Ibid.*, especialmente pp. 87-88 [120-121].

de *Chatterton*[433], torna-se uma coisa absolutamente real. Os escritores sabem que devem recusar o Prêmio Nobel. Depois de Zola, os intelectuais sabem que devem denunciar algumas coisas e que isso implica recompensas, o que é muito importante porque não é possível ser um herói o tempo todo... Assim, com o tempo, um processo de institucionalização que inicialmente exigia muita invenção e coragem acaba exigindo menos, simplesmente porque ele já foi feito. Tenho muita dificuldade em dizer essas coisas porque todo mundo sabe disso, mas acho que é preciso repensá-las de uma maneira diferente das que habitualmente as pensamos.

Portanto, o campo literário e artístico se define em sua especificidade pelo fato de que ele tende a suspender ou a inverter o princípio de hierarquização dominante, e quanto mais autônomo ele for mais completamente isso acontece, ou seja, quanto mais efetivado enquanto campo; mas por mais livre que seja, ele ainda é atravessado pelas leis do campo que o engloba, as do lucro econômico e político. Quanto maior for a autonomia do campo, mais a relação de força simbólica é favorável aos produtores mais autônomos e mais o campo de produção restrita, que é outro subespaço desse espaço, tende a se destacar do resto do campo. O campo de produção restrita é o campo dos produtores de produtores, essas pessoas cujos únicos concorrentes são seus concorrentes [quer dizer, os outros produtores do campo de produção restrita]. Assim, a matemática avançada é um campo no qual só podemos ser lidos por aqueles que têm menos interesse em dizer que você tem razão, o que faz a ciência progredir. Essa é uma coisa muito simples mas muito importante. No mercado da poesia, durante todo o século XIX, os maiores sucessos simbólicos foram sancionados por vendas da ordem de cem exemplares. Em outras palavras, o corte entre os dois tipos de produção [no esquema, o subcampo de produção restrita e o subcampo da grande produção] é extraordinário. No limite, as pessoas que têm muito capital simbólico e muito pouco capital econômico se opõem formidavelmente às pessoas que estão aqui [no subcampo da grande produção]. Ali [no subcampo da produção restrita], vocês encontrarão os cabeludos que habitam os bistrôs, que se dão nomes completamente bizarros, decadentes, que só falam gíria, que são extremistas, anarquistas etc. Aqui [no subcampo da grande produção], vocês terão [o dramaturgo de sucesso econômi-

---

433. Essa peça foi escrita em 1835. Ela faz parte do movimento romântico que apenas anuncia as rupturas que só se realizarão verdadeiramente na geração de Flaubert e de Baudelaire.

co] Sacha Guitry, para usar uma coisa mais recente: ele é a encarnação desses atores de teatro de *boulevard* muito inseridos no mundo burguês; eles têm uma vida muito parecida com aquelas que representam em suas obras e têm as disposições éticas e políticas que é preciso ter para serem imediatamente compreendidos pelo público do teatro burguês. Uma das razões pelas quais as pessoas que não vieram da burguesia não podem ter sucesso no teatro do século XIX é que o teatro se fundamenta numa compreensão imediata, por exemplo quando representamos a vida de maneira cômica: rimos com base numa utilização instantânea de um mesmo sistema de referências que muitas vezes é uma ética. É preciso haver uma orquestração quase perfeita entre o *habitus* dos produtores e o *habitus* dos receptores que, a não ser no caso do cinismo (que não considero possível), só se realiza exatamente quando os produtores e os receptores vêm do mesmo meio. Esse é o caso onde o "goldmannismo" funciona: o produtor vem do meio para o qual produz e propõe a esse meio sua própria encenação.

Os intelectuais no campo de produção cultural

No limite, as pessoas que estão aqui [no subcampo da produção restrita] e as pessoas que estão ali [no subcampo da grande produção] podem não ter praticamente nada em comum, exceto estarem no mesmo campo. Isso é muito importante para percebermos o que é um campo: eles não têm nada em comum a não ser o fato de se ofenderem ("Mas isso não é um artista!") e que, se vocês os colocarem numa sala, eles terão coisas absolutamente fundamentais a dizer uns aos outros. Assim, quem mais coloca a questão do escritor para [Alain] Robbe-Grillet é [o autor de romances sentimentais] Guy Des Cars – [Claude] Simon não faz perguntas para ele. Essas são pessoas que têm a mesma atividade, elas escrevem textos, os imprimem, os publicam, fazem com que eles sejam lidos, mas nada questiona mais o escritor invendável que produz para os produtores do que o escritor de sucesso que tem todas as aparências a seu favor, em particular aos olhos do poder (isso é importante, e ele pode ser da Academia francesa...). Ao mesmo tempo, aos olhos do escritor que produz para os produtores, ele [o escritor de sucesso] não tem nada daquilo que define o escritor [para produtores], já que o escritor [para produtores] se define como não tendo nada a ver com aquilo que define o escritor [de sucesso]. Esse escritor [de sucesso] faz alguma coisa que esse outro [o escritor para produtores] recusa por definição, que é oferecer [ao público] o que ele pede.

Vocês podem retraduzir isso, por exemplo, no terreno do jornalismo, que faz parte do espaço. Esse modo de pensar permite fazer frases nas quais vocês substituem a palavra "escritor" pela palavra "artista", "intelectual" ou "jornalista", toda vez se perguntando sobre o princípio de variação. Uma das coisas interessantes que vocês descobrirão se realizarem esse exercício é que, dependendo do modelo que vocês conseguirem fazer funcionar, dependendo do setor do campo de produção cultural que vocês utilizarem, certas propriedades aparecem antes de outras, o que coloca uma questão: por que alguns espaços apresentam certas propriedades antes de outros? Essa é uma coisa muito importante para a pesquisa em ciências sociais: assim como, entre os entrevistados, há pessoas nas quais as propriedades absolutamente gerais se enxergam melhor, há terrenos que têm afinidades e é preciso compreender por quê. Dou um exemplo. Eu mencionei há pouco a propriedade segundo a qual a definição do campo (definição significa "delimitação", "limites") está em questão no campo: é uma questão no campo intelectual, e portanto em particular no campo jornalístico, saber quem é intelectual e quem não é.

Mas por que essa questão aparece mais facilmente quando pensamos nos intelectuais? Por que, se fizéssemos uma pesquisa, a questão da definição do intelectual apareceria com mais frequência do que a questão da definição do artista? Eu acho que isso acontece sobretudo nas sociedades em que não podemos mais pertencer à fração dominante da classe dominante sem ter um alto nível intelectual (o nível do bacharelado, a aptidão a escrever ou a fazer acreditar que sabemos escrever etc.). Se esse problema se coloca, é porque os intelectuais estão muito mais sujeitos à ameaça da concorrência desleal no plano da escrita do que no plano da matemática, ou mesmo no plano da pintura ou, *a fortiori*, da música (onde, tirando o caso da música concreta na qual os profanos podem se introduzir – e mesmo assim com muita dificuldade –, a barreira de entrada é muito alta). É por isso que quando eu tento estudar esse problema do campo como campo de lutas tendo como objetivo a própria existência do campo, penso com mais facilidade no campo intelectual. Nesse caso particular, a pergunta é inevitável: para os intelectuais (se entendermos por "intelectual" alguém que escreve ensaios, de quem os jornais falam etc.), a ameaça da concorrência desleal é infinitamente maior do que para a pintura, a música etc. Portanto, encontraremos no próprio campo a pergunta de forma permanente, com períodos críticos em que a pergunta se coloca mais do que as outras – e aqui precisamos saber por quê… Mas, como percebo que ultrapassei horrivelmente [o tempo da aula] [*risos*], paro por aqui.

Aula de 18 de janeiro de 1983

> Um mundo às avessas. – Campo do poder e campo de produção cultural. – Os intelectuais conservadores. – A lei da legitimação simbólica. – Retorno às lutas no interior do campo de produção cultural. – A gênese das invariáveis. – O ajuste da oferta à demanda através da homologia de estrutura. – A conquista da autonomia. – Hierarquia das produções e hierarquia dos públicos.

Uma das dificuldades – vocês já perceberam – da análise que proponho é que é preciso manter juntos dois princípios de explicação que tendem constantemente a se separar: as explicações em termos de campos e as explicações em termos de *habitus*. Assim, quando se trata de dar conta da produção de um escritor em particular, ficamos constantemente divididos entre a tentação de explicar tudo pela posição ou de explicar tudo pelas disposições que os escritores em questão trazem para a posição em questão. Eu digo "divididos", mas se ficássemos simplesmente divididos, isso seria bom demais: na realidade, dependendo da configuração particular dos problemas colocados, teremos uma tendência a pensar mais numa lógica ou mais na outra. Vemos com frequência uma oscilação entre as duas ênfases nos trabalhos – exemplares, nos quais minhas análises se apoiam – de pessoas que praticam o pensamento dessa forma: Charle, por exemplo, Ponton, ou alguns outros[434]. Eu mesmo não escaparei a essas balançadas na minha exposição, que têm a ver, creio eu, com o fato de que a realidade social muitas vezes se propõe, para

---

434. Christophe Charle, *La Crise littéraire à l'époque du naturalisme. Roman, théâtre, politique* [*A crise literária na época do naturalismo: romance, teatro, política*]. Paris: Presses de l'École normale supérieure, 1979; Rémy Ponton, "Le champ littéraire en France de 1865 à 1905" ["O campo literário na França de 1865 a 1905"], tese da École des hautes études en sciences sociales, 1977; Rémy Ponton, "Naissance du roman psychologique", *art. cit.* Ver também Jean-Claude Chamboredon, "Marché de la littérature et stratégies intellectuelles dans le champ littéraire", *art. cit.*

empregar um vocabulário leibniziano, com propensões ou "pretensões a existir"[435] cientificamente de uma certa forma. Na minha experiência de pesquisador, como já disse várias vezes aqui, muitas vezes tive a sensação de que os objetos pedem particularmente certas abordagens. A necessidade de controlar esses efeitos de objeto é uma das razões que justificam o método comparativo: o fato, para um pesquisador, de trabalhar com vários objetos ao mesmo tempo é extremamente importante porque é uma maneira de instituir praticamente a comparação na sua experiência, porque ele é assim constantemente levado a se propor em relação ao objeto A perguntas que ele se faz sobre o objeto B. O fato de trabalhar num grupo onde outras pessoas se interrogam sobre objetos diferentes produz os mesmos efeitos.

Fiz esse preâmbulo porque, num primeiro momento de hoje, pensarei obviamente mais em termos de campo. À medida que avançar na minha análise e me aproximar dos produtores singulares, o modo de pensar em termos de *habitus* se imporá cada vez mais. Isso tem a ver em parte com a lógica da exposição e com o fato de que o método que proponho obriga a inverter completamente a ordem ordinária. Com efeito, em vez de partir do indivíduo singular para se colocar (às vezes) perguntas sobre o espaço no qual esse indivíduo está inserido, partimos do conjunto do quadro mais amplo, da estrutura social, e perguntamos sobre a posição do campo intelectual dentro dessa estrutura, para formular a questão da posição dentro desse espaço do campo dos intelectuais ou dos escritores que produzem para escritores e, finalmente, voltar para a posição nesse subespaço de um escritor particular – Flaubert ou algum outro. Essa empreitada leva então a pensar antes de mais nada em termos, digamos, de macrossociologia, de relações globais, para ir cada vez mais na direção dos indivíduos particulares.

Um mundo às avessas

Eu indiquei que o campo de produção cultural tinha uma estrutura particular. Ele se organizava segundo duas hierarquias inversas: uma hierarquia propriamente econômica, que pode ser medida pelos lucros econômicos que as atividades em

---

435. Leibniz fala da *"praetensio ad existendum"*, por exemplo: "Pelo simples fato de que alguma coisa existe antes do que nada, há nas coisas possíveis ou na própria possibilidade, ou essência, certa exigência da existência, ou (digamos) uma pretensão a existir e, resumindo numa palavra, o fato de a essência por si tender à existência" (Gottfried Wilhelm Leibniz, *Da origem primeira das coisas* [1697], in *Os pensadores*, volume XIX. São Paulo: Abril Cultural, 1974, tradução de Carlos Lopes de Mattos, p. 394).

questão produzem, e uma hierarquia propriamente cultural, de sentido inverso, que é medida ao mesmo tempo pelos lucros simbólicos e pela falta de lucros econômicos. Uma questão importante era saber se a falta de lucro econômico é uma condição necessária mas também suficiente do lucro simbólico. Em outros termos, o fato de ser poeta maldito é suficiente para consagrar? O poeta maldito não pode ser um poeta fracassado? Essa questão se coloca constantemente na prática humana e, como eu dizia na última aula, ela se coloca às vezes de maneira dramática em certos pontos-chave da biografia, quando a ambiguidade que o meio permite perpetuar desmorona bruscamente. O romance de [Edmond e Jules de] Goncourt, *Manette Salomon*, é um documento extremamente interessante para o que conto aqui[436]. Ele narra uma biografia: um pintor que começa como *rapin*[437] acaba bruscamente miserável e é levado, como consequência, a se colocar a questão de saber se ele é miserável e maldito, portanto exposto a ser reconhecido no além, ou se ele é simplesmente miserável e fracassado. Essa trajetória biográfica é estruturada pelo próprio espaço no qual se desenrola. A lógica do subcampo de produção cultural é, portanto, absolutamente especial: é um universo no qual, como eu dizia na última aula, as forças externas, quer dizer, as leis externas, as leis da economia, continuam a se exercer, mas cada vez mais fracas à medida que nos distanciamos desse polo na direção desse subuniverso mais ou menos autônomo da arte pura, dos produtores que produzem para os produtores, cuja lei de funcionamento é a suspensão das leis ordinárias do mundo social.

Podemos dizer que esse universo é o mundo econômico às avessas, o mundo social invertido: as leis ordinárias da economia (quanto mais trabalhamos, mais lucramos), ou as leis ordinárias do universo político (quanto mais temos poder, mais somos importantes, mais temos honrarias) são invertidas[438]. Essas são coisas absolutamente tácitas: quando Sartre recusa o Prêmio Nobel, isso é uma ação econômica ajustada a esse espaço econômico cuja economia é ser antieconômico. Em

---

436. P. Bourdieu citará *Manette Salomon* (1867) mais adiante nesta aula, e também em *As regras da arte, op. cit.*, p. 269 [391]; e *Manet: une révolution symbolique, op. cit.*, pp. 40-41, 126.

437. Nome dado por Théophile Gautier ao pequeno grupo de pintores jamais admitidos ao Salão (a exposição anual das obras aprovadas pela Academia de Belas-Artes), de músicos sem encomendas e de escritores sem editor que se encontravam no café Momus e passaram à posteridade graças a Henry Murger, autor de *Scènes de la vie de bohème* [Cenas da vida da boemia] (1851), e *La Bohème* [A boemia] (1896), a ópera de Puccini.

438. Ver *As regras da arte, op. cit.*, em particular "Um mundo econômico às avessas", pp. 100-104 [139-145].

outras palavras, é um espaço no qual se joga "quem perde ganha". É um espaço no qual quanto menos temos, mais temos. Mas, se for correto que é preciso não ter para ter, será que basta não ter para ter? A lógica do universo é a da profecia tal como eu a descrevi: a busca de recursos temporais contradiz a intenção objetiva do universo.

Sobre este ponto, eu quero dizer imediatamente que ele ainda trata de uma hierarquia em relação àqueles que se libertam dos imperativos econômicos. Como eu dizia na última aula, a questão é saber se esse "+" é um "+" para a totalidade do espaço, ou se não haveria uma outra hierarquia que seria ortogonal. Esse é o problema da boemia: por não terem nada, eles são *eo ipso* ricos de lucros simbólicos já que obedecem à lei fundamental do universo que é recusar as gratificações ordinárias que motivam as pessoas ordinárias; mas não ter nada, em outros casos, é não ter realmente nada, nem sequer capital simbólico. É a oposição entre as pessoas simplesmente desprovidas por privação e as pessoas desprovidas por recusa, ao mesmo tempo para si e para os outros, quer dizer, que transformam a necessidade em virtude. A polêmica entre elas é permanente. Por exemplo, no período do Segundo Império, pessoas como Flaubert ou os Goncourt não paravam de dirigir sarcasmos contra essas primeiras, de denunciar a lógica do "transformar a necessidade em virtude"[439]: "Vocês descrevem como pobreza opcional o que é uma pobreza forçada, vocês descrevem como maldição em nome da arte o que é simplesmente um fracasso intelectual, existencial etc." Há portanto uma denúncia muito violenta da boemia e dos boêmios que, aliás, é uma resposta à denúncia feita pela boemia contra aqueles que, por ocuparem uma posição dominante no campo literário, são descritos como mandarins, burgueses, ricaços. Voltarei a esse ponto.

Nesse tipo de espaço há vários princípios de legitimação concorrentes. O princípio de legitimação dominante, em última instância, acaba sendo fazer do sucesso burguês (por exemplo no teatro, com as consagrações que lhe são ordinariamente associadas – a Academia etc.) o princípio da posição na hierarquia. Para o princípio concorrente, podemos invocar o debate que acabo de apresentar rapidamente entre aqueles que dirão que a falta de sucesso é *em si* uma garantia de eleição [futura] e aqueles que dirão o contrário. Nesse espaço, a oposição horizontal que indiquei entre os dois princípios de legitimação será portanto cruzada nos dois casos por uma oposição vertical que corresponderá, de maneira geral, à

---

439. *Ibid.*, p. 99 [137].

oposição entre os profissionais e os boêmios e à oposição entre aqueles que fazem sucesso com a burguesia e aqueles que, por fazerem de modo geral sucesso com as outras classes, reivindicarão um princípio de legitimação popular.

Para ir rapidamente, poderíamos dizer que há quatro princípios de legitimação competindo. Há o que poderíamos chamar de princípio de legitimação burguês e o princípio de legitimação que chamaremos de popular, o qual creio ter sido inventado por Zola – qualquer erro histórico é de responsabilidade minha. Como desse ponto de vista o sucesso desvaloriza (ele condena, ele só pode ser obtido através de concessões a um público que, quanto maior, mais desprezado: assim, quanto maior é o sucesso, mais o sucesso desvaloriza), a esquiva consistirá em dizer: "Mas esse público é um público popular", com a palavra "popular" aqui se tornando laudatória e oposta àqueles cujo único público são alguns colegas asmáticos – os escritores são de uma maldade apavorante. O "verdadeiro sucesso" é a falta de sucesso ou o sucesso com aqueles que merecem ser considerados puros: é o princípio de legitimação dos desesperados. Diante do questionamento das pessoas que, não tendo mais recursos que eles, lhes dizem: "Será que você realmente não se arrepende de não ter recursos?", sua resposta é o princípio de legitimação que poderíamos chamar de revolucionário, e que é uma outra maneira de impor o povo, muito diferente da anterior: digo isso com hesitação, mas há, num certo momento, em alguns dos inventores do realismo como o escritor Champfleury, [Gustave] Courbet etc. uma invocação – é claro que fantasmagórica – do povo.

De passagem, uma observação que considero importante do ponto de vista da sociologia do povo: nesse espaço, constantemente se pergunta sobre o povo – o que chamamos de "povo", "público" etc. –, mas, evidentemente, sobre o povo só se fala coisas mediadas pela relação com outras pessoas no campo. Portanto, isso tem muito pouco a ver com o povo: o povo é apenas uma coisa que permite maximizar a potência de desvalorização que podemos exercer contra os adversários intelectuais. Isso é muito importante: se a sociologia do que chamamos de "o povo", da linguagem "popular", da cultura "popular", todas essas coisas que são qualificadas pelo adjetivo "popular"[440], é tão difícil de fazer, é porque antes mesmo de encontrarmos o povo, é preciso atravessar quatro ou cinco telas de discursos sobre o povo que nada falam do povo, apenas sobre aqueles que falam do povo e de suas posições num espaço onde se fala do povo. Isso claramente se complica

---

440. Ver P. Bourdieu, "Você disse 'popular'?", *art. cit.*

pelo fato de que vocês encontrarão vários "populares" em competição e que o "popular" muda quando o campo muda, quando a limalha pende para a direita ou para a esquerda, o que é uma das coisas mais impressionantes. Talvez eu diga isso de maneira enviesada, mas o que me choca na história social da arte ou da literatura, quando a enxergamos através dessa lente, é o grau pelo qual, dentro dos limites da autonomia relativa, o espaço se transforma com as mudanças da relação entre o subcampo relativamente autônomo e o campo do poder. A Revolução de 1848, por exemplo, foi acompanhada de um movimento geral na direção da arte social[441]: não há mais ninguém que crie um jornal dedicado ao povo que não diga, como todo mundo, que "a arte deve servir o povo"; em seguida, quando a estrutura do campo de forças muda, isso se desloca para "a arte pela arte".

Campo do poder e campo de produção cultural

Agora, depois dessa apresentação, minha intenção é desenvolver o que podemos entender do que se passa no campo de produção cultural. Em razão da lógica da atividade, o que direi vai parecer formal e abstrato; depois as coisas ficarão mais completas e iremos cada vez mais na direção da particularidade dos escritores particulares.

Um dos objetivos da luta no campo do poder (poderíamos chamá-lo de "classe dominante", mas eu acho que "campo do poder" é um progresso teórico[442]) é, como em todo campo, o princípio de dominação dominante e legítimo: lutamos para saber em nome do que é legítimo dominar. A luta simbólica (que evidentemente não é a única luta, há outras: a luta econômica etc.) tem por objetivo o princípio de dominação dominante que é desconhecido enquanto tal, ou seja, reconhecido e portanto legítimo. Nessa luta, os dois lados são, de modo geral, nos próprios termos dos artistas do século XIX, os artistas contra os burgueses. Teórica e globalmente, essa luta entre os artistas e os burgueses deveria opor o conjunto do campo político-cultural ao conjunto daquilo que poderíamos chamar de frações dominantes da classe dominante, as que são dominantes segundo os princípios realmente dominantes no campo do poder (o capital econômico e o capital político); deveríamos ter uma luta simples entre aqueles que, do ponto de vista

---

441. Sobre esses pontos, ver *As regras da arte*, op. cit., pp. 74-75, 91-93 [101-102, 125-127].
442. Para detalhes, ver P. Bourdieu, *La Noblesse d'État*, op. cit., pp. 373ss.; P. Bourdieu & L. Wacquant, *Invitation à la sociologie réflexive*, op. cit., pp. 119-120, n. 1.

dos princípios de estruturação do campo, estão do lado "–" e aqueles que estão do lado "+". Na verdade, toda a dificuldade dessa luta está no fato de ela se situar dentro do campo de produção cultural. Os produtores do subcampo [de produção restrita], que tem como economia a inversão da economia, denunciam, em nome da "arte pela arte" ou de legitimações diferentes, o domínio do "burguês" sobre sua produção cultural; eles recusam a subordinação da arte a uma função. Uma dificuldade de suas lutas é que elas se situam dentro de um campo de lutas em que seus adversários, ainda que sejam produtores culturais, aceitam se conformar às leis gerais do campo do poder. Quanto mais o campo é autônomo, mais ele tem como lei não ter a economia como lei. Ora, há nesse campo pessoas (aquelas que produzem para o teatro, parte das que produzem romances etc.) que reconhecem a lei da economia e que subordinam sua produção às sanções do mercado. A luta contra o "burguês" será portanto na verdade uma luta contra os "artistas burgueses". Baudelaire disse muito bem: o verdadeiro inimigo não é o burguês, é o "artista burguês"[443]: apesar de ser um produtor cultural, ele nega o que deveria ser a lei do campo, a saber, a lei da negação, da denegação da economia. Assim, essa luta interna ao campo do poder pelo princípio de dominação dominante se desenrola na verdade dentro do campo de produção cultural sob a forma da luta entre a "arte pela arte" (ou a arte pura) e a arte subordinada a condições externas.

Podemos captar a oposição no domínio da arte e da literatura, mas o problema se coloca de maneira mais clara no nível mais amplo da produção intelectual, à medida que, quanto mais vamos na direção das artes purificadas – quanto mais vamos do teatro ao romance, do romance à poesia, da poesia à música –, mais essa relação com as funções externas se torna evanescente; o ensaísmo, por exemplo, tem um grau de referência ao real social ainda maior do que o teatro que fala do mundo social. Quanto mais vamos na direção das formas de produção cultural nas quais o mundo social está em questão, mais o conflito interno aos universos de produção cultural que têm como objetivo a luta sobre o princípio de avaliação legítima é visível, e é no campo intelectual que engloba os produtores de ensaios que a luta se tornará mais clara.

---

443. "Há uma coisa mil vezes mais perigosa do que o burguês, é o artista burguês que foi criado para se interpor entre o público e o gênio; ele esconde um do outro" (Charles Baudelaire, *Curiosités esthétiques* [*Curiosidades estéticas*]. Paris: Michel Lévy, 1868, p. 208).

Os intelectuais conservadores

Como é que esse polo [subordinado às condições externas] vai se expressar na luta simbólica para impor o princípio de legitimação dominante? Em primeiro lugar, num período "orgânico", como diria Comte[444], seu discurso será caracterizado por uma ausência de discurso: o discurso dos dominantes sobre o mundo social é um não discurso ou um discurso de defesa contra os discursos que fazem surgir questões que, por definição, os dominantes excluem. O discurso dominante pode ser o silêncio e – acho que se trata de uma propriedade importante para compreender o funcionamento do campo – há um grau zero do discurso de legitimação, uma espécie de conservadorismo tácito que nem sequer precisa se expressar por palavras. Em segundo lugar, há um discurso que podemos chamar de "político", no sentido bem amplo, quer dizer, um discurso conservador de primeiro grau, ingênuo, por exemplo na direção das pessoas que estão em posições diferentes do mundo social. Eu poderia citar nomes próprios: refiro-me a uma tradição que se desenvolveu nos historiadores, sobretudo americanos, a propósito do problema histórico muito especial representado pelo ingênuo; eles têm como ambição compreender a gênese do pensamento conservador e essa forma muito particular de pensamento conservador representada pelo ingênuo[445]. Eles tentaram analisar, especialmente na Alemanha da década de 1830, a passagem de um conservadorismo silencioso [dependente de um] *ethos* de classe que não precisa se expressar a um conservadorismo profissional.

Dessa maneira, muito se estudou um dos fundadores do pensamento conservador – eu logo o caracterizarei – que se distinguia dos escritores digamos burgueses, que são escritores amadores. Há escritores que não são profissionais e é preciso saber que atualmente na França mais da metade do que se publica é escrito por pessoas que [pertencem às frações dominantes da classe dominante]. Isso é uma

---

444. Auguste Comte opunha os períodos "críticos" aos períodos "orgânicos" que deveriam encerrar as revoluções passadas (*Curso de filosofia positiva*, v. 6, *passim*).

445. P. Bourdieu se refere aqui em particular a Hans Rosenberg, *Bureaucracy and Aristocracy: The Prussian Experience, 1660-1815* [Burocracia e aristocracia: a experiência prussiana, 1660-1815]. Cambridge: Harvard University Press, 1958; e a John R. Gillis, *The Prussian Bureaucracy in Crisis, 1810-1860: Origins of an Administrative Ethos* [A burocracia prussiana em crise, 1810-1860: as origens de um ethos administrativo]. Stanford: Stanford University Press, 1971. (Posteriormente, ele adicionará a esse *corpus* Robert M. Berdahl, *The Politics of the Prussian Nobility: The Development of a Conservative Ideology, 1770-1848* [A política da nobreza prussiana: o desenvolvimento de uma ideologia conservadora, 1770-1848]. Princeton: Princeton University Press, 1988.)

coisa importante porque inconscientemente, quando fazemos um estudo sobre os intelectuais ou sobre a produção cultural, com exceção dos estudos do tipo que proponho constituímos uma amostra na qual não colocamos gente como Marcel Dassault[446] e todas as pessoas do mesmo tipo que escrevem livros. Portanto, além do conservadorismo silencioso, há o conservadorismo que podemos chamar de ingênuo, de primeiro grau, que é feito por pessoas que trazem ao nível da expressão aquilo que realmente não é preciso ser dito e sobre o que não precisamos falar. Eles trazem isso ao nível do discurso através de – isso é muito interessante – um diálogo imaginário com esse espaço aqui [o campo de produção cultural].

Em seguida há uma outra categoria de pessoas, da qual esse primeiro escritor conservador que se chamava [Adam] Müller era muito típico[447], que são produtores profissionais que trazem o discurso conservador a um nível de expressão absolutamente especial, que fazem com que ele mude de natureza, o que muitas vezes não é percebido pelo simples fato de pensá-lo em referência àquelas pessoas ali [os produtores do subcampo da produção restrita]. São as pessoas que respondem não diretamente a objeções políticas do tipo: "Você governa, mas com que direito? Você governa, mas você tem legitimidade para governar? Será que basta invocar a raça e o sangue para ter legitimidade para governar? etc.", mas a essas questões tais como são reformuladas nesse espaço. Ao mesmo tempo, sua linguagem, sua posição social, todas as suas posições no espaço acabam transformadas. Essas pessoas são *gatekeepers* [porteiros] que guardam a fronteira que divide o campo intelectual e constantemente trazem para cá [o campo intelectual] problemas que vêm de lá [das frações dominantes da classe dominante]. Nesse caso, poderíamos estender a análise e, partindo da análise estrutural da posição, ir até as propriedades dos agentes que a ocupam. Um personagem interessante desse ponto de vista é Schumpeter[448]. Essas pessoas são, com muita frequência, intelectuais vindos das

---

446. O empresário industrial e dono de jornal Marcel Dassault publicou, pela editora J'ai lu em 1970 uma breve autobiografia chamada *Le Talisman* [*O talismã*], cuja intenção ele resumiu da seguinte maneira: "Eu escrevi esse livro pensando nos jovens. Eu quis mostrar que não é preciso ser herdeiro para ter sucesso e que basta perseverar. Afinal, se nem todo mundo tem seu trevo de quatro folhas, todos têm pelo menos sua estrela". A obra vendeu centenas de milhares de exemplares.

447. Para um desenvolvimento, ver *As regras da arte, op. cit.*, p. 251 [363].

448. O economista Joseph Schumpeter (1883-1950), conhecido especialmente por uma teoria do "empresário inovador" (acompanhada de uma crítica da superprodução de intelectuais) era filho de um industrial austríaco. Apesar de ter trilhado principalmente uma carreira universitária, ele também foi, em certos momentos, advogado, ministro e diretor de banco.

frações dominantes da classe dominante; elas saíram delas pelo fato de terem se tornado intelectuais – elas têm uma trajetória [das frações dominantes da classe dominante para as frações dominadas da classe dominante] – e, pelo fato de se situarem nessa posição, elas se viram para a outra direção. Sua biografia é um movimento duplo e suas disposições cruzadas de intelectuais que são intelectuais em suas relações com os burgueses e burgueses em suas relações com os intelectuais estão ao mesmo tempo inscritas em suas posições e em suas disposições.

(Eu não farei essa demonstração em detalhes, mas este é um caso no qual – voltarei a isso – podemos mostrar a redundância das propriedades ligadas à posição e as propriedades ligadas aos indivíduos que a ocupam. Isso é um parêntese, mas é importante para o trabalho da pesquisa: ter em mente que, em muitos casos, a posição e as disposições são no fundo duas traduções da mesma frase, para utilizar a metáfora de Espinosa[449], permite encontrar na descrição das posições perguntas a se fazer às disposições, e vice-versa. Pode-se fazer uma espécie de vai e vem rápido na pesquisa: quando aprendemos coisas sobre as posições temos interesse em buscar nos textos o produto de uma disposição ou então, a partir da posição, fazer perguntas que não teríamos pensado em fazer sobre a trajetória, por exemplo.)

Volto um instante ao campo do teatro: Cassagne, que citei várias vezes, em seu livro *A teoria da arte pela arte* diz que falava-se da "escola do bom-senso" a propósito de uma escola teatral que saiu do romantismo com Ponsard, [Émile] Augier etc.[450]: do romantismo, essas pessoas mantinham o questionamento das relações matrimoniais consideradas normais naquilo que podia ser mantido dentro dos limites da ética burguesa e representaram, segundo Cassagne, uma forma atenuada do teatro romântico, fundando o teatro burguês que hoje chamamos [em Paris] de "margem direita". No campo intelectual, as pessoas que representam esse papel de *go-between* [intermediários] entre as frações dominantes e as frações dominadas são, de alguma maneira, as porta-vozes do bom-senso. Elas criticam a

---

449. A fonte dessa metáfora provavelmente é uma releitura de Espinosa por Bergson: "Em Espinosa, os dois termos, Pensamento e Extensão, são colocados, pelo menos em princípio, no mesmo plano. São, portanto, duas traduções de um mesmo original ou, como diz Espinosa, dois atributos de uma mesma substância, que se deve chamar de Deus" (Henri Bergson, *A evolução criadora*. São Paulo: Martins Fontes, 2005, tradução de Bento Prado Neto, p. 378 [*L'Evolution créatrice*. Paris: PUF, 1959 (1907), p. 379].

450. A. Cassagne, *La Théorie de l'art pour l'art en France chez les derniers romantiques et les premiers réalistes*, op. cit., p. 65.

obscuridade das pessoas que são [produtores para produtores], o fato de fazerem perguntas que não devem ser feitas, por exemplo, em matéria de poesia. Elas se servem da competência de intelectual que têm devido ao seu pertencimento a esse campo intelectual no qual obtiveram signos de consagração específica, para tranquilizar os burgueses em relação às audácias intelectuais. Isso é muito visível, por exemplo, na crítica teatral (remeto vocês à análise comparada que fiz da crítica do teatro segundo a distribuição dos críticos no espaço[451]); o papel do crítico do *Figaro*, quando ele fala de [Fernando] Arrabal, por exemplo, é chamar a atenção das pessoas que estão aqui [as frações dominantes da burguesia]: "Eu, que estou bem posicionado para compreender essas audácias, digo a vocês, enquanto intelectual, que nisso não há nada de extraordinário". Em outras palavras, sua função é se servir da autoridade intelectual que possui para tranquilizar. Essa espécie de personagem formidavelmente dividido [*déchiré*] só pode exercer esse papel de tranquilizador para essas pessoas se for inquieto e inquietante (ou seja, intelectual), porque ele deve ser capaz de dizer "eu que sou intelectual" para ser capaz de dizer "Digo a vocês que aqui não há nada para compreender". Ele precisa ser aquele que compreenderia se houvesse algo a compreender, senão seu exorcismo não teria nenhuma eficácia. Por causa disso, ele inquieta, especialmente porque seu ponto de honra intelectual em suas relações com [o polo do campo de produção restrita] o obriga a ser inquietante. Em particular, nem que seja para defender seu monopólio, ele será implacável contra o conservadorismo ingênuo, o conservadorismo de primeiro grau.

Esse papel é cada vez mais difícil de manter, especialmente por causa da elevação geral do nível de instrução que mencionei na última aula. Com efeito, nos últimos trinta anos, muito mais gente [das frações dominantes da classe dominante] passou pelo ensino privado cuja função, para a burguesia, é ensinar o mínimo possível, ou seja, ensinar sem tornar intelectual[452]. Isso acontece como uma espécie de anti-intelectualismo que é o fundamento tácito do contrato de educação que os pais burgueses firmam com o ensino privado. Como hoje em dia, para acessar com todos os sinais da legitimidade [as posições dominantes da classe dominante], é preciso passar pelas *Grandes Écoles*, cresce a pretensão das pessoas nessa posição a servirem-se a si próprias ideologicamente, quer dizer, serem seus

---

451. *A distinção, op. cit.*, pp. 220-223 [262-265].
452. P. Bourdieu desenvolverá essa questão em *La Noblesse d'État, op. cit.*, pp. 230-231 e *passim*.

próprios ideólogos e fazerem elas mesmas o trabalho simbólico, e portanto a não precisarem mais desses ideólogos profissionais em posição intermediária.

A lei da legitimação simbólica

O que sempre salvará as pessoas que ocupam essa posição é uma das leis da legitimação que devo lembrar porque senão não entendemos tudo que proponho e que designo, rapidamente, através da expressão do "paradigma de Napoleão"[453]. Napoleão, ao coroar a si mesmo, comete um erro do ponto de vista da lógica do simbólico porque se existe um domínio no qual não é verdade que "ninguém é melhor que nós mesmos", esse é o domínio da consagração; se há uma coisa que não podemos fazer é legitimarmos a nós mesmos. Se você é consagrado por seu irmão, há uma relação preexistente ao ato de consagração e ele será suspeito de cometer uma indulgência. Esse é um parêntese que não quero desenvolver, mas quanto maior o circuito de consagração, mais forte é a legitimação[454]. Os pequenos clubes de admiração mútua têm fraca eficácia legitimadora porque vemos muito bem que X escreve uma resenha sobre Y que o resenhou. Basta apenas seguir os jornais semanais: A escreve uma resenha sobre B no jornal X e B escreve uma resenha sobre A no jornal Y. Se você não lê esses dois jornais, não percebe essa troca de agrados. O circuito se torna mais complicado se A escreve uma resenha sobre B que escreve uma resenha sobre C que escreve sobre A. Essa é uma consequência da lei geral da economia do simbólico (a economia do simbólico é antinômica à economia): toda vez que há uma relação econômica entre, por exemplo, aquele que celebra e aquele que é celebrado, a celebração perde valor porque suspeita-se que ela seja interessada. (Poderíamos fazer uma teoria das formas de eufemizar as relações de maneira a fazer funcionar a eficácia simbólica que essa dissimulação pressupõe, mas não desenvolverei isso, é apenas um parêntese.)

As pessoas que estão aqui [nas posições dominantes da classe dominante] adorariam se coroar como Napoleão e dizer: "É justo sermos o que somos". Max Weber pretende fundamentar uma lei que acho que é verdadeira quando diz que os dominantes exigem que a ideologia lhes forneça uma "teodiceia de seus pró-

---

[453]. Sobre este ponto, ver também P. Bourdieu, *Sociologia geral vol. 1, op. cit.*, aula de 2 de junho de 1982, pp. 124ss. [146ss.].

[454]. Ver P. Bourdieu, "L'allongement des circuits de légitimation" ["O alongamento dos circuitos de legitimação"], in *La Noblesse d'État, op. cit.*, pp. 548-559.

prios privilégios"[455]. De modo geral, eles exigem uma justificativa de existirem como existem, ou seja, como dominantes. Eles exigem que seja dito que é bom que eles dominem, que o mundo foi feito para ser dominado por eles. Poderíamos fazer uma imensa sociologia comparada das sociodiceias. Acho que o resultado disso seria que, se a função da sociodiceia permanecer constante, o que varia na realidade é o princípio de legitimação invocado que está ele próprio ligado ao princípio da dominação: assim, uma aristocracia vai buscar o princípio da legitimidade na terra e no sangue. As ideologias conservadoras muitas vezes encontram seu paradigma na história aristocrática da terra e do sangue. É por isso que Simone de Beauvoir, quando tenta na década de 1950 encontrar a essência do conservadorismo, no fundo acha as ideologias conservadoras inventadas na Alemanha na década de 1830, de modo geral para justificar a dominação dos *Junkers*[456]. Dito isso, quando a classe dominante muda, o princípio de sua dominação e, ao mesmo tempo, o discurso legitimador mudam. Rapidamente, quanto mais a parte de capital cultural é importante nos princípios de dominação em nome dos quais as classes dominantes dominam, mais o princípio meritocrático vai intervir como princípio de dominação, por exemplo com a ideologia do dom.

A hipótese que proponho é a seguinte: se não perguntarmos nada para essa fração dominante, ela não responde nada; o silêncio é a ideologia dominante quando nada acontece. Isso é uma coisa muito importante: a ortodoxia só existe quando a *doxa* é quebrada; é preciso haver heresia para que o discurso ortodoxo intervenha. Portanto, essa fração só sai do silêncio quando é obrigada a isso, quando fazemos perguntas a ela. O discurso, a sociodiceia que ela então inventa espontaneamente, com suas próprias armas e através do qual pretende se justificar, tem a ver com o princípio de legitimação sobre o qual ela se baseia. Em seguida, se o princípio que propus agora há pouco for verdade, é um erro para a classe dominante fazer ela mesma sua própria legitimação, aparecendo de alguma maneira como ideólogos, porque na lógica simbólica correta, quando se trata de legitimidade, ninguém é melhor do que os outros.

---

455. Ver *supra,* p. 284, nota 348.
456. Ver P. Bourdieu e L. Boltanski, "La production de l'idéologie dominante", *art. cit.*, e Simone de Beauvoir, "La Pensée de droite, aujourd'hui", publicado em duas partes em *Les Temps modernes* em 1955 (n. 112-113, pp. 1.539-1.575 e n. 114-115, pp. 2.219-2.261) [publicado em português como livro: *O pensamento de direita, hoje*. São Paulo: Paz & Terra, 1967, tradução de Manuel Sarmento Barata].

Retorno às lutas no interior do campo de produção cultural

O ideólogo é portanto um personagem que terá interesse em responder às perguntas feitas para a classe dominante, e ele as responderá não mais ingenuamente, mas em segundo grau; ele as responderá conhecendo as perguntas; como resultado, seu discurso se distinguirá em estilo. Ele vai se opor, por exemplo, ao discurso dos intelectuais: ele será incitado a fingir a simplicidade, a clareza, a *doxa* contra o para-doxo dos intelectuais. Eu falava do bom-senso agora há pouco: "bom-senso" quer dizer silêncio. A *doxa* é silenciosa enquanto os paradoxais fazem perguntas impossíveis: eles questionam, refazem a encenação[457], questionam as rimas praticadas há gerações quando começam a dizer que é preciso fazer versos livres. Eles fazem as perguntas que não são feitas e as frações dominantes da classe dominante ficam quietas enquanto [o ideólogo] continua a falar e a produzir discursos orto-doxos. É preciso responder à provocação herética, mas numa linguagem que é a antítese desse discurso herético espinhoso, que coloca problemas, que emprega conceitos alemães etc. É preciso responder simplesmente, num bom francês, muito simples, muito claro. Mas se o ideólogo vai longe demais no bom-senso e na clareza, ele balança: ele perde suas propriedades intelectuais, é excluído, atravessa a fronteira. Ora, um dos objetivos fundamentais da luta é dizer onde está a fronteira. (Pensem nos filósofos, encontrem vocês mesmos os exemplos... Eu tenho medo de fazer isso porque, como o modelo é mais geral, um exemplo o enfraqueceria, mas ao mesmo tempo, se não pensarmos em nenhum exemplo, isso vai parecer um exercício formal: são vocês que têm que fazer o trabalho para que isso funcione.)

A luta [trata] do local dessa fronteira, já que [os produtores para produtores] têm como regra excluir [os produtores que atendem encomendas], porque para [os produtores para produtores] uma das fraquezas na luta entre os artistas e os burgueses tem a ver com a existência de artistas burgueses que questionam a existência de artistas enquanto artistas e que são os primeiros a ter essa posição.

---

457. Alusão a André Antoine, fundador do *Théâtre-Libre*: "Constituindo como tal o problema da encenação e [propondo] suas diferentes encenações como [vários] *partidos artísticos*, isto é, como conjuntos *sistemáticos* de respostas explicitamente *escolhidas* a um conjunto de problemas que a tradição ignorava ou aos quais respondia sem os formular, André Antoine põe em questão uma *doxa* que, enquanto tal, estava fora de questão e põe em movimento todo o [jogo], isto é, a história da encenação" (P. Bourdieu, *As regras da arte, op. cit.*, pp. 139-140, tradução modificada [202]. Ver também *Manet: Une révolution symbolique, op. cit.*, pp. 147-148, 157).

Poderíamos passar horas falando sobre essas pessoas [os produtores que atendem encomendas], é muito fácil dar milhares de exemplos. Se eles vão demais no sentido do bom-senso e da simplicidade ("vou dizer para vocês", "fiquem tranquilos", "não há nada de tão complicado em Sartre" etc.), eles são ameaçados pelo perigo de serem pura e simplesmente expulsos. [Nas frações dominadas da classe dominante] dirão que "eles não entendem nada" ou que "eles são vulgarizadores", o que é uma maneira de jogá-los para fora do campo: o vulgarizador (a palavra vem de *vulgus*) é desqualificado pelo próprio público a quem se dirige. Além do mais, eles perdem sua eficácia específica. Essas pessoas não são mandatárias, o que é uma coisa muito importante.

A sociologia dos intelectuais que mencionei outro dia[458] comete um erro fundamental ao estabelecer relações diretas entre o produtor e o grupo social para o qual ele escreve, ao tentar descrever os produtores em referência à classe de onde eles vieram ou à classe que consome seus produtos: ela se esquece que o efeito simbólico que descrevo não se produziria se o produtor fosse um dispositivo, se ele escrevesse para alguém. Releiam, em *A distinção*, a passagem sobre os críticos teatrais: o crítico teatral do *Figaro* diz com todas as letras que jamais foi inspirado pela ideia de se dirigir ao público do *Figaro*. Da mesma maneira, o ideólogo (a palavra "ideólogo" é muito ruim, só a emprego por estenografia e para não cortar a comunicação porque não posso dizer toda vez "o ocupante dessa posição simbolicamente dominada e economicamente dominante no campo cultural") só cumpre sua função simbólica à medida que, quando produz uma crítica das pessoas que estão aqui [os "burgueses"], ele o faz por sua própria conta, para defender sua pele, seus interesses específicos, sem jamais ter os olhos sobre essas pessoas. Se ele as agrada, é algo secundário; e quanto mais indiretamente isso acontecer, mais isso causa prazer a elas. Eu li declarações de Jean-Jacques Gautier, um crítico de teatro muito influente, que dizia – podemos acreditar nele – que jamais produziu uma crítica com a intenção de se dirigir ao diretor do seu jornal ou ao seu público; ele queria apenas contrariar os tipos do *Nouvel Observateur* que o tomavam como representante do polo oposto[459].

---

458. Ver *supra*, na aula anterior, pp. 342ss.

459. Ver a passagem e a nota sobre o crítico Jean-Jacques Gautier em *A distinção, op. cit.*, p. 225 [267].

O que importa – antecipo mais uma vez o que gostaria de dizer daqui a pouco – é que esse efeito que poderíamos chamar de ideológico ("Eu vou dizer o que agradará as pessoas que ocupam a posição dominante no campo") só é produzido como um bônus. Ele não é procurado como tal e, quanto menos é procurado, melhor ele é produzido. Ele é produzido com base na homologia das posições: o intelectual pequeno-burguês está para o intelectual burguês assim como o pequeno-burguês está para o burguês. Ao defender sua posição no campo relativamente autônomo no qual se situa, ele defende automaticamente, nos limites da homologia – que, e isso é muito importante, nunca é uma identidade –, a posição das pessoas para quem ele deve falar, mas ele não é um porta-voz. A imagem do porta-voz é catastrófica, e isso também é verdade quando se trata do campo dos sindicatos ou do campo dos partidos políticos; no campo político podemos ter um porta-voz, mas, nos dois casos, o estabelecimento de uma relação direta entre aquele que fala e o grupo em nome do qual (ou para o qual) ele deve falar oculta o fato de que, a partir do momento em que estamos num campo, falamos antes de mais nada contra, para, com as pessoas que estão no campo e só falamos secundariamente para as pessoas que, aqui neste campo [o espaço social], ocupam posições homólogas. A ideia do "jornalista vendido" ["*pisse-copie*"] ou do "valete da burguesia" é de uma ingenuidade enorme e é um dos grandes obstáculos a uma sociologia rigorosa da produção cultural. É claro que, como sempre, essa relação mecânica e direta mas científica e politicamente falsa é mais simples e mais fácil do que a relação muito mais complicada que proponho.

Se o agente que está aqui [o intelectual burguês] é levado pela lógica de sua posição no campo a ir longe demais nessa lógica de modo a levá-lo a trazer para esse campo os valores e as representações daquele ali [as frações dominantes da classe dominante] (bom-senso, virilidade, seriedade, realismo econômico etc.), ele perde todo o crédito no espaço, ele se desacredita e não pode mais exercer seu efeito principal que pressupõe que ele seja diferente do ideólogo espontâneo, do produtor espontâneo. Por outro lado – aqui apenas descrevo as contradições ligadas a essa posição –, na relação com os dominantes que ele deve expressar, ele só pode defender sua honra intelectual se importar as exigências e os valores característicos do intelectual e denunciar o conservadorismo primário, dando aulas de política para os políticos e aulas de conservadorismo para os conservadores. Como ele não pode, em razão de sua profissão, se contentar com o silêncio da *doxa*, outra de suas tentações é falar sobre coisas quando seria melhor se calar, explicitar estratégias que seria melhor desdizer. Ele está portanto numa posição instável na relação com os dominantes e, de certa forma, esse papel de intermediário é o papel do sacerdote. Na medida em que ele legitima o que em última instância não precisa de legitimação, ele se torna suspeito de precisar de princípios de legitimação para si mesmo. Aqui também minha descrição é abstrata. Poderíamos dar exemplos, mas vou parar de falar sobre esse tema.

Vou resumir então: a luta interna ao campo de produção cultural é a forma que assume a luta dentro da classe dominante, dentro do campo do poder. É portanto uma luta pelo princípio de legitimação legítimo ou, mais exatamente, uma luta pela maneira legítima de ser humano: o princípio de dominação dominante diz o que um ser humano deve ser para estar legitimado para governar, dominar, reinar. Por exemplo, no período recente da década de 1960, a inteligência era um dos temas mais frequentes do discurso de legitimação[460]. Lembro vocês do que eu dizia momentos atrás, simplificando um pouco, sobre o contrato tácito entre a burguesia e o ensino católico. Um movimento opôs o latim ao esporte (o qual permitia a ascensão dos pequeno-burgueses) e houve esse debate no século XIX sobre o que deveria ser ensinado nas *Grandes Écoles*. Essa espécie de desafio visceral ao respeito pela inteligência foi expresso muito claramente. Mas com a mudança no princípio de acesso à classe dominante e às frações dominantes no campo do poder, no nível do discurso ideológico a inteligência (a diferença de dons etc.) apareceu como um dos princípios de legitimação – o que mudou, de certa maneira, toda a estrutura do campo de lutas sobre o princípio de dominação e, ao mesmo tempo, as estratégias de oposição dos dominados.

Seria preciso refletir segundo essa lógica sobre o que aconteceu em Maio de 68 – isso é muito importante – e também sobre esse discurso contraideológico que foi inventado nessa época contra os diplomas e os exames: eu acho que isso é um trabalho ideológico coletivo da fração intelectual para constituir um contradiscurso diante de uma classe dominante que não se contentava mais em dominar em nome do econômico e do poder, mas agora também em nome daquilo que normalmente os intelectuais opunham à classe dominante, a saber, os diplomas. Em particular, podemos entender nessa lógica – direi coisas muito abruptas e

---

460. Ver especialmente P. Bourdieu, "O racismo da inteligência", in *Questões de sociologia, op. cit.*, pp. 248-252 [264-268], e também P. Bourdieu & L. Boltanski, "La production de l'idéologie dominante", *art. cit.*

muito políticas – uma certa forma de anti-intelectualismo de esquerda. Essa espécie de deriva ideológica que fez com que muitos temas que eram de direita no período entreguerras recentemente se tornassem de esquerda resulta dos efeitos estruturais da mudança desse espaço. Uma coisa muito importante, que é óbvia mas que talvez precise ser dita nesse caso, é que os pares de oposições com os quais se constroem as identidades e as maneiras ideais de ser humano (razão/paixão etc.) têm apenas conteúdo relacional.

Essas coisas também são absolutamente triviais, mas vou insistir um pouco porque esses pares de oposição são racionalizados e eternizados pelo sistema escolar. Seria preciso analisar todos os mecanismos que tendem a engendrar essa eternização dos pares de oposição. Os pares de oposição acabam funcionando independentemente das condições sociais em que foram engendrados e, ao mesmo tempo, independentemente do espaço no qual são fundamentados e que lhes dá toda sua realidade. Na verdade, eles quase não têm conteúdo que não seja aquele dado pelo fato de serem portados por este ou aquele grupo, a ponto de, para compreendê-los, ser preciso saber, por exemplo, que foram os psicanalistas que defenderam o racionalismo contra Taine e Renan. Em outras palavras, uma das únicas maneiras de fazer a história das lutas dentro da classe dominante é fazer a história das lutas dos dominantes lutando a propósito das ideias. Ora, toda a lógica da história das ideias e dos intelectuais que estudam as ideias é agir como se nossas ideias pudessem existir em si mesmas (existe o liberalismo, existe o neoliberalismo etc.), como se tudo isso acontecesse no céu puro das ideias. Na realidade, esses pares de oposição são espaços sociais invocados nas palavras e, para dar um conteúdo real a essas oposições que funcionam com a aparência de realidade ou como se fossem a-históricas, é preciso então reconstituir realmente o espaço no qual elas funcionavam. Essa é a primeira coisa. A segunda é que, obviamente, as coisas se invertem. Quando passamos a refletir sobre todos esses pares que, como "natureza/história", são temas de teses, na verdade causamos uma colisão, fazemos uma espécie de sobreposição. Por exemplo, as oposições que desde seu primeiro emprego corresponderam, em oito a cada dez gerações, mais ou menos às oposições esquerda/direita podem se inverter na geração atual ou numa das gerações [anteriores]. Colocamos tudo no mesmo sentido, mas [a polaridade] pode ter se movido e esquecemos que esses termos só fazem sentido um em relação ao outro, o que parece evidente (mas não é tão evidente quando começamos a estudar a história do liberalismo ou do positivismo).

Podemos esquecer, em primeiro lugar, que cada termo só existe num espaço, em relação com outros termos e que, em segundo lugar, toda vez que esse espaço se desordena, o sentido dos dois termos da relação se desordena. Não é preciso continuar, mas acho que isso é uma das coisas importantes que resulta do modelinho simples que quero dar a vocês. Assim, parte dos problemas da "moral", como se dizia nos livros de filosofia, são problemas sobre os quais há uma divisão importante dentro da classe dominante. Dentro do campo de produção cultural, um dos termos da relação expressa de fato a posição dominante enquanto o outro expressa a posição dominada, sabendo que tanto um quanto outro sempre se definem na luta. Esse era o primeiro ponto, poderíamos continuar.

É claro que, no nível do campo de produção cultural em sua forma literária – aqui, tomei o campo de produção cultural em sua forma, digamos, filosófico-teórica, política –, a oposição vai tratar da definição do artista legítimo e [se traduzir pela] luta entre as duas formas de arte legítima: a arte sem finalidade e a arte funcional; a arte sem moral e a arte moral; a arte que transgride todas as coisas incluindo a moral, e a arte que a respeita; o teatro burguês e a poesia simbolista etc. Essa oposição sobre a maneira legítima e efetiva de ser artista é uma das formas de lutar pela maneira legítima de ser humano. Por exemplo, os debates sobre racionalismo e irracionalismo, que são debates constantes na classe dominante, assumirão formas transformadas pela lógica do campo.

Para resumir: as lutas internas ao campo de produção cultural têm como objetivo a maneira legítima de ser artista, escritor, intelectual etc., e realizam de forma sublimada as lutas internas à classe dominante sobre a maneira de ser humano, ou seja, sobre a maneira legítima de ser dominante, sobre a maneira legítima de dominar. Nessas lutas, [um dos objetivos trata] da fronteira do campo intelectual: será que o campo intelectual se limita aos produtores para produtores, aos produtores reconhecidos como produtores legítimos pelos produtores legítimos, ou reconhecidos como legítimos pelos mais legítimos entre os produtores legítimos, ou será que ele engloba todas as pessoas cuja profissão é produzir, qualquer que seja a destinação de seus produtos?

Vamos passar para outro ponto: como arbitrar nessa luta entre os dois princípios de legitimação concorrentes? A fórmula "o mais legítimo entre os produtores legítimos" implica que há um círculo: quem vai escolher o produtor legítimo quando, como mencionei há muito tempo, não há uma instância que legitime as instâncias de legitimidade? Quem vai dizer quem é escritor – quem pode dizer isso? Quem está legitimado para dizer quem é escritor legítimo[461]? Se entendermos que todo escritor aspira à legitimidade e ao poder de premiar a legitimidade de dizer em qual editora deixamos de ser escritores, essa luta sobre o limite do campo de produção cultural é a forma que assumirá a luta simbólica dentro do campo do poder.

A gênese das invariáveis

Antes de desenvolver esse ponto, farei uma observação em resposta a uma objeção que foi feita sobre o valor da historicidade da descrição que faço. Esse é um problema que se coloca para mim e vai se colocar a vocês: está claro que passo constantemente de uma época a outra, do presente ao passado, de uma época do passado a outra época do passado, de um século XIX universalizado a um século XIX mais específico etc. Eu acho que isso tem a ver com os efeitos da exposição oral e com o fato de que, para tentar fazer com que vocês sintam o máximo possível as propriedades do modelo, sou levado a utilizar em excesso essa propriedade do método que permite formular perguntas gerais ao senso histórico. Dito isso, na prática da pesquisa isso funciona assim: o que ofereço é alguma coisa que não tem verdade histórica, são hipóteses, estados da estrutura do campo misturados. Na realidade, seria preciso dizer: "Vou estudar a estrutura para o período de 1880 a 1890". Por exemplo, as obras que cito novamente de Charle, Ponton e alguns outros se concentram nesse período por razões que tentarei explicar na próxima aula: parece-me que esse é o momento em que esses espaços tendem a assumir a estrutura que terão a partir de então. Essas estruturas, portanto, não são eternas, elas têm uma gênese, estão ligadas a uma história e, por exemplo, poderíamos descrever toda a história da imagem do artista no século XIX – se eu tiver tempo, mencionarei isso rapidamente – como a história da autonomização desse espaço [o campo artístico e literário]. É a conquista progressiva da autonomia[462], uma espécie de guerra de libertação, uma espécie de luta muito prolongada que começa muito cedo nos pintores, depois substituídos pelos escritores, que servem de

---

461. Ver P. Bourdieu, "Le hit-parade des intellectuels français, ou qui sera juge de la légitimité des juges?" ["A parada de sucessos dos intelectuais franceses, ou quem será o juiz da legitimidade dos juízes?"], *Actes de la recherche en sciences sociales*, n. 52, 1984, pp. 95-100 (reimpresso em *Homo academicus, op. cit.*, pp. 271-283 [275-286]).
462. Ver "A conquista da autonomia. A fase crítica da emergência do campo", in *As regras da arte, op. cit.*, pp. 63-132 [85-191].

ideólogos para os pintores, que usam os pintores como exemplos: é o *rapin* que encarna o sacrifício pela arte, que morre pelo amor da arte, que em seguida produz as trocas de papéis...

Essa luta de libertação era claramente necessária. Esse modo de pensar não é a maneira habitual de pensar dos historiadores e pode chocá-los, mas na verdade ele é muito histórico. Para que, por exemplo, um escritor pudesse se sentar na poltrona do Novo Romance sem drama (ninguém morre para escrever um Novo Romance, mesmo que ele possa ser doloroso – algo das origens ainda está presente), foi preciso literalmente que pessoas morressem de fome. Digo as coisas de forma um pouco dramática, mas há uma anedota num desses romances que ninguém lê (porque eles não fazem parte daqueles que sobreviveram devido às instâncias de consagração): três *rapins* vão enterrar seu camarada e, na hora de ir, se embebedam e não têm um tostão para dar ao coveiro, que lhes diz: "Não tem problema, vocês voltarão!" [*risos*]. Essas pessoas, de certa maneira, morrem para encarnar o fato de que é possível morrer pela arte, que a arte é um valor que transcende a economia. Elas serviram de figuras exemplares que os escritores exploraram da mesma forma. Elas permitiram que os artistas, em nome da exploração que fizeram da imagem do artista, se afirmassem contra as academias, os eruditos etc.

Para pensar isso de maneira completamente histórica (isso vai complicar ainda mais o plano, mas digo isso para me justificar): a história desse campo é a história de uma luta permanente entre essas pessoas [os produtores para produtores] e essas outras [os produtores acadêmicos] que deve ser mantida em mente. Essa é uma das razões pelas quais comecei por esse ponto: por exemplo, isso não existia no mesmo grau em todas as épocas e podemos muito bem conceber – isso é muito importante, eu disse uma vez que era preciso abandonar os modelos lineares, as evoluções irreversíveis – que esse campo desapareça. Dez séculos de lutas pela economia artística podem ser apagados, e mesmo esta sala [do Collège de France] também pode desaparecer. Eles são os produtos de uma luta histórica, com progressos, regressões, deslocamentos de fronteiras etc. Da mesma maneira, as pessoas que ouvem esta aula também são produtos de uma história. O *habitus* é da história; o campo é da história; e cada estado do campo é um produto da história anterior.

Por exemplo, uma coisa muito simples é substituir a noção de boemia pela de vanguarda. Isso é uma conquista. Esse campo se construiu como uma antieconomia, contra a economia econômica, mas também contra a economia política, o poder, a consagração. Ele se construiu contra a institucionalização e é um pouco do paradoxo da Igreja reformada do qual Troeltsch falava[463]: como deve agir a Igreja reformada, que se constituiu contra as igrejas, para não se tornar uma nova Igreja contra a qual uma outra Reforma será necessária? O problema das heresias é que, para se constituir como um instrumento de revolta sério e organizado contra a dominação, elas precisam constituir um aparelho. Da mesma forma, uma contradição desse subcampo é que, por ser constituído contra a instituição, ele é muito pouco institucionalizado. Apesar disso, não se parte do zero a cada geração. Há resultados, mas eles não são a Academia [...], a Escola de Belas-Artes ou a Legião de Honra. São as pequenas revistas, é a palavra "vanguarda", são todas essas coisinhas que permitem ao recém-chegado não recomeçar do zero: ele sabe que os editores que permitem fundar uma revista morrem sem parar, mas que há um editor que, em nome da ideia que teve dos grandes editores, faz uma grande edição a fundo perdido. E depois há os grandes ancestrais: Hugo, Renan e a geração que tinha vinte anos em 1840, depois, em outra época, Verlaine e Mallarmé etc. Cada um desses tipos deixará pelo menos uma imagem e isso é um resultado considerável: não recomeçamos do zero, não reinventamos tudo, podemos usar isso como armas. Uma outra coisa muito importante (todo mundo a entende mas ninguém a pensa): um dos lucros extraordinários que os pintores atuais extraem dos sacrifícios dos pintores do passado é a ideia de que houve muitos erros, de que os clientes se enganaram, de que não compraram as telas que deveriam ter comprado. O medo de errar é hoje em dia um fator importante da economia do mercado da pintura.

Repito: é preciso pensar tudo isso numa lógica histórica. Se eu tiver tempo na próxima aula, explicarei que a cada momento a história existe sob duas formas. Por um lado, temos a história porque há uma Academia, porque há dois teatros onde só havia um único teatro, e é uma mudança extraordinária dizer "os teatros", isso era impensável na época em que só se falava de um teatro; trata-se aqui de coisas que existem, que estão inscritas na memória, que o sistema de ensino reproduz ou cuja lembrança reproduz. Pelo outro lado, temos as pessoas que são moldadas pelo que se conta, pela fantasia. Aqui também temos um texto magnífico em *Manette Salomon* no qual o jovem pintor explica, no fundo, por que se tornou pintor:

---

463. P. Bourdieu se refere aqui a Ernst Troeltsch, *Die Soziallehre der christlichen Kirchen und Gruppen* [*O ensino social das igrejas e grupos cristãos*] (1912), in *Gesammelte Schriften*, v. I, Aalen: Scientia Verlag, 1961 [1922].

porque seus amigos, ao vê-lo desenhar em pedaços de papel, lhe disseram: "olha que engraçado, você vai ser pintor", e depois porque ele tinha a fantasia do ateliê, da modelo, da liberdade etc.[464]. Em cada época, se a analisarmos, entre as coisas que contribuem para constituir as disposições que vão permitir a ocupação das posições, temos o efeito mais ou menos fantasioso das posições. Portanto, repito, é preciso levar em conta a relação entre duas histórias: a história objetivada sob a forma de instituições, por menos institucionalizadas que sejam, e a história incorporada sob a forma de disposições (a vontade de ser pintor etc.).

(Estou concluindo esse ponto, mas ainda há o fato da tendência, em minha exposição, a apresentar para vocês uma espécie de descrição dos invariáveis trans--históricos da estrutura do campo intelectual e do campo do poder. Mas o que digo é possível porque existem mesmo invariáveis: quando um campo intelectual chega a um grau de autonomia muito avançado, temos uma estrutura desse tipo. Em outras palavras, o processo de autonomização do campo do intelectual tende para uma estrutura desse tipo; é por isso que ela me parece representar a invariável de um tipo ideal.)

O ajuste da oferta à demanda através da homologia de estrutura

Depois desse parêntese, chego ao segundo ponto. Agora que descrevi, de modo geral, o que é a luta entre o campo intelectual e o campo do poder, vou descrever rapidamente a luta dentro do campo intelectual. O modelo que vou propor, que se baseia em grande parte nas obras de Ponton e Charle que mencionei há pouco, vale especialmente para o período de 1890-1900. Eu me situo no espaço desse campo [o campo de produção cultural], com este subcampo [o subcampo de produção restrita], sobre o qual podemos dizer que representa a verdade do campo [de produção cultural].

---

464. "No fundo, Anatole era bem menos atraído pela arte do que pela vida de artista. Ele aspirava a essa vida com as imaginações do colégio e os apetites de sua natureza. O que ele enxergava nela eram os horizontes da boemia que encantam quando vistos de longe: o romance da Miséria, o desembaraço dos elos e das regras, a liberdade, a indisciplina, o desmazelo da vida, o acaso, a aventura, o imprevisto de todos os dias, a fuga da casa comportada e ordenada, o salve-se quem puder da família e do aborrecimento de seus domingos, a farsa do burguês, todo o desconhecido da voluptuosidade das modelos, o trabalho que não dá problemas, o direito de se disfarçar durante todo o ano, uma espécie de carnaval eterno; eis as imagens e as tentações que apareciam para ele sobre a carreira rigorosa e severa da arte" (Edmond & Jules de Goncourt, *Manette Salomon*. Paris: UGE, "10/18", 1979 [1867], p. 32).

Nesse espaço há dois princípios de hierarquização concorrentes: o princípio de hierarquização econômica e o princípio de hierarquização cultural. Temos então a estrutura em quiasma que, para lembrar, também caracteriza o campo do poder em seu conjunto, e teremos uma homologia entre a estrutura do campo de produção cultural e a estrutura do campo que o engloba. Mencionei há pouco esse efeito de ajuste por homologia. Repito porque eu não expliquei muito bem antes. O costume é descrever essa relação entre o campo intelectual e o campo do poder, ou o campo das classes em seu conjunto, como uma relação de serviço: "Ele escreve para esta ou aquela fração". Ou então a descrevemos como uma relação de transação – esse seria o modelo weberiano: no caso da religião, Max Weber descreve as relações entre diferentes agentes religiosos em concorrência e os leigos como relações de transação no sentido econômico, relações de troca. Por exemplo, ele explica que na concorrência pelo [acesso aos] leigos, os sacerdotes ou os feiticeiros são levados a fazer concessões aos leigos, a transigir com eles para preservar sua clientela[465]. Poderíamos aplicar aqui esse modelo da transação e dizer: "As pessoas que fazem teatro de *boulevard*, por exemplo, estão numa negociação de certa maneira permanente com seu público; se ela não funcionar, elas mudam de produto e se ajustam à clientela".

Acho que esse modelo finalista e funcionalista é bastante falso, e é ainda mais falso quando nos afastamos do polo econômico para ir ao polo intelectual dentro do campo de produção cultural. É isso que significava, há pouco, minha análise dos ideólogos e da recusa da ideia de intelectual de serviço, de jornalista a serviço da burguesia. Eu queria dizer que, mesmo no caso que lhe parece mais favorável em que os escritores aceitam condecorações, prêmios e lucros, o modelo da transação e a análise economicista da produção cultural só são verdadeiros de forma muito parcial; é com base na homologia da posição que se produz o ajuste entre a produção e a demanda. Repetirei com outras palavras: mesmo nesse caso, não compreendemos toda a produção cultural a partir da hipótese de uma busca consciente do ajuste da oferta à demanda e, se meu modelo for verdadeiro, há um efeito de ajuste automático da oferta à demanda que tem a ver com a homologia da estrutura. É portanto na medida em que eles [os produtores acadêmicos] produzem em parte ou totalmente contra os produtores para produtores que eles

---

465. Ver especialmente as seções "Congregação" e "Saber sagrado. Sermão. Cura de almas", in M. Weber, *Economia e sociedade*, op. cit., v. 1, pp. 310-319.

produzem ao mesmo tempo para a fração dominante da classe dominante, que não demanda tanto [...]. Da mesma maneira, [se] os produtores de sucesso servem à fração dominante da classe dominante, é porque ao servi-la eles se servem, e eles a servem secundariamente. Insisto muito nesse modelo porque o considero realista e acho que ele vai na contramão das maneiras políticas de pensar (em termos de denúncia etc.).

Essa homologia de estrutura se estabelece entre a direita e a esquerda [dos campos] (sempre coloco o "–" à esquerda porque [trata-se] de uma oposição dominante/dominado): a homologia entre, por um lado, o fato de estar do lado dos dominados [num campo] e, pelo outro, a posição dos dominados no campo das classes está no princípio dos encontros políticos que, como todos os encontros baseados na homologia e não na identidade de posição, não passam de encontros parciais. [...] Um texto de Zola diz muito bem que numa encenação – não tenho a ordem de grandeza – um autor de teatro burguês pode ganhar o que um romancista só ganha se vender 200.000 exemplares[466], e esse próprio romancista [ganha] em um ano o que um poeta não ganharia em três vidas. Nessa estrutura, alguns ganham grandes lucros, outros lucros médios e, obviamente, esses são grupos mais ou menos dispersos: uma das propriedades da posição [no subcampo de produção restrita] é que ela gera muitos lucros mas para um número muito pequeno de pessoas – isso é muito importante – enquanto a posição [no subcampo da grande produção] gera lucros grandes para um número muito grande.

A conquista da autonomia

É claro que essa hierarquia, do ponto de vista da economia, se impõe mais fortemente quando reconhecemos imediatamente os valores dominantes e ao mesmo tempo quando a autonomia relativa do campo é menor. Quanto mais a

---

466. "Quando um romance vende 3.000 ou 4.000 exemplares, são 2.000 francos de renda. Já para uma peça de cem representações, esta é a cifra atual para os sucessos de hoje em dia: a média das receitas é de 4.000 francos, o que portanto representa 400.000 francos no caixa do teatro que rendem ao autor uma soma de 40.000 francos, se os direitos forem de 10%. Ora, para ganhar a mesma soma com um romance, com 50 centavos por exemplar, seria preciso que ele vendesse 80.000 exemplares, uma tiragem tão excepcional que só podemos citar no máximo quatro ou cinco exemplos disso nos últimos cinquenta anos. E não incluo aqui as representações na província, excursões no exterior nem reprises da peça" (Émile Zola, *O romance experimental*. São Paulo: Perspectiva, 1982, tradução de Italo Caroni & Célia Berrettini (não localizada) [*Le Roman expérimental*. Paris: Charpentier, 1909 (1881), p. 180]).

independência desse subcampo crescer em relação ao campo que o engloba, mais os artistas vão ganhar no campo artístico contra os burgueses, mais a lei específica do campo artístico vai se afirmar. Eu devia ter falado agora há pouco da lei do campo artístico: Max Weber dizia mais ou menos que a economia se constitui enquanto economia quando o axioma tautológico "negócios são negócios" (ou "nos negócios não há sentimentos") se torna a lei dos negócios[467]; podemos dizer que a arte se constitui enquanto tal quando o axioma da "arte pela arte" se afirma enquanto tal. A expressão "arte pela arte" é uma das conquistas que mencionei há pouco quando disse que o artista moderno é o produto de uma luta de libertação. Somos especialmente dominados pela ilusão retrospectiva: vemos essa história do ponto de vista do ponto de chegada no qual muitas coisas que foram conquistas fantásticas parecem óbvias, incluindo para aqueles que mais lucram com essas conquistas fantásticas; eles se dão conta de que lutaram contra a geração anterior, mas não enxergam tudo que herdaram (incluindo como armas em sua luta contra a geração anterior) do trabalho de todas as gerações do passado (incluindo a anterior). Essa ilusão retrospectiva é muito importante. Não vemos que essa ideia aparentemente banal da "arte pela arte", de uma atividade artística que não tem outro fim que não existir, é uma conquista extremamente difícil. Isso é difícil de pensar, e podemos desconcertar completamente um artista se perguntarmos a ele: "Para que você serve?"

Para propor mais uma vez uma analogia (mas acho que uma analogia controlada), creio que para pensar isso é preciso pensar nas ciências sociais, nas situações em que perguntamos para as ciências sociais "para que você serve?" É muito difícil dizer: "Eu sirvo para fazer ciência social" [*risos*] – tentem e verão. Se temos dificuldade para dizer isso é por causa de uma outra lei social muito importante: há coisas que são dizíveis e pensáveis porque, quando as dizemos, elas são recebidas, temos certeza de que há um mercado para recebê-las; e há coisas que não são dizíveis, e portanto não são pensáveis, porque aquele que as diz é considerado bizarro, não tem justificação. Essas coisas absolutamente importantes fazem parte desse processo de conquista. Quanto mais o processo de autonomização avança,

---

467. "Quando o mercado é deixado à sua legalidade intrínseca, leva apenas em consideração a coisa, não a pessoa, inexistindo para ele deveres de fraternidade e devoção ou qualquer das relações humanas originárias sustentadas pelas comunidades pessoais. Todas essas coisas constituem obstáculos para o livre-desenvolvimento da relação comunitária [nua e crua do] mercado [...]" (M. Weber, *Economia e sociedade*, op. cit., v. 1, p. 420, tradução modificada).

mais fica claro que o polo de produtores para produtores é dominante simbolicamente e menos os produtores de sucesso se sentem artistas; se nós os esquecemos numa amostra, eles sofrem. Essa é uma coisa muito importante e completamente ingênua; nas décadas de 1860 e mesmo 1880, por exemplo, podíamos ser um artista de sucesso e ao mesmo tempo se sentir bem em todas as relações, ou seja, ao mesmo tempo ser coroado pelo sucesso e ser relativamente artista. Esse é o resultado do trabalho de imposição simbólica.

Eis outra coisa importante: de alguma maneira, ganhamos uma luta simbólica quando impomos ao adversário nossas próprias categorias de percepção. O dominante domina simbolicamente quando ele impõe ao dominado as categorias através das quais ele o percebe, quando o dominado se vê como o dominante o vê ou se vê com a lente pela qual o dominante o vê. Eu sempre uso o exemplo da intimidação: o dominado simbolicamente é aquele que perde a compostura na presença do dominante. Ele pode contestar o dominante mas seu corpo o trai: ele enrubesce, entra em pânico, perde a voz etc. No fenômeno de dominação simbólica, o dominado retoma por sua própria conta os princípios de percepção do dominante. Em outras palavras, a vitória aqui não é simplesmente dizer: "O teatro é uma ninharia, é bom para os burgueses" etc., é fazer com que os dominantes economicamente, aqueles que têm as condecorações, o teatro, o público, os aplausos etc. se sintam mal em suas peles e, por exemplo, comecem uma vida dupla e se ponham a escrever.

Um caso foi estudado em *Actes de la recherche* [*en sciences sociales*]: Cécil Saint-Laurent que é ao mesmo tempo Jacques Laurent[468]. É um caso típico, uma espécie de prova experimental: ele poderia ter ficado perfeitamente satisfeito se tivesse a seguinte definição: "Ele tem muito dinheiro" (fizeram filmes de *Querida Caroline* etc.); mas ele se incomoda bastante, trabalha muito para viver uma vida

---

468. François de Singly, "Un cas de dédoublement littéraire" ["Um caso de divisão literária"], *Actes de la recherche en sciences sociales,* n. 6, 1976, pp. 76-86. Monarquista e membro da Action française [Ação Francesa, movimento de extrema-direita] na década de 1930, Jacques Laurent-Cely (1919-2000) começou uma carreira literária depois da Segunda Guerra Mundial. Ele escreveu, por um lado, romances de grande tiragem, especialmente, sob o pseudônimo Cécil Saint-Laurent, *Caroline chérie* [*Querida Caroline*], cujo sucesso foi amplificado por uma série de adaptações cinematográficas na década de 1950 com a atriz Martine Carol. Por outro lado, ele publicou, sob o nome Jacques Laurent, romances de difusão mais restrita que participaram do movimento dos "Hussardos", marcadamente de direita e privilegiando preocupações de estilo e de forma. Depois de abandonar por um tempo sua atividade de escritor, Jacques Laurent publicou em 1971 *Les Bêtises* [*As besteiras*], que ganhou o Prêmio Goncourt. Ele foi eleito para a Academia francesa em 1986.

dupla e ter uma carreira que seja reconhecida, ele tem dois nomes. Ele é esse espaço feito pessoa, ele é a ilustração desse espaço onde distinguimos as coisas fáceis/difíceis, claras/obscuras, prostituídas/puras; ele vai tentar estar nos dois polos do espaço, o que considero impossível: nesse espaço, não se pode estar em dois lugares ao mesmo tempo, nem que seja porque a divisão jamais é total. É interessante que ele use um pseudônimo: o pseudônimo é uma forma de reconhecer que há algo vergonhoso em fazer o que fazemos. É uma forma de se esconder e portanto de reconhecer a legitimidade, como observa Max Weber quando diz que o ladrão reconhece a legitimidade ao se esconder para roubar[469] (ainda que isso seja mais complicado...).

Nesse espaço onde há dois princípios de hierarquização em luta (um econômico e outro simbólico), parte da história vai consistir em constituir esse princípio [de legitimação simbólica] como princípio dominante ou único e, ao mesmo tempo, em constituir esse subcampo como o universo artístico (ou literário) ao dizer que fora do subcampo não há mais escritores e sim "fabricantes", "vendidos" etc., quer dizer, em desacreditar as pessoas pelo simples fato de que elas dão uma função a suas práticas. É isso que eu disse há pouco: a teoria da arte pela arte está para o campo artístico assim como, acho, a fórmula "negócios são negócios" está para o campo econômico: ela é sua verdade e as pessoas que lutam por essa posição carregam de certa maneira consigo uma lógica que as permite dizer às outras: "Isso que você faz é uma produção como todas as outras". Essa seria a oposição entre o puro e o comercial. Poderíamos continuar...

Hierarquia das produções e hierarquia dos públicos

Uma segunda oposição ligada a essa mas não completamente dependente dela tem a ver com o fato de que avaliamos os atos de posição não somente em relação à sua finalidade social, mas também em relação à sua destinação social. Essa é uma outra maneira de enxergar o efeito das restrições externas nesse campo que pretende alcançar a autonomia. Como eu sempre digo, essa autonomia é relativa, e as forças do campo que engloba continuam a se exercer, especialmente porque julgamos uma produção em relação à qualidade social do público ao qual supomos que ela está destinada quando ela o alcança, porque é óbvio que na luta

---

469. "O ladrão orienta sua ação pela 'vigência' da legislação penal: ao ocultá-la" (M. Weber, *Economia e sociedade*, op. cit., p. 20).

interna do campo estamos sempre numa filosofia mecanicista. Se eu voltei três vezes para a ideia de que não devemos pensar em termos de função, que não devemos explicar um artista através do grupo ao qual ele supostamente serve, é porque uma das maneiras de combater no campo é reduzir, através de ofensas, uma produção à sua função: "Você não passa de um escritor para velhotas". Reduzimos a qualidade artística de uma obra ao designar a ela uma função ("Você faz arte industrial") e a reduzimos ainda mais (a reduzimos uma segunda vez, de certa maneira) quando o grupo ao qual a obra supostamente serve está mais baixo na hierarquia social. No teatro, entre o vaudeville pesado, cômico e fácil sobre o eterno problema do triângulo amoroso e o *boulevard* mais nobre, teremos uma oposição segundo a hierarquia social dos públicos.

Para as hierarquias no nível do romance, eu posso me basear nas análises de Rémy Ponton misturando um pouco os períodos, mas temos um outro elemento interessante: a poesia é a especialidade cuja autonomização é mais antiga mesmo que, ainda hoje, a representação popular da literatura esteja associada à poesia. Por exemplo, quando acontece de pessoas das classes populares ou médias escreverem, elas escrevem poesia e não um romance realista sobre aquilo que têm diante dos olhos[470]. Mas, pelo contrário, na história a poesia é o setor que conquistou sua autonomia mais cedo, em parte por necessidade (falta de público), em parte por eleição, ou seja, numa dialética da necessidade transformada em virtude. Na poesia, a luta interna no subcampo puro entre o novo e o antigo, a ortodoxia e a heresia, se estabeleceu há muito tempo. Ponton mostra muito bem que a ideia de evolução literária que associamos à ideia de campo artístico se constituiu em relação à poesia. A ideia da revolução permanente segundo a qual uma escola persegue a outra (os parnasianos invertem os românticos etc.) é exemplificada pela poesia, e quando pensamos no modelo da revolução, pensamos na poesia porque ela está há muito tempo na lógica da luta pela diferença, da economia pura, da economia simbólica – falarei mais tarde da economia simbólica que é a economia da distinção. À medida que o campo se autonomiza, todas as posições do campo, incluindo as menos autônomas em relação ao mundo da economia, entrarão na lógica ilustrada aqui: teremos oposições verticais que não serão mais simplesmente hierarquizadas através das oposições segundo a qualidade do público.

---

470. P. Bourdieu explicará esse ponto em *As regras da arte*, op. cit., p. 276, n. 46 [402, n. 46].

Aqui preciso inserir uma época posterior, com a tradição do teatro de vanguarda, do teatro Antoine[471], as formas margem direita/margem esquerda, que descrevi num artigo[472] e que fizeram aparecer uma oposição entre o teatro que tem um público burguês e o teatro que tem um público estudantil e de professores. Essa oposição começa a se constituir no final do século XIX no caso do teatro, como no caso do romance, no qual se constitui uma oposição entre um romance de pesquisa e um romance de serviço. Mas, antes da autonomização desse setor, a hierarquia das práticas corresponde a uma hierarquia dos públicos afetados.

Seguindo Ponton, e se misturarmos um pouco as escolas, podemos dizer que há, de modo geral, o romance psicológico, o romance mundano, o romance naturalista (Zola), o romance de costumes, o romance popular, o romance rural: a hierarquia dos gêneros corresponde grosseiramente à hierarquia dos públicos. Agora vou antecipar a sequência dizendo que, como Ponton demonstrou com muita precisão, a hierarquia dos gêneros corresponde à hierarquia dos autores segundo sua origem social[473]: há uma espécie de homologia entre o grau de raridade social de um gênero e o grau de raridade social das pessoas que o praticam. O romance psicológico (Paul Bourget etc.), por exemplo, é produzido pelos trânsfugas da poesia, ou seja, as pessoas que vieram de um gênero mais nobre, segundo as leis que descrevi em relação ao campo científico através das pessoas que vêm de uma disciplina mais alta e trazem para uma região mais baixa do ponto de vista do prestígio o prestígio que devem à sua origem disciplinar[474]: para realizar essa conversão elas precisam ter propriedades ligadas a uma origem social elevada (a coragem de romper, o senso das estratégias de reconversão etc.). Essas pessoas vão propor um produto no qual vão apresentar um meio que está ele próprio situado mais alto na hierarquia, o que faz nascer debates explícitos muito divertidos: será

---

471. Teatro parisiense de vanguarda dirigido por André Antoine (ver nota 457, p. XXX) [N.T.].

472. Pierre Bourdieu, "A produção da crença: contribuição para uma economia dos bens simbólicos", in *A produção da crença, op. cit.* ["La production de la croyance. Contribution à une économie des biens symboliques", *Actes de la recherche en sciences sociales*, n. 13, 1977, pp. 3-43]. Ver também *A distinção, op. cit.*, especialmente pp. 24, 218-223 [18, 260-265] e *As regras da arte, op. cit.*, capítulo "O mercado dos bens simbólicos", pp. 162-199 [234-288].

473. Ver especialmente R. Ponton, "Naissance du roman psychologique", *art. cit.*, p. 68.

474. P. Bourdieu, "La spécificité du champ scientifique et les conditions sociales du progrès de la raison" ["A especificidade do campo científico e as condições sociais do progresso da razão"], *Sociologie et sociétés*, v. 7, n. 1, 1975, pp. 91-118 ; "O campo científico", *art. cit.* P. Bourdieu voltará a essas questões em *Para uma sociologia da ciência, op. cit.*

que os estados de alma de uma camareira são tão interessantes quanto os estados de alma de uma duquesa? (Isso é dito com todas as letras em certos debates.) O que ocorre é que a própria questão da relação entre a hierarquia dos gêneros e a hierarquia dos grupos estabelecida no romance é explicitada no debate.

Para terminar: nesse espaço assim hierarquizado se constitui pouco a pouco uma hierarquia autônoma, e a hierarquia segundo os gêneros tende progressivamente a dar seu lugar para uma oposição única que observaremos, a partir mais ou menos de 1900, entre a poesia, o romance e o teatro de vanguarda contra a poesia, o romance e o teatro burgueses. A passagem acontece progressivamente. É por isso que, como eu disse agora há pouco com base numa observação de Charle que creio ser muito bem fundamentada, essa época de 1890-1900 é muito interessante[475]: ela é o momento em que a estrutura se estabelece e na qual enxergamos os dois princípios de hierarquização. O princípio de hierarquização segundo o peso da economia ainda está em vigor e já começa a se estabelecer o outro princípio de hierarquização que já estava há muito tempo em vigor na poesia e que se instaura para o conjunto do campo.

Essa é a descrição do espaço. Termino muito rapidamente para poder na próxima aula tentar dar um sentido completo para minha análise. Gostaria simplesmente de dizer que, como disse cem vezes nas aulas anteriores, esse campo será o local de uma luta para transformar o campo. Teremos dois eixos de lutas: primeiramente, a luta que mencionei há pouco entre o polo dominado e o polo dominante economicamente, e essa luta não passa da forma que a luta dentro da classe dominante assume no campo; e, em segundo lugar, a luta que cresce pouco a pouco a ponto de ocultar a primeira, uma luta dentro de cada gênero entre uma arte de serviço, de lucros imediatos, e uma arte que é um fim em si mesma de lucros adiados. Em outras palavras, estabelece-se duas economias: uma economia antieconômica e uma economia econômica que corresponderão a dois tipos de artistas antagônicos. O que eu quero fazer na próxima aula é tentar mostrar como, em função de suas disposições, ou seja, das propriedades que trazem para o campo, os novos ingressantes desembarcam nesse espaço: o artista novo vai ter que se situar nesse espaço, ele será manipulado pelas forças que estão em jogo nesse campo e seu destino dependerá da relação entre essas forças e as disposições que ele traz.

---

475. "Essa época, em nossa opinião [...] testemunha a estruturação do campo literário em suas formas atuais" (C. Charle, *La Crise littéraire à l'époque du naturalisme, op. cit.*, p. 16).

Aula de 25 de janeiro de 1983

> A lógica econômica dos empreendimentos culturais. – A verdade da prática. – Os lucros adiados do desinteresse. – Os lucros ambivalentes do mercado. – A subversão das regras do campo. – Temporalidades e "personalidades". – Clientes e concorrentes: a mediação do sistema escolar. – Gerações e revoluções. – Os modos de envelhecimento e de eternização. – Superar por superar. – Orientar-se no espaço dos possíveis. – A trajetória e o *habitus*. – O desmonte ímpio da ficção.

Eu acho que vocês têm motivos para sentirem uma insatisfação, e quero que vocês saibam que eu sei disso. Vou dizer a vocês o que acho que falta em tudo que eu disse. Eu queria poder ter ido até o final da explicitação da lógica do que é um campo. Para isso, teria sido necessário abordar um problema que não tive tempo de tratar no pequeno número de sessões que me restavam: o problema das relações entre a noção de campo e a noção de capital. Por isso, vocês me ouviram empregar constantemente essa noção de capital – eu falei de capital cultural, de capital econômico, de capital social – e vocês podem ter tirado dela uma impressão vaga ou incerta, ainda que eu acredite que esses diferentes conceitos possam ser esclarecidos e situados uns em relação aos outros. Apesar disso, eu deveria ter explicitado melhor esse problema fundamental que é o problema do campo das classes sociais, ainda mais porque creio que o conjunto das proposições que enunciei manifesta toda sua força e toda sua lógica quando as aplicamos a esse problema que me parece um dos mais malformulados na tradição sociológica, talvez porque tenha sido um dos primeiros a ser formulado.

Portanto, isso ficará para um próximo ano, no qual retomarei muito rapidamente o que estabeleci sobre a noção de campo para tentar mostrar no que ela é indissociável da noção de capital e em que a distribuição das diferentes espécies de capital, as lutas a propósito de sua distribuição, sua perpetuação, sua transformação, podem permitir remodelar completamente o pensamento em termos de classes e, em particular, se libertar do pensamento realista associado com muita frequência à noção de classe[476]. Digo tudo isso para expressar essa insatisfação e gostaria pelo menos de dar a vocês uma ideia de tudo que eu queria dizer. Nessa medida, acho que aqueles de vocês que quiserem ir mais longe terão muito mais facilidade em ler o que eu quis dizer. Dito isso, eu não gostaria de passar a impressão de que disse tudo que tinha a dizer sobre todas essas coisas porque senão vocês teriam motivos para fazer muitas críticas.

A lógica econômica dos empreendimentos culturais

Agora então volto ao ponto no qual parei na última aula, minha análise do campo intelectual ou do campo de produção cultural para tentar ir um pouco mais longe e passar do que foi uma descrição da estrutura do campo intelectual, tal como ele era num certo momento, para uma tentativa de construção de um modelo que permita dar conta dessa descrição. Em outras palavras, eu construí, como acho que é preciso se esforçar para fazer nas ciências sociais, uma espécie de modelo descritivo – que se resumia no esquema que mostrei para vocês –, mas esse modelo pode parecer ter sido construído através de um ajuste a uma realidade conhecida anteriormente. Com muita frequência as pessoas procedem assim, e não só nas ciências sociais: elas falam de modelo quando na realidade conhecem uma distribuição, elas construíram a fórmula que permite passar pelos pontos que representam essa distribuição. Esse é exatamente o tipo do falso modelo, do modelo *ex post*, que apenas descreve sob a aparência de explicação.

Creio que o modelo que tenho para mostrar a vocês escapa dessa crítica na medida em que ele se baseia no conceito de campo tal como o descrevi e tenta dar conta da estrutura que foi retirada da análise histórica segundo a qual os diferentes gêneros de produção literária se distribuem segundo duas hierarquias inversas em quiasma: uma hierarquia segundo o grau de lucro

---

476. Ver, por exemplo, Pierre Bourdieu, "Espaço social e gênese das classes", in *O poder simbólico*, op. cit., pp. 133-161 ["Espace social et genèse des 'classes'", *Actes de la recherche en sciences sociales*, 52-53, 1984, pp. 3-15].

econômico obtido e uma hierarquia inversa segundo o grau de consagração específica. Temos numa ponta o teatro, na outra a poesia. E acho que para dar conta dessa distribuição é preciso ter duas coisas extremamente simples. [Uma] eu já mencionei na última aula, a saber, que à medida que o campo de produção cultural afirmava sua autonomia, ele se constituía como tendo ele próprio uma economia cuja lógica era a negação da economia no sentido ordinário. O axioma fundamental desse universo particular ("arte pela arte") é a negação do axioma fundamental da economia ("negócios são negócios"): o axioma do universo cultural é antitético ao axioma fundamental do universo econômico. Com isso, vemos que, quanto mais um gênero ou uma prática artística obtiver lucro econômico, mais ele tenderá a ser desacreditado simbolicamente. Teremos portanto uma correlação negativa entre a propensão de um gênero, de uma maneira, de um estilo etc. a obter lucro econômico, e a obtê-lo rapidamente – essa é uma dimensão sobre a qual falarei mais –, e o fato de obter lucro simbólico.

Segunda proposição: podemos tratar os diferentes gêneros, maneiras ou escolas como empreendimentos econômicos e questioná-los sobre as condições sob as quais eles obtêm lucro. Veremos que esses empreendimentos se distinguem segundo três dimensões fundamentais: 1) o preço do produto por unidade, para resumir; 2) o tamanho do público e o volume da clientela; 3) a duração do ciclo econômico. Podemos então opor sob essas três relações os três gêneros que levei em consideração – a poesia, o romance e o teatro – tratando-os, através de uma abstração metodológica, como entidades econômicas.

Do ponto de vista do preço do produto unitário, vemos que não há muita diferença entre a poesia e o romance: o que varia nos dois casos é, de modo geral, a tiragem. Dito isso, a comparação entre o teatro de um lado e a poesia e o romance do outro demonstra que uma peça de teatro enquanto unidade escrita pode gerar muito mais lucro com um número muito menor de representações. [...] Eu lembrei vocês na última aula que os escritores tomaram consciência dessa diferença colossal. Para um investimento idêntico – se, mais uma vez, aceitarmos essa proposta de considerar o empreendimento [cultural] como um empreendimento como qualquer outro –, os lucros por unidade serão portanto incomparavelmente maiores de um lado do que do outro.

O campo literário no final do século XIX (detalhe)

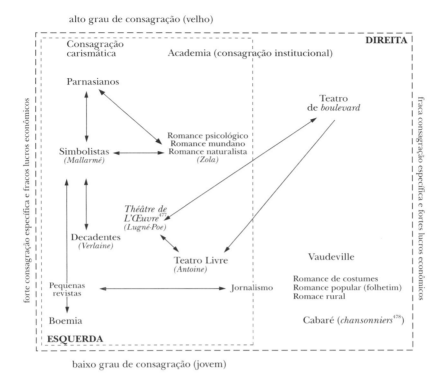

Segunda dimensão, correlacionada com a anterior: o volume de público que podemos obter com uma obra particular. Vemos que, para obter o mesmo lucro – isso decorre das variações do preço unitário –, será preciso um número de unidades infinitamente maior no caso do romance do que no caso do teatro e, por consequência, se combinarmos o que decorre dessa proposição com a proposição que mencionei no começo – a saber, que há uma correlação negativa entre o lucro econômico e o lucro simbólico –, o romancista precisará ter um público infinitamente maior para um mesmo lucro econômico do que o dramaturgo; ao mesmo tempo, ele será muito mais ameaçado pelo descrédito ligado ao tamanho do público.

---

477. Teatro modernista de Paris [N.T.].

478. Cantores de música popular francesa nas décadas de 1960 e 1970 que interpretavam seu próprio repertório com arranjos simples [N.T.].

Terceira propriedade, que é muito importante porque é sobre ela que vai se constituir a oposição que me parece fundamental no campo da produção cultural: a oposição entre os empreendimentos de circuito longo e os empreendimentos de circuito curto. Remeto vocês, para ilustrações precisas, ao artigo que escrevi sobre a produção da crença no qual dou estatísticas de venda, por um lado, de um romance que ganhou o Prêmio Goncourt e, pelo outro, de uma obra de Beckett: em cifras acumuladas, durante vinte anos, a obra de Beckett e a obra do Prêmio Goncourt chegaram mais ou menos à mesma quantidade; vendeu-se tanto Beckett quanto esse outro autor cujo nome desapareceu[479]. Dito isso, esse segundo obteve todos os seus leitores e portanto todo o seu lucro num único ano, enquanto o primeiro só conseguiu isso em vinte anos. Em consequência, o empreendimento econômico será completamente diferente mesmo que, em lucros acumulados, os resultados sejam idênticos. Com efeito, num caso trata-se de investimentos que podem ser vividos como a fundo perdido; é apenas retrospectivamente que sabemos se tratar de um investimento produtivo: durante muito tempo foi preciso que o editor aceitasse o risco de jamais sair do prejuízo e que o autor aceitasse trabalhar sob condições nas quais ele jamais teria certeza de sair do prejuízo. Há portanto duas relações com a economia totalmente antagônicas: uma se situa na lógica do "ganha-ganha", na qual o trabalho dá imediatamente resultados; a outra trabalha numa lógica análoga à troca de dádivas, quer dizer, com um atraso interposto, e esse atraso é muito importante como em todas as trocas [baseadas na] denegação do econômico.

A verdade da prática

Remeto vocês a uma análise de *O senso prático*, onde mostrei como a análise estruturalista da troca de dádivas como proposta por Lévi-Strauss omitia uma dimensão muito importante da troca de dádivas, a saber, a distância temporal entre o momento em que oferecemos a dádiva e o momento em que recebemos a contradádiva[480]. Não sei se vocês se lembram da análise: Lévi-Strauss demonstrou que Mauss havia proposto uma análise ingênua da troca no sentido de que ela

---

479. P. Bourdieu, "A produção da crença", *art. cit.*, p. 24 (esse gráfico e seu comentário, bastante diferentes desta passagem, são retomados em *As regras da arte*, *op. cit.*, p. 164 [238]).
480. P. Bourdieu, *O senso prático*, *op. cit.*, "A ação do tempo", pp. 164-186 [167-189].

não passava da transcrição científica da experiência nativa. A análise de Mauss fazia da troca de dádivas uma série descontínua de atos generosos: eu dou como se jamais fosse receber em troca e aquele que recebe dá em troca como se jamais tivesse recebido, e assim por diante. E Lévi-Strauss demonstrou, numa análise célebre, que essa aparência de irreversibilidade escondia uma estrutura de reversibilidade, um modelo *a priori* segundo o qual aquele que dá tem a garantia de receber, já que a própria mecânica da troca implica que não há dádiva sem contradádiva e que a contradádiva exige uma dádiva, e assim por diante[481]. Eu apenas indiquei que essas duas análises aparentemente contraditórias não o são: na realidade, as duas são verdadeiras. Aquele que concede a dádiva pode fazê-lo como se ela fosse sem retorno apesar de seu ato ser regido por um modelo que obedece a lógica da reversibilidade. O que permite que a experiência da troca de dádivas seja vivida como Mauss a descreve ainda que ela tenha como realidade ser como Lévi-Strauss a descreve é o intervalo de tempo. Em quase todas as sociedades há duas regras: jamais devolvemos exatamente a mesma coisa que recebemos, e jamais a devolvemos imediatamente – aliás, devolver imediatamente é exatamente devolver a mesma coisa, a coisa mesma. O modelo apaga o intervalo, o estado temporal. Aliás, muitas vezes os modelos mecânicos têm como propriedade abolir o tempo, o que justificaria retomar a seu respeito uma crítica bergsoniana da ciência como destruidora do essencial, ou seja, do tempo[482]. Neste caso particular, eu penso que o modelo econômico da troca faz desaparecer o essencial, quer dizer, a lacuna entre as duas experiências que é possibilitada, entre outras coisas, pelo fato de não haver simultaneidade.

(Faço um parêntese que é importante: eu acho que, com frequência, o trabalho científico permite acessar o modelo por um simples efeito de simultaneidade: todas as operações que o pesquisador faz quando desenha esquemas e estabelece cronologias ou genealogias consistem em tornar simultâneas coisas que só são vivenciáveis porque são sucessivas. Há coisas que seriam insuportáveis, devido a tantas contradições que contêm, se fossem simultâneas e elas só são vivenciáveis porque são praticadas no tempo, nos momentos, nos lugares separados e porque

---

481. Claude Lévi-Strauss, "Introdução à obra de Marcel Mauss", in M. Mauss, *Sociologia e antropologia, op. cit.*, pp. 11-46 [ix-lii].

482. "[A ciência] considera sempre momentos, sempre estações virtuais, sempre, em suma, imobilidades. O que equivale a dizer que o tempo real, considerado como um fluxo ou, em outros termos, como a própria mobilidade do ser, está aqui fora do alcance do conhecimento científico" (H. Bergson, *A evolução criadora, op. cit.*, p. 363 [364]).

ninguém está lá para fazer o trabalho do Deus leibniziano que consiste em totalizar o não totalizável, algo que não é feito para ser totalizado. Essa é uma ilustração daquilo que não paro de dizer: refletir sobre o que é a prática é sempre refletir sobre o que é a prática científica e sobre o que faz a diferença entre a prática científica e a prática prática.)

Neste caso particular, a distância entre a experiência de quem faz a dádiva e a experiência do analista é essencial: se as coisas acontecessem como diz o analista, nada funcionaria. É portanto muito importante, nas ciências humanas, fazer modelos que incluam as condições de funcionamento dos modelos. Sempre fazemos digressões regressivas e obscurantistas sobre o tema ciências humanas/ciências naturais etc. Eu penso que as análises que invocam a especificidade das ciências humanas são em geral análises muito arcaicas que servem para defender a honra espiritual da humanidade ou os interesses do filósofo que reflete sobre as ciências humanas. O ponto real da diferença entre as ciências humanas e as ciências naturais reside no lado do que acabo de dizer: as ciências humanas são ciências como as outras, mas que devem colocar em seu modelo o fato de que a realidade não é vivida conforme o modelo. Essas são coisas simples mas importantes, não devemos confundir, para retomar a frase de Marx a respeito de Hegel, as coisas da lógica com a lógica das coisas[483].

Em outras palavras, o erro antropológico fundamental – no fundo, meu curso é uma longa variação sobre esse tema – consiste em colocar na consciência dos agentes, em suas práticas, os modelos que devemos construir para compreender suas práticas. É preciso compreender que para compreender as práticas precisamos construir coisas que são a verdade da prática mas que a prática não tem como verdade. As pessoas, efetivamente, vivem objetivamente a troca como diz Lévi-Strauss, mas foi preciso Lévi-Strauss para descobrir essa verdade que as pessoas ignoram ou, com mais frequência, não querem saber. Vocês verão – se eu tiver tempo, espero que sim – que, quando se trata de arte, essa distinção é extremamente importante porque o que dificulta a sociologia da arte (sobretudo para as pessoas cuja religião é a arte, como os intelectuais) é que ela objetiva coisas que são antinômicas para a experiência da obra de arte. É por isso que o sociólogo é denunciado ao mesmo tempo como o personagem grosseiro que diz o que todo mundo sabe e que diz coisas falsas e revoltantes; ele é criticado ao mesmo tempo

---

483. Ver *supra*, p. 272, nota 4.

por dizer o falso e o que é evidente. Se podemos criticá-lo pelas duas coisas ao mesmo tempo, é porque ele diz coisas que, de certa forma, todo mundo sabe mas [...] não quer saber. Isso valeria também para a troca de dádivas: quando se começa a trabalhar numa sociedade qualquer, observa-se que há ao mesmo tempo provérbios que dizem que não há nada mais belo do que a generosidade e outros provérbios que dizem que não há nada pior do que receber um presente; em outras palavras, há uma visão lúcida. Sobre a obra de arte – eu mostrarei para vocês –, a sociologia faz um trabalho que de certa forma ninguém faz, especialmente os artistas.

Os lucros adiados do desinteresse

Volto para minha proposta, mas vocês verão que não desviei da minha linha. Eu falava da distância temporal, do fato de que ao final de vinte ou trinta anos o lucro de Beckett é equivalente ao que foi num único ano para outros escritores. É preciso ver que há lucros nas artes mais desinteressadas. Os empreendimentos mais desinteressados, os empreendimentos de vanguarda que produzem para um mercado que eles precisam produzir, estão portanto expostos a jamais recuperar seus fundos de investimento, mas eles podem, num certo número de casos estatísticos, trazer lucros absolutamente equivalentes, senão maiores – podemos pensar nos clássicos: se Racine tivesse tido direitos autorais... O fato é que esses lucros absolutamente fantásticos se apresentam numa forma deferida [*différée*], portanto diferente. Os atos que produzem esses lucros adiados podem ser vividos como radicalmente desinteressados. Eu diria até que eles só podem obter esses lucros adiados se forem realmente vividos como desinteressados: o desinteresse faz parte das condições de sucesso dessa economia do desinteresse. Se isso valer, a diferença entre o teatro que rende muito mais rápido e a poesia que rende muito pouco mas que renderá muito a longo prazo, ou entre o romance popular que rende muito imediatamente e o romance de vanguarda que vende trinta exemplares no primeiro ano – esse é o caso para muitos romances de vanguarda – e em seguida tem uma curva crescente, consiste numa distância temporal que é absolutamente capital porque isso faz toda a diferença do ponto de vista da experiência. É isso que faz com que o autor de vanguarda se sinta no direito de desprezar radicalmente o autor de sucesso. Toda a lógica [do campo] repousa sobre essa oposição.

Esse desvio é importante para que vocês compreendam o que eu queria dizer na outra aula quando contrastei uma economia econômica a uma economia antieconômica da arte. Os diferentes gêneros – para não falar apenas dos três principais: teatro, romance e poesia – se distinguem assim de maneira fundamental em relação aos lucros que geram e a maneira como os geram. O teatro gera muitos lucros econômicos muito rapidamente, com um público relativamente restrito e burguês; o romance gera muitos lucros, mas com um grande público, e ele só gera um lucro muito grande, equivalente ao obtido pelo teatro, se conseguir ir além do público burguês. Lembro uma das proposições que apresentei na última aula: a autonomia do campo de produção é sempre uma autonomia relativa. Portanto, os princípios de avaliação externos ao campo continuam a funcionar, mesmo de maneira eufemizada e mascarada dentro do campo, sob uma forma retraduzida: o valor designado a um sucesso depende do tamanho do público, e através do tamanho do público o que intervém é a qualidade social do público. Temos a hipótese, sem formulá-la completamente, que à medida que o público se estende a qualidade social dos compradores diminui, e portanto o valor de consagração do ato de compra diminui. Em consequência, uma arte como o romance que só pode trazer lucros econômicos através de uma extensão de sua clientela, através da condição de ter um público muito vasto (o qual, segundo as análises de Christophe Charle, vai até o topo da classe trabalhadora para certos romances de Zola), traz para seu produtor a ameaça de descrédito se for verdade, como eu disse, que existe essa correlação negativa entre quantidade de lucros econômicos e quantidade de lucros simbólicos. Todo o problema do romance será que ele tem muitos lucros e muito público, enquanto o teatro tem muitos lucros e não muito público. O romance tem muito público, e um público suspeito. Já a poesia é perfeita em todos os aspectos: ela não tem nem lucro nem público, ela só pode obter lucros adiados.

Os lucros ambivalentes do mercado

É preciso estender mais a análise. Eu acho que a comparação entre os gêneros é interessante (pensem um segundo no estatuto da pintura), e é claro que o que digo é muito esclarecedor para compreender os discursos feitos pelos artistas de diferentes gêneros sobre sua relação com o público; quando eles falam do público, expressam essa contradição. Por exemplo, o pintor de vanguarda de hoje pode se contentar com cinco compradores, três deles curadores de museus; ao mesmo tempo, ele não precisa fazer grandes digressões apocalípticas sobre a massa, o povo etc.: de qualquer maneira, ele vende a preços tão altos... Vemos portanto que um pintor de vanguarda não vai de jeito nenhum desenvolver o mesmo fantasma do sucesso, a mesma ideologia profissional do que um romancista de vanguarda. Ele pode ter o sonho de vender uma única obra, enquanto um romancista, mesmo com muita astúcia (há coisas que vão nesse sentido), não consegue viver vendendo cinco exemplares numerados. As economias muito diferentes dos produtos culturais se retraduzem em relações com a profissão, relações com a crítica, relações com o público, relações com o mercado totalmente diferentes. Entendemos bem nessa lógica as análises célebres de Raymond Williams em *Cultura e sociedade*: ele mostra como a ideologia romântica do poeta carismático se desenvolveu nos poetas ingleses como reação contra o confronto – aliás, imaginário – com o mercado[484]. A análise é mais sutil e detalhada, mas este é o esquema geral: ele mostra que a representação do artista cercado pelas massas, que precisa construir sua personalidade carismática, capaz de lutar contra as forças ao redor que o absorvem, se constrói paralelamente ao desenvolvimento de um mercado anônimo e se desenvolve à medida que cresce a dependência do escritor não mais para alguns mecenas escolhidos que garantem sua subsistência, mas em relação a um mercado anônimo que só garante a subsistência se vendermos bastante a desconhecidos, cuja aprovação se torna cada vez mais duvidosa à medida que esse público cresce. A antinomia da relação com o público, que podemos descrever como cinismo, está inscrita numa descrição rigorosa puramente econômica dessa forma particular de lucro.

Se vocês concordarem com meu axioma segundo o qual há uma correlação negativa entre lucros simbólicos e lucros propriamente econômicos, verão como os diferentes gêneros, posto que geram lucros de valor muito diferente, servirão para hierarquizações inversas. A partir dessas análises podemos até compreender uma esquisitice: o teatro que gera muitos lucros econômicos com um público relativamente grande e socialmente inferior do ponto de vista dos artistas, mas menos inferior do que o do romance, vai provocar uma forma de consagração burguesa. No esquema, ele está no alto e à direita[485], do lado onde coloquei a Academia, do lado onde os escritores obtêm lucros econômicos importantes, relativamente pouco comprometidos e em harmonia com as sanções burguesas, estatais etc., quer dizer,

---

484. Raymond Williams, *Cultura e sociedade: de Coleridge a Orwell*. Petrópolis: Vozes, 2011, tradução de Vera Joscelyne [*Culture and Society: 1780-1950*. Londres: Chatto & Windus, 1958].
485. Ver *supra*, p. 395.

as formas de consagração oficial cujo paradigma é a Academia. Para a poesia, as coisas estão claras porque não há lucros. Com raras exceções (pode acontecer que poetas como François Coppée, por exemplo, escrevam dramas em versos, ou seja, tornem-se dramaturgos), os poetas são sancionados positivamente do ponto de vista da economia antieconômica característica do campo de produção restrita e são portanto consagrados, o que pode lhes permitir, no final de sua vida – logo voltarei a isso –, encontrar-se na Academia com os dramaturgos. Quanto aos romancistas, sobretudo os romancistas naturalistas, eles representam um problema completamente especial, já que conseguem ter lucros muito grandes, o que é um defeito, pois são lucros ruins, obtidos ao preço de ultrapassarem os limites: eles ultrapassam os limites sociais e, particularmente no caso do romance naturalista, chegam até o topo das classes populares. Daí, para ir rápido – misturo as coisas um pouquinho – todas as querelas de Zola com a Academia, para a qual ele muitas vezes se candidatou mas sempre foi derrotado por dramaturgos, autores de romances psicológicos etc.

[O romance naturalista] não pode ter nenhuma forma de legitimidade: nem a legitimidade pura que recebe a arte pela arte – quer dizer, a arte para o artista, a arte que tem como mercado seus únicos concorrentes – nem a legitimidade "burguesa", a legitimidade acadêmica; daí a necessidade dessa arte de fundar uma nova legitimidade, e não é por acaso que esse romance se reivindica como popular transformando o estigma em bandeira, o que é uma estratégia frequente dos grupos estigmatizados: o que era um defeito, o sucesso, pode ser aprovado e louvado quando em vez de ser um sucesso vulgar torna-se um sucesso popular. Existe toda uma luta para substituir o vulgar pelo popular, já que o popular é um vulgar eletivo. (Aqui teríamos que refletir e discutir: o fato de chamarmos a vulgarização de "popularização" muda tudo. Isso depende de quem faz a vulgarização... Seria preciso refletir sobre isso, mas aí eu sairia da minha proposta.)

A subversão das regras do campo

Essa posição ambígua e contraditória do romance está inscrita em sua economia e, rapidamente, a estratégia muito complexa de Zola é caracterizada pelo fato de que por estar numa posição central no campo ele tentou juntar duas coisas normalmente exclusivas, a saber, por um lado uma espécie de dignidade política e literária que fazia com que ele não pudesse ser rejeitado como um romance vulgar, como os romancistas regionalistas ou os romancistas populistas, e pelo outro lado um público incontestavelmente popular[486]. Não é por acaso que o naturalismo tenha sido o objetivo de uma luta particularmente violenta.

Eu acho que – é isso que tentarei mostrar em seguida – o naturalismo representou uma revolução específica. Como eu disse várias vezes, uma das propriedades dos campos está no fato de que eles são o local de lutas pela subversão. Todos os campos são o local de revoluções: há tantas formas de revolução quanto há campos; há, por exemplo, revoluções na matemática e na física. Essas revoluções parciais estão para a revolução como cada campo relativamente autônomo está para o campo dos campos. Isso é importante: com muita frequência, as revoluções parciais na escala de um campo são apresentadas como revoluções gerais porque, nesses campos, há pessoas que têm interesse em universalizar sua revolução. Eu já disse isso cem vezes: há revoluções específicas (acho que temos todo o direito de empregar essa palavra), quer dizer, ações que tendem a subverter e a inverter as relações de força constitutivas de um dado espaço e a inverter a estrutura da distribuição que é a estrutura desse espaço. Essas revoluções específicas – isso é um problema – podem, sob certas condições, tornarem-se revoluções gerais. Não continuarei a falar – isso ficará para o ano que vem – sobre o problema das revoluções num subcampo mais ou menos autônomo e as revoluções que pouco a pouco tomam todos os campos. Mas tenho ele em mente[487].

Voltando a Zola, eu acho que ele representa uma espécie de revolução específica nesse sentido de que ele apresenta um princípio de legitimação que não é reconhecido por nenhum daqueles que dominam segundo os princípios de legitimação que dominam no campo: ele não é reconhecido nem pelos defensores da economia pura nem pelos defensores da economia burguesa. Ele escandaliza tanto os poetas simbolistas, por exemplo, quanto o teatro burguês. A pesquisa Huret foi muito típica: basta observar o número de referências a Zola, que é o alvo das zombarias, o motivo para a realização da pesquisa[488]. No fundo, a pesquisa pergunta "O que você acha de Zola" e todo mundo fala e se situa em relação a Zola. É porque Zola introduz uma coisa que acaba subvertendo profundamente a economia do campo de produção cultural. Ele introduz um princípio de legitimação

---

[486]. Para uma análise da estratégia de Zola, ver P. Bourdieu, *As regras da arte*, op. cit., pp. 148-152, 161 [214-218, 232].

[487]. Sobre essas questões, ver especialmente as análises dedicadas a Maio de 68 em *Homo Academicus*, op. cit., pp. 207-248 [207-250] e *Manet. Une révolution symbolique*, op. cit.

[488]. Sobre a pesquisa Huret, ver *supra*, aula de 18 de janeiro de 1983, pp. 338ss.

que desacreditaria os defensores da arte pela arte mandando-os, devido ao fato de que eles não teriam um público popular, para o lado do duro, interno, gratuito, vão, inútil enquanto os outros seriam enviados para o lado dos burgueses.

Essa subversão parcial tem efeitos, de certa maneira, na revolução naturalista: é uma revolução fracassada. Havia, para retomar o esquema, a poesia, o romance de Zola e o teatro burguês, e surgirá um romance psicológico – ou "romance de análise", como se dizia na época – que encontrava seus objetos na classe burguesa. Na pesquisa Huret – à qual eu os remeto mais uma vez –, em duas ocasiões menciona-se os méritos e os defeitos comparados da psicologia das camareiras e dos padres: seria mais interessante tratar de uma lavadeira ou de uma duquesa? O debate formulado muito ingenuamente nesses termos coloca o problema da qualidade da obra segundo a qualidade social do público: será que a obra só vale o que vale a qualidade social de seu público? Esse debate polêmico capta algo de essencial, a saber, essa espécie de correspondência devida a uma série de homologias absolutamente extraordinária que gera a complexidade e ao mesmo tempo a simplicidade desses campos: a qualidade social dos personagens, a qualidade social dos autores (que falam dos personagens), a qualidade social dos editores estarão em correspondência, e as heroínas dos romancistas psicológicos estão para as heroínas de Zola como os romancistas psicológicos estão para Zola, assim como seus editores estão entre si.

Os romancistas psicológicos vêm do simbolismo: eles conservam um capital propriamente simbólico adquirido no terreno da poesia. Eles perdem capital ao irem para o gênero inferior do romance, mas trazem para esse gênero inferior um capital emprestado de um gênero superior de maneira a elevarem esse gênero e o tornarem suportável para um público homólogo na classe dirigente: esse romance terá um público que será o equivalente do público do teatro burguês. O romance terá um público burguês, ainda que não se imaginasse – cito mais uma vez a pesquisa Huret – que num salão pudesse haver uma conversa sobre *A terra*, de Zola, livro que causou escândalo e provocou uma ruptura com a escola naturalista devido às descrições chocantes que continha do ponto de vista intelectual. Já o romance psicológico é um produto adaptado ao meio burguês e aos valores desse meio, como era o teatro burguês que encontrava, no público restrito garantido do qual dispunha (desde que respeitasse de maneira absoluta os valores), uma das condições tácitas de seu sucesso. É claro que aqui trato apenas do que podemos dizer no nível do campo literário, porque ao mesmo tempo temos o fim do Império, a Comuna de Paris etc., e poderíamos dizer que Zola fracassou porque [ao mesmo tempo, no campo político, havia a Comuna etc.]... Voltarei a esse problema absolutamente capital da coincidência [entre os campos].

Temporalidades e "personalidades"

Para chegar no essencial, parece-me que as oposições entre os gêneros se compreendem a partir de minhas proposições sobre a lógica econômica do campo e das economias práticas de cada um dos gêneros. A partir das análises das economias específicas, compreendemos que a oposição entre as duas economias que descrevi há três aulas – a economia econômica ordinária que tem como lei "negócios são negócios" e a economia antieconômica do campo de produção restrita – começou a tomar a forma de uma oposição entre os gêneros, de modo geral entre a poesia e o teatro. O que eu comecei a descrever não muito bem na última aula é essa espécie de cisma que vai se produzir dentro de todos os gêneros: no teatro, entre teatro burguês e teatro de vanguarda; no romance, com a oposição romance psicológico, naturalista, regionalista e o romance de costumes. Sobre o romance de costumes há um texto magnífico de Flaubert que diz para seu amigo Feydeau mais ou menos isso: "tentei te proteger contra a queda por anos"[489], enquanto Feydeau caía pouco a pouco num romance obsceno, uma espécie de pornografia elegante. O romance de costumes é a forma inferior do romance psicológico.

Pouco a pouco, a oposição entre as duas economias que se expressou inicialmente entre a poesia e o teatro se reproduz de certa forma em cada um dos gêneros: sob a forma da oposição entre um romance nobre e burguês, que será o romance de Proust (não quero cometer anacronismos, já misturei demais as épocas) e um romance ignóbil, um romance de mercado, um romance que se vende. No teatro, teremos também um corte entre um teatro de reprodução moral de direita e um teatro de vanguarda no qual o diretor se torna o personagem principal. Da mesma maneira, o espaço será estruturado de forma simples

---

489. Corretor da bolsa de valores e escritor, ligado especialmente a Théophile Gautier e Gustave Flaubert, Ernest Feydeau (1821-1873) fez sucesso com seu romance *Fanny* em 1858. Sobre seu último romance, *Mémoires d'une demoiselle de bonne famille* [*Memórias de uma senhorita de boa família*], Flaubert lhe escreve que "não [digo] que [há] pândegas demais, mas que só [tem] isso" (Carta de 21 de setembro de 1873, *Correspondance* [*Correspondência*], v. 3. Paris: Gallimard, 1991, p. 719).

segundo duas oposições: uma oposição principal horizontal entre por um lado a poesia, o romance de pesquisa e de vanguarda e o teatro de pesquisa e de vanguarda; e uma segunda oposição ortogonal à anterior entre – já vou explicar – a margem esquerda e a margem direita. Remeto vocês mais uma vez ao artigo "A produção da crença", no qual analisei os pintores dependendo das galerias se situarem na margem direita [do Sena] (os pintores nessa época ganham mais) ou na margem esquerda.

Todos os indicadores convergem para mostrar que há duas economias: por um lado, as economias a longo prazo, ou seja, as economias não econômicas ("Agora eu vendo trinta exemplares, mas serei salvo na posteridade"); pelo outro, uma economia de curto prazo, com os livros sob encomenda, escritos em relação à demanda, completamente submissos a um trabalho assalariado, em suma, um universo passível de uma análise econômica. O erro seria dizer que isso não é mais literatura, e não vou esquecê-lo quando se tratar de uma análise do campo intelectual. A partir do momento em que, em algum lugar, as pessoas produzem na lógica da arte pela arte, a partir do momento em que as instituições reconhecem essa lógica, a partir do momento em que há todo tipo de sanções etc., os produtores para um grande público só conseguem viver – num certo aspecto – mutilados em relação aos produtores para um público restrito. Eu faria esse experimento amanhã se pudesse: se pudéssemos pedir para um produtor de televisão avaliar todos esses produtores, eu acho que teríamos uma previsibilidade considerável sobre a atitude das pessoas – já que os produtores para um grande público não podem ignorar os produtores para um público restrito que, pelo contrário, podem fingir ignorar os primeiros. Não voltarei a esse ponto, mas acho que é importante lembrá-lo.

Temos portanto um espaço desse tipo e a estrutura do campo literário e artístico é constituída por essa oposição dupla que é ao mesmo tempo o princípio da estrutura do campo num momento dado e o princípio da mudança. Isso é importante para aqueles que têm em mente a oposição estrutura/história etc. Na verdade, o próprio princípio da estrutura é o próprio princípio do campo. A descrição que fiz do estado do campo por volta da década de 1880 correspondia, portanto, a uma fase de transição. Teremos, de modo geral, face a face, duas economias: uma economia ordinária e uma economia antieconômica. Teremos duas temporalidades: um tempo curto, com um tipo de economia de rotação rápida, uma expectativa de vida de seis meses para os livros, o que pressupõe um certo tipo de livrarias e de assessores de imprensa, porque esses são produtos que não são duráveis e precisam portanto vender rápido; e uma economia que permite contar com um tempo longo, com livros de rotação lenta, o que pressupõe um outro tipo de investidor, um outro tipo de livrarias etc. Aqui temos uma outra lei dos campos – já disse isso cem vezes, mas é muito surpreendente vê-la operar com tanta frequência no espaço dos editores[490].

Como há um campo, podemos quase sempre postular que haverá uma homologia entre os editores e os autores: os editores de vanguarda estarão para os editores conservadores como os produtores de vanguarda estarão para os produtores conservadores. Fabiani mostra, por exemplo, em sua obra sobre os filósofos, que Félix Alcan, fundador da editora de mesmo nome, tinha afinidade, devido às suas propriedades, com os autores que publicava (antigos "normalianos" etc.)[491]; ele tinha as propriedades que permitiam que pudesse entrar na lógica de uma economia antieconômica, cuja aceitação pressupunha um forte investimento simbólico[492]. Poderíamos descrever as temporalidades desses dois espaços e, na medida em que as estruturas temporais e a relação com o futuro estão entre as estruturas mais fundamentais do que chamamos de "personalidade", elas corresponderiam a personalidades completamente diferentes: investidores de longo prazo, investidores de curto prazo etc.

Clientes e concorrentes: a mediação do sistema escolar

É claro que se observarmos as lutas dessa época do ponto de vista do público, as pessoas que estão do lado do polo de produção restrita estão engajadas com os jovens, com os estudantes, com a boemia. Assim, elas têm como público seus concorrentes, porque – repito isso bastante porque é importante – quanto mais um mercado for autônomo, mais o produtor só tem adversários como clientes; isso vale para os meios científicos muito esotéricos, mas também para a maioria das empreitadas literárias ou artísticas de vanguarda. Além disso,

---

490. P. Bourdieu retomará essa questão mais tarde em "Uma revolução conservadora na edição", *art. cit.*
491. Filho de uma família de livreiros e ex-"normaliano", em 1883 Félix Alcan (1841-1925) fundou sua editora que se especializa em filosofia e ciências sociais e que será uma das quatro editoras que se fundirão em 1939 para criar as Presses Universitaires de France.
492. J.-L. Fabiani, *La Crise du champ philosophique*, op. cit.; *Les Philosophes de la République*, op. cit., pp. 104-109.

essas posições avançadas muitas vezes têm como público os jovens e a população estudantil, que é uma das mediações através das quais o campo de produção cultural é tributário da mudança do sistema escolar. O sistema escolar é uma das mediações mais importantes para compreender o que se passa no campo literário em dois sentidos.

Primeiro, ele pode estar na origem de uma mudança profunda do modo de produção dos produtores. Assim, a mudança que um romance naturalista representa está ligada ao crescimento formidável da escolarização secundária que lança no mercado uma massa de produtores que veio de meios que até então não integravam o sistema escolar e que não tinham os valores ordinários. Como eles se opunham aos valores dominantes, aceitavam coisas consideradas desonrosas (foi a época em que a imprensa se constituiu). As grandes mudanças no espaço de produção, sobretudo as mudanças do tipo de uma revolução específica, muitas vezes estão ligadas a mudanças sociais importantes através da mediação das mudanças do sistema escolar. Por exemplo, podemos pensar nas mudanças na história da filosofia alemã. Trata-se de um modelo muito geral para compreender um monte de coisas: eu acho que a história das ideias passa pela história do sistema escolar nesse aspecto.

Segundo, o sistema escolar também intervém ao produzir o consumidor. Ian Watt escreveu um livro clássico sobre o nascimento do romance na Inglaterra ligado à escolarização das mulheres[493]. Esse belíssimo livro mostra o elo entre o gênero do romance e a aparição de um novo público consumidor feminino. Eu acho que (antecipo um pouco o meu plano) as lutas que se desenrolam dentro do campo entre, por exemplo, aqueles que querem fazer a revolução e impor uma nova maneira de escrever e aqueles que defendem a tradição dependem, em grande parte, dos públicos: são os públicos que arbitram. Não há uma força intrínseca das ideias verdadeiras como dizia Espinosa[494]: mesmo nas lutas científicas mais científicas, mais puras, a verdade não se impõe por si mesma. Sempre é bom lembrar que a história das ciências está repleta de descobertas não descobertas, de descobertas que só foram

---

493. Ian Watt, *A ascensão do romance: estudos sobre Defoe, Richardson e Fielding*. São Paulo Companhia das Letras, 2010, tradução de Hildegard Feist [*The Rise of the Novel: Studies in Defoe, Richardson and Fielding*. Berkeley: University of Los Angeles Press, 1957].

494. "O conhecimento verdadeiro do bem e do mal, enquanto verdadeiro, não pode refrear qualquer afeto; poderá refreá-lo apenas enquanto considerado como afeto" (Espinosa, *Ética, op. cit.* parte IV, proposição 14).

descobertas posteriormente, em grande parte porque os concorrentes não tinham interesse em compreender. É porque, como eu disse há pouco, o mercado condena o produtor a ter como clientes seus concorrentes, especialmente quanto mais ele for autônomo. A sanção do mercado nem sempre é conforme ao que deveria ser se a lei do mercado fosse a lei da verdade. Dito isso, o fato de ter como cliente seus únicos concorrentes também é um controle fantástico: o fato de que o concorrente tem os meios para compreender mas não tem interesse em compreender (ou, em todo caso, não tem interesse em aderir sem compreender) é uma proteção contra o carisma, a magia e todos os efeitos desse gênero.

(De passagem, é mais um parêntese mas acho que é importante. Poderíamos considerar normativas essas duas proposições [...], mas elas são ditas aqui em termos tais que se tornam proposições [positivas]. Eu não sei se vocês enxergam o que quero dizer: eu tomei duas leis do funcionamento do campo científico, e tudo decorre das propriedades que poderíamos descrever como normativas. Poderíamos dizer: "O campo científico, por sua própria lógica, quanto mais autônomo for mais opõe resistências aos efeitos de oposição simbólica, carismática etc." Isso é importante porque, muitas vezes, a sociologia que se esforça em ser positiva é compreendida como enunciando proposições normativas. Ainda que essas proposições possam ser entendidas como normativas, isso não muda o fato de que, quando são engendradas de acordo com a lógica específica da produção científica, elas não são normativas. Elas são constatações sobre a lógica do funcionamento. Avançarei um pouco para aqueles que são do campo científico. Se há um progresso do campo científico no sentido da verdade, é porque a luta científica torna-se cada vez mais científica: o campo científico sempre ganha autonomia, o direito de entrada no campo cresce sem cessar, as armas necessárias para triunfar no campo tornam-se cada vez mais sofisticadas, os instrumentos que é preciso possuir para destruir o teorema do adversário são cada vez mais raros e cada vez mais elevados. Poderíamos explicar isso muito melhor, mas há portanto um progresso da razão que está fundamentado numa lógica social que não tem nada a ver com a razão. Portanto, não preciso de um postulado racionalista para dar razão ao fato de que, sob certas condições, em certos campos, em certos momentos, a lógica da mudança vai no sentido de uma razão maior. Há portanto um progresso que podemos explicar sem aceitar nem um pouquinho uma filosofia de tipo idealista. Agora vou voltar ao meu plano porque aqui acho que desviei bastante [*risos*]... Para concluir este ponto, eu disse que esse progresso da razão não é um progresso de tipo hegeliano, não é um progresso linear, e sim depende das condições e dos direitos de entrada que mudaram. Fecho o parêntese.)

Gerações e revoluções

A aparição de um novo público pode contribuir para mudar as relações de força no campo, mas o princípio de eficácia do público não pode ser encontrado no próprio público; o princípio da eficácia específica (quer dizer, especificamente intelectual, cultural, artística) do público só pode ser encontrado na própria lógica do campo num certo momento. Por exemplo, é apenas depois de entendermos o que se passava entre Zola, Bourget etc. que podemos compreender que a chegada ao mercado escolar de camadas sociais menos instruídas que podem encontrar sua felicidade no que Zola lhes oferece traz uma sanção positiva para Zola e reforça sua posição para criar uma revolução. Dito isso – voltamos ao que eu dizia –, Zola só pode ganhar nesse percurso se puder se aproveitar de seu sucesso (é preciso que ele possa dizer: "Isso não é *vulgar*, é *popular*"), e as outras pessoas têm interesse em tirar seu crédito. O apoio de um público é uma coisa muito ambígua: um ganha crédito com isso, outro perde. Portanto, a relação estúpida do tipo: "a aparição de uma nova camada produziu Zola, que a expressa" não faz muito sentido.

Encontraremos assim a oposição entre duas economias, duas temporalidades, dois públicos, e o público estudantil tem aqui um papel muito importante. Penso, por exemplo, que não compreenderemos uma palavra do que se passou no campo intelectual da França desde 1945 se não incluirmos as mudanças do sistema escolar e os dois efeitos que descrevi sobre a produção dos produtores por um lado e sobre a produção dos consumidores pelo outro. Obviamente, isso não quer dizer que eles possam ser considerados determinantes: eles não são causa necessária, e sim causa que favorece; em outros termos, um certo tipo de luta vai se desenvolver que permite a posições que nas lutas internas têm muito poucas chances de sucesso – ou então somente a muito longo prazo – florescerem como pelo menos alguma coisa que é preciso discutir, que somos obrigados a discutir porque há forças sociais por trás delas.

É claro que isso varia muito dependendo da natureza dos gêneros. Agora há pouco eu falava dos diferentes gêneros enquanto empreendimentos econômicos, mas também é preciso considerá-los do ponto de vista do assunto sobre o qual falam e da maneira como falam do mundo social. Uma das oposições pertinentes a esse respeito – menciono muito rapidamente porque ela é importante para uma compreensão completa – é a que se estabelece entre o teatro e a música, já que esta em certa medida é muito mais suscetível a uma adesão "transclasse" porque não fala do mundo social; ela é a arte mais denegada[495]. Na lógica da construção de nosso modelo, esse grau de referência explícita ou implícita ao mundo social é uma propriedade importante. Já descrevi o suficiente essa oposição, não continuarei.

A segunda oposição, relativamente independente da anterior, é observada dentro do subcampo da produção para produtores. Ela se encontra dentro de cada gênero: haverá um teatro de vanguarda consagrado e um teatro de vanguarda de vanguarda, um romance de vanguarda consagrado e um romance de vanguarda de vanguarda etc. De modo geral, essa é uma oposição entre os jovens de vanguarda e os velhos de vanguarda em função do grau de consagração específica e de antiguidade no campo. Rémy Ponton foi o primeiro a enfatizar essa propriedade, e a poesia fornece o melhor terreno para estudá-la porque é lá que se constituíram esse modelo da revolução permanente e essa ideia de geração artística, de escola etc. Com a poesia, temos assim um tempo mais longo, com mais revoluções. Rémy Ponton observa que esse modelo da revolução permanente opõe as pessoas que se distinguem como "neo" (aliás, com muita frequência as novas escolas são "neo": "neonaturalistas", "neomarxistas" etc.). Essa oposição entre o "paleo" e o "neo" é, do ponto de vista do conteúdo formal, quase vazia: Ponton mostra, num artigo sobre o movimento parnasiano[496], que a oposição entre os discursos das pessoas mais consagradas do ponto de vista específico e os discursos daquelas menos consagradas são reduzíveis em seu princípio gerador à oposição entre o "filhote" que quer ser percebido – assim, Zola fala dos jovens simbolistas com desprezo: para ele, eles não existem, ou não

---

495. "A música é a arte 'pura' por excelência: ela nada diz nem tem *nada para dizer*; como nunca teve uma verdadeira função expressiva, ela opõe-se ao teatro que, até mesmo em suas formas mais depuradas, continua sendo portador de uma mensagem social e só pode ser 'aceito' com base em um acordo imediato e profundo com os valores e as expectativas do público. [...] A música representa a forma mais radical [e] mais absoluta da denegação do mundo e, em especial, do mundo social que o *ethos* burguês [leva a esperar] de todas as formas de arte" (P. Bourdieu, *A distinção*, op. cit., p. 24 [17-18], tradução modificada).

496. Rémy Ponton, "Programme esthétique et accumulation de capital symbolique. L'exemple du Parnasse" ["Programa estético e acumulação de capital simbólico: o exemplo do Parnaso"], *Revue française de sociologie*, v. 14, n. 2, pp. 202-220.

passam de pretendentes pretensiosos – e o arrivista corrompido, o "traidor" que fez concessões à época.

É aqui que a oposição heresia/ortodoxia e a lógica do retorno às fontes e à pureza encontram sua realização: os velhos são lembrados daquilo em nome do qual eles se opuseram aos ainda mais velhos. Como vemos mais uma vez na pesquisa Huret, isso aflora na consciência individual quando os velhos dizem, para se defender: "Fazem conosco o que fizemos com os outros", "Somos criticados pelo que criticávamos". Aqui não se trata da oposição entre duas visões do mundo, entre a arte e o dinheiro, o artista e o burguês, o desinteresse e o interesse, a pureza e a impureza, a indiferença ou o engajamento político contra todo interesse político e a política interessada (a Legião de Honra etc.). Não é dessa oposição que se trata, ainda que alguns agentes possam ter como estratégia voltar a ela, o que não deixa de ter fundamento objetivo; por exemplo, como eu disse há pouco, a Academia no período da década de 1880 estudado por Charle podia reunir lado a lado pessoas que chegaram a ela depois de carreiras muito diferentes.

É preciso então distinguir duas oposições que estão no princípio de duas lutas de mudança. A oposição de que falo aqui é a que engendra a revolução permanente, e as rupturas que definem as gerações literárias podem ser extremamente frequentes. As pessoas podem com efeito pertencer a duas gerações literárias com um intervalo de dez anos – é muito comum que duas gerações literárias estejam separadas por menos de dez anos. É importante observar – um autor americano (de cujo nome eu me esqueci) estudou, numa lógica bem diferente, a aparição da ideia de geração na década de 1880 e a difusão do modo de pensamento em termos de geração[497] – que o nascimento do tema da geração, ou a aparição de uma construção teórica sobre a geração, coincide com a generalização na realidade objetiva de uma estrutura de divisão que até então estava reservada à poesia, mas se torna a estrutura de todo o campo literário e, através dele, torna-se um sistema do mundo estudantil. Essa oposição segundo a geração artística é de uma ordem bem diferente da oposição entre o artista e o burguês. Ela opõe os possuidores aos pretendentes, a ortodoxia à heresia, e a lei da mudança é essa revolução permanente que ocorre nos limites da lógica do campo em nome dos princípios do campo e da lei fundamental do campo que condena o sucesso. O problema da

---

497. Sem dúvida se trata de Robert Wohl, *The Generation of 1914* [*A geração de 1914*]. Cambridge: Harvard University Press, 1979.

acumulação inicial (como as pessoas que não têm nada começam a ter alguma coisa?) se coloca em todo campo, mas a lei do campo [literário] é que não se deve ter nada. É uma economia antieconômica e os pobres e despossuídos conseguem transformar a necessidade em virtude. Eles podem dizer que não têm nada por opção e se servir de sua pobreza como uma arma contra os ricaços e os consagrados que têm mais leitores – como mostram suas curvas de venda – e que já têm sinais de consagração.

Uma outra propriedade observada por Ponton: como essa oposição não tem outro conteúdo que não essa estrutura formal "antes/depois" ou "antigo/recém-chegado", ela é quase vazia; as invectivas que as pessoas trocam remetem a oposições formais, muito ocas. Efetivamente, estes aqui [os consagrados] dizem que aqueles lá [os jovens de vanguarda] são obscuros, o que é uma propriedade porque a lei antieconômica condena os produtores a produzirem seu próprio mercado. Em consequência, eles produzirão produtos estruturados segundo as categorias de percepção que eles devem produzir. Em outras palavras, eles devem produzir seus consumidores, o que exige tempo; os consumidores só enxergam o fogo, eles não compreendem: os simbolistas vistos pelos parnasianos são efetivamente obscuros. Assim, o "claro" vai se opor ao "obscuro", e na realidade "claro" significa "burguês" ("claro para agradar o burguês"). Portanto, uma das estratégias elementares consiste em transformar os efeitos de estrutura em efeitos de estratégia. Eu acho que é possível explicar o essencial do que se passa a partir da estrutura absolutamente formal que opõe os novos ingressantes sem capital aos consagrados.

Os modos de envelhecimento e de eternização

Entre as propriedades que opõem esses dois polos do espaço intelectual, será importante analisar os modos de envelhecimento. Os autores e as obras não envelhecem da mesma maneira nos diferentes polos do campo. Como o envelhecimento social é definido pela lei específica da mudança do universo social correspondente, envelhecimento social e lei de mudança são obviamente dois nomes para a mesma coisa. Rapidamente: o envelhecimento será o produto dessa luta. Toda vez que um pretendente conseguir se fazer reconhecer e estabelecer um marco, ele fará cair no passado aqueles que o precederam. Toda vez que uma escola consegue se fazer reconhecer, ela fará a escola anterior cair no passado. A temporalidade é portanto a luta. A história desse campo é a própria luta e ele não tem história para além da luta. Eu acho que poderíamos generalizar essa proposição e dizer que o tempo é a luta. É a velha fórmula "a história é a história da luta de classes" mas com a condição de tomarmos a palavra no sentido muito banal, que aliás é aquele que Marx lhe deu (ele dizia que sempre houve lutas de classes na história, o que não é realmente verdade, mas enfim...)[498]. O que eu digo é simplesmente que aquilo que faz a história é a luta: é ao lutar para fazer cair no passado as pessoas que também lutaram para fazer outras caírem no passado que eu faço o espaço, e portanto o tempo, o próprio tempo desse espaço.

Estes aqui [os autores consagrados] lutam para serem eternos, para se eternizarem, para não serem desclassificados ou para tornarem-se clássicos. Eles lutam para passar do desclassificado (que quer dizer fora da história, fora do tempo, fora do campo) ao clássico que, por ser ao mesmo tempo datado e trans-histórico, é uma das provas da eternização, e um autor clássico permanece sendo um objetivo de lutas. O sistema escolar é o local da eternização dos clássicos que, como diz a palavra, estão ligados às classes. Mas o sistema escolar, onde a celebração acadêmica dota as obras de uma eternidade um tanto especial, é o inferno dos escritores e há uma outra forma de existência que é mais procurada pelas pessoas que lutam nesse espaço: ela consiste em existir eternamente como um objetivo das lutas no campo – Marx, por exemplo, existe como um objetivo de lutas. Eu muitas vezes cito a expressão "citar é ressuscitar"[499]; toda vez que citamos alguém, nós o ressuscitamos, trazemos essa pessoa de volta à vida, já que viver nesse campo é ser um objetivo de lutas e participar ainda da luta, arbitrar entre as lutas. Essa luta tem sua lógica e temporalidade próprias: vemos de passagem que os campos têm a propriedade de ter uma duração estrutural, um tempo que é deles e que não é outra coisa que a lei de sua mudança. Se, por exemplo, durante um período não acontecesse nada, se transcorressem cinquenta anos sem uma nova escola, as pessoas não envelheceriam, elas seriam eternizadas provisoriamente, elas permaneceriam em sua posição, dominantes. Como eu dizia agora há pouco, a oposição velho/jovem, paleo/neo, é uma oposição entre aquilo que é superado e remetido ao

---

498. Alusão à primeira frase do *Manifesto comunista* de Marx e Engels (1848): "A história de todas as sociedades até hoje existentes é a história das lutas de classes" (Karl Marx & Friedrich Engels, *Manifesto comunista*. São Paulo: Boitempo, 1998, tradução de Álvaro Pina, p. 40 [*Manifest der Kommunistischen Partei*, 1848].

499. Bourdieu cita isso especialmente em sua aula inaugural no Collège de France (*Lições da aula*. São Paulo: Ática, 2001, tradução de Egon de Oliveira Rangel, p. 58 [*Leçon sur la leçon*. Paris: Les Éditions de Minuit, 1982, p. 52]), dizendo tratar-se de um provérbio cabila.

passado e aquilo que ainda age e opera. Minha análise é um pouco implícita, um pouco rápida, mas ela foi desenvolvida no artigo já citado sobre "A produção da crença" no qual descrevo essa temporalidade específica do campo. Não voltarei a essas regras que estão muito ligadas à oposição entre tempo longo e tempo curto.

Superar por superar

Os agentes sociais são agentes históricos, quer dizer, agentes que podem se referir conscientemente à história. Segundo o exemplo de Marx sempre citado dos revolucionários refazendo a revolução romana[500], os escritores que lutam hoje em dia refazem eternamente as revoluções literárias anteriores, por exemplo, a "batalha de *Hernani*"[501]. Um efeito da historicidade do campo de lutas é que sabemos que para estabelecermos um marco é preciso fazer uma revolução, é preciso superar. Nas lutas dentro do campo, os possuidores se opõem aos pretendentes, e isso muito cedo, desde a década de 1880, denunciando a intenção de superar por superar. É na verdade o problema eterno da privação ou da recusa: sobre aqueles que não têm nada e ganham força de sua fraqueza, sempre é possível dizer: "Se vocês não têm nada, talvez seja porque vocês não valem nada". Para as pessoas que estão aqui [no polo da vanguarda], uma estratégia consistirá em dizer: "Vocês estão velhos, vocês estão superados", e estes aqui [os dominantes, os consagrados] dirão: "Vocês querem nos superar apenas por superar". Por exemplo, o grande crescimento do número de escolas na década de 1880, o aparecimento de uma floração de neoestilos me parece ser muito interessante por representar um efeito prático de uma espécie de tomada de consciência prática da lei da mudança do campo como um local que mudamos ao deslocar e ao superar, e ao marcar o aparecimento de uma nova maneira de ser ou de fazer. E as pessoas aqui [os autores consagrados] dirão: "Isso não é uma superação verdadeira, ele não supera para dizer algo diferente, ele faz as pessoas acreditarem que tem algo a dizer para superar, ele supera por superar". É o que chamarei de efeito *Tel Quel*[502]...

---

500. Ver especialmente *O 18 de Brumário de Luís Bonaparte*, op. cit., em que Marx destaca em várias ocasiões a inspiração que a Revolução Francesa de 1789 a 1814 encontrou na República romana.
501. Referência à controvérsia no século XIX sobre as representações da peça *Hernani*, de Victor Hugo, na passagem do drama clássico para o drama romântico [N.T.].
502. Ver Louis Pinto, "Tel Quel. Au sujet des intellectuels de parodie" ["*Tel Quel*: sobre os intelectuais de paródia"], *Actes de la recherche en sciences sociales*, n. 89, 1991, pp. 66-77. [A revista

Dito isso, um outro efeito interessante é que pessoas contemporâneas, apesar disso, estão situadas diferentemente no tempo. Um dos grandes problemas da análise desses fenômenos é a questão, como se diz, das gerações: pessoas que, do ponto de vista das gerações literárias não são contemporâneas foram biologicamente contemporâneas; pessoas contemporâneas podem estar em tempos diferentes. Se a lei da mudança é a superação permanente, o envio ao passado, o modelo da mudança correspondente está muito próximo do modelo da moda. Na pintura, por exemplo, existe todo tipo de neorrealismos e um problema é saber qual é a diferença entre o avô e o neto (que retoma o nome do avô), entre o realismo de grau zero e o realismo do retorno. A visão profana que não enxerga diferenças entre um neorrealismo e um realismo escandaliza os especialistas. Um campo dotado de uma tal lei de mudança pressupõe produtores que integram a história em sua própria produção – é a metáfora escolhida por Merleau-Ponty do número de telefone: quando você disca o 6 depois de discar o 3 e o 2, não é a mesma coisa do que depois de discar o 1 e o 2. O tempo da história próprio do campo artístico é desse tipo: o retorno nunca é um verdadeiro retorno. Em "A produção da crença", eu cito um texto extraordinário de Duchamp[503]. É irritante que ele se chame Duchamp... [*risos na sala*][504], mas ele foi o primeiro artista que compreendeu na prática as leis do campo [*du champ*]; ele passa seu tempo explicando essas leis e suas denegações a críticos que as compreendem mas não completamente[505]. Ele faz uma digressão magnífica sobre esses retornos que jamais são idênticos (ele diz que são como espingardas de dois canos). Ele analisa muito bem essa propriedade desses campos em virtude da qual a história não se repete jamais, já que ela é uma história que é a própria não repetição.

---

literária *Tel Quel* posicionava-se como uma revista vanguardista de esquerda fora da universidade, e serviu de plataforma para vários aspirantes a intelectuais que não conseguiam se destacar no campo acadêmico francês – N.T.]

503. "A característica do século que termina consiste em ser como [uma espingarda de dois canos]: Kandinsky [e] Kupka inventaram a abstração. Em seguida, a abstração morreu. Ninguém mais falaria no assunto. Trinta e cinco anos depois, ela ressurgiu com os expressionistas abstratos americanos. Pode-se dizer que o Cubismo voltou a aparecer sob uma forma empobrecida com a École de Paris [do pós-guerra]. Da mesma forma, o Dada ressurgiu. Dupla chama, segundo fôlego. Trata-se de um fenômeno próprio ao século. Isso não existia [nos séculos] XVIII ou XIX. Após o romantismo, apareceu Courbet. E o romantismo nunca mais voltou. Nem sequer os pré-rafaelitas [podem] ser considerados uma nova moagem dos românticos" (Entrevista reproduzida em *VH 101*, n. 3, 1970, pp. 55-61, citada em "A produção da crença", *art. cit.*, p. 93 [42, tradução modificada]).

504. A palavra "Duchamp" significa literalmente "do campo" [N.T.].

505. Sobre Marcel Duchamp, assim como sobre Rousseau, "o aduaneiro", que é discutido logo depois, ver "Reflexividade e 'ingenuidade'" in *As regras da arte, op. cit.*, pp. 273-281 [398-410].

Um outro exemplo muito interessante: os pintores *naïfs*. Rousseau, "o aduaneiro" [Henri Rousseau] já tem toda uma história quando entra nesse campo, e ele será como um pintor objeto[506]: ele começa a fazer uma coisa que não sabe o que é. Os outros pintores o tratam como um brinquedo, organizando, por exemplo, falsas sessões de consagração etc. Rousseau é uma espécie de personagem experimental. Ele copia pinturas de pintores realistas acadêmicos e o que ele faz ganha um sentido que lhe escapa completamente numa história que ele ignora. Diante de suas pinturas, ele fica como um espectador que, por não conhecer essa história, não pode ter uma percepção adequada, ou seja, histórica. Isso é uma coisa importante do ponto de vista da sociologia da percepção da obra de arte: no campo artístico, você não pode compreender as obras do tempo *t+1* a não ser que você tenha toda a história. Você precisa saber que este aqui, em *t+1*, pintou em relação àquele que pintou em *t*, que pintou em relação àquele que pintou em *t-1*, que por sua vez pintou em relação àquele que pintou em *t-2*; e se este que pinta em *t+1* pinta como aquele em *t-2*, não é semelhante, porque ele faz isso depois. Paro por aqui, mas acho que isso é importante para compreender um monte de coisas.

Orientar-se no espaço dos possíveis

Chego ao último ponto, que certamente terei que escamotear [por falta de tempo] apesar de com certeza ser o mais difícil e o mais delicado, o que necessitaria de mais provas (a análise precisaria ser muito melhor do que eu vou dizer). O que eu descrevi até agora, preparando o que vou dizer, é um espaço de posições e, no limite, poderíamos ter feito toda a descrição sem incluir os agentes, os escritores etc.: as coisas se passariam, de modo geral, entre as posições. O que descrevi – para voltar à análise teórica que propus da noção de campo – é um espaço de posições e de oposições entre as posições, um espaço de posições possíveis, antagônicas e incompatíveis de tal maneira que poderíamos quase deduzir quais seriam as tomadas de posição a partir das posições; poderíamos assim sobrepor com uma transparência[507] o espaço das tomadas de posição sobre o esquema desse

---

506. P. Bourdieu, alguns anos antes, dedicara um artigo ao campesinato como "classe objeto", "forçada a formar sua própria subjetividade a partir de sua objetivação" ("Une classe objet" ["Uma classe objeto"], *Actes de la recherche en sciences sociales,* 1977, n. 17, pp. 2-5).

507. P. Bourdieu tem em mente o fato de que, reproduzido numa folha transparente, um esquema do espaço das tomadas de posição pode ser colocado em cima do esquema do espaço das posições. Ele procede quase literalmente dessa maneira numa pré-publicação de capítulos de

espaço das posições, e dizer que o teatro burguês tende mais à direita, ou que ele defende a ordem moral e é mais conformista. Portanto, podemos de certa maneira predizer as tomadas de posição a partir das posições ao abstrairmos os agentes que ocupam essas posições. Ora, como eu disse quando apresentei a noção de campo em sua abstração, o campo pode ser descrito ao mesmo tempo (i) como um espaço de posições cuja estrutura corresponde à distribuição do capital específico e (ii) como um campo de lutas para transformar esse espaço. Essas duas descrições que não são de modo algum incompatíveis, são distinguidas pelas necessidades do método e também por razões teóricas, de modo a manter a prioridade materialista das posições objetivas sobre as práticas: é no espaço das posições que reside o princípio explicativo do que as pessoas vão fazer.

Dito isso, um segundo momento de uma explicação em termos de campos é que, como esse espaço de posições é um espaço de possíveis, não passamos das posições às tomadas de posição através de um simples reflexo mecânico ou de um decalque: uma mediação importante é o *habitus* dos agentes que ocupam essas diferentes posições. Ao mesmo tempo, aparece uma questão fundamental. É preciso imaginar o espaço ordenado como um jogo. As pessoas jogam nele e, em todos os momentos, chegam novos ingressantes, por exemplo o jovem Flaubert, que veio de Rouen e terminou seus estudos. Como ele vai entrar no campo? Como o campo aparece para aquele que entra nele? Será que sua percepção do campo não vai depender de coisas que não estão inscritas no campo? Com efeito, o campo será percebido de maneira diferente pelas pessoas através do ponto de vista de seus *habitus*. Se é verdade que o *habitus* é um sistema de esquemas de percepção e de apreciação geral que encontra um terreno de aplicação particular na arte, ele vai funcionar, para utilizar a metáfora clássica, como um sistema de telescópios e através desses telescópios a mesma realidade objetiva, o espaço de posições, será apreendida de maneira diferente.

Mas, depois de dizer isso, encontramos um problema. A análise estatística, tal como feita por Rémy Ponton, mostra que existe de modo geral uma correspondência entre as propriedades dos agentes que ocupam as posições e as propriedades das posições. Assim, as posições socialmente mais baixas acolherão

---

A distinção: o esquema dos estilos de vida foi acompanhado de uma folha de papel vegetal que o leitor podia colocar sobre ele e na qual apareciam as propriedades dos grupos sociais (ver Pierre Bourdieu & Monique de Saint Martin, "Anatomie du goût", ["Anatomia do gosto"], *Actes de la recherche en sciences sociales*, 1976, n. 2-3, pp. 2-81).

as pessoas mais baixas e, entre dois gêneros, um mais burguês e o outro mais popular, sempre encontraremos o pequeno-burguês do lado do mais burguês. É quase evidente associar às posições as características dos ocupantes das posições, mas é um mérito enorme demonstrar isso em detalhes como fez Ponton. Num momento determinado, há portanto uma correspondência entre as posições e as disposições dos ocupantes dessa posição. Rapidamente, em todos os tempos, uma posição está para uma outra posição assim como seus ocupantes estão aos ocupantes da segunda posição, e quanto mais detalharmos, mais poderemos verificar isso: num setor bem pequeno, por exemplo, pegando três pessoas quaisquer num pequeno grupo. Podemos nos perguntar através de qual milagre isso se produz, como isso acontece. Isso não é mecânico e há pessoas que estão deslocadas, que estão fora do seu lugar, por exemplo os detentores de um capital pequeno-burguês que, por um momento (antes de serem mandados para seu lugar), escrevem romances psicológicos.

Como dar conta dessa correspondência? Se pensarmos o campo como um campo de forças que altera a limalha de maneira diferencial, podemos certamente imaginar que, quanto mais as pessoas são de origem elevada, mais elas resistirão à atração de um polo pouco elevado – aliás, isso não é completamente falso. Somos obrigados a levar em conta a percepção desse campo que a cada momento os agentes sociais têm e tiveram em diferentes momentos estratégicos de suas carreiras. Em outras palavras, para dar conta dessa relação estatisticamente observada em 1880 nos escritores, vocês vão se situar nesse espaço. Vocês começarão analisando as propriedades de posição a partir de um certo número de critérios objetivos: os cargos, o gênero em que os escritores escrevem, a maneira como eles escrevem etc. Depois da descrição do cargo, vocês farão uma descrição das propriedades com as coisas clássicas, como a origem social, o pai, o avô, a mãe, o afilhado etc. Em seguida, vocês sobreporão as duas imagens, verão o que se encaixa e o que não se encaixa – e isso se encaixa *a priori* e *a posteriori*.

Como se faz esse encontro? É aqui que encontraremos coisas complicadas. Se não quisermos a hipótese do ajuste mecânico, somos obrigados a perguntar como os diferentes agentes foram levados à posição que ocupam num certo momento e que pode ser sua posição definitiva ou não. Uma das dificuldades da análise é que encontramos em certas posições pessoas com disposições muito diferentes, alguns que ficam sempre [na posição] e outros que só passam por ela – isso é parecido no espaço social. Entre as pessoas que ficam nela para sempre, para alguns isso ocorre porque ficaram relegados a ela para sempre, e para outros porque ela é realmente o lugar que escolheram. Aqueles que apenas passam por ela muitas vezes estão lá porque fizeram uma besteira, porque não tiveram um bom-senso prático.

Eu acho que disse o essencial do ponto de vista do modelo. Para dar conta da relação que se observa num certo momento entre o espaço das posições e o espaço das disposições, é preciso supor agentes que não estão todos no momento final, mas que se encontram em diferentes momentos de uma trajetória na qual se deparam com alternativas: depois do ensino médio, eles fazem Faculdade de Letras ou de Direito (isso era muito importante no século XIX)? Em seguida, eles escrevem romances ou poesia, romance naturalista ou jornalismo? Em cada momento da trajetória, eles são guiados por algo que não é uma consciência e sim uma espécie de relação obscura consigo mesmos, um senso da orientação como dimensão particular do senso prático. Seria ainda melhor falar de um "senso de posicionamento" [*placement*] – no sentido ao mesmo tempo de "investimento financeiro" e também de "posicionamento" no esporte – que faz ir na direção desta posição em vez desta outra. A oposição Paris/província que tem um papel enorme na história da arte, mas também a oposição entre masculino e feminino e a oposição segundo a origem social vão se retraduzir do ponto de vista da lei específica do campo, através do intermediário desse senso de posicionamento.

Mais uma meia-volta: é preciso ter compreendido a noção de campo e a lei específica do campo para saber como, em poucas palavras, a origem social vai agir. Ordinariamente fazemos exatamente o contrário, partimos de tal cavalheiro com seu *habitus*. Isso é um erro. Na verdade, é preciso saber o que um campo exige em função de sua lei geral para compreender o que paga (acho que essa palavra é absolutamente pertinente), o que será sancionado positiva ou negativamente daquilo que é constitutivo do *habitus* de classe. Suponhamos, por exemplo, que Zola ganhou: depois dessa revolução popular, todos os *habitus* populares receberam uma mais-valia e simultaneamente, como se viu em certas situações pós-revolucionárias, as desvantagens se invertem por um tempo e as pessoas chegam ao ponto (por algum tempo) de imitar sotaques populares. Portanto, o valor do que o ingressante traz vai depender do campo. Consequentemente, tentar fazer, como fez Escarpit, tabelas e estatísticas do número de filhos de trabalhadores ou alguma outra coisa através das épocas e dos séculos não faz nenhum sentido (no máximo, a estatística produz coisas aqui e ali que poderemos interpretar com quinze correções mentais). O que importa é que toda vez que o mercado e o campo mudam, o fato de ser, como um certo escritor, filho de um camponês de Quercy[508] renderá muito ou nada. Um dos objetivos da luta entre as pessoas no campo é criar um campo que lhes permita ocupar uma posição dominante. É por isso que é um campo de lutas absolutamente mortais. As lutas são mortais porque o que está em jogo é criar um jogo no qual ganhamos. A visão mecanicista segundo a qual a origem social ou a posição no campo determinariam as tomadas de posição é catastrófica, porque ela não leva em conta o *habitus*.

A trajetória e o *habitus*

No modelo que proponho há duas coisas, o campo e o *habitus*, e é conhecendo as leis de funcionamento do campo que poderemos compreender o que acontece com o *habitus*. Darei um exemplo entre mil outros: o exemplo de Courbet ou de Champfleury, que é considerado um dos teóricos do romance realista. Conta-se, nas biografias de Courbet, que ele fingia ter aparência camponesa e usava o sotaque de Besançon (eu poderia detalhar as coisas mas, como tenho pouco tempo, vou simplesmente dar o suficiente para que vocês continuem a análise sozinhos)[509]. É num campo determinado que Courbet percebe sua origem social e seu sotaque provinciano; é em sua relação com os outros artistas, os pintores que encontra nos bistrôs, que ele percebe seu sotaque como sotaque em relação aos não sotaques, ou em relação aos sotaques que não são considerados sotaques. Nessas condições, ele não tem escolha, só há duas possibilidades: ele pode ou eliminar seu sotaque ou acentuá-lo. Acentuar o sotaque, isso é o realismo. Mas imaginem que outras pessoas fizessem o realismo... [*Silêncio.*] Não podemos fazer uma correlação simples como faziam os contemporâneos de Champfleury e Courbet: "Sim, é fácil, eles são filhos de camponeses, eles são camponeses, eles falam como camponeses, portanto eles fazem realismo, eles pintam camponeses, eles pintam assuntos camponeses, eles pintam de maneira camponesa, de maneira pesada". Na verdade, Courbet se fez camponês; ele participou da Comuna, mas num espaço determinado.

---

508. P. Bourdieu deve pensar em Léon Cladel, que ele apresenta em *As regras da arte* como um "exemplo ideal-típico" desse desajuste (*op. cit.*, pp. 296-297 [431-433]).

509. Sobre Courbet, ver *ibid.*, especialmente pp. 297-298 [434-435], e *Manet. Une révolution symbolique, op. cit.*

Uma coisa importante para compreender a eficácia específica do *habitus* é que as pessoas carregam consigo seu *habitus*, que está tão fortemente ligado a elas que elas não podem se desfazer dele – o que representa algo de misterioso. É preciso fazer as análises teóricas funcionarem no ato: o *habitus* é o aspecto do capital que está incorporado. Ora, como todos sabem, não é fácil se livrar do que está incorporado: assim, uma grande diferença entre o capital cultural e o capital econômico é que, por estar incorporado (como o capital linguístico), o capital cultural está no corpo de seu portador. Como ele está de certa forma grudado na pele de seu portador, esse capital será um obstáculo vivo em todos os instantes na luta para se obter um rendimento máximo do capital. Mas o que é interessante é o lugar considerável que as lutas científicas ou artísticas dedicam à imagem do *habitus* dos adversários como revelado através de sua *hexis* corporal[510]. Um exemplo (que também seria preciso desenvolver) é o caso de [Jean-Auguste Dominique] Ingres: Ingres foi desprezado por quase toda sua geração porque ele ia ao Salão de maneira arrogante mas também, o que é mais fundamental, porque ele tinha um *habitus* formidavelmente burguês. Ele tinha a cabeça de financista, ou do proprietário rural, e nos juízos que as pessoas faziam sobre ele há constantemente uma espécie de intuição da pessoa social como apreendida por essa forma de caracterologia espontânea que as pessoas utilizam e que na verdade é uma sociologia espontânea. Eu acho que se o juízo da geração posterior é muito diferente do juízo dos contemporâneos é especialmente porque a posteridade não conheceu fisicamente a pessoa (com exceção dos retratos); nesse caso trata-se de um juízo socialmente neutralizado. Esse é um efeito análogo àquele exercido pelas traduções: quando Heidegger é traduzido para o francês, perdemos um monte de conotações que só se entendem em alemão; ele é "dessocializado" e torna-se um autor filosófico sem referência ao mundo social, ainda que esteja cheio delas. Da mesma maneira, quando se trata de um autor morto, a posteridade não tem mais a intuição da pessoa que se encontra reduzida à sua posição no espaço. No caso de Ingres, sua redescoberta foi possibilitada pelo fato de que não o víamos mais e de ter aparecido o que os contemporâneos que se opunham a ele não viam, de tão antipático que ele era.

---

510. *Hexis* é um conceito de Aristóteles, também utilizado por Marcel Mauss, que Bourdieu emprega para enfatizar os aspectos corporais do *habitus* – a maneira como nossas disposições (e as tomadas de posição, as decisões que realizamos) acabam fazendo parte do nosso corpo, desde os aspectos mais básicos (o que comemos, nossa higiene etc.) até os mais complexos (nossa postura diante de pessoas diferentes, nossa escolha de vocabulário etc.) [N.T.].

Termino aqui com uma sensação de grande mal-estar: para compreender o que são as pessoas, em cada momento de sua trajetória, é preciso conhecer seu *habitus*. Uma dificuldade é que, quando estudamos a história social da pintura ou da literatura no século XIX, nós sabemos como a história termina. Trata-se aqui de uma banalidade que a menor reflexão sobre a história obriga a dizer. Mas há um pouquinho mais: para as necessidades de um estudo, podemos imaginar que as posições ocupadas em datas sucessivas (1880, 1890 etc.) se representam por uma série de pontos. Assim, as pessoas sofrerão pequenos deslocamentos. Por exemplo, fulano que era representado por tal ponto será representado, dez anos depois, por um ponto levemente diferente. Esses pequenos deslocamentos desenham uma trajetória. Eles não têm nada a ver com uma biografia. São deslocamentos num espaço que só pode ser percebido enquanto tal se o construirmos – isso é muito importante. Tudo isso que eu disse leva a considerar que a biografia de [Victor] Hugo, por exemplo, não é uma sucessão de eventos cronológicos, e sim a série de deslocamentos pertinentes no espaço; é claro que, como não construí esse espaço, não posso construir a trajetória de Hugo. Esses pequenos deslocamentos infinitesimais são muito importantes. Por exemplo, Champfleury, que começou populista, acabou condecorado por Napoleão III (com a Legião de Honra) numa espécie de nacional-socialismo populista *avant la lettre*. É uma bela trajetória, aliás absolutamente clássica, do arrivista no campo intelectual que, devido ao fato de sua relação com os artistas de origem burguesa que têm mais sucesso do que ele segundo as leis do campo, é no começo mandado na direção do populismo mas, depois de também fracassar no populismo, vai em seguida na direção do nacional-populismo, quer dizer, de uma forma de direita agressiva. Captar essas trajetórias em diferentes momentos é captar efetivações sucessivas de uma espécie de pequeno programa que é o *habitus* que entra em relação constantemente com um campo que também muda. Alguns historiadores podem prestar atenção ao fato de que, no caso de Champfleury, seu realismo não é o mesmo no começo e no final de sua trajetória, mas muitas vezes os historiadores conhecem o termo final e isso induz uma filosofia da história que proíbe formular a pergunta extremamente complicada de saber por que e como, em cada momento, em cada volta, o indivíduo em questão se encontra nesta posição e não naquela. É preciso se questionar sobre o futuro da posição e sobre a percepção que ele podia ter, em cada momento decisivo, do estado do campo: como, em cada momento, ele enxergava o espaço dos possíveis? Assim, qualquer um que ingressasse como poeta na década de 1880 encontrava imediatamente duas figuras: Verlaine e Mallarmé, e era em relação a eles que ele se constituía.

O desmonte ímpio da ficção

Para terminar, como esta é a última aula, lerei a vocês um texto de Mallarmé que coloca uma questão que vocês devem ter pensado:

"Nós sabemos, cativos de uma fórmula absoluta que, certamente, é apenas o que é. Entretanto, acusará nossa inconsequência, é mister descartar, sob algum pretexto, a ilusão, negando o prazer que queremos ter: pois esse *além* é seu agente, e eu diria até que é seu motor, se não me enojasse realizar em público o desmonte ímpio da ficção e, consequentemente, do mecanismo literário, para exibir a peça principal ou nada. Mas eu venero como, através de um embuste, projetamos em alguma elevação proibida a falta consciente em nós daquilo que lá em cima explodimos como um relâmpago!

Para que serve isso –

Para um jogo"[511].

Grosseiramente, Mallarmé diz aqui de maneira obscura e hermética, ou seja, de modo a não dizer, aquilo que eu disse para vocês. Ele diz por que não quer que digamos isso. Ele diz que as pessoas gostariam que existisse uma beleza transcendental e inacessível, que existiria no absoluto, mas que não devemos nos enganar: é uma ilusão. Entretanto, não é possível dizer isso, desmontar o mecanismo literário. "Entretanto, acusará nossa inconsequência, é mister descartar, sob algum pretexto, a ilusão, negando o prazer que queremos ter": em outras palavras, a arte é um fetiche, é o produto de um trabalho coletivo de criação, mas dizer isso é grave na medida em que isso destrói um prazer que queremos ter. Essa é a pergunta que formulei o tempo todo sobre a função da sociologia: será que a sociologia é algo que destrói o prazer literário?

---

511. Stéphane Mallarmé, "La musique et les lettres" ["A música e as letras"], in Œuvres complètes. Paris: Gallimard, 1970, p. 647. P. Bourdieu retomará essa citação e seu comentário em *As regras da arte, op. cit.*, pp. 308-311 [450-455]; ver também *Manet. Une révolution symbolique, op. cit.*, pp. 161-162.

Situação do Curso de Sociologia Geral na obra de Pierre Bourdieu

Patrick Champagne e Julien Duval

Lecionado no Collège de France entre outubro de 1982 e janeiro de 1983, o curso publicado neste volume constitui o segundo ano de ensino de Pierre Bourdieu nessa instituição, para a qual ele foi eleito na primavera de 1981. Junto com o primeiro curso, oferecido pouco antes[1], eles manifestam a preocupação de Bourdieu de apresentar as grandes linhas de sua teoria sociológica baseada nos conceitos de *habitus*, capital e campo. Se, durante as duas décadas em que foi professor no Collège de France, Bourdieu concentrou alguns anos de seu ensino num tema preciso (o Estado, o campo artístico, o campo científico), esse não foi o caso nos cinco primeiros anos, dedicados a uma apresentação dos conceitos fundamentais de sua sociologia. Ele escolheu chamar suas lições de "Curso de Sociologia Geral", com a intenção, expressa logo no começo da primeira aula, de apresentar os "esboços fundamentais" de seu trabalho de pesquisa.

O programa que ele anuncia para esses primeiros anos consiste em analisar o "funcionamento conceitual" das "noções-chave" e a "função técnica" que elas são capazes de desempenhar na pesquisa. Esse "trabalho de teorização" supõe – como preliminar – o que é o objeto do primeiro ano do curso – fazer uma teoria da prática, ou seja, uma análise da "relação entre o sujeito científico e seu objeto" ou, de maneira mais precisa, uma análise da "relação entre a classificação que o cientista produz e as classificações que os agentes sociais empregam". Será apenas no segundo ano que ele começará a expor as razões pelas quais

---

[1]. Os cursos anuais do Collège de France são concentrados em poucas semanas e, enquanto o primeiro ano do curso de Bourdieu ocorreu no final do ano universitário (entre abril e junho de 1982), o segundo foi oferecido no começo do ano universitário seguinte (entre outubro de 1982 e janeiro de 1983).

desenvolveu em suas obras os conceitos de *habitus* e de campo, e também as tradições, na filosofia e nas ciências sociais com (ou contra) as quais ele os criou, insistindo especialmente na "articulação entre os conceitos fundamentais e a estrutura das relações que unem os conceitos". Durante esse segundo ano de ensino, ele analisa longamente o *habitus* e o campo e também suas relações mas, por falta de tempo, adiará o exame da noção de capital em suas relações com a noção de campo para o ano seguinte.

Devido a seu título e ao objetivo que propõe, o curso pode ser lido como uma introdução à sociologia e à teoria de Bourdieu. Ele poderia quase parecer uma espécie de equivalente à obra póstuma de Max Weber, *Economia e sociedade*. Contra uma tal utilização do curso, os leitores familiares com a obra de Bourdieu invocarão as reservas que ele próprio expressou em várias ocasiões sobre a tentação da "apresentação global"[2] ou das sínteses teóricas. Eles também apontarão que, como Bourdieu jamais cessou, durante quarenta anos, de aprofundar sua reflexão, tornando-a mais complexa, encontramos neste curso um estado datado de suas análises. Entretanto, nessa lógica, há o risco do curso ser lido apenas como um documento histórico capaz somente de fundamentar uma interrogação sobre a gênese e a evolução do pensamento de Bourdieu, quando na verdade ele corresponde também a uma atividade única: até esse momento, Bourdieu jamais tentara um tal exercício, e ele nunca mais foi realmente retomado[3].

É indiscutivelmente útil ler o curso tendo em mente o local e as circunstâncias nas quais ele aconteceu, assim como o momento na obra de Bourdieu e mesmo a época na qual ele se insere, mas fazer isso não significa relativizar sua importância. Pelo contrário, os elementos de contextualização podem ajudar a entender por que Bourdieu se deu esse objetivo que, por ser um tanto professoral e/ou um tanto "teoricista", pode surpreender, mas que ele se esforça para alcançar sem grandes

---

2. Ver, por exemplo, Pierre Bourdieu & Yvette Delsaut, "Sur l'esprit de la recherche. Entretien" ["Sobre o espírito da pesquisa. Entrevista"], *in* Yvette Delsaut & Marie-Christine Rivière, *Bibliographie des travaux de Pierre Bourdieu, suivi d'un entretien sur l'esprit de la recherche* [*Bibliografia das obras de Pierre Bourdieu, seguida de uma entrevista sobre o espírito da pesquisa*], Pantin: Le Temps des cerises, 2002, pp. 204-205 (P. Bourdieu, nessa passagem, fala especialmente de sua reticência em "se tornar um manual" e, citando *Economia e sociedade* de Max Weber, diz "ter muitas vezes pensado [...] que [essa] é uma tentação perigosa à qual devo me precaver para não sucumbir").

3. A rigor, *Meditações pascalianas* parece uma empreitada do mesmo tipo, mas o objetivo desse livro é antes de mais nada explicitar as implicações filosóficas do pensamento de Bourdieu e não propor uma síntese teórica.

concessões e que utiliza para desenvolver aspectos de sua reflexão menos visíveis em outros textos.

É preciso começar evocando aquilo que a retranscrição das aulas faz desaparecer: as condições concretas nas quais elas aconteceram. Dependendo da disciplina, mas também dependendo de seu grau de especialização e da notoriedade dos professores, os cursos do Collège de France assumem formas muito diferentes. Os cursos de Bourdieu foram imediatamente muito populares. Desde a primeira aula, o grande anfiteatro não foi suficiente para abrigar o público numeroso que veio assistir ao curso, e o Collège de France precisou abrir uma segunda sala na qual o curso era retransmitido em vídeo, uma situação que se tornou permanente, já que o interesse que o público manifestou pelas apresentações de Bourdieu não se enfraqueceu. Ainda que os seminários que ele proferia na École pratique des hautes études (EPHE) [Escola Prática de Altos Estudos] na década de 1970 também tenham atraído um grande interesse, o tamanho e a composição de seu público eram menos heterogêneos do que no Collège de France, composto de pesquisadores, estudantes, frequentadores habituais dos cursos do Collège, puros espectadores e curiosos, o que dificulta a transmissão do saber, ou, no mínimo, constitui uma situação que favorece qualquer mal-entendido. O autor de *Os herdeiros* e *A reprodução* que, desde a década de 1960, preconizava a instauração de uma pedagogia racional contra as desigualdades escolares, estava particularmente consciente dessa situação pouco racional que evocará longamente em várias ocasiões no começo dos cursos, esperando, sem grandes ilusões, fazer o problema desaparecer, analisando-o sociologicamente e suscitando uma tomada de consciência da parte do auditório.

Pouco propícios a trocas intelectuais, os cursos do Collège de France constituíam uma verdadeira provação que Bourdieu ao mesmo tempo temia e desejava: ela devia ser produzida diante de um público numeroso e exigente que esperava dele uma verdadeira *performance*, mas o curso também era para ele uma ocasião de testar suas análises ao expô-las publicamente e ao esforçar-se para instaurar uma espécie de diálogo com a sala. Ainda que ele preferisse pequenas plateias de pesquisadores, é fato que o público do Collège, de composição mais heterogênea e número bem maior, não resultou em grandes mudanças na maneira muito particular que Bourdieu tinha de lecionar e apresentar suas pesquisas. Assim, aqueles que seguiam seus seminários não ficaram desorientados com seus cursos no Collège, ainda mais depois que ele avisou que "a maneira pela qual [ele tenta] funcionar [...] é a única possível para [ele]". Assim, seus ouvintes habituais reencontraram nele aquela maneira de improvisar com base em notas muito volumosas e jamais totalmente utilizadas, tantos eram os parênteses, as digressões, as precauções metodológicas, as mudanças de registro, as reformulações permanentes de um pensamento que se investiga e não apresenta somente aquilo que já foi pensado, e sim utiliza a situação de ensino como uma ocasião para continuar a refletir. E Bourdieu dirá desde a primeira aula que rejeita o "curso à francesa" encarnado pela aula de agregação e que, orientado para a busca da "elegância" e da valorização do orador, opõe-se à lógica da pesquisa, que não existe sem "pesos" e "vagares" aparentes, "hesitações" e "tropeços", sem riscos. Longe dos cursos acadêmicos formatados que expõem sem surpresas conhecimentos estabelecidos segundo um plano de exposição seguido rigorosamente pelo orador, os cursos de Bourdieu muitas vezes excediam o horário e eram em parte imprevisíveis, porque seu objetivo era mais transmitir um modo de pensamento em ruptura com os modos comuns do que um corpo de conhecimento estabelecido. Essa mistura de preparação com improvisação controlada produzia um discurso que, ainda que muito livre, mantinha-se estruturado num plano do qual Bourdieu afastava-se com muita regularidade, mas que nunca perdia de vista e que às vezes retomava ao término de digressões inesperadas.

O curso publicado nestes volumes não é o primeiro a ser editado, mas foi o primeiro que Bourdieu lecionou no Collège de France. Sua própria entrada nessa instituição apresenta um caráter paradoxal. Sua eleição pela assembleia dos professores do Collège de France é prova do forte reconhecimento científico obtido por sua obra. Mas sua nomeação tardia pela autoridade política manifesta a hostilidade latente provocada pela sociologia, ou pelo menos aquela que ele praticava. Christophe Charle enfatiza assim o contraste entre as duas fases do processo de nomeação. A etapa essencial da eleição pela assembleia dos professores do Collège de France acontece sem grande dificuldade: Bourdieu é eleito em sua primeira candidatura, e com vantagem clara sobre seu concorrente, Alain Touraine. Por outro lado, sua nomeação levou um tempo anormalmente longo. O voto consultivo da Academia das Ciências Morais e Políticas é desfavorável e, com a aproximação das eleições presidenciais de 1981 que resultarão na chegada da esquerda ao poder, a ministra no cargo prefere deixar a seu sucessor a preocupação de proceder com uma nomeação que ela desaprova[4]. Assim, Bourdieu só ofereceu sua aula inaugural em 23 de abril de 1982[5]. Nela, ele fala do paradoxo que constitui a presença da sociologia numa instituição como o Collège de France – e em particular da sociologia como ele a concebe, essa "ciência da instituição e da relação, feliz ou infeliz, com a instituição"[6].

Aos cinquenta e dois anos de idade, ele se tornou de fato o representante de uma disciplina que até o momento não fora muito representada (e apenas de forma episódica) no Collège de France. O fundador da disciplina, Émile Durkheim, fracassou em sua candidatura, pois o ministro da Instrução Pública preferiu nomear Jean Izoulet, hoje praticamente esquecido, que defendeu entre 1897 e 1929 uma "filosofia social" de inspiração muito diferente, começando por sua dimensão literária e mundana. No começo da década de 1930, Marcel Mauss, sobrinho e aluno de Durkheim, foi eleito. Ele queria, o que já era um risco, ocupar uma cátedra de "sociologia" (e não de "etnologia"[7]) e sua aula inaugural mostra que ele pretendia dedicar seu ensino a uma "sociologia geral"[8]. Mas isso não aconteceu. Seus cursos centraram-se sobre as obras que os membros do grupo durkheimiano (além do próprio Mauss, Robert Hertz e Henri Hubert) dedicaram às sociedades "arcaicas" ou "de tipo inferior" e tiveram uma repercussão limitada: a empreitada durkheimiana passava por uma fase de refluxo e Mauss desistiu da fórmula do curso magistral para praticar um seminário de leitura e comentário de textos num círculo restrito como fazia na EPHE[9].

---

4. Sobre esses pontos, e de modo mais geral sobre o professorado de Bourdieu no Collège de France (e também sobre as análises que ele dedicou a essa instituição em *Homo academicus*), ver Christophe Charle, "Collège de France", *in* Gisèle Sapiro (org.), *Dictionnaire international Bourdieu* [*Dicionário internacional Bourdieu*], Paris: CNRS Éditions, 2021.

5. Publicada com o título de *Aula sobre a aula* [*Lições da aula, op. cit.*].

6. *Ibid.*, p. 4 [8].

7. Sobre a eleição de Marcel Mauss num contexto ainda marcado pela "prevenção contra a sociologia durkheimiana", ver Marcel Fournier, *Marcel Mauss*, Paris: Fayard, 1994, pp. 563ss.

8. Essa aula (da qual perdeu-se uma parte) foi publicada recentemente, com uma apresentação de Jean-François Bert: "Un inédit: la leçon inaugurale de Marcel Mauss au Collège de France" ["Um inédito: a aula inaugural de Marcel Mauss no Collège de France"], *Terrains*, n. 59, 2012, pp. 138-141.

9. Ver M. Fournier, *Marcel Mauss, op. cit.*, pp. 590ss. Encontra-se nas páginas 592-593 a lista dos cursos que Marcel Mauss ofereceu no Collège de France.

Em 1931, um outro ex-aluno de Durkheim, François Simiand, juntou-se a Mauss, mas numa cátedra de "história do trabalho" que fora criada em 1907 pelo município de Paris. Seus cursos, sobre suas obras em economia[10], foram muito especializados e acabaram interrompidos após sua morte brutal em abril de 1935 aos sessenta e dois anos de idade. Em 1944, depois de Mauss ser aposentado prematuramente pelas leis antissemitas de Vichy, um terceiro aluno de Durkheim, Maurice Halbwachs, foi eleito e nomeado. No contexto da Ocupação [nazista], exigir a criação de uma cátedra de "sociologia" parecia destinado ao fracasso[11]. Halbwachs optou por uma cátedra chamada "psicologia coletiva", que implicou um ensino generalista que evocava as obras de Durkheim e os aprofundamentos que ele trouxe a elas (em direções que, para alguns, anunciam parcialmente as obras de Bourdieu: por exemplo, o interesse pelas classes sociais ou pela individualização do social)[12]. Entretanto, ele nunca conseguiu dar sua aula inaugural: ele foi preso pela Gestapo em julho de 1944, provavelmente devido às atividades de seus filhos na Resistência, e deportado para Buchenwald, onde morreu enfermo em 1945[13]. Por fim, Raymond Aron ocupou, entre 1970 e 1978, uma cátedra de "sociologia da civilização moderna". Entretanto, Aron sempre teve reservas quanto à tradição durkheimiana e estava engajado numa discussão crítica do marxismo. Dois dos doze cursos

---

10. Entre os textos que François Simiand publicou no final de sua vida, e entre seus textos póstumos, temos alguns extratos de seus cursos no Collège de France: especialmente *Inflation et stabilisation alternées. Le développement économique des États-Unis des origines coloniales au temps présent* [*Inflação e estabilização alternadas: o desenvolvimento econômico dos Estados Unidos das origens coloniais ao tempo presente*], Paris: Domat-Montchrestien, 1934 e "La psychologie sociale des crises et les fluctuations de courte durée" ["A psicologia social das crises e as flutuações de curta duração"], *Annales sociologiques*, série D, fascículo 2, 1937, pp. 3-32.

11. Sobre a eleição de Maurice Halbwachs (cujos apoiadores consideraram mais estratégico apresentá-lo como uma figura ecumênica e não como um herdeiro de Durkheim), ver Thomas Hirsch, "Psychologie collective et sociologie" ["Psicologia coletiva e sociologia"], *in* Maurice Halbwachs, *La Psychologie collective* [*A psicologia coletiva*], Paris: Flammarion, 2015 [1938], pp. 38-40; ver também Jacqueline Pluet-Despatin, "Halbwachs au Collège de France" ["Halbwachs no Collège de France"], e Maurice Halbwachs, "Ma campagne au Collège de France" ["Minha campanha no Collège de France"], *Revue d'histoire des sciences humaines*, n. 1, 1999, pp. 179-188 e pp. 189-229.

12. Sobre esses pontos, ver o curso que Halbwachs deu em duas ocasiões na Sorbonne (M. Halbwachs, *La Psychologie collective, op. cit.*) e a introdução de Thomas Hirsch a esse curso, "Psicologia coletiva e sociologia", art. cit.

13. Pierre Bourdieu dedicou um texto a Maurice Halbwachs e as circunstâncias de seu "assassinato": "L'assassinat de Maurice Halbwachs" ["O assassinato de Maurice Halbwachs"], *La Liberté de l'esprit*, n. 16, 1987, pp. 161-168.

que ele deu chamaram-se, muito significativamente, "Crítica do pensamento sociológico"[14]. Suas lições voltaram-se para a reflexão política, o estudo das relações internacionais e uma discussão do "historismo" ["*historisme*"], cujos representantes na sociologia pertenciam à sociologia alemã que Aron contribuiu para importar para a França[15]. Além disso, nesses anos pós-1968, ele endossa particularmente o papel de intelectual de direita, assumindo um papel ativo, especialmente com suas intervenções políticas e com a criação da revista *Commentaires*, na reação liberal que se produzia então. Assim, podemos dizer, levando tudo em consideração, que o "curso de sociologia geral" de Bourdieu foi o primeiro desse tipo oferecido nessa instituição.

De muitas maneiras, ele se oferece a tal leitura. Bourdieu certamente apresenta "sua" sociologia e ocupa-se regularmente durante seu curso em refutar as leituras mal-intencionadas que são feitas dela. Ele sem dúvida expressa algo de si mesmo quando evoca, numa digressão de uma aula e tomando o exemplo de Marx, os inovadores que, nos campos de produção cultural, aspiram não ao estatuto de clássico mas a "existir eternamente como um objetivo de lutas no campo". Ao mesmo tempo, ele enfatiza sem parar a ambição que existe em sua própria sociologia de integrar de maneira coerente os diferentes "pais fundadores" e as diferentes correntes da disciplina que costumeiramente são separadas e até opostas[16]. Esse curso, além disso, o conduz a formular perguntas fundamentais

---

14. A lista dos cursos dados por Raymond Aron no Collège de France pode ser encontrada em Nicolas Baverez, *Raymond Aron: un moraliste au temps des idéologies* [*Raymond Aron: um moralista no tempo das ideologias*], Paris: Flammarion, 1993, p. 411.

15. Raymond Aron, *Leçons sur l'histoire. Cours du Collège de France* [*Lições sobre a história. Curso do Collège de France*], Paris: Éditions de Fallois, 1989. Esses cursos correspondem aos cursos "Do historicismo alemão à filosofia analítica da história" e "A edificação do mundo histórico" (o título refere-se a um livro de Dilthey), que aconteceram, respectivamente, em 1972-1973 e 1973-1974.

16. Por exemplo, numa entrevista dessa época (publicada em outubro de 1983), Bourdieu explica: "A oposição entre Marx, Weber e Durkheim, tal como ela é ritualmente invocada nos cursos e dissertações, mascara o fato de que a unidade da sociologia talvez esteja nesse espaço de posições possíveis, cujo antagonismo, apreendido enquanto tal, propõe a possibilidade de sua própria superação" ("Pontos de referência" em *Coisas ditas, op. cit.*, pp. 50-51 [49]). Os cursos põem em prática essa relação com os "fundadores". Bourdieu regularmente sublinha os pontos e os problemas comuns encontrados pelos três autores (o confronto com o direito, por exemplo). Recusando-se, segundo a imagem que emprega numa ocasião, a escolher entre as três "tribos" (marxistas, durkheimianos e weberianos), ele dá crédito a Durkheim por ter "nomeado" o problema da transcendência dos grupos, ainda que lamente que ele tenha "ao mesmo tempo [...] se livrado dele", ou por ter "posto o dedo" na noção de instituição, ainda que "bloqueando" seus usos. Com muita frequência, ele se utiliza de um dos autores para ir mais longe que ele – às vezes

para uma disciplina ainda relativamente recente. Assim, durante o primeiro ano ele se interroga especialmente sobre a forma particular que tomam as operações de classificações numa ciência que tem como especificidade tratar de "sujeitos que também classificam" e, no começo do segundo ano, ele enfrentará o problema do objeto próprio da sociologia.

Talvez seja uma lógica comparável que o leve a dedicar uma sessão, no segundo ano, à questão da posição que a sociologia ocupa no espaço das disciplinas universitárias, entre as ciências e as letras. A aula faz parte da exigência de reflexividade que se tornou um imperativo do método de Bourdieu: o conhecimento das relações que unem ou opõem a sociologia às outras disciplinas é um meio de praticá-la melhor, já que a relação não controlada com as outras disciplinas (e com as tentações associadas a elas: o "cientismo", o culto da "boa escrita", a tentação do "filósofo-rei", por exemplo) é um princípio de erros na redação de um questionário, na realização de uma entrevista ou na própria escrita. Mas as circunstâncias de seus primeiros cursos no Collège de France talvez não sejam estranhas a essa operação reflexiva. Afinal, sua aula inaugural já abordava uma análise da aula. Tudo indica que o interesse particular que Bourdieu tinha nessa época pelos "ritos de instituição" e "atos de nomeação" procede sem dúvida em parte do cuidado de mobilizar os recursos da sociologia no momento em que ele é nomeado e instituído como professor no Collège de France, e essa interrogação sobre a posição da sociologia no espaço das disciplinas lhe é particularmente útil quando ele começa seu ensino num estabelecimento multidisciplinar onde o lugar da sociologia, de modo geral, ainda era algo a se fazer. A própria especificidade do Collège de France provavelmente o leva a intensificar a discussão com as outras disciplinas. Assim, longos desenvolvimentos tratam da linguística, da economia ou da filosofia, sem contar as afirmações mais incidentais, durante esses dois primeiros anos, sobre a história ou até a zoologia. Como observa Christophe Charle, Bourdieu seguirá esse caminho durante to-

---

com a ajuda de um dos outros dois. O curso também demonstra o enraizamento de alguns dos pontos mais importantes da sociologia de Bourdieu nas origens da disciplina. Se ele lembra, por exemplo, das utilizações pontuais de Durkheim e Weber do conceito de *habitus*, evoca de maneira mais inesperada "a única vez que [Marx] evoca a noção de *habitus*". E se, como ele lembra em várias ocasiões no curso, a sociologia da religião de Weber desempenhou um papel fundamental na elaboração do conceito de campo, também insiste nos "esforços" realizados por Durkheim na direção da análise estrutural, e cita "um texto de Marx ao qual [...] poderia [ser] atribuída a paternidade da utilização científica da noção de campo".

dos os seus cursos no Collège de France[17], até o curso dedicado a Manet que estabelece um diálogo com a história da arte e, certamente, o último curso dedicado à ciência, no qual, mobilizando o conceito de campo, ele questiona as condições sociais de possibilidade de um discurso científico de alcance universal, e especialmente de uma sociologia científica.

Mas se os primeiros cursos devem alguns de seus aspectos à instituição na qual ocorreram, eles também se inscrevem na obra de Bourdieu e, a esse respeito, situam-se num momento importante de sua trajetória intelectual. Ele publicara alguns anos antes duas obras fundamentais que marcam uma etapa importante na elaboração de sua teoria antropológica. Uma delas é *O senso prático* (1980), que retoma e desenvolve as implicações do conceito de *habitus* expostas parcialmente desde 1972 no *Esboço de uma teoria da prática*, e a outra é *A distinção* (1979), que sintetiza quinze anos de pesquisa sobre o capital cultural sob suas diferentes formas e sobre o local de destaque que a partir de agora ele deverá ocupar, especialmente devido ao desenvolvimento do sistema de ensino, em qualquer teoria das classes sociais. Ainda lhe faltava fazer um trabalho semelhante sobre o terceiro conceito de sua antropologia social, a saber o conceito de campo, que ele já especificara parcialmente mas sobre o qual concentrará seus esforços. Ele dedica seus cursos no Collège de France a esse conceito desde o segundo ano, como para impor a si mesmo o trabalho necessário de aprofundamento que ainda precisa realizar, ainda mais porque o conceito de campo lhe aparece cada vez mais como o principal conceito de seu trio conceitual, aquele que integra os outros dois. É assim que ele desenvolve a distinção fundamental entre campo de forças e campo de lutas, e sobretudo as relações entre o conceito de campo e os conceitos de *habitus* e de capital. Ele multiplica as pesquisas sobre o campo, cujos indícios aparecem nos cursos, especialmente sobre o campo universitário, o campo jurídico[18], o campo estatal[19], e sobretudo o campo literário

---

17. Christophe Charle, "Collège de France", *art. cit.*

18. P. Bourdieu dedicará todo um curso à análise do campo jurídico em 1987-1988 (depois de ter dedicado um artigo a "La force du droit", *Actes de la recherche en sciences sociales*, n. 64, 1986, pp. 3-19 ["A força do direito", in *O poder simbólico*, *op. cit.*, pp. 209-254]).

19. Ver Pierre Bourdieu & Rosine Christin, "La construction du marché. Le champ administratif et la production de la 'politique du logement'", *Actes de la recherche en sciences sociales*, n. 81-82, 1990, pp. 65-85 (retomado como "O Estado e a construção do mercado" em *As estruturas sociais da economia*, Porto: Campo das Letras, 2006, tradução de Lígia Calapez & Pedro Simões, pp. 125-170 [*Les Structures sociales de l'économie*, Paris: Seuil, 2000, pp. 145-194]); Pierre Bour-

e artístico no século XIX, cuja aparição e estrutura ele estuda minuciosamente. Os cursos do Collège de France constituem uma espécie de momento provisório num trabalho de longo fôlego que encontraria sua realização no grande livro que ele preparava sobre a teoria dos campos.

Nesses dois primeiros anos de ensino, Bourdieu só retoma excepcionalmente suas obras dos anos de 1960. Ele se baseia principalmente nos livros que acabara de publicar (*A distinção*, *O senso prático* e também *A economia das trocas linguísticas*, que foi publicado em outubro de 1982) e nas pesquisas que tem em curso. Assim, ele fala em várias ocasiões do trabalho sobre os professores da Universidade de Paris que iniciou em meados dos anos de 1960 e está finalizando: o livro *Homo academicus* aparecerá em 1984. Ele também utiliza com frequência para exemplos uma pesquisa sobre o patronato que gerou um longo artigo em 1978[20] e também uma pesquisa sobre o episcopado que publica na edição de novembro de 1982 de sua revista *Actes de la recherche en sciences sociales*[21]. Ele também se refere a duas pesquisas, uma sobre as *Grandes Écoles*, a outra sobre o campo literário. Em andamento desde o final dos anos de 1960, elas serão o objeto de livros publicados alguns anos depois dos cursos que publicamos aqui: *A nobreza do Estado* em 1989 e *As regras da arte* em 1992.

Como nesses cursos misturam-se pesquisas publicadas e trabalhos não concluídos, preocupações antigas e reflexões mais recentes, eles (e também os três anos seguintes que serão publicados em outros volumes) permitem ver concretamente uma maneira de trabalhar que Bourdieu comparará, em outra ocasião, a "[um] movimento em espiral que permite alcançar a cada vez um grau de explicitação e de compreensão superior"[22]. As aulas sobre o conceito de *habitus*, por exemplo, longe de serem uma repetição de *O senso prático*, retrabalham mais uma vez o conceito, particularmente através de uma (re)leitura de textos de Husserl que Bourdieu invoca com a expressão – que só é

---

dieu, "Esprits d'État. Genèse et structure du champ bureaucratique", *Actes de la recherche en sciences sociales*, n. 96-97, 1993, pp. 49-62 (retomado em "Espíritos de Estado: gênese e estrutura do campo burocrático" em *Razões práticas*, Campinas: Papirus, 1996, tradução de Mariza Corrêa, pp. 91-123 [*Raisons pratiques*, Paris: Seuil, 1994, pp. 99-145]).

20. P. Bourdieu & M. de Saint Martin, "Le patronat", *art. cit.*

21. *Id.*, "La sainte famille. L'épiscopat français dans le champ du pouvoir", *art. cit.*

22. *Meditações pascalianas, op. cit.*, p. 18 [19].

paradoxal na aparência – de "fonte *ex post*". Esse movimento de aprofundamento progressivo é também muito visível no retorno proposto no primeiro ano do curso às questões da classificação e das classes sociais. Esses problemas, que já estavam no centro de *A distinção*, são recolocados aqui à luz de reflexões que Bourdieu desenvolveu nesse meio-tempo. Nesse momento, ele mobiliza também as análises dedicadas, especialmente no livro sobre a linguagem[23] e no artigo sobre a delegação política[24], aos discursos "autorizados" (que se beneficiam da autoridade e/ou da delegação de um grupo) e aos performativos que têm o poder, sob certas condições, de fazer existir aquilo que eles enunciam (mesmo quando estão relacionados a sujeitos que – como a "classe trabalhadora", por exemplo – quase se parecem com entidades metafísicas). Além disso, Bourdieu passa a insistir num aspecto das classes que foi pouco questionado em *A distinção*, a saber, a capacidade limitada mas jamais totalmente ignorável que os discursos científicos e políticos possuem para engendrar uma crença coletiva na existência de uma "classe". Em 1984, ele publicará um resumo dessa análise num artigo importante que é uma espécie de adendo a *A distinção*, "Espaço social e gênese das 'classes'"[25].

Esses dois primeiros anos de ensino no Collège de France fizeram aparecer outras orientações que, presentes de maneira quase implícita nas obras que Bourdieu publicou no início dos anos de 1980, esboçam análises que ele só desenvolverá plenamente nos anos seguintes. Assim, o curso sobre o Estado (1989-1992)[26] anuncia-se em parte no interesse que Bourdieu tem nessas aulas de 1982 e 1983 por uma questão como a da oficialização ou do contínuo que leva do insulto ao ato de nomeação realizado e garantido pelo Estado. Da mesma maneira, ainda que ele ainda não a utilize em 1982 e 1983, a expressão "viés escolástico" será o signo mais visível das reelaborações imperceptíveis que resultarão das reflexões sobre a diferença entre o conhecimento prático e o científico. Sem nenhuma dúvida, uma tendência é a extensão e o refinamento progressivo do conceito de campo. Por exemplo, nesses cursos a utilização da noção de campo do poder começa a

---

23. *Economia das trocas linguísticas, op. cit.*
24. "La représentation politique. Éléments pour une théorie du champ politique" ["A representação política: elementos para uma teoria do campo político"], *Actes de la recherche en sciences sociales*, n. 36-37, 1981, pp. 3-24 (reimpresso em *O poder simbólico, op. cit.*, pp. 163-208).
25. "Espaço social e gênese das 'classes'", *art. cit.*
26. P. Bourdieu, *Sobre o Estado, op. cit.*

se tornar sistemática. Pouco utilizada em *A distinção* (em que aparece apenas uma vez), ela será central em 1989 em *A nobreza do Estado*, e o curso permite ver que essa noção utilizada no livro sobre as *Grandes Écoles* apareceu na pesquisa sobre o campo literário. Se Bourdieu assinala num momento a vantagem que a sociologia pode obter ao retomar investigações vindas de tradições que, como a teologia ou a filosofia analítica, aparentemente são muito distantes de suas próprias preocupações, seu curso permite em vários momentos que tomemos consciência de relações entre suas diferentes pesquisas, insuspeitas para um leitor que as tenha lido em momentos diferentes.

É claro que um último elemento de contexto deve ser lembrado: esses cursos, em certas alusões, carregam a marca da época em que aconteceram, o começo da década de 1980. A conjuntura política é marcada pela eleição, em maio de 1981, de François Mitterrand à presidência da República, que termina um longo período em que a esquerda ficara afastada do poder. Durante os primeiros anos de mandato de François Mitterrand[27], a única verdadeira intervenção pública de Bourdieu consistiu em interpelar em dezembro de 1981, com outros intelectuais (incluindo Michel Foucault), o novo governo que, sem dúvida devido ao fato de ter alguns ministros oriundos do Partido Comunista francês, não condenou o estado de sítio decretado na Polônia pelo regime comunista contestado pelo sindicato Solidarność. O primeiro ano letivo de Bourdieu no Collège de France começa mais de quatro meses depois desse texto, e o segundo termina em janeiro de 1983, ou seja, poucos meses antes de o governo francês decretar, no plano econômico, a *"tournant de la rigueur"*[28]. Bourdieu não faz referência à política implementada. Os cursos no máximo mencionam muito pontualmente a pergunta que Bourdieu propôs explicitamente em dezembro

---

27. Sobre este ponto, ver a seção "1981-1986", *in* Pierre Bourdieu, *Interventions 1961-2001*, op. cit., pp. 157-187. Lembremos que durante a campanha presidencial de 1981, Bourdieu declarou seu apoio à candidatura efêmera [do comediante] Coluche, uma ação que não era estranha à sua reflexão sobre a "representação política" (e cuja dimensão pessoal, no momento em que foi eleito para o Collège de France, Bourdieu destacou posteriormente – ver *Esboço de autoanálise*, São Paulo: Companhia das Letras, 2005, tradução de Sergio Miceli, p. 130 [*Esquisse pour une auto-analyse*, Paris: Raisons d'agir, 2004, p. 137]).

28. Literalmente, "curva do rigor" – nome pelo qual ficou conhecida a guinada econômica do governo de Mitterrand que, devido ao fracasso das políticas keynesianas que implementara, decreta uma volta às políticas de austeridade de caráter neoliberal que geraram muita oposição na França a partir de então. [N.T.]

de 1981 sobre a atitude que os intelectuais devem adotar diante de um governo de esquerda. Evocando as relações entre o campo de produção intelectual e os poderes externos, ele chama rapidamente a atenção – "para colocar [a plateia] na realidade" – ao fato de que o problema não se coloca exatamente da mesma maneira quando o poder político é de esquerda ou de direita. Um argumento que ele dedica a uma declaração feita por Régis Debray em suas novas funções de conselheiro do presidente da República e que lhe pareceu muito distante de uma análise sociológica rigorosa talvez contenha uma crítica implícita dos intelectuais que se colocam a serviço do poder.

Mas se a "realidade" está presente nos cursos, isso ocorre sobretudo através dos fatos aos quais Bourdieu às vezes se refere em sua preocupação de não propor um ensino abstrato, como um acidente automobilístico que matou 53 pessoas, incluindo 44 crianças, no verão de 1982. Também são mencionadas personalidades ou questões políticas da época. Desse ponto de vista, os cursos de Bourdieu diferem de seus artigos e livros: eles se destinavam à recepção imediata no próprio instante em que eram enunciados, por um auditório que tinha em mente esses eventos e personalidades que, no espaço de alguns dias, semanas ou meses estavam no centro da "realidade" ou das conversas no mundo intelectual ou universitário.

A ancoragem dos cursos no período particular em que ocorreram não se reduz a essas alusões. Por exemplo, nessas aulas Bourdieu propõe em várias ocasiões uma análise de uma lista dos intelectuais que a revista *Lire* publicou em abril de 1981[29]. Nesse caso, a invocação de um fato contemporâneo não é (ou não é apenas) um exemplo cômodo e rápido para oferecer porque seria familiar para o auditório. Bourdieu não trata essa "parada de sucessos" como uma pesquisa insignificante. Ele enxerga nela o anúncio de um grande descolamento do centro de gravidade da vida intelectual, com o rebaixamento dos intelectuais que possuíam uma obra e debatiam em revistas científicas em favor das paródias de intelectuais representadas pelos novos intelectuais midiáticos celebrados pelos jornalistas da grande imprensa que, desde o final da década de 1970, enchem o espaço público com seus discursos e problemáticas semicientíficas. Como resultado, pode-se dizer que sua análise da "parada de sucessos dos

---

29. Bourdieu detalhará essa análise no ano universitário de 1983-1984 (que será publicado no terceiro volume desta série).

intelectuais" é menos "datada" do que parece por sua antecipação das transformações estruturais do campo intelectual.

No mesmo espírito, é preciso dizer uma palavra sobre suas numerosas propostas no primeiro ano letivo de questionar as frases ou fórmulas feitas que designam afirmações ou intenções para "a Igreja" ou "a classe trabalhadora". Vistas de relance, suas observações poderiam parecer superadas hoje em dia. As fórmulas mencionadas remetem a uma época na qual o peso social da Igreja Católica e a influência do marxismo (no discurso político e nas ciências sociais) eram mais importantes do que são atualmente. Por exemplo, no começo da década de 1980 o Partido Comunista ainda é uma força política significativa. As fórmulas citadas por Bourdieu não são mais tão onipresentes nos discursos políticos e nas manchetes da mídia. Os exemplos envelheceram, mas eles são apenas um material que permitiu a Bourdieu revisitar o problema permanente nas ciências sociais da personalização dos coletivos. Antes proposto pelos fundadores da sociologia no final do século XIX e começo do XX, ele continua a se colocar hoje em dia, e nada impediria que transpuséssemos as análises desenvolvidas nos cursos sobre "a Igreja" ou "a classe trabalhadora" para os coletivos que invocamos com mais frequência hoje em dia, como "o mercado", "as classes médias", "as classes populares", "a Europa", "o Islã" etc.

Bourdieu frequentemente antecipava as leituras que poderiam ser feitas de suas afirmações e textos. Ainda que ele tenha lecionado esses cursos no Collège de France sem imaginar que seriam publicados posteriormente, pode-se afirmar sem maiores riscos que ele teria desejado desarmar a tentação de ler as passagens de seus cursos inspiradas por uma realidade ou conjuntura hoje em dia com mais de trinta anos como análises datadas. De fato, aquilo que ele diz por exemplo sobre a relativa "antiguidade" de suas pesquisas sobre as *Grandes Écoles* (que datam da década de 1960) claramente desencorajam tais leituras, assim como os detalhes que ele acrescenta em suas descrições do campo do poder. Ele não esconde que elas correspondem a um estado da classe dominante que sofreu uma ligeira revolução: na década de 1980, a clivagem central não tomava mais exatamente a forma da oposição entre o "burguês" e o "artista" proposta por seu trabalho sobre o campo literário na segunda metade do século XIX. Se ele ainda assim apresentava essas análises, era para convidar o auditório a enxergar nelas não invariáveis nem, pelo contrário, especificidades históricas, mas sim um "caso particular do possível". E ele convidava explicitamente seus leitores a fazer o exercício de encontrar os equivalentes estruturais dos dados empíricos que mobilizou em suas análises quando elas estavam datadas. Para ele, a sociologia deve realizar uma análise precisa e profunda de fatos situados historicamente, mas numa perspectiva muito diferente de uma história que historiciza ou de um discurso jornalístico destinado a desaparecer junto com a realidade que suscita: aquilo que a sociologia investiga na evocação de estados históricos precisos é a descoberta de estruturas sociais profundas e das leis de suas transformações[30].

---

30. Bourdieu evoca esse ponto explicitamente no curso deste volume. Como o caráter datado (ou, para estrangeiros, "franco-francês") de suas pesquisas era um argumento utilizado frequentemente para neutralizar ou ignorar suas análises, ele mencionou isso em outras circunstâncias, explicando, por exemplo, que sua pesquisa sobre os professores da Universidade de Paris na década de 1960 "pode e [...] deve [ser lida] como um programa de pesquisa sobre *qualquer* campo universitário": "O modo de pensar relacional e analógico implicado pelo conceito de campo permite compreender a particularidade dentro da generalidade e a generalidade dentro da particularidade, forçando-nos a considerar o caso francês como um 'caso particular do possível'" (P. Bourdieu e L. Wacquant, *Réponses. Pour une anthropologie réflexive*, Paris: Seuil, 1992, p. 54).

Anexos
Resumos dos cursos publicados
no *Anuário do Collège de France*

1982-1983

Do ponto de vista da ciência social, o objeto próprio não é nem o indivíduo (biológico) nem o grupo enquanto conjunto de indivíduos, mas sim a relação entre as duas realizações do social, nos corpos (ou os indivíduos biológicos) e nas coisas; ou seja, a relação dupla e obscura entre os *habitus*, sistemas de esquemas de percepção, apreciação e ação que são o produto da instituição do social no corpo, e os *campos*, sistemas de relações objetivas que são o produto da instituição do social nas coisas ou nos mecanismos que têm a quase-realidade das coisas físicas; e também tudo aquilo que se engendra nessa relação, ou seja, as práticas sociais e os campos enquanto apresentados sob a forma de realidades percebidas e apropriadas, portanto, como campos de ação e campos de lutas.

A relação entre o *habitus* e o campo tem um sentido duplo: ela é por um lado uma relação de condicionamento, na qual o campo estrutura o *habitus* que é o produto da incorporação da necessidade de um campo (ou de um conjunto de campos); ela é também uma relação de conhecimento, na qual o *habitus* contribui para constituir o campo como mundo dotado de sentido e de valor, no qual vale a pena investir. Segue-se por um lado que a relação de conhecimento depende da relação de condicionamento anterior que molda as estruturas do *habitus*. E por outro lado que a ciência, neste caso, é conhecimento de um conhecimento e deve ter um lugar para uma fenomenologia sociologicamente orientada da experiência do campo ou, mais precisamente, dos invariáveis (por exemplo, com a análise da prática ordinária e da experiência dóxica, da crise e da relação crítica etc.) e das variações da relação entre os diferentes *habitus* e os diferentes campos.

Em resumo, a especificidade da ciência social reside no fato de que ela tem como objeto de conhecimento uma realidade que engloba agentes que têm por objeto de conhecimento essa realidade. Trata-se então de elaborar uma teoria da prática enquanto prática e uma teoria do modo de conhecimento prático que se encontra implicado nela.

Se é preciso tentar descrever adequadamente a lógica específica da prática e do conhecimento prático, isso não ocorre para obedecer a uma espécie de ponto de honra epistemológico, e sim para produzir efeitos científicos: com efeito, a confusão entre o conhecimento científico e o conhecimento prático, do ponto de vista do cientista e do ponto de vista do agente, está na raiz de todo um conjunto de erros comuns tanto na sociologia quanto na economia. Esse trabalho de análise, hoje em dia realizado de maneira quase independente pelas correntes mais avançadas das ciências sociais como o interacionismo, a etnometodologia e a antropologia cognitiva, é dificultado, como ocorre com frequência nas ciências sociais, por obstáculos sociais formidáveis: do filósofo divino da teoria clássica do conhecimento ao sociólogo rei da teoria clássica do mundo social, passando por todas as teorias do saber absoluto, do sentido objetivo, da falsa consciência ou do corte, o desdém por aquilo que Alexander Baumgarten chamava de *gnoseologia inferior* jamais foi desmentido. Entretanto, se é certo que o sociólogo deve romper com o conhecimento espontâneo do social, ele deve apesar disso englobar em sua teoria o conhecimento contra o qual construiu o conhecimento científico e que, não importa o que acontecer, continua a orientar as práticas. O que pressupõe uma inversão dos argumentos a favor e contra que os grandes sociólogos objetivistas (Marx, Durkheim), responsáveis pelos cortes mais decisivos com o conhecimento ordinário, não souberam realizar. Deixando de lado todos os obstáculos sociais, a ciência da *gnoseologia inferior* coloca problemas extremamente difíceis: com efeito, trata-se de fazer uma ciência do confuso e do incerto que não seja nem incerta nem confusa; sem com isso destruir o objeto, como acontece com tanta frequência, através dos instrumentos muitas vezes construídos contra ele, quer dizer, contra as inclinações da lógica prática e da *perceptio confusa* da qual fala Baumgarten, que aplicamos a ele (problema que se coloca com uma acuidade particular toda vez que queremos explicar as lógicas ditas naturais).

A relação de conhecimento prático não é uma relação entre um sujeito e um objeto constituído como tal que coloca um problema. Ao participar no mundo social, enquanto social incorporado, o *habitus* é uma presença direta no campo em que habita, onde ele se sente em casa e que capta de maneira imediata como dotado de sentido e de interesse. A ação prática que tem sucesso pode ser descrita por analogia com a *orthè doxa* de Platão (*Menão*, 98c), a opinião justa ou que é como deve ser: a coincidência entre as disposições e a posição, entre o senso do jogo e o jogo faz com que o agente faça "o que se deve fazer" sem colocar isso explicitamente como fim, sem chegar ao cálculo e nem sequer à consciência. A teoria do *habitus* permite escapar de toda uma série de alternativas em que a reflexão sobre a ação normalmente cai. Entre a consciência e a coisa: o *habitus* como senso do jogo produz ações ajustadas às exigências objetivas do jogo, sem ter necessidade de formulá-las como tais, quer dizer, como fins, e com isso podendo dar a ilusão da finalidade. Entre o mecanicismo e o finalismo (em suas diferentes formas): nem coisas passivamente submissas a mecanismos nem sujeitos que postulam fins calculados conscientemente, na ordem ordinária da prática os agentes não agem nem sob a coerção mecânica de causas nem com conhecimento de causa. Entre a teleologia subjetiva, com o individualismo utilitarista (e todas as teorias da escolha racional), e a teleologia objetiva, com o funcionalismo do melhor ou do pior que designa intenções e projetos a coletivos personalizados.

Não se pode produzir uma teoria do modo de conhecimento prático sem produzir, na mesma empreitada, uma teoria do modo de conhecimento científico que, enquanto não for pensado como tal, tende a se insinuar na análise das práticas. Essa substituição do *habitus* prático pelo sujeito científico é particularmente visível na filosofia da ação utilizada de maneira implícita ou explícita pela maioria das teorias sociológicas ou econômicas; quer dizer, a representação do agente como calculista racional orientado por seu interesse bem compreendido, capaz de escolher e de decidir com pleno conhecimento de causa e redutível, no limite, a uma função de utilidade, e assim completamente desprovido de propriedades ligadas à história individual ou coletiva (exatamente as histórias que são registradas sob forma de *habitus*). De passagem, vemos que esse agente que age com pleno conhecimento de causa, medindo por exemplo suas esperanças e seus investimentos em relação às chances de lucro, não passa da visão finalista, fundamentada na projeção do sujeito científico sobre o agente que age, do agente conduzido mecanicamente pela coerção das causas, conhecidas apenas pelo cientista. Da antropologia imaginária do cálculo racional passamos à franca mitologia com as teorias da ação e da história que, graças aos jogos de linguagem que permitem tratar sujeitos gramaticais como sujeitos conhecedores e agentes, povoam o mundo social com coletivos personificados que formulam seus próprios fins (por exemplo a Escola elimina..., o Estado serve... etc.).

A teoria do *habitus* explica por que o finalismo da teoria do agente racional ou razoável, individual ou coletivo, por mais que antropologicamente falso pode parecer fundamentado na realidade observável empiricamente. O finalismo individualista, que considera a ação determinada pela mira consciente de fins formulados explicitamente, é uma ilusão bem fundamentada: o senso do jogo que favorece o ajuste antecipado do *habitus* às necessidades e às probabilidades inscritas no campo se apresenta sob as aparências de uma mira bem-sucedida no futuro. Da mesma forma, a afinidade estrutural dos *habitus* de uma mesma classe que, por serem o produto das mesmas condições e dos mesmos condicionamentos, podem engendrar práticas convergentes e harmonizadas sem qualquer conspiração, dá conta dos fenômenos de quase-teleologia que se observam no mundo social (por exemplo, nas reações do corpo docente ao crescimento do número de professores imposto pelo crescimento do número de estudantes) e que muitas vezes somos tentados a compreender ou na lógica do finalismo individualista (com as teorias do complô), ou através de metáforas organicistas (homeostase etc.).

Depois de mencionar as funções teóricas da noção de *habitus* e mostrar que o *habitus* só se efetiva realmente e revela suas potencialidades em sua relação com um campo, pode-se tentar estabelecer as propriedades gerais dos campos. Falar de campo é antes de mais nada romper com o modo de pensamento substancialista que, fascinado pelo que é diretamente visível, os indivíduos, os grupos, as interações – trocas materiais e simbólicas etc., ignora as relações invisíveis entre as posições, relações irredutíveis às interações nas quais elas se manifestam e que elas estruturam. A sociologia, em seu momento objetivista, é uma *analysis situs*, quer dizer, a análise de um espaço de relações objetivas entre posições (ou cargos), relações relativamente independentes em relação aos agentes que ocupam as posições e em relação a suas intenções e seus fins (e também irredutíveis a uma *network* de "relações"). E pode-se mostrar que o conhecimento das posições construídas, e portanto do espaço global dentro do qual cada posição se define (como alta, baixa ou intermediária, dominante ou dominada etc.), contém um conhecimento das tomadas de posição de seus ocupantes.

Apreendido num momento dado do tempo, o campo se apresenta como um espaço relativamente autônomo de forças possíveis que se exercem sobre todos que entram nele; já que a estrutura do campo não é outra coisa que a estrutura da distribuição do poder específico, quer dizer, que age no campo em questão, e a posição no campo é definida pela posição ocupada nessa estrutura. Além de um campo de forças possíveis, o campo também é um campo de ações possíveis e em particular um campo de lutas que buscam conservar ou transformar o campo de forças. Em outras palavras, o campo enquanto rede de relações objetivas entre posições de força fundamenta e orienta – através do intermediário das disposições constitutivas do *habitus* – as estratégias que os ocupantes dessas posições, agentes particulares ou grupos de agentes, utilizam, por conta própria ou em nome de uma instituição, em suas lutas (patentes ou latentes) para defender ou melhorar sua posição; e, em troca, as lutas através das quais os agentes se esforçam para conservar ou transformar a rede de relações objetivas são determinadas em sua força e direção pela posição na relação de forças. Ou, para ser mais concreto, pelos trunfos no jogo, quer dizer, pelo *capital* específico como princípio da força possuída num jogo particular.

Deixando para outro ano o estudo das relações entre o *habitus* e o campo, que permite articular as duas definições do campo como campo de forças e como campo de lutas, a análise da relação entre o campo e o capital sob suas diferentes espécies (com a teoria dos poderes que está implicada nisso), e a busca das leis formais ou das invariáveis do funcionamento dos campos, foi exposta a análise de um caso particular, o do campo literário e artístico na França no final do século XIX (que será objeto de uma publicação futura).

Índice de nomes

Adorno, Theodor W. 196, 341
Alain (Émile Chartier) 181
Alcan, Félix 407
Althusser, Louis 90, 101, 114, 147
Amiel, Henri-Frédéric 29
Angelico, Fra 68
Antal, Frederick 342
Antoine, André 374, 390
Aristófanes 234
Aristóteles 23, 150, 422
Aron, Raymond 39, 209, 430-431
Arrabal, Fernando 371
Auerbach, Erich 57
Augier, Émile 370
Austin, John L. 69, 157, 321
Axelos, Kostas 222

Bachelard, Gaston 30, 90, 116, 166, 207, 223, 261-262, 278, 301, 350
Bakhtin, Mikhail 66
Bally, Charles 28
Balzac, Honoré de 164, 206
Barthes, Roland 58, 177, 244, 346
Bateson, Gregory 188
Baudelaire, Charles 66, 166, 358, 367
Baudelot, Christian 147
Baudrillard, Jean 175
Baumgarten, Alexander Gottlieb 81, 92-94, 442
Baverez, Nicolas 431
Baxandall, Michael 70
Beauvoir, Simone de 373

Becker, Howard 38
Beckett, Samuel 396, 399
Ben-David, Joseph 93, 224, 241
Beneke, Friedrich Eduard 195
Bénichou, Paul 268
Bentham, Jeremy 118, 127, 135
Benveniste, Émile 198, 291
Berdahl, Robert M. 368
Bergson, Henri 370, 397
Bernard, Claude 310
Bert, Jean-François 429
Bloy, Léon 68
Bollack, Jean 190
Boltanski, Luc 29, 133, 248, 281, 285, 373, 377
Bourget, Paul 266, 390, 410
Bourgin, Hubert 225
Braudel, Fernand 240
Buffon, Georges-Louis Leclerc de 216
Burt, Ronald S. 302
Butor, Michel 163-164, 256

Canguilhem, Georges 237, 310
Carol, Martine 387
Cassagne, Albert 340, 370
Cassirer, Ernst 81, 137, 142, 261-262
Chamboredon, Jean-Claude 133, 308, 361
Champagne, Patrick 277
Champfleury, Jules 365, 421, 423
Charle, Christophe 308, 361, 400, 428, 432, 433

447

Chartier, Roger 71
Chastaing, Maxime 58-59, 222
Chklovski, Victor 266
Chomsky, Noam 142-143, 197
Christin, Rosine 433
Cladel, Léon 421
Collins, Randall 93, 224, 241
Coluche (Michel Colucci) 436
Comte, Auguste 218, 368
Coppée, François 402
Couperin, François 342
Courbet, Gustave 365, 416, 421
Courrèges, André 294
Cousin, Victor 226
Cravan, Arthur 266, 273
Crozier, Michel 108

Darbel, Alain 34
Darnton, Robert 351
Dassault, Marcel 369
Debray, Régis 315, 437
Debussy, Claude 341-343
Delsaut, Yvette 66, 294, 426
Derrida, Jacques 96, 220
Des Cars, Guy 359
Descartes, René 81, 132, 137, 142, 145, 152, 203
Dilthey, Wilhelm 57, 431
Dior, Christian 293
Doroszewski, Witold 28
Dostoiévski, Fiódor 333
Duchamp, Marcel 416
Dumont, Martine 204
Durkheim, Émile 23, 28, 32-33, 35, 51, 85, 90, 121, 135, 156, 214, 225, 256, 268, 324, 429-432, 442

Eells, Ellery 142, 144
Encrevé, Pierre 188
Engels, Friedrich 158, 172, 304

Escarpit, Robert 309, 420
Esopo 169
Espinosa, Baruch 81-82, 85, 89, 145, 225, 230, 275, 370, 408
Establet, Roger 147
Even-Zohar, Itamar 265

Fabiani, Jean-Louis 343-344, 407
Fabius, Laurent 192
Fanon, Frantz 131
Fauré, Gabriel 343
Faure, Michel 342-343
Fechner, Gustav 284
Feydeau, Ernest 334, 405
Ficino, Marsílio 68
Flaubert, Gustave 57-58, 60, 208, 227, 282, 318, 334, 340-341, 344, 356, 358, 362, 364, 405, 418
Fornel, Michel de 188
Foucault, Michel 35, 127, 220-221, 267, 313, 436
Fournier, Marcel 429
Fragonard, Jean-Honoré 60
Frederico II da Prússia 162
Frege, Gottlob 150
Freud, Sigmund 89, 110, 180, 186, 263, 284

Gautier, Jean-Jacques 375
Gautier, Théophile 334-335, 363, 405
Gernet, Louis 71
Gerschenkron, Alexander 137-138, 217, 222
Gide, André 167
Gillis, John R. 368
Glaser, Barney 319
Goblot, Edmond 225
Godel, Robert 28
Goethe, Johann Wolfgang von 70

Goffman, Erving 31-32, 95, 109, 311, 320
Goldmann, Lucien 341, 343
Gombrich, Ernst H. 160
Goncourt, Edmond e Jules 363
Gouldner, Alvin W. 246
Gourou, Pierre 202
Gramsci, Antonio 274
Guiraud, Pierre 205
Guitry, Sacha 359
Gurvitch, Georges 39

Halbwachs, Maurice 225, 430
Halle, Morris 144
Harsanyi, John 128-129, 130
Hegel, Georg Wilhelm Friedrich 84-86, 88-91, 95, 97, 103-104, 106, 120-121, 123, 158-160, 180, 398
Heidegger, Martin 34-35, 57, 116, 201, 203, 206-207, 341, 422
Henderson, Alexander Morell 305
Hertz, Robert 429
Hirsch, Thomas 430
Hobbes, Thomas 347
Horkheimer, Max 196
Hubert, Henri 429
Hugo, Victor 164, 335, 342, 382, 415, 423
Huizinga, Johan 48, 118-119
Hume, David 168
Huret, Jules 338, 340, 344, 403-404, 412
Husserl, Edmund 23, 61-62, 77, 80-81, 93-96, 100, 102, 119, 139-141, 159, 165-167, 172, 195, 319, 434

Ingres, Jean-Auguste Dominique 422
Isambert-Jamati, Viviane 225
Izoulet, Jean 429

Jakobson, Roman 110, 263-264
Joyce, James 58, 60, 66, 163
Júlio II, papa 233

Kant, Immanuel 137, 195-196, 201-202, 206, 216, 218, 221
Kantorowicz, Ernst Hartwig 36, 52, 254
Kelly, William H. 28
Kluckhohn, Clyde 28
Kraus, Karl 231

La Fontaine, Jean de 169
Labov, William 188
Laing, Ronald D. 123, 188
Laks, Bernard 188
Lanson, Gustave 244
Laurent-Cely, Jacques 387
Lavater, Johann Kaspar 204, 206
Lefebvre, Henri 175
Leibniz, Gottfried Wilhelm 53, 81-82, 86, 94, 101, 242, 251, 273, 362
Lemaître, Jules 244
Lenski, Gerhard 237
Lepenies, Wolf 238, 261
Lévi-Strauss, Claude 82-83, 110, 204, 221, 263, 396-398
Lévy, Bernard-Henri 263
Lévy-Bruhl, Lucien 37, 95-96
Lewin, Kurt 179, 261
Linton, Ralph 28-29
Lukács, Georg 341

Maldidier, Pascale 248
Malebranche, Nicolas 81
Mallarmé, Stéphane 339, 341-342, 357, 382, 424
Mallet, Serge 104
Mannheim, Karl 273, 318
Marat, Jean-Paul 164

449

Martini, Simone 69-70
Marx, Groucho 314
Marx, Karl 17, 83, 89-90, 104, 112,
   114, 122, 132, 158-159, 172, 175, 180,
   208, 223, 255, 286, 304, 311-312,
   317-318, 398, 414-415, 431-432, 442
Masaccio (Tommaso di Giovanni
   Cassai) 71, 230
Matheron, Alexandre 230
Mauss, Marcel 82, 225, 396-397, 422,
   429
Mead, George Herbert 319
Meillet, Antoine 198
Merleau-Ponty, Maurice 35-36, 94-96,
   141, 416
Michelangelo 233
Michelet, Jules 112, 162
Mitterrand, François 436
Moles, Abraham 23
Montesquieu, Barão de 202-204, 208,
   216, 237, 287
Muel-Dreyfus, Francine 242
Müller, Adam 369
Murger, Henry 363
Musset, Alfred de 298

Napoleão I da França 372
Napoleão III da França 423
Nerval, Gérard de 357
Newton, Isaac 137, 142, 310-311
Nietzsche, Friedrich 224

Panofsky, Erwin 111, 160
Pareto, Vilfredo 193
Parsons, Talcott 305
Pascal, Blaise 50, 56
Passeron, Jean-Claude 30, 98
Péguy, Charles 220
Peirce, Charles S. 265-266

Picard, Raymond 224, 346
Pinto, Louis 315, 415
Pivot, Bernard 315
Platão 61, 69, 80, 100, 149, 181, 206, 443
Pluet-Despatin, Jacqueline 430
Pompidou, Georges 192
Ponsard, François 357, 370
Ponton, Rémy 308, 361, 380, 383,
   389-390, 411, 413, 418-419
Popper, Karl 25
Poulet, Georges 58
Propp, Vladimir 269
Proust, Marcel 282, 405
Puccini, Giacomo 363

Rabanne, Paco 293
Racine, Jean 343, 399
Ramuz, Charles-Ferdinand 58
Ranulf, Svend 316
Renan, Ernest 378, 382
Reynaud, Jean-Daniel 59
Robbe-Grillet, Alain 359
Rosanvallon, Pierre 87
Rosenberg, Hans 368
Roudy, Yvette 300
Rousseau, Henri 416-417
Rousseau, Jean-Jacques 167, 179
Roustang, François 186
Russell, Bertrand 149-150, 153
Ryle, Gilbert 152, 156, 165

Saint-Exupéry, Antoine de 39
Saint-John Perse (Alexis Leger) 154
Saint-Laurent, Cécil, *ver* Laurent-Cely,
   Jacques 387
Saint Martin, Monique de 213, 217,
   239, 283, 292, 418, 434
Samuelson, Paul A. 85, 126
Sapir, Edward 28

Sartre, Jean-Paul 50, 63, 72, 78-80, 174, 208, 227, 230, 234-235, 310, 319, 341, 344, 363, 375
Saussure, Ferdinand de 27-28, 110, 113, 152, 198, 210
Schmidt, Conrad 304
Scholem, Gershom 190, 228
Schorske, Carl 226
Schumpeter, Joseph 369
Schütz, Alfred 94, 96, 319
Sechehaye, Albert 28
Sen, Amartya 129
Sêneca 122, 175
Seznec, Jean 69
Simiand, François 37-38, 225, 430
Singly, François de 387
Sirota, Régine 225
Smith, Adam 128
Sócrates 25, 61, 99
Steinen, Karl von den 37
Stendhal 164
Stirner, Max 312
Strauss, Anselm 319

Taine, Hyppolyte 244, 378
Terêncio 166
Thévenot, Laurent 199
Thom, René 155
Tilly, Charles 226
Todorov, Tzvetan 265, 269
Tomás de Aquino 23
Touraine, Alain 59, 104, 428
Troeltsch, Ernst 382
Tynianov, Jouri 266, 345

Ungaro, Emanuel 293

Van Gennep, Arnold 184-185, 192
Verlaine, Paul 339, 342, 382, 424
Vigny, Alfred de 298, 357

Wacquant, Loïc 274, 366, 439
Watt, Ian 408
Watzlawick, Paul 322
Weakland, John H. 322
Weber, Max 23, 38, 88, 128, 132, 146, 159-160, 172, 200-201, 209, 284-285, 305-307, 312, 346, 372, 384, 386, 388, 426, 431-432
Weil, Éric 121
Weyl, Hermann 262-263
Wilensky, Harold L. 245
Williams, Bernard 129
Williams, Raymond 401
Willis, Paul E. 124-125
Wittgenstein, Ludwig 60-61, 155
Wohl, Robert 412
Wolff, Christian 93-94
Woolf, Virginia 58, 60, 222

Zola, Émile 338, 342, 344, 347, 358, 365, 385, 390, 400, 402-405, 410-411, 420
Zychlin von Zychlinski, Franz 172

Índice de conceitos

Adolescentes 124-125
Agente (noção de -) 96-97, 113
Agregado 299, 309, 320
  efeito de - 83, 127-130
Agregação (concurso) 225, 239
Amor fati 236, 335
Aparelho
  - (no sentido de Althusser) 43, 147-148, 279
  - (no sentido de Pascal) 101, 203-206
Aristocracia 282, 285, 373
Arte 38, 65-66, 246, 340-342, 359-366, 379-388
  arte pela arte 340, 366-367, 386, 394, 402
Artificialismo 148, 161
Artistas 70, 233, 242-243, 282, 337-338, 350, 353, 358-360, 366, 379-381, 386-389, 400-402, 416
Ascetismo 135, 175
Ataraxia 120
Autonomia (relativa) 22, 280, 300, 303-304, 334, 349-350, 353-354, 366, 385, 388, 400
Axiomatização 21, 22, 48, 130

"Bode-cervo" 149-150
Boemia 364, 381
Burguês 167-168, 175, 353-359, 364-371, 377, 401-404, 412-413
Burocracia 87-89, 108

Campo
  - como mediação 343-344
  - (como método e modo de pensamento) 26, 247, 256-257, 278, 297-298, 300, 393
  - de forças e - de lutas 248, 252-253, 255-259, 270-271, 284, 285, 325-327, 328-336, 354, 412, 415
  - e capital 286-289, 392
  - e grupo 323-324
  - e *habitus* 55-56, 325-327, 361, 418-423
  - e indivíduo 262, 298, 309, 339
  - e interação 31, 299, 302-304, 309-310, 312-314, 319
  - e jogo 287-289, 532-534
  - e libido 180
  - e meio 310-311
  - e população 309
  - e rede 314-316
  cissiparidade dos -s 254
  efeito de - 324
  estado de - 299-300
  estados do - 225-226
  hierarquia entre os -s 281
  objetivos num - 278
  origens e gênese da noção de - 261, 267, 301-310
Campo científico 55, 102-105, 120, 203, 208, 216, 243, 255, 284, 305, 409
Campo da alta-costura 293

453

Campo de produção (cultural e intelectual) 348-350, 355, 366-367, 374-380, 393, 403-404, 408
Campo do poder 348-350, 353-356, 366-367, 377, 383
Campo intelectual 119, 214, 257-259, 316, 345, 360, 367-371, 379, 383
Campo literário 212, 308-310, 337-424
   autonomia do - 353-354, 356, 380, 386, 389
   circuitos curtos e longos no - 396
   - como terreno privilegiado 337
   - e mudança 415
   - e princípio de hierarquização 353-355
   - e sistema escolar 407-408
   - estratégias no - 415
   - estrutura do - 393
   gerações e envelhecimento no - 412-416
   legitimação no - 364-366, 403
   - no campo do poder 348-350, 353-356
   posições no - 334
Campo religioso 41, 64, 120, 286-287, 304-308
Campo universitário 248, 253, 283
Capital 210, 225, 278-281, 283-286, 286-290, 393
   - cultural 182, 287, 289-291, 293, 351, 422
   - econômico 291, 422
   - social 290-291
Capitalismo 131-133, 138, 283-284 361
Carisma 334, 340-343, 346, 401, 409
Casamento 185, 186
Categoremas 246-247

Causalidade 77, 100, 126-129, 144-149, 166, 169, 342, 410, 443
Censura 88, 124, 208, 230
Certificação (efeito de -) 284
Ciência
   - burguesa e proletária 209
   - das obras (literárias) 265-266, 302
   - humana *vs.* - da natureza 76, 209, 239, 260-264, 398
   -s sociais 84, 138
   crença na - 243-244
Círculo
   - da definição 244, 296
   - hermenêutico 282, 339
   efeito de - 103
Classe
   - dominante 160-161, 208, 253, 282, 348, 366, 368-379
   -s estatísticas 52, 199
   -s sociais 52-54, 151, 176, 272, 294
Classificações 177, 205, 246
Comparativo (método -) 95-96, 226, 362
Compreensão 56; *ver também* "Se colocar no lugar"
Comunicação
   - de resultados científicos 17, 25, 92, 101-102, 321
   - no mundo social 118, 204, 330
Conatus 225
Conceitos 21-26, 76, 240
Conhecimento 62-63, 77, 86; *ver também* Prática
Consagração 71, 183-186, 192-194, 285-286, 356, 372, 400-402
Consciência 24, 30, 59-62, 75-79, 86-89, 131, 133, 242, 319
Consenso 31
Conservadorismo 368-371, 373, 376
Consumo 25, 175

Continuidade 53, 192-194
Conversão (do capital) 289-293
Corpo 52, 141, 248-252
Corte 90
Crédito 133, 290
Crença 45, 69, 80, 120-122, 243
Cultura 28, 76, 135, 152, 183
  - popular 153-155, 267, 275-276, 314
Cumplicidade 77, 83, 120, 167, 191

Dádiva 82-83, 396-399
Decisão 135-137, 140-147
Dedutivismo 138, 142, 197
Descristalização 237
Deus (pensar à imagem de -) 84-86, 94, 161, 333, 397
Diferença (voluntarismo da -) 344
Direito 47, 284
Disciplinas 210, 240, 248
  campo das - 212
  fronteiras, relações e hierarquias entre as - 93, 212-219, 255
Discurso 201-209
  - dominante 368-371
Disposições 106-110; *ver também* Habitus
Distância social 313
Dominação 89, 223, 275, 313, 323, 387
Double bind 188
Doxa 80-81, 93, 96-101, 178, 373
Dualista (pensamento -) 77, 177, 205, 329, 377-379

Ecletismo 330, 346
Econômico
  ciência - 85, 87, 141-147, 240, 299; *ver também* Homo œconomicus
  economia - e anti 357, 363, 391, 399-400, 405, 406
  modo de pensamento - 307-308

Educação 168, 179, 181, 183, 186, 272
Efeito
  - Dom Quixote 172
  - Gerschenkron 137-138, 217, 222
  - Montesquieu 202-204, 208, 216, 237
  - perverso 299
  - *Tel Quel* 415
  Ver também Círculo, Certificação, Instituição, Oficialização
Eidética 96
Ensaísmo 22, 201
Ensino, *ver* Pesquisa, Sistema escolar
Entrevista (nas ciências sociais) 339
Envelhecimento 173, 180, 356, 413-414
Épistémè 81, 267
Epistemocentrismo 70
Epistemologia 76, 82, 218, 219, 221-224, 301
Épochè 95
Erros 208, 301-302, 304, 347
  - nas ciências sociais 47, 57-62, 66, 67, 69, 70, 72, 77, 78-93, 103, 117, 135, 161, 173-183, 197, 245-247, 249-250, 272, 275, 305, 316, 375, 398, 406, 420
  - sociais 331, 372-373, 382
Escrita
  - de romance 163-165
  - nas ciências sociais 165, 200, 216-217, 240
  objetivação da - 49-50
  oral *vs.* - 17
Escritores 189, 335, 400-401; *ver também* Romancistas
Espaço social 280, 313, 351
Esporte(s) 114, 115, 245
Esquema (como representação científica) 117, 197-199, 397
Esquerda (*vs.* direita) 41, 266-267, 294, 304, 354, 356, 378, 385, 390, 405

455

Estado 85-89, 160, 161
Estatística 199, 250, 252
 - *vs.* etnografia 222
Estética
 - como ciência 81, 94
 relação e discurso - 69, 70, 177
Estilo (de escrita em ciências sociais) 216-217, 220, 238-239; *ver também* Escrita
Estratégia
 -s de camuflagem 207
 -s de cissiparidade 254, 256
 -s de condescendência 313-314
 -s de familiarização com um dominante 314
 - do retorno às fontes (ou da reforma) 255, 412
 -s e estrutura do capital 333
 -s num campo 254-256, 288
 efeitos de -s e efeitos de estrutura 412-413
Estrutura (e história) 332, 380-383, 406
Estudantes 254, 410
Eternização (das obras) 413-414
Etnocentrismo (de cientista) 64, 197
Etnologia 28, 73, 95, 221, 240
Etnometodologia 95
Eufemização 88, 208-209, 372, 400
Evolução (esquema da -) 381, 409-410
Excelência 98-99
Experiência 59, 140, 166, 167, 172, 179, 181

Família 117, 187-191, 322, 323
Fantasma 188
Fenomenologia 62, 80, 94-96, 272, 319
Fetichismo 121-122
Filologismo 66

Filosofia 63, 84
 - analítica 149-153, 156-157
 - e sociologia 32, 76, 214, 219, 220, 226, 338
 - escolástica 151, 262
Finalismo 97, 126, 144-165, 173
Fisicalismo 270, 286-287
Fisiognomonia 204, 206
Formalismo 265-266, 269, 343-345
Fronteira 374
Funcionário 89, 108, 161

Gêneros literários 242, 357, 367, 385, 389-391, 394-396, 399-402, 405, 410
Geometral 85
Gerações 177, 412, 416
Gíria 154, 205, 358
Gnoseologia 92-94
Gosto 111, 130
Grupo 147, 184

Habitar 116
Habitat 49
Hábito 111
Habitualidade 139-141
Habitus
 classes de - 52-53
 - como mediação e forma de ajuste 100, 170, 287, 325-327, 359, 418-423
 - como memória ou social incorporado 42, 52-53, 97, 134, 381
 - como método ou modo de pensar 24, 298, 362
 - como modo de conhecimento 47, 48, 57, 62-66, 68-72, 111, 117
 - discordante 108, 123, 169, 173
 - e campo 33, 48, 54-56, 64, 122, 216, 235, 326-327, 330-331, 361, 418-423

- e capital 318
- e consciência 24, 163
- e finalismo (e finalidade sem fim) 97
formação do - 47-48, 168, 172, 179, 185, 189, 224, 327
funções teóricas da noção de - 75, 134, 145, 148, 165-166, 170, 173-174
má compreensão da noção de - 23-24, 112, 139-141
Herança 23, 98
Hierarquização (princípios de -) 280
História 105, 112
- (como disciplina) 214-215, 220, 226
Historicismo 209, 223-224, 226, 350
Homo œconomicus 79, 98, 126-127, 163-164, 197
Homologia 107, 213, 223, 235-247, 266-267, 326, 384, 404, 407
Humanismo 64, 221

Ideologia 90, 160
Igreja 36-40
Illusio 118, 120
Inconsciente 85, 87, 110, 218
Incorporação 51, 52, 97, 178-183
Indignação (moral) 316
Indivíduo 51-52, 324
Ingenuidade 287, 416
Injúria (e insulto) 246, 269
Institucionalização 357
Instituição 35-36, 45, 46-47, 48, 230, 254, 357
Intelectuais 231, 234, 273, 351, 360, 374-377
Intelectualismo 78-84, 94, 118, 126
Interacionismo 30-33, 95, 302, 312-314, 316, 319, 321
Interações 298, 299, 302, 322
Interconhecimentos (universo de -) 303

Interesse, *ver Homo œconomicus*
Intertextualidade 345-348
"Isso fala" 102

Jdanovismo prático 210
Jogo 113-115; *ver também Illusio*

Legitimação 364, 367, 372-373, 377, 379, 406
Legitimidade 200-201, 253
Leitura 65-67, 71-72
Liberdade 176, 231-235
Libido 118, 120, 180, 327
Limalha 42, 331
Língua 27-28
Linguagem 188-189; *ver também* Filosofia analítica, Palavras
Linguística 27, 197, 205, 261
Livro 46-47, 54-55
Lógica 82, 137, 156, 195-196
Logicismo 136
Luta(s)
- póstumas 244
ver também campo de -

Magia 59, 148, 155, 231
Maiêutica 61
Marxismo 97, 157-160, 264, 271, 336
Masculino/feminino 184, 192-194, 218, 222, 313, 323
Matemática 137-138, 206, 215, 261-262, 358
Mecanicismo 77-83
Metafísica 34-38, 137, 158, 324
Mistério do ministério 46
Mitologias científicas 207
Modelos 142-143, 166, 393, 397, 298
Monografia 29, 276-277, 297, 298
Monopólio 43, 268, 279, 285-287, 307

457

Morbus mathematicus 137
Morfologia social 248
Mudança 43, 415
Mulheres 223, 249, 282, 323; ver também Masculino/Feminino
Mundo social
 - como espaço de forças 318
 - como objeto indigno 34
 estados do - 299-300
Museu 67-71

Naturalização 182
Necessidade 178-183
Nome 246-256
Nomeação 293
Nominal (e -ismo) 151, 226, 293
Numerus clausus 258

Objetivação 33-34, 49-52
Objetivismo 60
"Oblatos" 214
Obsequium 230
Oficialização 50
Ontologia 137, 149-158, 197
Oposições, ver Dualista (pensamento -)
Orgânico (período - *vs.* período crítico) 250, 368
Origem social 189, 210, 212, 390, 420-421
Ortodoxia 178, 267, 286, 373, 412

Paixão 120-123, 129
Palavras (uso das - em ciências sociais) 44, 151, 200, 201, 231-232
Papel 96, 114
Patrão (e trabalhador) 264, 311-312
Patronato 106
Pensamento selvagem 204
Pequena burguesia 109, 166, 213, 292, 316-317, 376, 419

Percepção 70, 94, 223, 291, 320, 330-332, 417, 418, 419, 423
Periodização 253
Perspectivismo 85
Persuasão 91, 190-192
Pesquisa
 ensino da - 17-26, 232-233, 278
 - por amostragem 18
Pintura 67-71
Pobreza (opcional ou forçada) 364
Poder 77
Poesia
 - e classes populares 389
 - no século XIX 363, 390, 411
Polêmica científica 278
Política 155
 ordem - 174-175
Popular
 realismo - 175
 usos do - e das referências ao povo 365, 402
 Ver também Cultura, Populismo
Populismo 92, 123-125, 275
Porta-voz 39-40, 376
Posição 107, 242, 271-276, 317
 -s e disposições 107-110, 212, 332, 335, 359, 370, 417-423
 -s e tomadas de posição 417
 campo das -s 264
Positivismo 223, 277, 352
Pragmática da escrita 66-67, 72
Prática (e ciência ou conhecimento da -) 75-100, 115-118, 243, 398
Pré-capitalistas (sociedades -) 131-133, 291-292
Preferências 128-130, 134
Pretensão (da sociologia) 227, 236-237
Previsão 166
Probabilidades objetivas 167

Processo (lógica do -) 44
Profeta 50, 305-307, 346
Profissão (e profissionalização) 245
Proletariado 89, 273, 275
Provérbios 91, 205
Psicanálise 186, 188, 208
   - e sociologia 122-123
Psicologia
   - como disciplina 424
   - social 92

Questionário (em ciências sociais) 189-190, 198-199, 339

Racionalização 159
Realismo 29, 33, 182, 257, 315
Reconhecimento 120, 201, 223, 230, 314, 319, 355
Reconversões 356, 390
Recuperação 255
Redes (análise de -) 302
Redução 96
   - à função 389
   - ao interesse de classe 209
   - do novo ao já conhecido 269
Refração 252-254, 304, 347
Regra 47
Reificação 160-165, 284-285, 336
Relação pesquisador e pesquisado 189-190
Relacional (pensamento -) 227, 260-270, 339
Relativismo 209
Religião (sociologia weberiana da -) 305-307, 346
Repressão 202, 208-209
Repressivo (*habitus* -) 108-111
Respeito 230
Responsabilidade (noção de - ou pensamento em termos de -) 148-149, 316

Ressentimento (epistemologia do -) 224
Revolta 124, 125, 166, 169, 174, 182, 191
Revolução (nos campos) 93, 251, 255, 403, 415
Ritos de instituição 170, 183, 194, 254, 259
Romancista 58-59, 163-165, 385
   - absoluto 62
   -s no século XIX 189, 390, 401-404
Rotina 136
Ruptura (nas ciências) 90, 321

Sagrado 40, 90
Salões (literários ou mundanos) 281-282, 342, 363, 404
"Se colocar no lugar" 61, 123, 273, 275
Senso
   - comum 30
   - de posicionamento 242, 243, 420
   - do jogo 113-121, 133, 170
Simbólico 263; *ver também* Capital, Poder, Violência simbólica
Sistema escolar 181, 187-189, 268
Socialização 33, 52, 166, 168, 171-194
Sociograma 303
Sociolinguística 188, 205, 207
Sociologia
   - como ciência democrática 233-234
   - como disciplina universitária 214-215, 221-224, 236-240, 243, 255-256
   construção do objeto na - 352
   definições na - 48
   - e discursos bífidos 200-209
   - e escárnio voltairiano 46
   - e etnologia 221
   - e história 220, 227, 239
   - e ilusão da transparência 33
   - e pessimismo/otimismo 20
   - e prazer literário 424

- e psicologia social 52
- e tentação do sociólogo-rei 84, 195, 198, 234
- e trabalho de dominação 89
especialização em - 276
fascinação exercida pela - 86
função social da - 90
impensado na - 36
má - e sofística 25
- nativa 73
objeto e tarefa da - 17-34, 49-63
- participante 59
percepção da - pelo público culto 28
recepção da - 190
secularização da - 88
validação da - 21
vocabulário da - 200
Sociologismo (*vs.* utopismo) 180
Substancialista (modo de pensamento -) 261
Subversão 225, 253, 255, 258
Sucessão 250
Sujeito 96

Taxonomias, *ver* Classificações
Teatro 310, 332, 343, 357, 359, 367, 370-371, 375, 382, 385, 389-405
Tempo 250, 414
- e conversão do capital 290
tentação científica de abolir o - 82-83, 397-398
Teodiceia 285, 372
Teoria 20, 21, 26, 138, 198, 219-220, 240
- da máquina 147-148
- dos níveis de aspiração 179
- do reflexo 342, 347
"Teoricismo" 20, 197
Tipologias (na sociologia) 307
Trabalho 180

Trägers 114
Trajetória no campo 42, 224, 243, 356, 370, 421-423
"Tudo se passa como se" 99, 113, 136, 169

Universalização 130
Utilitarismo, *ver Homo œconomicus*

Vanguarda 381-382
Variação (imaginária) 95
Verdade 207
Violência
- inerte das instituições 230
- simbólica 167, 191, 285
Virtuosismo 106
Vocação 107, 236, 335
Vulgarização 375

Conecte-se conosco:

 facebook.com/editoravozes

 @editoravozes

 @editora_vozes

 youtube.com/editoravozes

 +55 24 2233-9033

www.vozes.com.br

Conheça nossas lojas:
www.livrariavozes.com.br

Belo Horizonte – Brasília – Campinas – Cuiabá – Curitiba
Fortaleza – Juiz de Fora – Petrópolis – Recife – São Paulo

  Vozes de Bolso

EDITORA VOZES LTDA.
Rua Frei Luís, 100 – Centro – Cep 25689-900 – Petrópolis, RJ
Tel.: (24) 2233-9000 – E-mail: vendas@vozes.com.br